Moderne Familienstrukturen und Internationales Privatrecht

Europäische Hochschulschriften Recht

European University Studies in Law
Publications Universitaires Européennes de Droit

Band/Volume 6843

Fang Huang

Moderne Familienstrukturen und Internationales Privatrecht

Ein Vergleich zwischen Deutschland und China

PETER LANG
Berlin · Bruxelles · Chennai · Lausanne · New York · Oxford

Bibliografische Information der Deutschen Nationalbibliothek
Die Deutsche Nationalbibliothek verzeichnet diese Publikation in der Deutschen Nationalbibliografie; detaillierte bibliografische Daten sind im Internet über http://dnb.d-nb.de abrufbar.

Zugl.: Passau, Univ., Diss., 2025

DE-739
ISSN (Print) 3052-8291
ISSN (eVersion) 3052-8305
ISBN 978-3-631-94402-8 (Print)
ISBN 978-3-631-94428-8 (E-PDF)
ISBN 978-3-631-94429-5 (E-PUB)
DOI 10.3726/b23413

Verlegt durch Peter Lang GmbH, Berlin (Deutschland)

info@peterlang.com

www.peterlang.com

Danksagungen

Schließlich ist meine Dissertation vollendet.

Zunächst möchte ich mich bei meinem Doktorvater, Prof. Dr. Dennis Solomon, bedanken. Ohne seine Unterstützung und Anleitung hätte ich dieses Forschungsvorhaben weder beginnen noch abschließen können.

Mein Dank gilt auch meinem Zweitgutachter, Prof. Dr. Markus Würdinger, für die Begutachtung meiner Arbeit.

Von Herzen danke ich meinen Eltern, Herrn Xiaofu Huang und Frau Yuxiang Liu, für ihre selbstlose Hingabe und stetige Unterstützung.

Vor allem danke ich meinem Ehemann, Dr. Tan Qin, für seine ständige Begleitung und Ermutigung während der Promotionszeit.

Ein besonderer Dank gilt auch meiner Tochter, Chong Qin, deren Geburt mir die Bedeutung des Lebens nähergebracht hat.

Inhalt

Danksagungen v

Abkürzungsverzeichnis xxxi

TEIL 1
Einführung 1

TEIL 2
Moderne Familienstrukturen und Sachrecht 5
A Begriff von modernen Familienstrukturen 5
I Definition 5
II Konstellationen 9
1 Stief- oder Patchworkfamilien 9
2 Adoptivfamilien 10
3 Leihmutterschaftsfamilien 11
4 Regenbogenfamilien 12
III Multiple Elternschaft 12
B Rechtliche Situation von modernen Familienstrukturen 14
I Deutsches Recht 14
1 Stief- oder Patchworkfamilien 14
a) Kleines Sorgerecht 14
b) Stiefkindadoption 16
2 Adoptivfamilien 17

3 Leihmutterschaftsfamilien 18
a) Verbot der Leihmutterschaft 18
b) Eltern-Kind-Zuordnung bei rechtswidrig durchgeführter Leihmutterschaft 19
4 Regenbogenfamilien 20
a) Recht auf Adoption 20
b) Rechtliche Elternschaft bei lesbischen Paaren mittels Samenspende 21
c) Rechtliche Elternschaft bei schwulen Paaren infolge von Leihmutterschaft 23
II Chinesisches Recht 24
1. Stief- oder Patchworkfamilien 24
a) De facto Eltern-Kind-Verhältnis aufgrund „Pflege und Erziehung“ 24
b) Stiefkindadoption 27
2 Adoptivfamilien 28
3 Leihmutterschaftsfamilien 29
a) Unzulässigkeit der Leihmutterschaft 29
b) Eltern-Kind-Zuordnung bei einer Leihmutterschaft 29
4 Regenbogenfamilien 31
a) Keine rechtliche Anerkennung der gleichgeschlechtlichen Partnerschaft 31
b) Alleinige Adoption durch einen Partner eines gleichgeschlechtlichen Paares 32
c) Rechtliche Elternschaft bei lesbischen Paaren mittels Samenspende 32
d) Rechtliche Elternschaft bei schwulen Paaren infolge von Leihmutterschaft 33
C Ergebnis 34

TEIL 3
Kollisionsrechtliche Regelungen zu Partnerschaften und zur Feststellung rechtlicher Elternschaft in modernen Familienstrukturen 37
A Grundlagen 37

I Deutsches Recht ... 37
1 Einordnung der rechtlichen Beziehung der Eltern ... 37
a) Ehe verschiedengeschlechtlicher Eltern ... 37
1) Eheschließungsstatut gem. Art. 13 Abs. 1–3 EGBGB ... 37
aa) Qualifikation der „Ehe“ ... 37
bb) Anknüpfung ... 38
i Anknüpfungsgegenstand ... 38
ii Distributive Anknüpfung an das Heimatrecht ... 39
iii Anknüpfungszeitpunkt ... 39
iv Gesetzesumgehung ... 40
v Rück- und Weiterverweisung ... 41
cc) Ordre public ... 41
i Art. 6 EGBGB ... 41
ii Art. 13 Abs. 2 EGBGB ... 42
2) Formstatut gem. Art. 13 Abs. 4 oder Art. 11 EGBGB ... 42
aa) Qualifikation als Formfrage ... 42
bb) Eheschließung im Inland ... 43
cc) Eheschließung im Ausland ... 43
3) Zwischenergebnis ... 43
b) Ehe gleichgeschlechtlicher Eltern und Eingetragene Lebenspartnerschaft verschieden- oder gleichgeschlechtlicher Eltern gem. Art. 17b EGBGB ... 44
1) Persönlicher Anwendungsbereich ... 44
aa) Gleichgeschlechtliche eingetragene Lebenspartnerschaft ... 44
bb) Gleichgeschlechtliche Ehe ... 44
cc) Verschiedengeschlechtliche eingetragene Lebenspartnerschaft ... 44
dd) Formlose faktische Lebensgemeinschaften ... 46
2) Anknüpfung ... 46
aa) Anknüpfungsgegenstand ... 46
bb) Anknüpfungspunkt: Recht des Register führenden Staates ... 46

3) Zwischenergebnis 47
c) Nichteheliche Lebensgemeinschaft verschieden- oder gleichgeschlechtlicher Eltern 47
1) Qualifikation 47
2) Anknüpfung: Eine analoge Anwendung des Art. 14 Abs. 2 EGBGB 48
3) Zwischenergebnis 49
2. Rechtliche Eltern-Kind-Zuordnung 50
a) Abstammungsstatut gem. Art. 19 Abs. 1 EGBGB 50
1) Qualifikaion und Anwendungsbereich 50
2) Anküpfung 51
aa) Alternative Anknüpfung 51
i Gewöhnlicher Aufenthalt des Kindes 51
ii Heimatrechte der Eltern 51
iii Ehewirkungsstatut 52
bb) Abstammungsfeststellung bei widersprüchlichen Statuszuweisungen 52
cc) Rück- und Weiterverweisung 58
3) Die Vorfrage der Ehe der Eltern 58
aa) Die Vorfrage der Ehe 58
bb) Gleichgeschlechtliche Ehe, eingetragene Lebenspartnerschaft und nicheheliche Lebensgemeinschaft 59
4) Ordre public 60
aa) Allgemeines 60
bb) Leihmutterschaft 60
cc) Gleichgeschlechtliche Elternschaft 61
5) Zwischenergebnis 61
b) Adoptionsstatut gem. Art. 22 EGBGB 61
1) Qualifikation und Anwendungsbereich 61
2) Anknüpfung 62
aa) Adoption im Inland 62
bb) Adoption im Ausland 62
cc) Rück- und Weiterverweisung 63
3) Ordre public 63
4) Zwischenergebnis 63

II Chinesisches Recht ... 64
1 Einordnung der rechtlichen Beziehung der Eltern ... 64
a) Ehe verschiedengeschlechtlicher Eltern ... 64
1) Eheschließungsstatut gem. § 21 IPRG ... 64
aa) Qualifikation der „Ehe“ und Anknüpfungsgegenstand ... 64
bb) Subsidiärität der Anknüpfungen ... 64
i Primäranknüpfung an den gemeinsamen gewöhnlichen Aufenthalt ... 64
ii Sekundäranknüpfung an die gemeinsame Staatsangehörigkeit ... 65
iii Tertiäranknüpfung an den Ort der Eheschließung ... 65
cc) Gesetzesumgehung ... 66
dd) Keine Rück- und Weiterverweisung ... 66
ee) Ordre public ... 67
2) Formstatut gem. § 22 IPRG ... 68
aa) Qualifikation als Formfrage ... 68
bb) Alternativtät der Anknüpfungen ... 68
i Das Recht des Eheschließungsortes ... 68
ii Personalstatut eines der Verlobten ... 69
3) Zwischenergebnis ... 69
b) Eheähnliche Lebensgemeinschaften der Eltern ... 70
1) Ehe und Eingetragene Lebenspartnerschaften gleichgeschlechtlicher Eltern ... 70
aa) Qualifikation ... 70
bb) Anknüpfung ... 70
i Eine analoge Anwendung der Anknüpfung der Eheschließung heterosexueller Eltern ... 70
ii Prinzip der engsten Verbindung ... 71
cc) Gesetzesumgehung ... 72
dd) Ordre public ... 73
2) Eingetragene Lebenspartnerschaften verschiedengeschlechtlicher Eltern ... 75
aa) Qualifikation ... 75
bb) Anknüpfung ... 75

i eine analoge Anwendung der Anknüpfung der Eheschließung heterosexueller Eltern 75
ii Prinzip der engsten Verbindung 76
3) Nichteheliche Lebensgemeinschaften verschieden- oder gleichgeschlechtlicher Eltern 76
aa) Qualifikation 76
bb) Anknüpfung nach dem Prinzip der engsten Verbindung 77
4) Zwischenergebnis 78
2. Rechtliche Eltern-Kind-Zuordnung 79
a) Eltern-Kind-Zuordnung und Wirkungen der Eltern-Kind-Verhältnisse gem. § 25 IPRG 79
1) Qualifikation und Anwendungsbereich 79
2) Anknüpfung 80
aa) Subsidiärität der Anknüpfungen 80
i Primäranknüpfung an den gemeinsamen gewöhnlichen Aufenthalt 80
ii Sekundäre Anknüpfung: Anwendung des für den Schutz der Interessen des Schwächeren günstigsten Rechts 81
bb) Anknüpfungszeitpunkt 81
cc) Keine Rück- und Weiterverweisung 82
3) Vorfrage der Ehe der Eltern 83
4) Ordre public 83
aa) Allgemeines 83
bb) Leihmutterschaft 84
cc) Gleichgeschlechtliche Elternschaft 85
5) Zwischenergebnis 86
b) Adoptionsstatut gem. § 28 IPRG 86
1) Qualifikation und Anwendungsbereich 86
2) Anknüpfung 87
3) Ordre public 88
4) Zwischenergebnis 88
III Rechtsvergleichende Bewertung 89
1 Allgemeines 89
a) Einordnung der rechtlichen Beziehung der Eltern 89
b) Rechtliche Eltern-Kind-Zuordnung 90

2 Qualifikation ... 91
3 Anknüpfung ... 94
a) Subsidiärität oder Alternativität der Anknüpfung ... 94
1) „Anknüpfungsleiter“ ... 94
2) Alternativanknüpfung ... 95
b) Günstigkeitsprinzip ... 97
c) Personalstatut ... 98
1) Staatsangehörigkeit oder gewöhnlicher Aufenthalt ... 98
aa) Staatsangehörigkeit ... 98
bb) Gewöhnlicher Aufenthalt ... 100
cc) Wandelbarkeit und Unwandelbarkeit des Personalstatuts ... 105
2) Kombinierte oder kumulative Anknüpfung ... 107
aa) Kombinierte Anknüpfung ... 107
bb) Kumulative Anknüpfung ... 108
d) Sonstiges ... 109
1) Prinzip der engsten Verbindung ... 109
2) Recht des Register führenden Staates ... 109
4 Rück- und Weiterverweisung ... 110
5 Vorfrage ... 112
6 Gesetzesumgehung ... 114
7 Ordre public ... 116
a) Deutschland ... 116
b) China ... 120
B Stief- oder Patchworkfamilien ... 123
I Sorgerechtliche Stellung des Stiefelternteils ... 123
1 Deutschland ... 123
a) Qualifikation als Elterliche Verantwortung ... 123
b) Anwendung von Art. 16, Art. 17 KSÜ bzw. Art. 21 EGBGB ... 124
1) Anknüpfung an den gewöhnlichen Aufenthalt des Stiefkindes ... 124
aa) Begründung des gewöhnlichen Aufenthalt des Stiefkindes ... 124
bb) Aufenthaltswechsel des Stiefkindes ... 126

i Statutenwechsel bei einem Aufenthaltswechsel gem. Art. 21 EGBGB ... 126
ii Begrenzte Wandelbarkeit bei einem Aufenthaltswechsel gem. Art. 16 KSÜ ... 127
cc) Rück- und Weiterverweisung ... 128
i Art. 16 KSÜ i. V. m. Art. 21 KSÜ ... 128
ii Art. 21 EGBGB i. V. m. Art. 4 EGBGB ... 129
2) Verweisung auf deutsches Recht beim gewöhnlichen Aufenthalt des Stiefkindes in Deutschland gem. Art. 16 KSÜ bzw. Art. 21 EGBGB ... 130
aa) Vorfrage der Minderjährigkeit des Stiefkindes ... 130
bb) Vorfrage der Ehe oder eingetragener Lebenspartnerschaft der Eltern in der Stief- oder Patchworkfamilie ... 130
cc) Frage des alleinigen Sorgerechts des rechtlichen Elternteils in der Stief- oder Patchworkfamilie ... 131
3) Verweisung auf das chinesische Recht beim gewöhnlichen Aufenthalt des Stiefkindes in der VR China gem. Art. 21 EGBGB ... 132
aa) Rück- und Weiterverweisung ... 132
bb) Frage der rechtlichen Zuordnung des Stiefkindes zu dem Stiefelternteil ... 132
bb) Vorfrage der Ehe der Eltern in der Stief- oder Patchworkfamilie ... 134
cc) ordre public ... 135
i Kindeswohl ... 135
ii Schutz der sozialen Familie ... 137
2 China ... 138
a) Qualifikation ... 138
b) Anwendung von § 25 IPRG ... 139
1) Anknüpfung an den gemeinsamen gewöhnlichen Aufenthalt ... 139
aa) Begründung des gemeinsamen gewöhnlichen Aufenthalts ... 139

bb) Verweisung auf chinesisches Recht 142
cc) Verweisung auf deutsches Recht 143
i Keine Rück- und Weiterverweisung 143
ii Vorfrage 143
iii. Ordre public 143
2) Verweisung auf das für den Schutz der Interessen des Schwächeren günstigste Recht 145
aa) Alternative Anknüpfungen 145
bb) Günstigkeitzprinzip 146
c) Anwendung von § 29 IPRG: Verweisung auf das für den Schutz der Interessen des Unterhaltenen günstigste Recht 149
1) Alternative Anknüpfung 149
2) Günstigkeitsprinzip 150
d) Stellungnahme zum Prinzip des Schutzes des Schwächeren 151
II. Rechtliche Elternschft des Stiefelternteils durch Stiefkindadoption 152
1 Deutschland 152
a) Durchführung der Stiefkindadoption im Inland 152
1) Anknüpfung an die lex fori gem. Art. 22 Abs. 1 S. 1 EGBGB 152
2) Internationale Zuständigkeit deutscher Gerichte 153
3) Vorfrage 155
aa) Ehe oder eingetragene Lebenspartnerschaft der Eltern in der Stief- oder Patchworkfamilie 155
bb) Sonderfall: Stiefkindadoption in nichtehelicher Lebensgemeinschaft 155
b) Feststellung der Wirksamkeit der im Ausland durch einen Vertrag begründeten Stiefkindadoption 155
1) Anknüpfung an den gewöhnlichen Aufenthalt des Stiefkindes zum Zeitpunkt der Annahme gem. Art. 22 Abs. 1 S. 2 EGBGB 155
2) Verweisung auf das chinesische Recht beim gewöhnlichen Aufenthalt des Stiefkindes in der VR China 157
aa) Rück- und Weiterverweisung 157

i Voraussetzungen und Form der Adoption 158
ii Wirkungen der Adoption 159
iii Aufhebung der Adoption 160
bb) Vorfrage der Ehe zwischen dem Stiefelternteil und dem rechtlichen Elternteil 160
cc) Ordre public 161
i Kindeswohl 161
ii Schutz der sozialen Familien 165
c) Stiefkindadoption im Rahmen des HAÜ 168
2 China 170
a) Anknüpfung der Voraussetzungen und Form der Stiefkindadoption an den gewöhnlichen Aufenthalt des Stiefelternteils und des Stiefkindes gem. § 28 S. 1 IPRG 170
1) Durchführung der Stiefkindadoption in China 170
2) Wirksamkeitsfeststellung der im Ausland erfolgten Stiefkindadoption 174
3) Ordre public 177
aa) Allgemeines 177
bb) Kindeswohl 180
b) Anknüpfung der Wirkungen der Stiefkindadoption an den gewöhnlichen Aufenthalt des Stiefelternteils zum Zeitpunkt der Adoption gem. § 28 S. 2 IPRG 181
1) Durchführung der Stiefkindadoption in China 181
2) Wirksamkeitsfeststellung der im Ausland erfolgten Stiefkindadoption 182
3) Ordre public 184
c) Anknüpfung der Aufhebung der Stiefkindadoption an den gewöhnlichen Aufenthalt des Stiefkindes zum Zeitpunkt der Adoption bzw. an die lex fori gem. § 28 S. 3 IPRG 185
d) Stiefkindadoption im Rahmen des HAÜ 188
III. Zwischenergebnis 190
C. Adoptivfamilien 195
I Eltern-Kind-Zuordnung aufgrund der Adoption 195

1 Deutschland ... 195
a) Rechtliche Elternschaft durch Begründung eines Adoptionsverhältnisses im Inland ... 195
1) Anwendung des deutschen Rechts als lex fori gem. Art. 22 Abs. 1 S. 1 EGBGB ... 195
aa) Allgemeines ... 195
bb) Adoption durch eine Einzelperson ... 196
i Alleinadoption ... 196
ii Stiefkindadoption ... 197
cc) Gemeinsame Adoption ... 197
i durch Ehegatten ... 197
ii durch registrierte Lebenspartner ... 198
iii durch zwei Personen, die in nichtehelichen Familien leben ... 198
2) Internationale Zuständigkeit nach § 101 FamFG ... 199
aa) Gleichlauf mit der lex-fori-Anknüpfung ... 199
bb) Anknüpfung der internationalen Zuständigkeit ... 199
3) Anerkennungsfähigkeit der deutschen Adoptionsentscheidungen im Ausland ... 200
aa) Mögliche Hindernisse für die Anerkennung ... 200
bb) Maßnahmen zur Erleichterung der Anerkennung ... 201
i Eine kumulative Anwendung des betreffenden ausländischen Rechts ... 201
ii Einführung einer Schutzklausel ... 202
iii Materiellrechtliche Kindswohlabwägung im Einzelfall ... 203
b) Zuweisung der rechtlichen Elternschaft durch Feststellung der Wirksamkeit der ausländischen Vertragsadoption ... 204
1) Anwendung des Rechts des gewöhnlichen Aufenthaltsstaates des adoptierten Kindes zum Zeitpunkt der Adoption gem. Art. 22 Abs. 1 S. 2 EGBGB ... 204

aa) Allgemeines ... 204
i Vertragsadoption ... 204
ii Anknüpfung an den gewöhnlichen Aufenthalt des Kindes zum Zeitpunkt der Adoption ... 205
iii Gesamtverweisung ... 206
iv Vorfrage des Bestehens einer Ehe oder eingetragenen Lebenspartnerschaft ... 206
bb) „Kindesstatut“ ... 207
2) Ordre-public-Prüfung nach Art. 6 EGBGB ... 208
aa) Kindeswohl ... 208
i Allgemeines ... 208
ii Kindeswohlkonstellationen im Zeitpunkt der Wirksamkeitsfeststellung der ausländischen Vertragsadoption ... 209
bb) Schutz der sozialen Familien ... 211
2 China ... 213
a) Rechtliche Elternschaft durch die im Inland erfolgte Adoption ... 213
1) „Spaltung“ des Adoptionsstatuts gem. § 28 IPRG ... 213
aa) Kumulative Anwendung des Rechts des gewöhnlichen Aufenthalts des Annehmenden und des anzunehmenden Kindes auf Begründung der Adoption gem. § 28 S. 1 IPRG ... 213
bb) Anwendung des Rechts des gewöhnlichen Aufenthalts des Annehmenden zum Zeitpunkt der Adoption auf Wirkungen der Adoption gem. § 28 S. 2 IPRG ... 215
cc) Alternative Anwendung des Rechts des gewöhnlichen Aufenthalts des angenommenen Kindes zum Zeitpunkt der Adoption oder lex fori auf die Aufhebung der Adoption gem. § 28 S. 3 IPRG ... 217
dd) Ordre-public-Prüfung nach § 5 IPRG ... 218
2) Internationale Zuständigkeit und Kollisionsnormen gem. den chinesischen Regelungen zum internationalen Adoptionsverfahren ... 221

aa) Internationale Zuständigkeit der chinesischen Zivilbehörde am Ort der Haushaltsregistrierung des adoptierten Kindes 221
bb) Anknüpfung bei der Adoption durch ausländische oder im Ausland lebende chinesische Annehmede 222
3) Anerkennungsfähigkeit der in China erfolgten internationalen Adoption 223
aa) Verfahrenskooperation zwischen den zuständigen Behörden beider Länder 223
bb) Mischform: Vertrag mit behördlicher Genehmigung 224
cc) Einfacheres Verfahren und erleichterte Voraussetzungen für die im Ausland lebende chinesische Annehmende 226
b) Eltern-Kind-Zuordnung durch Wirksamkeitsfeststellung der ausländischen Adoption 227
1) Wirksamkeitsprüfung der ausländischen Adoption gem. § 28 IPRG 227
aa) Eine gleichzeitige Berücksichtigung der Anwendung des § 28 S. 1 und S. 2 IPRG 227
bb) Anwendbarkeit des § 28 S. 2 IPRG bei den Adoptionsverhältnissen als Vorfrage 229
cc) Ordre-public-Prüfung nach § 5 IPRG 231
2) Vorliegen einer Regelungslücke im Verfahrensrecht zur Wirksamkeitsfeststellung oder Anerkennung der ausländischen Adoption 232
aa) Amtliche Beglaubigung und diplomatische Legalisation 232
bb) Einhaltung des Rahmens des HAÜ 233
II Zwischenergebnis 233
D Leihmutterschaftsfamilien 236
I Abstammung des Kindes bei Wunscheltern 236
1 Deutschland 236
a) Allgemeines 236
1) Kollisionsrechtliche Anerkennungsfähigkeit 236
2) Regelungsgehalt des Art. 19 Abs. 1 EGBGB 237

b) Anknüpfung an den gewöhnlichen Aufenthalt des Kindes gem. Art. 19 Abs. 1 S. 1 EGBGB 238
1) Gewöhnlicher Aufenthalt eines Kindes 238
2) Gewöhnlicher Aufenthalt des Kindes im Inland 240
3) Gewöhnlicher Aufenthalt des Kindes im Ausland 241
c) Alternative Anknüpfungen gem. Art. 19 Abs. 1 EGBGB 243
1) Anknüpfung an den Heimatstaat des Wunschelternteils gem. Art. 19 Abs. 1 S. 2 EGBGB 243
2) Anwendung des Ehewirkungsstatuts der Mutter gem. Art. 19 Abs. 1 S. 3 EGBGB 243
d) Ordre-public-Prüfung nach Art. 6 EGBGB 244
1) Allgemeines 244
aa) Allgemeines zu Art. 6 EGBGB 244
bb) Überblick des deutschen ordre public im Kontext der Leihmutterschaft 245
2) Kindeswohl 246
aa) Grundlagen 246
bb) Schutz der Grundrechte des Kindes 247
i Art. 2 Abs. 1 i.V. m. Art. 6 Abs. 2 GG 247
ii Andere relevante Grundrechte 249
cc) Schutz des Privatlebens des Kindes gem. Art. 8 Abs. 1 EMRK 250
3) Schutz der sozialen Familie 251
aa) Schutz der Familie gem. Art. 6 Abs. 1 GG 251
bb) Schutz des Familienlebens gem. Art. 8 Abs. 1 EMRK 252
i Begriff des Familienlebens 252
ii Eingriff in das Familienleben und Verhältnismäßigkeit des Eingriffs 255
2 China 256
a) Allgemeines 256
1) Methoden in der Praxis 256
2) Anwendbarkeit der §§ 29, 30 IPRG 258
3) Regelungsgehalt des § 25 IPRG 259

b) Primäre Anknüpfung an den gemeinsamen gewöhnlichen Aufenthalt gem. § 25 IPRG 260
1) Gewöhnlicher Aufenthalt eines Kindes 260
2) Gemeinsamer gewöhnlicher Aufenthalt 261
c) Sekundäre Anknüpfungen aufgrund des Prinzips des Schutzes des Schwächeren gem. § 25 IPRG 261
1) Alternative Anknüpfungen 261
aa) Liste der vorhandenen Anknüpfungspunkte 261
i Verweisung auf inländisches Recht 261
ii Verweisung auf ausländisches Recht 263
bb) Möglichkeit der Aufnahme neuer Anknüpfungspunkte 264
2) Prinzip des Schutzes des Schwächeren 266
aa) Das Kind als die schwächere Partei 266
bb) Kindeswohl und Günstigkeitsprinzip 266
d) Ordre-public-Prüfung nach § 5 IPRG 268
1) Allgemeines 268
2) Kindeswohl 270
3) Schutz der Familie 274
II Rechtliche Elternschaft der Wunscheltern durch Adoption 275
1 Deutschland 275
a) Allgemeines 275
b) Voraussetzungen der Adoption gem. § 1741 Abs. 1 BGB 276
1) Anwendung des § 1741 Abs. 1 S. 2 BGB 276
aa) Argumente für die Anwendbarkeit des § 1741 Abs. 1 S. 2 BGB 276
i Gesetzeswidrigkeit 276
ii Sittenwidrigkeit 277
bb) Maßstab der Erforderlichkeit im Kindeswohl 278
i Nichtbestehen der Erforderlichkeit der Adoption für das Kindeswohl 278
ii Bestehen der Erforderlichkeit der Adoption für das Kindeswohl 278
2) Anwendung des § 1741 Abs. 1 S. 1 BGB 280
aa) Argumente für die Anwendbarkeit des § 1741 Abs. 1 S. 1 BGB 280

i Auslegung aus dem Wortlaut ... 280
ii Systematische Auslegung ... 281
iii Historische und teleologische Auslegung ... 282
iv Auslegung im Lichte des GG, EMRK und UN-KRK ... 283
bb) Maßstab der Dienlichkeit im Kindeswohl ... 284
2. China ... 285
a) Allgemeines ... 285
b) Voraussetzungen der Adoption ... 286
1) Grundsatz des Kindeswohls gem. § 1044 ZGB ... 286
2) Voraussetzungen im Einzelnen ... 287
III. Zwischenergebnis ... 288
E. Regenbogenfamilien ... 290
I Rechtliche Zuordnung des Kindes bei lesbischer Partnerschaft ... 290
1 Deutschland ... 290
a) Allgemeines ... 290
1) Kollisionsrechtliche Anerkennungsfähigkeit ... 290
2) Anwendbarkeit des Brüsseler CIEC-Übereinkommen ... 291
3) Qualifikation ... 291
b) Anknüpfungsalternativen gem. Art. 19 Abs. 1 EGBGB ... 292
1) Verweisung auf das Recht am gewöhnlichen Aufenthalt des Kindes nach Art. 19 Abs. 1 S. 1 EGBGB ... 292
aa) Gewöhnlicher Aufenthalt des Kindes in der lesbischen Lebensgemeinschaft ... 292
bb) Gesamt- oder Sachnormverweisung ... 294
cc) Vorfrage der Ehe oder einer anderen Form der Partnerschaft zwischen Eltern gleichen Geschlechts ... 294
2) Anwendung des Heimatrechts der lesbischen Lebenspartnerin nach Art. 19 Abs. 1 S. 2 EGBGB ... 295
3) Anknüpfung an das Ehewirkungsstatut nach Art. 19 Abs. 1 S. 3 EGBGB ... 296
c) Deutsche Staatsangehörigkeit des Kindes ... 298
d) Ordre-public-Prüfung nach Art. 6 EGBGB ... 298
1) Allgemeines ... 298
2) Gleichgeschlechtliche Elternschaft ... 299

3) Kindeswohl ... 300
4) Vaterrechte des Samenspenders ... 301
5) Schutz der sozialen Familie ... 302
2 China ... 302
a) Allgemeines ... 302
1) Eintritt der IPR-Anknüpfung ... 302
2) Qualifikation ... 303
b) Anknüpfungen gem. § 25 IPRG ... 303
1) Primäranknüpfung an den gemeinsamen gewöhnlichen Aufenthalt der Lebenspartnerin der Mutter und des Kindes gem. § 25 Halbs. 1 IPRG ... 303
2) Sekundäranknüpfung mit alternativen Anknüpfungspunkten gem. § 25 Halbs. 2 IPRG ... 304
3) Vorfrage der Ehe oder einer anderen Form der Partnerschaft zwischen Eltern gleichen Geschlechts ... 305
4) Fallbeispiel ... 306
c) Chinesische Staatsangehörigkeit des Kindes ... 307
d) Ordre-public-Prüfung nach § 5 IPRG ... 308
1) Allgemeines ... 308
2) Kindeswohl ... 310
3) Schutz der sozialen Familien ... 311
II Abstammung des Kindes bei zwei Männer aufgrund Leihmutterschaft ... 311
1 Deutschland ... 311
a) Allgemeines ... 311
b) Anknüpfung gem. Art. 19 Abs. 1 EGBGB ... 312
c) Ordre-public-Prüfung gem. Art. 6 EGBGB ... 313
2 China ... 314
a) Allgemeines ... 314
b) Anknüpfung gem. § 25 IPRG ... 314
c) Ordre-public-Prüfung nach § 5 IPRG ... 315
III Gleichgeschlechtliche Elternschaft infolge von Adoption ... 315
1 Deutschland ... 315
a) Allgemeines ... 315
b) Anknüpfung gem. Art. 22 Abs. 1 EGBGB ... 316
1) Durchführung der Adoption im Inland ... 316

2) Wirksamkeitsfeststellung der im Ausland erfolgten Vertragsadoption ... 316
c) Ordre-public-Prüfung gem. Art. 6 EGBGB ... 317
2 China ... 317
a) Allgemeines ... 317
b) Anknüpfung gem. § 28 IPRG ... 318
1) Durchführung der Adoption im Inland ... 318
2) Kollisionsrechtliche Anerkennung der ausländischen Adoption ... 319
c) Ordre-public-Prüfung nach § 5 IPRG ... 320
IV Zwischenergebnis ... 320

TEIL 4
Verfahrensrechtliche Anerkennung rechtlicher Elternschaft in modernen Familienstrukturen ... 325
A Grundlagen ... 325
I Deutsches Recht ... 325
1 Allgemeines ... 325
2 Anerkennungsfähigkeit ... 328
a) Allgemeines ... 328
b) Stieffamilien ... 329
c) Adoptivfamilien ... 329
d) Leihmutterschaftsfamilien ... 330
e) Regenbogenfamilien ... 332
3 Anerkennungszuständigkeit ... 333
a) Allgemeines ... 333
b) Stieffamilien ... 334
c) Adoptivfamilien ... 335
d) Leihmutterschaftsfamillien ... 335
e) Regenbogenfamilien ... 337
4 Wirkungen der Anerkennung ... 338
a) Allgemeines ... 338
b) Stieffamilien ... 339
c) Adoptivfamilien ... 340
d) Leihmutterschaftsfamilien ... 341
e) Regenbogenfamilien ... 342

II Chinesisches Recht ... 343
1 Allgemeines ... 343
2 Prinzip der Gegenseitigkeit ... 345
3 Anerkennungszuständigkeit ... 348
4 Wirkungen der Anerkennung ... 351
III Rechtsvergleichende Bewertung ... 355
B. Anerkennungsrechtlicher ordre public ... 356
I Aus deutscher Sicht ... 356
1 Allgemeines ... 356
2 Kindeswohl und seine Grenzen ... 358
a) Allgemeines ... 358
b) Rechtliche Elternstellung des Stiefelternteils ... 360
1) Kindeswohl und plurale Elternschaft in Stiefkindkonstellationen ... 360
2) Wohl des Stiefkindes und Interessen der leiblichen oder rechtlichen Kinder des Stiefelternteils ... 362
3) Kindeswohl und Interessen des leiblichen oder rechtlichen Elternteils außerhalb der Patchworkfamilie ... 364
c) Fehlerhafte Auslandsadoption ... 365
1) Auslandsadoptionen bei fehlender oder unzureichender Kindeswohlprüfung ... 365
aa) Verweigerung der Anerkennung wegen Nichtbeachtung der deutschen Kriterien der Kindeswohlprüfung ... 365
i Allgemeines ... 365
ii Fehlende Elterneignungsprüfung ... 366
iii Fehlen eines Adoptionsbedürfnisses und keine Erwartung der Entstehung eines Eltern-Kind-Verhältnisses ... 367
iv Sonstige Mängel der Kindeswohlprüfung ... 369
v Debatte bei der Ablehnung aufgrund unzureichender Kindeswohlprüfung ... 370
vi Stellungnahme ... 371
bb) Anerkennung durch eine nachträgliche kursorische Kindeswohlprüfung angesichts des „Kindeswohls ex post“ im konkreten Fall ... 374

cc) Übrige Ansichten in der Rechtsprechung 377
2) Unbegleitete Auslandsadoptionen i. S. d. neuen § 4 AdWirkG 379
aa) Nichtanerkennung als Grundsatz angesichts des allgemeinen Kindeswohls 379
bb) Anerkennung als Ausnahme aufgrund der Erforderlichkeit des Wohls des konkreten Kindes im Einzelfall 381
3) Stellungnahme 383
d) Abstammungsverhältnisse infolge von Leihmutterschaft 385
1) Anerkennung als Grundsatz angesichts des „Kindeswohls ex post“ im konkreten Fall 385
2) Nichtanerkennung aufgrund des „Kindeswohls ex ante“ in einigen Entscheidungen 388
3) Ungeklärte Fragen zum Kindeswohl in spezifischen Einzelfällen 389
aa) Kindeswohl und Relevanz der genetischen Abstammung 389
bb) Kindeswohl bei fehlendem Leihmutterschftsvertrag 391
cc) Kindeswohl bei Verletzung der Menschenwürde der Leihmutter 392
dd) Kindeswohl bei Tod oder Reue eines Wunschelternteils 393
e) Anerkennung der gleichgeschlechtlichen Elternschaft 394
1) Kindeswohl und gleichgeschlechtliche Elternschaft 394
2) Kindeswohl und andere Grundsätze oder Rechtspolitiken 395
3) Kindeswohl und Rechte oder Interessen der anderen Beteiligten 396
f) Fazit 396
3. Schutz der sozialen Familien und seine Umsetzung in der Praxis 399

a) Vorgaben im Hinblick auf den Familienschutz im höherrangigen Recht 399
1) Recht auf Achtung des Familienlebens im Art. 8 EMRK 399
2) Familienschutz im Art. 6 Abs. 1 GG 402
b) Umsetzung der Vorgaben in modernen Familienstrukturen 403
1) Stief- oder Patchworkfamilien 403
aa) Vorliegen eines Familienlebens 403
bb) Eingriff in das Familienleben 405
cc) Rechtfertigung des Eingriffs in das Familienleben 406
dd) Anwendung von Art. 6 Abs. 1 GG 409
2) Adoptivfamilien 410
aa) Vorliegen eines Familienlebens 410
bb) Eingriff in das Familienleben 413
cc) Rechtfertigung des Eingriffs in das Familienleben 414
3) Leihmutterschaftsfamilien 418
aa) Vorliegen eines Privat- und Familienlebens 418
bb) Eingriff in das Privat- und Familienleben 421
cc) Rechtfertigung des Eingriffs in das Privat- und Familienleben 422
dd) Rechtfertigung des Eingriffs in das Privatleben des Kindes aus Leimutterschaft 424
ee) Rechtfertigung des Eingriffs in das Privatleben der Wunscheltern 427
ff) Rechtfertigung des Eingriffs in das Familienleben 430
gg) Diskriminierungsfragen 433
4) Regenbogenfamilien 434
aa) Vorliegen eines Familien- und Privatlebens 434
bb) Eingriff in das Familien- und Privatleben 435
cc) Rechtfertigung des Eingriffs in das Privat- und Familienleben 436
dd) Vorliegen der Ungleichbehandlung/ Diskriminierungsfragen 437
ee) Rechtfertigung der Ungleichbehandlung 439

c) Kritik der Umsetzung der Vorgaben 441
1) Relevanz zum Schutz der frühen sozialen Familien 441
2) Eingriff (Nichtanerkennung) unter welchen Umstände? 442
3) Folgen: Legitimierung der faktischen Eltern-Kind-Verhältnisse 445
d) Fazit 446
II Aus chinesischer Sicht 449
1 Allgemeines 449
2 Kindeswohl und chinesische Sichtweise 451
a) Allgemeines 451
b) Spezielles in verschiedenen Familienstrukturen 453
1) Stieffamilien 453
2) Adoptivfamilien 455
3) Leihmutterschaftsfamilien 457
4) Regenbogenfamilien 461
3 Schutz der Familien und chinesische Sichtweise 464

TEIL 5
Ausblick: Moderne Familienstrukturen de lege ferenda 469
A Bemühungen der HCCH 469
I Allgemeines 469
II Konzept des KSÜ 470
III Konzept des HAÜ 472
IV Entwurf neuer Rechtsinstrumente 473
1 Entwurf des Übereinkommens 473
2 Entwurf des Protokolls 476
B Europarechtliche Vereinheitlichung 479
C Völkerrechtliche Entwicklungen 482
I Internationale Zivilstandskommission (CIEC) 482
II Europarat 483
III Vereinte Nationen 485
D Reformbedarf des nationalen Rechts 488
I Internationales Privat- und Verfahrensrecht 488
II Sachrecht 493

E Lösungsvorschläge für das chinesische IPR 497
I Reform des Sachrechts 497
II Reform des internationalen Privat- und Verfahrensrechts 498
III Abschluss multilateraler Übereinkommen oder bilateraler Verträge 500

Anhang 503
Auszüge aus den einschlägigen Bestimmungen des chinesischen Rechts 503
I Verfassung 503
II ZGB 504
III Erläuterungen des OVG zur Anwendung des Buchs über Ehe und Familie des ZGB I 513
IV IPRG 514
V Erläuterungen des OVG zum IPRG I (rev. 2020) 517
VI ZPG (rev. 2023) 518
VII Erläuterungen des OVG zum ZPG (rev. 2022) 522

Literaturverzeichnis 523

Abkürzungsverzeichnis

a. A.	andere Auffassung
ABl.	Amtsblatt der Europäischen Union
Abs.	Abschnitt
AdVermiG	Adoptionsvermittlungsgesetz (Gesetz über die Vermittlung und Begleitung der Adoption und über das Verbot der Vermittlung von Ersatzmüttern)
AdWirkG	Adoptionswirkungsgesetz (Gesetz über Wirkungen der Annahme als Kind nach ausländischem Recht)
AEUV	Vertrag über die Arbeitsweise der Europäischen Union
a. F.	alte Fassung
AG	Amtsgericht
AGZR	Allgemeine Grundsätze des Zivilrechts der Volksrepublik China
ART	assistierte Reproduktionstechnologie
Art.	Artikel
ASEAN	Association of Southeast Asian Nations
ATZR	Allgemeiner Teil des Zivilrechts der Volksrepublik China
Aufl.	Auflage
BayObLGZ	Entscheidungen des Bayerischen Obersten Landesgerichts in Zivilsachen

BeckOGK	beck-online.Großkommentar
BeckOK	Beck'scher Online-Kommentar
BeckRS	Beck-Rechtsprechung
BGB	Bürgerliches Gesetzbuch
BGBl.	Bundesgesetzblatt
BGH	Bundesgerichtshof
BMJV	Bundesministerium der Justiz und für Verbraucherschutz
BRD	Bundesrepublik Deutschland
Brüssel IIa-VO	Verordnung (EG) Nr. 2201/2003 des Rates vom 27. November 2003 über die Zuständigkeit und die Anerkennung und Vollstreckung von Entscheidungen in Ehesachen und in Verfahren betreffend die elterliche Verantwortung und zur Aufhebung der Verordnung (EG) Nr. 1347/2000
Brüssel IIb-VO	Verordnung (EU) 2019/1111 des Rates vom 25. Juni 2019 über die Zuständigkeit, die Anerkennung und Vollstreckung von Entscheidungen in Ehesachen und in Verfahren betreffend die elterliche Verantwortung und über internationale Kindesentführungen (Neufassung)
bspw.	beispielsweise
BT-Drs.	Bundestagsdrucksache
BVerfG	Bundesverfassungsgericht
BVerwG	Bundesverwaltungsgericht
bzw.	beziehungsweise
C. civ.	Code civil
ca.	circa
CDCJ	European Committee on Legal Co-operation (Europäischer Ausschuss über die rechtliche Zusammenarbeit)
CIEC	Commission internationale de l'état civil (Internationale Kommission für das Zivilstandswesen)

CRC	Committee on the Rights of the Child
CUPL	China University of Political Science and Law
d. h.	das heißt
DDR	Deutsche Demokratische Republik
DGRN	Dirección General de los Registros y del Notariado (Generaldirektion für das Registerwesen und das Notariat)
DNotZ	Deutsche Notar-Zeitschrift
doc.	document
ebd.	ebenda
eds.	editors
EG	Experts' Group
EGBGB	Einführungsgesetz zum Bürgerlichen Gesetzbuch
EGMR	Europäischer Gerichtshof für Menschenrechte
EGV	Vertrag zur Gründung der Europäischen Gemeinschaft
Einl.	Einleitung
EMRK	Europäische Menschenrechtskonvention
endg.	endgültig
ESchG	Embryonenschutzgesetz (Gesetz zum Schutz von Embryonen)
EU	Europäische Union
EuAdoptÜ	Europäisches Adoptionsübereinkommen (Europäisches Übereinkommen über die Adoption von Kindern)
EuErbVO	Verordnung (EU) Nr. 650/2012 des Europäischen Parlaments und des Rates vom 4. Juli 2012 über die Zuständigkeit, das anzuwendende Recht, die Anerkennung und Vollstreckung von Entscheidungen und die Annahme und Vollstreckung öffentlicher Urkunden in Erbsachen sowie zur Einführung eines Europäischen Nachlasszeugnisses
EuGH	Gerichtshof der Europäischen Union
EuGRZ	EuropäischeGrundrechte-Zeitschrift

EuPartVO	Verordnung (EU) 2016/1104 des Rates vom 24. Juni 2016 zur Durchführung der Verstärkten Zusammenarbeit im Bereich der Zuständigkeit, des anzuwendenden Rechts und der Anerkennung und Vollstreckung von Entscheidungen in Fragen güterrechtlicher Wirkungen eingetragener Partnerschaften
EuUnthVO	Verordnung (EG) Nr. 4/2009 des Rates vom 18. Dezember 2008 über die Zuständigkeit, das anwendbare Recht, die Anerkennung und Vollstreckung von Entscheidungen und die Zusammenarbeit in Unterhaltssachen
EUV	Vertrag über die Europäische Union
EuZVR	Europäisches Zivilverfahrensrecht
EVÜ	Europäisches Schuldvertragsübereinkommen (Übereinkommen über das auf vertragliche Schuldverhältnisse anzuwendende Recht)
f., ff.	folgende
FamFG	Gesetz über das Verfahren in Familiensachen und in den Angelegenheiten der freiwilligen Gerichtsbarkeit
FamFR	Familienrecht und Familienverfahrensrecht
FamRBInt	Familien-Rechts-Berater international
FamR-NotGP	Familienrecht in der Notar- und Gestaltungspraxis
FamRZ	Zeitschrift für das gesamte Familienrecht
FDP	Freie Demokratische Partei
Feb.	February
FGPrax	Praxis der Freiwilligen Gerichtsbarkeit
FK	Familienrecht kompakt
Fn.	Fußnote
FPR	Familie Partnerschaft Recht
Frankfurt a. M.	Frankfurt am Main
FS	Festschrift
gem.	gemäß

GG	Grundrecht
ggf.	gegebenenfalls
GK	Große Kammer
GRCh	Charta der Grundrechte der Europäischen Union
h. M.	herrschende Meinung
Halbs.	Halbsatz
HAÜ	Haager Adoptionsübereinkommen
HCCH	Haager Konferenz für Internationales Privatrecht
HdB	Handbuch
HK	Handkommentar
HKÜ	Haager Kindesentführungsübereinkommen
Hrsg.	Herausgeber
HUDOC	Human Rights Documentation
HVG	Hohes Volksgericht
i. S. d.	im Sinne des/der
i. S. v.	im Sinne von
i. V. m.	in Verbindung mit
i. d. R.	in der Regel
IntEuFamR	Internationales und Europäisches Familienrecht
IPR	Internationales Privatrecht
IPRax	Praxis des Internationalen Privat- und Verfahrensrechts
IPRG	Gesetz über das internationale Privatrecht
IPRspr	Die deutsche Rechtsprechung auf dem Gebiete des Internationalen Privatrechts
IZPR	Internationales Zivilprozessrecht
IZVR	Internationales Zivilverfahrensrecht
JAmt	Das Jugendamt (Zeitschrift für Jugendhilfe und Familienrecht)
JR	Juristische Rundschau
jurisPK	juris PraxisKommentar

JZ	JuristenZeitung
KG	Kammergericht
Kind-Prax	Kindschaftsrechtliche Praxis
KOM	Europäische Kommission
KSÜ	Kinderschutzübereinkommen (Übereinkommen über die Zuständigkeit, das anzuwendende Recht, die Anerkennung, Vollstreckung und Zusammenarbeit auf dem Gebiet der elterlichen Verantwortung und der Maßnahmen zum Schutz von Kindern)
LG	Landgericht
LGBT	lesbian, gay, bisexual, and transgender
LGBTQ	lesbian, gay, bisexual, transgender and queer
lit.	littera
LPartG	Lebenspartnerschaftsgesetz (Gesetz über die Eingetragene Lebenspartnerschaft)
m. a. W.	mit anderen Worten
m. E.	meines Erachtens
MAF	medizinisch assistierte Fortpflanzung
mglw.	möglicherweise
MSA	Haager Minderjährigenschutzabkommen (Übereinkommen über die Zuständigkeit der Behörden und das anzuwendende Recht auf dem Gebiet des Schutzes von Minderjährigen)
MüKO	Münchener Kommentar
MVG	Mittleres Volksgericht
n. F.	neue Fassung
NDV	Nachrichtendienst des Deutschen Vereins
NJW	Neue Juristische Wochenschrift
NJW-Beil	Neue Juristische Wochenschrift – Beilage
NJW-RR	Neue Juristische Wochenschrift Rechtsprechungs-Report Zivilrecht

Nov.	November
NLMR	Newsletter Menschenrechte
Nr., No.	Nummer
NVwZ	Neue Zeitschrift für Verwaltungsrecht
NZFam	Neue Zeitschrift für Familienrecht
o. g.	oben genannt
Oct.	October
ÖJZ	Österreichische Jurist:innenzeitung
OLG	Oberlandesgericht
OVG	Oberstes Volksgericht, Oberverwaltungsgericht
PassG	Passgesetz
prel.	preliminary
PStG	Personenstandsgesetz
RabelsZ	Rabels Zeitschrift für ausländisches und internationales Privatrecht
rev.	revidiert
Rn.	Randnummer
RND	RedaktionsNetzwerk Deutschland
RNotZ	Rheinische Notar-Zeitschrift
Rs.	Rechtssache
S.	Seite, Satz
SEV	Sammlung Europäischer Verträge
sog.	sogenannt
SPD	Sozialdemokratische Partei Deutschlands
StAG	Staatsangehörigkeitsgesetz
Stan. JCR & CL	Stanford Journal of Civil Rights & Civil Liberties
StAZ	Das Standesamt (Zeitschrift für Standesamtswesen, Familienrecht, Staatsangehörigkeitsrecht, Personenstandsrecht, internationales Privatrecht des In- und Auslands)

StKAdG	Gesetz zur Umsetzung der Entscheidung des Bundesverfassungsgerichts vom 26. März 2019 zum Ausschluss der Stiefkindadoption in nichtehelichen Familien
u. a.	unter anderem; und andere
u. U.	unter Umständen
UN	United Nations
UN-KRK	Übereinkommen über die Rechte des Kindes der Vereinten Nationen (UN-Kinderrechtskonvention)
US	United States
USA	United States of America
usw.	und so weiter
v.	von, versus
Var.	Variante
VfGH	Verfassungsgerichtshof (Österreich)
VG	Verwaltungsgericht, Volksgericht
vgl.	vergleiche
VR China	Volksrepublik China
z. B.	zum Beispiel
ZAR	Zeitschrift für Ausländerrecht und Ausländerpolitik
ZChinR	Zeitschrift für Chinesisches Recht
ZEuP	Zeitschrift für Europäisches Privatrecht
ZGB	Das Zivilgesetzbuch der VR China vom 28.Mai 2020
ZPG	Zivilprozessgesetz
ZPO	Zivilprozessordnung
ZRP	Zeitschrift für Rechtspolitik

TEIL 1

Einführung

Die Familienstrukturen in Ländern wie Deutschland und China haben sich im letzten halben Jahrhundert im Zuge des sozialen und reproduktionstechnischen Fortschritts diversifiziert und umfassen neben traditionellen auch modernere Familienformen. Die traditionelle Familienstruktur besteht i. d. R. aus verheirateten heterosexuellen Paaren, die Kinder aufziehen, die mit ihnen genetisch verwandt sind. In modernen Familienstrukturen können Eltern auch gemeinsam Kinder aufziehen, die mit ihnen nicht oder nur mit einem Elternteil genetisch verwandt sind. Ob die Eltern verheiratet sind oder nicht, ob sie heterosexuell sind oder nicht, hat keinen Einfluss mehr auf die oben beschriebene Realität der gemeinsamen Elternschaft und des familiären Zusammenlebens, m. a. W.: neben der Ehe und der Blutsverwandtschaft werden die Tatsachen allmählich zu den Schlüsselelementen für die Gestaltung der modernen Familie.[1]

Allerdings scheint eine deutliche Diskrepanz zwischen Recht und gesellschaftlicher Realität zu bestehen. Zum einen hinkt das Familienrecht dem Wandel der Fami-lienstrukturen hinterher und orientiert sich insbesondere bei der Eltern-Kind-Zuord-nung (§ 1591 ff. BGB) noch zu sehr am traditionellen Modell der Familienstruktur, das auf Ehe und Blutsverwandtschaft

[1] Huinink, Johannes: „Wandel von Familienstrukturen". In: Herbert Obinger / Manfred G. Schmidt (Hrsg.): *Handbuch Sozialpolitik*. Springer VS: Wiesbaden 2019, S. 459; Peuckert, Rüdiger: *Familienformen im Sozialen Wandel*. Springer VS: Münster 2012, S. 189–193; Uhle, Arnd: „Abschied vom engen Familienbegriff. Zur Rejustierung des bundesverfassungsgerichtlichen Familienverständnisses". *NVwZ* 2015, S. 272–274.

beruht. Neue Faktoren wie Tatbestand und Wille werden zwar inzwischen bei der Eltern-Kind-Zuordnung berücksichtigt (§ 1766a BGB), sind aber noch nicht vollständig in die wichtigen Überlegungen zur Kindeszuordnung eingeflossen, m. a. W.: das Phänomen der genetisch, sozial und rechtlich gespaltenen Elternschaft in modernen Familienstrukturen hat im Familienrecht noch keine breite Akzeptanz und Anerkennung gefunden.[2] Zum anderen scheint sich das Internationale Privatrecht angesichts des immer häufigeren internationalen Zivil- und Wirtschafts-verkehrs sowie der zunehmenden internationalen Mobilität der Menschen noch nicht vollständig auf die Veränderungen in den modernen Familienstrukturen eingestellt zu haben. Es lässt sich vermuten, dass die Reaktionen des Familienrechts in den verschiedenen Ländern auf diese Veränderungen unterschiedlich ausfallen und das Internatio-nale Privatrecht in einigen Fällen Schwierigkeiten hat, darauf wirksam zu reagieren. Diese Herausforderung ist besonders akut, wenn es um die grenzüberschreitende Aner-kennung der Eltern-Kind-Zuordnung in modernen Familienstrukturen geht.

Vor diesem Hintergrund untersucht die Arbeit aus einer rechtsvergleichenden Perspektive zwischen Deutschland und China die Grenzen der grenzüberschreitenden Anerkennung der Eltern-Kind-Zuordnung im Internationalen Privatrecht beider Länder und lotet mögliche Optimierungen aus, um den vielfältigen und komplexen Familienstrukturen der heutigen Zeit besser gerecht zu werden. Auf der Grundlage einschlägiger deutscher und chinesischer Gesetzestexte und Rechtsprechung sollen insbesondere folgende Fragen erörtert werden: Erstens: Wo liegen die Grenzen des kollisionsrechtlichen Ansatzes bei der Anerkennung der grenzüberschreitenden Eltern-Kind-Zuordnung in modernen Familienstrukturen und welche Verbesserungsmöglichkeiten ergeben sich daraus? Wie können z. B. Partnerschaft und Eltern-Kind-Zuordnung in modernen Fa-milienstrukturen unter die an der traditionellen Familienstruktur orientierten Kollisionsnormen

---

2 Campbell, Claudia: „Elternschaft und Abstammung". *NZFam* 2016, S. 721; Dethloff, Nina / Timmermann, Anja: „Multiple Elternschaft – Familienrecht und Familienleben im Spannungsverhältnis". In: Pia Bergold et al. (Hrsg.): *Familien mit multipler Elternschaft: Entstehungszusammenhänge, Herausforderungen und Potenziale*. Verlag Barbara Budrich: Opladen et al. 2017, S. 174; Helms, Tobias: „Rechtliche, biologische und soziale Elternschaft. Herausforderungen durch neue Familienformen". *NJW-Beil* 2016, S. 49.

subsumiert werden? Inwieweit können die bestehenden rechtlichen Anknüpfungsfaktoren im Internationalen Privatrecht verwendet werden, um moderne Familienstrukturen international anzuerkennen, insbesondere im Hinblick auf die Eltern-Kind-Zuordnung? Zweitens: Welche Rolle spielen verfahrensrechtliche Ansätze bei der Anerkennung der grenzüberschreitenden Eltern-Kind-Zuordnung in modernen Familienstrukturen und besteht hier Verbesserungsbedarf? Wie kann z. B. der Gegenstand der verfahrensrechtlichen und der kollisionsrechtlichen Anerkennung klar abgegrenzt werden? Oder lässt sich der Anerkennungsgegenstand beider eindeutig bestimmen? Inwieweit beschränkt der ordre-public-Vorbehalt die grenzüberschreitende Mobilität der Eltern-Kind-Zuordnung in modernen Familienstrukturen? Drittens: Gibt es andere, wirksamere Wege zur Anerkennung der grenzüberschreitenden Eltern-Kind-Zuordnung in modernen Familienstrukturen als die Modifizierung der traditionellen kollisions- und verfahrensrechtlichen Ansätze? Kann bspw. das Anerkennungsprinzip neben diesen beiden Ansätzen eine ergänzende Rolle bei der Anerkennung der grenzüberschreitenden Eltern-Kind-Zuordnung spielen?

Der folgende zweite Teil der Arbeit analysiert zunächst den Begriff der modernen Familienstruktur (einschließlich Definition und Konstellationen) und gibt einen ersten Überblick über die aktuelle deutsche und chinesische Rechtslage zur Eltern-Kind-Zuordnung in der modernen Familienstruktur auf der Ebene des materiellen Rechts. Im dritten Teil werden die kollisionsrechtlichen Fragen der Einordnung der Partnerschaft und der Feststellung der Elternschaft in der modernen Familienstruktur aus der Perspektive der deutsch-chinesischen Rechtsvergleichung vertieft. Der vierte Teil konzentriert sich auf den verfahrensrechtlichen Ansatz zur Anerkennung der grenzüberschreitenden Eltern-Kind-Zuordnung aus deutsch-chinesischer rechtsvergleichender Perspektive. Der fünfte Teil befasst sich mit der zukünftigen Tendenz zur Vereinheitlichung der Anerkennung der Elternschaft in modernen Familienstrukturen vor allem aus völkerrechtlicher Sicht und gibt einige Reformvorschläge für das chinesische Internationale Privatrecht im Hinblick auf die Anerkennung grenzüberschreitender Elternschaft.

Moderne Familienstrukturen und Sachrecht

A. Begriff von modernen Familienstrukturen

I. Definition

„Familie“ bedeutet nicht nur für jeden Menschen, sondern auch in jedem gesellschaftlichen Handlungsfeld und in jedem Rechtsbereich etwas anderes.[3] Aus soziologischer Sicht wird unter Familie im engeren Sinne eine soziale und institutionell eingebettete Lebensgemeinschaft verstanden, in der ein oder beide Elternteile mit ihren Kindern in einem Haushalt zusammenleben. Familien sind als eine besondere Art privater Lebensformen (familiale Lebensformen) anzusehen.[4] Die rechtliche Definition der Familie kann je nach Rechtssystem und kulturellem Kontext variieren. Im Allgemeinen bezieht sich Familie im rechtlichen Kontext auf eine Gruppe von Personen, die durch rechtliche, verwandtschaftliche oder eheliche Beziehungen miteinander verbunden sind. Der enge Familienbegriff des Art. 6 I GG erfasst nur die sog. Kernfamilie aus Eltern und Kindern.[5] Die Beziehungen von Stief-, Adoptiv- und Pflegeeltern zu ihren Kindern[6] sowie das Verhältnis getrennt

---

3 Kocher, Eva: „„Gemeinsam neu gestalten‘: Der Familienbegriff im 2. Gleichstellungsbericht der Bundesregierung“. *NZFam* 2018, S. 318.

4 Huinink, S. 454.

5 BVerfG, Beschluss v. 31. 5. 1978 – 1 BvR 683/77, *NJW* 1978, S. 2289.

6 BVerfG, Beschluss v. 30. 6. 1964 – 1 BvL 16–25/62, *NJW* 1964, S. 1563; BVerfG, Urteil v. 31-01-1989 – 1 BvL 17/87, *NJW* 1989, S. 891; BVerfG, Urteil v. 19. 2. 2013 – 1 BvL 1/11, 1 BvR 3247/09, *NJW* 2013, S. 847.

lebender und nichtehelicher Eltern zu ihren Kindern[7] werden ebenso in den Schutz des Familiengrundrechts einbezogen. Darüber hinaus hat das BVerfG die Erstreckung des Familienbegriffs auf nahe Verwandte bejaht.[8] Daraus folgt, dass Art. 6 I GG die Familie nicht nur in individueller Hinsicht, sondern auch wegen ihrer sozialen Funktion schützt.[9]

Familien können nach ihrer personellen Zusammensetzung, der Altersstruktur ihrer Mitglieder und der Art der sozialen Beziehungen zwischen den Familienmitgliedern unterschieden werden. Familienstrukturen lassen sich weiterhin unterscheiden nach: der Anzahl der in einer Familie lebenden Generationen (Zwei-, Drei- oder Mehrgenerationenfamilien); der Anzahl der Eltern (Ein-, Zwei- oder Mehrelternfamilien); der sexuellen Orientierung der Eltern (Familien mit hetero- oder gleichgeschlechtlichen Eltern, „Regenbogenfamilien", Queerfamilien). Darüber hinaus sind institutionell-rechtlich und biologisch relevante Differenzierungsdimensionen hinsichtlich der Art der Beziehungen der Familienmitglieder zu berücksichtigen. So kann unterschieden werden nach: dem Institutionalisierungsgrad der Beziehung der Eltern (Ehe, eingetragene Lebenspartnerschaft, nichteheliche Lebensgemeinschaft); der Art der Eltern-Kind-Beziehung – in rechtlich-sozialer Hinsicht und der damit verknüpften Sorgerechtskonstellation; der Art der Eltern-Kind-Beziehung – in biologisch-genetischer Hinsicht.[10]

Nach den o. g. Kriterien sind die Arten von Eltern-Kind-Beziehungen sehr unterschiedlich und auch die Familienstrukturen sind pluralistisch und vielfältig. Nach § 1591 BGB ist die rechtliche Mutter eines Kindes die Frau, die das Kind geboren hat (d. h. die rechtliche Mutter ist identisch mit der biologischen Mutter), während der biologische Vater nicht notwendigerweise der rechtliche Vater ist (§ 1592 BGB). Eine weitere Aufspaltung der biologischen, genetischen und rechtlichen Elternschaft findet statt, wenn ein Paar mit Hilfe der assistierten Reproduktion eine Familie gründet. In

---

7 BVerfG, Beschluss v. 23. 10. 1958 – 1 BvL 45/56, *NJW* 1958, S. 2059; BVerfG, Beschluss v. 30. 6. 1964 – 1 BvL 16–25/62, *NJW* 1964, S. 1563; BVerfG, Beschluss v. 29. 1. 1969 – 1 BvR 26/66, *NJW* 1969, S. 597; BVerfG, Beschluss v. 8. 6. 1977 – 1 BvR 265/75, *NJW* 1978, 33; BVerfG, Urteil v. 24–03–1981 – 1 BvR 1516/78, 1 BvR 984/80, 1 BvR 1337/80, *NJW* 1981, S. 1201; BVerfG, Beschluss v. 30–11–1988 – 1 BvR 37/85, *NJW* 1989, S. 1275.

8 BVerfG, Beschluss v. 24.6.2014 – 1 BvR 2926/13, *NJW* 2014, S. 2853.

9 Uhle, *NVwZ* 2015, S. 272–274.

10 Peuckert, S. 381–382.

diesen Fällen spricht man auch von Inseminationsfamilien,[11] weil die Kinder durch verschiedene Formen der heterologen Insemination gezeugt werden. Dazu gehören die Samenspende, die Eizellenspende und die Leihmutterschaft. Eine weitere Form der rechtlichen, aber nicht biologischen oder genetischen Elternschaft ist die Adoption eines Kindes (Adoptivfamilie).[12] Stief- oder Patchworkfamilien entstehen, wenn der rechtliche (und i. d. R. biologische) Elternteil, in dessen Haushalt das Kind überwiegend lebt, eine neue Partnerschaft eingeht.[13] Die soziale Elternrolle wird dann vom Stiefelternteil übernommen.

Moderne Familienstrukturen, die als atypisch gelten, unterscheiden sich von typischen Familienstrukturen. Die Unterscheidung zwischen typischen und atypischen Familienstrukturen ergibt sich aus dem sozialgeschichtlichen Hintergrund des Wandels der Familienstrukturen. Der Wandel der Familienstrukturen hat sich in den westlichen Wohlfahrtsgesellschaften seit Beginn der Industrialisierung bis heute im Wesentlichen in zwei großen Phasen vollzogen.[14] Zunächst entstand im Zuge der Modernisierung die moderne Kleinfamilie (d. h. ein verheiratetes, heterosexuelles Elternpaar, das mit seinen leiblichen Kindern in einem gemeinsamen Haushalt lebt), die sich ab der Mitte des 20. Jahrhunderts in den westlichen Industrieländern zum familialen Normaltypus der Moderne herausbildete. Die späten 50er und frühen 60er Jahre können als Höhepunkt der modernen Familienentwicklung in der BRD und der DDR angesehen werden. Die hoch institutionalisierte und zugleich stark intimisierte Familienverfassung, wie sie für die bürgerliche Familie charakteristisch war, wurde durch die Trennung von Produktion und Haushalt in einer sich entwickelnden kapitalistischen Marktwirtschaft sowie durch den Auf- und Ausbau wohlfahrtsstaatlicher Institutionen geprägt.[15] Beide Prozesse trugen dazu bei, dass intim-expressive Funktionen (die Befriedigung subjektiver Bedürfnisse nach Intimität, persönlicher Nähe, Geborgenheit, Sexualität) und Sozialisationsleistungen in den Mittelpunkt der modernen bürgerlichen Familie rückten.[16] Die moderne Kleinfamilie als Normalfamilie ist jedoch in

---

[11] Peuckert, S. 389.
[12] Huinink, S. 456.
[13] Dethloff/Timmermann 2017, S. 175.
[14] Huinink, S. 457.
[15] Ebd.
[16] Peuckert, S. 16.

den letzten 50 Jahren einer zunehmenden Vielfalt von Familienstrukturen gewichen. Unter den sich wandelnden und nach wie vor widersprüchlichen kulturellen, wirtschaftlichen und politischen Rahmenbedingungen werden Familien weiterhin grundsätzlich als unverzichtbar angesehen. Daher gilt es, sie als erstrebenswerte Lebensform mit ihren besonderen Leistungen für ihre Mitglieder durch den Strukturwandel zu „sichern".[17]

Das traditionelle Modell der bürgerlichen Familie muss daher aufgeweicht werden und es entstehen neue Modelle moderner Familienstrukturen. Denn das traditionelle Familienmodell kann die Vielfalt und Komplexität heutiger Gesellschaften nicht umfassend abbilden. Dafür gibt es mehrere Gründe: Erstens, die mangelnde Repräsentativität: Das klassische Familienmodell mit verheiratetem Mann, verheirateter Frau und leiblichen Kindern ist begrenzt und schließt alternative Formen wie Alleinerziehende, gleichgeschlechtliche Paare und Patchworkfamilien aus. Es spiegelt nicht die Realität vieler Menschen wider.[18] Zweitens, Vielfalt der Lebensstile: Moderne Gesellschaften sind durch eine Vielfalt von Lebensstilen, Werten und Überzeugungen gekennzeichnet. Für die einen mag das traditionelle Modell passen, wie das Zusammenleben in einem Haushalt, andere bevorzugen alternative Familienstrukturen, die ihren individuellen Lebenszielen besser entsprechen, wie das getrennte Zusammenleben („living apart together"). Drittens, sozialer Wandel und Akzeptanz: Der soziale Wandel führt zu einer breiteren Akzeptanz unterschiedlicher Familienstrukturen und zu Veränderungen der rechtlichen Rahmenbedingungen. Gleichgeschlechtliche Partnerschaften werden in vielen Ländern rechtlich anerkannt und geschützt, und Patchworkfamilien sind heutzutage häufiger anzutreffen. Die Betonung eines Modells kann die gesellschaftliche Entwicklung nicht widerspiegeln.[19] Zusammenfassend wird das traditionelle Familienmodell als ungeeignet angesehen, weil es die heutige gesellschaftliche Vielfalt nicht angemessen widerspiegelt und überholte Vorstellungen von Geschlechterrollen aufrechterhält. Die Anerkennung der Vielfalt von Familienstrukturen ist wichtig, um inklusiv zu sein und die verschiedenen Lebensentwürfe, die Menschen wählen können, zu respektieren.

---

17 Huinink, S. 459.

18 Statistisches Bundesamt (2023), Familienformen 2022, Tabelle 2.1; Statistisches Bundesamt (2023), Familienformen, Gebietsstand 2022, Tabelle 2.6.

19 Konietzka, Dirk / Kreyenfeld, Michaela: „Wandel der Familienformen". *NZFam* 2015, S. 1100.

Der fortschreitende Wandel der Familie in den westlichen Wohlfahrtsgesellschaften ist gekennzeichnet durch:[20] die Enttabuisierung nichtehelicher Sexualität und die Deinstitutionalisierung von Paar- und Elternschaftsbeziehungen mit einem deutlichen Bedeutungsverlust der Ehe; die Legitimierung und Institutionalisierung historisch neuer familialer Lebensformen; eine zunehmende Perfektionierung von Methoden der Geburtenkontrolle und Fortschritte in der Reproduktionsmedizin, die ein bisher nicht erreichbares Maß an Kontrolle und Beeinflussbarkeit menschlicher Reproduktion ermöglichen; und damit eine wachsende Vielfalt von Elternschafts- und Familienkonstellationen, die den flexibleren Umgang mit den sozialen und biologischen Rahmenbedingungen reproduktiven Handelns widerspiegeln.[21]

II. Konstellationen

Ausgehend von der oben dargestellten Merkmalsdimension von Familienstrukturen und dem sozialgeschichtlichen Hintergrund des Wandels von Familienstrukturen werden im Folgenden vier atypische moderne Familienkonstellationen vorgestellt.

1. Stief- oder Patchworkfamilien

Stieffamilien sind keine Erfindung der Neuzeit, sondern haben eine lange Geschichte. Aufgrund der geringen Lebenserwartung und der hohen Müttersterblichkeit waren Stieffamilien jedoch bis ins 20. Jahrhundert hinein i. d. R. eine durch Schicksalsschläge erzwungene Lebensform, um das wirtschaftliche Überleben der Familie zu sichern. Heute hingegen sind Stieffamilien frei gewählt und entstehen meist nach einer Scheidung oder Trennung.

Stieffamilien zeichnen sich im Vergleich zur Normalfamilie durch eine besondere strukturelle Komplexität aus. In Stieffamilien fallen biologische und soziale Elternschaft teilweise auseinander. Der Begriff „Stieffamilie" bezeichnet eine Vielzahl heterogener Familientypen, denen eines gemeinsam ist: Zu den beiden leiblichen Elternteilen tritt mindestens ein sozialer Elternteil hinzu (bei dem der andere Elternteil nicht verstorben ist, aber nicht mit der Familie zusammenlebt) oder ein verstorbener Elternteil wird durch einen

[20] Siehe Peuckert, S.189–193.
[21] Huinink, S. 459.

sozialen Elternteil gewissermaßen ersetzt.[22] Die Definition basiert also nicht auf dem Kriterium der Wiederverheiratung, sondern auf der Zusammensetzung der neuen Familie.

Stieffamilien lassen sich in drei Kategorien einteilen: einfache Stieffamilien, wenn nur ein Partner Kinder in die neue Partnerschaft mitbringt; zusammengesetzte Stieffamilien, wenn beide Partner Kinder in die Beziehung einbringen; komplexe Stieffamilien oder Patchworkfamilien, wenn auch gemeinsame leibliche Kinder in die neue Partnerschaft hineingeboren werden.[23]

2. Adoptivfamilien

Unter Adoption versteht man die Annahme eines Kindes „als Kind" durch ein Ehepaar oder eine alleinstehende Person, sei es in soziologischer[24] oderrechtlicher Hinsicht (§ 1741 BGB). Die durch Adoption entstandene Familie (Adoptivfamilie) ist eine seit langem im BGB geregelte Familienform. Gleichwohl erscheinen die traditionellen Rechtsinstitute aufgrund veränderter gesellschaftlicher Verhältnisse teilweise in neuem Licht.

Bei den traditionellen Adoptionsverhältnissen lassen sich drei Formen unterscheiden: Die Fremdadoption (auch Nichtverwandtenadoption): Keiner der beiden annehmenden Elternteile ist mit dem Kind verwandt; Verwandtenadoption: Das Kind wird von einer Person adoptiert, die mit einem leiblichen Elternteil des Kindes verwandt ist; Stiefkindadoption: Das Kind wird vom neuen Ehepartner der leiblichen Mutter oder vom neuen Ehepartner des leiblichen Vaters adoptiert.[25]

Bis Ende der 70er Jahre waren im früheren Bundesgebiet mehr als zwei Drittel aller Adoptionen Fremdadoptionen. Seitdem sind die Fremdadoptionen kontinuierlich zurückgegangen, während die Stiefkindadoptionen zugenommen haben. Gründe hierfür sind die steigende Zahl der Ehescheidungen, die Zunahme der Wiederverheiratungen Geschiedener mit Kindern und die steigende Zahl nichtehelich geborener Kinder. Auch in nichtehelichen Familien ist unter bestimmten Voraussetzungen mit der Zulässigkeit

---

22 Teubner, Markus: „Die wirtschaftliche Lage von Stieffamilien". In: Bien Walter et al. (Hrsg.): *Stieffamilien in Deutschland: Eltern und Kinder zwischen Normalität und Konflikt.* Leske + Budrich: Opladen 2002, S. 87.

23 Huinink, S. 456.

24 Peuckert, S. 394.

25 Ebd., S. 394–395.

der Stiefkindadoption zu rechnen.[26] Darüber hinaus wurde die Adoption in den letzten Jahren schrittweise auch für gleichgeschlechtliche Paare geöffnet.

3. Leihmutterschaftsfamilien

Seit 1978 in England das erste „Retortenbaby“ geboren wurde, haben sich die Maßnahmen der assistierten Reproduktion zu neuen Formen der Unfruchtbarkeitsbehandlung entwickelt, die auch zur Entstehung neuer familiärer Lebensformen und neuer Begriffe wie „fragmentierte Elternschaft“, „gespaltene Elternschaft“, „multiple Elternschaft“ oder „Inseminationsfamilie“[27] geführt haben. Dabei kann die männliche Unfruchtbarkeit durch Samenspende und die weibliche Unfruchtbarkeit durch Eizellspende behandelt werden. Die Eizelle und/oder der Körper einer Frau können auch von einer unfruchtbaren (zukünftigen) sozialen Mutter „gemietet“ werden, um mit Hilfe einer Samenzelle ihres Ehemannes ein Kind auszutragen, was auch als Leihmutterschaft bezeichnet wird.[28] Leihmutterschaftsfamilien[29] entstehen, wenn Paare durch Leihmutterschaft eine Familie gründen wollen.

Leihmutterschaftsfamilien unterscheiden sich in ihrer Struktur und Dynamik erheblich von normalen, auf natürlichem Weg entstandenen Familien. Denn in Leihmutterschaftsfamilien ist die biosoziale Einheit der Familie zur Hälfte zerbrochen. Es handelt sich um künstliche Familien, die in ihrer biologischen Struktur der Stieffamilie ähneln.[30]

Die Inanspruchnahme der Leihmutterschaft zur Familiengründung kommt schließlich sowohl für verschiedengeschlechtliche als auch für gleichgeschlechtliche Paare in Betracht. Schwule Paare in Deutschland erfüllen sich ihren Kinderwunsch zunehmend im Ausland mit Hilfe einer Eizellspende und einer Leihmutter. Das Kind ist dann mit dem Wunschvater, von dem der Samen stammt, genetisch verwandt.[31]

---

26 BVerfG, Beschluss v. 26.3.2019 – 1 BvR 673/17, *NZFam* 2019, S. 473.

27 Als Inseminationsfamilien werden Paare bezeichnet, deren Kinder mithilfe einer Samen- und/oder Eizellspende durch künstliche Befruchtung gezeugt wurden, siehe Peuckert, S. 401.

28 Peuckert, S. 401.

29 Siehe Funcke, Dorett: „Leihmutterschaftsfamilien, Rechtsbeschlüsse und soziale Praktiken“. *NZFam* 2016, S. 207.

30 Peuckert, S. 401.

31 Dethloff/Timmermann 2017, S. 178.

4. Regenbogenfamilien

Regenbogenfamilien[32] sind Familien, in denen Kinder bei einem gleichgeschlechtlichen Paar leben.[33] Regenbogenfamilien hat es schon früher gegeben, denn auch Schwule und Lesben haben schon immer Kinder gezeugt und/oder erzogen. Regenbogenfamilien gelten aber auch als relativ neue Familienform, zum einen wegen der Vielfalt der Wege zur Familiengründung für gleichgeschlechtliche Paare, zum anderen, weil Regenbogenfamilien in immer mehr Ländern legitimiert und institutionalisiert werden.

Wesentliche Merkmale von Regenbogenfamilien sind fragmentierte Elternschaft und segmentierte Elternrollen, da biologische, genetische, soziale und rechtliche Eltern-schaft nicht in einem Elternpaar vereint sind.[34] Es gibt verschiedene Formen von Regenbogenfamilien und Elternschaft, die sich aus einer Vielzahl von Wegen zum Kind ergeben, z. B. Kinder aus früheren heterosexuellen Beziehungen, Pflegschaft, Adoption und künstlicher Befruchtung.

In den meisten Regenbogenfamilien ist ein(e) Partner(in) der leibliche Vater bzw. die leibliche Mutter des Kindes. Innerhalb dieser großen Gruppe finden sich jedoch wieder-um zwei unterschiedliche Familienformen. Zum einen handelt es sich um sog. gleichgeschlechtliche Stieffamilien, deren Kind aus einer früheren heterosexuellen Partnerschaft stammt. Zum anderen gibt es diegeplanten gleichgeschlechtlichen Familien, bei denen das Kind in die aktuelle gleichgeschlechtliche Partnerschaft hineingeboren wird.[35]

III. Multiple Elternschaft

Elternschaft hat verschiedene Facetten, die zusammenfallen können, aber nicht müssen: Genetische Elternschaft wird durch die Abstammung von Vater und Mutter vermittelt, wobei auf Seiten der Mutter die biologische

---

[32] Der Begriff „Regenbogenfamilien“ hat sich in Anlehnung an den Regenbogen als Symbol der internationalen Schwulen- und Lesbenbewegung für Familien mit einem gleichgeschlechtlichen Elternpaar etabliert. Diese farbenfrohe Bezeichnung soll jedoch keine Wertung der Familienform implizieren, siehe Buschner, Andrea: „Rechtliche und soziale Elternschaft in Regenbogenfamilien“. *NZFam* 2015, S. 1103.

[33] Duden, 25. Aufl., 2009.

[34] Peuckert, S. 381.

[35] Buschner, *NZFam* 2015, S. 1104.

Mutterschaft der Gebärenden hinzukommt. Soziale Elternschaft zeichnet sich durch die Übernahme tatsächlicher Elternverantwortung aus. Die rechtliche Elternstellung schließlich ist grundsätzlich mit dem Recht und der Pflicht zur elterlichen Sorge sowie mit Unterhalts- und Erbansprüchen verbunden.[36] Das deutsche Abstammungsrecht geht nach wie vor von der Zuordnung des Kindes zu einem Vater und einer Mutter und damit von dem Ideal aus, dass genetische, soziale und rechtliche Elternschaft zusammenfallen.[37] Darüber hinaus macht das deutsche Adoptionsrecht Adoptiveltern zu rechtlichen Eltern mit allen Rechten und Pflichten, während das Verwandtschaftsverhältnis zu den genetisch/biologischen und bisherigen rechtlichen Eltern grundsätzlich erlischt.

Moderne Familienstrukturen sind durch multiple Elternschaft gekennzeichnet. Die vier o. g. Familienkonstellationen spiegeln genau dieses Merkmal wider. Die Dichotomie von rechtlicher Elternschaft durch Abstammung oder Adoption wird der Vielfalt moderner Familienmodelle nicht gerecht.[38] In Stief- und Patchworkfamilien übernimmt der neue Partner oder die neue Partnerin eines Elternteils die soziale Elternrolle neben oder anstelle des anderen Elternteils. Ob und inwieweit diese soziale Elternschaft rechtlich abgesichert ist bzw. werden kann, hängt allerdings vom Institutionalisierungsgrad bzw. vom Grad der Verfestigung der Beziehung der Eltern ab. Gleichgeschlechtliche Elternschaft wird häufig durch Adoption und künstliche Befruchtung begründet. Das deutsche Abstammungsrecht sieht keine rechtliche Begründung des sozialen oder genetischen Elternteils in Regenbogenfamilien vor, die durch assistierte Reproduktion entstanden sind. Möglich, aber bisher in Deutschland nicht erlaubt, sind Eizellspende oder Leihmutterschaft. In diesen Fällen ist die genetische bzw. biologische Mutter nicht identisch mit der sozialen und i. d. R. auch nicht mit der rechtlichen Mutter.[39] Adoptiert eine Person ein fremdes Kind und lebt sie mit diesem Kind in einer faktischen Lebensgemeinschaft, kann die Beziehung des Kindes zum zweiten sozialen Elternteil nur dann rechtlich abgesichert werden, wenn bestimmte Voraussetzungen der Stiefkindadoption in einer nichtehelichen Familie erfüllt

---

[36] Dethloff/Timmermann 2017, S. 173.

[37] Campbell, *NZFam* 2016, S. 721.

[38] Dethloff/Timmermann 2017, S. 174.

[39] Huinink, S. 456.

werden können (§ 1766a BGB).[40] Denn eine gemeinschaftliche Adoption durch ein unverheiratetes Paar ist nach geltendem deutschen Recht von vornherein ausgeschlossen.

Eine zunehmende Vielfalt von Familienkonstellationen und höchst unterschiedliche Formen multipler Elternschaft gehören zur heutigen Lebenswirklichkeit. Darauf reagiert das Familienrecht in den verschiedenen Ländern unterschiedlich. Um jede Art von Familienkonstellation rechtlich abzusichern und das Kindeswohl zu verwirklichen, bedarf es einerseits einer Reform des Familienrechts, wie des Abstammungs- und Adoptionsrechts, und andererseits einer Lösung aus Sicht des internationalen Privatrechts.

B. Rechtliche Situation von modernen Familienstrukturen

I. Deutsches Recht

1. Stief- oder Patchworkfamilien

a) Kleines Sorgerecht

Mit der Einführung des sog. „kleinen Sorgerechts" wurde das sorgerechtliche Verhältnis des Stiefelternteils zum Stiefkind gesetzlich geregelt. Diese seit langem erhobene Forderung[41] wurde im Zuge des Inkrafttretens des Lebenspartnerschaftsgesetzes erfüllt.[42] In § 1687b BGB bzw. § 9 Abs. 1 bis 4 LPartG finden sich die konkreten Regelungen des kleinen Sorgerechts. Danach steht dem Stiefelternteil im Einvernehmen mit dem rechtlichen Elternteil ein Mitentscheidungsrecht in Angelegenheiten des täglichen Lebens des Kindes zu. Dies gilt nur für den Stiefelternteil, der mit dem leiblichen Elternteil in einer wirksamen Ehe (§ 1687b BGB) oder Lebenspartnerschaft (§ 9 LPartG) lebt, nicht jedoch für den Partner einer nichtehelichen Lebensgemeinschaft.

---

[40] Vor der Einführung dieses neuen Artikels waren Stiefkindadoptionen sowie Adoptionen durch unverheiratete Paare nicht möglich, vgl. BGBl. I 2020, 541: Gesetz zur Umsetzung der Entscheidung des Bundesverfassungsgerichts vom 26. März 2019 zum Ausschluss der Stiefkindadoption in nichtehelichen Familien.

[41] Siehe Staudinger/Salgo (2019), § 1687b BGB Rn. 1.

[42] Schomburg, Gerhard: „Die kindschaftsrechtlichen Regelungen des Lebenspartnerschaftsgesetzes". *Kind-Prax* 2001, S. 106, bezeichnet das LpartG als „Zugpferd" für eine Regelung zur Stärkung der Stieffamilie.

Zudem ist ein Mitbestimmungsrecht des Stiefelternteils nur möglich, wenn der rechtliche Elternteil die alleinige elterliche Sorge hat. Beide Voraussetzungen dürften der gelebten Realität nicht gerecht werden. Zum einen wird die Gleichstellung nichtehelicher Lebensgemeinschaften gerade in Fragen der elterlichen Sorge auch aus verfassungsrechtlichen Gründen zunehmend gefordert und umgesetzt,[43] zum anderen steht den rechtlichen Eltern nach ihrer Scheidung in mehr als 95 Prozent der Fälle die elterliche Sorge gemeinsam zu; auch die rechtlichen Eltern eines nichtehelich geborenen Kindes sind – insbesondere nach der Sorgerechtsreform 2013 – zunehmend gemeinsam sorgeberechtigt.[44]

Es wird vorgeschlagen, das gemeinsame Sorgerecht auf weitere Konstellationen auszudehnen, etwa auf nichteheliche und nicht eingetragene Partnerschaften sowie auf Familien, in denen die Kinder noch unter gemeinsamer elterlicher Sorge stehen, um die tatsächlichen Beziehungen zwischen Stiefelternteil und Kind rechtlich abzusichern. Für Stieffamilien, die nicht formalisiert sind, in denen aber eine dauerhafte häusliche Gemeinschaft besteht, in der eine familiäre Bindung entstanden ist, sollte insbesondere das kleine Sorgerecht in Betracht gezogen werden, um ihre sozial-familiären Beziehungen rechtlich anzuerkennen. Denn das Entstehen einer sozialen Eltern-Kind-Beziehung hängt nicht davon ab, ob es sich um einen durch Ehe oder Lebenspartnerschaft verbundenen Elternteil oder um einen faktischen Stiefelternteil handelt.[45] Das Kindeswohl und die Qualität der Beziehung sollten unabhängig von der rechtlichen Situation im Vordergrund stehen, wofür auch die Möglichkeit der Stiefkindadoption in nichtehelichen Familien unter bestimmten Voraussetzungen spricht.[46]

Es ist auch kein Grund ersichtlich, warum die Regelung nicht auch bei gemeinsamer Sorge beider rechtlicher Elternteile greifen sollte. Dies würde zunächst die oben beschriebene Rechtswirklichkeit besser abbilden und den individuellen Bedürfnissen der betroffenen Familien gerecht werden. So kann eine klare Sorgerechtszuweisung Unsicherheiten und Konfliktpotentiale

---

[43] Siebert, Nicole: „§ 2 Familienrecht. A. Kindschaftsrecht". In: Susanne Kappler / Tobias Kappler (Hrsg.): *Handbuch Patchworkfamilie*. 2. Aufl., Deutscher Anwaltverlag: Bonn 2017, S. 85.

[44] Dethloff/Timmermann 2017, S. 175.

[45] Helms, *NJW-Beil* 2016, S. 52.

[46] § 1766a BGB.

innerhalb der Stieffamilie minimieren. Stiefeltern können auch wertvolle erweiterte Unterstützungssysteme für das Kind und die Familie als Ganzes sein. Wenn der Stiefelternteil eine aktive Rolle im Alltag des Kindes spielt und eine enge Beziehung zum Kind hat, sollte er auch den rechtlichen Schutz und die Verantwortung erhalten und die Erweiterung des kleinen Sorgerechts könnte sich auch positiv auf das Kindeswohl auswirken. Da sich die Sorgerechtsbefugnisse des Stiefelternteils zudem vom rechtlichen Elternteil ableiten und auf alltägliche Angelegenheiten beschränkt sind, über die zwischen den getrennt lebenden gemeinsam sorgeberechtigten Eltern kein Einvernehmen erzielt werden muss, sind Konflikte mit dem anderen Elternteil oder gar Blockadesituationen nicht zu befürchten,[47] zumal sich das kleine Sorgerecht nur auf Angelegenheiten bezieht, die dem Kindeswohl dienen.

Die Ausdehnung des kleinen Sorgerechts auf weitere Konstellationen ermöglicht es, die rechtliche Absicherung der Beziehung zwischen Stiefeltern und Kindern zu verbessern und die tatsächlichen Beziehungen unabhängig von der formalen rechtlichen Bindung oder dem Partnerschaftsstatus anzuerkennen. Sie trägt dem Kindeswohl Rechnung und schafft eine gerechtere rechtliche Grundlage für nicht formalisierte Stieffamilien und Familien mit gemeinsamer elterlicher Sorge. Es ist jedoch wichtig, dass bei der Ausdehnung des kleinen Sorgerechts auf Stiefeltern sorgfältig geprüft wird, ob die Interessen aller Beteiligten, insbesondere die des Kindes, angemessen berücksichtigt werden.

b) Stiefkindadoption

Das kleine Sorgerecht hat jedoch nur eine sehr untergeordnete, eher symbolische Bedeutung. Die einzige Möglichkeit, der Beziehung zwischen Kind und Stiefelternteil volle Anerkennung zu verschaffen, ist die Stiefkindadoption.[48] Diese stand vor Inkrafttreten des § 1766a BGB nur Ehepaaren und eingetragenen Lebenspartnerschaften, nicht aber faktischen Lebenspartnerschaften offen.[49] Das Adoptionsverhältnis zwischen Stiefelternteil und Stiefkind begründet nach deutschem Recht eine lebenslange rechtliche Beziehung, d. h. eine spätere Aufhebung der Adoption wegen Scheidung oder Aufhebung der

47 Dethloff/Timmermann 2017, S. 177–178.
48 Helms, *NJW-Beil* 2016, S. 52.
49 Dethloff/Timmermann 2017, S. 176.

Lebenspartnerschaft ist nicht möglich. Problematisch ist jedoch, dass dies häufig unreflektiert auf Wunsch des Partners geschieht, ohne Rücksicht auf das Kindeswohl und ein mögliches Scheitern der (Paar-)Beziehung.[50] Die Stabilität der Eltern-Kind-Beziehung nach einer Stiefkindadoption hängt also nicht grundsätzlich davon ab, ob die Beziehung zwischen leiblichem und sozialem Elternteil formalisiert wurde. Hinzu kommt das Defizit, dass die Stiefkindadoption auch zu einem vollständigen Abbruch der rechtlichen Beziehung zu einem rechtlichen Elternteil führt, was i. d. R. weder den tatsächlichen Verhältnissen in Stieffamilien noch dem Kindeswohl entspricht.

Dem modernen Leitbild gelingender Stiefelternschaft entspricht es aber am ehesten, weder den externen Elternteil noch den Stiefelternteil rechtlich aus dem Familienverband auszuschließen. Nach dem Vorbild einer Reihe europäischer Rechtsordnungen sollte daher auch ein volles Sorgerecht des Stiefelternteils möglich sein, ohne dass es einer Stiefkindadoption bedarf. Angesichts der Heterogenität der Stiefeltern-Stiefkind-Beziehungen sollte die gerichtliche Einräumung eines Mitsorgerechts jedoch neben einer längeren häuslichen Gemeinschaft mit dem Kind die Zustimmung beider rechtlicher Elternteile voraussetzen.[51] Aber auch ohne Zustimmung des außenstehenden rechtlichen Elternteils ist die Übertragung der elterlichen Sorge auf Dritte, die die soziale Stiefelternschaft übernehmen, durch gerichtliche Entscheidung in Betracht zu ziehen, wenn dies dem Kindeswohl am besten entspricht.[52]

2. Adoptivfamilien

Nach deutschem Adoptionsrecht ist die gemeinschaftliche Adoption Ehegatten vorbehalten. Eingetragene Lebenspartnerinnen und Lebenspartner können ein gemeinsames Kind im Wege der Sukzessivadoption annehmen. Die Adoption durch ein unverheirate-tes Paar war doch bis zum Inkrafttreten des § 1766a BGB ausgeschlossen, auch wenn ein Kind tatsächlich in der Obhut des unverheirateten Paares aufwächst, insbesondere bei der Stiefkindadoption in nichtehelichen Familien. Die bisherige Situation, dass die Beziehung des

50 Grziwotz, Herbert: „Recht auf Stiefkindadoption in faktischen Lebensgemeinschaften?". *NJW* 2017, S. 1647.

51 Helms, *NJW-Beil* 2016, S. 52.

52 Dethloff/Timmermann 2017, S. 177.

Kindes zum sozialen Elternteil rechtlich nicht abgesichert war,[53] wurde durch die Einführung des § 1766a BGB verbessert. Allerdings sind noch nicht alle Konstellationen erfasst, so dass weitere gesetzliche Regelungen und Rechtsprechung zu erwarten sind.

§ 1766a BGB geht davon aus, dass die rechtliche Beziehung zwischen den Eltern nicht die alleinige Grundlage für die Beurteilung der Intensität und Qualität der faktischen Eltern-Kind-Beziehung sein kann. Zuvor hatte der Gesetzgeber im Adoptionsrecht allein die Ehelichkeit der Elternbeziehung als positiven Stabilitätsindikator angesehen. Der bisherige Ausschluss der Stiefkindadoption in allen nichtehelichen Familien ist sachlich nicht zu rechtfertigen.[54] Die erforderliche Stabilität kann daher nach § 1766a BGB auch auf andere Weise sichergestellt werden, etwa durch eine Mindestdauer der Partnerschaft oder häuslichen Gemeinschaft. Die Adoptionsvoraussetzungen sind daher unabhängig vom Status der Adoptionswilligen ausgestaltet, so dass die Adoption auch faktisch zusammenlebenden Paaren offensteht.[55] Dies kann Kinder innichtehelichen Familien vor nachteiligen Adoptionen und Ungleichbehandlungen schützen.[56]

3. Leihmutterschaftsfamilien

a) Verbot der Leihmutterschaft

In Deutschland ist es Paaren aufgrund des novellierten AdVermiG (1989) und des ESchG (1991) nicht erlaubt, mit Hilfe einer Leihmutter Eltern zu werden; andernfalls sind Eizellspende und Leihmutterschaft strafbar. Diese Verbote halten deutsche Paare jedoch nicht davon ab, sich ihren Kinderwunsch im Ausland zu erfüllen.[57] Deshalb erreichen die deutschen Gerichte zwar keine inländischen Fallkonstellationen, aber zunehmend solche mit grenzüberschreitendem Bezug,[58] in denen Wunscheltern mit einem bereits geborenen

---

53 Dethloff/Timmermann 2017, S. 191.
54 BVerfG, Beschluss v. 26.3.2019 – 1 BvR 673/17 BGH, *NZFam* 2019, S. 473.
55 Dethloff/Timmermann 2017, S. 191.
56 BVerfG, Beschluss v. 26.3.2019 – 1 BvR 673/17 BGH, *NZFam* 2019, S. 473
57 Funcke, *NZFam* 2016, S. 208.
58 Schatz, Valerie: „Leihmutterschaft aus kinderrechtlicher Sicht". *NDV* 2017, S. 272.

Kind nach Deutschland einreisen wollen oder eingereist sind und nun die rechtliche Elternstellung begehren.[59]

b) Eltern-Kind-Zuordnung bei rechtswidrig durchgeführter Leihmutterschaft

Die Familiengründung durch Leihmutterschaft steht in krassem Widerspruch zu der seit jeher geltenden und gewohnheitsrechtlich anerkannten Gewissheit: mater semper certa est („Die Mutter steht immer fest"). Ende der 90er Jahre trat in Deutschland die „gespaltene Mutterschaft", also die Trennung von biologischer und genetischer Mutter-schaft auf, und der Gesetzgeber reagierte auf die nicht mehr eindeutige abstammungs-rechtliche Zuordnung des Kindes, indem er in § 1591 BGB regelte: Mutter eines Kindes ist die Frau, die es geboren hat.[60] Durch die eindeutige Zuordnung des Kindes zu seiner Geburtsmutter sollte auch die Leihmutterschaft verhindert werden.[61] Dennoch suchen viele Paare eine ausländische Leihmutter, die das Kind in ihrem Heimatland zur Welt bringt.

Aus der Sicht des deutschen materiellen Rechts kann der Wunschvater i. d. R. die rechtliche Vaterschaft durch Anerkennung (§ 1594 BGB) oder gerichtliche Anfechtung (§§ 1600 ff. BGB) erlangen, während die mit dem Wunschvater verheiratete Wunsch-mutter die rechtliche Mutterschaft nicht durch Abstammung (§ 1591 BGB), sondern nur durch Stiefkindadoption (§ 1741 BGB) erlangen kann, selbst wenn sie mit dem Kind genetisch verwandt ist.[62] Der BGH hat aufgrund einer stärkeren Berücksichtigung des Kindeswohls entschieden, dass es nicht gegen den deutschen ordre public verstößt, wenn die rechtliche Elternschaft den Wunscheltern zugewiesen wird, sofern ein Wunschelternteil mit dem Kind genetisch verwandt ist, die Leihmutter, die das Kind freiwillig abgegeben hat, jedoch nicht.[63] Der höchstrichterlichen Entscheidung folgten Anerkennungsentscheidungen

---

[59] Heiderhoff, Bettina: „Rechtliche Abstammung im Ausland geborener Leihmutterkinder". *NJW* 2014, S. 2673.

[60] Schatz, *NDV* 2017, S. 272.

[61] BT-Drs. 11/5460, S. 82.

[62] Dethloff/Timmermann 2017, S. 185.

[63] BGH, Beschluss v. 10.12.2014 – XII ZB 463/13, *NJW* 2015, S. 483, Rn. 53.

anderer deutscher Gerichte.[64] Allerdings gibt es auch Fälle, in denen deutsche Gerichte die Anerkennung der ausländischen Entscheidung aus generalpräventiven Gründen abgelehnt hat und meint, dass das Kindeswohl keine rechtliche Zuordnung der Elternschaft erfordere, sondern durch die Übertragung der Vormundschaft auf die Wunscheltern oder durch Adoption erfüllt werden könne.[65] Daraus folgt, dass deutsche Gerichte trotz der tendenziellen Lockerung der Rechtsprechung des BGH noch über einen erheblichen Ermessensspielraum verfügen und somit eine Eltern-Kind-Zuordnung in Deutschland nicht für alle im Ausland durch Leihmutterschaft geborenen Kinder gewährleistet werden kann. Um die Risiken für das Kindeswohl – wie etwa Ungleichbehandlung und Elternlosigkeit – in Leihmutterschaftsfällen zu minimieren, könnte es erforderlich sein, eine abstammungsrechtliche Regelung der Wunschelternschaft im Einzelfall einzuführen.[66] Eine solche Regelung kann durch einen Mechanismus zur Einzelfallprüfung erfolgen, der die elterliche Sorge der Wunscheltern bestätigt und in internationalen Fällen durch internationale justizielle Zusammenarbeit die Anerkennung der Elternschaft ermöglicht. Bei Bedarf können außerdem vorläufige Sorgevereinbarungen getroffen werden, damit das Kind bis zur endgültigen Feststellung der Elternschaft angemessen betreut wird, und es können regelmäßige Nachverfolgungen stattfinden, um sicherzustellen, dass das Kindeswohl während der gesamten Erziehungsphase gewahrt bleibt und die Rechte aller Beteiligten angemessen berücksichtigt werden.

4. Regenbogenfamilien

a) Recht auf Adoption

Wenn gleichgeschlechtliche Paare ein fremdes Kind gemeinsam adoptieren wollen, können sie nach dem Gesetz zur Einführung des Rechts auf Eheschließung für Personen gleichen Geschlechts[67] heiraten oder sich als

---

64 OVG Münster, Urteil v. 14.07.2016 – 19 A 2/14, *BeckRS* 2016, S. 48534; OLG Düsseldorf, Beschluss v. 17.03.2017 – II-1 UF 10/16, *NZFam* 2017, S. 404.

65 OLG Braunschweig, Beschluss v. 12.4.2017 – 1 UF 83/13 (Colorado/USA), *NZFam* 2017, S. 522; OLG Celle, Beschluss v. 23.1.2023 – 21 UF 171/19, *NZFam* 2023, S. 784.

66 Vgl. Löhnig, Martin / Runge-Rannow, Maria-Viktoria: „Einwilligung = Zeugung? Gleichstellung nichtehelicher Kinder bei heterologer künstlicher Befruchtung". *NJW* 2015, S. 3757.

67 BGBl. I 2017, S. 2787.

eingetragene Lebenspartner oder Lebenspartnerinnen eintragen lassen und dann im Weg der seit Juli 2014 zulässigen sog. Sukzessivadoption faktisch dasselbe Ergebnis wie bei der gemeinschaftlichen Adoption erreichen, weil das Kind rechtlich das gemeinschaftliche Kind beider Lebenspartner bzw. Lebenspartnerinnen wird. Für soziale Regenbogenfamilien, in denen die Beziehung zwischen gleichgeschlechtlichen Paaren nicht formalisiert wurde, ist die gemeinschaftliche Adoption nicht möglich (§ 1741 BGB). Mit der Einführung des § 9 VII 1 LPartG wurde die Möglichkeit der Stiefkindadoption geschaffen. Danach kann eine Lebenspartnerin oder ein Lebenspartner ein Kind ihrer Lebenspartnerin oder seines Lebens-partners allein annehmen.

b) Rechtliche Elternschaft bei lesbischen Paaren mittels Samenspende

Bekommt ein lesbisches Paar ein Kind mittels Samenspende, so ist die gebärende Frau nach § 1591 BGBrechtliche Mutter des Kindes. Ihre Partnerin, die sich gemeinsam mit ihr für die heterologe Insemination entschieden hat und die tatsächliche Elternverantwortung übernehmen wird, kann über das Abstammungsrecht keine rechtliche Elternschaft begründen, d. h. anders als der Ehemann der Mutter tritt ihre eingetragene Lebenspartnerin bzw. Ehefrau nicht automatisch kraft Gesetzes in die rechtliche Elternposition ein. Und auch die faktische Lebenspartnerin der Mutter hat – anders als ihr männlicher Partner – keinen Zugang zur Möglichkeit der Anerkennung. Der BGH hat mit Beschluss vom 10.10.2018 entschieden, dass § 1592 Nr. 1 BGB de lege lata weder unmittelbar noch analog auf die Ehefrau der Mutter des Kindes anwendbar ist.[68] Die Lebenspartnerin der Mutter könne nach geltendem Recht allenfalls im Weg der Stiefkindadoption rechtlicher Elternteil des gemeinsamen Wunschkindes werden.[69] Aus einem langwierigen Adoptionsverfahren, das eine rein formale Hürde für die Familiengründung darstellt, können jedoch – insbesondere für das Kind – gravierende Nachteile erwachsen, etwa wenn die gebärende Mutter verstirbt, bevor das Adoptionsverfahren endet.[70] Die Partnerin hätte dann kein volles Sorgerecht und das

---

[68] BGH, Beschluss v. 10.10.2018 – XII ZB 231/18, *NJW* 2019, S. 153.

[69] Dethloff/Timmermann 2017, S. 180.

[70] Pauli, Edda E.: „Der unsichtbare Dritte – Der Platz des Samenspenders bei der heterologen Insemination". *NZFam* 2016, S. 57.

Kind wäre elternlos. Zudem ist darauf hinzuweisen, dass eine Stiefkindadoption bei einer bloß faktischen Partnerschaft nicht immer möglich ist, weil die Stiefkindadoption nach § 1766a BGB nur bei Vorliegen bestimmter Voraussetzungen erfolgen kann.

Im Hinblick auf die Regelungslücke wird jedoch von einigen Rechtswissenschaftlern eine analoge Anwendung des § 1592 BGB als Lösung gesehen.[71] Denn § 1592 BGB stellt nicht allein auf die Abbildung der tatsächlichen Abstammung (Prinzip der „Statuswahrheit“) ab, sondern ist eine umfassende Zuordnungsregel, der verschiedene Erwägungen zugrunde liegen,[72] wie z. B. der Schutz der sozial-familiären Beziehung, die zeitnahe Zuordnung und Statusklarheit sowie das Zwei-Eltern-Prinzip usw.[73] Diese Normzwecke sind in vollem Umfang auf gleichgeschlechtliche Paare übertragbar.[74] Darüber hinaus gilt die Vaterschaft kraft Ehe auch dann, wenn ein heterosexuelles Paar die medizinisch assistierte Fortpflanzung mit Spendersamen in Anspruch nimmt.[75] Es ist daher widersprüchlich, die analoge Anwendung allein wegen des weiblichen Geschlechts der Ehegattin abzulehnen. Der nicht geregelte Fall (Geburt eines durch heterologe Insemination gezeugten Kindes in einer lesbischen Ehe) ist dem geregelten Fall (Geburt eines solchen Kindes in einer heterosexuellen Ehe) hinreichend ähnlich, um eine analoge Anwendung der Norm zuzulassen.[76]

Neben einer analogen Anwendung des § 1592 BGB gibt es eine weitere Möglichkeit, eine rechtliche Co-Mutterschaft (Zwei-Elternschaft) einzuführen. Naheliegend erscheint eine direkte rechtliche Zuordnung des Kindes zu

---

71 Kaulbach, Ann-Marie et al.: „Kann die Ehefrau der Mutter Vater werden?“. *FamRZ* 2019, S. 768; Chebout, Lucy / Xylander, Benedikt: „Das eheliche Kind und sein zweiter rechtlicher Elternteil. Zur verfassungskonformen Anwendung des § 1592 Nr. 1 BGB“. *NJW* 2021, S. 2472; Binder, Sabrina / Kiehnle, Arndt: „‚Ehe für alle‘ – und Frauen als Väter“. *NZFam* 2017, S. 743; Löhnig, Martin: „Ehe für alle – Abstammung für alle?“. *NZFam* 2017, S. 643; Kemper, Rainer: „Neues aus dem Abstammungsrecht – Von Samenspenden, missbräuchlichen Vaterschaftsanerkennungen, Kindern aus Kinderehen und aus gleichgeschlechtlichen Ehen“. *FamRB* 2017, S. 442; Engelhardt, Hanns: „Die ‚Ehe für alle‘ und ihre Kinder“. *NZFam* 2017, S. 1047.

72 Siehe BeckOGK/Balzer (2023), § 1592 BGB Rn. 10–30.

73 Siehe Kaulbach et al., *FamRZ* 2019, S. 771–772.

74 Kaulbach et al., *FamRZ* 2019, S. 772.

75 BeckOGK/Balzer (2023), § 1592 BGB Rn. 148; Helms 2014, S. 32; Löhnig, *NZFam* 2017, S. 643–644.

76 Kaulbach et al., *FamRZ* 2019, S. 772.

beiden Partnerinnen. Im deutschen Recht könnte analog zur Vaterschaftsvermutung des § 1592 Nr. 1 BGB eine Elternschaftsvermutung für die Ehefrau bzw. Lebenspartnerin vorgesehen werden. Die Co-Mutterschaft der faktischen Partnerin könnte auch durch Anerkennung der Elternschaft erfolgen.[77]

c) Rechtliche Elternschaft bei schwulen Paaren infolge von Leihmutterschaft

Schwule Paare suchen i. d. R. im Ausland nach einer Leihmutter und bringen dann Kinder nach Deutschland, um sich ihren Kinderwunsch zu erfüllen, obwohl die Leihmutterschaft nach deutschem Recht verboten ist. Für die rechtliche Beurteilung des von der Leihmutter geborenen Kindes kommt es zunächst darauf an, ob die schwulen Paare die rechtliche Elternstellung durch eine gerichtliche Entscheidung im Geburtsstaat des Kindes erlangt haben oder ob das Kind den schwulen Paaren kraft Gesetzes zugeordnet wurde. Im ersten Fall stellt sich die Frage der Anerkennung der ausländischen gerichtlichen Entscheidung in Deutschland nach §§ 108 ff. FamFG.[78] Insbesondere ist zu prüfen, ob die Anerkennung zu einem Ergebnis führen würde, das mit wesentlichen Grundsätzen des deutschen Rechts, insbesondere mit den Grundrechten, offensichtlich unvereinbar wäre (ordre-public-Prüfung). Mit Beschluss vom 10.12.2014 hat der BGH jedenfalls dann schwule Paare (Wunscheltern) als rechtliche Eltern anerkannt, wenn ein Wunschelternteil mit dem Kind genetisch verwandt ist und die Leihmutter sowohl den Leihmutterschaftsvertrag freiwillig geschlossen als auch das Kind nach der Geburt freiwillig herausgegeben hat.[79]

Im zweiten Fall greift das Kollisionsrecht und es ist nach Art. 19 EGBGB das auf die Abstammung anwendbare Recht zu bestimmen, was zu Schwierigkeiten führt, wenn deutsches Recht anwendbar ist.[80] Einer der beiden Wunschväter kann durch Anerkennung (§ 1594 BGB) oder gerichtliche Anfechtung (§§ 1600 ff. BGB) rechtlicher Vater werden, und der andere Partner kann dann das Stiefkind adoptieren. Ist dagegen eine Anerkennung oder Anfechtung durch den nicht mit dem Kind verwandten Wunschvater wegen der

---

77 Dethloff/Timmermann 2017, S. 181.

78 Heiderhoff, *NJW* 2014, S. 2673.

79 BGH, Beschluss v. 10.12.2014 – XII ZB 463/13, *NJW* 2015, S. 479.

80 Heiderhoff, *NJW* 2014, S. 2673.

bestehenden Vaterschaft des Ehemannes der Leihmutter nicht möglich, kommt nur eine gemeinschaftliche Adoption durch beide Wunscheltern in Betracht.[81] Da die Durchführung eines Adoptionsverfahrens aber ebenfalls langwierig sein und sogar scheitern kann, wäre die Beziehung zwischen den sozialen Eltern und dem Kind rechtlich nicht abgesichert. Auch hier gilt, dass die gemeinschaftliche Adoption für Wunscheltern, die nur in einer faktischen Partnerschaft leben, nicht möglich ist. Auch die Stiefkindadoption steht wegen der Ausgestaltung der strengen Voraussetzungen des § 1766 BGB nur bestimmten Gruppen der nichtehelichen Familie offen.

Daher könnte eine vereinfachte Anerkennung eingeführt werden, d. h. unter bestimmten Voraussetzungen sollte den Wunscheltern die rechtliche Elternschaft unmittelbar zugeordnet werden. Voraussetzung für die Anerkennung wäre z. B., dass die Leihmutter eine freie Entscheidung vom Austragen des Kindes bis zur Herausgabe nach der Geburt getroffen hat, das Kind zumindest zu einem Wunschelternteil eine genetische Beziehung hat und die Leihmutter mit dem Kind nicht genetisch verwandt ist.[82]

II. Chinesisches Recht

1. Stief- oder Patchworkfamilien

a) *De facto Eltern-Kind-Verhältnis aufgrund „Pflege und Erziehung"*

„Für die Rechte und Pflichten zwischen dem Stiefvater oder der Stiefmutter und den von ihnen gepflegten und erzogenen Stiefkindern gelten die Vorschriften dieses Gesetzes über das Verhältnis zwischen Eltern und Kindern." (§ 1072 Abs. 2 ZGB) Das faktische Eltern-Kind-Verhältnis zwischen dem Stiefkind und dem Stiefelternteil wird aufgrund der „Pflege und Erziehung" (aus sozial-familiären Gründen) als fiktive Blutsverwandtschaft angesehen. Dies geht von der Prämisse aus, dass im chinesischen Recht die Feststellung der Elternschaft auf der Blutsverwandtschaft beruht, d. h. die biologische (auch genetische) Elternschaft ist immer identisch mit der rechtlichen Elternschaft. Besteht eine faktische Eltern-Kind-Beziehung zwischen dem Stiefelternteil und dem Stiefkind, so kann deren Beziehung wie eine leibliche Eltern-Kind-Beziehung rechtlich bestätigt werden. Hinsichtlich des Inhalts

81 Dethloff/Timmermann 2017, S. 185.
82 Ebd., S. 186.

und der Auslegung von „Pflege und Erziehung" und der Begründung eines faktischen Eltern-Kind-Verhältnisses fehlt es jedoch an klaren Kriterien in den einschlägigen Rechtsvorschriften.

In der chinesischen Rechtspraxis variieren die Beurteilungskriterien für das faktische Eltern-Kind-Verhältnis je nach Gericht und Fall. Zusammenfassend lässt sich sagen, dass nach chinesischer Rechtsprechung folgende Punkte bei der Beurteilung, ob ein faktisches Eltern-Kind-Verhältnis aufgrund von „Pflege und Erziehung" entstanden ist, berücksichtigt werden: (1) Das Stiefkind ist ein minderjähriges Kind oder ein Kind, das nicht in der Lage ist, selbständig zu leben; (2) Der Stiefelternteil und das Stiefkind leben für eine Mindestdauer in häuslicher Gemeinschaft zusammen; (3) Das Stiefkind wird vom Stiefelternteil unterhalten (finanziell); (4) Das Stiefkind wird vom Stiefelternteil gepflegt, erzogen und beaufsichtigt (im täglichen Leben und in geistiger Hinsicht); (5) Der Stiefelternteil hat den subjektiven Willen, das Stiefkind zu pflegen und zu erziehen und eine Eltern-Kind-Beziehung zu dem Stiefkind aufzubauen; das Stiefkind hat ebenfalls den subjektiven Willen, von dem Stiefelternteil „gepflegt und erzogen" zu werden und eine Eltern-Kind-Beziehung zu dem Stiefelternteil aufzubauen.[83] Der chinesische Gesetzgeber sollte die Kriterien entsprechend bestätigen, um Folgen zu vermeiden, die nicht dem Kindeswohl entsprechen und zu Ungleichbehandlungen aufgrund unterschiedlicher Kriterien führen würden.

Diese Regelung weist noch weitere Defizite auf. Erstens, es fehlen Bestimmungen über die Rechte und Pflichten zwischen dem Stiefelternteil und dem Stiefkind, bevor ein faktisches Eltern-Kind-Verhältnis entsteht. Mglw. könnte ein beschränktes Sorgerecht wie in Deutschland eingeführt werden, um das Kindeswohl bestmöglich zu schützen und die Stieffamilien zu stabilisieren. In einer ersten Phase in Stieffamilien könnte ein rechtlicher Rahmen für ein beschränktes Sorgerecht Unsicherheiten beseitigen und klare Erwartungen für alle Beteiligten festlegen. Dadurch könnten Konflikte reduziert werden. Die Einführung eines solchen Systems könnte auch die Verantwortlichkeiten der Stiefeltern klar definieren und ihnen eine begrenzte Entscheidungsbefugnis über das Kindeswohl einräumen. Natürlich gibt es auch Nachteile. Bspw. könnte dies einerseits zu bürokratischem Aufwand aufgrund der Komplexität

83 Pan, Fangfang: *Research on the Legislation Improvement of Step-parent Relationship.* (Master Thesis) Zhongnan University of Economics and Law: Wuhan 2018, S. 19.

des rechtlichen Verfahrens führen und andererseits auf mögliche kulturelle Bedenken stoßen, die in China spezifisch sind, wie z. B. der Respekt vor Älteren: In der chinesischen Kultur wird oft großer Wert auf den Respekt gegenüber älteren Familienmitgliedern, einschließlich Stiefeltern, gelegt. Ein eingeschränktes Sorgerecht könnte als Zeichen mangelnden Respekts oder Vertrauens gegenüber den Stiefeltern interpretiert werden. Bei der Prüfung der einschlägigen Gesetzgebung muss jedoch immer das Wohl des Kindes an erster Stelle stehen.

Zweitens ist auch die Aufhebung und Beendigung des rechtlichen Eltern-Kind-Verhältnisses zwischen dem Stiefkind und dem Stiefelternteil nicht vorgesehen. Wenn das Kindeswohl des Stiefkindes durch Missbrauch oder häusliche Gewalt des Stiefelternteils ernsthaft gefährdet ist, sollte der leibliche Elternteil oder die zuständige Behörde das Recht haben, die rechtliche Beziehung zwischen dem Stiefkind und dem Stiefelternteil aufzuheben.[84] Drittens führt diese Bestimmung zu einer Häufung von Elternteilen, so dass gleichzeitig drei rechtliche Eltern vorhanden sein können, was eine Überschneidung von Rechten und Pflichten zur Folge haben kann, weil die rechtliche Eltern-Kind-Beziehung zwischen dem Stiefelternteil und dem Stiefkind, die sich aus der faktischen Eltern-Kind-Beziehung ergibt, parallel zu den rechtlichen Beziehungen des Kindes zu beiden leiblichen Eltern besteht. Mechanismen und Maßnahmen zur Konfliktlösung sind in diesem Fall jedoch nicht vorgesehen.[85] Denkbar wäre eine schriftliche Vereinbarung zwischen dem leiblichen Elternteil und dem Stiefelternteil. Schließlich besteht ein weiteres Problem darin, dass die Anwendung der Vorschrift eine Ehe der Eltern voraussetzt, d. h. die Beziehung zwischen dem Kind und dem sozialen Stiefelternteil in einer nichtehelichen Familie kann rechtlich nicht abgesichert werden, selbst wenn sich zwischen ihnen ein faktisches Eltern-Kind-Verhältnis entwickelt hat. Daher sollte das faktische Eltern-Kind-Verhältnis aufgrund der „Pflege und Erziehung" auch auf nichteheliche Familien ausgedehnt werden, wenn dies dem Kindeswohl dient.

---

[84] Siehe Wang, Geya: „The Compilation Strategy and System Trend of ‚Civil Code: Marriage and Family Section'". *Science of Law (Journal of Northwest University of Political Science and Law)* 2019, S. 93.

[85] Liu, Yan: „Research on the Legal Positioning of the Status Relationship of Blended Family Members in China". *Research of Administration Science* 2018, S. 43.

b) Stiefkindadoption

„Stiefväter und Stiefmütter können mit Zustimmung der leiblichen Eltern ein Stiefkind adoptieren, ohne den Beschränkungen des § 1093 Nr. 3, § 1094 Nr. 3 und § 1098 und § 1100 Abs. 1 ZGB zu unterliegen" (§ 1103 ZGB). Der Gesetzgeber ermutigt Stiefeltern, Stiefkinder zu adoptieren, indem er die Voraussetzungen für die Adoption vereinfacht, so dass die Beziehung zwischen dem Stiefkind und dem Stiefelternteil von Anfang an rechtlich abgesichert ist. Die Stiefkindadoption führt zu einer vollständigen Auflösung der rechtlichen Beziehungen des Kindes zu dem außenstehenden leiblichen Elternteil.[86] Daher ist es in der Praxis kaum möglich, dass der Stiefelternteil das Stiefkind adoptiert, weil es häufig schwierig ist, die Zustimmung des anderen leiblichen Elternteils zu erhalten. Darüber hinaus entspricht es nicht dem Kindeswohl, wenn die Beziehung zum äußeren leiblichen Elternteil durch die Stiefkindadoption erlischt.

Um die gesetzlichen Ziele zu erreichen, ist bei fehlender Zustimmung des anderen leiblichen Elternteils einerseits eine Stiefkindadoption durch gerichtliche Bewilligung in Betracht zu ziehen, soweit dies dem Kindeswohl am besten entspricht. Andererseits ist es realitätsgerechter, neben der Volladoption in Stieffamilien alternativ die Möglichkeit der schwachen Adoption vorzusehen.[87] Diese flexible Wahl ermöglicht zum einen die Aufrechterhaltung der Beziehung zwischen dem Stiefkind und dem außenstehenden leiblichen Elternteil, die Wahrung der Identität des Kindes in Bezug auf seine biologische Herkunft und zum anderen die Anpassung an die individuellen Bedürfnisse und Präferenzen des Kindes und der Stieffamilie, so dass die Familien eine Lösung wählen können, die am besten zu ihren einzigartigen Umständen passt. Darüber hinaus kann dadurch die frühe soziale Beziehung, die noch nicht zu einer faktischen Stiefeltern-Stiefkind-Beziehung geworden ist, in gewisser Weise früher rechtlich abgesichert werden, ohne dass die Beziehung des Kindes zum außenstehenden Elternteil bedroht ist, m. a. W.: vor dem Hintergrund einer komplexen Beziehungsdynamik in Stieffamilien könnte

---

86 Wang, Geya: „Reflection and Reconstruction on China's Adoption Legislation". *The Northern Literary Studies* 2000(06), S. 55–58.

87 Huang, Yu: „The Discussion on Some Problems about Adoption of Stepchildren by the Stepparents – Research on the Contents that are not contained by the Adoption Act". *Western Law Review* 2006(1), S. 5.

in dieser Situation eine schwache Adoption als eine Möglichkeit betrachtet werden, die rechtlichen Aspekte zu koppeln, ohne die natürlichen Bindungen zu überdecken. Eine schwache Adoption könnte auch eine Möglichkeit bieten, Stabilität und Kontinuität in einer bereits etablierten Stieffamilienstruktur zu erhalten. Eine Volladoption hingegen könnte Veränderungen mit sich bringen, die sich auf die bestehenden sozialen Beziehungen und die Dynamik innerhalb der Familie auswirken könnten. Die faktische Stiefeltern-Stiefkind-Beziehung könnte auch mit Unsicherheiten verbunden sein, weil sie schwer zu begründen oder festzustellen ist.

Die Stiefkindadoption steht nur verheirateten Paaren offen (§ 1103 ZGB), ebenso wie die faktische Eltern-Kind-Beziehung aufgrund von „Pflege und Erziehung". Aber auch für das Stiefkind, das in einer nichtehelichen Familie aufwächst, ist eine rechtliche Absicherung entweder durch Begründung eines faktischen Eltern-Kind-Verhältnisses oder durch Stiefkindadoption von großer Bedeutung.

2. Adoptivfamilien

Nach chinesischem Adoptionsrecht steht die gemeinsame Adoption eines Kindes nur Ehegatten offen. Darüber hinaus kann ein verheirateter Mann (eine verheiratete Frau) ein Kind nur gemeinsam mit seiner Ehefrau (seinem Ehemann) und nicht allein adoptieren (§ 1101 ZGB). Wollte hingegen ein gleichgeschlechtliches Paar durch Adoption eine Familie gründen, könnte ein fremdes Kind nur von einem Partner oder einer Partnerin adoptiert werden. Weder die gemeinschaftliche Adoption noch die Stiefkindadoption durch ein unverheiratetes Paar sind möglich, d. h. in einer nichtehelichen Familie kann das faktische Eltern-Kind-Verhältnis zwischen dem Kind und dem sozialen Elternteil nicht rechtlich abgesichert werden.

Das Kind, das von einem Partner eines unverheirateten Paares adoptiert wird und in dieser nichtehelichen Familie aufwächst, sollte vor nachteiliger Adoption und Ungleichbehandlung geschützt werden. Denn die Intensität und Qualität der faktischen Eltern-Kind-Beziehung hängt nicht nur von der rechtlichen Beziehung zwischen den Eltern ab, sondern auch von anderen Stabilitätsfaktoren wie der Mindestdauer der Partnerschaft oder der häuslichen Gemeinschaft. Daher sollte eine rechtliche Absicherung, z. B. eine Sukzessivadoption, zwischen dem Kind und dem zweiten sozialen Elternteil eingeführt werden.

Der Adoptivelternteil kann aber auch testamentarisch bestimmen, dass sein unverheirateter Lebenspartner nach seinem Tod Vormund des Adoptivkindes wird,[88] um Situationen zu vermeiden, in denen die Gefahr besteht, dass die Kinder ohne rechtliche Betreuung zurückbleiben. Im Hinblick auf das Kindeswohl könnte jedoch erwogen werden, dem unverheirateten Paar anstelle der Vormundschaft nach dem Testament ein Mitsorgerecht durch das Gericht einzuräumen, weil andernfalls die rechtliche Absicherung der sozial-familiären Beziehung zwischen dem Adoptivkind und dem zweiten sozialen Elternteil nicht zu erwarten wäre und damit die Integrität der Familienstruktur in sorgerechtlicher Hinsicht gefährdet wäre.

3. Leihmutterschaftsfamilien

a) Unzulässigkeit der Leihmutterschaft

Das chinesische Gesundheitsministerium hat im Jahr 2001 die „Regeln für die Verwaltung der menschlichen assistierten Reproduktionstechniken" und die „Regeln für die Verwaltung der menschlichen Samenbank" erlassen. Aus diesen Vorschriften geht hervor, dass unfruchtbare Ehepartner und gleichgeschlechtliche Paare in China kein Kind durch Leihmutterschaft bekommen dürfen. Dennoch entscheiden sich einige chinesische Paare, eine Leihmutter im Ausland oder im Inland zu suchen, um ihren Kinderwunsch zu erfüllen. Nach der Geburt des Kindes stehen die Paare vor der Frage, wem die rechtliche Elternschaft zusteht und wer das Sorgerecht übernehmen kann. Im Gegensatz zur Situation in Deutschland gibt es in China nur wenige gerichtliche Entscheidungen zur Eltern-Kind-Zuordnung in ausländischen Leihmutterschaftsfällen, während einige inländische Leihmutterschaftsfälle von chinesischen Gerichten entschieden wurden.

b) Eltern-Kind-Zuordnung bei einer Leihmutterschaft

Für Wunscheltern, die eine Leihmutterschaft im Ausland oder im Inland in Anspruch genommen haben, besteht die Möglichkeit, für das durch Leihmutterschaft geborene Kind eine chinesische Wohnsitzregistrierung (hu kou) zu beantragen, in der die Eltern-Kind-Beziehung angegeben wird, sofern sie die Angelegenheiten der Leihmutterschaft gegenüber den Beamten verschweigen. Da die chinesische Rechtsprechung trotz des Fehlens einer Bestimmung zur

---

[88] § 29 ZGB.

Eltern-Kind-Zuordnung nach wie vor das Prinzip „Die Gebärende ist die Mutter" anwendet und gleichzeitig den mit dem Kind genetisch Verwandten als Vater ansieht,[89] wird die Zuordnung des Kindes zur Wunschmutter rechtlich nicht anerkannt, obwohl sie urkundlich rechtmäßig erscheint.

Streitigkeiten in chinesischen Leihmutterschaftsfällen entstehen daher i. d. R. erst lange nach der Geburt des Kindes.[90] In einem typischen inländischen Leihmutterschaftsfall geht es um einen Vormundschaftsstreit zwischen den väterlichen Großeltern und der Ehefrau (Wunschmutter), die nach dem Tod des biologischen Vaters als Mutter des Kindes registriert ist. Obwohl die Leihmutterschaftsvereinbarung für ungültig erklärt wurde, sprach das Gericht das Kind dem Wunschvater, der den Samen gespendet hatte, als nichteheliches Kind zu. Nach dem Urteil kann ein faktisches Eltern-Kind-Verhältnis zwischen dem Kind und der Ehefrau auch deshalb begründet werden, weil sie als in einer Stieffamilienstruktur lebend angesehen werden können und die Ehefrau den subjektiven Willen hat, für das Kind zu pflegen und es zu erziehen, und weil die Ehefrau das Kind auch tatsächlich fünf Jahre lang gepflegt und erzogen hat. Außerdem entspricht es dem Kindeswohl am besten, wenn das Kind weiterhin von der sozialen Mutter erzogen wird. Die Rechte und Pflichten zwischen dem Kind und der Ehefrau richten sich daher nach den Vorschriften über das rechtliche Eltern-Kind-Verhältnis. Dementsprechend steht die Vormundschaft der Ehefrau als rechtlicher Mutter zu.[91]

Das Kind sollte jedoch unmittelbar nach der Geburt eine rechtliche Mutter haben, die auch bereit ist, die tatsächliche elterliche Verantwortung zu übernehmen, um zukünftige Streitigkeiten und mögliche Gefahren für das Kindeswohl zu vermeiden. Es ist daher notwendig, in China Regelungen zur Begründung von Eltern-Kind-Beziehungen im Fall der Leihmutterschaft einzuführen.

---

[89] Zivilurteil des Ersten Mittleren Volksgericht (kurz: MVG) Shanghai, (2015) hu yi zhong shao min zhong zi Nr. 56.

[90] Zivilurteil des Ersten MVG Shanghai, (2015) hu yi zhong shao min zhong zi Nr. 56; Zivilurteil des Fünften MVG Chongqing, (2018) yu 05 min zhong Nr. 3328; Zivilurteil des Zweiten MVG Shanghai, (2017) hu 02 min zhong Nr. 7243.

[91] Zivilurteil des Ersten MVG Shanghai, (2015) hu yi zhong shao min zhong zi Nr. 56.

4. Regenbogenfamilien

a) Keine rechtliche Anerkennung der gleichgeschlechtlichen Partnerschaft

„Die Eheordnung beruht auf der Freiheit der Eheschließung, der Einehe und der Gleichberechtigung von Mann und Frau.“ (§ 1041 Abs. 2 ZGB) Daraus geht hervor, dass nur ein Mann und eine Frau einander heiraten dürfen und gleichgeschlechtliche Ehen rechtlich nicht anerkannt werden. In China entschied das MVG in Changsha, Provinz Hunan, im Jahr 2016 über einen Fall, in dem ein gleichgeschlechtliches Paar die Registrierung einer Ehe beantragte und dies vom Amt für Zivilangelegenheiten abgelehnt wurde. Obwohl ihre Klage abgewiesen wurde, ist dieser Fall der erste, der als einer der Top 10 Verfassungsfälle des Jahres 2016 ausgewählt wurde, bei dem es um die Forderung nach Eheschließungsrechten für gleichgeschlechtliche Paare in China ging.[92]

Gleichgeschlechtliche Paare, die in China in einer häuslichen Gemeinschaft leben, können auch vor ähnlichen rechtlichen Herausforderungen stehen wie heterosexuelle Paare. Dazu gehören Probleme im Zusammenhang mit Eigentumsrechten, gegenseitiger Unterstützung, möglicher Trennung usw. Aufgrund der fehlenden gesetzlichen Regelungen können sie jedoch keinen gesetzlichen oder gerichtlichen Schutz in Anspruch nehmen. Erwähnenswert ist jedoch, dass seit 2017 eine freiwillige Vormundschaft[93] in das chinesische Zivilrecht eingeführt wurde, wonach eine volljährige, voll geschäftsfähige Person auch eine andere Person mit deren Zustimmung schriftlich zum Vormund bestellen kann, der die Aufgaben des Vormunds wahrnimmt, wenn sie ihre Geschäftsfähigkeit ganz oder teilweise verliert. Dies bietet gleichgeschlechtlichen Paaren in China durchaus die Möglichkeit, einen Teil ihrer Probleme z. B. im Bereich der medizinischen Versorgung, der Altersvorsorge und der Erbschaftsangelegenheiten zu lösen, weil sich auch gleichgeschlechtliche Paare freiwillig gegenseitig als Vormund bestellen können. Das neue System weist jedoch Lücken auf, z. B. fehlen klare Mechanismen zur Aufhebung der freiwilligen Vormundschaft. So sind gleichgeschlechtliche Paare

92 Liu, Bei: *Research on Partner Family Legislation.* (Doctoral Thesis) Jilin University: Changchun 2018, S. 40.

93 § 33 Allgemeiner Teil des Zivilrechts der VR China v. 15.3.2017 (im Folgenden: ATZR); vgl. § 33 ZGB.

in China im Fall des Scheiterns der gleichgeschlechtlichen Paarbeziehung erneut mit Streitigkeiten und Rechtsunsicherheit konfrontiert.

Obwohl das chinesische Recht den rechtlichen Status gleichgeschlechtlicher Partnerschaften nicht anerkennt, werden in der chinesischen Literatur entsprechende Lösungsvorschläge unterbreitet. Gleichgeschlechtliche Partnerschaften könnten z. B. in die Normen der nichtehelichen Lebensgemeinschaft einbezogen werden. Denn im Gegensatz zu gleichgeschlechtlichen Partnerschaften ist das Phänomen des unverheirateten Zusammenlebens heterosexueller Paare in der chinesischen Gesellschaft allgemein akzeptiert und anerkannt, und die soziale Grundlage für die Gesetzgebung ist erfüllt.[94]

b) Alleinige Adoption durch einen Partner eines gleichgeschlechtlichen Paares

Die fehlende Legalisierung gleichgeschlechtlicher Partnerschaften schließt die gemeinschaftliche Adoption durch gleichgeschlechtliche Paare aus, denn nach geltendem Recht ist die gemeinschaftliche Adoption Ehegatten vorbehalten. Ein Partner eines gleichgeschlechtlichen Paares hat jedoch unter bestimmten Voraussetzungen[95] die Möglichkeit, ein Kind allein zu adoptieren, das in der Folge de facto von dem Paar aufgezogen wird. Die Beziehung zwischen dem Kind und dem sozialen Elternteil ist jedoch rechtlich nicht abgesichert. Es besteht aber die Möglichkeit, dass der rechtliche Elternteil, der als Vormund des Kindes fungiert, den sozialen Elternteil testamentarisch als Vormund einsetzen kann.[96]

c) Rechtliche Elternschaft bei lesbischen Paaren mittels Samenspende

Das chinesische Recht kennt keine den §§ 1591, 1592 ff. des BGB vergleichbaren Regelungen, d. h. es fehlen gesetzliche Regelungen zur Eltern-Kind-Zuordnung. Die Eltern-Kind-Beziehungen in China werden im Allgemeinen in zwei Arten unterteilt, nämlich die natürliche und die fiktive Blutsverwandtschaft. Die fiktive Blutsverwandtschaft tritt sowohl bei faktischen Eltern-Kind-Beziehungen zwischen Stiefelternteil und Stiefkind aufgrund von „Pflege und Erziehung“ als auch bei Adoptionen auf. Die natürliche

---

[94] Wang, Senbo: *Research on the Legal Aspects of Same-Sex Marriage.* (Doctoral Thesis) Fudan University: Shanghai 2011, S. 135.

[95] Vgl. § 1098, § 1102 ZGB.

[96] § 29 ZGB.

Verwandtschaft umfasst sowohl eheliche als auch nichteheliche Kinder. Nach § 1071 ZGB haben nichteheliche Kinder die gleichen Rechte wie eheliche Kinder. Aufgrund einiger gesetzlicher Einschränkungen und Regelungslücken ist die Rechtswirkung dieser Bestimmung jedoch bei weitem nicht erreicht.

Nach § 40 der Erläuterungen des OVG zur Anwendung des Buchs über Ehe und Familie des ZGB I gilt das Kind im Hinblick auf die rechtliche Elternschaft bei heterosexuellen Ehegatten durch Samenspende als eheliches Kind. Die Rechte und Pflichten zwischen den Eltern und dem Kind sind die gleichen wie bei einer natürlichen Blutsverwandtschaft, sofern ein verschiedengeschlechtliches Paar miteinander verheiratet ist und sich beide auf eine künstliche Befruchtung geeinigt haben.

Wenn hingegen ein lesbisches Paar durch Samenspende ein Kind bekommt und gemeinsam die Elternschaft übernimmt, steht die rechtliche Mutterschaft nur der gebärenden Partnerin zu (die zugleich mit dem Kind genetisch verwandt ist). Diese rechtliche Elternschaft zwischen der gebärenden Frau und dem Kind wird durch die natürliche Blutsverwandtschaft begründet. Für den sozialen Elternteil ist es nicht möglich, die rechtliche Elternschaft durch Stiefkindadoption oder ein faktisches Eltern-Kind-Verhältnis zu erlangen. Auch hier besteht die einzige Möglichkeit darin, dass die rechtliche Mutter die andere Lebenspartnerin, die sich mit der Mutter für die Zeugung des Kindes entschieden hat und das Kind tatsächlich betreut, testamentarisch zum Vormund des Kindes bestimmt.[97]

d) Rechtliche Elternschaft bei schwulen Paaren infolge von Leihmutterschaft

Chinesische schwule Paare wenden sich auch an Leihmütter, um eigene Kinder zu bekommen. Einige schwule Paare reisen ins Ausland (i. d. R. in die USA), um eine Leihmutter zu finden, während andere eine Leihmutter im Inland suchen.[98] Im Fall einer aus-ländischen Leihmutterschaft gibt es in China noch keine gerichtliche Anerkennung der rechtlichen Elternschaft schwuler Paare, die durch eine ausländische Entscheidung zustande gekommen ist. Wird das Kind dem schwulen Paar nach ausländischem Recht

[97] § 29 ZGB

[98] Wei, Wei: „Fertility in Same-Sex Couples' Families: Way of Realization, Family Life and Social Adaptation". *Shandong Social Sciences* 2016(12), S. 77–78.

zugeordnet, kann nach geltendem chinesischen Recht nur die rechtliche Vaterschaft des Mannes, der mit dem Kind genetisch verwandt ist, anerkannt werden, gleichgültig, ob die elterliche Elternstellung durch gerichtliche Entscheidung oder kraft Gesetzes im Ausland erlangt wurde. Denn zum einen ist die Leihmutterschaft unzulässig, dennoch wird das Kind nach chinesischem Recht als nichteheliches Kind angesehen und die Rechte und Pflichten zwischen dem Kind und seinen leiblichen Eltern sind die gleichen wie bei einem ehelichen Kind, zum anderen wird die gleichgeschlechtliche Partnerschaft in China nicht als legal angesehen und die Anerkennung der rechtlichen Elternschaft des Mannes, der nicht genetisch mit dem Kind verwandt ist, wegen Verstoßes gegen den ordre public sicherlich abgelehnt.

Bei inländischer Leihmutterschaft ist die Rechtslage für schwule Paare ähnlich wie bei ausländischer Leihmutterschaft. In China entscheiden sich homosexuelle Paare manchmal für eine formale Ehe mit einer Frau, um gesellschaftlichen oder familiären Druck zu vermeiden. Das Vorliegen einer formellen Ehebeziehung kann die Beantragung eines registrierten Wohnsitzes (hu kou) für das von einer Leihmutter geborene Kind erleichtern. Möchte ein unverheirateter Mann für sein Kind den registrierten Wohnsitz beantragen, ist das Verfahren nach chinesischem Recht sehr umständlich und kann sogar scheitern.[99] Der soziale Elternteil kann nur durch ein Testament seines Partners und nach dessen Tod wieder die Vormundschaft übernehmen.

C. Ergebnis

Der soziale Wandel trägt auch zum Wandel der Familienstrukturen bei. Moderne Familienstrukturen, die Gegenstand dieser Arbeit sind, unterscheiden sich von typischen traditionellen Familienstrukturen in Bezug auf die sexuelle Orientierung der Eltern, den Institutionalisierungsgrad der Elternbeziehung, die Art der Eltern-Kind-Beziehung in rechtlich-sozialer Hinsicht und in biologisch-genetischer Hinsicht. Darunter werden vier atypische moderne Familienkonstellationen näher beleuchtet, nämlich Stief- oder Patchworkfamilien, Regenbogenfamilien, Leihmutterschaftsfamilien und Adoptivfamilien. Im Gegensatz zu traditionellen Familienstrukturen zeichnen sich moderne Familienstrukturen durch multiple Elternschaft

99 Wei, *Shandong Social Sciences* 2016(12), S. 78.

aus, d. h. die genetische bzw. biologische Elternschaft ist nicht identisch mit der sozialen und i. d. R. auch nicht mit der rechtlichen Elternschaft. Das geltende Recht, sei es in Deutschland oder in China, wird dem Wandel der Familienstrukturen jedoch teilweise nicht gerecht, weil es idealtypisch von der Vorstellung ausging und ausgeht, dass sich die verschiedenen Facetten der Elternschaft in den (miteinander verheirateten) natürlichen Eltern eines Kindes vereinen. Die rechtliche Situation moderner Familienstrukturen, insbesondere im Hinblick auf die Zuweisung der rechtlichen Elternstellung, die rechtliche Absicherung sozialer und ggf. genetischer Elternschaft sollte im Hinblick auf das Kindeswohl und den Schutz gelebter und gewünschter Familie verbessert werden.

Kollisionsrechtliche Regelungen zu Partnerschaften und zur Feststellung rechtlicher Elternschaft in modernen Familienstrukturen

A. Grundlagen

I. Deutsches Recht

1. Einordnung der rechtlichen Beziehung der Eltern

a) Ehe verschiedengeschlechtlicher Eltern

1) Eheschließungsstatut gem. Art. 13 Abs. 1–3 EGBGB

aa) Qualifikation der „Ehe“

Art. 13 EGBGB behandelt das Zustandekommen der Ehe als Statustatbestand. Der Ehebegriff in den einzelnen Rechtsordnungen ist sehr unterschiedlich. Das kollisionsrechtliche Tatbestandsmerkmal der Ehe i. S. d. Art. 13 EGBGB soll möglichst weit gefasst werden,[100] um das Zustandekommen bzw. die Anerkennung der Ehe nach ausländischem Recht auch in Deutschland zu erleichtern. Unter die Ehe i. S. d. Art. 13 EGBGB fallen neben der förmlich geschlossenen Einehe auch formlose Verbindungen (sog. faktische Ehen in den USA) und sogar die nach dem jeweiligen Heimatrecht wirksame Mehrehe

---

[100] MüKoBGB/Coester (2020), Art. 13 EGBGB Rn. 3–4.

sowie die Zeitehe des schiitischen Rechts.[101] Art. 13 EGBGB gilt aber nur für die Ehe verschiedengeschlechtlicher Personen. Denn trotz der materiellrechtlichen Öffnung der gleichgeschlechtlichen Ehe in Deutschland im Jahr 2017 ist kollisionsrechtlich in Art. 17b Abs. 4 EGBGB eine gesonderte Anknüpfung vorgesehen.[102] Dies beruht auf dem Gesetzeszweck, Diskriminierungen gleichgeschlechtlicher Paare abzubauen.[103] Art. 13 EGBGB erfasst im Übrigen nicht solche rechtlich geregelten Lebensformen für verschiedengeschlechtliche Paare unterhalb oder neben der Ehe (sog. „aliud zur Ehe“), z. B. die eingetragene heterosexuelle Lebenspartnerschaft.[104] Auch nichteheliche bzw. nicht formalisierte Lebensgemeinschaften ungeachtet des Geschlechts und der sexuellen Orientierung, die als gesellschaftliche Realität existieren, werden von Art. 13 von vornherein nicht erfasst, obwohl sie sich faktisch langsam zu rechtlich bedeutsamen Bereichen entwickeln.[105] Auf die Frage, was dann für die oben erwähnten anderen Lebensformen heterosexueller Eltern, wie z. B. das „aliud zur Ehe“ und die nichtehelichen Lebensgemeinschaften gilt, wird weiter unten Bezug genommen.

bb) Anknüpfung

i. Anknüpfungsgegenstand

Der Anknüpfungsgegenstand des Art. 13 Abs. 1–3 EGBGB umfasst die materiellrechtlichen Voraussetzungen der Eheschließung, z. B. die Ehefähigkeit, die Willensbildung und das Vorliegen von Ehehindernissen sowie die Möglichkeit ihrer Befreiung oder Heilung. Dazu gehören auch die Folgen des Fehlens einer der Eheschließungsvoraussetzungen, d. h. die Unwirksamkeit oder Aufhebbarkeit der Ehe sowie die Frage der Erforderlichkeit eines weiteren gerichtlichen Verfahrens zur Feststellung der Unwirksakeit. Formfragen der Eheschließung werden jedoch nicht von Art. 13 Abs. 1–3 EGBGB erfasst.[106]

---

101 BeckOK BGB/Mörsdorf (2023), Art. 13 EGBGB Rn. 17.
102 Ebd.
103 MüKoBGB/Coester (2020), Art. 13 EGBGB Rn. 5.
104 Ebd., Rn. 6.
105 Ebd., Rn. 9.
106 HK-BGB/Kemper (2022), Art. 13 EGBGB Rn. 5–7.

ii. Distributive Anknüpfung an das Heimatrecht

Nach Art. 13 Abs. 1 EGBGB sind die materiellrechtlichen Voraussetzungen der Eheschließung für jeden Verlobten an sein jeweiliges Heimatrecht anzuknüpfen.[107] Diese distributive Anknüpfung (oder „Koppelung" der beiden Rechtsordnungen) bedeutet, dass die Ehe wirksam ist bzw. die Ehevoraussetzungen erfüllt sind, wenn für jeden Verlobten die Voraussetzungen für die Eheschließung nach dem für ihn maßgebenden Eherecht gegeben sind und nach diesem Recht kein Ehehindernis besteht (Kumulationsprinzip).[108] Bei unterschiedlichen Rechtsfolgen, die das Fehlen einer zweiseitigen Ehevoraussetzung bei einem der Eheschließenden nach dem jeweiligen Heimatrecht auslöst, gilt der Grundsatz des „ärgeren/strengeren Rechts", d. h. die strengere Rechtsfolge (z. B. Ehenichtigkeit statt Aufhebbarkeit) ist anzunehmen. Bei gleicher Rechtsfolge, aber unterschiedlicher Ausgestaltung (z. B. Erhebung der Nichtigkeitsklage) sowie bei sonstigen gegenläufigen Folgen ist eine Hilfsanknüpfung erforderlich. Zum einen kommt zunächst die engste Verbindung in Betracht, also der gemeinsame Aufenthalt zum Zeitpunkt der Eheschließung (oder später), hilfsweise die lex fori. Zum anderen ist das Scheidungsstatut analog anzuwenden; nach anderer Ansicht das Heimatrecht nur des „verletzten" oder betrogenen Ehegatten.[109]

iii. Anknüpfungszeitpunkt

Die Eheschließung knupft an das Heimatrecht zum Zeitpunkt der Eheschließung an, also es wird als „Antrittsrecht" bekannt. Die Anknüpfung ist grundsätzlich unwandelbar, damit das Eheschließungsstatut unverändert bleibt und vor einer späteren Invalidierung der Ehe durch einen Statutenwechsel geschützt ist.[110] Der Erwerb der deutschen Staatsangehörigkeit durch Eheschließung hat daher keinen Einfluss auf das auf die Ehe anwendbare Recht. Allerdings kann wegen des stärkeren Inlandsbezugs ausnahmsweise der ordre-public-Vorbehalt (Art. 6 EGBGB) eingreifen.[111]

---

[107] MüKoBGB/Coester (2020), Art. 13 EGBGB Rn. 11.

[108] BeckOK BGB/Mörsdorf (2023), Art. 13 EGBGB Rn. 42; Hohloch, Gerhard: „Eheschließung bei unterschiedlicher Staatsangehörigkeit. Grundzüge und Probleme". *FPR* 2011, S. 424.

[109] BeckOK BGB/Mörsdorf (2023), Art. 13 EGBGB Rn. 41.

[110] Ebd., Rn. 44.

[111] Ebd., Rn. 46.

iv. Gesetzesumgehung

Im deutschen IPR spricht man von Gesetzesumgehung (fraus legis), wenn zur Erzielung eines günstigeren Ergebnisses bei der Bestimmung des anwendbaren Rechts eine verwerfliche bewusste Manipulation der kollisionsrechtlichen Anknüpfungsmomente vorgenommen wird.[112] Sie ist im deutschen IPR nicht kodifiziert und wird von der deutschen Rechtsprechung herkömmlicherweise mit dem Instrument des ordre public bekämpft. Danach bleibt die Umgehung sanktionslos, solange das Ergebnis (nicht das Umgehungsverhalten selbst) nicht gegen den deutschen ordre public verstößt.[113]

Es gibt verschiedene Umgehungsstrategien, die Verlobte anwenden können, um ihre Eheschließung zu erleichtern. Haben die Verlobten z. B. das jeweilige Heimatrecht i. S. v. Art. 13 Abs. 1 EGBGB umgangen, vor allem durch einen bewussten Wechsel der Staatsangehörigkeit (sog. echte Umgehung), so werden sie regelmäßig nicht sanktioniert, sofern im Ergebnis kein Verstoß gegen den ordre public i. S. v. Art. 6 EGBGB vorliegt. Der Grund hierfür liegt darin, dass in der Praxis ein Staatsangehörigkeitswechsel wegen seiner zahlreichen weiteren Wirkungen kaum jemals mit einer ausschließlichen Umgehungsabsicht verbunden sein wird.[114]

Wenn die Verlobten die Ehe lediglich im Ausland trauen und registrieren lassen (sog. unechte Umgehung), um Voraussetzungen wie Ehemündigkeit oder z. B. trennende oder aufschiebende Eheverbote (z. B. Wartefristen) des deutschen materiellen Eheschließungsrechts zu umgehen, wird die im Ausland formwirksam geschlossene Ehe bei Anwendbarkeit deuts chen Rechts nach Art. 13 Abs. 1 EGBGB zwar i. d. R. zunächst wirksam. Allerdings kann diese Ehe später aufgehoben oder für nichtig erklärt werden, wenn bei der Eheschließung die Voraussetzungen oder Verbote des deutschen materiellen Eheschließungsrechts nicht beachtet wurden.[115] Das Umgehungsverbot könnte daher in gewisser Weise eine Rolle bei der Wahrung der Grundsätze des nationalen Eherechts spielen.

---

[112] MüKoBGB/v. Hein (2024), Einl. IPR Rn. 303.

[113] MüKoBGB/v. Hein (2024), Art. 6 EGBGB Rn. 95.

[114] BeckOK BGB/Mörsdorf (2023), Art. 13 EGBGB Rn. 47–48.

[115] MüKoBGB/Coester (2020), Art. 13 EGBGB Rn. 22–23; BeckOK BGB/Mörsdorf (2023), Art. 13 EGBGB Rn. 48.

v. Rück- und Weiterverweisung

Bei Art. 13 Abs. 1 EGBGB handelt es sich um eine Gesamtverweisung, d. h. er führt nicht unmittelbar zum Eheschließungsrecht des Heimatstaates, sondern zunächst zu dessen Kollisionsnormen. Nach Art. 4 Abs. 1 EGBGB kann daher in bestimmten Fällen auf das deutsche Eheschließungsrecht zurückverwiesen oder auf das Eheschließungsrecht eines anderen Staates weiterverwiesen werden (sog. „Renvoi"), sofern dies nicht dem Sinn der Verweisung widerspricht.[116] Ein solcher Fall liegt z. B. dann vor, wenn das IPR des nach Art. 13 Abs. 1 EGBGB berufenen Rechts an den vorehelichen gewöhnlichen Aufenthalt, das voreheliche domicile oder den Ort der Eheschließung anknüpft.[117] So knüpft das chinesische IPR hinsichtlich der Voraussetzungen der Eheschließung primär an den gemeinsamen gewöhnlichen Aufenthalt zum Zeitpunkt der Eheschließung an.[118] Haben eine Chinesin und ein Deutscher dauerhaft in Deutschland gelebt und wollen sie dort heiraten, ist daher nach Art. 4 Abs. 1 S. 2 EGBGB eine Rückverweisung auf das deutsche Eheschließungsrecht zu beachten.

cc) Ordre public

i. Art. 6 EGBGB

Die allgemeine Vorbehaltsklausel des Art. 6 EGBGB kann Sachverhalte erfassen, die von der speziellen Klausel des Art. 13 Abs. 2 EGBGB von vornherein nicht erfasst werden, etwa wenn das Eheschließungsstatut eine mit den inländischen Grundwerten unvereinbare Eheschließung nicht verbietet, sondern bejaht (z. B. Scheinehen); oder wenn das Heimatrecht zwar nicht die Eheschließungsfreiheit beschränkt, aber aus anderen Gründen gegen den deutschen ordre public verstößt. Darüber hinaus entfaltet Art. 6 EGBGB eine Auffangfunktion für Art. 13 Abs. 2 EGBGB in den beiden folgenden Fallkonstellationen: Zum einen kann trotz grober Verletzung der Eheschließungsfreiheit im ausländischen Recht Art. 13 Abs. 2 EGBGB nicht greifen, weil dessen Nr. 1 oder 2 nicht erfüllt sind. So reicht der Inlandsbezug für Nr. 1 nicht aus, wohl aber für Art. 6 EGBGB (z. B. Ort der Eheschließung). Und für Nr. 2 gilt, dass die Zumutbarkeit eines Erfüllungsversuchs zu verneinen

---

116 BeckOK BGB/Mörsdorf (2023), Art. 13 EGBGB Rn. 50.

117 Ebd.

118 Näheres siehe unten Teil 3 A II 1 a) 1).

ist. Zum anderen ist die allgemeine ordre-public-Klausel i. d. R. in den Fällen heranzuziehen, in denen nicht nur die Eheschließungsfreiheit (Art. 6 Abs. 1 GG), sondern auch andere Grundrechte zu schützen sind.[119]

ii. Art. 13 Abs. 2 EGBGB

Art. 13 Abs. 2 EGBGB ist als spezielle ordre-public-Klausel aufzufassen, wonach bei Vorliegen von aus inländischer Sicht unannehmbaren Ehevoraussetzungen im materiellen Recht des Heimatstaates deutsches Recht anstelle des Heimatrechts anwendbar ist.[120] Das Fehlen materiellrechtlicher Ehevoraussetzungen nach dem Heimatrecht kann durch die punktuelle Anwendung deutschen Rechts geheilt werden, wenn die Voraussetzungen des Art. 13 Abs. 2 Nr. 1–3 EGBGB erfüllt sind,[121] nämlich hinreichender Inlandsbezug (Nr. 1); Vornahme „zumutbarer Schritte" zur Beseitigung der Ehehindernisse durch die Verlobten (Nr. 2); Unvereinbarkeit mit der Eheschließungsfreiheit (Nr. 3), z. B. Ehehindernis wegen Vorehe.[122]

2) Formstatut gem. Art. 13 Abs. 4 oder Art. 11 EGBGB

aa) Qualifikation als Formfrage

Art. 11, Art. 13 Abs. 4 EGBGB befassen sich mit allen privatrechtlichen Fragen, die die äußere Gestaltung des Eheschließungsaktes bei verschiedengeschlechtlichen Ehen betreffen. Dazu gehört z. B. die Art und Weise, wie der Ehekonsens vor dem Standesbeamten oder vor einem Priester (nach kirchlicher Auffassung materiellrechtliche Voraus-setzung) erklärt wird.[123] Darüber hinaus sind die Möglichkeit der Delegation, die Pflicht zur persönlichen Anwesenheit der Eheschließenden und die Zulässigkeit einer Ferntrauung oder eines Mittlers bei der Erklärung (sog. Handschuhehe) als Formfragen zu qualifizieren,[124] weil sie sich ebenfalls auf die Art und Weise der formellen Anerkennung der Ehe beziehen.

---

[119] MüKoBGB/Coester (2020), Art. 13 EGBGB Rn. 34.
[120] Hohloch, *FPR* 2011, S. 424.
[121] BeckOK BGB/Mörsdorf (2023), Art. 13 EGBGB Rn. 56.
[122] MüKoBGB/Coester (2020), Art. 13 EGBGB Rn. 30–31.
[123] BeckOK BGB/Mörsdorf (2023), Art. 13 EGBGB Rn. 63.
[124] MüKoBGB/Coester (2020), Art. 13 EGBGB Rn. 125.

bb) Eheschließung im Inland

Nach Art. 13 Abs. 4 S. 1 EGBGB ist unabhängig von den Formvorschriften des ausländischen Heimatrechts die „Ortsform" zu beachten. D. h. wollen die Verlobten im Inland die Ehe schließen, so richtet sich die Form des Eheschließungsaktes allein nach deutschem Recht.[125] Für Fälle mit Auslandsbezug gilt damit auch das Prinzip der obligatorischen Zivilehe im deutschen Sachrecht, in dem wiederum eine besondere ordre-public-Klausel in Art. 13 Abs. 4 S. 1 EGBGB zu sehen ist. Ein Formverstoß würde nach dem anwendbaren deutschen Sachrecht zur Nichtigkeit der Ehe führen.[126]

cc) Eheschließung im Ausland

Das Formstatut der Eheschließung im Ausland ist nach Art. 11 EGBGB zu berufen. Danach richtet sich das Formerfordernis nach dem Geschäftsrecht oder alternativ nach dem Ortsrecht. Die Form der Eheschließung bestimmt sich also entweder nach dem jeweiligen Heimatrecht der Verlobten oder nach dem Recht des Eheschließungsortes. Diese alternative Anknüpfung soll die Feststellung der Wirksamkeit der Eheschließung im Hinblick auf das Formtatbestand erleichtern (sog. „Günstigkeitsprinzip").[127]

3) Zwischenergebnis

Auf die Schließung einer heterosexuellen Ehe im Inland oder die Anerkennung einer im Ausland geschlossenen heterosexuellen Ehe ist Art. 13 EGBGB anzuwenden. Nach Art. 13 EGBGB bestimmt sich auch das Folgestatut, wenn die Ehe nicht anerkannt wird (nichtig oder aufhebbar).

Aus Art. 13 Abs. 1 EGBGB ergibt sich die Beibehaltung des Staatsangehörigkeits-prinzips und des Kumulationsprinzips (eine „Koppelung" der Rechtsnormen der jeweiligen Heimatstaaten) bei den materiellrechtlichen Voraussetzungen der Eheschließung zum Schutz vor einer hinkenden Ehe.

Als besondere ordre-public-Klausel bzw. als Hilfsanknüpfung lässt Art. 13 Abs. 2 EGBGB ausnahmsweise die Anwendung deutschen Rechts zu, um deutsche Grundwerte, z. B. die Eheschließungsfreiheit, zu wahren. Im Inland ist gem. Art. 13 Abs. 4 S. 1 EGBGB die „Ortsform" für die Gestaltung des Eheschließungsaktes zwingend. Aufgrund des Günstigkeitsprinzips ist für

---

125 Hohloch, *FPR* 2011, S. 424.

126 BeckOK BGB/Mörsdorf (2023), Art. 13 EGBGB Rn. 65.

127 Ebd., Rn. 72.

die Eheschließung im Ausland in Art. 11 Abs. 1 EGBGB eine alternative Anknüpfung vorgesehen.

b) Ehe gleichgeschlechtlicher Eltern und Eingetragene Lebenspartnerschaft verschieden- oder gleichgeschlechtlicher Eltern gem. Art. 17b EGBGB

1) Persönlicher Anwendungsbereich

aa) Gleichgeschlechtliche eingetragene Lebenspartnerschaft

Art. 17b EGBGB wurde durch das am 1.8.2001 in Kraft getretene LPartG zur Beseitigung der Diskriminierung gleichgeschlechtlicher Lebensgemeinschaften eingeführt. Auf die eingetragene Lebenspartnerschaft gleichgeschlechtlicher Paare ist daher das nach Art. 17b EGBGB berufene Recht anzuwenden. Der Begriff der „eingetragenen Lebenspartnerschaft", der weltweit vielfältig ausgestaltet ist, ist weit zu verstehen, um kollisionsrechtlich möglichst viele Varianten erfassen zu können. Art. 17b EGBGB gilt daher für alle Formen gleichgeschlechtlicher Lebensgemeinschaften, die im In- oder Ausland durch einen Registrierungsakt formalisiert worden sind.[128]

bb) Gleichgeschlechtliche Ehe

Trotz der Angleichung der gleich- und verschiedengeschlechtlichen Ehe im deutschen Sachrecht wurde für die gleichgeschlechtliche Ehe eine gesonderte Kollisionsnorm geschaffen, nämlich in Art. 17b Abs. 4, 5 EGBGB, um die Anwendung der EU-Verordnungen klarzustellen und mögliche Diskriminierungen im fremden Recht zu umgehen.[129]

cc) Verschiedengeschlechtliche eingetragene Lebenspartnerschaft

Es ist umstritten, ob Art. 17b EGBGB auf verschiedengeschlechtliche eingetragene Lebenspartnerschaften analog anwendbar ist. Skeptiker argumentieren, dass Art. 17b EGBGB ursprünglich speziell für formalisierte gleichgeschlechtliche Lebensgemein-schaften geschaffen wurde, um eine Diskriminierung gleichgeschlechtlicher Paare zu verhindern.[130] Zudem führe die Analogie zu Abgrenzungsproblemen zwischen der heterosexuellen eingetragenen Lebenspartnerschaft und der heterosexuellen Ehe aus Sicht des

---

[128] BeckOK BGB/Heiderhoff (2023), Art. 17b EGBGB Rn. 19.

[129] Ebd., Rn. 22.

[130] Staudinger/Mankowski (2010), Art. 17b EGBGB Rn. 99.

deutschen Sachrechts.[131] Es wird daher vorgeschlagen, die Kollisionsnormen für faktische Lebensgemeinschaften auch auf die heterosexuelle eingetragene Lebens-partnerschaft zu übertragen, also das Recht des gewöhnlichen Aufenthalts beider anzu-wenden.[132]

Die Befürworter vertreten allerdings die Auffassung, dass das Anknüpfungsobjekt „eingetragene Lebenspartnerschaft" weit auszulegen sei, d. h. nicht nur aus deutscher materiellrechtlicher Sicht, sondern auch rechtsvergleichend bzw. funktional, weil nur so die bunte Vielfalt der Regelungsmodelle kollisionsrechtlich erfasst werden könne. Konstitutive Elemente der „eingetragenen Lebenspartnerschaft" sind die förmliche Begründung und ein daraus resultierender Status mit Rechtswirkungen – unterhalb oder entsprechend der Ehe, wonach die faktische Lebensgemeinschaft von vornherein aus dem Begriff der „Lebenspartnerschaft" ausgeklammert werden kann.[133] Auch der europäische Gesetzgeber unterscheidet in der EuPartVO nur zwischen eingetragenen und nichteingetragenen Partnerschaften ohne geschlechtsspezifische Differenzierung. Im Gegensatz zu § 1 LPartG sieht der Wortlaut auch keine ausdrückliche Begrenzung auf homosexuelle Partnerschaften vor.[134] Die Gleichgeschlechtlichkeit der Partner ist daher – anders als im deutschen Sachrecht – kein notwendiges Element des kollisionsrechtlichen Begriffs der „eingetragenen Lebenspartnerschaft". Jede institutionalisierte Gemeinschaft i. S. d. genannten Kernelemente ist als „Lebenspartnerschaft" i. S. d. Vorschrift zu qualifizieren, wobei heterosexuelle eingetragene Partnerschaften keine Ausnahme bilden.[135]

Eine analoge Anwendung vermeidet überdies eine kollisionsrechtliche Aufspaltung ausländischer Rechtsinstitute, wie z. B. des französischen „Pacte civil de solidarité", so dass deutsche Behörden oder Gerichte nicht ausländische, allen Paaren offenstehende eingetragene Lebenspartnerschaften unterschiedlich behandeln müssen, je nachdem, ob sie im konkreten Fall von Personen gleichen oder verschiedenen Geschlechts geschlossen wurden, und erübrigt die in der Praxis auftretenden Schwierigkeiten bei der kollisionsrechtlichen

131 Münch FamR-NotGP/Süß (2023), § 20 Auslandsberührung Rn. 365.

132 Münch FamR-NotGP/Süß (2023), § 20 Auslandsberührung Rn. 366; Staudinger/Mankowski (2010), Art. 17b EGBGB Rn. 99–102.

133 MüKoBGB/Coester (2020), Art. 17b EGBGB Rn. 11–12.

134 Hausmann (2018), IntEuFamR, I. Lebenspartnerschaftssachen Rn. 207–208.

135 MüKoBGB/Coester (2020), Art. 17b EGBGB Rn. 12.

Einordnung.[136] Zudem würde eine mögliche Diskriminierung heterosexueller gegenüber homosexuellen eingetragenen Partnerschaften vermieden.[137] Zusammenfassend lässt sich sagen, dass der Gesetzgeber bei der Einführung des Art. 17b EGBGB zwar nur homosexuelle Partnerschaften im Blick hatte, dies aber einer analogen Anwendung auf heterosexuelle Partnerschaften nicht entgegensteht.[138]

dd) Formlose faktische Lebensgemeinschaften

Nicht anwendbar ist Art. 17b EGBGB hingegen auf faktische Lebensgemeinschaften, unabhängig davon, ob sie, wie oben dargestellt, auf gleich- oder verschiedengeschlechtlichen Verbindungen beruhen, weil eine Registrierung als zentrales Anknüpfungsmerkmal zwingend vorausgesetzt wird.[139] Hierauf wird weiter unten eingegangen.

2) Anknüpfung

aa) Anknüpfungsgegenstand

Nach Art. 17b Abs. 1 S. 1 EGBGB richten sich die Begründung, die Auflösung und die allgemeinen Wirkungen grundsätzlich nach den Sachvorschriften des Register führen-den Staates.[140] Gem. Art. 17b Abs. 4 EGBGB bleibt das nach Art. 17b Abs. 1 S. 1 EGBGB berufene Registerstatut für die Schließung und die allgemeinen Wirkungen der gleichgeschlechtlichen Ehe anwendbar.

bb) Anknüpfungspunkt: Recht des Register führenden Staates

Bei der Registrierung einer eingetragenen Lebenspartnerschaft oder einer gleichgeschlechtlichen Ehe im Inland sind gleichgeschlechtliche Paare nicht an ihr Personalstatut, sondern nur an deutsches Recht gebunden. Deshalb können sich auch gleichgeschlechtliche Paare mit ausländischer Staatsangehörigkeit in Deutschland registrieren lassen, obwohl sie keinen hinreichenden Bezug zum Inland haben. Ebenso kann auf das Sachrecht des ausländischen Registrierungsstaates verwiesen werden, wenn sich deutsche

---

136 BeckOK BGB/Heiderhoff (2023), Art. 17b EGBGB Rn. 24.

137 Buschbaum, Markus: „Kollisionsrecht der Partnerschaften außerhalb der traditionellen Ehe – Teil 1 –“. *RNotZ* 2010, S. 83.

138 BeckOK BGB/Heiderhoff (2023), Art. 17b EGBGB Rn. 24.

139 Ebd., Rn. 20.

140 Ebd., Rn. 26.

oder ausländische gleichgeschlechtliche Paare im Ausland haben registrieren lassen. Dabei ist allerdings zu beachten, dass der Registrierungsort wegen der Existenz von Konsulaten nicht notwendigerweise im Hoheitsgebiet des registerführenden Staates liegt.[141] Das Registerstatut des Art. 17b EGBGB ist bei einer Sachnormverweisung unwandelbar und leicht feststellbar, so dass die Anerkennung der nach ausländischem Recht begründeten eingetragenen Lebenspartnerschaft und gleichgeschlechtlichen Ehe in Deutschland erleichtert wird.[142]

3) Zwischenergebnis

Sowohl die eingetragene Lebenspartnerschaft gleich- und verschiedengeschlechtlicher Paare als auch die gleichgeschlechtliche Ehe fallen in den Anwendungsbereich des Art. 17b EGBGB. Nicht erfasst sind jedoch faktische Lebensgemeinschaften, die nicht registriert werden. Das Registerstatut wird eingeführt, um potentielle Diskriminierungen zu vermeiden und die Begründung und Anerkennung formalisierter gleichgeschlechtlicher Paarbeziehungen zu erleichtern, was einem erweiterten Verständnis, d. h. einer analogen Anwendung auf heterosexuelle Partnerschaften nicht entgegensteht, um die freiwillige Entscheidung heterosexueller Paare, keine Ehe, sondern eine eingetragene Lebenspartnerschaft einzugehen, so weit wie möglich zu respektieren.

c) Nichteheliche Lebensgemeinschaft verschieden- oder gleichgeschlechtlicher Eltern

1) Qualifikation

Das deutsche IPR enthält keine Anknüpfungsnormen für die Feststellung oder Auflösung einer verschieden- oder gleichgeschlechtlichen nichtehelichen Lebensgemeinschaft.[143] Es ist umstritten, ob diese formlose faktische Lebensgemeinschaft dem Schuldrecht oder dem Familienrecht zuzuordnen ist. Teilweise wird vertreten, dass die nichteheliche Lebensgemeinschaft schuldrechtlich zu qualifizieren ist,[144] dem folgt auch der BGH in Bezug auf die Anknüpfung

---

141 BeckOK BGB/Heiderhoff (2023), Art. 17b EGBGB Rn. 34.

142 Ebd., Rn. 34–35.

143 BeckOK BGB/Mörsdorf (2023), Art. 13 EGBGB Rn. 18.

144 Grüneberg/Thorn (2023), Art. 17b EGBGB Rn. 12; Grüneberg/Thorn (2023), Art. 13 EGBGB Rn. 3.

der vermögensrechtlichen Beziehungen (z. B. bei Ausgleichsansprüchen) zwischen den Partnern.[145] Überwiegend wird jedoch eine familienrechtliche Qualifikation vorgeschlagen.[146] Wegen der starken persönlich-en und emotionalen Bindungen in solchen Lebensgemeinschaften ist die familienrechtliche Qualifikation sachgerechter. Außerdem sind diese Lebensgemeinschaften grundsätzlich sowohl nach ausländischem als auch nach deutschem Recht, z. B. im Hinblick auf unterhalts-, kindschafts- und erbrechtliche Fragen sowie im Verhältnis der Partner zu Dritten (EuUnthVO[147], Art. 19 ff. EGBGB, EuErbVO[148] bzw. Statut des Rechtsverhältnisses zum Dritten),[149] aus familienrechtlicher Sicht rechtlich bewertet.[150] Wenngleich eine analoge Anwendung der Vorschriften über die Ehe bzw. die eingetragene Lebenspartnerschaft aus rechtspolitischen Gründen der klaren Unterscheidung zwischen formalisierten und nicht formalisierten Bindungen wohl nicht in Betracht kommt, ist der familienrechtliche Charakter der faktischen Lebensgemeinschaften zu bejahen. Folglich sind auf diese nichtehelichen Lebensgemeinschaften die einschlägigen familienrechtlichen Vorschriften anzuwenden.[151]

2) Anknüpfung: Eine analoge Anwendung des Art. 14 Abs. 2 EGBGB

Bei einer analogen Anwendung der familienrechtlichen Anknüpfung auf faktische Lebensgemeinschaften liegt eine Analogie zu Art. 14 Abs. 2 EGBGB (sog. „Familienstatut") nahe, der primär an den gemeinsamen gewöhnlichen

---

145 BGH, Urteil v. 13.04.2005 – XII ZR 296/00, *IPRax* 2005, S. 545.

146 BeckOK BGB/Heiderhoff (2023), Art. 17b EGBGB Rn. 25; Münch FamR-NotGP/Süß (2023), § 20. Auslandsberührung, Rn. 347–349; Staudinger/Mankowski (2010), Anhang zu Art. 13 EGBGB Rn. 61; MüKoBGB/Coester (2020), Art. 17b EGBGB Rn. 115; Hausmann (2018), IntEuFamR, I. Lebenspartnerschaftssachen Rn. 286.

147 Verordnung (EG) Nr. 4/2009 des Rates vom 18. Dezember 2008 über die Zuständigkeit, das anwendbare Recht, die Anerkennung und Vollstreckung von Entscheidungen und die Zusammenarbeit in Unterhaltssachen, ABl. EU L 7 v. 10.1.2009.

148 Verordnung (EU) Nr. 650/2012 des Europäischen Parlaments und des Rates vom 4. Juli 2012 über die Zuständigkeit, das anzuwendende Recht, die Anerkennung und Vollstreckung von Entscheidungen und die Annahme und Vollstreckung öffentlicher Urkunden in Erbsachen sowie zur Einführung eines Europäischen Nachlasszeugnisses, ABl. EU L 201 v. 27.7.2012.

149 jurisPK-BGB/Mäsch (2023), Art. 13 EGBGB Rn 104.

150 BeckOK BGB/Heiderhoff (2023), Art. 17b EGBGB Rn. 25.

151 BeckOK BGB/Heiderhoff (2023), Art. 17b EGBGB Rn. 25; Münch FamR-NotGP/Süß (2023), § 20. Auslandsberührung Rn. 348–349.

Aufenthalt als gelebten Mittelpunkt des Zusammenlebens anknüpft. Es entspricht eher den tatsächlichen Gegebenheiten und den Rechtsschutzerwartungen der Paare, etwaige Folgen und Ansprüche, die sich aus dem bloßen Zusammenleben ergeben, auf das Recht des gemeinsamen gewöhnlichen Aufenthalts zu stützen. Insbesondere Fragen der Vermögensaufteilung, des Unterhalts oder des Sorgerechts für gemeinsame Kinder könnten besser durch das Recht des gemeinsamen gewöhnlichen Aufenthalts, welches typischerweise die engste Verbindung zur Lebensgemeinschaft hat, geregelt werden. Das Statut der faktischen Lebensgemeinschaft würde sowohl deren Feststellung, d. h. die Frage, unter welchen Voraussetzungen eine solche Beziehung rechtlich als Lebensgemeinschaft anerkannt wird, als auch die sich daraus ergebenden Rechtswirkungen umfassen.[152] Diese Wirkungen könnten sich auf Aspekte wie Unterhaltsansprüche, Vermögensverhältnisse oder erbrechtliche Fragen beziehen. Im Vergleich zur Ehe oder eingetragenen Partnerschaft, die durch klare gesetzliche Regelungen und formale Schritte definiert und geschützt sind, bedarf die Behandlung faktischer Lebensgemeinschaften einer differenzierten Betrachtung, insbesondere bei der Anwendung kollisionsrechtlicher Regeln. Denn faktische Lebensgemeinschaften entstehen häufig informell und ohne klare rechtliche Abgrenzungen, was eine flexible und situationsabhängige rechtliche Beurteilung im Rahmen des internationalen Privatrechts erforderlich macht. Diese fließende Ent-stehung faktischer Lebensgemeinschaften erfordert daher eine Flexibilisierung der Anknüpfungspunkte,[153] etwa durch die Möglichkeit der Rechtswahl – sei es das gemeinsame Heimatrecht oder eines der Heimatrechte -, um den individuellen Bedürfnissen der Paare besser gerecht zu werden.[154]

3) Zwischenergebnis

Es ist sachgerecht, die nichteheliche Lebensgemeinschaft familienrechtlich zu qualifizieren. Es liegt nahe, Art. 14 Abs. 2 EGBGB analog anzuwenden, d. h. an den gemeinsamen gewöhnlichen Aufenthalt, der als gemeinsamer Lebensmittelpunkt anzusehen ist, anzuknüpfen. Allerdings dürfte eine starre Anknüpfung bei solchen fließenden Lebensgemeinschaften problematisch sein.

---

[152] BeckOK BGB/Mörsdorf (2023), Art. 13 EGBGB Rn. 19.

[153] BeckOK BGB/Heiderhoff (2023), Art. 17b EGBGB Rn. 25.

[154] MüKoBGB/Coester (2020), Art. 17b EGBGB Rn. 116.

2. Rechtliche Eltern-Kind-Zuordnung

a) Abstammungsstatut gem. Art. 19 Abs. 1 EGBGB

1) Qualifikaion und Anwendungsbereich

Art. 19 Abs. 1 EGBGB umfasst die Feststellung der Abstammung aller ehelichen und nichtehelichen Kinder. Unter diesen Begriff der Abstammung fällt nicht nur die biologisch begründete Eltern-Kind-Zuordnung, sondern auch rechtlich anerkannte Elternschaften, die durch spezifische Rechtsakte begründet werden. Solche Rechtsakte können bspw. die Anerkennung der Elternschaft oder die Einwilligung in eine heterologe künstliche Befruchtung sein. Darüber hinaus erfasst Art. 19 Abs. 1 EGBGB auch Fälle, in denen eine rechtliche Elternstellung durch eine formalisierte Lebenspartnerschaft mit dem leiblichen Elternteil erworben wird. Diese verschiedenen Formen der rechtlichen Elternschaft sind funktional mit der natürlichen Abstammung vergleichbar, da sie rechtlich ähnliche Bindungen und Verantwortlichkeiten zwischen Eltern und Kind schaffen. Die genannten Statuszuordnungen werden gem. Art. 19 EGBGB als originär qualifiziert und der natürlichen Abstammung gleichgestellt. Demgegenüber werden künstliche Eltern-Kind-Zuordnungen, die auf einem Statuswechsel beruhen, durch Art. 22 EGBGB geregelt, der sich auf die Änderung bestehender rechtlicher Elternschaft bezieht.[155]

Art. 19 Abs. 1 EGBGB erfasst grundsätzlich die Abstammung kraft Gesetzes (aufgrund der Ehe oder einer anderen formalisierten Lebenspartnerschaft), kraft Anerkennung oder Einwilligung sowie kraft gerichtlicher Feststellung. Davon betrifft Art. 19 Abs. 1 S. 3 EGBGB nur die Frage der Zuordnung eines in der Ehe geborenen Kindes zur Mutter und ihrem Ehemann oder ihrer Ehefrau. Art. 19 Abs. 1 S. 1 und S. 2 EGBGB betreffen sowohl die Abstammung eines Kindes[156] als auch das Erfordernis und die Voraussetzungen einer Einwilligung oder einer Anerkennung der Abstammung bzw. deren gerichtliche Feststellung. Für das Erfordernis der Zustimmung zu einer Abstammungserklärung ist ergänzend das Heimatrecht des Kindes oder das deutsche Recht anzuwenden (Art. 23 EGBGB).

---

155 MüKoBGB/Helms (2020), Art. 19 EGBGB Rn. 5.

156 Ebd., Rn. 37–38.

2) Anküpfung

aa) Alternative Anknüpfung

i. Gewöhnlicher Aufenthalt des Kindes

Nach Art. 19 Abs. 1 S. 1 EGBGB knüpft die Abstammung an den gewöhnlichen Aufenthalt des Kindes an, der grundsätzlich unabhängig von demjenigen der Eltern zu bestimmen ist und sich am Daseinsmittelpunkt des Kindes (dem Schwerpunkt seiner Bindungen, d. h. seiner sozialen Integration durch familiäre, freundschaftliche oder sonstige Beziehungen) befindet. Kinder, insbesondere Säuglinge und Kleinkinder, haben jedoch häufig einen gemeinsamen gewöhnlichen Aufenthalt mit ihren Eltern oder Betreuungspersonen. Ein Neugeborenes folgt i. d. R. dem gewöhnlichen Aufenthalt der Mutter.[157] Wird ein Kind erst im Ausland geboren und verlässt es diesen Ort kurze Zeit später wieder, hat es am Geburtsort keinen gewöhnlichen Aufenthalt.[158]

Die Anknüpfung an den gewöhnlichen Aufenthalt des Kindes ist grundsätzlich wandelbar. Die Wandelbarkeit ist jedoch in einer dem Kind günstigen Weise zu verstehen. Ist ein Kind nach dem alten Statut rechtlich elternlos, so ist das neue Statut zur schnelleren Klärung oder Bestätigung der Abstammung des Kindes heranzuziehen, während bereits bestehende Kindeszuordnungen durch den Statutenwechsel nicht verneint werden können.[159]

ii. Heimatrechte der Eltern

Nach Art. 19 Abs. 1 S. 2 EGBGB richtet sich die Zuordnung des Kindes zu jedem Elternteil alternativ nach dessen Heimatrecht.[160] D. h. ein Mann oder eine Frau kann nach dem Recht ihrer eigenen Staatsangehörigkeit Vater oder Mutter eines Kindes werden.[161] Bei mehreren Staatsangehörigkeiten oder Staatenlosigkeit eines Elternteils ist Art. 5 EGBGB zu beachten. Die Anknüpfung an die Staatsangehörigkeit ist ebenfalls wandelbar und es gelten die gleichen Grundsätze wie für die Wandelbarkeit des gewöhnlichen Aufenthalts des Kindes.[162]

---

157 BeckOK BGB/Heiderhoff (2023), Art. 19 EGBGB Rn. 11.
158 MüKoBGB/Helms (2020), Art. 19 EGBGB Rn. 9.
159 BeckOK BGB/Heiderhoff (2023), Art. 19 EGBGB Rn.13–14.
160 Ebd., Rn. 17.
161 MüKoBGB/Helms (2020), Art. 19 EGBGB Rn. 10.
162 BeckOK BGB/Heiderhoff (2023), Art. 19 EGBGB Rn. 17.

iii. Ehewirkungsstatut

Nach Art. 19 Abs. 1 S. 3 EGBGB unterfällt die Abstammung alternativ dem nach Art. 14 Abs. 2 EGBGB berufenen Ehewirkungsstatut, wenn die Mutter verheiratet ist. Da Art. 14 Abs. 2 EGBGB als „Familienstatut" bekannt ist, kann sich für die Rechtsverhältnisse aller Mitglieder der ehelichen Familie eine größere „Sachnähe" oder günstigere Lösung ergeben. Art. 14 Abs. 2 EGBGB sieht eine Anknüpfungsleiter vor, die aus vier subsidiären Anknüpfungspunkten besteht.[163] Das so bestimmte Abstammungsstatut ist unwandelbar, da der Anknüpfungszeitpunkt auf die Geburt des Kindes oder den vorausgegangenen Tod des Ehegatten festgelegt ist.[164]

bb) Abstammungsfeststellung bei widersprüchlichen Statuszuweisungen

Die Anknüpfungsalternativen des Art. 19 Abs. 1 EGBGB könnten wegen der parallelen Verweisung in verschiedenen Rechtsordnungen zu widersprüchlichen Ergebnissen bei der Zuordnung des Kindes führen, d. h. ein Kind stammt rechtlich von verschiedenen Personen mütterlicherseits oder väterlicherseits ab.[165] In diesem Fall greift nach h. M. das Günstigkeitsprinzip, dessen Kern darin besteht, dass das für das Kindeswohl günstigste Recht zur Anwendung kommen soll,[166] während nach anderer Auffassung der Zusammenhang zwischen Günstigkeitsprinzip und Kindeswohl mangels verallgemeinerungsfähiger Prämisse zu einer untauglichen Leerformel kommt.[167] Es ist daher umstritten, inwieweit das Günstigkeitsprinzip helfen soll bzw. welche Prüfungsmaßstäbe heranzuziehen sind, wenn das am Kindeswohl orientierte Günstigkeitsprinzip gilt, um die Konkurrenzfrage der potentiellen

---

163 MüKoBGB/Helms (2020), Art. 19 EGBGB Rn. 15.

164 BeckOK BGB/Heiderhoff (2023), Art. 19 EGBGB Rn. 19.

165 Ebd., Rn. 22.

166 BGH, Beschluss v. 13.9.2017 – XII ZB 403/16 (OLG München), *NZFam* 2017, S. 1048; BGH, Beschluss v. 20.6.2018 – XII ZB 369/17 (OLG München), *NZFam* 2018, S. 746; OLG Frankfurt, Beschluss v. 17.10.2022 – 6 UF 68/22, *FamRZ* 2023, S. 620; KG, Beschluss v. 5.5.2020 – 1 W 165/19, *NZFam* 2020, S. 593; OLG München, Beschluss v. 29.06.2017 – 31 Wx 402/16, *FamRZ* 2017, S. 1691; OLG Nürnberg, Beschluss v. 14.9.2015 – 11 W 277/15, *FamRZ* 2016, S. 920; KG, Beschluss v. 29.11.2016 – 1 W 7/16, *NJW-RR* 2017, S. 391; OLG Karlsruhe, Beschluss v. 2.2.2015 – 11 Wx 65/14, *FamRZ* 2015, S. 1636; OLG Hamm, Beschluss v. 27.3.2014 – I-15 W 421/13, *FamRZ* 14, S. 1560; OLG München, Beschluss v. 31.1.2012 – 31 Wx 495/11, *FamRZ* 2012, S. 1504; Hausmann (2018), IntEuFamR, G. Abstammungssachen Rn. 56.

167 MüKoBGB/Helms (2020), Art. 19 EGBGB Rn. 17.

Elternschaft zu lösen und dem Kind bei der Zuweisung der Elternschaft am besten zu dienen.

Einerseits wird die Auffassung vertreten, dass aus Gründen der Statusklarheit und Rechtssicherheit das Prinzip des Kindeswohls ein abstraktes Kriterium sei, ohne dass auf die konkreten Umstände des Einzelfalls abgestellt werden müsse;[168] andererseits wird die Ansicht vertreten, dass das Prinzip des Kindeswohls eine Beschränkung auf die Klarheit und Sicherheit der Abstammung nicht rechtfertige, sondern dass die Wahrheit der Abstammung zu berücksichtigen sei und daher konkret unter Abwägung aller Umstände des Einzelfalls zu prüfen sei, welche Anwendung des Rechts zu dem für das Kind günstigsten Ergebnis führe.[169] Beide Auffassungen stimmen jedoch grundsätzlich darin überein, dass das Prioritätsprinzip, nach dem das Kind nach einer Rechtsordnung früher oder schneller einen Vater oder eine Mutter haben kann als nach einer anderen, zunächst zu beachten ist, womit vor allem Statusklarheit und Rechtssicherheit im Hinblick auf das Kindeswohl gewährleistet werden kann.[170]

Der BGH hat nach dem aus dem Günstigkeitsprinzip abgeleiteten Prioritätsprinzip den Gedanken durchgesetzt, dass die Vaterschaft des Ehemannes oder Ex-Ehemannes nach einem der in Art. 19 Abs. 1 EGBGB berufenen Rechte stets und ausnahmslos einer etwaigen Vaterschaft des Anerkennenden vorgeht.[171] Um zu verhindern, dass ein Kind im Falle einer nachgeburt-

---

[168] KG, Beschluss v. 29.11.2016 – 1 W 7/16, *NJW-RR* 2017, S. 391; MüKoBGB/Helms (2020), Art. 19 EGBGB Rn. 17; OLG Brandenburg, Beschluss v. 18.1.2022 – 7 W 117/21, *NZFam* 2022, S. 521; Hausmann (2018), IntEuFamR, G. Abstammungssachen Rn. 56.

[169] BGH, Beschluss v. 13.9.2017 – XII ZB 403/16 (OLG München), *NZFam* 2017, S. 1048.

[170] BGH, Beschluss v. 13.9.2017 – XII ZB 403/16 (OLG München), *NZFam* 2017, S. 1048; KG, Beschluss v. 5.1.2016 – 1 W 675/15, *FamRZ* 2016, S. 924; KG, Beschluss v. 29.11.2016 – 1 W 7/16, *NJW-RR* 2017, S. 391; OLG Nürnberg, Beschluss v. 14.9.2015 – 11 W 277/15, *FamRZ* 2016, S. 922; OLG Hamm, Beschluss v. 27.3.2014 – I-15 W 421/13, *FamRZ* 2014, S. 1560; OLG Köln, Beschluss v. 7.6.2013 – 25 UF 40/13, *FamFR* 2013, S. 528; OLG München, Beschluss v. 31.1.2012 – 31 Wx 495/11, *FamRZ* 2012, S. 1504; Dutta, Anatol: „Konkurrierende Vaterschaften bei scheidungsnah geborenen Kindern mit Auslandsbezug: Divergierende obergerichtliche Rechtsprechung". *StAZ* 2016, S. 201–203; BeckOK BGB/Heiderhoff (2023), Art. 19 EGBGB Rn. 23; MüKoBGB/Helms (2020), Art. 19 EGBGB Rn. 18.

[171] BGH, Beschluss v. 19.7.2017 – XII ZB 72/16, *NJW* 2017, S. 2911; BGH, Beschluss v. 13.9.2017 – XII ZB 403/16 (OLG München), *NZFam* 2017, S. 1048; BGH, Beschluss v. 20.6.2018 – XII ZB 369/17 (OLG München), *NZFam* 2018, S. 746.

lichen Anerkennung rechtlich vaterlos geboren wird, hat nach Auffassung des BGH die bei Geburt bestehende Vaterschaftsvermutung Vorrang vor der Vaterschaft durch nachgeburtliche Anerkennung, weil jedem Kind mit der Geburt ein rechtlicher Vater zugeordnet werden muss, d. h. der erste Zeitpunkt, zu dem die rechtliche Vaterschaft begründet wird, ist die Geburt des Kindes, während die Eintragung für die Begründung der rechtlichen Vaterschaft unerheblich ist, weil sie keine konstitutive Wirkung entfaltet und es daher nicht erforderlich ist, die Abstammung zum Zeitpunkt der Eintragung erneut zu prüfen, andernfalls bliebe die Identität des Kindes in der Zeit zwischen Geburt und Eintragung in der Schwebe. Der BGH hat auch unter Berufung auf die Anerkennungssperre des § 1594 Abs. 2 BGB darauf hingewiesen, dass der Anerkennende erst dann in die Vaterstellung einrücken kann, wenn die vermutete Vaterschaft kraft Ehe oder kraft Nachwirkung der Ehe angefochten oder beseitigt ist.[172] Daraus folgt, dass trotz fehlender Entscheidung des BGH in einem solchen Fall zugleich davon ausgegangen werden kann, dass die Vaterschaft durch die vorgeburtliche Anerkennung auch hinter die vermutete Vaterschaft zurücktritt, d. h. der Zeitpunkt der Anerkennung hat keinen Einfluss auf das Ergebnis, dass der Ehemann als vermuteter Vater immer derjenige ist, der erstmals (bei der Geburt) als Vater festgestellt wird.[173] Darüber hinaus hat der BGH im Hinblick auf die auch im Interesse des Kindeswohls gebotene Abstammungswahrheit (also wer der wahrscheinliche Vater ist) im Weg einer großzügigen Auslegung des Art. 20 S. 1 EGBGB eine analoge Anwendung des § 1599 Abs. 2 BGB (sog. scheidungsakzessorischer Statuswechsel) als Korrektur eingeführt.[174]

Zu dieser Entscheidung des BGH im Hinblick auf die dogmatische Tragfähigkeit der Anwendung des § 1594 Abs. 2 BGB gibt es in Literatur und Rechtsprechung noch abweichende Stimmen, auch wenn dieser

---

172 BGH, Beschluss v. 13.9.2017 – XII ZB 403/16 (OLG München), *NZFam* 2017, S. 1048.

173 MüKoBGB/Helms (2020), Art. 19 EGBGB Rn. 23; Frie, Birgit: „Konkurrierende Vaterschaften in der standesamtlichen Praxis – im Licht der neuesten Rechtsprechung des Bundesgerichtshofs". *StAZ* 2019, S. 9; Rauscher, Thomas: „Anmerkung zum BGH, Beschluss v. 19.7.2017 – XII ZB 72/16". *NJW* 2017, S. 2914; Mayer, Claudia: „Abstammung in Fällen mit Auslandsbezug". *NZFam* 2021, S. 528.

174 BGH, Beschluss v. 19.7.2017 – XII ZB 72/16, *NJW* 2017, S. 2911; BGH, Beschluss v. 13.9.2017 – XII ZB 403/16 (OLG München), *NZFam* 2017, S. 1048; BGH, Beschluss v. 20.6.2018 – XII ZB 369/17 (OLG München), *NZFam* 2018, S. 746.

„Zwei-Schritt-Ansatz" zu rechtssicheren und praxistauglichen Lösungen führt,[175] insbesondere hinkende Statusverhältnisse vermeiden kann.[176] So lässt sich fragen, ob die Anerkennung nach ausländischem Recht der Sperrwirkung des deutschen Sachrechts folgt. Entgegen der Argumentation des BGH wird teilweise vertreten, dass die Anerkennung nach ausländischem Recht nur dem ausländischen Recht unterliegt und wirksam ist, wenn das ausländische Recht keine vergleichbare Regelung vorsieht.[177] Fraglich ist z. B. auch, ob eine Vaterschaftsvermutung nach der Scheidung die Anerkennung nach deutschem Recht sperren kann, wonach die Anerkennung nur durch eine auf die Ehe gestützte Vaterschaftsvermutung gesperrt wird. Ebenso gibt es eine dem BGH entgegengesetzte Auffassung, nach der das deutsche Sachrecht stets strikt zu beachten ist, ohne dass die Vaterschaft aus Rechtsordnungen, die sich auf alternative Anknüpfungen berufen, bei der Prüfung des deutschen Sachrechts berücksichtigt werden muss, weil dies auf einen Zirkelschluss hinausliefe, der die Dimensionen des Sachrechts und des Kollisionsrechts vermengt.[178]

Das OLG Brandenburg hat sich in einem Fall,[179] in dem es um die Kollision der Vaterschaft durch vorgeburtliche Anerkennung nach deutschem Recht mit der Vaterschaft des Ex-Ehemannes nach polnischem Recht ging, im Ergebnis der Entscheidung des BGH angeschlossen. In seiner Begründung übersprang das OLG Brandenburg jedoch den ersten Schritt – die Anwendung des § 1594 Abs. 2 BGB – und ging direkt zum zweiten Schritt – der Anwendung des § 1599 Abs. 2 BGB, der nach der BGH-Entscheidung ursprünglich als Korrektur gedacht war – über, wonach die fehlende Zustimmung des Ex-Ehemannes in diesem Fall einen sog. scheidungsakzessorischen Statuswechsel verhinderte und damit die rechtliche Vaterschaft des anerkennenden Vaters scheiterte. Das OLG Brandenburg wies darauf hin, dass es für die statusrechtliche Zuordnung weniger auf die Prüfung der sozialen Beziehungen

175 MüKoBGB/Helms (2020), Art. 19 EGBGB Rn. 18.
176 Mayer, *NZFam* 2021, S. 528.
177 MüKoBGB/Helms (2020), Art. 19 EGBGB Rn. 26; Hepting/Dutta (2022), Fam. und PersStand-HdB Rn. V-204; Löhnig, Anmerkung zu BGH, Beschluss v. 13.9.2017 – XII ZB 403/16 (OLG München), *NZFam* 2017, S. 1048.
178 MüKoBGB/Helms (2020), Art. 19 EGBGB Rn. 21; KG, Beschluss v. 5.5.2020 – 1 W 165/19, *NZFam* 2020, S. 593.
179 OLG Brandenburg, Beschluss v. 18.1.2022 – 7 W 117/21, *NZFam* 2022, S. 521.

als vielmehr auf den Nachweis der natürlichen Verbundenheit und die Maßgeblichkeit verbindlicher Erklärungen ankomme. Daraus folgt, dass das OLG Brandenburg den konkurrierenden Willenselementen mehr Gewicht beigemessen hat als der Anerkennungssperre, also eine starke verfahrensrechtliche Argumentation angenommen hat.[180]

Im Hinblick auf den zweistufigen Ansatz des BGH und den ausnahmslosen Vorrang des Ehemannes gibt es auch in der Literatur unterschiedliche Auffassungen, die auf der Grundlage der Abstammungswahrheit des deutschen Sachrechts der Vaterschaft des Anerkennenden den Vorrang einräumen.[181] Zum Teil wird argumentiert, dass aufgrund des gesellschaftlichen Wandels der vorübergehende Zustand der Vaterlosigkeit vom deutschen Sachrecht (d. h. dem vom BGH herangezogenen § 1599 Abs. 2 BGB) nicht mehr als unerwünscht angesehen werde und es daher nicht erforderlich sei, die Vaterlosigkeit hervorzuheben, wenn sich eine potentiell günstigere Vaterschaft aus einem anderen Recht ergeben könne.[182] Hinzu kommt, dass sich das Verständnis des Günstigkeitsprinzips an den allgemeinen Wertungen des deutschen Abstammungsrechts, insbesondere an den in §§ 1591 ff. BGB verankerten Grundsätzen, orientieren sollte, wie auch in der Entscheidung des BGH bestätigt wurde. In diesem Rahmen lassen sich die für das Kindeswohl wesentlichen Parameter durch abstrakte Regeln konkretisieren, zu denen die Wahrheit (Richtigkeit), die Klarheit und Sicherheit der Abstammung sowie voluntative und soziale Elemente gehören.[183] Es dient daher dem Kindeswohl, nicht so schnell wie möglich einen Mann als Vater festzustellen, dessen Feststellung auf der zweiten Stufe ohnehin korrigiert wird, sondern von Anfang an die Person zu bestimmen, die die Stellung des zweiten Elternteils dauerhaft ausfüllen soll. Handelt es sich bei dem Anerkennenden um den wahrscheinlichen Vater, so ist ihm die Vaterschaft zunächst zuzuweisen, d. h. es gilt die

---

[180] Flindt, Jan Ole: „Anmerkung zum OLG Brandenburg, Beschluss v. 18.1.2022 – 7 W 117/21". *NZFam* 2022, S. 521.

[181] OLG München, Beschluss v. 29.06.2017 – 31 Wx 402/16, *FamRZ* 2017, S. 1691; OLG Hamm, Beschluss v. 27.3.2014 – I-15 W 421/13, *FamRZ* 2014, S. 1560; OLG Köln, Beschluss v. 7.6.2013 – 25 UF 40/13, *FamFR* 2013, S. 528; MüKoBGB/Helms (2020), Art. 19 EGBGB Rn. 20, 27; BeckOK BGB/Heiderhoff (2023), Art. 19 EGBGB Rn. 26–27; Hausmann (2018), IntEuFamR, G. Abstammungssachen Rn. 56.

[182] Löhnig, *NZFam* 2017, S. 1050.

[183] BeckOK BGB/Heiderhoff (2023), Art. 19 EGBGB Rn. 30.

einstufige Lösung anstelle des zweistufigen Ansatzes des BGH. Die Tendenz des BGH, dem Ehemann ausnahmslos den Vorrang einzuräumen, spiegelt den Geist eines längst überholten (traditionellen) Familienrechts wider und ist u. U. sogar mit dem Kindeswohl nicht vereinbar, z. B. für das Kind und den biologisch mit dem Kind verbundenen Anerkennenden, der auch die soziale Vaterrolle einnimmt, eine zeit- und kostenintensive Vaterschaftsanfechtung nach § 1600 BGB, wenn § 1599 Abs. 2 BGB nicht anwendbar ist.[184]

In einem Fall, in dem es um die Konkurrenz zwischen der Zuordnung des Kindes zum Ex-Ehemann und der Vaterschaft aufgrund einer vorgeburtlichen Anerkennung ging, wandte sich das KG gegen die Auffassung des BGH, der § 1594 Abs. 2 BGB auch dann für anwendbar hielt, wenn sich die anderweitige Vaterschaft aus ausländischem Recht ergab. Demgegenüber bejahte das KG unter Auslegung der alternativen Anknüpfungen des Art. 19 Abs. 1 EGBGB den Vorrang der Anknüpfung an den gewöhnlichen Aufenthalt des Kindes mit dem Argument, dass die Anknüpfung an den Aufenthalt vom Gesetzgeber als Regelanknüpfung angesehen werde und für das Kind durch die Staatsangehörigkeit die Sachnähe zum Aufenthalt verstärkt werde.[185] Allerdings wird auch diese Entscheidung des KG in der Literatur kritisiert, weil in solchen Kofliktfällen diese vorrangige Anwendung der Anknüpfung nur durch den Gesetzgeber generell-abstrakt vorgesehen werden kann. Fehlt es daran, müssen konkurrierende Vaterschaften auf materiellrechtlicher Ebene ausgeglichen werden.[186]

Zusammenfassend lässt sich festhalten, dass der zweistufige Ansatz des BGH, der auf dem Prioritätsprinzip beruht, zwar eine klare und praktikable Linie für die Rechtsanwendung bietet, aber nicht immer die beste Lösung für das Kindeswohl im Einzelfall darstellt. Angesichts der zunehmenden Diversifizierung der Familienstrukturen sollten die rechtlichen Lösungen flexibler und besser an den gesellschaftlichen Wandel angepasst werden. Die Anwendung des Günstigkeitsprinzips nach Art. 19 Abs. 1 EGBGB könnte durch eine vertretbare Auslegung, die die sich wandelnden deutschen materiellrechtlichen Wertungen berücksichtigt, verbessert werden. Dabei kommt es darauf an, die unterschiedlichen Interessen der Beteiligten, wie Eltern,

---

184 Löhnig, *NZFam* 2017, S. 1051.

185 KG, Beschluss v. 5.5.2020 – 1 W 165/19, *NZFam* 2020, S. 593.

186 Mayer, *NZFam* 2021, S. 525.

potentielle Eltern und andere Bezugspersonen, sorgfältig abzuwägen und in einen gerechten Ausgleich zu bringen, um das Kindeswohl bestmöglich zu schützen. Weitere gesetzgeberische und gerichtliche Maßnahmen sind erforderlich, um den sich wandelnden Familienstrukturen Rechnung zu tragen und das Kindeswohl in verschiedenen Familienkonstellationen zu sichern.

cc) Rück- und Weiterverweisung

Im Rahmen des Art. 19 Abs. 1 EGBGB sind grundsätzlich Rück- und Weiterverweisungen zu beachten. Die Berücksichtigung des Renvoi kann mglw. zu einer Verringerung der Zahl der anwendbaren Rechtsordnungen führen. Daher darf die Berücksichtigung des Renvoi aufgrund des Günstigkeitsprinzips der alternativen Anknüpfungen in Art. 19 Abs. 1 EGBGB nicht dazu führen, dass die Feststellung der Abstammung erschwert oder unmöglich gemacht wird.[187]

3) Die Vorfrage der Ehe der Eltern

aa) Die Vorfrage der Ehe

Bei der Eltern-Kind-Zuordnung nach Art. 19 Abs. 1 S. 1–3 EGBGB ist in manchen Fällen die Ehe der Eltern als Vorfrage zu klären. Allerdings ist umstritten, ob die Vorfrage nach der Ehe selbständig (lex fori) oder unselbständig (lex causae) anzuknüpfen ist. Die Ehe der Eltern ist nach h. M. in Deutschland selbständig anzuknüpfen.[188] Teilweise wird im Hinblick auf das Art. 19 Abs. 1 EGBGB zugrunde liegende Günstigkeitsprinzip eine alternative Anknüpfung der Vorfrage empfohlen, um die Abstammungsfeststellung zu erleichtern.[189] Daneben wird die Auffassung vertreten, dass die selbständige Anknüpfung der Vorfrage der Ehe der Eltern nach dem Recht

---

[187] MüKoBGB/Helms (2020), Art. 19 EGBGB Rn. 33–34.

[188] jurisPK-BGB/Duden (2023), Art. 19 EGBGB Rn. 79–84; Staudinger/Henrich (2022), Art 19 EGBGB Rn. 34; MüKoBGB/v. Hein (2024), Einl. IPR Rn 202; KG, Beschluss v. 16.2.2019 – 1 W 561/17, *FamRZ* 2019, S. 685; OLG Hamburg, Beschluss v. 14.4.2014 – 2 W 17/11, *FamRZ* 2014, S. 1563; OLG Hamburg, Beschluss v. 23.11.2020 – 2 W 57/20, *FamRZ* 2021, S. 957.

[189] Hepting/Dutta (2022), Fam. und PersStand-HdB, Rn. IV-196; Waldburg, Oliver: *Anpassungsprobleme im internationalen Abstammungsrecht: unter besonderer Berücksichtigung des deutsch-portugiesischen Rechtsverkehrs, gleichzeitig eine Analyse der neuen Kollisionsnormen Artt. 19, 20 EGBGB n. F.* Verlag für Standesamtswesen: Frankfurt a. M. 2001, S. 67–69.

des Gerichts (lex fori) dazu führen würde, dass die Eltern-Kind-Zuordnung selbst weder das für die Vorfrage noch das für die Hauptfrage maßgebliche Recht vornehme, so dass insoweit eine differenzierte Lösung vorgeschlagen wird, wonach grundsätzlich eine selbständige Anknüpfung für die Ehe in Art. 19 Abs. 1 S. 3 EGBGB als Erstfrage gilt, während für die Vorfrage der Ehe in Art. 19 Abs. 1 S. 1–2 EGBGB eine unselbständige Anknüpfung in Betracht kommt, weil es für die Vermutung der Elternschaft nicht darauf ankommt, ob die Ehe der Eltern aus Sicht des deutschen Rechts wirksam ist. Vielmehr reiche es aus, dass die Ehe der Eltern dem für die Abstammung maßgeblichen ausländischen Recht entspreche.[190] Dem wird jedoch auch entgegengehalten, dass diese unselbständige Vorfragenanknüpfung einen Katalog über den Kreis der im Gesetz aufgezählten Rechtsordnungen hinaus erweitere und damit den Ausgleich z. B. zwischen den kollidierenden Interessen störe.[191]

bb) Gleichgeschlechtliche Ehe, eingetragene Lebenspartnerschaft und nicheheliche Lebensgemeinschaft

Nicht unter die Ehe i. S. v. Art. 19 Abs. 1 S. 3 EGBGB fallen nichteheliche Lebens-gemeinschaften. Ob eine analoge Anwendung des Art. 19 Abs. 1 S. 3 EGBGB auf eingetragene Lebenspartnerschaften möglich ist, ist allerdings umstritten. Die Gegner sind der Auffassung, dass die Anknüpfung an das Registerstatut statt an das auch als „Familienstatut" bezeichnete Ehewirkungsstatut aus der Sicht des Kindes völlig zufällig sei und wenig „Sachnähe" zum Kind aufweise.[192] Nach Art. 17b Abs. 5 S. 1 EGBGB ist zwar Art. 19 Abs. 1 S. 3 EGBGB auf die gleichgeschlechtliche Ehe anwendbar. Umstritten ist aber, ob letztlich das „echte" Ehewirkungsstatut der gleichgeschlechtlichen Ehe in Art. 17b Abs. 4 i. V. m. Abs. 1 EGBGB oder das „Familienstatut" in Art. 14 Abs. 2 EGBGB Anwendung findet.[193] Die „Sachnähe", zu der Art. 14 Abs. 2

---

[190] MüKoBGB/Helms (2020), Art. 19 EGBGB Rn. 51–52; BeckOK BGB/Heiderhoff (2023), Art. 19 EGBGB Rn. 41.

[191] MüKoBGB/v. Hein (2024), Einl. IPR Rn. 202; von Bar/Mankowski (2003), § 7 Rn. 206.

[192] MüKoBGB/Helms (2020), Art. 19 EGBGB Rn. 55.

[193] Für den Verweis auf Art. 14 Abs. 2 EGBGB: BeckOK BGB/Heiderhoff (2023), Art. 17b EGBGB Rn. 62; BeckOGK/Repasi (2020), Art. 17b EGBGB Rn. 83; Für den Verweis auf Art. 17b Abs. 4 i. V. m. Abs. 1 EGBGB: jurisPK-BGB/Duden (2019), Art. 19 EGBGB Rn 55.1.

EGBGB führt, spielt bei der Eltern-Kind-Zuordnung im Lichte des kindeswohlorientierten Günstigkeitsprinzips in bestimmten Fällen eine geringere Rolle als die „Priorität" (Rechtssicherheit und Statusklarheit), die durch Art. 17b EGBGB erreicht werden kann.

4) Ordre public

aa) Allgemeines

Der ordre public nach Art. 6 EGBGB greift selten in ein nach Art. 19 Abs. 1 EGBGB berufenes Recht ein, da zum einen aufgrund der Anknüpfungsalternative auf eines der berufenen Rechte ausgewichen werden kann[194] und zum anderen aufgrund des Günstigkeitsprinzips stets auf das Kindeswohl im konkreten Fall abzustellen ist.[195]

bb) Leihmutterschaft

Die Entscheidung des BGH zur Anerkennung einer kalifornischen Entscheidung zeigt: Ein Verstoß gegen den ordre public liegt bei der Anerkennung der Elternschaft der Wunscheltern bei Leihmutterschaft i. d. R. nicht vor, weil formale oder generalpräventive Argumente nicht über das Kindeswohl im Einzelfall gestellt werden können.[196] Trotz der Großzügigkeit des anerkennungsrechtlichen ordre public gilt dieser Maßstab auch für den kollisionsrechtlichen ordre public.[197]

Die Entscheidung des BGH befasst sich allerdings nicht mit den Fällen, in denen die Freiwilligkeit der Leihmutter zur Herausgabe des Kindes unklar ist oder beide Wunsch-elternteile keine genetische Verbindung zu dem Kind haben. Wenn die Leihmutter mit dem Kind genetisch verwandt ist oder eine emotionale Beziehung zu dem Kind entwickelt hat und das Kind nicht an die Wunscheltern herausgeben will, würde eine zwangsweise Zuordnung des Kindes zu den Wunscheltern dem deutschen ordre public widersprechen. Von größerer praktischer Bedeutung ist die Frage, ob eine automatische Anerkennung bei fehlender genetischer Verwandtschaft der Wunscheltern mit dem Kind als Verstoß gegen den ordre public anzusehen ist. In diesem Fall wäre eine analoge Anwendung der Maßstäbe des internationalen Adoptionsrechts

---

194 MüKoBGB/Helms (2020), Art. 19 EGBGB Rn. 62.
195 BeckOK BGB/Heiderhoff (2023), Art. 19 EGBGB Rn. 44.
196 BGH, Beschluss v. 10.12.2014 – XII ZB 463/13, *NJW* 2015, S. 479.
197 BeckOK BGB/Heiderhoff (2023), Art. 19 EGBGB Rn. 45.

möglich, d. h. eine Kindeswohlprüfung im Einzelfall wird bei der Eltern-Kind-Zuordnung immer vorausgesetzt.[198]

cc) Gleichgeschlechtliche Elternschaft

Da das deutsche Recht die gleichgeschlechtliche Elternschaft im Wege der Sukzessiv- oder Stiefkindadoption ohnehin kennt, verstößt die Zuordnung eines Kindes nach ausländischem Recht zu zwei Müttern oder zwei Vätern auch nicht gegen den deutschen ordre public. Immerhin dient es dem Kindeswohl, wenn ein Kind zwei Personen als Eltern hat. Das Geschlecht und die sexuelle Orientierung der Eltern sind nicht als ordre-public-Verstoß anzusehen.[199]

5) Zwischenergebnis

Die alternativen Anknüpfungen in Art. 19 Abs. 1 EGBGB erleichtern die Feststellung der Abstammung des Kindes. Bei Normenwidersprüchen gilt das Prioritätsprinzip bzw. das Günstigkeitsprinzip unter Berufung auf das Kindeswohl im Einzelfall. Die Vorfrage der Ehe in Art. 19 Abs. 1 S. 3 ist selbständig anzuknüpfen. Die Anknüpfung der Vorfrage der Ehe oder sonstigen Partnerschaft der Eltern in Art. 19 Abs. 1 S. 1–2 EGBGB kann darüber hinaus in einer dem Kindeswohl günstigeren Weise (selbständig oder unselbständig) festgelegt werden. Auch die ordre-public-Prüfung bei der Eltern-Kind-Zuordnung richtet sich stets nach dem Kindeswohl im konkreten Fall.

b) Adoptionsstatut gem. Art. 22 EGBGB

1) Qualifikation und Anwendungsbereich

„Annahme als Kind" i. S. v. Art. 22 EGBGB ist jede Begründung eines auf Dauer angelegten Eltern-Kind-Verhältnisses ohne die Voraussetzung eines Verwandtschaftsverhältnisses.[200] Erfasst sind die dem deutschen Recht bekannten Minderjährigen- und Volljährigenadoptionen sowie adoptionsähnliche Rechtsinstitute ausländischen Rechts, unabhängig davon, in welcher Form (Dekret- oder Vertragsadoption) und mit welchen Wirkungen (starke oder schwache Adoption) diese Adoptionen erfolgen.[201] Davon zu unter-

[198] MüKoBGB/Helms (2020), Art. 19 EGBGB Rn. 69.
[199] BeckOK BGB/Heiderhoff (2023), Art. 19 EGBGB Rn. 46.
[200] MüKoBGB/Helms (2024), Art. 22 EGBGB Rn. 6.
[201] BeckOK BGB/Heiderhoff (2023), Art. 22 EGBGB Rn. 11–13.

scheiden sind Institute wie die Pflegekindschaft und die Kafala islamischen Rechts, die in den Anwendungsbereich des KSÜ fallen.[202]

Der Anwendungsbereich des Art. 22 EGBGB umfasst die Voraussetzungen für die Begründung der Adoption (einschließlich der allgemeinen Voraussetzungen der Adoption, aller Fragen im Zusammenhang mit der Einwilligung oder Zustimmung zur Adoption sowie relevanter Regelungen des Zwischenstadiums zwischen dem Zeitpunkt der Zustimmung der leiblichen Eltern zur Adoption und der Aufnahme in die neue Familie usw.), die Art und Weise der Durchführung der Adoption, die Wirkungen der Adoption sowie die Aufhebung der Adoption.[203] Das künftige Rechtsverhältnis zwischen dem Annehmenden und dem Angenommenen unterliegt jedoch nicht dem Adoptionsstatut, sondern dem nach dem KSÜ berufenen Recht.[204]

2) Anknüpfung

aa) Adoption im Inland

Art. 22 EGBGB n. F. differenziert bei der Anknüpfung zwischen Inlands- und Auslandsadoption. Der Familienstand der Annehmenden oder eine partnerschaftliche Beziehung zwischen den Annehmenden ist kein Anknüpfungsmerkmal mehr. Nach Art. 22 Abs. 1 S. 1 EGBGB richtet sich die Adoption im Inland in jedem Fall nach deut-schem Adoptionsrecht, und zwar unabhängig davon, ob die Annehmenden verheiratet sind oder nicht, ob sie Deutsche oder Ausländer sind, d. h. es kommt nicht mehr darauf an, ob die Inlandsadoption aus Sicht des Heimatrechts der Adoptierenden wirksam ist.

bb) Adoption im Ausland

Nach Art. 22 Abs. 1 S. 2 EGBGB ist auf eine im Ausland erfolgte Adoption das Recht des Staates anzuwenden, in dem der Adoptierte zum Zeitpunkt der Adoption seinen gewöhnlichen Aufenthalt hat. Das Adoptionsstatut ist also unwandelbar. Dies bedeutet, dass ein Aufenthaltswechsel des Adoptierten keine Auswirkungen auf die Beurteilung der Wirksamkeit der Adoption hat. Darüber hinaus ist die Anknüpfung der Adoption kindzentriert. Das

---

202 BeckOK BGB/Heiderhoff (2023), Art. 22 EGBGB Rn. 15, 17.

203 BeckOK BGB/Heiderhoff (2023), Art. 22 EGBGB Rn. 19–27; MüKoBGB/Helms (2024), Art. 22 EGBGB Rn. 47.

204 BeckOK BGB/Heiderhoff (2023), Art. 22 EGBGB Rn. 29.

Personalstatut der Annehmenden oder ihr Ehewirkungs- bzw. Registerstatut ist für die ausländische Adoption nicht relevant.

cc) Rück- und Weiterverweisung

„Renvoi" ist bei der Beurteilung der Wirksamkeit der ausländischen Vertragsadoption nach Art. 22 Abs. 1 S. 2 EGBGB n. F. weiterhin zu beachten, insbesondere wenn nach dem IPR des Aufenthaltsstaates des Adoptivkindes das Recht anzuwenden ist, nach dem die Adoption durchgeführt wird. Dies wäre eine Erleichterung für die Feststellung der Wirksamkeit der nach ausländischem Recht begründeten Vertragsadoption, die mit der Zielsetzung des Gesetzgebers vereinbar ist.[205]

3) Ordre public

Da die Inlandsadoption stets deutschem Recht unterliegt, findet die ordre-public-Prüfung nur bei der kollisionsrechtlichen Anerkennung ausländischer Vertragsadoptionen statt. Die Anwendung ausländischen Rechts verstößt gegen den deutschen ordre public, wenn die Adoption im Einzelfall mit dem Kindeswohl, insbesondere mit der Erwartung der Entstehung eines Eltern-Kind-Verhältnisses, unvereinbar ist. Art. 6 EGBGB ist sehr zurückhaltend anzuwenden, wenn es nicht um das Kindeswohl geht. So liegt z. B. kein Verstoß vor, wenn die Adoption ohne Zustimmung des Ehegatten des Annehmenden erfolgt ist.[206]

4) Zwischenergebnis

Durch die Öffnung der Stiefkindadoption für die nichteheliche Familie hat sich die Anknüpfung in Art. 22 Abs. 1 EGBGB erheblich verändert. Im Mittelpunkt der Anknüp-fung steht nach Art. 22 EGBGB n. F. nicht mehr der Annehmende, sondern das angenommene Kind. Der Familienstand bzw. die Partnerschaft der Annehmenden ist damit nicht mehr Anknüpfungsfaktor. Stattdessen wird die Anknüpfung nach Art. 22 Abs. 1 EGBGB in Inlands- und Auslandsadoption unterteilt. Die Anknüpfung an den Aufenthaltsstaat des Adoptivkindes nach Art. 22 Abs. 1 S. 2 EGBGB kann die Feststellung der Wirksamkeit ausländischer Vertragsadoptionen erleichtern.

---

205 BeckOK BGB/Heiderhoff (2023), Art. 22 EGBGB Rn. 42.

206 Ebd., Rn. 45–47.

II. Chinesisches Recht

1. Einordnung der rechtlichen Beziehung der Eltern

a) Ehe verschiedengeschlechtlicher Eltern

1) Eheschließungsstatut gem. § 21 IPRG

aa) Qualifikation der „Ehe" und Anknüpfungsgegenstand

Für die Qualifikation der „Ehe" in § 21 IPRG ist gem. § 8 IPRG das chinesische Eherecht (lex fori) anzuwenden. Obwohl der Ehebegriff im chinesischen Eherecht nicht eindeutig definiert ist, lässt sich aus den in den Vorschriften genannten Voraussetzungen für die Eheschließung ein Verständnis von „Ehe" ableiten. Eine Ehe i. S. v. § 21 IPRG ist demnach eine Verbindung zwischen einem Mann und einer Frau, d. h. § 21 IPRG bezieht sich nicht auf gleichgeschlechtliche Ehen. Faktische Ehen sind unter bestimmten Voraussetzungen auch nach chinesischem Eherecht als Ehen anzusehen, nachdem faktische Ehen beim Standesamt nachgemeldet werden. Faktische Ehen sollten daher unter § 21 IPRG fallen. Von § 21 IPRG nicht erfasst sind jedoch nichteheliche Lebensgemeinschaften, die nicht als faktische Ehen zu qualifizieren sind, weil sie weder geschlossen werden noch nach außen als Ehe in Erscheinung treten.

Anknüpfungsgegenstand des § 21 IPRG sind die materiellrechtlichen Voraussetzungen der Eheschließung, nämlich der Ehewille beider Partner (Mann und Frau), die Ehemündigkeit, die Einehe, das Eheverbot. Die kollisionsrechtlichen Fragen der Unwirksamkeit oder Aufhebbarkeit der Ehe sind ebenfalls in § 21 IPRG geregelt. Nicht erfasst sind hingegen Formfragen der Eheschließung, die in § 22 IPRG gesondert geregelt sind.[207]

bb) Subsidiärität der Anknüpfungen

i. Primäranknüpfung an den gemeinsamen gewöhnlichen Aufenthalt

Die Anknüpfung nach § 21 IPRG besteht aus einer dreistufigen Anknüpfungsleiter. Nach § 21 S. 1 IPRG ist primär an den gemeinsamen gewöhnlichen Aufenthalt der Verlobten anzuknüpfen. Der Anknüpfungszeitpunkt liegt unmittelbar vor der Ehesch-ließung.[208] Die Unwandelbarkeit der Anknüpfung schützt vor einer nachträglichen Unwirksamkeit der Ehe durch einen

---

[207] Näheres siehe unten Teil 3 A II 1 a) 2).

[208] Gem. § 13 der Erläuterungen des OVG zu einigen Fragen des „Gesetzes der VR China über das anwendbare Recht auf zivilrechtliche Beziehungen mit Außenberührung" (Teil 1) (rev. 2020) (im Folgenden: Erläuterungen des OVG zum IPRG I (rev. 2020))

Statutenwechsel. Für die Frage, ob eine Ehe begründet werden kann oder wirksam ist, spielt aus Sicht des chinesischen Kollisionsrechts das Recht des gemeinsamen gewöhnlichen Aufenthaltsortes der Eheschließenden eine überragende Rolle. Denn der gemeinsame Lebensmittelpunkt der Paare liegt i. d. R. am gemeinsamen gewöhnlichen Aufenthaltsort, zu dem die Wirksamkeit der Eheschließung den engsten Bezug hat. Im Übrigen deckt sich das Eheschließungsstatut in den ersten beiden subsidiären Anknüpfungen vollständig mit dem Ehewirkungsstatut.[209]

ii. Sekundäranknüpfung an die gemeinsame Staatsangehörigkeit

Haben die Verlobten keinen gemeinsamen gewöhnlichen Aufenthalt, ist nach § 21 S. 2 IPRG das Recht des Staates anzuwenden, dessen Staatsangehörigkeit sie gemeinsam besitzen. Gegenüber dem Recht des gemeinsamen gewöhnlichen Aufenthalts spielt das gemeinsame Heimatrecht nur eine untergeordnete Rolle. Aufgrund der Anwendung des gemeinsamen Heimatrechts zum Zeitpunkt der Eheschließung ist diese Anknüpfung auch unwandelbar. Die Anknüpfung an die gemeinsame Staatsangehörigkeit kann „hinkende Ehen“ und das Dilemma vermeiden, das sich aus widersprüchlichen Voraussetzungen für die Eheschließung in verschiedenen Ländern ergibt.

iii. Tertiäranknüpfung an den Ort der Eheschließung

Haben die Eheschließenden weder einen gemeinsamen gewöhnlichen Aufenthalt noch eine gemeinsame Staatsangehörigkeit, so knüpft § 21 S. 3 IPRG schließlich an den Ort der Eheschließung an, wenn die Eheschließung in dem Land erfolgt, in dem eine der Parteien ihren gewöhnlichen Aufenthalt hat oder dessen Staatsangehörigkeit sie besitzt. Diese dritte Anknüpfungsstufe hat weitere alternative Möglichkeiten eröffnet. Dahinter steht das Bestreben des Gesetzgebers, die Ehe möglichst gelten zu lassen bzw. begründen zu können. Die Anknüpfungen des § 21 S. 3 IPRG erfassen allerdings nicht den Fall, dass die Ehe in einem Staat geschlossen wird, in dem beide weder ihren gewöhnlichen Aufenthalt haben noch dessen Staatsangehörigkeit besitzen. Zur Lösung dieses Falles könnte man sich auf die frühere gerichtliche

ist der gewöhnliche Aufenthalt einer natürlichen Person zeitlich auf den Zeitpunkt der Entstehung, Veränderung und Beendigung eines Rechtsverhältnisses beschränkt.

209 Vgl. § 23 IPRG.

Auslegung[210] berufen, wonach sich die Wirksamkeit der Ehe nach dem Recht des Eheschließungsortes bestimmt. Wegen der Zufälligkeit des Eintragungsortes, der auch nicht wie § 21 S. 3 IPRG auf einen bestimmten Bereich beschränkt ist, dürfte dies aber mit dem Grundsatz der engsten Verbindung nach § 2 Abs. 2 IPRG nicht vereinbar sein, auch wenn es die Feststellung der Wirksamkeit der ausländischen Ehe erleichtert.

cc) Gesetzesumgehung

„Wenn eine Partei vorsätzlich einen Anknüpfungspunkt in Bezug auf ein zivilrechtliches Verhältnis mit Auslandsberührung schafft, [um] zwingende Bestimmungen in Gesetzen oder Verwaltungsrechtsnormen der VR China zu umgehen, sollen die Volksgerichte feststellen, dass die Wirkung der Anwendbarkeit des ausländischen Rechts nicht eintritt." (§ 9 Erläuterungen des OVG zum IPRG I (2020)). Demnach wird sowohl die echte Gesetzesumgehung durch bewusste Änderung des Personalstatuts als auch die unechte Gesetzesumgehung durch Verlegung der Trauung ins Ausland dazu führen, dass das ausländische Recht nicht anwendbar ist oder die Wirksamkeit der Eheschließung nach ausländischem Recht nicht festgestellt wird, auch wenn das Ergebnis der Gesetzesumgehung keinen Verstoß gegen den chinesischen ordre public darstellt.

dd) Keine Rück- und Weiterverweisung

„Das auf zivilrechtliche Verhältnisse mit Auslandsberührung anzuwendende ausländische Recht schließt das Rechtsanwendungsrecht dieses Staates nicht ein." (§ 9 IPRG) Das chinesische Kollisionsrecht erlaubt somit nur die Anwendung des ausländischen materiellen Rechts ohne Berücksichtigung des ausländischen IPR, was in der Praxis die Anwendung des chinesischen materiellen Rechts reduzieren würde.[211] Dadurch können die Vorteile der Rückverwei-

---

210 § 188 Stellungnahmen des OVG zu einigen Fragen der Umsetzung der allgemeinen Grundsätze des Zivilrechts der Volksrepublik China v. 26.1.1988 (in kraft seit 2.4.1988, außer Kraft seit 1.1.2021, im Folgenden: OVG-Stellungnahmen zu AGZR) lautet: „Um zu bestimmen, ob die Ehe wirksam ist, wird das Recht des Ortes der Eheschließung angewandt." Siehe Münzel, Frank (Übersetzer): Dokument: Allgemeine Grundsätze des Zivilrechts der VR China (Übersetzung und Anmerkungen: Münzel), *China aktuell* 1986, S. 288.

211 Liu, Yitong: „Comparative Study of China and Germany in the Application of Law for Foreign-related Marriage". *Law Science Magazine* 2019(8), S. 114.

sung nicht genutzt werden, denn in bestimmten Fällen, insbesondere im Personenstands-, Ehe- und Familienrecht, kann durch die Rückverweisung auf das chinesische Recht die Anwendung ausländischen Rechts vermieden und damit ein potentieller Konflikt mit dem chinesischen ordre public umgangen werden.

ee) Ordre public

„Würde die Anwendung ausländischen Rechts das gesellschaftliche Allgemeininteresse der VR China beeinträchtigen, so ist das Recht der VR China anzuwenden.“ (§ 5 IPRG) Ist die Anwendbarkeit ausländischen Rechts durch einen ordre-public-Vorbehalt ausge-schlossen, wird stattdessen chinesisches Recht angewendet. Für die Frage, ob das ausländische Recht das gesellschaftliche Allgemeininteresse der VR China beeinträchtigt, kommt es nicht auf die betreffende Norm als solche, sondern auf das Ergebnis ihrer Anwendung an.[212] Der Inhalt des „gesellschaftlichen Allgemeininteresses“ (d. h. der „öffentlichen Ordnung“) ist in § 5 IPRG nicht näher bestimmt, wie dies in Art. 6 EGBGB durch das Beispiel der „Grundrechte“ in der deutschen ordre-public-Klausel der Fall ist. In der Literatur wird davon ausgegangen, dass ein Verstoß vorliegt, wenn die Anwendung ausländischen Rechts gegen wesentliche Staatsinteressen, grundlegen-de politische Normen, grundlegende moralische Wertvorstellungen oder wesentliche Rechtsgrundsätze verstößt.[213] Im Bereich des Personenstands-, Ehe- und Familien-rechts ist bei der Frage, ob das „gesellschaftliche Allgemeininteresse“ verletzt wird, zu prüfen, ob das Ergebnis der Anwendung ausländischen Rechts der Ehefreiheit, der Monogamie, den Grundprinzipien der Familienplanung, den Voraussetzungen für ein Eheverbot nach chinesischem Ehe- und Familienrecht oder

212 Huang, Jin / Jiang, Rujiao (Hrsg.): *Interpretation and Analysis of the Law of the People's Republic of China on Choice of Law for Foreign-related Civil Relationships*. Law Press·China: Beijing 2011, S. 27; vgl. Pißler, Knut Benjamin: „Das neue Internationale Privatrecht der VR China: Nach den Steinen tastend den Fluss überqueren“. *RabelsZ* 76 (2012), S. 12.

213 In der Literatur wird die Auffassung vertreten, dass das „gesellschaftliche Allgemeininteresse“ grundlegende Fragen wie die wichtigen politischen, wirtschaftlichen und rechtlichen Interessen des Staates, die grundlegenden politischen Leitlinien, die wesentlichen Rechtsgrundsätze sowie die fundamentalen moralischen Konzepte umfasst, vgl. Huang/Jiang 2011, S. 31; Pißler, *RabelsZ* 76 (2012), S. 12.

der öffentlichen Ordnung und den guten Sitten Chinas widerspricht.[214] Der „Grad" (Verhältnismäßigkeit) der „Verletzung" des chinesischen ordre public wird auch nicht in ähnlicher Weise einge-schränkt wie durch die Einführung der Begriffe „untragbar" und „offensichtlich unver-einbar" in der deutschen Vorbehaltsklausel. Damit würde die chinesische ordre-public-Klausel häufiger in die Rechtsanwendung eingreifen.

2) Formstatut gem. § 22 IPRG

aa) Qualifikation als Formfrage

In § 22 IPRG geht es um alle privatrechtlichen Fragen der äußeren Gestaltung des Eheschließungsaktes. Als Formfragen sind die Registrierung der Ehe vor dem Standesamt, die Erklärung des Ehewillens in religiöser Weise, die de facto Ehe usw. zu qualifizieren. Die Gültigkeit einer durch Stellvertretung geschlossenen Ehe ist ebenfalls eine Formsache.[215]

bb) Alternativtät der Anknüpfungen

i. Das Recht des Eheschließungsortes

„Die Ehe ist formgültig, wenn die Form dem Recht des Ortes der Eheschließung, dem Recht des gewöhnlichen Aufenthalts eines der Verlobten oder dem Recht des Staates entspricht, dem [einer der Verlobten] angehört." (§ 22 IPRG) Anders als in Deutschland ist für die Eheschließung in China gem. § 22 IPRG nicht die „Ortsform" einzuhalten. Stattdessen bestimmt das chinesische Kollisionsrecht, dass die Form der Eheschließung alternativ anzuknüpfen ist, d. h. die Formwirksamkeit kann sich entweder nach dem Recht des Ortes der Eheschließung (Ortsrecht) oder alternativ nach dem Personalstatut eines Partners (entweder das Recht des gewöhnlichen Aufenthaltsortes oder das Recht der Staatsangehörigkeit) richten, grundsätzlich unabhängig davon, ob die Ehe im In- oder Ausland geschlossen wurde. Die alternative Anknüpfung soll das Zustandekommen und die Gültigkeit der Ehe erleichtern.

---

214 He, Qun: „Study on the Application Law of Foreign-related Homosexual Marriage". *Hebei Law Science* 2012(10), S. 136.

215 Vgl. § 1049 S. 1 ZGB; Ran, Keping / Chen, Danyi: „Analysis of the Effectiveness of the Marriage of Abducted and Trafficked Women—The Path to the Redress of the Rights of Abducted and Trafficked Women". *Huxiang Law Review* 2022(1), S. 21.

ii. Personalstatut eines der Verlobten

Nach § 22 IPRG ist die Ehe neben der Anwendung des Rechts des Eheschließungsortes auch dann gültig, wenn alternativ die Formvorschriften eines Personalstatuts eines Ehegatten erfüllt sind. Daraus folgt, dass das chinesische IPR sehr lockere Anforderungen an die Form der Eheschließung stellt.

Das Personalstatut kann grundsätzlich durch einen Wechsel des gewöhnlichen Aufenthalts oder der Staatsangehörigkeit geändert werden. Allerdings wird der Begriff des „gewöhnlichen Aufenthalts natürlicher Personen" in § 13 „Erläuterungen des OVG zum IPRG I (2020)" präzisiert und der wandelbare gewöhnliche Aufenthalt zeitlich begrenzt, d. h. der gewöhnliche Aufenthalt einer natürlichen Person i. S. d. IPRG wird stets auf folgenden Zeitpunkt bezogen: nämlich „zum Zeitpunkt der Entstehung, Änderung oder des Erlöschens eines zivilrechtlichen Verhältnisses mit Außenberührung".[216] Eine analoge zeitliche Einschränkung wäre auch für den Wechsel der Staatsangehörigkeit denkbar.

3) Zwischenergebnis

Für die Voraussetzungen der Eheschließung sieht § 21 IPRG drei subsidiäre Anknüpfungsstufen vor, nämlich den gemeinsamen gewöhnlichen Aufenthalt, die gemeinsame Staatsangehörigkeit und den Eheschließungsort an dem Ort, an dem einer der Eheschließenden seinen gewöhnlichen Aufenthalt hat oder dessen Staatsangehörigkeit er besitzt. Aus Sicht des chinesischen IPR spielt der gemeinsame gewöhnliche Aufenthalt der Verlobten als ihr gemeinsamer Lebensmittelpunkt, der eine große „Sachnähe" sowohl zur Eheschließung als auch zu den allgemeinen Wirkungen der Ehe aufweist, die wichtigste Rolle für die Begründung oder Anerkennung der Ehe. Für die Bestimmung des Formstatuts gilt die alternative Anknüpfung, d. h. die Form der Eheschließung ist gültig, solange die „Ortsform" oder das Personalstatut einer der Parteien eingehalten wird. Die alternative Anknüpfung kann die Begründung oder die Feststellung der Wirksamkeit der Eheschließung erleichtern.

[216] § 13 Erläuterungen des OVG zu IPRG I (rev. 2020).

b) Eheähnliche Lebensgemeinschaften der Eltern

1) Ehe und Eingetragene Lebenspartnerschaften gleichgeschlechtlicher Eltern

aa) Qualifikation

Die Qualifikation der Ehe und der eingetragenen Lebenspartnerschaft gleichgeschlechtlicher Eltern richtet sich gem. § 8 IPRG nach chinesischem Recht. Die gleichgeschlechtliche Ehe (zur gleichgeschlechtlichen Ehe zählen im weiteren Sinne auch eingetragene Lebenspartnerschaften homosexueller Paare) ist im chinesischen Eherecht noch nicht eingeführt. Die gleichgeschlechtliche Beziehung gilt in der VR China als faktischer Beziehungsstatus der eheähnlichen Gemeinschaft. Dieser faktische Beziehungsstatus wird einer zivilrechtlichen Beziehung zugeordnet, die im chinesischen Recht ohnehin als Rechtsbegriff existiert. Folglich kann die Rechtsbeziehung gleichgeschlechtlicher Eltern als gleichgeschlechtlicher ziviler Beziehungsstatus eingestuft werden. Da diese zivilrechtliche Beziehung tatsächlich eher einer Ehe ähnelt, ist sie analog als Eheverhältnis zu betrachten. In diesem Fall sind privatrechtliche Fragen, die gleichgeschlechtliche Beziehungen betreffen, unter die für Ehe- und Familienverhältnisse konzipierten Kollisionsnormen des IPRG zu subsumieren.[217]

bb) Anknüpfung

i. Eine analoge Anwendung der Anknüpfung der Eheschließung heterosexueller Eltern

Für die Begründung oder Anerkennung gleichgeschlechtlicher Ehen und eingetragener Lebenspartnerschaften kommt vor allem eine analoge Anwendung des § 21 IPRG in Betracht. Hat ein gleichgeschlechtliches Paar seinen gemeinsamen gewöhnlichen Aufenthalt in der VR China, können nach § 21 S. 1 IPRG die gleichgeschlechtliche Ehe und die eingetragene Lebenspartnerschaft in der VR China unter Verweis auf das chinesische Recht nicht begründet oder anerkannt werden, obwohl sie nach ihrem Heimatrecht die gleichgeschlechtliche Ehe schließen oder die eingetragene Lebenspartnerschaft begründen können. Das Ergebnis dieser Anknüpfung ist für die zivil- und handelsrechtlichen Kontakte zwischen Chinesen und Ausländern offensichtlich ungünstig. Vor diesem Hintergrund wird teilweise vorgeschlagen, die

---

[217] He, *Hebei Law Science* 2012(10), S.137.

subsidiäre Anknüpfung durch die alternative Anknüpfung zu ersetzen, d. h. „Die Eheschließung unterliegt dem Recht des gemeinsamen gewöhnlichen Aufenthalts der Parteien; oder dem Recht des Staates, dessen Staatsangehörigkeit sie gemeinsam besitzen; oder dem Recht des Ortes, an dem eine der Parteien ihren gewöhnlichen Aufenthalt hat; oder dem Recht des Staates, dessen Staatsangehörigkeit eine der Parteien besitzt; oder dem Recht des Eheschließungsortes".[218] Die alternative Anknüpfung gibt den Parteien die Möglichkeit, das für sie günstigste Recht zu wählen. Dies ermöglicht ein gewisses Maß an Flexibilität und individueller Anpassung. Die alternative Anknüpfung kann auch dazu beitragen, die Gleichbehandlung der Parteien zu gewährleisten. Besteht bspw. keine gemeinsame Staatsangehörigkeit oder kein gemeinsamer gewöhnlicher Aufenthalt, wird die Möglichkeit eröffnet, das Recht des Eheschließungsortes anzuwenden. Dies könnte verhindern, dass eine Partei aufgrund ihrer Staatsangehörigkeit oder ihres Aufenthaltsortes benachteiligt wird. Die alternative Anknüpfung könnte auch die Bestimmung des anwendbaren Rechts in komplexen Situationen erleichtern, in denen es keine eindeutige subsidiäre Anknüpfung gibt.

M. E. ist diese (analog angewandte) alternative Anknüpfung für gleichgeschlechtliche Ehen jedoch zu weit gefasst. Das chinesische materielle Recht hat die gleichgeschlechtliche Ehe noch nicht eingeführt, und eine so breite Palette alternativer Anknüpfungspunkte, insbesondere die Anknüpfung an den Registrierungsort, kommt fast einer direkten Anerkennung im Ausland geschlossener gleichgeschlechtlicher Ehen gleich. Chinesische gleichgeschlechtliche Paare, die ihren gewöhnlichen Aufenthalt in China haben, könnten das chinesische materielle Recht umgehen, indem sie gleichgeschlechtliche Ehen im Ausland registrieren lassen. Eine Zunahme solcher Fälle könnte schwerwiegende Auswirkungen auf das chinesische materielle Recht, das gleichgeschlechtliche Ehen verbietet, oder auf die öffentliche Ordnung Chinas haben.

ii. Prinzip der engsten Verbindung

Neben der analogen Anwendung des § 21 IPRG ist für die Anknüpfung der gleichgeschlechtlichen Ehe und der eingetragenen Lebenspartnerschaft auch das Prinzip der engsten Verbindung nach § 2 Abs. 2 IPRG denkbar, d. h.

---

[218] He, *Hebei Law Science* 2012(10), S.138.

„Enthalten dieses Gesetz und andere Gesetze keine Bestimmung über das auf ein zivilrechtliches Verhältnis mit Auslandsberührung anzuwendende Recht, so ist das Recht anzuwenden, das mit diesem zivilrechtlichen Verhältnis mit Auslandsberührung die engste Verbindung aufweist". Das „Prinzip der engsten Verbindung" bietet als Hilfsprinzip eine klare Grundlage für die Anknüpfung der zivilrechtlichen Beziehung mit Außenberührung, die im chinesischen Recht weder geregelt noch verboten ist. Bei gleichgeschlechtlichen Ehen oder eingetragenen Lebenspartnerschaften mit Auslandsbezug handelt es sich um einen Statusvertrag, der zugleich Teil einer zivilrechtlichen Beziehung ist. Bei gleichgeschlechtlichen Beziehungen gibt es verschiedene Möglichkeiten, das Recht zu bestimmen, das am engsten mit der Beziehung verknüpft ist. Das Personalstatut der Parteien, das ihre Staatsangehörigkeit, ihren gewöhnlichen Aufenthalt und andere persönliche Faktoren berücksichtigt, könnte relevant sein. Auch das Recht des Ortes, an dem die gleichgeschlechtliche Ehe geschlossen oder die eingetragene Lebenspartnerschaft registriert wurde, kann eine Rolle spielen.

Unter dem Gesichtspunkt der Sachnähe dürfte die gleichgeschlechtliche Beziehung am engsten mit dem gemeinsamen gewöhnlichen Aufenthalt oder der gemeinsamen Staatsangehörigkeit gleichgeschlechtlicher Paare verbunden sein, denn diese Anknüpfungspunkte entweder den Lebensmittelpunkt der Partner widerspiegeln oder ihre rechtliche Zugehörigkeit zu einem Staat verdeutlichen. Die Berufung auf das Recht des Eheschließungsortes oder des Registerortes kann zwar eine gewisse Einheitlichkeit und Klarheit gewährleisten, ist aber im chinesischen Rechtssystem aufgrund der fehlenden Anerkennung gleichgeschlechtlicher Ehen und der damit verbundenen ordnungspolitischen Bedenken nicht anwendbar.

cc) Gesetzesumgehung

Das Umgehungsverbot[219] kann nicht als Grundlage für die Nichtanerkennung ausländischer gleichgeschlechtlicher Ehen oder eingetragener Lebenspartnerschaften dienen, denn es schwer zu erkennen oder zu unterscheiden ist, ob gleichgeschlechtliche Paare die Absicht haben, zwingende chinesische Vorschriften zu umgehen. Das chinesische Recht enthält keine klaren Richtlinien oder Vorschriften, die die Rechte und Pflichten gleichgeschlechtlicher

219 § 9 Erläuterungen des OVG zum IPRG I (rev. 2020).

Paare definieren, so dass es für gleichgeschlechtliche Paare schwierig ist, ihren Rechtsstatus zu verstehen und zu bestimmen. Insbesondere für binationale gleichgeschlechtliche Paare (zwischen China und einem ausländischen Staat) kann es schwierig sein, die Rechtslage in verschiedenen Rechtssystemen zu verstehen und sich zurechtzufinden, weil die nationalen Gesetze und die Standards für die Anerkennung gleichgeschlechtlicher Beziehungen von Land zu Land unterschiedlich sind.

In der chinesischen Rechtspraxis wird jedoch das bloße Verhalten des „Umgehens“ oder „Ausweichens“ der zwingenden Bestimmungen der chinesischen Gesetze oder Verwaltungsrechtsnormen als Gesetzesumgehung angesehen, ohne die Absicht zu beurteilen,[220] was mit dem Wortlaut und dem Zweck des Umgehungsverbots unverein-bar ist und daher die persönlichen und vermögensrechtlichen Interessen der Betroffenen im internationalen Verkehr beeinträchtigen kann. Die Anerkennung ausländischer gleichgeschlechtlicher Ehen oder Lebenspartnerschaften sollte m. E. nicht allein unter Berufung auf das Umgehungsverbot versagt werden. Vielmehr sollte eine sorgfältige Prüfung der individuellen Rechtslage und der relevanten Rechtsordnungen erfolgen, um eine gerechte und angemessene Anerkennung zu gewährleisten.

dd) Ordre public

Es gibt in der Literatur die Ansicht, dass der ordre-public-Verstoß bei gleichgeschlechtlichen Ehen oder eingetragenen Lebenspartnerschaften mit Außenbezug im Einzelfall differenziert zu prüfen sei.[221] Gleichgeschlechtliche Ehen oder eingetragene Lebenspartnerschaften als Hauptfrage, nämlich die bloße Anerkennung gleichgeschlechtlicher Ehen oder eingetragener Lebenspartnerschaften, verstoße gegen das Eheverbot und die Moralvorstellungen, ja sogar gegen die guten Sitten der VR China. Es ist daher gerechtfertigt, die Anwendung ausländischen Rechts unter dem Vorbehalt des ordre public durch das chinesische Gericht auszuschließen. Kein Verstoß gegen den ordre public liegt jedoch in den Fällen vor, in denen gleichgeschlechtliche Ehen

---

220 Peng, Sibin: „Research on Legal Application for Foreign-related Homosexual Marriage“. *Journal of China Three Gorges University(Humanities & Social Sciences)* 2016, S. 74–75.

221 Peng, *Journal of China Three Gorges University(Humanities & Social Sciences)* 2016, S. 74.

oder eingetragene Lebenspartnerschaften als Vorfrage behandelt werden und in denen es um Fragen des Eigentums, der Adoption, des Unterhalts, der Vormundschaft und des Erbrechts geht. Das Gericht sollte so weit wie möglich die bestehenden Eltern-Kind-Beziehungen schützen, die die Wirksamkeit der im Ausland rechtlich begründeten gleichgeschlechtlichen Beziehungen voraussetzen, die aber in Wirklichkeit nicht gegen den ordre public verstoßen.[222] Das gesellschaftliche Allgemeininteresse der VR China wäre zudem u. U. nicht dadurch geschützt, dass die Anerkennung aller ausländischen gleichgeschlechtlichen Ehen bzw. eingetragenen Lebenspartnerschaften aufgrund des ordre-public-Vorbehalts verweigert würde.[223]

In einer anderen Literatur[224] wird aufgrund einer inhaltlichen Analyse des gesellschaftlichen Allgemeininteresses der VR China die Auffassung vertreten, dass die Anerkennung gleichgeschlechtlicher Ehen bzw. eingetragener Lebenspartnerschaften nicht gegen den ordre public der VR China verstoße. Denn es geht hier nicht primär um Fragen politischer, wirtschaftlicher und rechtlicher Grundsysteme oder Prinzipien, sondern um persönliche oder vermögensrechtliche Beziehungen im privaten Bereich. Darüber hinaus verletzen gleichgeschlechtliche Ehen oder eingetragene Lebenspartnerschaften mit Auslandsbezug auch nicht die Eheschließungsfreiheit, Monogamie und Familienplanung des chinesischen Eherechts. Schließlich ist der ordre public des Zivilrechts vom ordre public des internationalen Privatrechts zu unterscheiden. Die ordre-public-Prüfung im IPR sollte stets auf das Ergebnis der Anwendung des ausländischen Rechts und nicht auf die konkrete Regelung im ausländischen Recht abstellen, um die Tendenz zur Ausweitung des ordre-public-Vorbehalts zu begrenzen. Der Ausschluss der Anwendung ausländischen Rechts kann häufig die Interessen der schwächeren Partei (z. B. Kinder) nicht schützen, nur weil die ausländischen Vorschriften den Moralvorstellungen oder Rechtsgrundsätzen der VR China widersprechen. Der Schutz der erworbenen Rechte der Partei könnte auch eine mögliche Grundlage für die Anerkennung der gleichgeschlechtlichen Ehe oder der eingetragenen Lebenspartnerschaft sein.

---

222 Peng, *Journal of China Three Gorges University(Humanities & Social Sciences)* 2016, S. 74.

223 Huang, Shan: *Analysis of the Application of Transnational Same-Sex Marriage.* (Master Thesis) Jilin University: Changchun 2008, S. 21.

224 He, *Hebei Law Science* 2012(10), S.135–136.

Daraus ergibt sich, dass es keine einheitliche Position zur Anerkennung gleichgeschlechtlicher Ehen oder eingetragener Lebenspartnerschaften in China gibt. Während einige argumentieren, dass solche Beziehungen gegen den ordre public verstoßen und daher nicht anerkannt werden sollten, betonen andere die Bedeutung des Schutzes der erworbenen Rechte der Beteiligten und betrachten sie als persönliche Beziehungen, die das allgemeine gesellschaftliche Interesse nicht berühren. Es ist wichtig zu beachten, dass sich die rechtliche Situation und die gesellschaftliche Akzeptanz gleichgeschlechtlicher Beziehungen in China im Laufe der Zeit ändern können. Es ist möglich, dass zukünftige rechtliche Reformen oder gesellschaftliche Veränderungen zu einer größeren Anerkennung und Akzeptanz von gleichgeschlechtlichen Ehen oder eingetragenen Lebenspartnerschaften in China führen könnten.

2) Eingetragene Lebenspartnerschaften verschiedengeschlechtlicher Eltern

aa) Qualifikation

Nach § 8 IPRG richtet sich die Qualifikation nach der lex fori. Im derzeitigen chinesischen Rechtssystem gibt es keinen Rechtsbegriff der eingetragenen Lebenspartnerschaft für heterosexuelle Paare. Auch das chinesische Ehegesetz enthält nur rechtliche Regelungen für heterosexuelle Ehen. Heterosexuelle eingetragene Lebenspartnerschaften gelten daher in China rechtlich nicht als Ehen. Sie können jedoch, wie formalisierte gleichgeschlechtliche Beziehungen, als ein der Ehe ähnlicher ziviler Beziehungsstatus angesehen werden.[225]

bb) Anknüpfung

i. eine analoge Anwendung der Anknüpfung der Eheschließung heterosexueller Eltern

Die Anknüpfung der eingetragenen Lebenspartnerschaft heterosexueller Paare könnte sich analog nach den §§ 21 und 22 IPRG richten. Nach § 21 IPRG ist für die materiellrechtlichen Voraussetzungen der Begründung einer eingetragenen Partnerschaft zunächst das Recht des gemeinsamen gewöhnlichen Aufenthalts der Parteien anzuwenden. Ansonsten ist das Recht des Staates anzuwenden, dessen Staatsangehörigkeit die Parteien gemeinsam besitzen. Ansonsten ist das Recht des Ortes der Begründung der eingetragenen

[225] Liu 2018, S. 57–58.

Lebenspartnerschaft anzuwenden, wenn die eingetragene Lebenspartnerschaft in dem Staat begründet wird, in dem eine der Parteien ihren gewöhnlichen Aufenthalt hat oder dessen Staatsangehörigkeit sie besitzt. Wird auf das chinesische Recht verwiesen, kann die Wirksamkeit ausländischer eingetragener Lebenspartnerschaften heterosexueller Paare nicht anerkannt werden, weil das chinesische Sachrecht eine solche eingetragene Lebenspartnerschaft nicht kennt. Die Anerkennung solcher heterosexuellen Beziehungen ist daher insbesondere für ausländische Paare, die dauerhaft in China zusammenleben, oder für chinesische Paare, die dauerhaft im Ausland leben, schwierig.

Für die Form der Begründung der eingetragenen Lebenspartnerschaft kann nach § 22 IPRG alternativ das Recht des Begründungsortes, das Recht des gewöhnlichen Aufenthalts einer Partei oder das Recht des Staates, dem eine Partei angehört, angewendet werden. Durch die alternative Anknüpfung und die Vielzahl der Anknüpfungspunkte wird die Feststellung der Formgültigkeit erheblich erleichtert.

ii. Prinzip der engsten Verbindung

Das Prinzip der engsten Verbindung nach § 2 Abs. 2 IPRG ist anwendbar, wenn es keine Anknüpfungsregeln für die eingetragene Lebenspartnerschaft heterosexueller Paare gibt, die als zivilrechtliche Beziehung mit Auslandsbezug angesehen wird. Diese eingetragene Beziehung könnte, wie oben dargelegt, am engsten mit dem gemeinsamen Personalstatut, wie dem gemeinsamen Aufenthalt oder der gemeinsamen Staatsangehörigkeit, und dem Ort der Registrierung verbunden sein. Um die Anerkennung dieser Beziehung zu erleichtern, die weltweit sehr unterschiedlich geregelt ist, sollte die Anknüpfung an den Ort der Registrierung gewählt werden, um heterosexuellen Paaren einen kohärenten und besseren Schutz zu gewährleisten.[226]

3) Nichteheliche Lebensgemeinschaften verschieden- oder gleichgeschlechtlicher Eltern

aa) Qualifikation

Die nichteheliche Lebensgemeinschaft ist im chinesischen Eherecht nicht systematisch geregelt. In einigen Vorschriften[227] wird der Begriff der „nichtehe-

---

226 Näheres siehe oben Teil 3 A II 1 b) 1) bb) ii.

227 Vgl. § 1042, § 1079, § 1091 ZGB.

lichen Lebensgemeinschaft" jedoch als spezieller Fall neben der bestehenden Ehe erwähnt. Der Gesetz-estext (§ 1042 Abs. 2 S. 2 ZGB) lautet: „...jemand, der einen Ehegatten bzw. eine Ehegattin hat, mit jemand anderem zusammenlebt...". Nach der aktuellen gerichtlichen Auslegung des ZGB ist es unzulässig, eine Klage auf Auflösung einer nichtehelichen Lebensgemeinschaft vor Gericht zu erheben, weil es keine spezifischen gesetzlichen Bestimmungen zur Regelung der nichtehelichen Lebensgemeinschaft einschließlich ihrer Auflösung gibt. In der Praxis befasst sich das Gericht jedoch mit Streitigkeiten, die während einer nichtehelichen Lebensgemeinschaft entstehen, insbesondere in Bezug auf das Vermögen und die Eltern-Kind-Beziehungen.[228] In solchen Fällen kann das Gericht eingreifen und entsprechende Entscheidungen treffen, um das Vermögen gerecht aufzuteilen oder die Rechte und Pflichten in Bezug auf die Kinder zu regeln. Die nichteheliche Lebensgemeinschaft wird in der VR China ohnehin als faktischer Beziehungsstatus angesehen, der Teil einer zivilrechtlichen Beziehung ist. Diese faktischen Lebensgemeinschaften werden nicht registriert oder geschlossen. Daher ist diese zivilrechtliche Beziehung von der „Ehe" zu unterscheiden.

bb) Anknüpfung nach dem Prinzip der engsten Verbindung

Die Anknüpfung der nicht registrierten, also bloß faktischen Lebensgemeinschaft sollte sich zudem von der Anknüpfung der Ehe unterscheiden. Eine analoge Anwendung der §§ 21 und 22 IPRG ist daher nicht sachgerecht. Für die Beurteilung der nichtehelichen Lebensgemeinschaft kommt das Prinzip der engsten Verbindung in Betracht. Nach chinesischem IPR ist das Personalstatut eines Paares, wie gemeinsamer gewöhnlicher Aufenthalt oder gemeinsame Staatsangehörigkeit, i. d. R. am engsten mit ihnen bzw. der nichtehelichen Lebensgemeinschaft verbunden. Die Anwendung des Rechts des Staates, dem beide Partner angehören, ist insbesondere bei Fragen der Geschäftsfähigkeit, der Rechte und Pflichten oder der Vermögensauseinandersetzung denkbar. Darüber hinaus können die Parteien schriftlich eine Rechtswahlvereinbarung treffen, mit der sie das auf ihre nichteheliche Lebensgemeinschaft anwendbare Recht bestimmen, was der

---

228 § 3 Erläuterungen des OVG zur Anwendung des Buchs über Ehe und Familie des ZGB I v. 25.12.2020 (im Folgenden: OVG- Erläuterungen des Ehe- und Familienteils I, in Kraft seit 1.1.2021)

Regelung des chinesischen IPR über die Anknüpfung des ehelichen Vermögens analog ist. So heißt es in § 24 IPRG: „Für eheliche Vermögensverhältnisse können die Parteien einvernehmlich das Recht des gewöhnlichen Aufenthalts einer Partei, das Recht des Staates der Staatsangehörigkeit oder das Recht des Ortes, an dem sich das wesentliche Vermögen befindet, wählen…“

4) Zwischenergebnis

Eheähnliche Lebensgemeinschaften wie gleichgeschlechtliche Ehen, eingetragene Lebenspartnerschaften sowie nichteheliche Lebensgemeinschaften sind im chinesischen Eherecht nicht vorgesehen. Gleichgeschlechtliche Ehen, eingetragene Lebenspartnerschaften von homosexuellen und heterosexuellen Paaren sowie nichteheliche Lebenspartnerschaften von heterosexuellen und homosexuellen Paaren sind als faktische Lebensgemeinschaften zu verstehen. Da gleichgeschlechtliche Ehen und eingetragene Lebenspartnerschaften faktisch einer Ehe sehr ähnlich sind, kommt vor allem eine analoge Anwendung der Anknüpfung der Eheschließung heterosexueller Paare in Betracht. Darüber hinaus ist das Prinzip der engsten Verbindung als Hilfsanknüpfung heranzuziehen, wenn das IPRG und andere chinesische Gesetze keine Bestimmungen über das auf zivilrechtliche Beziehungen mit Auslandsbezug anwendbare Recht enthalten. Auch nichteheliche Lebensgemeinschaften können nach dem Prinzip der engsten Verbindung angeknüpft werden. Eine analoge Anwendung der Anknüpfung der Eheschließung ist hier nicht in Betracht zu ziehen, da diese faktischen Lebenspartnerschaften nicht „geschlossen“ werden.

Da die gleichgeschlechtliche Ehe oder die eingetragene Lebenspartnerschaft gleich-geschlechtlicher Paare im chinesischen Recht noch nicht eingeführt ist, gehen chinesische gleichgeschlechtliche Paare häufig ins Ausland, um dort die Ehe zu schließen oder die eingetragene Lebenspartnerschaft zu begründen. In diesem Fall wird die Wirksamkeit der im Ausland geschlossenen gleichgeschlechtlichen Ehe oder der im Ausland begründeten eingetragenen Lebenspartnerschaft in der chinesischen Rechtspraxis wegen des Umgehungsverbots i. d. R. nicht festgestellt.Teilweise wird jedoch vertreten, dass es nicht gerechtfertigt sei, alle im Ausland begründeten gleichgeschlechtlichen Beziehungen auf der Grundlage des Umgehungsverbots nicht anzuerkennen. Es ist auch offensichtlich, dass in der Praxis gleichgeschlechtliche Beziehungen häufig an der ordre-public-Prüfung scheitern. Demgegenüber wird in der Literatur vertreten, dass nicht alle im Ausland begründeten gleichgeschlechtlichen Beziehungen abzulehnen sind, insbesondere wenn sie als Vorfrage in Kindschaftssachen zu beurteilen sind.

2. Rechtliche Eltern-Kind-Zuordnung

a) Eltern-Kind-Zuordnung und Wirkungen der Eltern-Kind-Verhältnisse gem. § 25 IPRG

1) Qualifikation und Anwendungsbereich

Sowohl im chinesischen Sachrecht als auch im chinesischen Kollisionsrecht gibt es noch keine eindeutigen Regelungen zur rechtlichen Eltern-Kind-Zuordnung. Die rechtliche Elternschaft im chinesischen Sachrecht beruht vor allem auf der natürlichen Verwandtschaft, d. h. die leiblichen Eltern sind in der Rechtspraxis auch die rechtlichen Eltern, ohne dass es einer rechtlichen Zuordnung des Eltern-Kind-Verhältnisses bedarf. Gleichwohl werden die Rechte nichtehelicher Kinder im chinesischen Ehe- und Familienrecht besonders berücksichtigt, um sie vor Diskriminierung zu schützen.[229] Darüber hinaus sehen § 1073 ZGB und die entsprechende gerichtliche Auslegung[230] die Regelung der Feststellung und Anfechtung der Elternschaft durch gerichtliche Entscheidung vor. Hinsichtlich der Rechtsstellung des Kindes, das aus einer künstlichen Befruchtung hervorgegangen ist, wird in § 40 der gerichtlichen Auslegung des ZGB[231] darauf hingewiesen, dass das Kind, das aus einer künstlichen Befruchtung hervorgegangen ist, als eheliches Kind der beiden Ehegatten angesehen wird und dass auf sein Eltern-Kind-Verhältnis die einschlägigen Bestimmungen des ZGB Anwendung finden, sofern beide Parteien während der Dauer der Ehe in die künstliche Befruchtung eingewilligt haben. Zu beachten ist, dass diese Eltern-Kind-Zuordnung nicht angefochten werden kann.

Da das chinesische Ehe- und Familienrecht die Abstammung nicht regelt, sieht auch das IPRG keine entsprechende Regelung vor. Die Eltern-Kind-Zuordnung fällt daher in den Anwendungsbereich von § 25 IPRG über die Wirkungen des Eltern-Kind-Verhältnisses. Denn bei den persönlichen

229 § 1071 ZGB.

230 § 39 OVG- Erläuterungen des Ehe- und Familienteils I.

231 § 40 OVG- Erläuterungen des Ehe- und Familienteils I.

Beziehungen zwischen Eltern und Kindern i. S. v. § 25 IPRG handelt es sich im Wesentlichen um die Abstammung und die Wirkungen des Eltern-Kind-Verhältnisses.[232] Auf eine Unterscheidung zwischen ehelichen und nichtehelichen Kindern wird verzichtet. Jedenfalls ist das Eltern-Kind-Verhältnis i. S. v. § 25 IPRG weit zu verstehen. Dazu gehören die Vermutung der Elternschaft aufgrund der Ehe (oder einer anderen rechtlichen Paarbeziehung oder aufgrund der Anerkennung oder Zustimmung zu einer künstlichen heterologen Befruchtung) der Eltern, die Anerkennung der Elternschaft sowie die Eltern-Kind-Zuordnung durch gerichtliche Entscheidung. Auch die Anfechtung der Abstammung fällt darunter.

2) Anknüpfung

aa) Subsidiärität der Anknüpfungen

i. Primäranknüpfung an den gemeinsamen gewöhnlichen Aufenthalt

§ 25 IPRG richtet eine zweistufige Anknüpfungsleiter auf. Primärer Anknüpfungspunkt ist der gemeinsame Aufenthalt, der auch im gesamten ehe- und familienrechtlichen Kollisionsrecht des IPRG als grundlegender Anknüpfungspunkt gilt. Dies entspricht einerseits der internationalen Tendenz des IPR und der Praxis der Haager Konferenz.[233] Zum anderen lässt sich aus dem gemeinsamen Personalstatut das gesetzgeberische Ziel eines Interessenausgleichs der Parteien (hier: Kinder und Eltern) ableiten. Der gemeinsame gewöhnliche Aufenthalt als Lebensmittelpunkt einer Familie ist mit jedem Familienmitglied am engsten verbunden. Insbesondere Kinder leben regelmäßig mit ihren Eltern zusammen. Der Anknüpfungspunkt des gemeinsamen gewöhnlichen Aufenthalts ist daher für ehe- und familienrechtliche Fragen maßgeblich.

---

232 Huang, Jin: *Proposed Draft of the Law of the People's Republic of China on Choice of Law for Foreign-related Civil Relationships and its Explanations.* China Renmin University Press: Beijing 2011, S. 66.

233 Chen, Weizuo: „Modernization of China's Private International Law Legislation – A Concurrent Review of the Gains and Losses of the Law of the People's Republic of China on Choice of Law for Foreign-related Civil Relationships". *Tsinghua University Law Journal* 2011(2), S. 105.

ii. Sekundäre Anknüpfung: Anwendung des für den Schutz der Interessen des Schwächeren günstigsten Rechts

Gibt es keinen gemeinsamen gewöhnlichen Aufenthalt, so ist das für den Schutz der Interessen der schwächeren Partei (hier: des Kindes) günstigste Recht des gewöhnlichen Aufenthalts oder des Staates anzuwenden, dessen Staatsangehörigkeit eine der Parteien besitzt. Hierbei handelt es sich um eine ergebnisorientierte Anknüpfung, d. h. bei der Feststellung der Eltern-Kind-Beziehung gilt das Günstigkeitsprinzip mit einer Orientierung am Schutz des Schwächeren im Einzelfall. Da die Feststellung des Eltern-Kind-Verhältnisses Voraussetzung für den Kindesunterhalt ist, befindet sich das Kind zu diesem Zeitpunkt naturgemäß in der schwächeren Position. Daher sollte im Fall einer sekundären Anknüpfung nach einem Vergleich der Anwendung des Personalstatuts des Kindes und der Eltern das für den Schutz der Interessen des Kindes günstigste Recht zuletzt angewendet werden.[234] Im Gegensatz zur Anknüpfung an das Personalstatut der Kinder, die allein der kollisionsrechtlichen Gerechtigkeit dient, verfolgt die sekundäre Anknüpfung hier die materielle Gerechtigkeit,[235] damit die Eltern-Kind-Zuordnung (Abstammung) schnell und zum Wohle des Kindes erfolgen kann.

bb) Anknüpfungszeitpunkt

Sowohl der gemeinsame gewöhnliche Aufenthaltsort als auch das Personalstatut (Aufenthaltsrecht und Staatsangehörigkeitsrecht) des Kindes oder des Elternteils sind grundsätzlich wandelbar. Der Begriff des gewöhnlichen Aufenthalts natürlicher Personen ist jedoch in § 13 der Erläuterungen des OVG zum IPRG I (2020) geregelt: „Lebt eine natürliche Person zum Zeitpunkt der Entstehung, der Änderung oder des Erlö-schens eines Zivilrechtsverhältnisses mit Auslandsberührung seit mindestens einem Jahr ununterbrochen am selben Wohnort und stellt [dieser] ihren Lebensmittelpunkt dar, so können die Volksgerichte feststellen, dass [dieser Ort] der gewöhnliche Aufenthaltsort der natürlichen Person i. S. d. Bestimmungen des Gesetzes über das auf

---

234 Ye, Zhusheng: „In Search of the Better Law: Judicial Evading of Comparative Rules of Conflict of Law and Its Remedy". *Modern Law Science* 2017(5), S. 146.

235 Guo, Yujun: „Reflection on the Legislation of Chinese Private International Law and its Improvement – Centering on the Law of the People's Republic of China on Choice of Law for Foreign-related Civil Relationships". *Tsinghua University Law Journal* 2011(5), S. 161.

Zivilrechtsverhältnisse mit Auslandsberührung anzuwendende Recht ist; dies gilt nicht für Umstände wie Krankenhausaufenthalte, Arbeitsüberlassung [und] den öffentlichen Dienst." Daraus lässt sich nach der Kommentierung schließen, dass die Anknüpfung an den gewöhnlichen Aufenthaltsort[236] die Anknüpfung gegenüber der bisherigen Rechtslage objektivieren soll, was darauf hindeutet, dass nicht auf den Aufenthaltswillen (animus manendi) abzustellen ist.[237] Danach ist die Feststellung des Eltern-Kind-Verhältnisses an den gewöhnlichen Aufenthaltsort zum Zeitpunkt der Geburt des Kindes anzuknüpfen, weil das Eltern-Kind-Verhältnis mit der Geburt des Kindes entstehen soll.

cc) Keine Rück- und Weiterverweisung

Nach § 9 IPRG ist die Anwendung des ausländischen IPR derzeit ausgeschlossen. Diese Bestimmung hat zur Folge, dass eine Rück- oder Weiterverweisung bei der Eltern-Kind-Zuordnung nicht zulässig ist. Diese Einschränkung kann sich insbesondere dann nachteilig auf das Eltern-Kind-Verhältnis auswirken, wenn das nach § 25 IPRG angerufene ausländische Sachrecht ein bestimmtes Eltern-Kind-Verhältnis nicht anerkennt. Nach der aktuellen Rechtslage ist es daher nicht möglich, auf das chinesische Recht oder das Recht eines anderen betroffenen Staates zu verweisen, selbst wenn dieses Recht die Eltern-Kind-Beziehung anerkennt.

Eine Überarbeitung der bestehenden Regelung, um eine Rück- oder Weiterverweisung im Fall der Eltern-Kind-Zuordnung zu ermöglichen, könnte daher im Interesse der Gerechtigkeit und des Kindeswohls geboten sein. Durch die Einbeziehung des chinesischen Rechts oder des Rechts eines anderen Staates, der die gewünschte Eltern-Kind-Beziehung anerkennt, könnten die Interessen des Kindes effektiver geschützt werden. Eine solche Anpassung wäre auch mit dem Ziel des Gesetzgebers vereinbar, die bestmögliche Lösung für die Eltern-Kind-Beziehung zu finden.

---

236 Der Begriff „jing chang ju suo di" (wörtlich: „ständiger Aufenthaltsort") wird von *Huang/Jiang* mit dem international gebräuchlichen Terminus „gewöhnlicher Aufenthaltsort" („guan chang ju suo di") gleichgesetzt, vgl. Huang/Jiang 2011, S. 142.

237 Huang/Jiang 2011, S. 109; vgl. Pißler, *RabelsZ* 76 (2012), S. 15.

3) Vorfrage der Ehe der Eltern

„Hängt die Lösung einer zivilrechtlichen Streitigkeit mit Auslandsberührung von der Feststellung eines anderen zivilrechtlichen Verhältnisses mit Auslandsberührung ab, so haben die Volksgerichte je nach der Natur dieser Vorfrage das auf sie anzuwendende Recht gesondert festzustellen.“ (§ 10 Erläuterungen des OVG zum IPRG I (2020)) Dies deutet darauf hin, dass die Vorfrage nach dem Recht des Gerichtsortes (lex fori) zu entscheiden ist, d. h. die Gültigkeit der Ehe (oder der sonstigen formalisierten Partnerschaft) der Eltern ist nach §§ 21, 22 IPRG selbständig anzuknüpfen. Für die Elternschaftsvermutung aufgrund der Ehe (oder der sonstigen formalisierten Partnerschaft) der Eltern kommt es darauf an, ob die Ehe (oder die sonstige formalisierte Partnerschaft) aus Sicht des chinesischen Kollisionsrechts wirksam geschlossen wurde. Diese selbständige Anknüpfung hätte jedoch zur Folge, dass die Elternschaft aufgrund der Ehe (oder der anderen formalisierten Partnerschaft) der Eltern nicht vermutet werden könnte und die Interessen des betroffenen Kindes verletzt würden, wenn die Ehe (oder die andere formalisierte Partnerschaft) der Eltern nicht aus der Sicht des chinesischen IPR, sondern aus der Sicht des IPR des Staates, dessen materielles Recht auf die Hauptsache anwendbar ist, als wirksam anzusehen ist. M. a. W.: diese selbständige Anknüpfung kann nicht für alle Vorfragen gerechte Lösungen finden und könnte zu international uneinheitlichen Ergebnissen in Bezug auf den Status des Kindes führen. Es ist daher notwendig, die Anknüpfung der Vorfrage flexibler zu gestalten, indem auf der Grundlage der selbständigen Anknüpfung eine zusätzliche unselbständige Anknüpfung eingeführt wird, die es ermöglicht, die Vorfrage im besten Interesse des Kindes zu entscheiden.

4) Ordre public

aa) Allgemeines

Bei der Eltern-Kind-Zuordnung könnte bei der primären Anknüpfung des § 25 IPRG der ordre-public-Vorbehalt eingreifen. Da aber auf der zweiten Anknüpfungsstufe nach § 25 IPRG das für den Schutz der Interessen der schwächeren Partei günstigste Recht zur Anwendung kommt, kann wegen der Alternativität und der Möglichkeit des Günstigkeitsvergleichs die Anwendung ausländischen Rechts, das dem ordre public der VR China widerspricht, vermieden werden.

bb) Leihmutterschaft

Nach den im Jahr 2001 erlassenen Regelungen der „Maßnahmen zur Verwaltung der menschlichen assistierten Reproduktionstechniken" und der „Maßnahmen zur Verwaltung der menschlichen Samenbank" ist es in der VR China medizinischen Einrichtungen und medizinischem Personal untersagt, Leihmutterschaften durchzuführen. Diese Regelungen gelten jedoch ausschließlich für medizinische Einrichtungen und beziehen sich nicht direkt auf private Leihmutterschaften, die von Paaren organisiert werden. Daher bleibt die private Leihmutterschaft in der VR China rechtlich unreguliert. Infolgedessen suchen einige chinesische Paare auf dem inländischen Schwarzmarkt nach Leihmüttern, während andere ins Ausland reisen, um durch Leihmutterschaft ein Kind zu bekommen. Diese Situation offenbart eine gesetzliche Lücke und verdeutlicht die Herausforderungen, die sich aus der unzureichenden Regulierung der privaten Leihmutterschaft ergeben. In der VR China werden nur wenige Fälle von Leihmutterschaft, die im Ausland durchgeführt wurde, von chinesischen Gerichten entschieden. Dennoch können die Entscheidungen zur inländischen Leihmutterschaft auch dazu dienen, den ordre public in Bezug auf die ausländische Leihmutterschaft zu überprüfen.

Das Erste MVG Shanghai hat als Gericht zweiter Instanz einen Fall[238] der Leihmutterschaft entschieden, bei dem der Ehemann die Samenzellen zur Verfügung stellte und die Ehefrau keine Eizellen lieferte. Zwei Jahre später, nach dem Tod des Ehemannes, kommt es zu einem Vormundschaftsstreit zwischen den Großeltern väterlicherseits des Leihmutterschaftskindes und der Ehefrau. Das Erste MVG Shanghai stellt fest, dass der Ehemann der rechtliche Vater ist und die Ehefrau als soziale Mutter aufgrund des faktischen Pflegeverhältnisses zu dem Kind ebenfalls ein Eltern-Kind-Verhältnis begründet hat, so dass der Wunschmutter ein vorrangiges Vormundschaftsrecht vor den Großeltern zusteht. Daraus lässt sich eine Zuordnung der Mutterschaft zur Wunschmutter ableiten. Darüber hinaus gilt nach der Auslegung des OVG[239] auch das durch künstliche Befruchtung geborene Kind als eheliches Kind der beiden Ehegatten, wenn ein Ehepaar sich einvernehmlich für eine künstliche Befruchtung der Ehefrau entschieden hat. Dies deutet darauf hin,

238 Zivilurteil des Ersten MVG Shanghai, (2015) hu yi zhong shao min zhong zi Nr. 56.

239 § 40 OVG- Erläuterungen des Ehe- und Familienteils I.

dass die rechtliche Elternschaft den voluntativen Eltern zugeordnet werden kann. Daher verstößt eine automatische statusrechtliche Zuordnung des Kindes zu den Wunscheltern tatsächlich nicht gegen das gesellschaftliche Allgemeininteresse der VR China.

In einem anderen Fall[240] hingegen wurde das Kind vom Bezirksgericht der Stadt Xiamen wegen des Verstoßes des Leihmutterschafsvertrags gegen den ordre public der Leihmutter zugeordnet. Insbesondere hatte die Leihmutter in diesem Fall ihre ursprüngliche Entscheidung vor der Übergabe des Kindes an die Wunscheltern geändert, so dass eine zwangsweise Zuordnung des Kindes zu den Wunscheltern offensichtlich gegen den chinesischen ordre public verstoßen würde.

Es ist wichtig zu beachten, dass diese beiden Entscheidungen nur Einzelfälle repräsentieren und keine allgemeingültigen Entscheidungen darstellen. Insgesamt bleibt die allgemeine Rechtslage zur Leihmutterschaft in China vorläufig und bedarf weiterer rechtlicher Entwicklungen, Präzedenzfälle und mglw. gesetzlicher Maßnahmen, um eine klare und einheitliche Regelung zu schaffen.

cc) Gleichgeschlechtliche Elternschaft

In der VR China gibt es nur wenige gerichtliche Entscheidungen zur gleichgeschlechtlichen Elternschaft mit Auslandsberührung. In der Literatur[241] ist jedoch die h. M., dass die gleichgeschlechtliche Partnerschaft bei der ordre-public-Prüfung unterschiedlich zu behandeln ist, d. h. dass die gleichgeschlechtliche Partnerschaft als Hauptfrage gegen den ordre public verstößt, als Vorfrage jedoch nicht. Folglich verstößt die gleich-geschlechtliche Elternschaft nicht gegen den ordre public der VR China. Wenn die Wirksamkeit der gleichgeschlechtlichen Paarbeziehung als Vorfrage nur deshalb nicht anerkannt wird, weil sie bestimmten chinesischen Moralvorstellun-

---

240 Der Fall, der im Jahr 2012 vom VG des Bezirks Siming Xiamen, Provinz Fujian, entschieden wurde, siehe Zheng, Jinxiong: „‚Surrogacy‘ triggers custody battle“. *People's Court Daily* 2.12.2012.

241 Peng, *Journal of China Three Gorges University(Humanities & Social Sciences)* 2016, S. 74; Huang 2008, S. 21; Pan, Deng: „The Legal Status of Foreign-related Same-Sex Marriages in China“. *Journal of Yunnan University Law Edition* 2012(1), S. 192; Yuan, Faqiang: „Same-Sex Marriage and the Public Policy in China Inter-regional Private Law“. *Hebei Law Science* 2007(3), S. 57–59.

gen oder Rechtsgrundsätzen nicht entspricht, kann der Schutz der Interessen des Kindes nicht erreicht werden. Im Rahmen des ordre public sollte daher die negative Bewertung gleichgeschlechtlicher Partnerschaften bei der Eltern-Kind-Zuordnung nicht über das Kindeswohl gestellt werden. Die Anerkennung gleichgeschlechtlicher Partnerschaften als Vorfrage würde aus der Sicht des chinesischen ordre public zum einen dem Kindeswohl dienen und zum anderen die öffentliche Ordnung bzw. die guten Sitten in der VR China insgesamt nicht beeinträchtigen.[242] Daraus ist zu folgern, dass die gleichgeschlechtliche Elternschaft nicht gegen den chinesischen ordre public verstößt, wenn sie dem Kindeswohl dient.

5) Zwischenergebnis

Das IPRG enthält wegen der fehlenden Regelung der Abstammung im chinesischen materiellen Recht keine gesonderte Kollisionsnorm für die Eltern-Kind-Zuordnung. Nach den Erläuterungen zum IPRG-Entwurf fällt die Anknüpfung der Eltern-Kind-Zuordnung unter § 25 IPRG, da die Abstammung Teil der persönlichen Beziehung zwischen Eltern und Kindern ist. § 25 IPRG sieht eine zweistufige Anknüpfungsleiter vor. Primärer Anknüpfungspunkt ist der gemeinsame gewöhnliche Aufenthalt. Fehlt dieser, so ist das für die Interessen des (schwächeren) Kindes günstigste Recht des gewöhnlichen Aufenthaltsortes oder des Staates, dessen Staatsangehörigkeit eine der Parteien besitzt, anzuwenden, d. h. im Weg eines Günstigkeitsvergleichs wird letztlich das dem Kindeswohl dienlichste Recht berufen. Das IPRG kennt nur die Sachnormverweisung. Bei einer Vorfrage der Ehe (oder einer anderen formalisierten Partnerschaft) der Eltern ist eine selbständige Anknüpfung vorzunehmen. Die ordre-public-Prüfung bei der Eltern-Kind-Zuordnung ist am Kindeswohl auszurichten.

b) Adoptionsstatut gem. § 28 IPRG

1) Qualifikation und Anwendungsbereich

Die Adoption ist die Begründung einer dauerhaften Eltern-Kind-Beziehung, die nach chinesischem Recht als fiktive Blutsverwandtschaft gilt. Die Minderjährigenadoption (starke Adoption) und die Dekretadoption (Adoptionsregistrierung) sind im chinesischen Adoptionsrecht geregelt, die

---

[242] Siehe He, *Hebei Law Science* 2012(10), S. 136.

Volljährigenadoption (schwache Adoption) und die reine Vertragsadoption hingegen nicht. Die Adoption in einer dem chinesischen Recht unbekannten Form wird jedoch als Adoption i. S. v. § 28 IPRG qualifiziert, soweit es sich bei diesen Adoptionsformen immerhin um die Begründung eines dauerhaften Eltern-Kind-Verhältnisses handelt. Nach § 28 IPRG sind nicht nur der Adoptionsvorgang (Voraussetzungen und Form der Adoption sowie die Aufhebung der Adoption), sondern auch die Wirkungen der Adoption anzuknüpfen.

2) Anknüpfung

In § 28 IPRG wird das Adoptionsstatut aufgespalten: Nach § 28 S. 1 IPRG werden die Voraussetzungen und die Form der Adoption kumulativ an den gewöhnlichen Aufenthaltsort des Annehmenden und des Anzunehmenden angeknüpft. Es müssen also die entsprechenden Voraussetzungen in zwei (bei der Adoption durch Verheiratete ggf. drei[243]) Rechtsordnungen erfüllt sein. Auf diese Weise können die Interessen des Adoptierten besser geschützt und „hinkende Adoptionen“ vermieden werden.[244] Diese ku-mulative Anwendung des Personalstatuts erschwert die Begründung einer internationalen Adoption.[245] Nach § 28 S. 2 IPRG bestimmt sich die Wirkung der Adoption nach dem Recht des gewöhnlichen Aufenthaltsortes des Annehmenden zum Zeitpunkt der Adoption. Denn nach der Adoption lebt der Adoptierte i. d. R. mit dem Adoptierenden an dem Ort zusammen, an dem der Adoptierende zu diesem Zeitpunkt seinen gewöhnlichen Aufenthalt hat. In diesem Fall sind auch die Rechte und Pflichten des Adoptierenden gegenüber dem Adoptierten am engsten mit dem Recht des gewöhnlichen Aufenthaltortes des Adoptierenden zum Zeitpunkt der Adoption verbunden.[246] Auf die Aufhebung der Adoption schließlich ist nach § 28 S. 3 IPRG das Recht des gewöhnlichen Aufenthaltsortes des Angenommenen im Zeitpunkt der Annahme oder die

---

243 § 28 IPRG trifft keine Unterscheidung zwischen der Adoption durch Unverheiratete und der Adoption durch Verheiratete. Nach dem materiellen Adoptionsrecht der VR China ist es Ehepaaren nur gestattet, Kinder gemeinsam zu adoptieren (§ 1101 ZGB).

244 Huang/Jiang 2011, S. 156.

245 Jiang, Xinmiao: „The Reconstruction of the Applicable Law Concerning the Substantial Requirements for Establishment of the Foreign Related to Adoption in China“. *Presentday Law Science* 2019(6), S. 5.

246 Huang 2011, S. 67.

lex fori anzuwenden, wobei die Rechtswahl hier dem Schutz der Interessen des Angenommenen dienen soll.[247]

3) Ordre public

Die ordre-public-Prüfung hängt davon ab, ob die Adoption dem Wohl des Kindes dient. Die internationale Adoption würde das gesellschaftliche Allgemeininteresse der VR China, insbesondere als Herkunftsland des Kindes, beeinträchtigen, wenn die Adoption nicht dem Wohl des Kindes, sondern anderen Zwecken dient. In der Rechtspraxis wird die Adoption eines Kindes durch ausländische gleichgeschlechtliche Paare i. d. R. als Verstoß gegen den ordre public der VR China angesehen, weil gleichgeschlechtliche Paarbeziehungen den chinesischen Moralvorstellungen widersprechen und gleichgeschlechtliche Familien nach chinesischem Recht nicht anerkannt und geschützt werden.[248] Demgegenüber wird in der Literatur die Auffassung vertreten, dass die Adoption durch gleichgeschlechtliche Paare kein ordre-public-Verstoß sei, weil die Anerkennung der Wirksamkeit der gleichgeschlechtlichen Ehe (oder anderer gleichgeschlechtlicher Partnerschaften) als Vorfrage für die gemeinschaftliche Adoption das Kindeswohl nicht verletze (sondern sogar dem Kindeswohl diene) und damit nicht gegen das Allgemeininteresse der VR China verstoße.[249] Bei der ordre-public-Prüfung der Auslandsadoption ist somit das Kriterium des Kindeswohls entscheidend.

4) Zwischenergebnis

Die Anknüpfung der Adoption gliedert sich gem. § 28 IPRG in drei Teile, nämlich die Begründung der Adoption (Voraussetzungen und Formen der Adoption), die Wirkungen der Adoption und die Aufhebung der Adoption. Die Voraussetzungen und Formen der Adoption sind gem. § 28 S. 1 IPRG kumulativ an den gewöhnlichen Aufenthaltsort des Annehmenden und des Anzunehmenden anzuknüpfen. Nach § 28 S. 2 IPRG ist auf die Wirkungen der Adoption das Recht des gewöhnlichen Aufenthaltsortes des

---

247 Huang/Jiang 2011, S. 157; vgl. Pißler, *RabelsZ* 76 (2012), S. 25.

248 Siehe China Center for Children's Welfare and and Adoption: Policy Documents, retrieved 11.4.2023, from https://xxgk.mca.gov.cn:8444/cppweb/web/content.jsp?id=15497.

249 Peng, *Journal of China Three Gorges University(Humanities & Social Sciences)* 2016, S. 74.

Annehmenden zum Zeitpunkt der Annahme anzuwenden. Auf die Aufhebung der Adoption ist gem. § 28 S. 3 IPRG das Recht des gewöhnlichen Aufenthaltsortes des Angenommenen im Zeitpunkt der Annahme oder die lex fori anwendbar. Daraus wird abgeleitet, dass bei der Anknüpfung der Adoption nach § 28 IPRG der Schutz der Interessen des Adoptierten zu berücksichtigen ist. Darüber hinaus sei bei der ordre-public-Prüfung vor allem auch auf das Kindeswohl abzustellen.

III. Rechtsvergleichende Bewertung

1. Allgemeines

a) Einordnung der rechtlichen Beziehung der Eltern

Die deutschen Kollisionsnormen zur Erfassung der Familienstrukturen selbst (Partnerschaftsebene) finden sich vor allem in Art. 13 und Art. 17b EGBGB. Darüber hinaus gilt nach Art. 11 Abs. 1 EGBGB für die Form der Rechtsgeschäfte (Formwirksamkeit der im Ausland geschlossenen Ehe) das Geschäftsrecht oder alternativ das Ortsrecht. Art. 13 EGBGB regelt die Anknüpfung der heterosexuellen Ehe vor allem hinsichtlich der Voraussetzungen, während für gleichgeschlechtliche Rechtsverhältnisse eine Sondernorm (Art. 17b EGBGB) geschaffen wird, die alle entsprechenden Rechtsinstitute unabhängig von ihrer Bezeichnung erfasst. Dies gilt auch für die gleichgeschlechtliche Ehe, um dem Gesetzeszweck (Abbau von Diskriminierungen) besser gerecht zu werden.[250]

Die chinesischen Kollisionsnormen auf der Partnerschaftsebene finden sich in § 21 (Voraussetzungen der Eheschließung) und § 22 (Formgültigkeit der Eheschließung) IPRG. Diese beiden Normen enthalten jedoch nur die Anknüpfung für die heterosexuelle Ehe, da das chinesische materielle Recht rechtmäßige gleichgeschlechtliche Beziehungen nicht kennt. Formalisierte gleichgeschlechtliche Partnerschaften mit Auslandsbezug sind nach dem IPRG entweder in analoger Anwendung der Anknüpfung für die Eheschließung heterosexueller Paare oder nach dem Prinzip der engsten Verbindung anzuknüpfen.

Darüber hinaus ist eine gesonderte Anknüpfung für nichteheliche Lebensgemeinschaften weder im EGBGB noch im IPRG vorgesehen. Im

---

[250] Siehe MüKoBGB/Coester (2020), Art. 13 EGBGB Rn. 5.

deutschen Schrifttum wird insoweit eine Anknüpfung an den gemeinsamen gewöhnlichen Aufenthalt (Analogie zur familienrechtlichen Anknüpfung statt zur schuldrechtlichen Anknüpfung) vorgeschlagen. Im Vergleich dazu würde nach dem IPRG das Recht zur Anwendung kommen, das den engsten Bezug zu den nichtehelichen Lebensgemeinschaften aufweist; i. d. R. ist das gemeinsame Personalstatut der Paare mit den nichtehelichen Lebensgemeinschaften am engsten verbunden. Es liegt daher nahe, dass das Kriterium der „Sachnähe“ sowohl im deutschen als auch im chinesischen IPR eine wichtige Rolle für die Anknüpfung der nichtehelichen Lebensgemeinschaften spielt.

b) Rechtliche Eltern-Kind-Zuordnung

Das EGBGB enthält zwei Kollisionsnormen zur Feststellung der rechtlichen Elternschaft. Zum einen ist die Anknüpfung der Eltern-Kind-Zuordnung auf natürlichem Wege in Art. 19 EGBGB (Abstammung) geregelt. Zum anderen ist nach Art. 22 EGBGB (Annahme als Kind) die Anknüpfung der Begründung der rechtlichen Elternschaft auf „künstlichem“ Wege. Im IPRG hingegen fällt die Anknüpfung der Abstammung, die als persönliche Beziehung zwischen Eltern und Kindern angesehen wird, unmittelbar in den Anwendungsbereich des § 25 IPRG (Wirkung der Eltern-Kind-Beziehung), da weder das chinesische Sachrecht noch das chinesische Kollisionsrecht eine originäre Eltern-Kind-Zuordnung (Abstammung) vorsehen. Immerhin findet sich die Anknüpfung der Adoption im IPRG (§ 28 IPRG).

Die Anknüpfung der rechtlichen Eltern-Kind-Zuordnung im EGBGB ist einmal stark von den Rechtsbeziehungen der Eltern geprägt. Die Anknüpfung der Abstammung eines Kindes nach Art. 19 Abs. 1 S. 3 EGBGB setzt z. B. voraus, dass eine Ehe der Mutter besteht, wobei das Ehewirkungsstatut (Familienstatut) Anwendung findet. Art. 22 Abs. 1 S. 2 und S. 3 EGBGB a. F. hat die Anknüpfung der Adoption eines Kindes durch Ehegatten und Lebenspartner getrennt geregelt und es galt ebenfalls das Ehewirkungsstatut bzw. Partnerschaftswirkungsstatut. Durch die Änderungen gem. Art. 2 des Stiefkindadoptionsgesetzes (StKAdG) zum 31. März 2020 hat sich jedoch die Anknüpfung für die Annahme eines Kindes gem. Art. 22 n. F. EGBGB geändert, wonach die Ehe oder Lebenspartnerschaft der Eltern kein Anknüpfungsmerkmal für die Annahme als Kind mehr darstellt. Nun ist die Adoption eines Kindes durch den Stiefelternteil auch in nichtehelichen Familien unabhängig von der Ehe oder Lebenspartnerschaft der Eltern möglich. Mit dieser Änderung soll die rechtliche Eltern-Kind-Zuordnung gerechter und zeitgemäßer gestaltet werden. Sie berücksichtigt in gewissem Umfang die Bedürfnisse und Rechte nichtehelicher Familien. Damit trägt die Neuregelung dazu bei, die rechtliche Gleichstellung verschiedener Familienformen zu fördern und die Interessen und das Wohl der betroffenen Kinder zu schützen.

Demgegenüber differenziert das chinesische Kollisionsrecht bei der Eltern-Kind-Zuordnung (§ 25 und § 28 IPRG) nicht nach dem Rechtsverhältnis zwischen den Eltern. § 25 IPRG zielt darauf ab, die Gleichbehandlung von ehelichen und nichtehelichen Kindern zu gewährleisten. Die Tatsache, dass bei der Anknüpfung der Adoption nach § 28 IPRG nicht nach der Ehe oder Partnerschaft der Eltern unterschieden wird, bedeutet nicht, dass nach chinesischem materiellem Recht die Adoption allen Paaren (allein oder gemeinsam) offensteht oder dass das chinesische Kollisionsrecht die Adoption durch alle Paare unabhängig von ihrer Beziehung anerkennt. Nach chinesischem materiellem Recht können Ehegatten nämlich nur gemeinsam adoptieren, nicht aber allein. Auch die Stiefkindadoption durch den Stiefelternteil kommt nur in ehelichen Familien vor.

2. Qualifikation

Qualifikationskonflikte treten typischerweise in folgenden Situationen auf: bei Systemunterschieden zwischen deutschem IPR und deutschem Sachrecht, bei Unterschieden zwischen deutschem und ausländischem Sachrecht sowie bei ausländischen Rechtsinstituten, die dem deutschen Recht unbekannt sind.[251] Zur Lösung dieser Qualifika-tionskonflikte wurden in Deutschland verschiedene Methoden entwickelt: (1) Lex-fori-Theorie: Sie legt den Schwerpunkt auf die Auslegung der Systembegriffe im Hinblick auf das nationale Recht des Forums. Das deutsche Sachrecht bildet die Grundlage für die Auslegung von Anknüpfungsgegenständen einer Kollisionsnorm durch deutsche Juristen,[252] aber keine Lösung ermöglicht, wenn es um die Qualifikation von Rechtsinsti-tuten geht, die das deutsche Recht nicht kennt.[253] Diese Theorie

---

[251] Hausmann/Odersky (2021), § 3. Allgemeine Lehren Rn. 19–28.

[252] BGH, Beschluss v. 13.5.2015 – IV ZB 30/14, *NJW* 2015, S. 2185; BeckOK BGB/Lorenz (2024), Einl. IPR Rn. 58.

[253] MüKoBGB/v. Hein (2024), Einl. IPR Rn. 118.

kann daher nicht flexibel genug sein, um auf die Vielfalt moderner Familienstrukturen zu reagieren, z. B. bei der Qualifikation der Mutterschaft der Wunschmutter in Leihmutterschaftsfällen oder der Co-Mutterschaft der Frau, mit der die leibliche Mutter des Kindes in gleichgeschlechtlicher Ehe zusammenlebt; (2) Lex-causae-Theorie: Sie legt besonderen Wert darauf, das Rechtssystem zu wählen, das am engsten mit dem Fall verbunden ist. Moderne Familienstrukturen betreffen oft die Gesetze mehrerer Länder oder Regionen. Ein Kind kann z. B. in einem Land geboren werden und in einem anderen aufwachsen, von Eltern unterschiedlichen oder gleichen Geschlechts erzogen werden. Aufgrund der Komplexität moderner Familienstrukturen kann es vorkommen, dass mehrere Rechtssysteme gleichermaßen enge Verbindungen zu den Fakten des Falls aufweisen. Dies führt dazu, dass mehrere Rechtsordnungen gleichzeitig anwendbar sind, was eine eindeutige Einordnung erschwert;[254] (3) Rechtsvergleichende Theorie („kollisionsrechtliche Theorie"):[255] Sie trägt der Vielfalt der Rechtsordnungen Rechnung und sucht Lösungen durch autonome (also kollisionsrechtliche) Auslegung der Systembegriffe unabhängig von den nationalen Rechtsordnungen,[256] d. h. die IPR-Begriffe werden durch Vergleich der verschiedenen Rechtsordnungen ermittelt. Diese Theorie kann jedoch mit Unterschieden in der Rechtskultur und im Rechtskontext konfrontiert sein. In Fällen, in denen es bspw. um gleichgeschlechtliche Paare, Leihmutterschaft, internationale Adoption usw. geht, können sich die Gesetze der verschiedenen Länder erheblich unterscheiden oder sogar miteinander in Konflikt geraten. Aufgrund dieser Komplexität kann es sehr schwierig sein, durch Vergleiche einheitliche Rechtsbegriffe zu finden, was zu Unsicherheiten bei der Rechtsanwendung führt. Selbst wenn durch Vergleiche gemeinsame Rechtsbegriffe gefunden werden, können diese Begriffe in der praktischen Anwendung aufgrund unterschiedlicher kultureller und rechtlicher Kontexte ihre Bedeutung oder Gültigkeit verlieren, z. B. kann in China die rechtliche Elternschaft dem Stiefelternteil aufgrund des faktischen Eltern-Kind-Verhältnisses zwischen Stiefkind und Stiefelternteil automatisch zugeordnet werden, während in Deutschland der

254 Staudinger/Looschelders (2019), EGBGB IPR Einl. Rn. 1089; MüKoBGB/v. Hein (2024), Einl. IPR Rn. 119.

255 Rabel, Ernst: „Das Problem der Qualifikation". *RabelsZ* 5 (1931), S. 287.

256 Hausmann/Odersky (2021), § 3. Allgemeine Lehren Rn. 5.

Stiefelternteil die rechtliche Elternschaft nur durch Adoption erlangen kann. Dies könnte dazu führen, dass der im Vergleich gefundene gemeinsame Rechtsbegriff hinsichtlich der Elternschaft des Stiefelternteils in Deutschland keine Anwendung findet.

Eine weitere hilfsweise angewandte Methode ist die funktional-teleologische Qualifikationsmethode.[257] Sie kann als Synthese aus der Lex-fori- und der rechtsvergleichenden Theorie verstanden werden und zielt darauf ab, die funktionalen Zusammen-hänge der Rechtsinstitute und ihre teleologische Ausrichtung zu erfassen.[258] Die Begriffe des IPR sind automon auszulegen und werden gegenüber den Begriffen Sachrechts erweitert, wenn Rechtsinstitute, die dem Sachrecht der lex fori unbekannt sind, unter die Kollisionsnormen subsumiert werden müssen.[259] Diese Theorie ist daher hilfreich bei der Qualifikation von Rechtsinstituten ausländischen Rechts, die dem eigenen Sachrecht unbekannt sind,[260] insbesondere im Bereich des Familienrechts. Diese Theorie ist flexibler als andere Qualifikationstheorien. Sie beschränkt sich nicht auf die rechtliche Definition eines bestimmten Landes, sondern sucht nach der Auslegung und Anwendung, die dem wirklichen Inhalt und dem rechtlichen Zweck der ausländischen Vorschrift am ehesten gerecht wird. So kann es sich etwa bei der nach ausländischem zulässigen Mutterschaft der Wunschmutter durch einen Leihmutterschaftsvertrag um eine Frage der Abstammung nach deutschem Recht handeln. Die funktional-teleologische Methode kann angesichts kultureller Unterschiede harmonisierte und praxisorientierte Lösungen finden, die für Kinder und Familien am günstigsten sind.

Nach § 8 IPRG der VR China ist für die Qualifikation zivilrechtlicher Verhältnisse mit Auslandsberührung die lex fori anzuwenden. Dies deutet darauf hin, dass sich das chinesische IPR der lex-fori-Theorie bedient hat. Mit dieser Theorie können Qualifikationsprobleme, die durch Systemunterschiede zwischen inländischem und ausländischem materiellen Recht verursacht werden, leicht gelöst werden, während es schwierig ist, andere Arten von Qualifikationskonflikten zu behandeln. Im Zuge der Globalisierung

257 MüKoBGB/v. Hein (2024), Einl. IPR Rn. 121–132.
258 Hausmann/Odersky (2021), § 3. Allgemeine Lehren Rn. 6.
259 V. Bar/Mankowski, IPR I § 7 Rn. 173; MüKoBGB/v. Hein (2024), Einl. IPR Rn. 122–124.
260 BGH, Urteil v. 19. 12. 1958 – IV ZR 87/58 (München), *NJW* 1959, S. 717.

verlagern sich die Beziehungen zwischen China und ausländischen Staaten von reinen Handelsbeziehungen auf immer mehr zivilrechtliche Beziehungen (z. B. familien- und erbrechtliche Beziehungen mit Auslandsbezug). Die sich daraus ergebenden komplexeren Qualifikationsprobleme, z. B. infolge von Systemunterschieden zwischen inländischem IPR und materiellem Recht sowie dem inländischen Recht unbekannten ausländischen Rechtsinstituten, kann die lex-fori-Theorie allein nicht lösen, weil im Bereich der persönlichen Beziehungen die Systembegriffe vor dem Hintergrund der unterschiedlichen Rechtskulturen von Land zu Land sehr unterschiedlich sind, was eine Vereinheitlichung der Begriffe erschwert.[261] Daher könnte die funktional-teleologische Qualifikationsmethode in Betracht kommen, wenn nach den chinesischen Kollisionsnormen Qualifikationsprobleme hinsichtlich der Begründung der Rechtsbezieh-ungen der Eltern und der Eltern-Kind-Zuordnung nicht gelöst werden können.

3. Anknüpfung

a) Subsidiärität oder Alternativität der Anknüpfung

1) „Anknüpfungsleiter"

Das IPR strebt i. d. R. immer die „engste" Verbindung an. Dennoch ist eine Alternative im Interesse der Betroffenen und der Rechtssicherheit erforderlich, wenn das vom Gesetzgeber bevorzugte Anknüpfungsmoment nicht greift. Eine „Anknüpfungsleiter", also eine mehrfach gestaffelte Abfolge solcher primärer, sekundärer oder sonst nachrangiger Anknüpfungen, erreicht im deutschen IPR ein kollisionsrechtliches Subsidiaritätsprinzip, d. h. nur bei Ausfall eines primären Anknüpfungsmerkmals wird auf die nächste Stufe der Anknüpfungsleiter herabgestiegen. Dahinter steht der Gedanke, dass sich die Sprosse der Anknüpfungsmomente i. d. R. nach dem Grad der engen Verbindung zu einem Staat richtet. Die kollisionsrechtliche Subsidiarität findet sich auch in Art. 19 Abs. 1 S. 3 i. V. m. Art. 14 Abs. 2 (n. F.) EGBGB. Nach Art. 14 Abs. 2 EGBGB sind die Sprossen der bisherigen Kegel'schen Leiter umgekehrt: gewöhnlicher Aufenthalt vor Staatsangehörigkeit, die zudem aktuell und gemeinsam sein muss. Darin kommt zum Ausdruck, dass der deutsche Gesetzgeber dem internationalen Trend folgend nicht

---

261 Wang, Baoshi: „On the Theory and Judicial Practice Towards the Qualification Problem in Germany". *Presentday Law Science* 2012(6), S. 113.

mehr an einer primären Anknüpfung an die Staatsangehörigkeit festhalten will. Auffanganknüpfung bleibt aber die gemeinsame engste Verbindung, wobei ohnehin entscheidend ist, dass die Ehegatten gemeinsam die engste Verbindung zu dem betreffenden Staat haben.[262]

Im Vergleich dazu ist in China sowohl bei der Eheschließung nach § 21 IPRG als auch bei den Wirkungen des Eltern-Kind-Verhältnisses nach § 25 IPRG jeweils eine Anknüpfungsleiter vorgesehen. In beiden Normen bildet der (gemeinsame) gewöhnliche Aufenthalt den primären Anknüpfungspunkt. In § 21 IPRG wird sodann an die (gemeinsame) Staatsangehörigkeit angeknüpft. An letzter Stelle dieser Anknüpfungsleiter folgt die Anknüpfung an den Ort der Eheschließung, die jedoch auf den gewöhnlichen Aufenthalt oder die Staatsangehörigkeit einer der Parteien beschränkt ist. Diese Anknüpfungsleiter erfasst also nicht alle Konstellationen, z. B. wenn die Parteien weder einen gemeinsamen gewöhnlichen Aufenthalt noch eine gemeinsame Staatsangehörigkeit haben und auch nicht in einem Staat heiraten, in dem eine der Parteien ihren gewöhnlichen Aufenthalt hat oder dessen Staatsangehörigkeit sie besitzt. In diesem Fall könnte hilfsweise (ausnahmsweise) auf das Prinzip der engsten Verbindung nach § 2 IPRG zurückgegriffen werden, wobei auch nach chinesischem IPR die engste Verbindung als Auffanganknüpfung anzusehen ist,[263] obwohl dies in § 21 IPRG nicht ausdrücklich vorgesehen ist. In § 25 IPRG findet sich allerdings auf der zweiten Stufe eine ergebnisorientierte Alternativanknüpfung (gewöhnlicher Aufenthalt oder Staatsangehörigkeit einer Partei ist vom Gericht zu wählen) i. S. d. Kindeswohls (zum Schutz des Schwächeren), wenn Eltern und Kind keinen gemeinsamen Aufenthaltsort haben. Allerdings wäre auch diese Anknüpfung wegen des Fehlens einer Auffanganknüpfung problematisch. Allenfalls käme die engste Verbindung des § 2 IPRG in Betracht.

2) Alternativanknüpfung

Eine alternative Anknüpfung im engeren Sinne liegt vor, wenn für das Gericht mehrere Rechtsordnungen zur Auswahl stehen, die auf ein bestimmtes materiellrechtliches Ergebnis ausgerichtet sind. Im deutschen IPR gilt die alternative Anknüpfung als ein Instrument des modernen Kollisionsrechts, um

---

262 MüKoBGB/v. Hein (2024), Einl. IPR Rn. 70–71.

263 Siehe Guo, *Tsinghua University Law Journal* 2011(5), S. 159.

bei Sachverhalten mit Auslandsbezug neben der Verwirklichung kollisionsrechtlicher Gerechtigkeit auch bestimmte materiell-rechtliche Wertvorstellungen, die unterschiedlich sein können, durchzusetzen. Dabei geht es vor allem um den Schutz der schwächeren Partei, der i. d. R. durch das Günstigkeitsprinzip erreicht wird, d. h. es ist ggf. ein Vergleich anzustellen, ob das gewählte Recht die schwächere Partei (den Verbraucher, den Arbeitnehmer oder im Kindschaftsrecht das Kind) besser schützt als andere in Betracht kommende Rechtsordnungen.[264] Nach Rechtsprechung und herrschender Lehre handelt es sich auch bei Art. 19 Abs. 1 EGBGB um eine alternative Anknüpfung. Damit will der Gesetzgeber nach dem Günstigkeitsprinzip i. S. d. Kindeswohls die Begründung oder Feststellung der Abstammung möglichst erleichtern und begünstigen.[265] Zudem könnte diese alternative Anknüpfung die grenzüberschreitende Wirksamkeit von Statusverhältnissen fördern und den Rückgriff auf ein strittiges „Anerkennungsprinzip“ vermeiden.[266] Sodann dient die alternative Anknüpfung des Art. 11 EGBGB dem favor negotii, also der Begünstigung der Formwirksamkeit internationaler Rechtsgeschäfte. Nach Art. 11 Abs. 1 EGBGB soll die Formwirksamkeit der ausländischen Eheschließung möglichst anerkannt und die Validierung der Ehe erleichtert werden.

Wie in Art. 11 Abs. 1 EGBGB sieht auch § 22 IPRG eine alternative Anknüpfung für die Form der Eheschließung vor, was zeigt, dass der chinesische Gesetzgeber dem internationalen Trend, die Formwirksamkeit der Eheschließung durch die alternative Anknüpfung zu begünstigen, folgen will. Darüber hinaus wird die alternative Anknüpfung in § 28 S. 3 IPRG für die Aufhebung des Annahmeverhältnisses vorgesehen, um die Interessen der Adoptivkinder besser zu schützen. Dies bedeutet, dass für die Frage, ob ein durch Adoption begründetes Eltern-Kind-Verhältnis aufgelöst werden soll, in erster Linie das Kindeswohl maßgeblich ist und letztlich das Recht zur Anwendung kommt, das dem Kindeswohl am besten dient. Anders als das deutsche IPR wendet das chinesische IPR bei der Feststellung des Eltern-Kind-Verhältnisses gem. § 25 IPRG insgesamt die subsidiäre Anknüpfung

264 MüKoBGB/v. Hein (2024), Einl. IPR Rn. 63–67.
265 MüKoBGB/Helms (2020), Art. 19 EGBGB Rn. 16
266 MüKoBGB/v. Hein (2024), Einl. IPR Rn. 69.

und auf der sekundären Stufe eine am Kindeswohl orientierte alternative Anknüpfung (zum Schutz des Schwächeren) an.

b) Günstigkeitsprinzip

Im EGBGB kann das Günstigkeitsprinzip aus den Normen bzw. dem Normzweck herausgearbeitet, auch wenn es sich nicht im Wortlaut findet.[267] Daher kann das Günstigkeitsprinzip im deutschen IPR eine größere Reichweite und Flexibilität haben, soweit es sich aus den kollisionsrechtlichen Regelungen ableiten lässt. Im deutschen IPR kann die alternative Anknüpfung im Abstammungsrecht (Art. 19 EGBGB) zu Normwidersprüchen führen und die Lösung der Frage orientiert sich am Zweck der Norm, nämlich ein günstigeres Ergebnis bei der Feststellung der Abstammung zu erreichen. Dabei richtet sich das kollisionsrechtliche Günstigkeitsprinzip am Kindeswohl aus, d. h. im Ergebnis ist stets die für das Kind günstigste Anknüpfungsalternative zu wählen.[268]

Im IPRG hingegen findet sich die Formulierung zum „Günstigkeitsprinzip" direkt in drei Vorschriften (§ 25, § 29, § 30 IPRG), nämlich „zum Schutz der Interessen des Schwächeren (des Unterhaltsberechtigten und des Mündels) das günstigste Recht". Die Wirkungen des Eltern-Kind-Verhältnisses (§ 25 IPRG) knüpfen aber immer primär an den gemeinsamen gewöhnlichen Aufenthalt von Eltern und Kind an, auch wenn diese primäre Anknüpfung u. U. nicht für die Eltern-Kind-Beziehung günstig ist. Nur bei Fehlen eines gemeinsamen gewöhnlichen Aufenthalts kann im Weg einer alternativen Anknüpfung das für das Kind günstigste Recht bejaht werden. In § 29 IPRG (Unterhalt) und § 30 IPRG (Vormundschaft) handelt es sich jedoch nur um eine Alternativanknüpfung. In diesen Normen kann daher das Günstigkeitsprinzip schnell und unmittelbar eine Rolle spielen, um die Interessen des Schwächeren zu schützen. Es wird daher teilweise empfohlen, zum besseren Schutz der Interessen der schwächeren Partei in der gerichtlichen Praxis vor

---

267 OLG Frankfurt a. M. Beschluss v. 17.10.2022 – 6 UF 68/22, *NJW-RR* 2023, S. 12; KG, Beschluss v. 5.5.2020 – 1 W 165/19, *NZFam* 2020, S. 593; OLG München, Beschluss v. 29.6.2017 – 31 Wx 402/16, *NZFam* 2017, S. 755; BeckOK BGB/Heiderhoff (2023), Art. 19 EGBGB Rn. 23; Grüneberg/Thorn (2023), Art. 19 EGBGB Rn. 6; Staudinger/Henrich (2022), Art. 19 EGBGB, Rn. 22–24.

268 BeckOK BGB/Heiderhoff (2023), Art. 19 EGBGB Rn. 23

allem § 29 IPRG zu wählen, wenn ein Sachverhalt oder eine Frage sowohl unter § 25 IPRG als auch unter § 29 IPRG fällt.[269]

c) Personalstatut

1) Staatsangehörigkeit oder gewöhnlicher Aufenthalt

aa) Staatsangehörigkeit

Die Bedeutung der Anknüpfung an das Heimatrecht nimmt im Laufe der Zeit (von 1900 über 1986 bis heute) in Deutschland und auch in Europa ab.[270] Die kollisionsrechtliche Anknüpfung an die Staatsangehörigkeit wird heute in Deutschland nicht mehr als Ausfluss des Souveränitätsprinzips, sondern lediglich als Konkretisierung des Prinzips der engsten Verbindung angesehen. Eine Person hat jedoch dann eine geringere Bindung zum Heimatstaat, wenn am gewöhnlichen Aufenthaltsort eine tiefe soziale und familiäre Integration eingetreten ist.[271]Auch wenn die Beibehaltung des Staatsangehörigkeitsprinzips aus rechtspraktischer Sicht (leichtere Feststellbarkeit, geringere Manipulationsgefahr und Stabilität sowie Komplikationen und Kosten der Rechtsanwendung) und aus ausländer- und integrationspolitischer Sicht geboten erscheint, sind diese Argumente nicht unumstritten, z. B. ist die Stabilität bzw. erschwerte Wandelbarkeit einer Anknüpfung nicht immer sachgerecht,[272] zudem steht der Gedanke des internationalen Entscheidungseinklangs oder der Wahrung der „kulturellen Identität“[273] einer Abkehr vom Staatsangehörigkeitsprinzip heute nicht entgegen.[274]

Im Zuge der Zeit und insbesondere der europäischen Rechtsentwicklung ist das deutsche IPR nicht mehr auf den starren Gegensatz von Staatsangehörigkeits- und Domizilanknüpfung, sondern auf ein angemessenes Regel-Ausnahme-Verhältnis ausgerichtet. Dabei gibt es unterschiedliche Auffassungen:

---

269 Ye, *Modern Law Science* 2017(5), S. 148.

270 MüKoBGB/v. Hein (2024), Art. 5 EGBGB Rn. 30.

271 Ebd., Rn. 31.

272 Ebd., Rn. 34.

273 Jayme, Erik: „Kulturelle Identität und Internationales Privatrecht“. In: Erik Jayme (Hrsg.): *Kulturelle Identität und Internationales Privatrecht.* C.F. Müller Verlag: Heidelberg 2003, S. 9–11; Rentsch, Bettina: „Die Zukunft des Personalstatuts im gewöhnlichen Aufenthalt – zugleich Erwiderung auf Louis d’Avout, La lex personalis entre nationalité, domicile et résidence habituelle, in FS Audit, 2014, 15“. *ZEuP* 2015, S. 303.

274 MüKoBGB/v. Hein (2024), Art. 5 EGBGB Rn. 38–40.

Eine Auffassung befürwortet die Beibehaltung des Staatsangehörigkeitsprinzips, ergänzt durch die Möglichkeit der Rechts-wahl in Bezug auf den gewöhnlichen Aufenthalt. Die andere Auffassung hingegen bejaht grundsätzlich den Vorrang des gewöhnlichen Aufenthalts als subjektives Personalstatut, weil der gewöhnliche Aufenthalt – zumindest bei Erwachsenen und jedenfalls in der EU – i. d. R. frei gewählt wird, während der freiwillige Wechsel der Staatsangehörigkeit erschwert wird.[275] Auch wenn bei schutzbedürftigen Personen (Kinder, Unterhaltsberechtigte, betreute Erwachsene) eine freie Aufenthaltswahl nicht unterstellt werden kann, wird die Anknüpfung an den gewöhnlichen Aufenthalt deren Schutzbedürf-nissen zumindest aus kollisionsrechtlicher Sicht am ehesten gerecht.[276] Darüber hinaus kann die Anknüpfung an die Staatsangehörigkeit durch das allgemeine Diskriminierungsverbot (Art. 18 AEUV) oder das Verbot der Verletzung der Grundfreiheiten im europäischen Primärrecht eingeschränkt sein.[277] Auch verfassungsrechtliche Grenzen sind bei der Anknüpfung an die Staatsangehörigkeit zu beachten.[278]

Die Anknüpfung an die Staatsangehörigkeit in Art. 13 EGBGB verletzt keine Verfassungsnorm (weder den Gleichheitssatz des Art. 3 Abs. 2 GG noch das Grundrecht der Eheschließungsfreiheit aus Art. 6 Abs. 1 GG) und konnte in der Neufassung des Art. 13 EGBGB beibehalten werden.[279] Art. 19 Abs. 1 S. 2 EGBGB sieht für die Feststellung der Abstammung von jedem Elternteil auch eine Anknüpfung an die Staatsangehörigkeit des Elternteils (selbst) vor,[280] die gerade im Hinblick auf das Kindeswohl als eine der drei alternativen Anknüpfungen in Art. 19 Abs. 1 EGBGB aufgenommen wurde. Die Anknüpfung an die Staatsangehörigkeit der Adoptiveltern in Art. 22 Abs. 1 S. 1 a. F. EGBGB wird nach Art. 22 Abs. 1 S. 2 n. F. EGBGB für alle Auslandsadoptionen vollständig durch die Anknüpfung an den gewöhnlichen Aufenthalt des Kindes ersetzt. Diese Entwicklung zeigt in Deutschland i. S. d.

---

275 MüKoBGB/v. Hein (2024), Art. 5 EGBGB Rn. 41.

276 Siehe Lurger, Brigitta: „Die Verortung natürlicher Personen im europäischen IPR und IZVR: Wohnsitz, gewöhnlicher Aufenthalt, Staatsangehörigkeit". In: Jan von Hein / Giesela Rühl (Hrsg.): *Kohärenz im Internationalen Privat- und Verfahrensrecht der Europäischen Union*. Mohr Siebeck: Tübingen 2016, S. 219.

277 MüKoBGB/v. Hein (2024), Art. 5 EGBGB Rn. 42.

278 Ebd., Rn. 42–59.

279 MüKoBGB/Coester (2020), Art. 13 EGBGB Rn. 12.

280 MüKoBGB/Helms (2020), Art. 19 EGBGB Rn. 10.

Kindeswohls eine stetige Ausweitung der Anknüpfung an den gewöhnlichen Aufenthalt zur Lösung kindbezogener kollisionsrechtlicher Fragen.

Seit Inkrafttreten des IPRG wird das Aufenthaltsprinzip vom chinesischen Gesetzgeber fast vollständig übernommen, während die Anknüpfung an den Wohnsitz schlechthin aufgegeben und auch die Anknüpfung an die Staatsangehörigkeit teilweise durch die Anknüpfung an den gewöhnlichen Aufenthalt ersetzt wird.[281] Nach dem chinesischen IPRG spielt die Anknüpfung an die Staatsangehörigkeit entweder als Ersatzanknüpfung oder als alternative Anknüpfung[282] sowohl bei der Eheschließung der Eltern als auch bei der Feststellung des Eltern-Kind-Verhältnisses sowie bei der Adoption stets eine untergeordnete Rolle.

bb) Gewöhnlicher Aufenthalt

Der Begriff des gewöhnlichen Aufenthalts ist im deutschen IPR nicht definiert, um eine harmonische Auslegung zwischen den verschiedenen Rechtsordnungen zu erleichtern.[283] Aus Gründen der Rechtssicherheit wird der Begriff jedoch grundsätzlich einheitlich im deutschen autonomen IPR verwendet. Im Interesse einer einheitlichen Auslegung sollte auch eine Unterscheidung zwischen einem „europäischen" und einem „deutschen" Begriff des gewöhnlichen Aufenthalts möglichst vermieden werden. Damit soll zur Vermeidung von Rechtsunsicherheiten und Inkohärenzen eine einheitliche Definition im europäischen Kontext angestrebt werden.[284] Im Vergleich dazu wird der gewöhnliche Aufenthalt natürlicher Personen in § 13 der Erläuterungen des OVG zum IPRG I (2020) in Ermangelung einer Legaldefinition des gewöhnlichen Aufenthalts im IPRG klargestellt.

Für die Begründung des gewöhnlichen Aufenthalts werden im deutschen IPR bzw. in der deutschen Rechtsprechung bestimmte Parameter zusammengefasst, z. B. körperliche Anwesenheit, eine bestimmte tatsächliche Aufenthaltsdauer, die u. U. im Einzelfall angepasst werden kann. Darüber hinaus ist der Grad der Verbindung des Aufenthalts mit familiären, beruflichen und sonstigen Beziehungen zu prüfen. Der gewöhnliche Aufenthalt richtet sich

---

281 He, Qisheng: „Research on the Issue of Habitual Residence in the Context of the Reconstruction of Personal Law in China". *Studies in Law and Business* 2013(3), S. 85.

282 Ebd., S. 86.

283 BT-Drs. 10/504, S. 41; MüKoBGB/v. Hein (2024), Art. 5 EGBGB Rn. 139.

284 MüKoBGB/v. Hein (2024), Art. 5 EGBGB Rn. 146.

nach dem Schwerpunkt dieser Bindungen, also nach dem Daseinsmittelpunkt der Person.[285] Ob und inwieweit bei der Bestimmung des gewöhnlichen Aufenthalts der Wille einer Person zu berücksichtigen ist, ist umstritten. In neuerer Zeit wird einem „natürlichen" Bleibewillen der Vorzug vor einer faktischen Definition gegeben, weil subjektive Faktoren Defizite bei den objektiven Voraussetzungen (z. B. Mindestdauer) für die Begründung eines gewöhnlichen Aufenthalts gewissermaßen ausgleichen können, sofern der Wille anhand äußerer Umstände eindeutig beurteilt werden kann.

Nach § 13 der Erläuterungen des OVG zum IPRG I (2020) können die Volksgerichte feststellen, dass der gewöhnliche Aufenthalt einer natürlichen Person i. S. d. IPRG an dem Ort gegeben ist, an dem eine natürliche Person im Zeitpunkt der Entstehung, der Änderung oder des Erlöschens einer zivilrechtlichen Beziehung mit Auslandsberüh-rung seit mindestens einem Jahr ununterbrochen an ein und demselben Aufenthaltsort wohnt und dort auch ihren Lebensmittelpunkt hat. Dies gilt jedoch nicht für Umstände wie Krankenhausaufenthalte, Entsendungen zur Arbeit, Amtsgeschäfte usw. Daraus folgt, dass für die Begründung des gewöhnlichen Aufenthalts im chinesischen IPR grundsätzlich auf objektive Faktoren und nicht auf den Aufenthaltswillen (animus ma-nendi) abzustellen ist. Zunächst ist die physische Anwesenheit erforderlich. Zweitens muss die Aufenthaltsdauer mindestens ein Jahr betragen und „ununterbrochen" sein. In der chinesischen Rechtsprechung kann die Aufenthaltsdauer unter bestimmten Umständen „unterbrochen" sein, d. h. kurze Abwesenheiten sind zulässig.[286] Drittens wird dieser Aufenthaltsort als Lebensmittelpunkt der betreffenden Person angesehen. Bezüglich des Lebensmittelpunktes gibt es keine eindeutige Auslegung, teilweise wird vertreten, dass der „Daseinsmittelpunkt" im deutschen und schweizerischen IPR als Anhaltspunkt für den chinesischen „Lebensmittelpunkt" dient.[287] Dementsprechend können auch im chinesischen IPR soziale, familiäre und berufliche Bindungen usw. für die Begründung des gewöhnlichen Aufenthalts berücksichtigt werden.[288] Ausgenommen sind

---

285 MüKoBGB/Helms (2020), Art. 19 EGBGB Rn. 8.

286 Zivilurteil des Zweiten MVG Beijing, (2014) er zhong shao min zhong zi Nr. 08860; He, *Studies in Law and Business* 2013(3), S. 88.

287 Du, Huanfang: „Personal Law of Natural Persons and Habitual Residence: Choice, Determination and Application in China". *The Jurist* 2015(3), S. 159.

288 He, *Studies in Law and Business* 2013(3), S. 90.

jedoch Aufenthalte zu bestimmten Zwecken. Dies deutet darauf hin, dass die objektive Dauer des Aufenthalts ausnahmsweise unterbrochen werden kann und ggf. der subjektive Aufenthaltswille zu berücksichtigen ist. Darüber hinaus ist die Feststellung des gewöhnlichen Aufenthalts nach § 13 der Erläuterungen des OVG zum IPRG I (2020) auf den Zeitpunkt der Entstehung, der Änderung oder des Erlöschens eines Zivilrechtsverhältnisses mit Auslandsberührung beschränkt.

Der gewöhnliche Aufenthalt eines Kindes wird im europäischen und deutschen IPR grundsätzlich unabhängig von dem seiner Eltern und nach den gleichen Kriterien wie bei Erwachsenen bestimmt.[289] Diese Kriterien müssen jedoch angepasst werden, um den unterschiedlichen Lebenssituationen von Kindern in verschiedenen Altersstufen Rechnung zu tragen.[290] Für kleinere Kinder ist die körperliche Anwesenheit regelmäßig Voraussetzung für die Begründung eines gewöhnlichen Aufenthalts.[291] Umstritten ist allerdings, ob

---

289 EuGH, Urteil v. 08.06.2017 – C-111/17 PPU (OL/PQ), *BeckRS* 2017, S. 117861; EuGH, Urteil v. 01.08.2022 – C-501/20 (MPA/LCDNMT), *BeckRS* 2022, S. 18637; BGH, Beschluss v. 20.3.2019 – XII ZB 530/17, *NJW* 2019, S. 1605 Rn. 19, 26; OLG Karlsruhe, Beschluss v. 5.6.2015 – 18 UF 265/14, *NJW-RR* 2015, S. 1415 Rn. 30; Coester-Waltjen, Dagmar: „Der gewöhnliche Aufenthalt eines Neugeborenen im Internationalen Familienrecht". In: Christoph Benicke / Stefan Huber (Hrsg.): *National, international, transnational: harmonischer Dreiklang im Recht.* (Festschrift für Herbert Kronke zum 70. Geburtstag am 24. Juli 2020). Gieseking: Bielefeld 2020, S. 40–42; Weller, Marc-Philippe / Schulz, Alix: „Unterhaltsklage nach Kindesentführung: Zuständigkeit am ‚unrechtmäßigen' gewöhnlichen Aufenthalt des Kindes?". *IPRax* 2015, S. 178; Siehr, Kurt: „Kindesentführung und EuEheVO. Vorfragen und gewöhnlicher Aufenthalt im Europäischen Kollisionsrecht". *IPRax* 2012, S. 316; MüKoBGB/v. Hein (2024), Art. 5 EGBGB Rn. 179; a. A. Mayer, Claudia: „(Unechte) Vaterschaftskonkurrenzen im Internationalen Privatrecht". *IPRax* 2023, S. 265.

290 Carruthers, Janeen: „Discerning the Meaning of ‚Habitual Residence of the Child' in UK Courts – A Case for the Oracle of Delphi". In: Andrea Bonomi, Gian Paolo Romano (Hrsg.): *Yearbook of Private International Law* Vol. XXI – 2019/2020 (*YbPIL* 21 (2019/2020)). Verlag Dr. Otto Schmidt KG: Köln 2020, S. 242–244; *Coester-Waltjen* 2020, S. 39–42; Gössl, Susanne Lilian: „Rechtsaktbezogene Einzigartigkeit und subjektive Komponenten – Einige Notizen zum gewöhnlichen Aufenthalt im europäischen Kollisions- und Verfahrensrecht". *IPRax* 2022, S. 495.

291 EuGH, Urteil v. 08.06.2017 – C-111/17 PPU (OL/PQ), *BeckRS* 2017, S. 117861; EuGH, Urteil v. 17.10.2018 – C-393/18 PPU (UD/XB), *NJW* 2019, S. 415; EuGH, Urteil v. 01.08.2022 – C-501/20 (MPA/LCDNMT), *BeckRS* 2022, S. 18637; KG, Beschluss v. 17.11.2020 – 1 W 1037/20 + 1 W 1277/20, *FGPrax* 2021, S. 48; BGH, Beschluss v.

bei Neugeborenen ausnahmsweise auf diese körperliche Anwesenheit verzichtet werden kann, um eine Anknüpfung an den völlig zufälligen Geburtsort zu vermeiden.[292] So ist zu erwägen, ob ein Kind, das im Ausland geboren wurde und niemals ins Inland gekommen ist, im Inland einen gewöhnlichen Aufenthalt haben könnte, wenn die Eltern dort gewöhnlich leben.[293] Die Befürworter dieser Auffassung argu-mentieren, dass die Zahl der Fälle, in denen ein Neugeborenes keinen gewöhnlichen Aufenthalt hat, reduziert werden kann, indem bei der Festlegung des gewöhnlichen Aufenthalts des Neugeborenen auf die geplante zukünftige Verbringung des Kindes in den Staat des gewöhnlichen Aufenthalts der Eltern abgestellt wird.[294] Das zeitweilige Fehlen eines gewöhnlichen Aufenthalts ist nach dem BGH jedoch hinnehmbar.[295] So erlangt z. B. das in der Ukraine von einer Leihmutter geborene Kind erst dann einen gewöhnlichen Aufenthalt in Deutschland, wenn es nach dem Willen aller Beteiligten alsbald nach der Geburt rechtmäßig

12.1.2022 – XII ZB 562/20, *NJW-RR* 2022, S. 508 Rn. 20–33; Carruthers, *YbPIL* 21 (2019/2020), S. 235–238.

292 Grundsätzlich befürwortend: Generalanwalt beim EuGH, Schlussantrag v. 16.5.2017 – C-111/17PPU, *NZFam* 2017, S. 695 mit Anmerkung Riegner; John, Georg: „Der Begriff des gewöhnlichen Aufenthaltes und seine Bedeutung im europäischen Privat- und Zivilverfahrensrecht – Teil 1". *GPR* 2018, S. 78–79; Kropholler, Jan: „Der gewöhnliche Aufenthalt des Kindes und das Aufenthaltsbestimmungsrecht". In: Heinz P Mansel et al. (Hrsg.): *Festschrift für Erik Jayme*. Sellier European Law Publishers: München 2004, S. 473; Wall, Fabian: „Neugeborene ohne gewöhnlichen Aufenthalt i. S.v. Art. 19 Abs. 1 Satz 1 EGBGB? – Zugleich eine Kritik an KG 17.11.2020 – 1 W 1037/20". *StAZ* 2022, S. 133–135; offengelassen: BGH, Beschluss v. 12.1.2022 – XII ZB 562/20, *NJW-RR* 2022, S. 508 Rn. 33; abweichende Meinung: Coester-Waltjen 2020, S. 41–43; Rieländer, Frederick: „Anmerkung zum KG, Beschluss v. 17.11.2020 – 1 W 1037/20". *FamRZ* 2021, S. 441; Vienenkötter, Rabea: *Der Begriff des gewöhnlichen Aufenthalts im Internationalen Familien- und Erbrecht der EU*. (Studien zum Internationalen Privat- und Verfahrensrecht). JWV Jenaer Wissenschaftliche Verlagsgesellschaft: Jena 2017, S. 104–106.

293 John, *GPR* 2018, S. 78–79; Wall, *StAZ* 2022, S. 135–136; MüKoBGB/v. Hein (2024), Art. 5 EGBGB Rn. 180.

294 Wall, *StAZ* 2022, S. 133–135; Kvit, Natalia / Spickhoff, Andreas: „Leihmutterschaft in der Ukraine und gewöhnlicher Kindesaufenthalt". *FamRZ* 2023, S. 658–659.

295 BGH, Beschluss v. 20.3.2019 – XII ZB 530/17, *NJW* 2019, S. 1605; BGH, Beschluss v. 12.1.2022 – XII ZB 562/20, *NJW-RR* 2022, S. 508 Rn. 20–26.

dorthin verbracht wurde[296] und sich tatsächlich in Deutschland befindet.[297] Ein früherer gewöhnlicher Aufenthalt im Geburtsland lag hingegen nicht vor,[298] was zu einer unangenehmen Folge hat, dass das Kind zumindest aus deutscher Sicht vorübergehend elternlos ist.[299] Das von einer Leihmutter in Indien geborene Kind hat jedoch seinen gewöhnlichen Aufenthalt in Indien, wo es tatsächlich aufwächst und betreut wird, wenn eine Verbringung des Kindes nach Deutschland aus rechtlichen Gründen nicht möglich ist.[300]

Auch die soziale Bindung des Kindes ist grundsätzlich losgelöst von den Eltern zu bewerten. Das soziale Umfeld von Säuglingen und Kleinkindern beschränkt sich aber hauptsächlich auf die Eltern oder Betreuungspersonen.[301] In Fällen, in denen die Eltern getrennt leben, wird der gewöhnliche Aufenthalt des Kindes üblicherweise dort festgelegt, wo das Kind seinen Hauptlebensmittelpunkt hat, also bei dem Elternteil, bei dem das Kind überwiegend lebt. Bei älteren Kindern ist für die Begründung ihres gewöhnlichen Aufenthalts nicht der Wille des Sorgeberechtigten, sondern ihr „natürlicher" Bleibewille maßgeblich,[302] insbesondere wenn sie in ein stabiles soziales Umfeld, z. B. Schule und Freundeskreis, eingebunden sind. Gleichwohl ist zu beachten, dass auch ältere Kinder i. d. R. nicht in der Lage sind, ihren Aufenthaltsort ohne Zustimmung der Eltern eigenständig zu wechseln.

---

296 BGH, Beschluss v. 20.3.2019 – XII ZB 530/17, *NJW* 2019, S. 1605.

297 KG, Beschluss v. 17.11.2020 – 1 W 1037/20 + 1 W 1277/20, *FGPrax* 2021, S. 48; BGH, Beschluss v. 12.1.2022 – XII ZB 562/20, *NJW-RR* 2022, S. 508 Rn. 20–26.

298 BGH, Beschluss v. 20.3.2019 – XII ZB 530/17, *NJW* 2019, S. 1605; BGH, Beschluss v. 12.1.2022 – XII ZB 562/20, *NJW-RR* 2022, S. 508 Rn. 20–26; KG, Beschluss v. 17.11.2020 – 1 W 1037/20 + 1 W 1277/20, *FGPrax* 2021, S. 48.

299 Löhnig, Martin: „Anmerkung zum BGH, Beschluss v. 20.3.2019 – XII ZB 530/17". *NJW* 2019, S. 1608.

300 VG Berlin, Beschluss v. 10.03.2011 – 17 W 48/10, *IPRax* 2012, S. 548.

301 BGH, Beschluss v. 20.3.2019 – XII ZB 530/17, *NJW* 2019, S. 1605; BGH, Aussetzungs- und Vorlagebeschluss v. 25.05.2022 – XII ZB 404/20, *BeckRS* 2022, S. 16107 Rn. 17; Carruthers, *YbPIL* 21 (2019/2020), S. 231–232; Coester-Waltjen 2020, S. 41–42; Siehr, *IPRax* 2012, S. 317.

302 OLG Celle, Beschluss v. 12.9.2019 – 6 AR 1/19, *FGPrax* 2019, S. 271, 272; Weller, Marc-Philippe: „Der ‚gewöhnliche Aufenthalt'– Plädoyer fur einen willenszentrierten Aufenthaltsbegriff, in: Stefan Leible". Hannes Unberath (Hrsg.): *Brauchen wir eine Rom 0-Verordnung? Überlegungen zu einem Allgemeinen Teil des europäischen IPR.* JWV Jenaer Wissenschaftliche Verlagsgesellschaft: Jena 2013, S. 321–322; OLG Stuttgart, Beschluss v. 30.3. 2012 – 17 UF 338/11, *NJW* 2012, S. 2044.

Wird der gewöhnliche Aufenthalt gegen den Willen des Sorgeberechtigten geändert, wie z. B. bei Kindesentführungen oder jugendlichen Ausreißern, kann die Berücksichtigung des „natürlichen“ Willens älterer Kinder modifiziert werden.[303]

Hinsichtlich des gewöhnlichen Aufenthalts der Kinder enthält § 13 der Erläuterungen des OVG zum IPRG I (2020) keine besonderen Hinweise. Die dort geregelten Kriterien für die Begründung des gewöhnlichen Aufenthalts gelten daher sowohl für Erwachsene als auch für Minderjährige. Es entspräche jedoch eher der Rechtspraxis in der VR China, die Kriterien für die Begründung des gewöhnlichen Aufenthalts bei Erwachsenen von denen bei Kindern abzugrenzen.

cc) Wandelbarkeit und Unwandelbarkeit des Personalstatuts

Im deutschen IPR kann der Anknüpfungszeitpunkt durch die Kollisionsnorm fest vorgegeben sein (unwandelbare Anknüpfung) oder sich durch Änderung des Anknüpfungstatbestandes ändern (wandelbare Anknüpfung). Eine unwandelbare Anknüpfung bedeutet aus Sicht des deutschen Kollisionsrechts stets die Anwendbarkeit derselben Rechtsordnung zur Wahrung erworbener Rechte bzw. der Kontinuität von Rechtspositionen. Bei der wandelbaren Anknüpfung hingegen führt die Änderung der Anknüpfungstatsachen (z. B. Staatsangehörigkeit oder gewöhnlicher Aufenthalt) zu einem Wechsel des anwendbaren Rechts (Statutenwechsel). Dabei sind die „wohlerworbenen Rechte“ aus dem bisherigen Statut (d. h. Rechte, Rechtslagen und Rechtsverhältnisse, die vor der Änderung der Anknüpfungstatsachen entstanden oder weggefallen sind) auch unter dem neuen Statut zu wahren. Darüber hinaus ist in eng begrenzten Ausnahmefällen eine „Heilung durch Statutenwechsel“ möglich.[304]

Die auf den Zeitpunkt der Eheschließung beschränkte Anknüpfung an die Staatsangehörigkeit in Art. 13 EGBGB ist grundsätzlich unwandelbar. Das Abstammungsstatut nach Art. 19 Abs. 1 S. 1–2 EGBGB ist durch Änderung des gewöhnlichen Aufenthalts des Kindes oder der Staatsangehörigkeit der Eltern wandelbar,[305] wobei die Wandel-barkeit eher in einer dem Kind

---

303 MüKoBGB/v. Hein (2024), Art. 5 EGBGB Rn. 182.

304 BeckOK BGB/Lorenz (2024), Einl. IPR Rn. 41–44.

305 BeckOK BGB/Heiderhoff (2023), Art. 19 EGBGB Rn. 13.

günstigen Weise zu verstehen ist.[306] Das Adoptionsstatut nach Art. 22 Abs. 1 EGBGB ist unwandelbar und stellt auf den Zeitpunkt der Adoption ab, d. h. auf den Zeitpunkt ihres Wirksamwerdens. Weder eine inländische Adoption, die nach deutschem Recht erfolgt ist, noch eine nach dem maßgeblichen Personalstatut durchgeführte Adoption wird durch einen Statutenwechsel nachträglich unwirksam oder wirksam.[307]

Im IPRG gibt es nur fünf Kollisionsnormen, die den Anknüpfungszeitpunkt ausdrücklich festlegen, z. B. für die Anknüpfung der Adoption mit der Formulierung „im Zeitpunkt der Adoption". Im übrigen IPRG ist eine solche Einschränkung nicht vorgesehen. Nach § 13 der Erläuterungen des OVG zum IPRG I (2020) wird der gewöhnliche Aufenthalt aber ohnehin im Zeitpunkt der Entstehung, der Änderung oder des Erlö-schens eines bürgerlichen Rechtsverhältnisses mit Auslandsberührung bestimmt. Demnach geht die Rechtsprechung[308] in der VR China von der Unwandelbarkeit der Anknüpfung an den gewöhnlichen Aufenthalt in § 24 IPRG aus. In § 21 und § 22 IPRG ist die Anknüpfung an den gewöhnlichen Aufenthalt und an die Staatsangehörigkeit nach § 13 der Erläuterungen des OVG zum IPRG I (2020) zum Zeitpunkt der Eheschließung unwandelbar, um vor der Unwirksamkeit der Ehe durch Statutenwechsel geschützt zu sein. In § 25 IPRG ist die Anknüpfung an den gewöhnlichen Aufenthalt und die Staatsangehörigkeit zum Zeitpunkt der Entstehung des Eltern-Kind-Verhältnisses grundsätzlich wandelbar. Nach dem chinesischen Ehe- und Familienrecht entsteht das Eltern-Kind-Verhältnis jedoch bereits mit der Geburt. Die Anknüpfung für das Eltern-Kind-Verhältnis kann daher auf den Zeitpunkt der Geburt des Kindes abgestellt werden und ist damit unwandelbar. Nach § 28 IPRG ist die Anknüpfung sowohl für die Voraussetzungen und die Form der Adoption als auch für die Wirkungen und die Aufhebung der Adoption auf den Zeitpunkt der Adoption beschränkt. Die Unwandelbarkeit tritt auch hier erst mit dem Wirksamwerden der Adoption ein.

---

306 BeckOK BGB/Heiderhoff (2023), Art. 19 EGBGB Rn. 14.

307 BT-Drs. 10/504, S. 71; MüKoBGB/Helms (2024), Art. 22 EGBGB Rn. 24.

308 Zivilurteil des Ersten MVG Shanghai, (2016) hu 01 min zhong Nr. 2237.

2) Kombinierte oder kumulative Anknüpfung

aa) Kombinierte Anknüpfung

Im deutschen IPR bezieht sich der Begriff „kombinierte" Anknüpfungen auf die Anwendung mehrerer Anknüpfungselemente oder Kriterien zur Ermittlung des auf einen bestimmten Sachverhalt anwendbaren Rechts. Das deutsche IPR greift auf solche kombinierten Anknüpfungen zurück, wenn ein Sachverhalt nicht eindeutig einer einzelnen Anknüpfung zuzuordnen ist oder wenn mehrere Anknüpfungselemente zusammenwirken. So genügt aus Gleichheitsgründen die Anknüpfung der allgemeinen Ehewirkungen nach Art. 19 Abs. 1 S. 3 i. V. m. Art. 14 Abs. 2 Nr. 1–3 EGBGB an den gewöhnlichen Aufenthalt oder die Staatsangehörigkeit nur eines Beteiligten, also des Ehemannes oder der Ehefrau, nicht. Beide Ehegatten müssen i. d. R. durch einen gemeinsamen gewöhnlichen Aufenthalt oder eine gemeinsame Staatsangehörigkeit einen gleichen oder ähnlichen Grad der Verbundenheit mit dem Anknüpfungspunkt haben. Die kombinierte Anknüpfung an die Staatsangehörigkeit ist häufig problematisch, wenn einer oder beide Ehegatten Doppel- oder Mehrstaatler sind. Stattdessen ist eine Anknüpfung an den gemeinsamen Aufenthalt vorzugswürdig, was sich gerade auch in Art. 14 Abs. 2 EGBGB zeigt. Darüber hinaus ist der Rückgriff auf die kombinierte Anknüpfung auch dadurch gerechtfertigt, dass zwei (oder mehr) Anknüpfungsmomente, die übereinstimmend auf denselben Staat verweisen, eine besonders enge Verbindung aufweisen.[309]

Im IPRG bedient sich der chinesische Gesetzgeber bei den familienrechtlichen Kollisionsnormen weitgehend einer solchen Kombination, die im EGBGB allerdings nur in Art. 14 Abs. 2 EGBGB vorgesehen ist, und räumt zugleich dem gemeinsamen gewöhnlichen Aufenthalt den Vorrang ein. Die kombinierte Anknüpfung findet sich bei der Eheschließung (§ 21 IPRG) und bei den Wirkungen des Eltern-Kind-Verhältnisses (§ 25 IPRG). Bemerkenswert ist, dass das IPRG bei fast allen Anknüpfungen für die Ehe (Eheschließung, allgemeine Ehewirkungen, eheliches Güterrecht und einvernehmliche Scheidung) eine solche Kombination vorsieht. Dahinter dürfte zum einen der Gedanke stehen, dass der chinesische Gesetzgeber eine einheitliche Anknüpfung für alle Rechtsfragen im Zusammenhang mit der Ehe anstrebt. Zum anderen sollte ähnlich wie im deutschen IPR bei einer solchen Kombination nicht nur auf die Wahrung der Gleichberechtigung der Parteien, sondern

309 MüKoBGB/v. Hein (2024), Einl. IPR Rn. 60.

auch auf die Berücksichtigung einer besonders engen Verbindung abgestellt werden. Die gleichen Erwägungen gelten auch für die kombinierte Anknüpfung der Wirkungen des Eltern-Kind-Verhältnisses in § 25 IPRG.

bb) Kumulative Anknüpfung

Unter echter kumulativer Anknüpfung im engeren Sinne ist im deutschen IPR zu verstehen, dass der Eintritt einer bestimmten Rechtsfolge davon abhängt, dass alle betroffenen Rechtsordnungen sie für den konkreten Fall vorsehen oder zumindest eine vergleichbare Rechtsfolge kennen.[310] Dies ist im Interesse der Einheitlichkeit der Re-chtsfolge meist bei Statusverhältnissen der Fall.[311] Im deutschen IPR finden sich kumulative Anknüpfungen z. B. im Abstammungsrecht (Zustimmungserfordernis nach Art. 23 EGBGB). Hier geht es um den Schutz des Betroffenen vor Rechtsfolgen, die das Heimatrecht des Kindes (ggf. das deutsche Recht) nicht vorsieht oder kennt.[312] Als kumulative Anknüpfung im weiteren Sinne wird auch die Anknüpfung an das jeweilige Heimatrecht der Verlobten nach Art. 13 Abs. 1 EGBGB angesehen, um durch Prüfung beider Heimatrechte vor den Folgen einer „hinkenden Ehe" zu schützen.[313] Diese Anknüpfung wird jedoch eher als „distributive" oder „gekoppelte" Anknüpfung bezeichnet, da das jeweilige Heimatrecht nicht auf die Eheschließung insgesamt, sondern nur auf die Eheschließungsvoraussetzungen der jeweiligen Verlobten anzuwenden ist.[314]

Eine kumulative Anknüpfung im engeren Sinne findet sich auch in § 28 S. 1 IPRG für die Voraussetzungen und die Form der Adoption. Danach ist die Adoption nur wirksam, wenn sie sowohl mit dem Recht des gewöhnlichen Aufenthalts des Annehmenden als auch mit demjenigen des angenommenen Kindes übereinstimmt. Damit soll ein besserer Schutz des Adoptivkindes einschließlich des Schutzes vor einer „hinkenden Adoption" erreicht werden.[315] Allerdings erschwert eine solche Kombination den Erfolg internationaler Adoptionen.[316]

---

310 MüKoBGB/v. Hein (2024), Einl. IPR Rn. 61.

311 BeckOK BGB/Lorenz (2024), Einl. IPR Rn. 38.

312 MüKoBGB/v. Hein (2024), Einl. IPR Rn. 61.

313 Ebd., Rn. 62.

314 BeckOK BGB/Lorenz (2024), Einl. IPR Rn. 38.

315 Huang 2011, S. 67.

316 Jiang, *Presentday Law Science* 2019(6), S. 5.

d) Sonstiges

1) Prinzip der engsten Verbindung

In den allgemeinen Bestimmungen des IPRG ist das Prinzip der engsten Verbindung als Auffanganknüpfung vorgesehen (§ 2 Abs. 2 IPRG). Danach kann das Prinzip der engsten Verbindung hilfsweise herangezogen werden, wenn für bestimmte Rechtsfragen des Familienrechts keine Anknüpfungsregel herangezogen werden kann. Da das IPRG und andere Gesetze bspw. keine Kollisionsnorm für gleichgeschlechtliche Partnerschaften enthalten, kann das Prinzip der engsten Verbindung diese Lücke füllen. Nach der Praxis der Gerichte wird das Prinzip der engsten Verbindung im IPRG i. d. R. als Ausnahmeklausel ausgelegt, um einerseits das Problem der Rechtsanwendung bei Fehlen von Kollisionsnormen zu lösen und andererseits unsichere und unvorhersehbare Ergebnisse zu vermeiden, die das Prinzip der engsten Verbindung als allgemeiner Grundsatz mit sich bringen würde. Die Ausnahmeklausel vom Prinzip der engsten Verbindung wird als relativ offene und angemessene Wahl angesehen.[317]

Demgegenüber ist das Prinzip der engsten Verbindung nicht in den allgemeinen Be-stimmungen des EGBGB geregelt, sondern nur in Art. 4 Abs. 3 EGBGB und in Art. 5 Abs. 1 EGBGB, wo sich die Ersatzanknüpfung bei mehreren Teilrechtsordnungen und bei Mehrstaatlichkeit jeweils am Prinzip der engsten Verbindung orientiert. Darüber hinaus dient das Prinzip der engsten Verbindung in Art. 14 Abs. 2 Nr. 4 EGBGB als Ersatzanknüpfung für das Familienstatut. Es ist daher im deutschen IPR nicht geklärt, ob weitere familienrechtliche Rechtsfragen, die im EGBGB nicht geregelt sind, unmittelbar auf das Prinzip der engsten Verbindung gestützt werden können. In diesen Fällen kommt häufig eine analoge Anwendung anstelle des Prinzips der engsten Verbindung in Betracht.

2) Recht des Register führenden Staates

Für gleichgeschlechtliche Lebenspartnerschaften hat der deutsche Gesetzgeber besondere Kollisionsnormen geschaffen, um mögliche Diskriminierungen im ausländischen Recht auszugleichen. Die unmittelbare Verweisung auf das Sachrecht des Registerortes (das Recht des Register führenden Staates) wurde eingeführt, weil das Registerstatut eingetragene Lebenspartnerschaften und

317 Guo, *Tsinghua University Law Journal* 2011(5), S. 159.

gleichgeschlechtliche Ehen kennt, was dem gesetzgeberischen Ziel entspricht. Darin verbirgt sich auch ein Äquivalent des „Anerkennungsprinzips".

Demgegenüber sieht das IPRG für gleichgeschlechtliche Lebenspartnerschaften keine solchen gesonderten Kollisionsnormen vor, weil das chinesische materielle Recht noch keine Regelungen für gleichgeschlechtliche Lebenspartnerschaften enthält. In diesem Fall könnte hilfsweise das Prinzip der engsten Verbindung zur Anknüpfung für gleichgeschlechtliche Partnerschaften herangezogen werden.

4. Rück- und Weiterverweisung

Da die Beachtung der Rück- und Weiterverweisung (Renvoi) einerseits dem internationalen Entscheidungseinklang und andererseits der Vereinfachung der Rechtsanwendung durch die vermehrte Anwendung der lex fori dient,[318] kommt es im deutschen IPR insbesondere im Bereich des Familienrechts häufig zu Rück- und Weiterverweisungen, sofern dem nicht im Einzelfall der „Verweisungszweck" (Art. 4 Abs. 1 S. 1 EGBGB) entgegensteht. D. h. eine Sachnormverweisung wird nur dann bejaht, wenn sich aus der jeweiligen Kollisionsnorm ein bestimmter Regelungszweck, nämlich die Verwirklichung der „qualifizierten Sachgerechtigkeit" oder die Entfaltung der „rechtspolitischen Ordnungsfunktion" ergibt.[319] Die Beachtlichkeit des Renvoi ist daher im deutschen IPR überwiegend pragmatisch zu lösen, d. h. es wird zwischen verschiedenen Rechtsgebieten und verschiedenen Anknüpfungsmomenten differenziert. Dabei kommt es darauf an, welches Gewicht dem Ziel des internationalen Entscheidungseinklangs im Einzelfall zukommt.[320] Tendenziell renvoi-freundlich in diesem Sinne sind z. B. das Personen-, Familien- und Erbrecht, da Statusfragen eher einer international einheitlichen Entscheidung bedürfen.[321] Zudem ist der Anwendungsbereich des Renvoi im deutschen IPR relativ weit. In der deutschen Rechtspraxis ergibt sich ein Renvoi vor allem daraus, dass das vom deutschen IPR herangezogene ausländische IPR einen anderen Anknüpfungstatbestand als das deutsche IPR verwendet, auf eine andere Bezugsperson abstellt oder einen dem deutschen IPR bekannten

---

318 MüKoBGB/v. Hein (2024), Art. 4 EGBGB Rn. 25–26.
319 Ebd., Rn. 28–30.
320 Ebd., Rn. 52.
321 Ebd., Rn. 48.

Anknüpfungstatbestand anders definiert.[322] Darüber hinaus sind im deutschen IPR die sog. „versteckte" Rückverweisung, der Renvoi kraft abweichender Qualifikation, die Qualifikationsverweisung und der partielle Renvoi usw. zu beachten. Von diesen wird die „verdeckte" Rückverweisung, die auch im Bereich des Familienrechts häufig vorkommt, als deutscher Typ angesehen.

§ 9 IPRG schließt das ausländische IPR bei der Anwendung ausländischen Rechts aus, d. h. das chinesische IPR sieht derzeit keine Rück- und Weiterverweisung vor. Vor Inkrafttreten des IPRG hat sich die Haltung zum Renvoi im Laufe des langen Gesetzgebungsverfahrens allerdings mehrfach geändert, von der völligen Ablehnung des Renvoi[323] über die ausnahmsweise Zulassung des Renvoi in Statusfragen sowie im Bereich des Familien- und Erbrechts[324] bis hin

---

322 MüKoBGB/v. Hein (2024), Art. 4 EGBGB Rn. 53.

323 § 178 Abs. 2 OVG-Stellungnahmen zu AGZR lautet: „Die Volksgerichte sollten bei der Verhandlung von Zivilsachen mit Auslandsbezug die Bestimmungen des achten Kapitels des AGZR zur Bestimmung des anwendbaren materiellen Rechts heranziehen." In China gibt es unterschiedliche theoretische und praktische Auffassungen darüber, ob § 178 Abs. 2 des AGZR (1986) eine Verweigerung des Renvoi darstellt. Die eine betrachtet diese Bestimmung als die früheste, die sich deutlich gegen den Renvoi positioniert, während die andere der Meinung ist, dass sie zu unklar ist, um die allgemeine Haltung des chinesischen Gesetzgebers oder der Justiz zum Renvoi zu verdeutlichen. In der Praxis gab es Fälle, in denen Richter den Renvoi angewendet hatten, siehe Guo, *Tsinghua University Law Journal* 2011(5), S. 163.

324 Art. 8 des von der Chinesischen Gesellschaft für Internationales Privatrecht im Jahr 2000 ausgearbeiteten Modellgesetzes der VR China zum Internationalen Privatrecht (Entwurf 6) [Renvoi]: „Das nach diesem Gesetz anzuwendende Recht bezieht sich auf das geltende materielle Recht in Zivil- und Handelssachen unter Ausschluss der Kollisionsnormen, sofern in diesem Gesetz nichts anderes bestimmt ist. Im Bereich des Personenstandsrechts wird der Verweis ausländischer Kollisionsnormen auf das Recht der VR China akzeptiert."

Art. 2 des Zivilgesetzes der VR China (Entwurf), Teil 9, Gesetz über die Anwendung des Rechts auf auslandsbezogene zivilrechtliche Beziehungen, das auf der 67. Tagung des Ständigen Ausschusses des Neunten Nationalen Volkskongresses im Jahr 2002 verabschiedet wurde: „Das Recht, das nach den Bestimmungen dieses Gesetzes anzuwenden ist, bezieht sich auf das materielle Zivil- und Handelsrecht des betreffenden Landes, nicht auf das Kollisionsrecht. Auf die Rechtsstellungen und die Statusverhältnisse natürlicher Personen kann jedoch das Recht der VR China angewandt werden, wenn sie nach den Bestimmungen dieses Gesetzes dem Recht eines anderen Landes unterliegen, während sie nach dem Kollisionsrecht dieses Landes dem Recht der VR China unterliegen sollten."

zum heutigen völligen Ausschluss der Rück- und Weiterverweisung.[325] In der Literatur wird teilweise die Auffassung vertreten, dass diese zurückhaltende Haltung gegenüber dem Renvoi im chinesischen IPR zu einer Verringerung der Anwendung des chinesischen Rechts und zu einer erhöhten Belastung der chinesischen Gerichte bei der Ermittlung des ausländischen Rechts führt.[326] Darüber hinaus wird in der Literatur die Einführung des Renvoi im Ehe- und Familienrecht sowie im Erbrecht empfohlen.[327] Angesichts der Dominanz des gewöhnlichen Aufenthalts im IPRG ist eine Rück- und Weiterverweisung nicht so notwendig wie im EGBGB, wo insbesondere im Bereich des Familienrechts noch am Staatsangehörigkeitsprinzip festgehalten wird.

5. Vorfrage

Im deutschen IPR spricht man von einer Vorfrage im weiteren Sinne, wenn der Tatbestand einer für die Hauptfrage maßgeblichen Sach- oder Kollisionsnorm das Bestehen eines bestimmten Rechtsverhältnisses voraussetzt. Dementsprechend wird häufig zwischen kollisionsrechtlichen Vorfragen (sog. Erstfragen) und materiellrechtlichen Vorfragen (Vorfragen im engeren Sinne) unterschieden.[328] Das auf die Vorfrage anwendbare Recht kann entweder nach dem Kollisionsrecht des Forum („selbstständige Anknüpfung“) oder nach dem IPR der lex causae („unselbstständige Anknüpfung“) bestimmt werden.[329]

Art. 8 [Renvoi] des Entwurfs des Gesetzes zur Anwendung des Rechts auf zivilrechtliche Beziehungen mit Außenberührung: „Das nach diesem Gesetz anzuwendende Recht bezieht sich auf das geltende materielle Recht unter Ausschluss des Kollisionsrechts und des Verfahrensrechts, sofern in diesem Gesetz nichts anderes bestimmt ist. Im Bereich des Personenstandsrechts sowie des Ehe-, Familien- und Erbrechts kann bei der Verweisung auf das ausländische Recht nach den Bestimmungen dieses Gesetzes das materielle Recht der VR China angewandt werden, wenn das Kollisionsrecht des ausländischen Staates vorsieht, dass das Recht der VR China anzuwenden ist.“

325 Art. 9 des zweiten Überarbeitungsentwurfs des Gesetzes zur Anwendung des Rechts auf zivilrechtliche Beziehungen mit Außenberührung: „Das auf auslandsbezogene zivilrechtliche Beziehungen anwendbare ausländische Recht umfasst nicht das Recht der Rechtsanwendung.“ Diese Bestimmung wurde in das geltende Gesetz Diese Bestimmung wurde in das geltende Gesetz zur Anwendung des Rechts auf zivilrechtliche Beziehungen mit Außenberührung (IPRG 2011) übernommen.

326 Liu, *Law Science Magazine* 2019(8), S. 114.

327 Guo, *Tsinghua University Law Journal* 2011(5), S. 163.

328 MüKoBGB/v. Hein (2024), Einl. IPR Rn. 159.

329 Ebd., Rn. 162.

Im EGBGB fehlt eine Norm zur Vorfragenanknüpfung. Die deutsche Rechtsprechung hat die Vorfragen bisher ganz überwiegend selbständig angeknüpft.[330] Während im deutschen IPR der internationale Entscheidungseinklang stets ein Argument für die unselbständige Anknüpfung ist,[331] kommt nach h. M. dem nationalen Entscheidungs-einklang größere Bedeutung zu als dem internationalen.[332] Zur gerechteren Lösung von Vorfragen kann in der Praxis ein Regel-Ausnahme-Verhältnis eingeführt werden, wobei die selbständige Anknüpfung als Grundsatz und die unselbständige Anknüpfung als Ausnahme gilt. Ausnahmen sind im Einzelfall erforderlich, insbesondere für bestimmte Sonderrechtsgebiete (z. B. Staatsangehörigkeitsrecht, Ehefähigkeit, Unterhaltsrecht) und für bestimmte Anknüpfungen der Hauptfrage (z. B. begünstigende Anknüpfungen), wenn deren spezifische Regelungszwecke nur durch eine unselbständige Anknüpfung der Vorfrage überhaupt erreicht werden können. Eine entsprechende Ausnahme wäre auch in den Fällen gegeben, in denen die Vorfrage einen offensichtlich engeren Bezug zum Staat der lex causae aufweist, Gründe des Vertrauensschutzes eine unselbständige Anknüpfung nahelegen oder die lex fori für das Rechtsverhältnis, das Gegenstand der Vorfrage ist, keine eigenen Kollisionsnormen vorsieht.[333]

Eine gesetzliche Regelung der Vorfragenanknüpfung fehlt auch im IPRG. Allerdings wird die Vorfragenanknüpfung durch § 10 Erläuterungen des OVG zum IPRG I (2020) klargestellt. Da das chinesische IPR keine Rück- und Weiterverweisung kennt, ist die Vorfrage grundsätzlich entsprechend dem Satz „nach der Natur dieser Vorfrage das auf sie anwendbare Recht gesondert zu bestimmen“ selbständig anzuknüpfen, d. h. das auf die Vorfrage anwendbare Recht kann nur nach dem IPR der lex fori bestimmt werden, weil nach § 9 IPRG die Anwendung ausländischen IPR ausgeschlossen ist.[334] Abweichend

330 MüKoBGB/v. Hein (2024), Einl. IPR Rn. 164.

331 Ebd., Rn. 182.

332 Ebd., Rn. 184.

333 Ebd., Rn. 191.

334 Li, Shuangyuan / Ou, Fuyong (Hrsg.): *Private International Law*. 4th edition, Beijing University Press: Beijing 2015. S. 117; Mei, Hong: „On the Prerequisites and Main Issues in Private International Law – Based on Teaching Innovation to Foreign-related Succession Case“. *Journal of Gansu University of Political Science and Law* 2019(3), S. 109; Wang, Lan / Fan, Zejing: „Theoretical Reflection on the Application of the Law of the Preliminary Question Based on Localized Empirical Research“. *Jiangxi Social Sciences* 2019(10), S. 193; Du, Huanfang / Yang, Peiru: „Logic and Applicable Law of

wird jedoch vertreten, dass die Vorfrage im Einzelfall „nach der Natur der Vorfrage“ ausnahmsweise unselbständig anzuknüpfen sein kann.[335] Allerdings ist die Vorfragenanknüpfung in der chinesischen Gerichtspraxis trotz des Vorhandenseins der Vorfragenregelung nicht widerspruchsfrei,[336] weil, wie oben dargestellt, die gerichtliche Auslegung der Vorfragenanknüpfung in § 10 „Erläuterungen des OVG zum IPRG I (2020)“ noch umstritten ist.

6. Gesetzesumgehung

Im deutschen IPR spricht man von Gesetzesumgehung (fraus legis), wenn zur Erzielung eines günstigeren Ergebnisses bei der Ermittlung des anwendbaren Rechts eine verwerfliche bewusste Manipulation der kollisionsrechtlichen Anknüpfungsmomente vorgenommen wird.[337] Sie ist im deutschen IPR nicht kodifiziert und wird von der deutschen Rechtsprechung[338] herkömmlich mit dem Instrument des ordre public bekämpft. Danach bleibt die Rechtsumgehung sanktionslos, solange das Ergebnis (nicht das Verhalten der Rechtsumgehung selbst) nicht gegen den deutschen ordre public verstößt. Im deutschen Schrifttum wird jedoch überwiegend die Auffassung vertreten, dass die Rechtsumgehung nicht als Unterfall des ordre public, sondern gesondert von diesem zu betrachten ist, da sie kein spezifisches Problem des ordre public darstellt.[339] Art. 6 EGBGB hilft z. B. nicht weiter, wenn die Anwendung des deutschen Sachrechts unangemessen ist, weil der Inlandsbezug nur manipuliert wird.[340]

Incidental Questions in Foreign-related Civil Trials“. *Social Sciences in Chinese Higher Education Institutions* 2020(3), S. 133; Gao, Xiaoli: „The Supreme People's Court's Explanation of the Interpretation of Certain Issues Concerning the Application of the Law of the People's Republic of China on Choice of Law for Foreign-related Civil Relationships“. *Journal of Law Application* 2013(3), S. 43.

335 Mei, *Journal of Gansu University of Political Science and Law* 2019(3), S. 110.

336 Wang/Fan, *Jiangxi Social Sciences* 2019(10), S. 188.

337 MüKoBGB/v. Hein (2024), Einl. IPR Rn. 303.

338 LG Hamburg v. 14.7.1954 – 5 R 264/54, *StAZ* 1955, S. 61; BGH, Beschluss v. 27.5.2020 – XII ZB 54/18 (KG) *NZFam* 2020, S. 762 Rn. 54; OLG Düsseldorf, Urteil v. 27.03.2015 – 16 U 108/14, *BeckRS* 2016, S. 4555 Rn. 45; BFH, Beschluss v. 27.1.2016 – VII B 119/15, *NZI* 2016, S. 929 Rn. 23.

339 MüKoBGB/v. Hein (2024), Art. 6 EGBGB Rn. 95.

340 MüKoBGB/v. Hein (2024), Einl. IPR Rn. 303.

Sofern Rechtsinstrumente wie der ordre public nicht eingreifen, kann in Fällen der Gesetzesumgehung eine teleologische Reduktion der einschlägigen Kollisionsnormen in Betracht gezogen werden,[341] um den Effekt der Gesetzesumgehung zu vermeiden, doch sollte dies mit äußerster Zurückhaltung erfolgen.[342] Mit anderen Worten: Während die Gesetzesumgehung ernst genommen werden muss, ist es akzeptabel, den Parteien aber bis zu einem gewissen Grad zu erlauben, die Unterschiede zwischen den Rechtssystemen zu ihrem Vorteil zu nutzen.[343] Dies dient nicht nur der Rechtssicherheit, sondern kann auch den Wettbewerb zwischen den Rechtssystemen fördern und mglw. den Schutz der Grundfreiheiten des AEUV genießen.[344] Darüber hinaus kann es im Einzelfall im Interesse des Kindeswohls geboten sein, die nach ausländischem Recht begründete Abstammung des von einer Leihmutter geborenen Kindes von den Wunsch-eltern auch dann anzuerkennen, wenn der Abschluss einer Leihmutterschaftsvereinbarung im Ausland eine Umgehung des deutschen Verbots darstellt.[345]

Obwohl das IPRG keine Umgehungsregelung enthält, wird das Umgehungsverbot in § 9 Erläuterungen des OVG zum IPRG I (2020) behandelt. Im chinesischen IPR ist die Umgehung stets eine eigenständige Rechtsfigur. Anders als in der Lehre zum deutschen IPR dient der Rückgriff auf das Umgehungsverbot im chinesischen IPR nur dem Schutz der innerstaatlichen zwingenden Vorschriften, d. h. bei einer Umgehung des inländischen zwingenden Rechts wird die Wirksamkeit der Anwendbarkeit des ausländischen Rechts vom chinesischen Volksgericht nicht anerkannt. Die Berufung auf das Umgehungsverbot würde jedoch nicht in die Umgehung des ausländischen zwingenden Rechts eingreifen. Da das IPRG noch weitere Rechtsinstitute vorsieht, nämlich die „zwingenden Bestimmungen“ in § 4 IPRG (Eingriffsnormen in das chinesische IPR) und den ordre public in § 5 IPRG, kommt es

---

341 Kropholler, Jan: Internationales Privatrecht: einschließlich der Grundbegriffe des Internationalen Zivilverfah-rensrechts. 6. Aufl., Mohr Siebeck: Tübingen 2006, IPR § 23 II 3; Staudinger/Looschelders (2019), EGBGB IPR Einl. Rn. 1216.

342 Staudinger/Looschelders (2019), EGBGB IPR Einl. Rn. 1216.

343 MüKoBGB/v. Hein (2024), Einl. IPR Rn. 305.

344 Ebd.

345 Duden, Konrad: *Leihmutterschaft im Internationalen Privat- und Verfahrensrecht. Abstammung und ordre public im Spiegel des Verfassungs-, Völker- und Europarechts.* Mohr Siebeck: Tübingen 2015, S. 186–192.

in der Rechtspraxis der VR China häufig zu Konflikten bei der Anwendung dieser Rechtsinstrumente zur Bekämpfung von Umgehungsgeschäften. Der Umfang der „zwingenden Bestimmungen" in § 4 IPRG wird jedoch in § 8 Erläuterungen des OVG zu IPRG I (2020) anhand einer Beispielliste einschließlich einer abschließenden Auffangklausel im Einzelnen ausgelegt. Danach handelt es sich bei § 4 IPRG um zwingende Vorschriften, die in engem Zusammenhang mit den allgemeinen gesellschaftlichen Interessen der VR China stehen und unmittelbar anzuwenden sind. Im Vergleich dazu bezieht sich das Umgehungsverbot in § 9 der Erläuterungen des OVG zum IPRG I (2020) auf die Umgehung bloß inländischer zwingender Vorschriften und erfordert eine Verweisung durch die Anknüpfungsregel, z. B. die Mündigkeit im Familienrecht, die aber nicht den Umfang der zwingenden Vorschriften des § 4 IPRG erreicht.[346] Entscheidend ist daher vielmehr, dass im Bereich des Familienrechts zwischen dem Eingreifen des ordre public und dem Rückgriff auf das Umgehungsverbot unterschieden wird. Kann z. B. der ordre public (§ 5 IPRG) bei Umgehungsgeschäften im Bereich des Familienrechts nicht eingreifen, so kommt die Berufung auf das Umgehungsverbot in Betracht. Allerdings fehlt es im chinesischen IPR an einer teleologischen Reduktion der entsprechenden Kollisionsnorm im deutschen IPR, um das Umgehungsverbot u. U. (z. B. Kindeswohl) einschränken zu können.

7. Ordre public

a) Deutschland

Die ordre-public-Klausel (sog. Vorbehaltsklausel) des Art. 6 EGBGB hat trotz der Kontroverse über das Vorliegen einer positiven Funktion des ordre public grundsätzlich eine negative Korrekturfunktion zur Abwehr anstößigen ausländischen Rechts.[347] Art. 6 EGBGB ist damit i. d. R. eine „kollisionsrechtliche Hilfsnorm", die ausnahmsweise eingreift.[348] Aufgrund der neueren Entwicklung des deutschen und europäischen IPR ist für die Zukunft einerseits eine mögliche Zurückdrängung des ordre public zu konstatieren, z. B. eine zunehmende Materialisierung des Kollisionsrechts durch die Ein-

---

346 Li, Fengqin: „Identification of Mandatory Rules in the Legal Application of Foreign-related Civil Relationships". *Research on Rule of Law* 2014(6), S. 52.

347 MüKoBGB/v. Hein (2024), Art. 6 EGBGB Rn. 2.

348 Ebd., Rn. 6.

führung alternativer oder subsidiärer Anknüpfungen, die Bevorzugung der Aufenthaltsanknüpfung gegenüber der Staatsangehörigkeitsanknüpfung im internationalen Familien- und Erbrecht der EU. Auf der anderen Seite spricht jedoch die Globalisierung der Wirtschafts- und Kommunikationsbeziehungen sowie die zunehmende Mobilität der Menschen für eine wachsende Bedeutung des ordre public. Zudem gilt der ordre public im deutschen IPR als Einfallstor für europäische und internationale Menschenrechte, deren Umfang und Bedeutung erheblich zugenommen haben.[349]

Art. 6 EGBGB ist bewusst als Generalklausel ausgestaltet, deren nähere Konkretisierung ohnehin richterlicher Einzelfallentscheidungen bedarf.[350] Dennoch ist es erforderlich, gewisse Strukturierungsprinzipien zu entwickeln, um die subjektiven rechtspolitischen Präferenzen der jeweiligen Rechtsanwender zu reduzieren. Der deutsche Gesetzgeber hat weder „die Fallgruppen des Art. 30 EGBGB a. F. (Fassung bis 1986) (gute Sitten und Gesetzeszweck)“[351] noch die Rede von der „öffentlichen Ordnung“ im EVÜ von 1980 verwendet, sondern den Begriff der „wesentlichen Grundsätze des deutschen Rechts“ in Art. 6 S. 1 EGBGB, der den „Grundwertungen der österreichischen Rechtsordnung“ in § 6 S. 1 des österreichischen IPR-Gesetzes von 1978 entlehnt ist.[352] Unter den flexiblen Begriff der „Rechtsgrundsätze“ fallen allgemein die Grundwertungen der deutschen kodifizierten oder ungeschriebenen Rechtsordnung.[353] Eine zweistufige Regelungstechnik findet sich bei der in Art. 6 S. 2 EGBGB enthaltenen Sonderregelung zu den Grundrechten.[354] Der deutsche Gesetzgeber hat dort entsprechend der Spanien-Entscheidung des BVerfG[355] kein eigenständiges „Grundrechtskollisionsrecht“ entwickelt,[356] sondern auf eine kollisionsrechtliche Vorbehaltsklausel mit Sonderregelung

---

349 MüKoBGB/v. Hein (2024), Art. 6 EGBGB Rn. 17–19.
350 BT-Drs. 10/504, S. 43.
351 Die frühere Fassung des Art. 30 EGBGB orientierte sich an den Begriffen des Gesetzesverstoßes (§ 134 BGB) und der guten Sitten (§ 138 BGB), vgl. Kollmann, Anni: *Die öffentliche Ordnung nach Art. 6 EGBGB (ordre public)*. 3. Edition, GRIN Verlag: München 2011, S. 1.
352 MüKoBGB/v. Hein (2024), Art. 6 EGBGB Rn. 141.
353 Ebd., Rn. 143.
354 Ebd., Rn. 146.
355 BVerfG, Beschluss v. 4. 5. 1971 – 1 BvR 636/68, *NJW* 1971, S. 1509.
356 MüKoBGB/v. Hein (2024), Art. 6 EGBGB Rn. 146; Staudinger/Voltz (2013), Art. 6 EGBGB Rn. 140.

zurückgegriffen, um Grundrechtsverletzungen durch die Anwendung ausländischen Rechts zu vermeiden.[357]

Art. 6 EGBGB schützt auch die europäischen bzw. völkerrechtlichen Grund- und Menschenrechte. Hierzu zählen insbesondere die GRCh der EU, die allgemeinen Rechtsgrundsätze i. S. v. Art. 6 Abs. 3 EUV, AEUV (Art. 18 und Art. 21) sowie die EMRK.[358] Denn der Rückgriff auf internationale Standards im Rahmen des Art. 6 EGBGB ist völkerrechtlich geboten. Angesichts der rechtlichen Gegebenheiten und der internationalen Dimension eines Falles werden weitere verschiedene Abwägungsfaktoren sorgfältig berücksichtigt. Einer dieser Faktoren ist der internationale Entscheidungseinklang, der darauf abzielt, die Kohärenz und Konsistenz von Gerichtsentscheid-ungen auf internationaler Ebene zu wahren. Ein weiterer maßgeblicher Abwägungsfaktor ist die Möglichkeit der Akzeptanz einer deutschen Gerichtsentscheidung durch die Parteien des Rechtsstreits und andere betroffene Interessengruppen, die für die Gewährleistung einer effektiven und rechtsstaatlichen Durchsetzung von Rechten und Pflichten von großer Bedeutung ist. Zudem wird dem Grundsatz der größtmöglichen Schonung fremden Rechts Rechnung getragen, der im Interesse des Rechtsfriedens und der Zusammenarbeit zwischen verschiedenen Rechtsordnungen darauf achtet, dass in fremdes Recht so wenig wie möglich eingegriffen wird. Allerdings führt die Konkretisierung des deutschen ordre public durch die universell anerkannten Menschenrechte einerseits zu einer Erweiterung des Anwendungsbereichs der Vorbehaltsklausel, weil der universelle Geltungsanspruch bestimmter Menschenrechte u. U. keinen hinreichenden Inlandsbezug erfordert, andererseits werden die Menschenrechte aber auch zur Begrenzung des nationalen ordre public herangezogen.[359]

Die ordre-public-Prüfung (Art. 6 EGBGB) richtet sich nie gegen eine ausländische Rechtsnorm als solche, sondern immer nur gegen das konkrete Ergebnis ihrer Anwendung im Einzelfall, d. h. es gilt der Grundsatz der Ergebniskontrolle im Einzelfall.[360] Zudem greift die Vorbehaltsklausel nach dem Wortlaut des Art. 6 S. 1 EGBGB nur ein, wenn eine „offensichtliche"

---

[357] BT-Drs. 10/504, S. 44; BGH, Beschluss v. 14–10–1992 – XII ZB 18/92 (Saarbrücken), *NJW* 1993, S. 849.

[358] MüKoBGB/v. Hein (2024), Art. 6 EGBGB Rn. 153.

[359] Ebd., Rn. 155–158.

[360] Ebd., Rn. 147.

Unvereinbarkeit vorliegt, d. h. wenn die Abweichung des Ergebnisses der Rechtsanwendung von den deutschen Grundwertungen „krass" bzw. „unerträglich" ist. Als „offensichtlich" unvereinbar mit dem ordre public gelten nach Art. 6 S. 2 EGBGB allerdings schon Grundrechtsverletzungen.[361] Im deutschen IPR setzt die Vorbehaltsklausel des Art. 6 EGBGB grundsätzlich einen hinreichenden Inlandsbezug voraus. Der Prüfungsmaßstab richtet sich nach dem Gewicht des jeweiligen ordre-public-Verstoßes, das auf das erforderliche Ausmaß des Inlandsbezugs abstellt. Es besteht also eine räumliche Relativität des ordre public.[362] Darüber hinaus ist das Prinzip der zeitlichen Relativität des ordre public aufgrund des Wandels gesellschaft-licher und rechtlicher Wertvorstellungen besonders zu beachten. Grundsätzlich ist ein ordre-public-Verstoß im Zeitpunkt der (inländischen) Entscheidung zu beurteilen.[363] Die ordre-public-Prüfung ist daher jedenfalls zurückhaltend zu handhaben.[364]

Bei Vorliegen eines ordre-public-Verstoßes ist die Anwendung einer ausländischen Rechtsordnung ausgeschlossen, so dass eine Regelungslücke entsteht. Der deutsche Gesetzgeber hat jedoch die Rechtsfolgen eines ordre-public-Verstoßes nicht neu geregelt. Diese Offenheit schafft die Möglichkeit, in der Praxis „flexible und differenzierte Lösungen" zu entwickeln. Aus Gründen der Rechtssicherheit und des internationalen Entscheidungseinklangs sollten diese einzelfallbezogenen Lösungen auf möglichst klaren methodischen Prinzipien beruhen.[365] So kann im Hinblick auf den Grundsatz möglichst weitgehender Schonung des fremden Rechts eine modifizierte Anwendung des jeweiligen ausländischen Rechts (lex causae) die Regelungslücke schließen, indem eine andere, sachlich passende Vorschrift des ausländischen Rechts herangezogen oder im Einzelfall eine neue Sachnorm des ausländischen Rechts entwickelt wird. Auch eine lex fori-Lösung wird mit dem Argument vorgeschlagen, dass zum einen Prüfungsmaßstab und Rechtsfolge derselben Rechtsordnung entnommen werden müssten und zum anderen die Anwendung der lex fori u. U. einfacher und praktikabler sei als die Anwendung eines modifizierten ausländischen Rechts. Teilweise wird auch ein

---

361 MüKoBGB/v. Hein (2024), Art. 6 EGBGB Rn. 197–198.
362 Ebd., Rn. 206.
363 Ebd., Rn. 218–220.
364 Ebd., Rn. 152.
365 Ebd., Rn. 226.

kollisionsrechtlicher Ansatz zur Lückenfüllung, die sog. „Ersatzanknüpfung", erwogen, d. h. statt an den ursprünglichen Anknüpfungspunkt (z. B. gewöhnlichen Aufenthalt) und die lex fori an einen anderen Anknüpfungspunkt (z. B. Staatsangehörigkeit) anzuknüpfen, um eine dritte Rechtsordnung zu berufen. Diese Technik ist insbesondere bei alternativen (z. B. Art. 19 Abs. 1 EGBGB) oder subsidiären Anknüpfungen praktikabel, weil trotz des ordre-public-Verstoßes der durch einen Anknüpfungspunkt berufenen Rechtsordnung noch andere Anknüpfungspunkte zur Wahl stehen.[366] Insgesamt könnten sich diese Ansätze ergänzen und dort eingesetzt werden, wo sie situationsgerecht sind, um in der Praxis flexibel und differenziert vorzugehen.

b) China

Die chinesische ordre-public-Klausel findet sich in § 5 IPRG und bezweckt wie im deutschen IPR die Abwehr anstößigen ausländischen Rechts, d. h. auch diese Vorbehaltsklausel im chinesischen IPR ist auf negative Funktion[367] und Ausnahmecharakter angelegt. Mit der Globalisierung und den weitreichenden Auslandskontakten haben sich chinesische Gerichte zunehmend mit Fällen mit Auslandsbezug zu befassen, so dass sie ohne weiteres mit der Erschütterung fremder religiöser oder kultureller Wertvorstellungen konfrontiert werden. Die ordre-public-Kontrolle als Filter im chinesischen IPR ist von erheblicher Bedeutung. § 5 IPRG ist auch vom chinesischen Gesetzgeber als Generalklausel ausgestaltet, die zugleich der näheren Konkretisierung durch gerichtliche Einzelfallentscheidung bedarf. Die Vorbehaltsklausel im chinesischen IPR wird stets als flexible Ermessensklausel angesehen.[368]

Der Begriff des „gesellschaftlichen Allgemeininteresses" in § 5 IPRG lehnt sich an den Begriff in § 150 AGZR (1986)[369] an, der als erste umfassende Vorbehaltsklausel gilt. Darüber hinaus findet sich das „gesellschaftliche

---

366 MüKoBGB/v. Hein (2024), Art. 6 EGBGB Rn. 230–235.

367 Peng, Yi: „The Evaluation of the Legislation on Public Policy in China". *Nanjing University Law Journal* 2012, S. 328; Song, Xiao: *The Substantive Orientation of Contemporary Private International Law*. Wuhan University Press: Wuhan 2004, S. 262–263.

368 Li/Ou 2015, S. 143.

369 § 150 AGZR: „Wenn nach den Bestimmungen dieses Kapitels ausländisches Recht oder internationale Gebräuche angewandt werden, dürfen sie nicht den gesellschaftlichen Allgemeininteressen der VR China zuwiderlaufen."

Allgemeininteresse“ auch in den Vorschriften über den nationalen ordre public (§ 7 und § 55 AGZR). Es ist jedoch darauf hinzuweisen, dass dieser herkömmliche Begriff in den betreffenden Bestimmungen (§ 8, § 10) des ATZR (2017) durch den Begriff der „öffentlichen Ordnung [und] der guten Sitten“ ersetzt wird.[370] Teilweise wird argumentiert, dass der Rückgriff auf den Begriff des „gesellschaftlichen Allgemeininteresses“ nicht angemessen sei, weil dieser Begriff zu eng sei, um alle Prüfungskriterien des ordre public abzudecken.[371] Nach der Kommentierung des IPRG kann der Begriff des „gesellschaftlichen Allgemein-interesses“ immerhin mit dem international gebräuchlicheren Begriff des „ordre public“ gleichgesetzt werden. Ein Verstoß gegen den ordre public i. S. v. § 5 IPRG liegt vor, wenn die Anwendung ausländischen Rechts wesentlichen Staatsinteressen, grundlegenden politischen Normen, grundlegenden Moralvorstellungen oder wesentlichen Rechtsgrundsätzen zuwiderläuft.[372]

§ 5 IPRG enthält keine grundrechtsbezogene Sonderregelung wie Art. 6 S. 2 EGBGB. Die Frage, ob die Grundrechte der chinesischen Verfassung als Konkretisierung des „gesellschaftlichen Allgemeininteresses“ eingeordnet werden können, muss der künftigen chinesischen Rechtspraxis überlassen bleiben. Immerhin wird in der Literatur das Verhältnis zwischen dem zivilrechtlichen ordre public und den Grundrechten der chinesischen Verfassung diskutiert: „Obwohl diese unantastbare verfassungsrechtliche Menschenwürde nicht unmittelbar als Grundlage für ein zivilrechtliches Urteil herangezogen werden kann, kann dieses Grundrecht über das Prinzip der ‚öffentlichen Ordnung [und] der guten Sitten‘ im Zivilrecht, d. h. über das Prinzip des ‚gesellschaftlichen Allgemeininteresses‘, Auswirkungen auf zivilrechtliche Angelegenheiten haben“.[373] Dies könnte Anhaltspunkte für

---

370 Beim chinesischen Terminus „gong xu liang shu“ (übersetzt als „öffentliche Ordnung und gute Sitten“) handelt es sich um einen einheitlichen Begriff, dessen Komponenten keinen eigenständigen Bedeutungsgehalt haben.

371 Li/Ou 2015, S. 142; Peng, *Nanjing University Law Journal* 2012, S. 327–328.

372 Huang/Jiang 2011, S. 31.

373 Zhu, Xiaofeng: „Illegal Surrogacy and the Realization of the Principle of the Best Interests of Minors – Commentary on the First National Case of the Custody Dispute in an Illegal Surrogacy Case“. *Tsinghua University Law Journal* 2017(1), S. 127; Zhu, Qingyu: „The Civil Law Meaning of Public Interest – Considering Article 7 of the General Principles of Civil Law“. In: Lingling Wang (Hrsg.): *The Public Interest in Chinese Law*. Beijing University Press: Beijing 2014, S. 39–40 (ausführliche Erörterung

die Konkretisierung des chinesischen ordre public geben, der sich aus den grundrechtlichen Elementen ableitet.

Aus der Lehre und Rechtspraxis zum chinesischen ordre public ergibt sich, dass die chinesische ordre-public-Klausel vor allem auf lokale bzw. nationale Aspekte ausgerichtet ist und weniger als völkerrechtliche Konkretisierung betrachtet wird, was im Gegensatz zur deutschen Vorbehaltsklausel steht, bei der es sich um eine rechtliche Konstruktion handelt, die sowohl nationale als auch völkerrechtliche Aspekte umfasst. Es zeigt sich, dass die chinesische ordre-public-Klausel, die primär auf nationale Interessen fokussiert ist, in der Praxis zu Problemen führen kann. Insbesondere erschwert sie den internationalen Entscheidungseinklang. Zudem ist es schwierig, eine breite Akzeptanz für chinesische Gerichtsentscheidungen in anderen Ländern zu erreichen, da die Gegenseitigkeit geschwächt wird. Diese nationale Ausrichtung kann auch die internationale Zusammenarbeit und den Austausch behindern, da sie völkerrechtlichen Standards weniger Rechnung trägt.

Bei der ordre-public-Prüfung gilt wie in Deutschland das Prinzip der Ergebniskontrolle, d. h. die ordre-public-Prüfung stellt auf das Ergebnis der Anwendung einer Rechtsnorm und nicht auf die Rechtsnorm selbst ab. Im Gegensatz zu § 150 AGZR unterliegen „internationale Gebräuche" nicht mehr dem ordre-public-Vorbehalt des § 5 IPRG. Allerdings enthält die chinesische Vorbehaltsklausel keine Formulierung wie „offensichtlich" in der deutschen Vorbehaltsklausel, um auf das erforderliche Gewicht der Verletzung hinzuweisen. Auch ein hinreichender Inlandsbezug ist keine Voraussetzung für das Eingreifen der Vorbehaltsklausel. In der Lehre und Rechtspraxis des chinesischen IPR wird auch nicht auf das Prinzip der Relativität (in räumlicher und zeitlicher Hinsicht) Bezug genommen. Da die chinesische Vorbehaltsklausel kaum durch einschlägige Regelungstechniken und Prinzipien wie das Relativitätsprinzip eingeschränkt ist, wird die Berufung auf die Vorbehaltsklausel ausgeweitet. Aufgrund ihrer negativen Korrekturfunktion, ihres Ausnahmecharakters und des Prinzips der Ergebniskontrolle ist jedoch Zurückhaltung bei der Anwendung der Vorbehaltsklausel geboten.

---

des normativen Verhältnisses zwischen dem Grundsatz des gesellschaftlichen Allgemeininteresse und dem Grundsatz der öffentlichen Ordnung und der guten Sitten); Li, Haiping: „A Critique of the Theory of Indirect Effectiveness of Fundamental Rights". *Contemporary Law Review* 2016(4), S. 48 (kritischer Blick auf die Drittwirkung der Grundrechtsnormen).

In § 5 IPRG gibt es keine „Nichtanwendung der anstößigen ausländischen Rechtsnorm" im Wortlaut. Vielmehr wird dort das chinesische Recht unmittelbar als Ersatzrecht bestimmt. Für den Fall eines ordre-public-Verstoßes ist die Rechtsfolge in § 5 IPRG klar geregelt, nämlich der Rückgriff auf die lex fori. Diese Lösung dient eindeutig der Rechtssicherheit. Die deutschen flexiblen, differenzierten und einzelfallgerechten Lösungen könnten aber mglw. bessere Rechtswirkungen erzielen als solche starren und uniformen chinesischen Regelungen. Fehlt es z. B. in China an einer Rechtsnorm zu einer bestimmten Rechtsfrage, würde eine Rechtsanwendungslücke entstehen, so dass die Interessen der Parteien nicht gewahrt werden könnten.

B. Stief- oder Patchworkfamilien

I. Sorgerechtliche Stellung des Stiefelternteils

1. Deutschland

a) Qualifikation als Elterliche Verantwortung

Sowohl in Deutschland als auch in der VR China lebt eine große Zahl von Kindern in Stieffamilien. Der Stiefelternteil nimmt i. d. R. die tatsächliche elterliche Verantwortung zusammen mit dem rechtlichen Elternteil des Stiefkindes in einem Haushalt wahr. Während der rechtliche Elternteil durch Abstammung oder Adoption grundsätzlich die elterliche Sorge innehat, ist der Stiefelternteil nicht Inhaber der elterlichen Sorge, es sei denn, er wird durch Stiefkindadoption oder gesetzliche Zuordnung des Kindes aus sozial-familiären Gründen rechtlich als Elternteil zugeordnet. Das deutsche Recht räumt dem Stiefelternteil jedoch bestimmte eingeschränkte Befugnisse (sog. kleines Sorgerecht) hinsichtlich der elterlichen Sorge kraft Gesetzes ein (§ 1687b BGB und § 9 LPartG). Dieses Rechtsverhältnis ist kollisionsrechtlich als elterliche Verantwortung (Wirkungen des Eltern-Kind-Verhältnisses) zu qualifizieren.

Zu beachten ist, dass gem. Art. 3 Nr. 2 EGBGB das am 1. Januar 2011 in Kraft getretene KSÜ insbesondere im Bereich der elterlichen Sorge Vorrang hat. Art. 16 und 17 KSÜ sind daher vorrangig zur Bestimmung des anwendbaren Rechts auf die Zuweisung eines (kleinen) Sorgerechts zu einem (Stief-) Elternteil kraft Gesetzes heranzuziehen, wenn das (Stief-)Kind unter 18 Jahre alt ist (Art. 2 KSÜ)[374] und sich die internationale Zuständigkeit vorrangig nach Art. 8 Abs. 1 Brüssel IIa-VO richtet und wenn auch eine internationale Zuständigkeit nach Art. 5 KSÜ begründet wäre.[375] Der Begriff der „elterlichen Verantwortung" wird für die Zwecke des KSÜ weit verstanden. Er umfasst in sachlicher Hinsicht alle Rechte, Befugnisse und Pflichten, die dem Träger der elterlichen Verantwortung in Bezug auf die Person oder das Vermögen des Kindes zustehen.[376] Die wichtigsten Ausprägungen der elterlichen Verantwortung sind das Sorgerecht und das Umgangsrecht. Erfasst werden auch Rechte und Pflichten anderer Personen als der Eltern, die gesetzlich sorgeberechtigt sind.[377]

Für Fälle außerhalb des Anwendungsbereichs des KSÜ gilt Art. 21 EGBGB, d. h. wenn die internationale Zuständigkeit nicht auf Art. 5 ff. KSÜ, sondern auf § 99 FamFG beruht, weil das (Stief-)Kind seinen gewöhnlichen Aufenthalt in einem Staat hat, der weder Mitglied der EU noch Vertragsstaat des KSÜ ist, z. B. die VR China, bestimmt sich das anzuwendende Recht nicht nach Art. 16 KSÜ, sondern nach Art. 21 EGBGB.[378] Art. 21 EGBGB regelt nicht nur das Verhältnis des Kindes zu beiden rechtlichen Eltern, sondern auch das Rechtsverhältnis zu den Familien der Eltern und alle Fragen des Sorge- und Umgangsrechts i. S. v. §§ 1626 ff. BGB.[379] Damit ist auch die sorgerechtliche Stellung des Stiefelternteils erfasst.

b) Anwendung von Art. 16, Art. 17 KSÜ bzw. Art. 21 EGBGB

1) Anknüpfung an den gewöhnlichen Aufenthalt des Stiefkindes

aa) Begründung des gewöhnlichen Aufenthalt des Stiefkindes

Die in Art. 21 EGBGB vorgesehene Anknüpfung an den gewöhnlichen Aufenthalt des Kindes entspricht Art. 16, 17 KSÜ. Das Sorgerecht des Stiefelternteils richtet sich demnach nach dem Recht des gewöhnlichen Aufenthalts des Stiefkindes. Mangels einer einheitlichen Definition des gewöhnlichen Aufenthalts ist dieser Begriff autonom auszulegen. Diesem undefinierten Begriff kommt jedoch sowohl in Art. 21 EGBGB als auch in Art. 16, 17 KSÜ

---

374 MüKoBGB/Helms (2020), Art. 21 EGBGB Rn. 9–14.
375 BeckOGK/Markwardt (2023), Art. 16 KSÜ Rn. 5.
376 Hausmann/Odersky (2021), § 5. Gesetzliche Vertretung natürlicher Personen Rn. 52.
377 BeckOGK/Markwardt (2023), Art. 1 KSÜ Rn. 19.
378 Ebd., Rn. 7.
379 MüKoBGB/Helms (2020), Art. 21 EGBGB Rn. 18–19.

ein im Wesentlichen einheitlicher Inhalt zu, weil sich jedenfalls auf europäischer und völkerrechtlicher Ebene ein nahezu einheitliches Verständnis dieses unbestimmten Rechtsbegriffs abzeichnet.[380]

Der gewöhnliche Aufenthalt eines Kindes befindet sich an dem Ort oder in dem Land, in dem der Schwerpunkt seiner sozialen Bindungen in familiärer und schulischer Hinsicht liegt, wo es also seinen tatsächlichen Daseinsmittelpunkt hat.[381] Zur Begründung des gewöhnlichen Aufenthalts des Kindes sind neben der physischen Anwesenheit des Kindes die Dauer und Regelmäßigkeit des Aufenthalts, die soziale Integration, d. h. die familiären und freundschaftlichen Bindungen des Kindes, die schulische Integration und Sprachkenntnisse sowie der Bleibewille des Kindes zu berücksichtigen.[382] Der gewöhnliche Aufenthalt von (Stief-)Kindern wird nicht von dem ihrer Eltern abgeleitet, sondern ist grundsätzlich eigenständig zu ermitteln. Allerdings hängt der gewöhnliche Aufenthalt des Stiefkindes wesentlich davon ab, wo die faktischen Betreuungspersonen (i. d. R. der sorgeberechtigte Elternteil und der Stiefelternteil in einer Stieffamilie) ihren gewöhnlichen Aufenthalt haben.[383] Denn ein Neugeborenes, ein Säugling oder ein minderjähriges Kind teilt das soziale und familiäre Umfeld mit den Personen, die für es sorgen und es faktisch betreuen.[384] Das minderjährige Stiefkind wird z. B. von den Großeltern mütterlicherseits in der VR China betreut, während die sorgeberechtigte Mutter mit dem Stiefvater in Deutschland zusammenlebt. In diesem Fall hat das minderjährige Stiefkind seinen gewöhnlichen Aufenthalt in der VR China. Mit zunehmendem Alter spielen auch bei Kindern andere soziale Bindungen, insbesondere zu Personen außerhalb des Elternhauses, und der eigene Wille eine größere Rolle.[385] Dennoch bleibt der gewöhnliche Aufenthalt i. d. R. der Ort, an den das Stiefkind regelmäßig zurückkehrt, auch wenn es sich vorübergehend in einem anderen Vertragsstaat aufhält, etwa aufgrund von Schulbesuch, Internatsaufenthalt, Urlaub oder Besuchsrecht

380 BeckOGK/Markwardt (2023), Art. 5 KSÜ Rn. 8; BeckOGK/Markwardt (2023), Art. 21 EGBGB Rn. 35.
381 BeckOGK/Markwardt (2023), Art. 21 EGBGB Rn. 35.
382 MüKoFamFG/Wiedemann (2019), Art. 5 KSÜ Rn. 4–16.
383 MüKoBGB/Helms (2020), Art. 21 EGBGB Rn. 15.
384 BeckOGK/Markwardt (2023), Art. 21 EGBGB Rn. 35.
385 MüKoBGB/Helms (2020), Art. 21 EGBGB Rn. 15.

beim anderen leiblichen Elternteil.[386] Der gewöhnliche Aufenthalt kann sich jedoch ändern, wenn das Kind längere Zeit in einem anderen Land lebt und dort tiefgehende soziale und familiäre Bindungen aufbaut, wodurch der Lebensmittelpunkt verlagert wird. Ein neuer gewöhnlicher Aufenthalt des Stiefkindes kann zudem bei einem Aufenthaltswechsel begründet werden, wenn sich aus den Umständen ergibt, dass der neue Aufenthalt auf längere Dauer angelegt ist und an die Stelle des bisherigen Daseinsmittelpunkts tritt. Eine Mindestaufenthaltsdauer ist dabei nicht vorgesehen, vielmehr kommt es auf den Bleibewillen des Stiefkindes bzw. des Sorgeberechtigten und die soziale Integration des Stiefkindes im Einzelfall an.[387] Wechselt bspw. das Stiefkind von der VR China nach Deutschland, wo es die Schule besucht und mit der sorgeberechtigten Mutter und dem Stiefvater in einem Haushalt lebt, kann innerhalb kurzer Zeit (z. B. vor Ablauf von sechs Monaten) ein neuer Daseinsmittelpunkt in Deutschland begründet werden. Hält sich das Stiefkind gleichmäßig über das Jahr verteilt in zwei Ländern bei jeweils einem leiblichen Elternteil auf und ist dort jeweils sozial integriert, z. B. in die Schulgemeinschaft oder in die Familie des getrennt lebenden leiblichen Elternteils, ist der effektive Aufenthalt im Einzelfall zu bestimmen.[388] Bei Sorgerechtsstreitigkeiten gehen die Vorstellungen der Sorgeberechtigten (i. d. R. beide leiblichen Elternteile) über den Aufenthalt des Stiefkindes häufig auseinander. In diesem Fall (insbesondere bei der Antragstellung im HKÜ-Verfahren) kann der Bleibewillen eines Elternteils nur ein Indiz, nicht aber das entscheidende Kriterium für den gewöhnlichen Aufenthalt des Stiefkindes sein.[389]

bb) Aufenthaltswechsel des Stiefkindes

i. Statutenwechsel bei einem Aufenthaltswechsel gem. Art. 21 EGBGB

Wenn sich die Feststellung der sorgerechtlichen Stellung des Stiefelternteils, weil sie außerhalb des Anwendungsbereichs des Art. 16 KSÜ liegt, nur nach Art. 21 EGBGB richten kann, wird immer nur an den jeweiligen Aufenthaltsstaat des Stiefkindes angeknüpft und ändert sich bei einem

386 BeckOGK/Markwardt (2023), Art. 5 KSÜ Rn. 8; BeckOGK/Markwardt (2023), Art. 21 EGBGB Rn. 35.

387 BeckOGK/Markwardt (2023), Art. 21 EGBGB Rn. 36.

388 Ebd., Rn. 39.

389 MüKoFamFG/Wiedemann (2019), Art. 5 KSÜ Rn. 16.

Aufenthaltswechsel in einen anderen Staat zugleich das angewandte Recht. Das Statut, das das Sorgerecht des Stiefelternteils begründet, ist also nach Art. 21 EGBGB wandelbar.[390] Denn ein kraft Gesetzes oder durch Sorgeerklärung begründetes Sorgerecht ist kein wohlerworbenes Recht, das ausnahmsweise über einen Wechsel des anwendbaren Rechts hinaus erhalten bleiben kann. Der Verlust oder die Einschränkung der elterlichen Sorge (Sorgerechtsverwirkung) bleibt jedoch auch nach einem Statutenwechsel bestehen.[391] Ein Statutenwechsel kann daher leicht zum Verlust des Sorgerechts des Stiefelternteils führen, wenn die nationalen materiellrechtlichen Vorschriften über das Sorgerecht der leiblichen Eltern und die sorgerechtliche Stellung des Stiefelternteils voneinander abweichen.[392]

ii. Begrenzte Wandelbarkeit bei einem Aufenthaltswechsel gem. Art. 16 KSÜ

Nach Art. 16 Abs. 3 KSÜ bleibt die zuvor begründete elterliche Verantwortung nach einem Wechsel des gewöhnlichen Aufenthalts des Stiefkindes in einen anderen Staat in dessen Anwendungsbereich bestehen.[393] Ist z. B. bei einem früheren gewöhnlichen Aufenthalt des Stiefkindes in der VR China nach chinesischem Recht die faktische Eltern-Kind-Beziehung zwischen dem Stiefelternteil und dem Stiefkind durch „Pflege und Erziehung“ rechtlich abgesichert, d. h. der Stiefelternteil ist Inhaber des Sorgerechts, indem sich aus einer faktischen Eltern-Kind-Beziehung eine rechtliche Eltern-Kind-Beziehung ergibt, würde die elterliche Sorge für das Stiefkind nach einem Aufenthaltswechsel des Stiefkindes von der VR China nach Deutschland gem. Art. 16 Abs. 3 KSÜ fortbestehen, denn die elterliche Verantwortung muss aus Gründen der Rechtssicherheit bis zur Volljährigkeit des Kindes auf Dauer angelegt sein.[394] Dies ist eine wesentliche Verbesserung gegenüber der allgemeinen Wandelbarkeit nach Art. 21 EGBGB.

---

390 BeckOGK/Markwardt (2023), Art. 21 EGBGB Rn. 40.

391 MüKoBGB/Helms (2020), Art. 21 EGBGB Rn. 16; BeckOGK/Markwardt (2023), Art. 21 EGBGB Rn. 42–43.

392 BeckOGK/Markwardt (2023), Art. 21 EGBGB Rn. 44.

393 Ebd., Rn. 45.

394 BeckOGK/Markwardt (2023), Art. 16 KSÜ Rn. 25.

Nach Art. 16 Abs. 4 KSÜ kann ein Statutenwechsel nur zur Begründung – also nicht zum Verlust – eines bisher nicht bestehenden Sorgerechts führen.[395] Der Stiefelternteil kann daher die elterliche Sorge erwerben, wenn ihm diese nach dem Recht des früheren Aufenthaltsstaates mangels Vorliegens bestimmter Voraussetzungen nicht zustand, während nach dem Recht des Staates des neuen gewöhnlichen Aufenthalts mangels Regelung des Erfordernisses der bisherigen Voraussetzungen die elterliche Sorge jedenfalls kraft Gesetzes auf den Stiefelternteil übergehen kann. Allerdings könnte dieser zusätzliche Erwerb der elterlichen Verantwortung nach dem Aufenthaltswechsel gem. Art. 16 Abs. 4 KSÜ dazu führen, dass aus der Alleinsorge der Mutter oder des Vaters eine Mitsorge des anderen Elternteils wird, was sich u. U. (z. B. deutsches Recht als lex causae) nachteilig auf die sorgerechtliche Stellung des Stiefelternteils auswirken würde, d. h. das sog. kleine Sorgerecht des Stiefelternteils kann nach deutschem Sachrecht nicht begründet werden, weil das kleine Sorgerecht die alleinige elterliche Sorge des rechtlichen Elternteils in der Stieffamilie voraussetzt.

cc) Rück- und Weiterverweisung

i. Art. 16 KSÜ i. V. m. Art. 21 KSÜ

Nach Art. 21 Abs. 1 KSÜ ist ein Renvoi bei der Anknüpfung der elterlichen Verantwortung grundsätzlich ausgeschlossen, es sei denn, es handelt sich um Art. 16 KSÜ, wo eine Weiterverweisung nach Art. 21 Abs. 2 KSÜ zulässig ist. Die grundsätzliche Sachnormverweisung ist darauf zurückzuführen, dass die Gerichte und Behörden i. d. R. die lex fori als das Recht des Staates des gewöhnlichen Aufenthalts des Kindes anwenden. Etwas anderes gilt, wenn sie nach Art. 12 Brüssel IIa-VO für die Scheidung der Eltern zuständig sind, das Kind aber nicht im Scheidungsstaat wohnt, oder wenn nach Art. 16 Abs. 3 KSÜ die elterliche Verantwortung kraft Gesetzes nach dem Recht des früheren gewöhnlichen Aufenthalts des Kindes zu beurteilen ist.[396] Für Fälle, in denen die elterliche Verantwortung kraft Gesetzes oder vertraglich begründet ist, sieht Art. 21 Abs. 2 S. 1 KSÜ i. V. m. Art. 16 KSÜ ausnahmsweise eine Weiterverweisung vor, um eine unnötige Störung des Entscheidungseinklangs zwischen den betroffenen Nichtvertragsstaaten zu

---

395 BeckOK BGB/Heiderhoff (2023), Art. 21 EGBGB Rn. 20.

396 MüKoBGB/Staudinger (2020), Art. 21 KSÜ Rn. 1.

vermeiden.[397] Ein Kind wird z. B. in Staat A (Nichtvertragsstaat des KSÜ) geboren und lebt dort mit seiner Mutter. Die Mutter heiratet später in Staat B (ebenfalls ein Nichtvertragsstaat des KSÜ) einen neuen Partner, der auch Staatsangehöriger von Staat A ist und als Stiefvater des Kindes fungiert. Nach einigen Jahren zieht die Familie nach Deutschland, einem Vertragsstaat des KSÜ. Ein deutsches Gericht muss nun über die elterliche Sorge für das Kind in Deutschland entscheiden, insbesondere über die Rechte des Stiefvaters. Art. 16 Abs. 1 KSÜ verweist auf das Recht von Staat B, dessen IPR auf das Heimatrecht der Beteiligten verweist, also auf das Recht von Staat A, das die Verweisung akzeptiert. Nach dem Recht von Staat A hat der Stiefvater aufgrund des faktischen Eltern-Kind-Verhältnisses zwischen ihm und dem Stiefkind die gleichen Rechte und Befugnisse wie der leibliche Vater des Kindes. Würde Staat B auf das Aufenthaltsrecht des Kindes verweisen, also auf das Recht von Staat B, käme dieses Recht nach Art. 16, 20 KSÜ zur Anwendung.

ii. Art. 21 EGBGB i. V. m. Art. 4 EGBGB

Anders als nach dem KSÜ handelt es sich bei der in Art. 21 EGBGB ausgesprochenen Verweisung auf das Recht des Aufenthaltsstaates des Kindes um eine Gesamtverwei-sung i. S. d. Art. 4 Abs. 1 EGBGB,[398] weil in Art. 21 EGBGB eine ausdrückliche Regelung zur Sachnormverweisung (vgl. Art. 18, 19 a. F. EGBGB) fehlt.[399] Rück- und Weiterverweisungen nach Art. 21 EGBGB sind nur relevant, wenn der gewöhnliche Aufenthalt des Stiefkindes in einem Nichtvertragsstaat des KSÜ liegt und gleichzeitig eine internationale Zuständigkeit deutscher Gerichte besteht. Ein deutsches Ehepaar lebt z. B. mit dem Stiefkind der Ehefrau in Japan. Japan ist kein Vertragsstaat des KSÜ. Das deutsche Gericht ist international zuständig, weil das Kind und die Eltern deutsche Staatsangehörige sind und ein Antrag auf das Sorgerecht der Stiefmutter in Deutschland gestellt wurde. In diesem Fall verweist Art. 21 EGBGB auf das japanische Recht, da das Stiefkind seinen gewöhnlichen Aufenthalt in Japan hat. Das japanische IPR[400] verweist auf das deutsche Recht (Heimat-

---

397 MüKoBGB/Staudinger (2020), Art. 21 KSÜ Rn. 2.

398 BeckOGK/Markwardt (2023), Art. 21 EGBGB Rn. 46.

399 BeckOK BGB/Heiderhoff (2023), Art. 21 EGBGB Rn. 26.

400 § 32 Gesetz über die allgemeinen Regeln über die Anwendung von Gesetzen (Rechtsanwendungsgesetz), siehe Sakurada, Yoshiaki et al.: „Gesetz über die allgemeinen Regeln über die Anwendung von Gesetzen (Rechtsanwendungsgesetz)

recht des Stiefkindes) zurück. Darüber hinaus kommt bei einem Aufenthalt des Stiefkindes im angloamerikanischen Rechtsraum, insbesondere in den USA, eine sog. „versteckte Rückverweisung" in Betracht, wenn nach dem dortigen IZPR deutsche Gerichte international zuständig sind.[401]

2) Verweisung auf deutsches Recht beim gewöhnlichen Aufenthalt des Stiefkindes in Deutschland gem. Art. 16 KSÜ bzw. Art. 21 EGBGB

aa) Vorfrage der Minderjährigkeit des Stiefkindes

Hätte das Stiefkind seinen gewöhnlichen Aufenthalt in Deutschland, richtet sich die Zuweisung der elterlichen Verantwortung des Stiefelternteils vorrangig nach Art. 16 KSÜ. Ist das Stiefkind über 18 Jahre alt, bestimmt sich das anzuwendende Recht nach Art. 21 EGBGB. Sowohl nach Art. 16 KSÜ als auch nach Art. 21 EGBGB ist bei Anknüpfung an den gewöhnlichen Aufenthalt in Deutschland deutsches Recht anzuwenden. Da nach deutschem Recht den Eltern die elterliche Sorge nur für das minderjährige Kind zusteht, ist die Vorfrage des Eintritts der Volljährigkeit des Stiefkindes selbständig nach Art. 7 EGBGB anzuknüpfen und zu beurteilen.[402]

bb) Vorfrage der Ehe oder eingetragener Lebenspartnerschaft der Eltern in der Stief- oder Patchworkfamilie

Hätte das Stiefkind seinen gewöhnlichen Aufenthalt in Deutschland, ist entweder nach Art. 16 KSÜ oder nach Art. 21 EGBGB (dies gilt beim über 18-jährigen Stiefkind) deutsches Recht auf die sorgerechtliche Stellung des Stiefelternteils anzuwenden. Da nach § 1687b BGB bzw. § 9 LPartG nur der Ehegatte bzw. Lebenspartner des rechtlichen Elternteils an der elterlichen Sorge teilhaben kann, ist die Vorfrage der Ehe bzw. der eingetragenen Lebenspartnerschaft der Eltern nach Art. 13 bzw. Art. 17b EGBGB selbständig anzuknüpfen. Die Vorfrage der heterosexuellen Ehe des rechtlichen Elternteils und des Stiefelternteils ist nach dem jeweiligen Staatsangehörigkeitsrecht der Eltern zu klären (Art. 13 EGBGB). Die Vorfrage der eingetragenen Lebenspartnerschaft und der gleichgeschlechtlichen Ehe zwischen rechtlichem und

---

(Übersetzung)". Zeitschrift für Japanisches Recht / Journal of Japanese Law (*ZJapanR/J. Japan.L.*) 22 (2006), S. 269–282.

[401] BeckOGK/Markwardt (2023), Art. 21 EGBGB Rn. 46–48.

[402] Ebd., Rn. 50.

sozialem Elternteil richtet sich dagegen nach dem Recht des registerführenden Staates (Art. 17b EGBGB).

cc) Frage des alleinigen Sorgerechts des rechtlichen Elternteils in der Stief- oder Patchworkfamilie

Da die Frage des alleinigen Sorgerechts des rechtlichen Elternteils und die Frage des Sorgerechts des Stiefelternteils entweder nach Art. 16 KSÜ oder nach Art. 21 EGBGB parallel anzuknüpfen sind, ist die Lex causae für beide Fragen dieselbe. Das bedeutet, dass die Frage des alleinigen Sorgerechts des rechtlichen Elternteils Teil der Hauptfrage ist und deutsches Recht anzuwenden ist, wenn das Stiefkind seinen gewöhnlichen Aufenthalt in Deutschland hat. Allerdings ist zu prüfen, ob bei einem Aufenthaltswechsel des Stiefkindes nach Deutschland das alleinige Sorgerecht des rechtlichen Elternteils begründet werden kann. Nach Art. 16 Abs. 3 KSÜ erlischt das bereits im früheren Aufenthaltsstaat bestehende alleinige Sorgerecht eines Elternteils durch den Aufenthaltswechsel des Kindes nicht (sog. „wohlerworbenes Recht“). Nach Art. 16 Abs. 4 KSÜ kann der andere Elternteil, der nach dem Recht des früheren Aufenthaltsstaates kein Sorgerecht hatte, durch die Anwendung des neuen Aufenthaltsrechts nunmehr ein Teil- oder Vollsorgerecht erhalten. Beispiel: Ein unverheiratetes Paar hat keine gemeinsame Sorgeerklärung abgegeben und das frühere Aufenthaltsrecht räumt dem unverheirateten Vater das alleinige Sorgerecht ein. Dieser Vater zieht mit dem Kind nach Deutschland und heiratet dort eine deutsche Staatsangehörige, wobei das deutsche Recht (§ 1626a Abs. 1 BGB) der unverheirateten Mutter das alleinige Sorgerecht zuweist. In diesem Fall könnte es nach Art. 16 Abs. 3 und Abs. 4 KSÜ zu einer „Kumulation“ des Sorgerechts kommen, d. h. das alleinige Sorgerecht eines Elternteils könnte in ein „gemeinsames“ Sorgerecht beider Eltenteile umgewandelt werden. Ist die Frage nach Art. 21 EGBGB zu beurteilen, kann ein Statutenwechsel in einem solchen Fall zum Verlust des dem Vater nach dem Recht des früheren Aufenthaltsstaates zustehenden alleinigen Sorgerechts führen, da das Sorgerecht im Rahmen des Art. 21 EGBGB nicht wie im Rahmen des Art. 16 Abs. 3 KSÜ als „wohlerworbenes Recht“ erhalten bleiben kann.[403] Falls dem rechtlichen Elternteil das alleinige Sorgerecht ent-

---

403 BeckOGK/Markwardt (2023), Art. 21 EGBGB Rn. 45; MüKoBGB/Helms (2020), Art. 21 EGBGB Rn. 16.

zogen wird, entfällt auch die Grundlage für die Zuweisung des sog. „kleinen Sorgerechts“ an den Stiefelternteil.

3) Verweisung auf das chinesische Recht beim gewöhnlichen Aufenthalt des Stiefkindes in der VR China gem. Art. 21 EGBGB

aa) Rück- und Weiterverweisung

Hat das Stiefkind seinen gewöhnlichen Aufenthalt in der VR China, die nicht Mitglied der EU ist und weder dem KSÜ noch dem MSA angehört, kann die internationale Zuständigkeit deutscher Gerichte nicht auf Art. 5 ff. KSÜ, sondern auf § 99 FamFG gestützt werden. Das auf die sorgerechtliche Stellung des Stiefelternteils anzuwendende Recht bestimmt sich daher nicht nach Art. 16 KSÜ, sondern nach Art. 21 EGBGB. Demnach ist bei gewöhnlichem Aufenthalt des Stiefkindes in der VR China chinesisches Recht anzuwenden. Dies hat insbesondere Konsequenzen für einen – im Gegensatz zum eingeschränkten Renvoi nach Art. 21 KSÜ – möglichen umfassenden Renvoi.[404] In den chinesischen Kollisionsnormen kommt dann vor allem § 25 (Wirkungen der Eltern-Kind-Beziehung) in Betracht, der alternative Anknüpfungen und das Günstigkeitsprinzip zum Schutz der Interessen des Schwächeren (Kindeswohl) einführt. Nach Art. 4 EGBGB ist eine Rück- oder Weiterverweisung nur dann anzuwenden, wenn sie dem Sinn und Zweck der Verweisung entspricht. Im Kontext von Fällen, die das Kindeswohl betreffen, kann eine Rück- oder Weiterverweisung nur akzeptiert werden, wenn sie dem Wohl des Kindes nicht widerspricht oder es sogar fördert. Im Vergleich zum deutschen Recht kann nach chinesischem Sachrecht das Stiefkind aufgrund der sozial-familiären Beziehungen dem Stiefelternteil rechtlich zugeordnet werden und der Stiefelternteil ist somit auch Inhaber des Sorgerechts. Daher entspricht die Rückverweisung hier nicht dem Kindeswohl.[405]

bb) Frage der rechtlichen Zuordnung des Stiefkindes zu dem Stiefelternteil

Nach chinesischem Recht wird das Stiefkind dem Stiefelternteil rechtlich als Elternteil zugeordnet und der Stiefelternteil ist damit Inhaber des Sorgerechts, sofern der Stiefelternteil die tatsächliche Elternverantwortung wahrnimmt und eine faktische Eltern-Kind-Beziehung zwischen dem Stiefkind

---

[404] BeckOGK/Markwardt (2023), Art. 16 KSÜ Rn. 7

[405] Nähres siehe unten Teil 3 B I 2 b).

und dem Stiefelternteil besteht. Die Zuweisung der elterlichen Verantwortung zum Stiefelternteil setzt voraus, dass das Stiefkind rechtlich dem Stiefelternteil zugeordnet wird. Dies ist eher eine faktische Frage, die auf einem tatsächlich bestehenden Obhutsverhältnis beruht, also einer langfristigen Pflege und Erziehung des Stiefkindes durch den Stiefelternteil. Die rechtliche Anerkennung eines solchen faktischen Eltern-Kind-Verhältnisses bestätigt lediglich diesen Umstand. Darüber hinaus beurteilt das Gericht bei Sorgerechtsstreitigkeiten i. d. R. anhand der tatsächlichen Unterhalts- und Betreuungssituation (faktisches Obhutsverhältnis), wem zum Wohl des Kindes die elterliche Sorge zusteht. Die Zuordnung des Stiefkindes zum Stiefelternteil auf der Grundlage dieses faktischen Eltern-Kind-Verhältnisses wird hier also in erster Linie als Tatfrage angesehen und unterliegt daher dem für die Hauptfrage (Sorgerecht des Stiefelternteils) maßgeblichen Recht, also dem chinesischen Recht.

Zu beachten ist jedoch, dass die rechtliche Zuordnung des Stiefkindes zum Stiefelternteil als Vorfrage zu behandeln ist, wenn sie in einem Erbrechtsstreit auftaucht. Das rechtliche Eltern-Kind-Verhältnis zwischen Stiefelternteil und Stiefkind ist i. d. R. eine entscheidende Rechtsfrage im Erbfall, da es darüber bestimmt, ob das Stiefkind einen Anspruch auf das Erbe des Stiefelternteils hat. Daher muss zunächst geklärt werden, ob zwischen ihnen ein rechtliches Eltern-Kind-Verhältnis besteht, bevor das Erbrecht des Stiefkindes beurteilt werden kann. Die materiellrechtliche Vorfrage der rechtlichen Zuordnung des Kindes kraft Gesetzes aus sozial-familiären Gründen ist grundsätzlich selbständig anzuknüpfen.[406] Bei dieser Vorfrage handelt es sich um ein Qualifikationsproblem, d. h. ein dem deutschen Recht unbekanntes Rechtsinstitut ist einer Kollisionsnorm zuzuordnen. In Betracht kommt nur Art. 22 Abs. 1 S. 2 EGBGB, weil es um die Begründung der rechtlichen Elternschaft geht, die nicht auf eine (vermute-te/behauptete) natürliche Abstammung (Art. 19 EGBGB) abstellt, sondern die sozial-familiäre Verbundenheit der Beteiligten berücksichtigt.[407] Diesem Interesse wird im deutschen Sachrecht funktional durch das Rechtsinstitut der Adoption Rechnung getragen, was dafür spricht,

---

406 BeckOK BGB/Heiderhoff (2023), Art. 21 EGBGB Rn. 27; Andrae, Marianne: „Die gesetzliche Zuordnung des Kindes nach ausländischem Recht auf lesbischer institutioneller Partnerschaft". *StAZ* 2015, S. 167.

407 Andrae, *StAZ* 2015, S. 168.

dem auch für die kollisionsrechtliche Zuordnung zu folgen. Darüber hinaus ist der Qualifikationsbegriff der Adoption weit zu fassen und umfasst Formen der Begründung eines rechtlichen Eltern-Kind-Verhältnisses, die dem deutschen Recht unbekannt sind. Erfasst wird jeder Rechtsvorgang, der ein auf Dauer angelegtes Eltern-Kind-Verhältnis begründet.[408] Die Vorfrage der Zuordnung zum Stiefelternteil ist daher selbstständig nach Art. 22 EGBGB anzuknüpfen und dann auf das chinesische Recht zu verweisen, wenn das Stiefkind seinen gewöhnlichen Aufenthalt in der VR China hat. Im Einzelfall kommt unter dem Gesichtspunkt des Kindeswohls auch eine unselbständige Anknüpfung in Betracht,[409] nämlich nach dem IPR der lex causae der Hauptfrage. Grundsätzlich entspricht es dem Wohl des Stiefkindes, die Begründung eines Eltern-Kind-Verhältnisses zwischen dem Stiefelternteil und dem Stiefkind zu fördern, wenn diese bereits in einer sozialen Familie zusammenleben. Die Anwendung des chinesischen Rechts erleichtert die Begründung eines solchen Eltern-Kind-Verhältnisses. Unabhängig davon, ob es sich bei der Vorfrage um eine selbständige oder eine unselbständige Anknüpfung handelt, wird man daher zum gleichen Ergebnis kommen, dass im Hinblick auf das Kindeswohl das chinesische Recht angewendet werden sollte.

bb) Vorfrage der Ehe der Eltern in der Stief- oder Patchworkfamilie

Nach chinesischem Recht setzt die Begründung eines solchen Eltern-Kind-Verhältnisses eine Ehe zwischen dem Stiefelternteil und dem rechtlichen Elternteil voraus, d. h. nicht jedes faktische Eltern-Kind-Verhältnis zwischen dem Stiefelternteil und dem Stiefkind wird nach chinesischem Recht als rechtliches Eltern-Kind-Verhältnis fingiert. Nur wenn zwischen dem Stiefelternteil und dem rechtlichen Elternteil eine Ehe besteht, wird diese faktische Beziehung nach chinesischem Recht anerkannt. Die Ehe der Eltern in der Stief- oder Patchworkfamilie ist daher eine Vorfrage. Die Vorfrage der Abstammung ist grundsätzlich selbständig anzuknüpfen. Soweit das ausländische Recht ein Rechtsverhältnis neben der Abstammung zusätzlich an die Ehelichkeit bzw. Legitimation des Kindes oder an die Ehe der Eltern bindet, ist diese Vorfrage nach einer Ansicht dennoch unselbständig (und

---

408 MüKoBGB/Helms (2020), Art. 19 EGBGB Rn. 5 (bei einem künstlichen Eltern-Kind-Verhältnis, das nicht auf leiblicher Abstammung beruht, ist Art. 22 EGBGB zu berücksichtigen).

409 Andrae, *StAZ* 2015, S. 167.

zwar nach §§ 21, 22 IPRG) anzuknüpfen, weil es genügt, wenn die Ehe der Eltern dem für die Eltern-Kind-Zuordnung maßgeblichen ausländischen Recht entspricht.[410] Nach anderer Auffassung gilt auch für diese Vorfrage der Ehe der Eltern eine selbständige Anknüpfung.[411] Zudem ist zu beachten, dass das chinesische Recht die gleichgeschlechtliche Ehe noch nicht eingeführt hat und hierfür keine spezielle Kollisionsnorm existiert. Die Vorfrage der gleichgeschlechtlichen Ehe ist dann entweder unselbständig nach § 2 IPRG mit dem Prinzip der engsten Verbindung oder selbständig nach Art. 17b EGBGB anzuknüpfen.

cc) ordre public

i. Kindeswohl

Da die Anwendung ausländischen Rechts wegen Verstoßes gegen den ordre public ausgeschlossen sein kann (Art. 6 EGBGB, Art. 22 KSÜ), würde die ordre-public-Prüfung in Bezug auf das nach chinesischem Recht aus sozialfamiliären Gründen begründete Eltern-Kind-Verhältnis zwischen dem Stiefelternteil und dem Stiefkind zeigen, wie der deutsche Gesetzgeber bzw. die deutschen Gerichte zur Anwendung chinesischen Rechts stünden. Da im Bereich der Eltern-Kind-Beziehungen das Kindeswohl der maßgebliche Maßstab für die ordre-public-Prüfung ist, kann die Vorbehaltsklausel nur eingreifen, wenn die Anwendung des chinesischen Rechts zu einem Ergebnis führt, das mit dem Kindeswohl offensichtlich unvereinbar ist.[412] Die konkrete Regelung zur Zuweisung der elterlichen Verantwortung zum Stiefelternteil kraft Gesetzes im chinesischen Recht muss daher im Einzelfall im Ergebnis dem Kindeswohl des Stiefkindes entsprechen.[413] Das Kindeswohl ist geprägt von der Förderung seiner Entwicklung und der Erziehung zu einer eigenverantwortlichen und gemeinschaftsfähigen Persönlichkeit und ist daher im Bereich der Eltern-Kind-Beziehungen anhand von vier Parametern zu prüfen: dem Förderungsprinzip, dem Kontinuitätsprinzip,

---

[410] MüKoBGB/Helms (2020), Art. 21 EGBGB Rn. 26; BeckOK BGB/Heiderhoff (2023), Art. 21 EGBGB Rn. 27.

[411] jurisPK-BGB/Duden (2023), Art. 19 EGBGB Rn. 79–84; Staudinger/Henrich (2022), EGBGB Art 19 Rn. 34; MüKoBGB/v. Hein (2024), Einl. IPR Rn. 202.

[412] BeckOK BGB/Heiderhoff (2023), Art. 21 EGBGB Rn. 28; BeckOGK/Markwardt (2023), Art. 21 EGBGB Rn. 56.

[413] BeckOK BGB/Heiderhoff (2023), Art. 21 EGBGB Rn. 28.

den Bindungen des Kindes und dem Kindeswillen (relativiert durch das Alter des Kindes). Bei der Anwendung des chinesischen Rechts ist vorrangig zu prüfen, ob die Zuweisung des Sorgerechts zum Stiefelternteil dem Kindeswohl, insbesondere unter Berücksichtigung des Förderungsprinzips und des Kindeswillens, entspricht.[414]

Erstens kann es die Entwicklung und Erziehung des Stiefkindes fördern, wenn ein bestehendes faktisches Eltern-Kind-Verhältnis zwischen dem Stiefelternteil und dem Stiefkind rechtlich abgesichert werden kann. Die faktische Übernahme der elterlichen Verantwortung durch den Stiefelternteil wird zudem in einem rechtlichen Sorgerecht für das Stiefkind verankert, das damit auch Unterhaltsansprüche gegenüber dem Stiefelternteil geltend machen kann. Zweitens setzt die Zuweisung der elterlichen Verantwortung zum Stiefelternteil nach chinesischem Recht voraus, dass der Stiefelternteil und der rechtliche Elternteil verheiratet sind. Das Stiefkind ist tatsächlich in einer Stieffamilie aufgewachsen, in der die Beziehung zwischen dem rechtlichen Elternteil und dem sozialen Elternteil relativ stabil ist. Die rechtliche Zuweisung der elterlichen Sorge zum Stiefelternteil aus sozial-familiären Gründen beeinträchtigt nicht die Kontinuität der Fürsorge für das Stiefkind. Drittens wird die elterliche Verantwortung der leiblichen oder rechtlichen Eltern durch das Sorgerecht des Stiefelternteils nicht ersetzt, sondern ergänzt. Die Eltern-Kind-Beziehung zwischen dem Stiefkind und dem leiblichen oder rechtlichen Elternteil außerhalb der Stieffamilie wird dadurch nicht eingeschränkt, d. h. die Bindungen des Stiefkindes zu seinen bisherigen Verwandten werden nicht beeinträchtigt. Viertens ist nach chinesischem Recht für die Zuweisung des Sorgerechts zum Stiefelternteil entscheidend, dass nicht nur der Stiefelternteil, sondern auch das Stiefkind einen subjektiven Willen hat, zwischen ihnen ein Eltern-Kind-Verhältnis zu begründen, d. h. diese chinesische Norm stellt ohnehin auf den Willen des Stiefkindes ab. Nach alledem entspricht die Anwendung des chinesischen Rechts dem Kindeswohl und verstößt jedenfalls nicht gegen den deutschen ordre public.

Die Zuweisung des Sorgerechts zum Stiefelternteil aus sozial-familiären Gründen kraft Gesetzes nach chinesischem Recht lässt zudem das Sorgerecht des leiblichen oder rechtlichen Elternteils außerhalb der Stieffamilie unberührt. Es geht also nicht um die Gleichberechtigung der Eltern bei der

---

[414] BeckOGK/Markwardt (2023), Art. 21 EGBGB Rn. 58.

Sorgerechtsverteilung. Selbst wenn dies der Fall wäre, kommt es im Hinblick auf das Kindeswohl nicht darauf an, ob diese chinesische Regelung bei abstrakter Betrachtung einen Verstoß gegen die Gleichberechtigung der Eltern (Art. 3 GG) darstellen würde.[415]

ii. Schutz der sozialen Familie

Neben dem Leitmaßstab des Kindeswohls ist bei der ordre-public-Prüfung im Hinblick auf die Vorgaben der EMRK auch die faktische Familiensituation (Stief- oder Patchworkfamilie) zu berücksichtigen. Art. 8 Abs. 1 EMRK schützt unter anderem das Recht auf Achtung des Familienlebens. Der Begriff des Familienlebens ist weit zu verstehen. Er umfasst in erster Linie die sozialen – nicht notwendigerweise rechtlichen – Beziehungen zwischen Eltern und ihren Kindern.[416] Auch das Familienleben in einer Stief- oder Patchworkfamilie fällt unter den Schutz des Art. 8 EMRK.[417] Für die Beurteilung des Vorliegens einer faktischen Beziehung kommt es nicht darauf an, ob zwischen dem Stiefkind und dem Stiefelternteil eine biologische Beziehung besteht; entscheidend ist vielmehr, ob das Stiefkind von dem Stiefelternteil in finanzieller, rechtlicher oder affektiver Hinsicht abhängig ist.[418] Sofern die (Stief-)Familie getrennt lebt, muss aus den Umständen auf eine hinreichend konstante Beziehung und enge persönliche Bindungen geschlossen werden, z. B. durch regelmäßige Besuche.[419] Es stellt sich die Frage, welche Konsequenz der Schutz der sozialen (Stief-)Familie i. S. d. deutschen ordre public hat und ob diesem tatsächlichen Familienleben auf Dauer die rechtliche Anerkennung versagt werden darf.[420] Die Rechtsprechung des EGMR hat bestätigt, dass sich aus Art. 8 Abs. 1 EMRK grundsätzlich die positive Verpflichtung ergibt, ein bestehendes Familienleben i. S. v. Art. 8 Abs. 1 EMRK auch rechtlich

415 MüKoBGB/Helms (2020), Art. 21 EGBGB Rn. 27.

416 Botthof, Andreas: „Der Schutz des Familienlebens nach Art. 8 Abs. 1 EMRK und sein Einfluss auf die Anerkennung ausländischer Adoptionsentscheidungen". *StAZ* 2013, S. 79.

417 BVerwG, Urteil v. 30.7.2013, BVerwG 1 C 15.12, *ZAR* 2014, S. 76.

418 Ebd., 78.

419 Botthof, *StAZ* 2013, S. 79.

420 Duden, Konrad: „Internationale Leihmutterschaft: Der frühe Schutz der tatsächlichen Familie, Zur Entscheidung »Paradiso und Campanelli v. Italien« des EGMR". *StAZ* 2015, S. 205.

abzusichern.[421] Daher verstößt die Anwendung des chinesischen Rechts hinsichtlich der Zuweisung der elterlichen Verantwortung zum Stiefelternteil aus sozial-familiären Gründen kraft Gesetzes unter Berufung auf Art. 8 Abs. 1 EMRK nicht gegen den deutschen ordre public.

2. China

a) Qualifikation

Die Qualifikation der sorgerechtlichen Stellung des Stiefelternteils richtet sich gem. § 8 IPRG nach der lex fori. Dabei kommen sowohl § 25 IPRG als auch § 29 IPRG in Betracht. § 25 IPRG bestimmt, welches Recht auf die Rechtsbeziehungen zwischen einem Kind und seinen Eltern anzuwenden ist. Dazu gehört ohne weiteres auch die Zuweisung der elterlichen Sorge. Darüber hinaus kann nach chinesischem Recht das Stiefkind aus sozial-familiären Gründen dem Stiefelternteil rechtlich als Elternteil zugeordnet werden. Da auch die persönliche Beziehung zwischen Eltern und Kindern von § 25 IPRG erfasst wird, bestimmt sich das anwendbare Recht auf die materiellrechtliche Vorfrage der rechtlichen Zuordnung des Stiefkindes zu dem Stiefelternteil aufgrund sozial-familiärer Beziehungen ebenfalls nach § 25 IPRG.[422]

§ 29 IPRG regelt die Anknüpfung der allgemeinen Unterhaltsverhältnisse. Darunter fällt auch der Unterhalt zwischen Eltern und Kindern. Bemerkenswert ist, dass in Lehre und Rechtsprechung in der VR China nicht nur Unterhaltsansprüche, sondern auch die Zuweisung des Sorgerechts unter § 29 IPRG subsumiert werden können.[423] Eine mögliche Erklärung hierfür ist, dass § 29 IPRG eher auf die praktische Umsetzung von Unterhaltsverhältnissen ausgerichtet ist, während § 25 IPRG eine umfassendere Regelung des Eltern-Kind-Verhältnisses einschließlich der Zuweisung der elterlichen Sorge bietet. Zwischen den beiden Bestimmungen besteht eine gewisse Überschneidung, da sowohl Unterhaltsverhältnisse als auch die Zuweisung des Sorgerechts im

---

421 Vgl. EGMR, Urteil v. 25.1.2007 – 21949/03 (Eski/Österreich), *ÖJZ* 2007, S. 750; EGMR, Urteil v. 26.7.2007 – 58077/00 (Chepelev/Russland), *HUDOC*; EGMR, Urteil v. 13.12.2007 – 39051/03 (Emonet u. a./Schweiz), *FamRZ* 2008, S. 377; EGMR, Urteil v. 27.4.2010 – 16318/07 (Moretti u. Benedetti/Italien), *HUDOC*; EGMR, Urteil v. 20.7.2010 – 38816/07 (Dadouch/Malta), *HUDOC*; vgl. Botthof, *StAZ* 2013, S. 79.

422 Zivilurteil zweiter Instanz des MVG Zhuhai, (2019) yue 04 min zhong Nr. 878.

423 Ye, *Modern Law Science* 2017(5), S. 148, 153; Huang 2011, S. 68.

Kontext des Eltern-Kind-Verhältnisses gesehen werden können.[424] Konkret kann das Sorgerecht als eine Form des Unterhalts verstanden werden, weil es die Verantwortung für die Betreuung, Erziehung und Versorgung des Kindes beinhaltet. Eine weitere Argumentation könnte sich darauf stützen, dass § 29 IPRG keine subsidiäre Anknüpfung wie § 25 IPRG darstellt, sondern eine alternative Anknüpfung vorsieht, die dem Kindeswohl Vorrang einräumt und dem Günstigkeitsprinzip entspricht. Das Kindeswohl hat in familienrechtlichen Angelegenheiten oberste Priorität. Bei der Frage der Sorgerechtszuweisung geht es darum, die für das Wohl des Kindes günstigste Lösung zu finden. Indem § 29 als alternative Anknüpfungsmöglichkeit für die Zuweisung des Sorgerechts betrachtet wird, wird es dem Gericht ermöglicht, sowohl § 25 IPRG als auch § 29 IPRG in Betracht zu ziehen und damit das anwendbare Recht flexibel zu bestimmen und die Entscheidung auf die individuellen Umstände und Bedürfnisse des Kindes auszurichten. Auf diese Weise kann das Gericht eine maßgeschneiderte Lösung finden, die dem Kindeswohl am besten entspricht.

Zusammenfassend lässt sich sagen, dass die Bestimmungen des chinesischen IPRG nicht immer strikt voneinander abgegrenzt sind und sich in bestimmten Fällen überschneiden oder ergänzen können. So kann es Situationen geben, in denen sowohl § 29 IPRG als auch andere Bestimmungen, wie z. B. § 25 IPRG, relevant sind und zeitgleich angewendet werden, um das Sorgerecht oder eine Unterhaltsbeziehung (zwischen dem Stiefelternteil und dem Stiefkind) zu regeln.

b) Anwendung von § 25 IPRG

1) Anknüpfung an den gemeinsamen gewöhnlichen Aufenthalt

aa) Begründung des gemeinsamen gewöhnlichen Aufenthalts

Nach § 25 IPRG knüpft die Zuweisung der elterlichen Sorge zum Stiefelternteil von Gesetzes wegen zunächst an den gemeinsamen gewöhnlichen Aufenthalt des Stiefelternteils und des Stiefkindes an. Nach § 13 der Erläuterungen des OVG zum IPRG I (2020) ist ihr gemeinsamer gewöhnlicher Aufenthalt zum Zeitpunkt der Entstehung des Eltern-Kind-Verhältnisses zwischen ihnen festzustellen. Nach chinesischem Recht entsteht das Eltern-Kind-Verhältnis auf der Grundlage der natürlichen Abstammung i. d. R. mit der Geburt der

---

[424] Ye, *Modern Law Science* 2017(5), S. 148.

Kinder. Fraglich ist, wann das Eltern-Kind-Verhältnis zwischen dem Stiefkind und dem Stiefelternteil aus sozial-familiären Gründen entsteht. Das chinesische Recht enthält hierzu keine Regelung. Darüber hinaus wird in der Rechtsprechung unterschiedlich beurteilt, wie der gemeinsame gewöhnliche Aufenthalt zu begründen ist.

In einem Fall[425] vor dem MVG Zhuhai in Erbschaftssachen wird das Eltern-Kind-Verhältnis zwischen dem Stiefelternteil und dem Stiefkind als Vorfrage angesehen. Die 1988 geborene Stieftochter lebt seit 2006 zu Studienzwecken in Kanada. Nachdem die leibliche Mutter und der Stiefvater 2010 geheiratet hatten, zogen sie mit dem 1992 geborenen leiblichen Sohn des Stiefvaters nach Kanada, um dort als Patchworkfamilie in einem Haushalt zu leben. Sie lebten in Kanada zusammen, bis der Stiefvater 2017 nach China zurückkehrte und im selben Jahr verstarb. Die finanzielle Unterstützung des Stiefvaters für die Studiengebühren und den Lebensunterhalt der Tochter dauerte von 2011 bis zur Heirat der Stieftochter im Jahr 2014. Ein Eltern-Kind-Verhältnis zwischen dem Stiefvater und der Stieftochter könnte nur irgendwann während des Zusammenlebens aus sozial-familiären Gründen entstanden sein. Daraus wäre zu schließen, dass nach § 13 der Erläuterungen des OVG zum IPRG I (2020) der Stiefvater und die Stieftochter einen gemeinsamen gewöhnlichen Aufenthalt in Kanada hatten. Das Gericht hat jedoch die Festsetllung eines möglichen gemeinsamen gewöhnlichen Aufenthalts außer Acht gelassen. Zudem hatte es die alternativen Anknüpfungen nicht unter Anwendung des Günstigkeitsprinzips geprüft und verglichen, sondern unmittelbar das chinesische Recht angewendet, weil die Stieftochter das Bestehen eines Eltern-Kind-Verhältnisses zwischen ihr und dem Stiefvater nach chinesischem Recht behauptet hatte und weil es keine Anhaltspunkte dafür gibt, dass das kanadische Recht dem Schutz der Interessen der schwächeren Partei besser gerecht werde als das chinesische Recht.

Auch in anderen Familiensachen geht es um die Auslegung des gemeinsamen gewöhnlichen Aufenthalts. In einem Fall[426] vor dem MVG Guangzhou betreffend die Zuweisung der elterlichen Sorge hat das Gericht den gewöhnlichen Aufenthalt des Vaters nicht gem. § 13 der Erläuterungen des OVG zum IPRG I (2020) zum Zeitpunkt der Entstehung des

---

425 Zivilurteil zweiter Instanz des MVG Zhuhai, (2019) yue 04 min zhong Nr. 878.
426 Zivilurteil des MVG Guangzhou, (2016) yue 01 min zai Nr. 131.

Eltern-Kind-Verhältnisses, nämlich der Geburt des Kindes, sondern anhand der Ein- und Ausreiseregistrierungen des Vaters innerhalb der letzten fünf Jahre unmittelbar vor dem Zeitpunkt der Klageerhebung bestimmt. In einem Fall[427] vor dem MVG Shanghai, in dem es um die Bestätigung des Eigentums während der Ehe ging, beurteilte das Gericht gem. § 13 der Erläuterungen des OVG zum IPRG I (2020), ob die Ehegatten einen gemeinsamen gewöhnlichen Aufenthalt hatten, nicht zum Zeitpunkt der Klageerhebung, sondern zum Zeitpunkt der Entstehung eines bestimmten Rechtsverhältnisses, nämlich zum Zeitpunkt der Eheschließung.

Die unterschiedlichen Auslegungen des gemeinsamen gewöhnlichen Aufenthalts in den genannten Fällen zeigen positiv, dass eine starre Anwendung der gesetzlichen Be-stimmungen nicht immer angemessen ist. Eine flexible Auslegung auf der Grundlage des Günstigkeitsprinzips ermöglicht es den Gerichten, den gemeinsamen gewöhnlichen Aufenthalt unter Berücksichtigung spezifischer Umstände und individueller Situationen zu beurteilen. Dies kann zu gerechteren und maßgeschneiderten Entscheidungen führen, die das Wohl der betroffenen Personen, insbesondere des Kindes, besser gewährleisten. Hinzu kommt, dass sich die Rechtsprechung hier mglw. noch entwickelt. Die Gerichte haben Spielraum, neue Ansätze einzuführen und die Rechtslage weiterzuentwickeln, um den aktuellen gesellschaftlichen Bedürfnissen gerecht zu werden. Die unterschiedlichen Auslegungen führen jedoch in negativer Hinsicht zu Rechtsunsicherheit und uneinheitlichen Entscheidungen. Dies kann auch zu potenziellen Ungerechtigkeiten führen, weil die Rechte oder Interessen einer Partei unangemessen beeinträchtigt werden können, was das Vertrauen in das Rechtssystem untergräbt. Es erschwert auch die praktische Anwendung des Rechts, da es an einheitlichen Kriterien oder Leitlinien fehlen kann, was die Effizienz des Justizsystems durch Verwirrung beeinträchtigt.

Es bedarf daher einer ausgewogenen Lösung, z. B. eines Grundsatz-Ausnahme-Ansatzes. Bspw. rechtfertigen Rechtssicherheit, Stabilität und Kontinuität die grundsätzliche Festlegung eines unwandelbaren Zeitpunkts für die Begründung des gemeinsamen gewöhnlichen Aufenthalts. Es ist jedoch darauf hinzuweisen, dass die Wahl des Zeitpunkts auch ihre Grenzen hat und nicht in allen Fällen gerecht oder angemessen ist. In komplexen familiären

---

[427] Zivilurteil des Ersten MVG Shanghai, (2016) hu 01 min zhong Nr. 2237.

Situationen oder bei sich ändernden Umständen kann eine starre Fixierung auf einen bestimmten Zeitpunkt den tatsächlichen Gegebenheiten nicht gerecht werden. Daher sollte bei der Auslegung und Anwendung der Vorschriften in Ausnahmefällen eine gewisse Flexibilität gewährleistet werden, um den individuellen Umständen und dem Wohl des Kindes angemessen Rechnung zu tragen.

Eine mögliche Überarbeitung der Vorschriften zur einheitlichen Auslegung des gemeinsamen gewöhnlichen Aufenthalts könnte darüber hinaus wie folgt aussehen: (1) Es sollten eine klarere Definition und einheitliche Kriterien für die Bestimmung des gemeinsamen gewöhnlichen Aufenthalts festgelegt werden. Dazu könnten Aspekte wie der tatsächliche Aufenthaltsort und die zeitliche Begrenzung gehören. (2) Es könnten Leitlinien oder Empfehlungen eingeführt werden, die den Gerichten als Entscheidungshilfe dienen. Diese Leitlinien könnten im Hinblick auf eine einheitlichere und gerechtere Auslegung des Begriffs des gemeinsamen gewöhnlichen Aufenthalts verschiedene Szenarien und Faktoren berücksichtigen. (3) Bei der Auslegung und Anwendung der Vorschriften sollte das Wohl des Kindes stets im Mittelpunkt stehen. Es sollten spezifische Kriterien entwickelt werden, die darauf abzielen, das Wohl des Kindes zu schützen und seine Bedürfnisse und Rechte angemessen zu berücksichtigen. (4) Eine verstärkte Zusammenarbeit mit anderen Ländern und Rechtssystemen könnte zu einem besseren Verständnis und zu einer Harmonisierung der Auslegung des Begriffs des gemeinsamen gewöhnlichen Aufenthalts führen. Insgesamt sollte die Überarbeitung der Vorschriften darauf abzielen, bei der Auslegung des Begriffs des gemeinsamen gewöhnlichen Aufenthalts Klarheit, Einheitlichkeit, Gerechtigkeit und den Schutz des Kindeswohls zu gewährleisten.

bb) Verweisung auf chinesisches Recht

Auf die Zuweisung des Sorgerechts ist chinesisches Recht anzuwenden, wenn der Stiefelternteil und das Stiefkind einen gemeinsamen gewöhnlichen Aufenthalt in der VR China haben. In der Rechtsprechung der VR China wird § 25 IPRG von den Gerichten gegenüber § 29 IPRG bevorzugt, weil bei einem gemeinsamen gewöhnlichen Aufenthalt der Eltern und des Kindes in der VR China das chinesische Recht unmittelbar angewendet werden kann. Damit können die alternativen Anknüpfungen und das Günstigkeitsprinzip des § 29 IPRG umgangen werden. Denn die Ermittlung ausländischen

Rechts und der Vergleich verschiedener Rechtsordnungen würde das Gericht erheblich belasten.[428]

cc) Verweisung auf deutsches Recht

i. Keine Rück- und Weiterverweisung

Das Sorgerecht des Stiefelternteils richtet sich nach deutschem Recht, wenn der Stiefelternteil und das Stiefkind ihren gemeinsamen gewöhnlichen Aufenthalt in Deutschland haben. Da nach § 9 IPRG die Anwendung des deutschen IPR ausgeschlossen ist, ist das deutsche materielle Recht (§ 1687b BGB und § 9 LPartG) unmittelbar anzuwenden.

ii. Vorfrage

Nach § 10 der Erläuterungen des OVG zum IPRG I (2020) sind Vorfragen selbständig anzuknüpfen. Daher ist auf die materielle Vorfrage der Minderjährigkeit des Stiefkindes nach §§ 11, 12 IPRG das Recht des gewöhnlichen Aufenthalts des Stiefkindes, also deutsches Recht, anzuwenden. Die Vorfrage der Ehe oder eingetragenen Lebenspartnerschaft der Eltern in der Stief- oder Patchworkfamilie ist selbständig nach § 21 IPRG (verschiedengeschlechtliche Ehe) oder nach dem Prinzip der engsten Verbindung (gleichgeschlechtliche Ehe oder eingetragene Lebenspartnerschaft) anzuknüpfen.[429] Auf die Vorfrage des alleinigen Sorgerechts des rechtlichen Elternteils ist gem. § 25 S. 1 IPRG das Recht des gemeinsamen gewöhnlichen Aufenthalts anzuwenden. Gibt es keinen gemeinsamen gewöhnlichen Aufenthalt, ist gem. § 25 S. 2 IPRG das Recht anzuwenden, das für die Zuweisung des Sorgerechts zu dem Stiefelternteil günstiger wäre.

iii. Ordre public

Die VR China ist Vertragsstaat der Konvention über die Rechte des Kindes (UN-KRK). Das Kindeswohl ist daher als wesentlicher Grundsatz des chinesischen Familienrechts anzusehen. Da ein ordre-public-Verstoß vorliegt, wenn die Anwendung ausländischen Rechts im Widerspruch zu wesentlichen Staatsinteressen, grundlegenden politischen Normen, grundlegenden Moralvorstellungen oder wesentlichen Rechtsgrundsätzen steht,[430] ist das

---

428 Ye, *Modern Law Science* 2017(5), S. 148.

429 Näheres siehe oben Teil 3 A II 1 und III 5.

430 Huang/Jiang 2011, S. 31.

Kindeswohl auch nach chinesischem Recht ein maßgebliches Kriterium für eine ordre-public-Prüfung im Bereich der Eltern-Kind-Verhältnisse. Nach § 5 IPRG ist chinesisches Recht anzuwenden, soweit die Anwendung deutschen Rechts nicht dem Kindeswohl entspricht.

Nach deutschem Recht hängt die Beziehung (sog. kleines Sorgerecht) zwischen Stiefelternteil und Stiefkind ausschließlich von der Ehe oder eingetragenen Lebenspartnerschaft des Stiefelternteils und des in der Stieffamilie lebenden rechtlichen Elternteils ab. Stiefkinder sind mit ihren Stiefeltern nicht verwandt, sondern verschwägert, auch wenn zwischen ihnen aus sozial-familiären Gründen ein faktisches Eltern-Kind-Verhältnis entstanden ist. Dies unterscheidet sich deutlich von den entsprechenden chinesischen Regelungen. Nach chinesischem Recht wird das faktische Eltern-Kind-Verhältnis zwischen dem Stiefelternteil und dem Stiefkind als fiktives Verwandtschaftsverhältnis (analog zum Adoptionsverhältnis) angesehen. Das Stiefkind kann somit aus sozial-familiären Gründen rechtlich dem Stiefelternteil zugeordnet werden. Diese Regelung geht vor allem vom Kindeswohl des Stiefkindes aus, da die soziale Beziehung zwischen Stiefelternteil und Stiefkind rechtlich abgesichert werden kann. Das Stiefkind wird in der Stieffamilie besser versorgt und führt ein Familienleben mit engeren Beziehungen, wenn die elterliche Verantwortung auch dem Stiefelternteil zusteht. Darüber hinaus bezweckt der Gesetzgeber mit dieser Regelung den Schutz der sozialen Familie.[431]

Da die ordre-public-Prüfung auch in der VR China einer Ergebniskontrolle unterliegt, ist die Verletzung des Kindeswohls im Einzelfall zu prüfen. Die erste Konstellation des Ergebnisses der Anwendung deutschen Rechts wäre, dass ein faktisches Eltern-Kind-Verhältnis, das zwischen dem Stiefelternteil und dem Stiefkind aus sozial-familiären Gründen bereits entstanden ist, vom deutschen Recht nicht anerkannt wird. Dies hat zur Folge, dass das Stiefkind in der Stieffamilie keine familienrechtlichen Ansprüche geltend machen kann bzw. dass die Rechtsstellung des Stiefkindes in einer Patchworkfamilie weniger geschützt ist als die eines Kindes, das vom Stiefelternteil und dem rechtlichen Elternteil abstammt. Dies würde sich negativ auf die normalen und gleichberechtigten Beziehungen zwischen den Mitgliedern der Patchworkfamilie auswirken. Insofern würde die Anwendung deutschen Rechts

---

431 Siehe Han, Jiajia: *Research on the Relationship between Step Parents and Step Children of Raising Type*. (Doktoral Thesis) Xiangtan University: Xiangtan 2019, S. 16–18.

das Kindeswohl des Stiefkindes beeinträchtigen. Die zweite Konstellation des Ergebnisses der Anwendung deutschen Rechts wäre, dass eine faktische Eltern-Kind-Beziehung zwischen dem Stiefelternteil und dem Stiefkind kurz nach der Eheschließung des Stiefelternteils und des rechtlichen Elternteils nicht entstehen kann und dem Stiefelternteil nach deutschem Recht dennoch ein kleines Sorgerecht zusteht. Demgegenüber sind Rechte und Pflichten zwischen dem Stiefelternteil und dem Stiefkind vor Begründung des faktischen Eltern-Kind-Verhält-nisses nach chinesischem Recht nicht vorgesehen. In diesem Fall entspricht die Anwendung deutschen Rechts dem Kindeswohl des Stiefkindes.

2) Verweisung auf das für den Schutz der Interessen des Schwächeren günstigste Recht

aa) Alternative Anknüpfungen

Haben der Stiefelternteil und das Stiefkind keinen gemeinsamen Aufenthalt, so kann nach § 25 IPRG alternativ auf das Personalstatut (d. h. das Recht des gewöhnlichen Aufenthalts und das Staatsangehörigkeitsrecht) des Stiefelternteils und des Stiefkindes abgestellt werden. Die Möglichkeit, auf das chinesische Recht zu verweisen, wird auch dadurch erheblich erweitert, dass die Zuständigkeitsgründe nach dem chinesischen Verfahrensrecht (§§ 22, 23 ZPG) ebenfalls auf die Anknüpfung des Personalstatuts gestützt werden. Diese alternative Anknüpfung geht immerhin davon aus, dass unter möglichst vielen Anknüpfungspunkten im Weg des Günstigkeitsvergleichs das günstigste Recht ausgewählt werden soll, das die Interessen der schwächeren Partei schützen kann.

Auf das Verhältnis zwischen Stiefelternteil und Stiefkind ist das Recht des Staatsangehörigkeitsstaates oder das Recht des gewöhnlichen Aufenthalts einer Partei anzuwenden. Gibt es keinen gemeinsamen gewöhnlichen Aufenthalt, sind folgende Konstellationen denkbar: Erstens, der Staatsangehörigkeitsstaat und der gewöhnliche Aufenthalt des Stiefelternteils und des Stiefkindes liegen in vier verschiedenen Staaten; zweitens, das Personalstatut des Stiefelternteils und des Stiefkindes betrifft drei Staaten, weil zwei Anknüpfungen des Personalstatuts sich auf denselben Staat beziehen und zwei weitere Anknüpfungen sich auf verschiedene Staaten beziehen; drittens, es handelt sich nur um zwei Staaten, wenn der Staatsangehörigkeitsstaat des Stiefelternteils und des Stiefkindes in einem der Staaten liegt, in denen sie ihren gewöhnlichen Aufenthalt haben. Theoretisch kann also zwischen den Rechtsordnungen von bis zu vier Ländern und mindestens zwei Ländern gewählt werden. In der Rechtspraxis müssen die chinesischen Gerichte jedoch meist nur die Rechtsordnungen von zwei Ländern vergleichen, d. h. einen Günstigkeitsvergleich zwischen dem chinesischen Recht und einem ausländischen Recht vornehmen. Insofern wird das Gericht mit diesen alternativen Anknüpfungen tatsächlich nicht übermäßig belastet.[432]

bb) Günstigkeitzprinzip

Der Gesetzgeber hat in der Norm ausdrücklich das Wort „günstig" verwendet. Nach dem Zweck der Norm handelt es sich offensichtlich um ein Günstigkeitsprinzip bzw. eine Günstigkeitsklausel. Die Auslegung der Günstigkeitsklausel sollte dahin gehen, dass dasjenige Recht anzuwenden ist, das im materiellrechtlichen Ergebnis für die Interessen des Schwächeren günstiger ist. Das „Günstigkeitsprinzip" ist von der Anknüpfungsmethode „Verweisung auf das Recht, das die engste Verbindung zur schwächeren Partei aufweist" abzugrenzen. Auch wenn die direkte Anwendung des Personalstatuts der schwächeren Partei, das eine größere Sachnähe hat, ebenfalls vom Schutz der schwächeren Partei ausgeht, sind die materiellrechtlichen Ergebnisse der Rechtsanwen-dung nicht notwendigerweise für den Schutz der Interessen der schwächeren Partei günstig.[433]

Das Günstigkeitsprinzip wird von chinesischen Gerichten häufig missbraucht oder faktisch aufgegeben. Unter dem Günstigkeitsprinzip verstehen chinesische Gerichte regelmäßig die unmittelbare Anwendung des Personalstatuts der schwächeren Partei (i. d. R. das Recht des Gerichtsortes).[434] Darüber hinaus ist es in der gerichtlichen Praxis üblich, auf die lex fori durch irgendeine Anknüpfungsregel zurückzugreifen, anstatt die Anwendungsergebnisse verschiedener materieller Rechtsordnungen zu vergleichen.[435] Das

---

432 Ye, *Modern Law Science* 2017(5), S. 152.

433 Ebd.

434 Zivilurteil des Zweiten MVG Beijing, (2014) er zhong shao min zhong zi Nr. 08865: In dieser Entscheidung wandte das Gericht das Günstigkeitsprinzip an, verglich jedoch nicht die Ergebnisse der Anwendung der durch alternative Anknüpfungspunkte verwiesenen Rechtsordnungen, sondern wandte direkt das Personalstatut der schwächeren Partei (lex fori) an, das als günstiger angesehen wurde.

435 Bei den folgenden Entscheidungen wurde das Günstigkeitsprinzip nicht angewandt: Zivilurteil des VG Kaiping, Guangdong, (2015) jiang kai fa min si chu zi Nr. 391 (das

Günstigkeitsprinzip wird daher in der chinesischen Rechtspraxis tatsächlich kaum angewandt, was weit von Sinn und Zweck dieser Kollisionsnorm entfernt sein dürfte, oder genauer gesagt, chinesische Gerichte haben in Fällen, in denen es um Eltern-Kind-Beziehungen mit Auslandsbezug geht, das ausländische Recht kaum als günstigeres Recht als das chinesische angesehen. Das chinesische Recht wird immer angewendet, unabhängig davon, wie sie das „Günstigkeitsprinzip" verstehen oder welche andere Rechtswahlregel sie anwenden.[436] Daraus ergibt sich, dass chinesische Gerichte in der Tat sehr zurückhaltend bei der Anwendung ausländischen Rechts sind.[437]

In einem Eltern-Kind-Verhältnis zwischen dem Stiefelternteil und dem Stiefkind ist die schwächere Partei i. d. R. das minderjährige Stiefkind. Das Gericht hat daher das Recht anzuwenden, das die Interessen des Stiefkindes am besten schützt. Zunächst ist festzustellen, welches Recht das günstigste ist. Sowohl das IPRG als auch die Erläuterungen des OVG zum IPRG I (2020) enthalten keine Bestimmungen, die das Günstigkeitsprinzip konkretisieren oder die maßgeblichen Kriterien für den Günstigkeitsvergleich erläutern. Chinesische Richter haben daher einen größeren Ermessensspielraum und sollten im Einzelfall beurteilen, welche der in Betracht kommenden Rechtsordnungen am günstigsten ist. Bei der Prüfung, ob zwischen dem Stiefelternteil und dem Stiefkind ein rechtliches Eltern-Kind-Verhältnis aus sozial-familiären Gründen begründet werden kann oder ob der Stiefelternteil Inhaber des Sorgerechts ist, sollte das Gericht auf solche Erwägungen zurückgreifen, die bei der Feststellung der biologischen Eltern-Kind-Beziehung und der Verteilung ihrer Rechte und Pflichten zu berücksichtigen sind. In erster Linie ist zu prüfen, ob die faktische Eltern-Kind-Beziehung zwischen dem Stiefelternteil und dem Stiefkind im Einzelfall rechtlich abgesichert ist bzw.

Recht des gewöhnlichen Aufenthalts des Kindes, also die lex fori, wurde unmittelbar angewandt); Zivilurteil des VG Hengqin, Zhuhai, Guangdong, (2015) zhu heng fa min chu zi Nr. 101(das Recht des Aufenthaltsorts des Elternteils, also die lex fori, wurde unmittelbar angewandt); Zivilurteil des MVG Hangzhou, Zhejiang, (2016) zhe 01 min zhong Nr. 593 (das Recht der gemeinsamen Staatsangehörigkeit, also die lex fori, wurde unmittelbar angewandt); Zivilurteil des MVG Hangzhou, Zhejiang, (2013) zhe hang min zhong zi Nr. 3686 (das anwendbare Recht, also die lex fori, wurde durch den Grundsatz der Parteiautonomie bestimmt).

436 Zivilurteil des VG Donghu, Wuhan, Hubei, (2016) e 0192 min chu Nr. 1130 (das chinesische Recht, also die lex fori, wurde ohne Begründung unmittelbar angewendet).

437 Siehe Ye, *Modern Law Science* 2017(5), S. 147–151.

ob das Stiefkind kraft Gesetzes die elterliche Fürsorge des Stiefelternteils in Anspruch nehmen kann. Zum anderen ist zu prüfen, ob die Übertragung der elterlichen Sorge auf den Stiefelternteil dem Kindeswohl am besten entspricht.[438]

Nach chinesischem Recht kann die faktische Eltern-Kind-Beziehung zwischen dem Stiefelternteil und dem Stiefkind rechtlich abgesichert werden.[439] Fehlt eine solche Regelung im ausländischen Recht, so kann das Stiefkind offensichtlich nur durch Anwendung des chinesischen Rechts die elterliche Fürsorge des Stiefelternteils erlangen. In diesem Fall ist das chinesische Recht das für den Schutz der Interessen des Stiefkindes günstigste Recht. Kurz nach der Eheschließung des Stiefelternteils mit dem rechtlichen Elternteil ist das faktische Eltern-Kind-Verhältnis zwischen dem Stiefelternteil und dem Stiefkind wegen der kurzen Dauer des Zusammenlebens i. d. R. noch nicht entstanden. Das chinesische Recht kann insoweit nicht herangezogen werden, weil es Rechte und Pflichten zwischen dem Stiefelternteil und dem Stiefkind in der Anfangsphase der Stieffamilie nicht kennt. Sieht das ausländische Recht hingegen eine solche Regelung vor, ist die Anwendung des ausländischen Rechts günstiger als die des chinesischen Rechts.

Sieht sowohl das chinesische Recht als auch das ausländische Recht vor, dass das Stiefkind in die Obhut des Stiefelternteils gelangen kann, ist zu prüfen, ob die Zuweisung des Sorgerechts zum Stiefelternteil nach in- und ausländischem Recht dem Kindeswohl Rechnung trägt. Ist nach ausländischem Recht die Zustimmung der rechtlichen Eltern erforderlich, um die faktische Eltern-Kind-Beziehung rechtlich abzusichern, könnte die Anwendung ausländischen Rechts dem Kindeswohl des Stiefkindes zuwiderlaufen. Denn zum einen ist es in der Praxis nicht einfach, die Zustimmung des rechtlichen Elternteils außerhalb der Stieffamilie einzuholen. Zum anderen könnten Sorgerechtsstreitigkeiten sogar ausgelöst werden. Trotz der Zuweisung des Sorgerechts zum Stiefelternteil wird nach chinesischem Recht dem anderen rechtlichen Elternteil außerhalb der Stieffamilie das Sorgerecht nicht entzogen. Dies bedeutet, dass das chinesische Recht mehrere sich überlappende Eltern-Kind-Beziehungen in der Stieffamilie zulässt. Es könnte daher dem Kindeswohl widersprechen, wenn das ausländische Recht diese mehrfachen

438 Ye, *Modern Law Science* 2017(5), S. 155.
439 § 1072 ZGB.

Eltern-Kind-Beziehungen nicht kennt. Allerdings bietet das chinesische Recht keine Lösungen für Sorgerechtsstreitigkeiten, die sich aus den überlappenden Eltern-Kind-Beziehungen ergeben. Die Anwendung ausländischen Rechts ist daher für den Schutz der Interessen des Stiefkindes günstiger, wenn es nicht nur mehrere Eltern-Kind-Beziehungen zulässt, sondern auch Mechanismen und Maßnahmen zur Lösung von Streitigkeiten zur Verfügung stellt.

c) Anwendung von § 29 IPRG: Verweisung auf das für den Schutz der Interessen des Unterhaltenen günstigste Recht

1) Alternative Anknüpfung

Fällt das Unterhaltsverhältnis[440] zwischen Stiefelternteil und Stiefkind unter § 29 IPRG, so ist das minderjährige Stiefkind Unterhaltsberechtigter und der Stiefelternteil Unterhaltspflichtiger. Abweichend von § 25 IPRG steht die alternative Anknüpfung in § 29 IPRG unmittelbar dem Gericht zu, das zunächst nicht zu prüfen hat, ob der Stiefelternteil und das Stiefkind einen gemeinsamen gewöhnlichen Aufenthalt haben. Neben der Anknüpfung an das Personalstatut des Stiefelternteils und des Stiefkindes wie in § 25 IPRG kommt in § 29 IPRG auch die Anknüpfung an den Ort in Betracht, an dem sich das wesentliche Vermögen einer Partei (hier des Stiefelternteils) befindet. Denn in § 29 IPRG geht es nicht nur um die Begründung des Unterhaltsverhältnisses, sondern auch um die Unterhaltsleistung. Die zusätzliche Anknüpfung an den Ort, an dem sich das wesentliche Vermögen des Unterhaltspflichtigen befindet, steht daher auch in engem Zusammenhang mit der unterhaltsberechtigten Person. Die Anknüpfungspunkte in § 29 IPRG sind den Anknüpfungspunkten in § 148 AGZR[441] und § 189 der gerichtlichen Auslegung des AGZR entlehnt. Nach § 148 AGZR ist auf Unterhaltsansprüche das Recht des Staates anzuwenden, zu dem der Unterhaltsberechtigte die engste Verbindung hat. Als engste Verbindung gilt nach § 189 der gerichtlichen Auslegung die Anknüpfung an das Personalstatut des Unterhaltsberechtigten und des Unterhaltspflichtigen sowie an den Ort, an dem sich das Vermögen befindet, aus dem der Unterhalt für den Unterhaltsberechtigten gezahlt wird.

---

440 Der Begriff „fu yang" im Eltern-Kind-Verhältnis gem. § 29 IPRG umfasst sowohl die elterliche Sorge als auch den Unterhalt. Daher schließt das Unterhaltsverhältnis nicht nur die Unterhaltszahlungen, sondern auch die elterliche Sorge mit ein.

441 § 148 AGZR: „Auf den Unterhalt wird das Recht des Staates angewandt, mit dem der Unterhaltsberechtigte die engste Verbindung hat."

Analog zu § 25 IPRG kann das Gericht theoretisch das Recht von bis zu fünf Staaten wählen, während in der Rechtspraxis tatsächlich nur das Recht von zwei Staaten zur Wahl steht.

2) Günstigkeitsprinzip

Das Günstigkeitsprinzip des § 29 IPRG dient grundsätzlich unmittelbar und zweckmäßig dem Schutz der Interessen der schwächeren Partei, da der gemeinsame gewöhnliche Aufenthalt nicht wie bei § 25 IPRG eingreift. Im Unterhaltsverhältnis ist der Unterhaltsberechtigte naturgemäß die schwächere Partei als der Unterhaltspflichtige. § 29 IPRG sieht daher unmittelbar vor, dass nicht die Interessen des Schwächeren, sondern die Interessen des Unterhaltsberechtigten geschützt werden. Zur Beurteilung des Vorliegens eines Unterhaltsverhältnisses zwischen dem Stiefelternteil und dem Stiefkind ist daher das für den Schutz der Interessen des minderjährigen Stiefkindes günstigste Recht anzuwenden. Wie in § 25 IPRG ist nicht das Personalstatut des Stiefkindes, sondern das für den Schutz der Interessen des Stiefkindes günstigste Recht i. S. d. Ergebnisse der Anwendung des materiellen Rechts anzuwenden. Zur Konkretisierung des Günstigkeitsprinzips bei Unterhaltsverhältnissen ist einerseits zu beachten, dass für die Feststellung des Bestehens des Unterhaltsverhältnisses im Ergebnis der Rechtsanwendung das für die Begründung des Unterhaltsverhältnisses günstigste Recht anzuwenden ist, damit der Unterhaltsberechtigte Fürsorge und Unterhalt erhält. Hinsichtlich der Unterhaltsleistung sollte andererseits das Recht angewendet werden, das einen höheren Unterhaltsbetrag vorsieht, um die Situation der unterhaltsberechtigten Person zu verbessern. Fällt die Zuweisung des Sorgerechts zum Stiefelternteil unter die Kollisionsnorm des § 29 IPRG, so ist das Recht anzuwenden, das für die Begründung eines gesetzlichen Unterhaltsverhältnisses zwischen dem Stiefelternteil und dem Stiefkind am günstigsten ist, so dass das Stiefkind die Obhut und den Unterhalt vom Stiefeltern-teil erhält. Darüber hinaus kann analog zu § 25 IPRG bei der Beurteilung des Vorliegens eines Unterhaltsverhältnisses zwischen Stiefelternteil und Stiefkind auf das Kindes-wohl abgestellt werden.[442]

---

[442] Näheres siehe oben Teil 3 B 2 b) 2) bb).

d) Stellungnahme zum Prinzip des Schutzes des Schwächeren

Da sich der Anwendungsbereich der §§ 25, 29 IPRG in Bezug auf das Eltern-Kind-Verhältnis, nämlich Sorgerecht und Unterhalt, überschneidet, kann entweder § 25 IPRG oder § 29 IPRG zur Ermittlung des anwendbaren Rechts herangezogen werden, um zu beurteilen, ob ein Eltern-Kind-Verhältnis zwischen dem Stiefelternteil und dem Stiefkind kraft Gesetzes aus sozial-familiären Gründen begründet werden kann. Aus den Formulierungen „das für den Schutz der Interessen des Schwächeren oder des Unterhaltsberechtigten günstigste Recht“[443] in diesen beiden Bestimmungen kann geschlossen werden, dass der Gesetzgeber die alternative Anknüpfung und das Günstigkeitsprinzip in die Kollisionsnormen des Familienrechts eingeführt hat, um das materielle Recht zu wählen, das die schwächere Partei in den Familienbeziehungen besser schützt, m. a. W.: der chinesische Gesetzgeber will, um dem globalen Entwicklungstrend im IPR zu folgen, das Prinzip des Schutzes der schwächeren Partei in die familienrechtlichen Kollisionsnormen treiben. Entsprechend dem gesetzgeberischen Zweck dient das „Prinzip des Schutzes des Schwächeren“ im chinesischen IPR im Bereich des Familienrechts sowohl dem Schutz der Menschenrechte als auch dem Streben nach materieller Gerechtigkeit, was von der Anknüpfung an das Personalstatut verfolgten kollisionsrechtlichen Gerechtigkeit zu unterscheiden ist.

Trifft die Annahme zu, dass „das Prinzip des Schutzes des Schwächeren im chinesischen IPR im Bereich des Familienrechts stets eingreift“, so kann das Problem der Überschneidung der Anwendungsbereiche der §§ 25, 29 IPRG mit Hilfe des „Prinzips des Schutzes des Schwächeren“ gelöst werden.[444] So ist z. B. im Verhältnis zwischen Stiefelternteil und Stiefkind i. d. R. das minderjährige Stiefkind die zu schützende schwächere Partei. Zum Schutz der Interessen des Stiefkindes ist jenes Recht anzuwenden, das für die Begründung des Eltern-Kind-Verhältnisses zwischen dem Stiefelternteil und dem Stiefkind aus sozial-familiären Gründen am günstigsten ist, d. h. das es dem Stiefkind ermöglicht, die Fürsorge des Stiefelternteils aufrechtzuerhalten. Haben bspw. ein chinesischer Stiefelternteil und ein chinesisches Stiefkind

[443] Neben den §§ 25 und 29 enthalten auch die Regelungen in § 30 IPRG [Vormundschaft] Ähnliches: „Anzuwenden ist das Recht, das zum Schutz der Interessen des Mündels am günstigsten ist.“

[444] Siehe Ye, *Modern Law Science* 2017(5), S. 149.

einen gemeinsamen gewöhnlichen Aufenthalt in Deutschland, so wäre nach § 25 IPRG primär das deutsche Recht anzuwenden, das die faktische Eltern-Kind-Beziehung zwischen dem Stiefelternteil und dem Stiefkind nicht kennt, während nach § 29 IPRG auf das chinesische Recht als Heimatrecht des Stiefelternteils und des Stiefkindes verwiesen werden kann, das die faktische Eltern-Kind-Beziehung zwischen dem Stiefelternteil und dem Stiefkind rechtlich absichern und die Interessen des Stiefkindes besser schützen kann. In diesem Fall kann durch die vorrangige Anwendung von § 29 IPRG auch die ordre-public-Prüfung vermieden werden. Zusammenfassend kann gesagt werden, dass in Fällen, in denen die Eltern-Kind-Beziehung in Bezug auf das Sorgerecht und den Unterhalt sowohl unter § 25 IPRG als auch unter § 29 IPRG fällt, die vorrangige Anwendung von § 29 IPRG dem Prinzip des Schutzes des Schwächeren am besten entspricht.[445]

II. Rechtliche Elternschft des Stiefelternteils durch Stiefkindadoption

1. Deutschland

a) Durchführung der Stiefkindadoption im Inland

1) Anknüpfung an die lex fori gem. Art. 22 Abs. 1 S. 1 EGBGB

Nach dem neuen Art. 22 Abs. 1 S. 1 EGBGB ist auf die Adoption im Inland stets deutsches Recht anzuwenden. Es gilt also die lex fori, um das ausweislich der Gesetzesbegründung verfolgte Ziel der Ermöglichung der Stiefkindadoption in einer nichtehelichen Lebensgemeinschaft umzusetzen.[446] Diese lex-fori-Anknüpfung differenziert nicht mehr nach dem Familienstand der Adoptiveltern, während die Anknüpfungen des Art. 22 Abs. 1 S. 1 bis 3 EGBGB a. F. darauf abstellten, ob es sich um eine Adoption durch eine Alleinstehende, Ehegatten, eingetragenen oder nichtehelichen Lebenspartner handelte.[447] Da die Anknüpfung an die Staatsangehörigkeit der Adoptiveltern durch die Reform aufgegeben wurde, kann ein ausländischer Stiefelternteil,

---

445 Siehe Ye, *Modern Law Science* 2017(5), S. 149; Qu, Guangqing: *Protection of the Weaker Party in Private International Law*. The Commercial Press: Beijing 2011, S. 192–201.

446 BR-Drs. 577/19, S. 13.

447 Helms, Tobias: „Öffnung der Stiefkindadoption für nichteheliche Lebensgemeinschaften und Reform des Internationalen Adoptionsrechts“. *FamRZ* 2020, S. 648.

dessen Heimatrecht eine Stiefkindadoption durch den Partner des rechtlichen Elternteils in einer nichtehelichen Lebensgemeinschaft nicht vorsieht, das Stiefkind in Deutschland adoptieren. Anstelle der häufigen Anwendung der Vorbehaltsklausel des Art. 6 EGBGB, die grundsätzlich sehr zurückhaltend zu handhaben ist, können durch die Anknüpfung an die lex fori unmittelbar mögliche untragbare Folgen der Anwendung ausländischen Adoptionsrechts vermieden werden, die mit den Grundwerten der deutschen Rechtsordnung, etwa im Hinblick auf die Gleichbehandlung des Stiefkindes, nicht in Einklang zu bringen sind. Zudem folgt diese lex-fori-Anknüpfung im internationalen Adoptionsrecht der Tendenz zur Aufenthaltsanknüpfung im modernen IPR, weil die im Inland adoptierten Kinder i. d. R. ihren gewöhnlichen Aufenthalt im Inland haben. Es erscheint daher konsequent, an den gewöhnlichen Aufenthalt des Kindes im Bereich des Kindschaftsrechts anzuknüpfen (Art. 15 ff. KSÜ sowie Art. 19 Abs. 1 S. 1 EGBGB).[448] Angesichts der seltenen Fälle der Adoption eines deutschen Kindes mit gewöhnlichem Aufenthalt im Ausland hat der Gesetzgeber anstelle der unmittelbaren Aufenthaltsanknüpfung die lex-fori-Anknüpfung eingeführt, damit ein deutsches Kind, das in einer Stief- oder Patchworkfamilie im Ausland lebt, auch im Inland von einem Stiefelternteil nach deutschem Adoptionsrecht adoptiert werden kann, ohne dass es auf die Adoptionsvoraussetzungen nach dem Recht des Aufenthaltsstaates ankommt.[449]

2) Internationale Zuständigkeit deutscher Gerichte

Die lex-fori-Anknüpfung wird gleichzeitig von der Frage der internationalen Zustän-digkeit eines Gerichts beeinflusst. Ist die internationale Zuständigkeit eines Gerichts zu weit gefasst, kann die Anwendung des Rechts des Gerichtsortes nicht zu einer sachgerechten Lösung von Adoptionsfällen mit Auslandsberührung führen, sondern im Gegenteil sogar Probleme hinkender Rechtsverhältnisse in Statusfragen auslösen, die dem Kindeswohl des anzunehmenden Kindes abträglich sein können.[450] Da nach § 101 FamFG die deutsche Staatsangehörigkeit oder der gewöhnliche Aufenthalt eines der

---

448 Helms, Tobias: „Vorschlag zur Reform des Internationalen Adoptionsrechts“. *StAZ* 2015, S. 100.

449 Helms, *FamRZ* 2020, S. 648.

450 Teklote, Stephan: „Stiefkindadoption in nichtehelichen Lebensgemeinschaften nach neuem Recht“. *NZFam* 2020, S. 413.

Annehmenden oder des Anzunehmenden im Inland zur Begründung der internationalen Zuständigkeit deutscher Gerichte ausreicht, die internationale Zuständigkeit deutscher Gerichte also gewissermaßen weit gefasst ist, wäre die grundsätzliche Anwendung deutschen Rechts durch inländische Gerichte problematisch.[451]

Einem inländischen Adoptionsverfahren sind bei der Adoption ausländischer Kinder, die im Ausland leben, wegen der schwierigen Ausreise enge Grenzen gesetzt. Ein deutsches Gericht wäre aber noch zuständig, wenn ein deutscher Stiefelternteil mit einem ausländischen Stiefkind in einer Stief- oder Patchworkfamilie dauerhaft im Ausland lebt.[452] In diesem Fall hat die Stieffamilie nur geringe Bindungen an die deutsche Rechtsordnung. Der Stiefelternteil kann bewusst einen deutschen Gerichtsstand für die Anwendung des deutschen Adoptionsrechts wählen, um günstigere Rechtsfolgen zu erreichen oder rechtliche oder tatsächliche Hindernisse einer anderen Rechtsordnung zu umgehen.[453] Dies könnte dazu führen, dass deutsche Entscheidungen über die Stiefkindadoption im Aufenthaltsstaat nicht anerkannt werden, insbesondere nachdem die Stiefkindadoption in Deutschland für nichteheliche Familien geöffnet wurde. Bspw. könnte die mögliche Nichtanerkennung einer in Deutschland erfolgten Stiefkindadoption durch chinesische Gerichte eintreten, wenn ein deutscher Stiefelternteil mit einem chinesischen rechtlichen Elternteil in einer gleichgeschlechtlichen Beziehung in China lebt (unabhängig davon, ob die Beziehung rechtlich formalisiert wurde). Dies kann auf verschiedene rechtliche und kulturelle Unterschiede zurückzuführen sein, z. B. auf fehlende rechtliche Grundlagen für gleichgeschlechtliche Partnerschaften oder andere Unterschiede bei der Anerkennung ausländischer Adoptionen. Um das Risiko unsicherer und hinkender Rechtsverhältnisse im Hinblick auf das Wohl des zu adoptierenden Stiefkindes zu minimieren, wäre es sinnvoll, die internationale Zuständigkeit restriktiver auszugestalten, indem sie bei Stiefkindadoptionen auf den gewöhnlichen Aufenthalt des Stiefkindes beschränkt wird. Ergänzend dazu könnte eine Schutzklausel eingeführt werden, die sicherstellt, dass bei Anwendung des deutschen Adoptionsrechts auch die Anerkennungsfähigkeit der Stiefkindadoption im

---

451 Teklote, *NZFam* 2020, S. 414.
452 Helms, *StAZ* 2015, S. 103.
453 Teklote, *NZFam* 2020, S. 414.

Aufenthaltsstaat des Stiefkindes berücksichtigt wird, indem das Adoptionsrecht des Aufenthaltsstaates des Stiefkindes parallel angewendet wird.[454] Dies würde zu größerer Rechtssicherheit für alle Beteiligten führen.

3) Vorfrage

aa) Ehe oder eingetragene Lebenspartnerschaft der Eltern in der Stief- oder Patchworkfamilie

Da bei der Durchführung der Stiefkindadoption im Inland stets deutsches Sachrecht anzuwenden ist, das unterschiedliche Regelungen für die Stiefkindadoption durch Personen mit unterschiedlichem Familienstand betrifft, ist die Vorfrage der Ehe oder sonstigen formalisierten Partnerschaft der Eltern in der Stief- oder Patchworkfamilie selbständig anzuknüpfen. Die Wirksamkeit der Ehe der Eltern ergibt sich aus Art. 13 EGBGB oder Art. 17b Abs. 4 n. F. EGBGB, das Bestehen einer eingetragenen Lebenspartnerschaft der Eltern aus Art. 17b Abs. 1 EGBGB.[455]

bb) Sonderfall: Stiefkindadoption in nichtehelicher Lebensgemeinschaft

Ist die Ehe oder die Partnerschaft der Eltern nach dem durch Art. 13 EGBGB oder Art. 17b n. F. EGBGB berufenen Recht nicht begründet, kommt § 1766a BGB n. F. für nichteheliche Familien in Betracht. Leben die gleich- oder verschiedengeschlechtlichen, rechtlich nicht formalisierten Eltern in einer verfestigten Lebensgemeinschaft in einem gemeinsamen Haushalt, so ist es dem Stiefelternteil in einer nichtehelichen Familie möglich, das Stiefkind nach gerichtlicher Prüfung des Kindeswohls des Stiefkindes zu adoptieren. Nach § 1742 BGB steht die Sukzessivadoption auch nichtehelichen Lebenspartnern offen.[456]

b) Feststellung der Wirksamkeit der im Ausland durch einen Vertrag begründeten Stiefkindadoption

1) Anknüpfung an den gewöhnlichen Aufenthalt des Stiefkindes zum Zeitpunkt der Annahme gem. Art. 22 Abs. 1 S. 2 EGBGB

Nach Art. 22 Abs. 1 S. 2 EGBGB ist die Anerkennung einer im Ausland durch Vertrag erfolgten Stiefkindadoption kollisionsrechtlich nach dem Recht

---

454 Vgl. Helms, *StAZ* 2015, S. 102.
455 MüKoBGB/Helms (2024), EGBGB Art. 22 Rn. 33.
456 BeckOGK/Markwardt (2023), Art. 22 EGBGB Rn. 64–67.

des Staates zu prüfen, in dem das Stiefkind zum Zeitpunkt der Adoption seinen gewöhnlichen Aufenthalt hat. Ein ausländisches Kind kann wegen der Ausreisebeschränkung i. d. R. nur in seinem Aufenthaltsstaat adoptiert werden. Das Stiefkind kann jedoch viel leichter mit seiner Stief- oder Patchworkfamilie aus dem Aufenthaltsstaat ausreisen. Es ist daher durchaus möglich, dass die Stiefkindadoption nicht im Aufenthaltsstaat des Stiefkindes durchgeführt wird. Da sich nach Art. 22 Abs. 1 S. 2 n. F. EGBGB sämtliche Wirksamkeitsvoraussetzungen für die Durchführung der Stiefkindadoption nach dem Aufenthaltsrecht des Stiefkindes richten, ist die in einem Staat, in dem das Stiefkind keinen gewöhnlichen Aufenthalt hat, durch Vertrag begründete Stiefkindadoption unwirksam, wenn das Aufenthaltsrecht des Stiefkindes die Vertragsadoption nicht zulässt. Wurde das Stiefkind z. B. mit gewöhnlichem Aufenthalt in Deutschland im Ausland durch Adoptionsvertrag adoptiert, so ist diese Stiefkindadoption gem. § 1752 BGB stets unwirksam.[457] Es geht um eine Gesamtverweisung (Art. 4 Abs. 1 S. 1 EGBGB).[458] Ein Renvoi ist zu beachten, wenn sich das Aufenthaltsrecht des Stiefkindes nach dem Recht richtet, nach dem die Stiefkindadoption erfolgt ist. Damit wird die Anerkennung der ausländischen Vertragsadoption entsprechend den Vorstellungen der nach Art. 22 Abs. 1 S. 2 EGBGB primär berufenen Rechtsordnung erleichtert.[459]

Für die Prüfung der Wirksamkeit der Stiefkindadoption ist die Wahl der Anknüpfung an den gewöhnlichen Aufenthalt grundsätzlich sachgerecht, da sie die tatsächliche Lebenssituation des Kindes widerspiegelt und der Rechtssicherheit und dem Wohl des Stiefkindes dient. Sofern das Stiefkind aufenthaltsrechtlich wirksam adoptiert wurde, können unumkehrbare Fakten geschaffen worden sein.[460] Insbesondere wenn das Stiefkind und der Stiefelternteil einen gemeinsamen gewöhnlichen Aufenthalt haben, können sich nach der Adoption ein faktisches Adoptionsverhältnis und ein tatsächliches Familienleben entwickeln. Die Aufenthaltsanknüpfung gewährleistet die Kohärenz und Stabilität der Rechtsstellung des Stiefkindes, d. h. durch die Beachtung des Aufenthaltsrechts wird sichergestellt, dass die ausländische

457 BeckOK BGB/Heiderhoff (2023), Art. 22 EGBGB Rn. 67.
458 Helms, *FamRZ* 2020, S. 649.
459 BeckOK BGB/Heiderhoff (2023), Art. 22 EGBGB Rn. 48.
460 Helms, *StAZ* 2015, S. 103.

Adoption in Deutschland wirksam bleibt und die elterlichen Rechte und Verantwortungen des Stiefelternteils anerkannt werden. Insgesamt ist diese Aufenthaltsanknüpfung gerechtfertigt, weil sie den Schutz des Kindeswohls gewährleistet, die familiäre Stabilität fördert und eine angemessene rechtliche und soziale Integration des Kindes in seinem Lebensumfeld ermöglicht.

Darüber hinaus ist das Kindeswohl im Rahmen des ordre public (Art. 6 EGBGB) bei der aufenthaltsrechtlich wirksam zustande gekommenen Stiefkindadoption zu prüfen, weil bei der rein vertraglichen Adoption i. d. R. keine staatliche Stelle Kindeswohlaspekte geprüft hat.[461] Dennoch kann die Wirksamkeit der vertraglich begründeten ausländischen Stiefkindadoption nicht pauschal mit dem ordre-public-Vorbehalt verneint werden. Denn bei der ordre-public-Prüfung ist die aktuelle Situation zu berücksichtigen. Zu beachten ist z. B., wie die Beziehung zwischen Stiefelternteil und Stiefkind seit der Adoption verläuft und welche anderen Möglichkeiten für das Stiefkind bestehen.[462]

2) Verweisung auf das chinesische Recht beim gewöhnlichen Aufenthalt des Stiefkindes in der VR China

aa) Rück- und Weiterverweisung

Hat das Stiefkind seinen gewöhnlichen Aufenthalt in der VR China, so richtet sich die Wirksamkeit der vertraglichen Stiefkindadoption gem. Art. 22 Abs. 1 S. 2 EGBGB nach chinesischem Recht. Da gem. Art. 4 Abs. 1 EGBGB ein Renvoi zu beachten ist, sind vor allem die chinesischen Kollisionsnormen zur internationalen Adoption heranzuziehen. In § 28 IPRG werden Anknüpfungsdifferenzierungen nach der unterschiedlichen Aspekten der Adoption vorgenommen. Die Rück- und Weiterverweisung bei der Feststellung der Wirksamkeit der Vertragsadoption erfolgt daher nach der unterschiedlichen Aspekten der Adoption. Nach § 28 IPRG gliedern sich die Anknüpfungen der interna-tionalen Adoption in drei Konstellationen, nämlich die Voraussetzungen und die Form der Adoption, die Wirkungen der Adoption sowie die Aufhebung der Adoption.

---

461 Teklote, *NZFam* 2020, S. 414.
462 Helms, *StAZ* 2015, S. 103–104.

i. Voraussetzungen und Form der Adoption

Nach § 28 S. 1 IPRG wird die durch Vertrag begründete Stiefkindadoption nur dann wirksam festgestellt, wenn die Voraussetzungen und die Form der Stiefkindadoption gleichzeitig dem Aufenthaltsrecht des Stiefkindes und des Stiefelternteils entsprechen. Die Wirksamkeit der Vertragsadoption hängt von der kumulativen Anwendung des Aufenthaltsrechts des Stiefkindes und des Stiefelternteils ab.

Lebt auch der Stiefelternteil dauerhaft in der Stief- oder Patchworkfamilie in China, d. h. haben Stiefkind und Stiefelternteil einen gemeinsamen gewöhnlichen Aufenthalt in China und ist damit ihr Aufenthaltsrecht identisch, so kommt ausschließlich das chinesische materielle Adoptionsrecht zur Anwendung und es findet in diesem Fall keine Rück- oder Weiterverweisung statt. Nach chinesischem Adoptionsrecht kann eine Adoption durch Vertrag begründet werden. Das Adoptionsverhältnis wird jedoch erst mit der Registrierung der Adoption bei der zuständigen staatlichen Behörde wirksam. Zwar regelt das chinesische Adoptionsrecht nicht unmittelbar, ob bei der Registrierung der Adoption eine materielle Prüfung durch die staatliche Behörde zu erfolgen hat, jedoch führt § 1105 ZGB bei der Registrierung eine Bewertung der Adoption durch die zuständige staatliche Behörde ein. Damit wird im chinesischen Adoptionsrecht ein Übergang von der behördlichen Bestätigung zur behördlichen Genehmigung bei der Durchführung der Adoption vollzogen, d. h. eine Adoption kann seit Inkrafttreten des ZGB nicht mehr ohne behördliche Genehmigung erfolgen.[463] Aus der Regelung des § 1105 ZGB ergibt sich, dass die Adoption in China eine Mischform darstellt, bei der eine vertragliche Adoption noch der behördlichen Genehmigung bedarf. Wird die Stiefkindadoption durch private Vereinbarung nicht in der VR China durchgeführt, kann nach dem neuen chinesischen Adoptionsrecht die Wirksamkeit einer reinen Vertragsadoption ohne behördliche Genehmigung nicht festgestellt werden. Wird die Stiefkindadoption in der VR China durchgeführt, ist bei dieser Mischform der Adoption neben der Prüfung nach §§ 108, 109 FamFG ergänzend Art. 22 EGBGB anzuwenden.[464] Danach ist die

463 Siehe Hu, Xinjian: „Legal Basis and System Construction of Child Adoption Evaluation System". *Social Welfare* 2016, S. 35–36.

464 Vgl. OVG Hamburg, Urteil v. 19.10.2006 – 3 Bf 275/04, *ZAR* 2007, S. 156–159: In dieser Entscheidung wird die Anerkennung der in China erfolgten Adoption behandelt.

Stiefkindadoption anzuerkennen, wenn die Voraussetzungen und die Form der Adoption dem berufenen chinesischen Adoptionsrecht entsprechen und der deutsche ordre public nicht verletzt ist.

Lebt der Stiefelternteil in einem anderen Staat, der nicht Vertragsstaat des HAÜ ist, und ist eine Weiterverweisung nach Art. 4 EGBGB zu beachten, so ist bei der Feststellung der Wirksamkeit der Vertragsadoption sowohl das chinesische Adoptionsrecht als auch das Aufenthaltsrecht des Stiefelternteils anzuwenden. Die kumulative Anwendung beider Rechtsordnungen könnte die Feststellung der Wirksamkeit der vertraglichen Stiefkindadoption erschweren, z. B. einerseits zu erhöhtem Verwaltungsaufwand und praktischen Schwierigkeiten und andererseits zu widersprüchlichen Ergebnissen und erhöhter Rechtsunsicherheit führen. Durch den Verzicht auf eine Weiterverweisung kann eine klare und eindeutige Lösung gefunden werden, indem allein das chinesische materielle Adoptionsrecht zur Anwendung kommt, d. h. die Konzentration auf eine Rechtsordnung verringert die Komplexität und erleichtert die Feststellung. Entsprechend dem Sinn der Verweisung dient dies der Klarheit und Rechtssicherheit für alle Beteiligten und vermeidet potentielle Konflikte zwischen verschiedenen Rechtsordnungen, was auch dem Wohl des Stiefkindes entspricht.

ii. Wirkungen der Adoption

Nach § 28 S. 2 IPRG bestimmen sich die Wirkungen der Stiefkindadoption nach dem Aufenthaltsrecht des Stiefelternteils im Zeitpunkt der Adoption. Wird das Stiefkind, dessen Stiefelternteil seinen gewöhnlichen Aufenthalt nicht in China hat, nach der Stiefkindadoption in den Aufenthaltsstaat des Stiefelternteils verbracht, um dort in einer geplanten Stief- oder Patchworkfamilie zu leben, sind die aufenthaltsrechtlichen Wirkungen der Stiefkindadoption nicht von Bedeutung. Ob es sich bei der Stiefkindadoption um eine schwache oder um eine Volladoption handelt, richtet sich dann allein nach dem Aufenthaltsrecht des Stiefelternteils. Dabei ist ein Renvoi zu beachten, soweit dies nach Art. 4 Abs. 1 S. 1 EGBGB dem Sinn der Verweisung entspricht. Zu beachten ist jedoch, dass das chinesische Adoptionsrecht nur die Volladoption vorsieht. Haben das Stiefkind und der Stiefelternteil hingegen zum Zeitpunkt der Adoption bereits einen gemeinsamen gewöhnlichen Aufenthalt in China, so sind die Wirkungen nach chinesischem Ado-ptionsrecht zu bestimmen.

iii. Aufhebung der Adoption

Für die Aufhebung der Stiefkindadoption ist zunächst das anwendbare Recht durch kollisionsrechtliche Anknüpfungen zu bestimmen, unabhängig davon, ob die Stiefkindadoption durch Vertrag oder durch Dekret erfolgt. Nach § 28 S. 3 IPRG richtet sich die Aufhebung der Stiefkindadoption nach dem Aufenthaltsrecht des Stiefkindes zum Zeitpunkt der Stiefkindadoption oder nach der lex fori. Bei gewöhnlichem Aufenthalt des Stiefkindes in China ist daher auf das chinesische materielle Adoptionsrecht zu verweisen oder auf das deutsche Recht zurückzugreifen, wenn dies dem Sinn der Verweisung nicht widerspricht (Art. 4 Abs. 1 S. 1 EGBGB). Nach chinesischem Adoptionsrecht (§ 1114 ZGB) kann der Annehmende die Adoption grundsätzlich nicht vor Volljährigkeit des Kindes aufheben. Ausnahmsweise kann das Adoptionsverhältnis aufgehoben werden, wenn der Annehmende und derjenige, der das Kind zur Adoption freigegeben hat, die Aufhebung vereinbaren. Ist das Adoptivkind acht Jahre oder älter, muss seine Zustimmung eingeholt werden. Wird das Wohl des Adoptivkindes verletzt, so kann derjenige, der das Kind zur Adoption freigegeben hat, die Aufhebung der Adoption verlangen. Kommt eine Einigung zwischen dem Annehmenden und demjenigen, der das Kind zur Adoption freigegeben hat, nicht zustande, kann eine Klage beim Volksgericht eingereicht werden. Daraus ergibt sich, dass ein chinesisches Gericht im Gegensatz zu einem deutschen Gericht die Adoption nicht von Amts wegen aufheben kann, selbst wenn das Wohl des Adoptivkindes gefährdet ist. Daher ist deutsches Recht anzuwenden, wenn das Wohl des adoptierten Stiefkindes in Deutschland gefährdet ist. Das chinesische Adoptionsrecht kann ggf. zur Anwendung kommen, z. B. wenn die Bezie-hung zwischen dem Stiefelternteil und dem leiblichen Elternteil zerrüttet ist und die Aufhebung des Annahmeverhältnisses dem Kindeswohl nicht widerspricht. Denn im Gegensatz zum deutschen Recht erlaubt das chinesische Adoptionsrecht die Aufhebung der Adoption (einschließlich der Stiefkindadoption), sofern eine Einigung zwischen dem Stiefelternteil und den leiblichen Eltern des Stiefkindes erzielt wird.

bb) Vorfrage der Ehe zwischen dem Stiefelternteil und dem rechtlichen Elternteil

Ist schließlich das chinesische materielle Adoptionsrecht anzuwenden, ist die materielle Vorfrage der Ehe der Eltern zu klären, da nach chinesischem

Adoptionsrecht nur der mit dem rechtlichen Elternteil verheiratete Stiefelternteil das Stiefkind adoptieren kann. Zudem ist die gleichgeschlechtliche Ehe im chinesischen materiellen Eherecht noch nicht eingeführt. Entscheidend ist daher, nach welchem Recht die Wirksamkeit der Ehe zwischen dem Stiefelternteil und dem rechtlichen Elternteil zu beurteilen ist. Grundsätzlich ist die Vorfrage der Wirksamkeit der Ehe der Eltern selbständig nach Art. 13, 11 oder Art. 17b Abs. 4 n. F. EGBGB anzuknüpfen.[465] Solange das nach der vorstehenden Anknüpfungsregel berufene Recht die Wirksamkeit der Ehe der Eltern bejaht, kann der Stiefelternteil das Stiefkind nach chinesischem Recht adoptieren.

cc) Ordre public

i. Kindeswohl

Wird bei der Wirksamkeitsfeststellung der ausländischen Vertragsadoption auf ausländisches Recht verwiesen, greift für die ordre-public-Prüfung nicht § 109 Abs. 1 Nr. 4 FamFG, sondern Art. 6 EGBGB. Oberster Maßstab für die Prüfung des ordre public bei der Adoption bzw. bei der Anerkennung einer ausländischen Vertragsadoption ist das Kindeswohl, das ein wesentlicher Grundsatz des deutschen Adoptionsrechts ist.[466] Die Adoptionsbedürfnisse, die Elterneignung des Annehmenden sowie das Bestehen oder das zu erwartende Entstehen eines Eltern-Kind-Verhältnisses zwischen dem anzunehmenden Kind und dem Annehmenden werden in der deutschen Rechtspraxis als überwiegende Aspekte der Kindeswohlprüfung bei der Minderjährigenadoption angesehen.[467] Insbesondere das Fehlen der Einwilligung der Eltern oder des Kindes bei der Vertragsadoption kann gegen den deutschen ordre public verstoßen. Die Vorbehaltsklausel ist zurückhaltend anzuwenden, wenn die Mängel nicht das Kindeswohl betreffen. Falls das nach § 28 S. 2 IPRG berufene Adoptionswirkungsstatut z. B. bei der Stiefkindadoption nur eine schwache Adoption vorsieht, aufgrund derer das Verhältnis zum anderen leiblichen bzw. rechtlichen Elternteil des Stiefkindes, der nicht in der Stief- oder Patchworkfamilie lebt, nicht aufgehoben wird, verstößt die Anerkennung einer solchen Stiefkindadoption trotz der im deutschen Recht

---

465 MüKoBGB/v. Hein (2024), Einl. IPR Rn 202.

466 MüKoBGB/Helms (2024), Art. 22 EGBGB Rn. 27.

467 AG Düsseldorf, Beschluss v. 9.3.2018 – 252 F 45/17, *StAZ* 2019, S. 111–113.

vorgesehenen Volladoption nicht gegen den ordre public.[468] Allerdings ist das ausländische Recht, nach dem der in der Stief- oder Patchworkfamilie lebende rechtliche Elternteil durch die Stiefkindadoption des Stiefelternteils sein Sorgerecht verliert, wegen eines ordre-public-Verstoßes nicht anzuwenden.[469] Wegen der Eröffnung der Stiefkindadoption in nichtehelichen Familien im deutschen Adoptionsrecht wäre ein ordre-public-Verstoß auch dann zu verneinen, wenn es sich nach ausländischem Recht um die Stiefkindadoption durch den Partner des rechtlichen Elternteils in einer verfestigten Lebensgemeinschaft handelt.[470]

Seit dem 1. Januar 2006 ist China Vertragspartei des HAÜ und alle internationalen Adoptionen in China müssen die Voraussetzungen des HAÜ und des chinesischen Adoptionsrechts erfüllen. Nach § 1044 ZGB soll die Adoption dem Grundsatz folgen, was dem Wohl des Adoptivkindes dient. Dementsprechend ist das Kindeswohl auch ein wesentlicher Grundsatz des chinesischen Adoptionsrechts. Da China i. d. R. das Heimatstaat des anzunehmenden Kindes ist, sieht das chinesische Recht überwiegend die internationale Adoption eines in China lebenden Kindes durch Ausländer in China vor.[471] Nach chinesischem Adoptionsrecht müssen alle Adoptionen, auch Stiefkindadoptionen, durch Ausländer in China im Wege eines Verfahrens mit Beteiligung der Behörden bzw. mit Genehmigung beider Staaten durchgeführt werden und nicht durch private Einzelanträge an die chinesische zuständige Behörde für internationale Adoptionen, unabhängig davon, ob der ausländische Annehmende seinen gewöhnlichen Aufenthalt in China hat oder ob die internationale Adoption unter das HAÜ fällt. Eine Prüfung der Elterneignung des ausländischen Stiefelternteils durch die ausländische Fachstelle ist nicht erforderlich, da nach § 1103 ZGB bei der Stiefkindadoption von der Voraussetzung der Elterneignung befreit ist. Zudem ist für die Stiefkindadoption nach § 1103 ZGB kein Adoptionsbedürfnis erforderlich. Das Stiefkind kann nämlich adoptiert werden, wenn die Einwilligung der leiblichen Eltern vorliegt (nach § 1114 ZGB muss auch

---

468 BeckOK BGB/Heiderhoff (2023), Art. 22 EGBGB Rn. 46–47.

469 MüKoBGB/Helms (2020), Art. 22 EGBGB Rn. 56.

470 BeckOGK/Markwardt (2023), Art. 22 EGBGB Rn. 141–141.1.

471 § 1109 ZGB und Maßnahmen zur Registrierung der Adoption von Kindern durch Ausländer in der VR China (in Kraft seit 25.05.1999, im Folgenden: Maßnahmen zur Registrierung der Adoption durch Ausländer).

das Stiefkind einwilligen, wenn es älter als 8 Jahre ist). Es kommt also nicht darauf an, ob zum Zeitpunkt der Adoption oder Stiefkindadoption ein Eltern-Kind-Verhältnis bereits entstanden oder zu erwarten ist. Im Vergleich zur Adoption durch Ausländer[472] unterscheidet sich das Adoptionsverfahren einschließlich der erforderlichen Unterlagen bei der Adoption durch einen im Ausland lebenden Chinesen.[473] Die Adoption durch einen im Ausland lebenden chinesischen Annehmenden kann durch Einzelanträge bei der zuständigen chinesischen staatlichen Stelle erfolgen.[474] Dazu müssen auch die von der staatlichen Stelle des Aufenthaltsstaates ausgestellten und beglaubigten Unterlagen über persönliche, familiäre, berufliche, gesundheitliche, strafrechtliche Verurteilungen usw. vorgelegt werden, d. h. die Unterlagen müssen nicht von der ausländischen staatlichen Adoptionsbehörde (oder der autorisierten Adoptionsorganisation) an die chinesische autorisierte Adoptionsorganisation geschickt werden. Darüber hinaus sind die behördliche Adoptionsgenehmigung des Aufenthaltsstaates sowie die Familienberichte des Annehmenden nicht erforderlich,[475] während diese Unter-lagen bei der Adoption durch Ausländer ausdrücklich aufgeführt sind.[476]

Im Ergebnis sind nach chinesischem Adoptionsrecht bei der Stiefkindadoption mit Auslandsbezug neben der Prüfung der Elterneignung des Stiefelternteils die Adoptionsbedürfnisse und die Entwicklung der Eltern-Kind-Beziehung nicht zwingend zu berücksichtigen. Aufgrund der Besonderheit der Stiefkindadoption ist es nicht erforderlich zu prüfen, ob eine Eltern-Kind-Beziehung besteht oder zu erwarten ist, dass sie entstehen wird. Der Kontakt zwischen dem Stiefkind und dem Stiefelternteil kann nämlich aufgrund der Partnerschaft zwischen dem leiblichen Elternteil und dem Stiefelternteil häufig sein, insbesondere wenn das Stiefkind und der Stiefelternteil einen gemeinsamen gewöhnlichen Aufenthalt haben. Haben sie vor der Adoption in einem gemeinsamen Haushalt gelebt, ist davon auszugehen,

---

472 Maßnahmen zur Registrierung der Adoption durch Ausländer.

473 Bestimmungen über die Zuständigkeit für die Registrierung der Adoption durch Überseechinesen sowie chinesische Staatsbürger aus Hongkong, Macao und Taiwan und die vorzulegenden Unterlagen (in Kraft seit 25.05.1999, im Folgenden: Bestimmungen zur Registrierung der Adoption durch Überseechinesen).

474 § 2 Bestimmungen zur Registrierung der Adoption durch Überseechinesen.

475 § 3 ff. Bestimmungen zur Registrierung der Adoption durch Überseechinesen.

476 § 4 Maßnahmen zur Registrierung der Adoption durch Ausländer.

dass zum Zeitpunkt der Adoption bereits ein faktisches Eltern-Kind-Verhältnis entstanden ist. Die Stiefkindadoption ist dann lediglich ein notwendiges Mittel, um das faktische Eltern-Kind-Verhältnis zwischen dem Stiefkind und dem Stiefelternteil rechtlich abzusichern. Auch wenn das faktische Eltern-Kind-Verhältnis zwischen dem Stiefkind und dem Stiefelternteil zum Zeitpunkt der Stiefkindadoption noch nicht entstanden ist, besteht aufgrund des verschwägerten Verhältnisses und des geplanten Familienlebens ebenfalls die Möglichkeit, dass sich in der Zukunft ein Eltern-Kind-Verhältnis entwickelt.[477]

Auch bei der Stiefkindadoption bedarf es keiner Adoptionsbedürftigkeitsprüfung, denn im Gegensatz zur Fremdkindadoption, deren Ziel es ist, dem Kind, das sich nicht in elterlicher Obhut befindet, den Schutz einer geeigneten Familie zu ermöglichen, zielt die Stiefkindadoption vielmehr darauf ab, die rechtliche Stellung des Stiefkindes in der Stief- oder Patchworkfamilie zu sichern, was dazu beiträgt, dass die Familienmitglieder besser füreinander sorgen und ihre familiäre Verantwortung wahrnehmen.[478] Insbesondere im Fall einer internationalen Stiefkindadoption, z. B. wenn der Stiefelternteil in einem anderen Land lebt und ein neues Familienleben in einer Stief- oder Patchworkfamilie plant, kann die Stiefkindadoption es dem Stiefkind erleichtern, bei seinem leiblichen Elternteil in der Stieffamilie zu bleiben, der das Sorgerecht für das Kind hat. Mit Zustimmung der leiblichen Eltern und des Stiefkindes ist es nicht erforderlich, die Adoptionsbedürfnisse gesondert zu berücksichtigen. Zusammenfassend lässt sich feststellen, dass die Anwendung des chinesischen Adoptionsrechts zur Feststellung der Wirksamkeit der Stiefkindadoption dem deutschen ordre public im Hinblick auf das Kindeswohl nicht widerspricht.

Nach chinesischem Adoptionsrecht ist eine Stiefkindadoption nur innerhalb einer verschiedengeschlechtlichen ehelichen Familie möglich. Eine Stiefkindadoption durch einen gleichgeschlechtlichen oder unverheirateten Lebenspartner ist ausgeschlossen. Ob diese Regelung gegen den ordre public verstößt, hängt von der Intensität des Inlandsbezugs der Stiefkindadoption ab.

---

477 Huang, Wei (Hrsg.): *Interpretation of the Marriage and Family Section of the Civil Code of the People's Republic of China*. Law Press·China: Beijing 2020, S. 220–221.

478 Ebd., S. 221–223.

ii. Schutz der sozialen Familien

Nach Art. 8 EMRK ist das Recht auf Familienleben zu achten und damit auch ein faktisches Familienleben zu schützen. Haben der Stiefelternteil und das Stiefkind einen gemeinsamen gewöhnlichen Aufenthalt und leben sie in einem Haushalt, so liegt es nahe, dass im Zeitpunkt der Stiefkindadoption bereits ein faktisches Eltern-Kind-Verhältnis besteht, für das der Schutz des Art. 8 EMRK eingreift. Haben die Beteiligten keinen gemeinsamen gewöhnlichen Aufenthalt, leben sie also getrennt, ist es nicht gerechtfertigt, dieser „Living-Apart-Together-Familie" den Schutz automatisch auszuschließen. Ob in diesem Fall eine faktische Familie vorliegt, ist aus den Umständen der tatsächlichen persönlichen Beziehung zwischen Stiefelternteil und Stiefkind abzuleiten, z. B. anhand regelmäßiger Besuche oder telefonischer Kontakte.[479] Obwohl Art. 8 EMRK kein Recht auf Herstellung eines Familienlebens begründet, sondern das bereits bestehende faktische Familienleben schützt, kann daher ausnahmsweise auch eine potentielle Beziehung zwischen Stiefelternteil und Stiefkind, die sich entwickeln kann, ausreichen, um den Schutzbereich des Art. 8 EMRK zu eröffnen.[480] Aufgrund der Beziehung zwischen dem leiblichen Elternteil des Kindes und dem Stiefelternteil und des geplanten Zusammenlebens in der Zukunft ist diese potentielle Beziehung ohne weiteres zu erwarten. Voraussetzung ist die Zustimmung der Eltern, insbesondere des anderen Elternteils außerhalb der Stieffamilie. Denn auch die Adoption ohne Kenntnis oder Zustimmung eines Elternteils greift in das durch Art. 8 EMRK geschützte Familienleben ein, selbst wenn dieser Elternteil nicht Inhaber des Sorgerechts ist und nur eingeschränkten Kontakt zum Kind hat.[481] Darüber hinaus setzt die Stiefkindadoption selbstverständlich die Zustimmung des Stiefkindes voraus, sofern das Stiefkind ein bestimmtes Alter erreicht hat (nach chinesischem Adoptionsrecht muss das Kind älter als 8 Jahre sein).

Trotz Vorliegens eines faktischen Familienlebens greift Art. 8 EMRK nicht ein, wenn zugleich das Kindeswohl beeinträchtigt ist.[482] Allerdings darf das deutsche Gericht nicht allein mit dem Hinweis auf die fehlende Kindes-

---

479 Botthof, *StAZ* 2013, S. 79.

480 OLG Köln, Beschluss v. 27.3.2019 – 14 UF 7/19, *NZFam* 2019, S. 649.

481 HK-EMRK/Nettesheim (2023), Art. 8 EMRK Rn. 62.

482 EGMR, Urteil v. 22.6.2004 – Nr. 78028/01, 78030/01, *BeckRS* 2004, S. 155768, Rn. 165.

wohlprüfung im ausländischen Recht die Feststellung der Wirksamkeit der ausländischen Vertragsadoption als einen ordre- public-Verstoß ansehen, wenn die nach ausländischem Recht begründete soziale Familie bereits im Zeitpunkt der Anerkennung besteht. Vielmehr ist das Kindeswohl in seinen aktuellen Verhältnissen zu berücksichtigen, wenn die Erfordernisse der Kindeswohlprüfung im deutschen Adoptionsrecht mit dem Schutz des faktischen Familienlebens kollidieren. Die soziale Familie, in der das Kind aktuell lebt, ist bei der Prüfung des Kindeswohls zu beachten. Der Schutz des Kindeswohls kann vor allem den Schutz der sozialen Familie erfordern, so dass beide Aspekte nicht isoliert betrachtet werden dürfen. Es ist daher nicht gerechtfertigt, die Wirksamkeit der nach chinesischem Recht begründeten Stiefkindadoption allein deshalb nicht anzuerkennen, weil das chinesische Adoptionsrecht nicht die gleichen Kriterien der Kindeswohlprüfung enthält wie das deutsche Adoptionsrecht. Denn das chinesische Recht stellt bei der Stiefkindadoption auch auf das Kindeswohl des Stiefkindes ab und zudem liegt eine soziale Familie i. S. v. Art. 8 EMRK vor. Art. 8 EMRK würde aber angesichts des vorrangigen Schutzes des Kindeswohls die bereits begründete soziale Familie nicht schützen, wenn das Stiefkind mit Kognition der Stiefkindadoption nicht zustimmt. Der Schutz der sozialen Familie tritt in diesem Fall hinter den Schutz der Interessen des Stiefkindes zurück, weil der Aspekt des Kindeswohls hier nicht den Schutz des faktischen Familienlebens, sondern die Achtung des Willens des Stiefkindes darstellt. Handelt es sich bei dem Stiefkind um einen Säugling oder ein Kleinkind, das noch nicht reif genug ist, um seinen Willen zu äußern, entspricht der Schutz der bestehenden sozialen Familie dem Kindeswohl des Stiefkindes.[483] Bei der Anerkennung einer ausländischen Stiefkindadoption ist die aktuelle Lebenssituation des Stiefkindes zu berücksichtigen. Der Schutz der sozialen Familie ist u. U. mit der Beachtung des Kindeswohls vereinbar. Die Anerkennung der ausländischen Stiefkindadoption hat zur Folge, dass die dem Kindeswohl entsprechende soziale Familie den Schutz des deutschen Rechts genießt. Dies ist für Deutsche kein untragbares Ergebnis und damit kein Verstoß gegen den deutschen ordre public.[484]

---

483 EGMR, Urteil v. 22.6.2004 – Nr. 78028/01, 78030/01, *BeckRS* 2004, S. 155768, Rn. 164.

484 OLG Celle, Beschluss v. 3.2.2020 – 17 UF 188/19, *BeckRS* 2020, S. 6265.

Es liegt auf der Hand, dass das faktische Familienleben dadurch zerstört werden kann, dass das deutsche Gericht das Adoptionsverhältnis nicht anerkennt, wenn keine anderen Möglichkeiten bestehen. So muss z. B. das Stiefkind, das sich vorübergehend im Inland aufhält, den Aufenthaltsort des Stiefelternteils (d. h. die Stieffamilie) verlassen; oder das Stiefkind, das sich im Ausland aufhält, darf nicht zum Familiennachzug nach Deutschland kommen. Eine Trennung der Familienmitglieder ist unausweichlich, wenn die Rechtsstellung des Stiefkindes, die es durch die Stiefkindadoption nach ausländischem Recht erlangt hat, vom deutschen Gericht nicht anerkannt werden kann. Art. 8 EMRK garantiert den Familienangehörigen zwar nicht die freie Wahl des Ortes, an dem sie ihr Familienleben am besten entfalten können, schützt aber das Recht der Familienangehörigen, zusammenzuleben. Je enger die räumliche oder soziale Bindung der Stieffamilie an den betreffenden Staat ist, desto zurückhaltender muss das Gericht durch die Nichtanerkennung der Stiefkindadoption in die soziale Familie eingreifen.[485] Dabei werden deutsche Gerichte i. d. R. alternative Möglichkeiten zur Begründung eines neuen, anerkennungsfreundlicheren Adoptionsverhältnisses berücksichtigen.[486] Gehört z. B. der Aufenthaltsstaat des Stiefkindes zu den Vertragsstaaten des HAÜ, kann die Stiefkindadoption im Rahmen des HAÜ erneut durchgeführt werden. Ist dies nicht der Fall, kann das Stiefkind wieder im deutschen Adoptionsverfahren adoptiert werden, weil das Stiefkind in Deutschland zur Adoptionsanhörung kommen kann. Selbst wenn es noch andere Möglichkeiten gibt, können diese zum einen mit Verfahrens- und Zeitverzögerungen verbunden sein und zum anderen den strengeren materiell- und verfahrensrechtlichen Anforderungen an eine Adoption nach deutschem Recht bzw. nach dem Völkerrecht nicht genügen. Die Zerstörung der realen Familie kann im Ergebnis dennoch nicht verhindert werden. Wenn bei der Abwägung, ob das faktische Familienleben zu schützen ist, nicht das Kindeswohl den Eingriff rechtfertigt, wird die Inanspruchnahme eines anderen Adoptionsverfahrens zu einem bloßen Formerfordernis. D. h. wenn sich diese „andere Möglichkeiten" allein aus generalpräventiven Gründen der Umgehung des internationalen Adoptionsverfahrens empfehlen, kann dies kein Grund sein, die Anerkennung der ausländischen Stiefkindadoption

485 Botthof, *StAZ* 2013, S. 80.

486 OLG Köln, Beschluss v. 27.3.2019 – 14 UF 7/19, *NZFam* 2019, S. 649

zu verweigern. Da das Kindeswohl immer Vorrang hat, sollten Kinder, die in einer faktischen Familie aufwachsen, nicht unter den Folgen der Nichtbeachtung internationaler Adoptionsverfahren durch ihre Eltern leiden. Daher könnte die Nichtanerkennung der Stiefkindadoption bei Vorliegen eines faktischen Familienlebens trotz anderer Alternativen zur Begründung von Adoptionsverhältnissen einen möglichen Eingriff in die soziale Familie darstellen.

c) Stiefkindadoption im Rahmen des HAÜ

Das HAÜ gilt in vielen Staaten der Welt und ist seit dem 1. 3. 2002 auch in Deutschland in Kraft. Es enthält keine Kollisionsnormen, sondern Bestimmungen über die Zusammenarbeit der Behörden des Aufnahmestaates (Aufenthaltsstaat des Annehmenden) und des Heimatstaates (Aufenthaltsstaat des Kindes). Für die Anwendung des HAÜ kommt es nicht darauf an, ob das Kind bereits in den Aufenthaltsstaat des Annehmenden gebracht worden ist oder erst in Zukunft dort leben soll.[487] Bei Verwandten- und Stiefkindadoptionen ist die Einhaltung des Verfahrens auch dann unerlässlich, wenn das zu adoptierende Kind bereits feststeht.[488] In diesem Vermittlungsverfahren muss die Elterneignung durch die Behörde des Aufnahmestaates und die Adoptionsbedürfnisse durch die Behörde des Heimatstaates geprüft werden.[489] Die Anerkennung bzw. die Wirksamkeitsfeststellung erfolgt nach Art. 23 ff. HAÜ automatisch kraft Gesetzes, sofern kein Verstoß gegen den deutschen ordre public vorliegt. Im Hinblick auf den ordre-public-Vorbehalt ist oberstes Kriterium stets das Kindeswohl, die Bindungen des Kindes und das Kontinuitätsinteresse.[490] Darüber hinaus ist zu beachten, dass nach Art. 26 HAÜ die Wirkungen der Adoption nicht in allen Staaten gleich sind und nach den nationalen Kollisionsnormen zu bestimmen sind. Dennoch

---

487 Zimmermann, Michael J.: „Das Adoptionsverfahren mit Auslandsberührung. Internationale Adoptionen, Verfahren und materielle Anforderungen – Teil 1". *NZFam* 2016, S. 152.

488 Ebd., 154.

489 Majer, Christian F.: „Die Anerkennung ausländischer Adoptionsentscheidungen". *NZFam* 2015, S. 1141.

490 Zimmermann, Michael J.: „Die Auslandsadoption. Internationale Adoptionen, Verfahren und materielle Anforderungen – Teil 2". *NZFam* 2016, S. 250.

werden durch das HAÜ Mindestanforderungen gewährleistet.[491] In Deutschland kann gem. § 3 AdWirkG die schwache Adoption in eine Volladoption umgewandelt werden, wenn dies dem Kindeswohl dient.

In der Praxis kommt es häufig vor, dass Stiefkindadoptionen ohne Beteiligung der behördlichen Vermittlungsstellen durchgeführt werden. Dies geschieht, weil das Vermittlungsverfahren in erster Linie für Adoptionen von Kindern aus fremden Familien geeignet ist, bei denen das Kind nicht gezielt ausgewählt wird.[492] D. h. es ist möglich, dass der Stiefelternteil bei der Stiefkindadoption das Verfahren des HAÜ, das eine behördliche Vermittlung für die internationale Adoption voraussetzt, umgeht und das einfache inländische Adoptionsverfahren in Anspruch nehmen will, weil das Stiefkind bereits das ausgewählte adoptierte Kind ist. In solchen Fällen, in denen der Stiefelternteil das Verfahren nach dem HAÜ nicht durchführt, stellt sich die Frage, ob die Anerkennung der Adoption nach nationalem Recht unter Berufung auf das Günstigkeitsprinzip erfolgen kann. Hierzu gibt es unterschiedliche Auffassungen. Zum Teil wird die Auffassung vertreten, dass eine Stiefkindadoption ohne Beachtung des HAÜ nicht anzuerkennen ist, weil es wichtig ist, den Sinn und Zweck des Haager Übereinkommens zu wahren, nämlich bei internationalen Adoptionen das Kindeswohl zu berücksichtigen und Kinderhandel auszuschließen. Dieser Zweck besteht darin, die Interessen und Bedürfnisse des Kindes zu schützen und sicherzustellen, dass die Adoption in seinem besten Interesse erfolgt.[493] Andere sind der Auffassung, dass in den o. g. Fällen ein Rückgriff auf das Günstigkeitsprinzip, d. h. die Anerkennung nach nationalem Recht, sachgerecht ist, weil bei der Prüfung der Anerkennung das Kindeswohl i. S. d. bereits bestehenden Beziehung zur Adoptivfamilie im Vordergrund steht.[494] Es wird geprüft, ob das Kind in der neuen Familie gut integriert ist, eine stabile und liebevolle Beziehung

---

491 Zimmermann, *NZFam* 2016, S. 154.

492 Majer, *NZFam* 2015, S. 1139.

493 OLG Schleswig, Beschluss v. 25.09.2013 – 12 UF 58/13, *StAZ* 2014, S. 89; Staudinger/Henrich (2022), Vorbemerkungen zu Art. 22 EGBGB Rn. 46; Fuchs, Angelika: „Auslandsadoption und Fachlichkeitsgrundsatz“. *IPRax* 2006, S. 316.

494 AG Hamm, Beschluss v. 21.06.2011 – 20 F 107/10, *StAZ* 2012, S. 54; Botthof, Andreas: *Perspektiven der Minderjährigenadoption*. (Studien zum Auslandischen und Internationalen Privatrecht 316). Mohr Siebeck: Tübingen 2014, S. 130; MüKoBGB/Helms (2024), Art. 22 EGBGB Rn. 83.

zu den Adoptiveltern hat und ob die Aufrechterhaltung der Adoption dem Wohl des Kindes dient. Ziel der Anerkennung ist es, die bestehende rechtliche und soziale Bindung zwischen dem Kind und der Adoptivfamilie zu schützen. Besteht eine solche soziale Familie, kann die Nichtanerkennung des Annahmeverhältnisses dem Kindeswohl zuwiderlaufen. Das Kind darf nicht für einen Gesetzesverstoß seiner Eltern bestraft werden. Präventive Erwägungen dürfen nicht über das Kindeswohl gestellt werden.[495]

Daraus folgt, dass bei der Durchführung internationaler Adoptionen der Fokus auf dem Schutz des Kindes während des Adoptionsverfahrens liegt, während bei der Anerkennung ausländischer Adoptionen die bereits bestehende Beziehung und das Wohl des Kindes in seiner aktuellen Familie berücksichtigt werden. Beide Aspekte sind wichtig, um sicherzustellen, dass das Kind in einem sicheren und förderlichen Umfeld aufwächst. Eine sorgfältige Abwägung der verschiedenen Interessen und die Berücksichtigung des Günstigkeitsprinzips können dazu beitragen, eine angemessene Lösung zu finden, die dem Wohl des Kindes am besten entspricht.

2. China

a) *Anknüpfung der Voraussetzungen und Form der Stiefkindadoption an den gewöhnlichen Aufenthalt des Stiefelternteils und des Stiefkindes gem. § 28 S. 1 IPRG*

1) Durchführung der Stiefkindadoption in China

Nach § 28 S. 1 IPRG richtet sich die Stiefkindadoption nach dem Aufenthaltsrecht des Stiefelternteils und des Stiefkindes. Leben der Stiefelternteil und das Stiefkind gewöhnlich in demselben Staat, so kann die Stiefkindadoption nur nach dem Adoptionsrecht eines Staates erfolgen. Lebt eine binationale Stieffamilie (Stiefelternteil und Stiefkind: der eine Ausländer, der andere Chinese) in China, kommt für die Stiefkindadoption nur die Anwendung des chinesischen Adoptionsrechts in Betracht. Lebt eine binationale Stieffamilie dauerhaft im Ausland, ist auf die Stiefkindadoption ausländisches Recht anzuwenden, auch wenn die Stiefkindadoption in China durchgeführt wird. Denn das Recht des gemeinsamen Aufenthaltsstaates von Stiefelternteil und Stiefkind ist mit der Stiefkindadoption am engsten verbunden. Diese

495 Majer, *NZFam* 2015, S. 1139.

Anknüpfung macht es einer in China oder im Ausland lebenden binationalen Stieffamilie unmöglich, die zuständige Behörde oder das zuständige Gericht frei zu wählen, um das Aufenthaltsrecht zu umgehen.

Leben sie getrennt in zwei Staaten, so richten sich nach § 28 S. 1 IPRG sowohl die materiellrechtlichen Voraussetzungen als auch das Verfahren der Stiefkindadoption nach dem Recht des Aufenthaltsstaates des Stiefkindes und des Stiefelternteils. Allerdings unterliegt die Durchführung der Adoption in der Praxis noch dem speziellen Recht für die internationale Adoption. Denn China ist Vertragsstaat des HAÜ, das seit dem 1. 3. 2002 in China in Kraft ist,[496] und hat dieses in nationales chinesisches Recht umgesetzt. Um den Inhalt des HAÜ umzusetzen und seinen internationalen Verpflichtungen nachzukommen, hat China vor und nach dem Inkrafttreten des HAÜ entsprechende Anpassungen seiner Gesetze und Vorschriften zur internationalen Adoption vorgenommen, wie z. B. die Änderung des Adoptionsgesetzes im Jahr 1998, die Verabschiedung der „Maßnahmen zur Registrierung der Adoption von Kindern durch Ausländer in der VR China“ und der „Bestimmungen über die Zuständigkeit für die Eintragung von Adoptionen durch Überseechinesen und chinesische Staatsbürger mit Wohnsitz in Hongkong, Macao und Taiwan sowie die vorzulegenden Dokumente und Nachweise“ im Jahr 1999 sowie die Verabschiedung des chinesischen IPRG im Jahr 2010.[497] Wenn die Rechtsordnungen der beiden Aufenthaltsstaaten (China und der Aufenthaltsstaat des Annehmenden) widersprüchliche materiellrechtliche Voraussetzungen für die Stiefkindadoption vorsehen, muss nach § 3 „Maßnahmen zur Registrierung der Adoption von Kindern durch Ausländer in der VR China“ eine Lösung durch Konsultationen zwischen den zuständigen Behörden der beiden Länder gefunden werden.[498] Eine Stiefkindadoption

[496] Das HAÜ wurde von China im Juni 2000 unterzeichnet und am 27. April 2005 ratifiziert. Es trat am 1. Januar 2006 in Kraft.

[497] Zhang, Meirong: „On Cross-Strait Co-operation and Integration of Cross-border Child Adoption Systems – From the perspective of the Hague Convention on Protection of Children and Co-operation in Respect of Intercountry Adoption “. In: The Law Association for Relations Across the Taiwan Straits (Hrsg.): *Proceedings of the 2012 Annual Conference*, retrieved 21.10.2023, from https://larats.chinalaw.org.cn/portal/article/index/id/576.html.

[498] § 3 Maßnahmen zur Registrierung der Adoption von Kindern durch Ausländer: „Ausländer, die Kinder in China adoptieren, müssen die geltenden chinesischen Adoptionsgesetze sowie die Adoptionsgesetze des Landes, in dem sich die

durch den gleichgeschlechtlichen Lebenspartner des Elternteils ist in China bspw. ausgeschlossen. Zwar ist es gerechtfertigt, dass § 28 S. 1 IPRG bei den materiellrechtlichen Voraussetzungen neben der Anwendung des Aufenthaltsrechts des Stiefkindes auch das Recht des Aufenthaltsstaates des Stiefelternteils berücksichtigt, um ein hinkendes Adoptionsverhältnis zu vermeiden. Die kumulative Rechtsanwendung in Bezug auf das Adoptionsverfahren wird der chinesischen Rechtspraxis nicht gerecht und ist überflüssig. Wenn das Recht des Aufnahmestaates den Ausspruch der Adoption ausschließlich durch ein Gericht vorsieht, kann diese Vorschrift in China nicht eingehalten werden, da nach chinesischem Adoptionsrecht[499] bei der internationalen Adoption ein Verfahren der behördlichen Zusammenarbeit zwischen den Aufenthaltsstaaten vorschreibt. Der ausländische Annehmende darf keinen privaten Adoptionsantrag bei der staatlichen Adoptionsbehörde stellen. Die Behörde des Aufenthaltsstaates des Annehmenden muss die Eignung der Eltern prüfen, während die Behörde in China als Aufenthaltsstaat des Anzunehmenden die Adoptionsbedürftigkeit (d. h. nach chinesischem Adoptionsrecht, ob das Kind adoptiert werden soll) prüft und die Einwilligung der Eltern einholt.[500] Darüber hinaus sind ein Adoptionsvertrag und eine behördliche Registrierung anstelle einer gerichtlichen Prüfung (bei der der Annehmende persönlich anwesend sein muss) erforderlich.[501]

Das Verfahren ist nur für die Konstellation gedacht, dass Ausländer chinesische Kinder adoptieren wollen, die in China leben. Denn das chinesische Adoptionsrecht ist vor allem aus der Sicht des Heimatstaates des Kindes ausgestaltet. Bestimmungen über die Adoption als Aufnahmestaat fehlen. Für die Adoption des ausländischen Kindes in China bzw. die Adoption des im Ausland lebenden Kindes durch in China lebende chinesische Annehmende gibt es daher keine Regelungen im internationalen Adoptionsverfahren. Sofern ein ausländischer Annehmender in China ein chinesisches Kind adoptieren möchte, muss das strenge internationale Adoptionsverfahren eingehalten werden. Das Verfahren ist daher für einen ausländischen Stiefelternteil, der ein in

Adoptiveltern befinden, einhalten müssen. Probleme aufgrund von Unterschieden zwischen den Gesetzen werden durch Verhandlungen zwischen den zuständigen Behörden der beiden Regierungen gelöst."

499 § 1109 ZGB und § 4 ff. Maßnahmen zur Registrierung der Adoption durch Ausländer.

500 § 4–5 Maßnahmen zur Registrierung der Adoption durch Ausländer.

501 § 1109 ZGB und § 9 Maßnahmen zur Registrierung der Adoption durch Ausländer.

China lebendes chinesisches Stiefkind adoptieren möchte, sehr umständlich, weil der ausländische Stiefelternteil, unabhängig davon, ob er in einer Stieffamilie in China lebt, den Adoptionsantrag bei der ausländischen staatlichen Adoptionsbehörde einreichen muss, die eine offizielle Genehmigung für die internationale Adoption durch den Stiefelternteil erteilt.[502]

Nach chinesischem Adoptionsrecht kann auch ein im Ausland lebender Chinese ein in China lebendes chinesisches Kind in einem analogen, aber vereinfachten Verfahren in China adoptieren.[503] Es müssen jedoch nur beglaubigte Dokumente über familiäre, berufliche, gesundheitliche oder strafrechtliche Verhältnisse vorgelegt werden, ohne dass eine Bescheinigung über die Genehmigung der grenzüberschreitenden Adoption durch die zuständige Behörde des ausländischen Aufenthaltsstaates erforderlich ist. Eine Weiterleitung der Unterlagen durch die ausländische staatliche Adoptionsbehörde an die chinesische Adoptionsbehörde ist dabei auch nicht nötig. Es genügt also ein direkter Adoptionsantrag an die zuständige chinesische Behörde. Eine inhaltliche Prüfung der Adoption findet trotz Vorliegens eines Adoptionsverfahrens nicht statt.[504] (Nach Inkrafttreten des ZGB ist jedoch auch eine Sachprüfung durch die zuständige Behörde erforderlich).[505]

Zusammenfassend ist festzuhalten, dass bei internationalen Adoptionen das Adoptionsverfahren theoretisch nach dem durch § 28 S. 1 IPRG berufenen Recht durchgeführt werden sollte, in der Praxis aber nach den speziellen chinesischen Gesetzen für internationale Adoptionen erfolgt. Es ist jedoch zu beachten, dass eine Adoption ohne behördliche Kindeswohlprüfung durch den Aufnahmestaat (z. B. Deutschland) insbesondere bei einer Adoption durch den im Ausland lebenden chinesischen Annehmenden schwer anzuerkennen sein dürfte, weil weder eine Genehmigungsbescheinigung der zuständigen staatlichen Behörde des Aufenthaltsstaates erforderlich ist noch eine materielle Kindeswohlprüfung erfolgt.

---

502 Siehe Bekanntmachung des Büros des Ministeriums für zivile Angelegenheiten über die für die Adoption von Stiefkindern durch Ausländer in der VR China erforderlichen Unterlagen (min ban han [2008] Nr. 4) (im Folgenden: Bekanntmachung zur Stiefkindadoption durch Ausländer).

503 § 1 ff. Bestimmungen zur Registrierung der Adoption durch Überseechinesen.

504 § 2 ff. Bestimmungen zur Registrierung der Adoption durch Überseechinesen.

505 § 1105 ZGB.

2) Wirksamkeitsfeststellung der im Ausland erfolgten Stiefkindadoption

Fällt die Stiefkindadoption in den Anwendungsbereich des HAÜ und ist sie auch nach dem HAÜ zustande gekommen, ist die Wirksamkeit der ausländischen Stiefkindadoption nach Art. 23 Abs. 1 HAÜ grundsätzlich von der chinesischen Behörde kraft Gesetzes festzustellen. Fällt die Stiefkindadoption nicht unter das HAÜ, fehlen im chinesischen Adoptionsrecht noch Regelungen und Verfahren zur Anerkennung bzw. Feststellung der Wirksamkeit der nach ausländischem Recht durchgeführten Adoption. Liegt eine ausländische Adoptionsentscheidung vor, wird i. d. R. ein normales Anerkennungsverfahren vor einem zuständigen chinesischen Gericht eingeleitet. Wurde die Adoption nicht durch ein ausländisches Gericht ausgesprochen, muss das Verfahren zur Anerkennung der ausländischen Adoption nach chinesischer Rechtspraxis durchgeführt werden, unabhängig davon, ob es sich um eine Adoption mit Beteiligung der ausländischen Behörde (Registrierung oder Beglaubigung) oder um eine vollständig private Adoption (reine Vertragsadoption) handelt.

In der Praxis erfolgt das chinesische Verfahren zur Anerkennung der nach ausländischem Recht begründeten Adoption i. d. R. in Form einer Beglaubigung sowohl durch die zuständige ausländische Behörde als auch durch die chinesische Botschaft oder das chinesische Konsulat. Nach einer solchen Beglaubigung erkennt die chinesische Behörde die nach ausländischem Recht erfolgte Adoption formell an, sofern es nicht zu einer Anfechtung kommt.[506] Danach erledigen die chinesischen Botschaften und Konsulate von Rechts wegen die Formalitäten für die Einreise des ausländischen Adoptivkindes nach China. Im Verfahren der Durchführung der ausländischen Adoption durch ausländische Behörden oder deren Beglaubigung durch chinesische Botschaften (Konsulate) ermitteln und wenden chinesische Botschaften (Kon-

[506] Es gibt keine gesetzlichen Bestimmungen, sondern lediglich eine offizielle Antwort der Beglaubigungsstelle der Konsularabteilung des Außenministeriums, veröffentlicht in der „People's Daily Overseas Edition“, siehe Ren, Zhenghong: „What Consular Assistance is Available to Chinese Nationals Overseas for Adoption of Foreign Children (Consular Services)“. *People's Daily Overseas Edition* 18.4.2015, S. 6; Certification Division, Department of Consular Affairs, Ministry of Foreign Affairs: „Adoption-related ‚Consular Certificates‘ Before and After the Enforcement of the Civil Code (Consular Services)“. *People's Daily Overseas Edition* 24.4.2021, S. 5.

sulate) gem. § 28 IPRG das anwendbare Recht an. Adoptionsverhältnisse, die § 28 und § 5 (ordre public) IPRG nicht entsprechen, werden nicht anerkannt und beglaubigt.

Ein konkretes Beispiel aus der chinesischen Praxis ist der Fall, dass das chinesische Konsulat im Verfahren der Adoption eines japanischen Kindes durch chinesische Adoptiveltern in Japan auf Ersuchen Japans eine „Konsularbescheinigung" ausgestellt hat. Damit wird nachgewiesen, dass die Adoption den Anforderungen des chinesischen Rechts nach § 28 IPRG und den Voraussetzungen der Elterneignung nach chinesischem Adoptionsrecht entspricht.[507] Diese Vorabbescheinigung erleichtert die Anerkennung der japanischen Adoption, wenn die chinesischen Eltern das in Japan adoptierte Kind nach China bringen wollen. Dieser Fall verdeutlicht, dass die chinesischen Behörden trotz fehlender einschlägiger Vorschriften eine gewisse Flexibilität zeigen können, um sicherzustellen, dass im Ausland durchgeführte Adoptionen den chinesischen Anforderungen entsprechen. Er unterstreicht auch die Bedeutung der Zusammenarbeit zwischen ausländischen Behörden und chinesischen Botschaften oder Konsulaten bei der Beglaubigung ausländischer Adoptionen.

§ 28 IPRG ist bei der Feststellung der Wirksamkeit einer Stiefkindadoption in China anzuwenden. Er deckt i. d. R. die folgenden zwei Fälle ab: Erstens, nachdem ein ausländischer Stiefelternteil mit gewöhnlichem Aufenthalt in China die Stiefkindadoption im Ausland durchgeführt hat, kann die Anerkennung des ausländischen Adoptionsverhältnisses in China erforderlich sein. Gem. § 28 IPRG ist die Wirksamkeit der Stiefkindadoption nur dann gegeben, wenn sowohl die materiellrechtlichen Voraussetzungen der Stiefkindadoption als auch das Verfahren der Stiefkindadoption nicht nur dem Aufenthaltsrecht des Stiefelternteils, also dem chinesischen Adoptionsrecht, sondern auch dem Aufenthaltsrecht des Stiefkindes entsprechen. Hat auch das Stiefkind seinen gewöhnlichen Aufenthalt in China, so ist die Stiefkindadoption wirksam, wenn sie die Voraussetzungen des chinesischen Adoptionsrechts erfüllt. Hält sich der ausländische Annehmende dauerhaft in China auf, ist in jedem Fall zumindest das chinesische Adoptionsrecht anzuwenden. Hinsichtlich der Stiefkindadoption sieht das chinesische

507 Ren, Zhenghong: „Some Practices of Chinese Citizens Adopting Foreign Children Abroad". *World Affairs* 2015(13), S. 70.

Adoptionsrecht vor, dass das Stiefkind nur von dem mit dem leiblichen Elternteil verheirateten Stiefelternteil adoptiert werden kann und dass es sich um eine heterosexuelle Ehe handeln muss. Das bedeutet, dass nichteheliche und gleichgeschlechtliche Familien keine Stiefkindadoption durchführen können. Abgesehen von der Einholung der Zustimmung der leiblichen Eltern gelten die übrigen Voraussetzungen, die für eine Fremdadoption erfüllt sein müssen, wie die Elterneignung, das Vorliegen eines Adoptionsbedürfnisses und die Begrenzung der Anzahl der zu adoptierenden Kinder gem. der chinesischen Familienplanungsrichtlinie, nicht für die Stiefkindadoption. Es zeigt sich, dass die Voraussetzungen des chinesischen Adoptionsrechts für die Stiefkindadoption relativ locker sind. Ist das Aufenthaltsrecht des Stiefkindes im Hinblick auf die materiellrechtlichen Voraussetzungen der Stiefkindadoption mit dem chinesischen Adoptionsrecht nicht vereinbar, ist i. d. R. unter dem Vorbehalt des chinesischen ordre public das Recht anzuwenden, das strengere Voraussetzungen vorsieht.

Zweitens, wenn ein Chinese das Stiefkind im Ausland adoptiert hat, muss er sich auch um die Anerkennung des ausländischen Adoptionsverhältnisses in China bemühen. Wenn weder der chinesische Stiefelternteil noch das Stiefkind in China leben, ist gem. § 28 IPRG für die Feststellung der Wirksamkeit der ausländischen Adoption das chinesische Recht nicht anzuwenden. In der Praxis prüft und stellt das chinesische Konsulat jedoch Konsularbescheinigungen aus, ob die ausländische Adoption dem chinesischen Recht entspricht, wenn das ausländische Recht die Anwendung des chinesischen Rechts vorsieht, z. B. ist nach japanischem IPR[508] zu prüfen, ob die in Japan durchzuführende Adoption dem Recht des Heimatstaates des Annehmenden entspricht. Haben der Stiefelternteil und das Stiefkind keinen gemeinsamen gewöhnlichen Aufenthalt, so ist für die Feststellung der Wirksamkeit der ausländischen Stiefkindadoption das Recht beider Aufenthaltsstaaten kumulativ anzuwenden, was die Anerkennung ausländischer Adoptionsverhältnisse zwischen Stiefelternteil und Stiefkind in China grundsätzlich erschwert, vor allem wenn zwei ausländische Rechtsordnungen zu ermitteln und anzuwenden sind. Bei widersprüchlichen Regelungen

---

508 § 31 Gesetz über die allgemeinen Regeln über die Anwendung von Gesetzen (Rechtsanwendungsgesetz), siehe Sakurada et al., *ZJapanR/J.Japan.L.* 22 (2006), S. 269–282.

der beiden Aufenthaltsstaaten gilt letztlich (wie bei der Anerkennung der Stiefkindadoption durch den ausländischen Annehmenden) die strengere Rechtsordnung. Haben der chinesische Stiefelternteil und das Stiefkind ihren gewöhnlichen Aufenthalt gemeinsam in einem ausländischen Staat, so ist auf die Begründung der Stiefkindadoption nur das Recht des gemeinsamen Aufenthaltsstaates anzuwenden, das nicht gegen den chinesischen ordre public verstößt.

3) Ordre public

aa) Allgemeines

Die Durchführung der Stiefkindadoption durch einen ausländischen Stiefelternteil in China erfolgt i. d. R. über ein Kooperationsverfahren der zuständigen Adoptionsbehörde zwischen dem Aufenthaltsstaat (bzw. Staatsangehörigkeitsstaat, wenn der Aufenthaltsstaat in China liegt)[509] des ausländischen Stiefelternteils und China. Wenn das ausländische Recht mit dem chinesischen Recht unvereinbar ist oder seine Anwendung gegen den chinesischen ordre public verstößt, kann eine Lösung durch Verhandlungen zwischen den zuständigen (diplomatischen) Behörden beider Länder gefunden werden.[510] Bei der Durchführung der Stiefkindadoption durch den im Ausland lebenden chinesischen Stiefelternteil in China wird das Verfahren insofern erleichtert, als die Mitwirkung der zuständigen Behörde bei der Übermittlung des Adoptionsantrags nicht mehr erforderlich ist und somit die beglaubigten Unterlagen der ausländischen Behörde für die Registrierung der Stiefkindadoption ausreichen. Die ordre-public-Prüfung ist daher in diesem Fall besonders zu beachten. Liegt ein ordre-public-Verstoß bei Anwendung des Rechts des Aufenthaltsstaates des chinesischen Stiefelternteils vor, so ist gem. § 5 IPRG stattdessen das chinesische Adoptionsrecht anzuwenden.

Eine ordre-public-Prüfung findet vor allem bei der Feststellung der Wirksamkeit der ausländischen Stiefkindadoption statt. Sind die Rechtsordnungen

---

509 Der chinesische Begriff „suo zai guo“ des ausländischen Annehmenden kann im Gesetzestext je nach Kontext entweder als Aufenthaltsstaat (wenn der Annehmende nicht in China lebt) oder als Staatsangehörigkeitsstaat (wenn der Annehmende dauerhaft in China lebt) verstanden werden, siehe Bekanntmachung zur Stiefkindadoption durch Ausländer; § 4 Maßnahmen zur Registrierung der Adoption durch Ausländer.

510 Siehe § 3 Maßnahmen zur Registrierung der Adoption durch Ausländer; vgl. Fn. 498.

zweier verschiedener Staaten gleichzeitig zu beachten, richten sich die materiellrechtlichen Voraussetzungen letztlich nach dem strengeren Recht, das jedoch dem chinesischen ordre public entsprechen muss. Insbesondere wenn nur ein ausländisches Recht anwendbar ist, ist eine ordre-public-Prüfung erforderlich, weil in diesem Fall das chinesische Recht nicht berücksichtigt werden kann.

Der chinesische ordre public wird i. d. R. unter folgenden Perspektiven betrachtet: wesentliche staatliche Interessen, grundlegende Politiken, grundlegende Moralvorstellungen oder wesentliche Rechtsgrundsätze.[511] Dementsprechend umfasst die Prüfung des ordre public in Bezug auf die Adoption die folgenden Aspekte: Erstens, die grundlegende Politik der Familienplanung. Dies bedeutet, dass die Zahl der zu adoptierenden Kinder begrenzt werden muss. Bei der Stiefkindadoption ist eine solche Beschränkung nicht erforderlich.[512] Zweitens, während die tolerante Haltung gegenüber Homosexualität in einigen Individuen der chinesischen Gesellschaft durch westliche Werte und Kultur sowie die Regenbogenbewegung beeinflusst ist, hält die Mehrheit der Bevölkerung, was die öffentliche Meinung und die soziale Einstellung betrifft, nach wie vor an den traditionellen chinesischen Moralvorstellungen fest und kann homosexuelle Familien derzeit nicht akzeptieren.[513] Die gleichgeschlechtlichen Partner der leiblichen Eltern dürfen daher i. d. R. keine Stiefkinder adoptieren und auch die Stiefkindadoption in gleichgeschlechtlichen Familien kann nicht anerkannt werden. Obwohl die Stiefkindadoption durch den mit dem leiblichen Elternteil nicht verheirateten Stiefelternteil nach chinesischem Adoptionsrecht die Voraussetzung der Ehe der Eltern in der Stieffamilie nicht erfüllt, widerspricht sie angesichts der zunehmenden Akzeptanz der nichtehelichen Familie und der Gewährleistung der gleichen Rechtsstellung von ehelichen und nichtehelichen Kindern nicht den heutigen chinesischen Moralvorstellungen.[514] Drittens sollte bei der ordre-public-Prüfung das Kindeswohl berücksichtigt werden, weil das Kindeswohl als wesentlicher Grundsatz der Adoption im chinesischen Adoptionsgesetz

511 Huang/Jiang 2011, S. 31.

512 § 1098, § 1103 ZGB.

513 See United Nations Development Programme, United States Agency for International Development: „Being LGBT in Asia“. *China Country Report*, Bangkok 2014, S. 10.

514 § 1071 ZGB; Kan, Kai / Gao, Bo: „A Realistic Examination of Non-Marital Cohabitation Among Young People and Legal Responses“. *Academic Exchange* 2014(10), S. 95–96.

(ZGB) verankert ist, d. h. „die Adoption sollte dem Grundsatz folgen, dass die Adoption für den Adoptierten am günstigsten ist" (§ 1044 ZGB). Hinzu kommt, dass die VR China Vertragsstaat des HAÜ und der UN-KRK ist. „Die Familie steht unter dem Schutz des Staates" ist zudem im Kapitel „Grundrechte und Pflichten der Bürger" der chinesischen Verfassung niedergelegt. Auch wenn sich die zuständigen chinesischen Behörden oder Gerichte nicht unmittelbar auf diese Verfassungsnorm als Entscheidungsgrundlage berufen dürfen, können die Grundrechte der chinesischen Verfassung die Konkretisierungen des chinesischen ordre public beeinflussen.[515] Darüber hinaus ist nach chinesischem Adoptionsrecht unter bestimmten Voraussetzungen die Anerkennung und der Schutz rein innerstaatlicher faktischer Adoptionsverhältnisse möglich.[516] Daraus kann gefolgert werden, dass China auch de facto Adoptivfamilien mit Auslandsbezug ein gewisses Maß an Schutz bieten sollte und dies zum Schutz des Kindeswohls erforderlich sein kann. Der Vorrang der Inlandsunterbringung vor der internationalen Adoption ist auch ein Grundsatz, der bei der grenzüberschreitenden Adoption nach dem HAÜ zu berücksichtigen ist. Er gilt jedoch nicht für die internationale Stiefkindadoption, weil nach chinesischem Adoptionsrecht bei Stiefkindadoptionen das Kindeswohl im Hinblick auf den Schutz der (potentiellen) sozialen Familie Vorrang vor dem Kindeswohl im Hinblick auf die kulturelle Identität hat.[517] Viertens kann das Adoptionsverhältnis zusätzlich zu den o. g. Erwägungen insbesondere dann nicht anerkannt werden, wenn die Kinder entführt oder mit ihnen Handel getrieben wurde.[518]

---

515 Zhu, *Tsinghua University Law Journal* 2017(1), S. 127; vgl. Teil 3 A III 7 b) oben.

516 Nach § 28 der Stellungnahmen des OVG von 1984 zu verschiedenen Fragen der Umsetzung der Zivilpolitik und des Zivilrechts wird die De-facto-Adoption als eine Adoption definiert, die von Verwandten, Freunden oder der Öffentlichkeit anerkannt wird, wenn die Adoptiveltern und das Adoptivkind über einen längeren Zeitraum zusammengelebt haben. Diese Beziehung kann auch rechtlich als Adoption anerkannt werden, obwohl keine formellen rechtlichen Schritte unternommen wurden, vgl. Chen, Wei: *Research on the Effect of Fact Adoption Relationship*. (Master Thesis) Shanghai Normal University: Shanghai 2020, S. 17, 26–30.

517 Das chinesische Adoptionsrecht steht der Stiefkindadoption offen und unterstützend gegenüber, siehe Bekanntmachung zur Stiefkindadoption durch Ausländer, § 4 ff. Maßnahmen zur Registrierung der Adoption durch Ausländer sowie § 1103 ZGB.

518 Siehe Zweck des HAÜ.

bb) Kindeswohl

Obwohl das Kindeswohl auch bei der internationalen Adoption ein Aspekt des chinesischen ordre public sein sollte, sind die am Kindeswohl orientierten materiellrechtlichen Adoptionsvoraussetzungen von den kulturellen Vorstellungen und Werten verschiedener Länder geprägt. Daher kann es bei der Stiefkindadoption zu Konflikten hinsichtlich des Kindeswohls kommen.[519] So sieht bspw. das chinesische Adoptionsrecht für die Stiefkindadoption keine Voraussetzungen hinsichtlich der Elterneigung und der Adoptionsbedürftigkeit vor. Für die Stiefkindadoption ist lediglich die Zustimmung der leiblichen Eltern und des Stiefkindes erforderlich. Im Vergleich zum deutschen Adoptionsrecht sind die materiellrechtlichen Voraussetzungen der Stiefkindadoption im chinesischen Adoptionsrecht großzügiger ausgestaltet. Ziel ist es, die Möglichkeit der Adoption des Stiefkindes durch den Stiefelternteil zu erhöhen, um zu verhindern, dass das Stiefkind nur am Rande der Familienbeziehung aufwächst, damit das Stiefkind früher und leichter in die Stieffamilie integriert werden kann. Wären die Voraussetzungen für eine Stiefkindadoption dagegen zu streng, könnte die Stellung des Stiefkindes in der Stieffamilie nicht so früh wie möglich rechtlich abgesichert werden. Daraus kann gefolgert werden, dass dem Kindeswohl des Stiefkindes bei der Stiefkindadoption aus Sicht des chinesischen Adoptionsrechts bereits dann Genüge getan ist, wenn das Adoptionsverhältnis zwischen dem Stiefelternteil und dem Stiefkind begründet oder anerkannt werden kann, sofern die Zustimmung des Stiefkindes und der leiblichen Eltern vorliegt. Insgesamt kann die nach ausländischem Recht erfolgte Stiefkindadoption i. d. R. anerkannt werden, es sei denn, die Beteiligten haben nicht zugestimmt oder es liegt eine Kindesentführung oder ein Kinderhandel vor. Es würde jedoch dem Kindeswohl widersprechen, wenn die Elterneignung des Stiefelternteils (z. B. Alter des Stiefelternteils, seine Bereitschaft und Fähigkeit, das Stiefkind zu versorgen und zu erziehen, usw.) gänzlich außer Acht gelassen würde.[520]

---

[519] Zhu, Lina: *A Study on Conflict of Laws in Intercountry Adoption.* (Doctoral Thesis) Dalian Maritime University: Dalian 2015, S. 58.

[520] Ren, Aijia: *On the Reconstruction of Adoption System.* (Doctoral Thesis) Jilin University: Changchun 2018, S. 14.

b) Anknüpfung der Wirkungen der Stiefkindadoption an den gewöhnlichen Aufenthalt des Stiefelternteils zum Zeitpunkt der Adoption gem. § 28 S. 2 IPRG

1) Durchführung der Stiefkindadoption in China

Auf die Wirkungen der Stiefkindadoption ist das Aufenthaltsrecht des Stiefelternteils zum Zeitpunkt der Adoption nach § 28 S. 2 IPRG anwendbar. Hinsichtlich der Wirkungen der Stiefkindadoption sieht das chinesische Adoptionsrecht eine Volladoption vor. D. h. mit der Stiefkindadoption erlöschen die Verwandtschaftsverhältnisse des Stiefkindes zum anderen leiblichen Elternteil außerhalb der Stieffamilie sowie zu dessen Verwandten. In einigen Ländern (z. B. Frankreich) handelt es sich bei der Stiefkindadoption um eine schwache Adoption. Das Stiefkind kann gleichzeitig in mehreren Eltern-Kind-Beziehungen aufwachsen. Außerdem sind die Wirkungen der Stiefkindadoption in Bezug auf den Namen, die Erbfolge usw. von Land zu Land unterschiedlich. Da das anzunehmende Kind nach einer internationalen Adoption häufig in den Aufenthaltsstaat des Annehmenden gebracht wird, um dort ein Familienleben zu führen, würde die Anwendung des Rechts des Aufenthaltsstaats des Annehmenden auf die Wirkungen der internationalen Adoption den tatsächlichen Bedürfnissen der Adoptivfamilie besser entsprechen. Die Adoptivfamilie muss daher während des Bestehens des Adoptionsverhältnisses durch das Recht des künftigen gemeinsamen gewöhnlichen Aufenthalts (i. d. R. des Aufenthalts des Annehmenden zum Zeitpunkt der Adoption) gebunden und geschützt werden.

Wird die Stiefkindadoption in China durchgeführt, sind kulturelle Konflikte hinsichtlich der Wirkungen der Adoption zwischen dem Personalstatut (dem Recht des gewöhnlichen Aufenthaltsstaates) der leiblichen Eltern des anzunehmenden Kindes und dem chinesischen Adoptionsrecht zu beachten, unabhängig davon, ob der gewöhnliche Aufenthalt des Stiefelternteils zum Zeitpunkt der Adoption im Ausland (gewöhnlicher Aufenthalt des Stiefkindes und seiner leiblichen Eltern in China) oder in China (gewöhnlicher Aufenthalt des Stiefkindes und seiner leiblichen Eltern im Ausland) liegt. Da China Vertragsstaat des HAÜ ist, kann das auf die Wirkungen der Adoption anwendbare Recht nach den Art. 23–27 HAÜ ermittelt werden. Die Wirkungen der Stiefkindadoption müssen den leiblichen Eltern vor ihrer Entscheidung über die Einwilligung ausdrücklich und vollständig mitgeteilt werden. Da das Adoptionsverfahren in China für Chinesen, die ihren gewöhnlichen Aufenthalt im Ausland haben, im Vergleich zum internationalen Adoptionsverfahren für andere Ausländer vereinfacht ist, ist es von entscheidender Bedeutung, das auf die Adoptionswirkungen anwendbare Recht im Voraus zu klären. Nach § 10 Abs. 2 IPRG sind die einschlägigen Vorschriften des chinesischen Adoptionsrechts anzuwenden, wenn die Vorschriften über die Wirkungen der Adoption nicht ermittelt werden können oder nicht vorhanden sind.

2) Wirksamkeitsfeststellung der im Ausland erfolgten Stiefkindadoption

Bei der Anerkennung der Wirkungen einer im Ausland erfolgten Adoption ist im Regelfall die Volladoption zu berücksichtigen, um das Kindeswohl zu schützen. Durch die Volladoption erhält das Kind rechtlich die gleiche Stellung wie ein leibliches Kind der Adoptiveltern. Dadurch wird das Kind rechtlich und emotional fest in die neue Familie integriert. Auf diese Weise werden Unsicherheiten und Konflikte vermieden, die entstehen können, wenn das Kind weiterhin Bindungen zu seiner Herkunftsfamilie oder zu seinen leiblichen Eltern hat. Die Volladoption schützt das Kind vor Diskriminierung und bietet ihm den gleichen rechtlichen Schutz wie leiblichen Kindern. Insgesamt dient die Volladoption dem Wohl des Kindes, indem sie ihm langfristige Sicherheit und umfassenden rechtlichen Schutz bietet. Das deutsche Adoptionsrecht sieht bspw. die Möglichkeit vor, eine nach ausländischem Recht begründete schwache Adoption in eine Volladoption umzuwandeln, wenn dies dem Kindeswohl dient. Durch diese Regelung erhält das Kind in Deutschland die gleichen rechtlichen und sozialen Bindungen wie ein leibliches Kind der Adoptiveltern. Damit wird die Kontinuität und Stabilität der familiären Beziehungen gewährleistet, was für das Kindeswohl von großer Bedeutung ist. Das chinesische Adoptionsrecht sieht eine solche Regelung jedoch nicht vor. Wenn ein chinesischer Stiefelternteil zum Zeitpunkt der Adoption seinen gewöhnlichen Aufenthalt im Ausland hat und nach diesem ausländischen Recht bei der Stiefkindadoption eine schwache Adoption erfolgt, kann diese schwache Adoption nach § 28 S. 2 IPRG in China anerkannt werden, sofern die Stieffamilie später nach China zurückkehrt oder die Vorfrage der Wirkungen der Adoption in China zu ermitteln ist. Damit bleibt das Eltern-Kind-Verhältnis zwischen dem Stiefkind und dem anderen leiblichen Elternteil außerhalb der Stieffamilie bestehen.

Die Feststellung der Wirksamkeit der schwachen Adoption liegt i. d. R. im wohlerworbenen Interesse des Stiefkindes. Zudem sind die Wirkungen der schwachen Adoption vergleichbar mit den Wirkungen der rechtlichen Absicherung der faktischen Eltern-Kind-Beziehung zwischen dem Stiefkind und dem Stiefelternteil nach chinesischem Recht. Das Stiefkind wächst also in sich überlappenden rechtlichen Eltern-Kind-Beziehungen auf. In der Praxis muss im Einzelfall geprüft werden, ob diese schwache Wirkung der Stiefkindadoption dem Wohl des Kindes entspricht. Wenn bspw. das Stiefkind häufigen Kontakt mit dem anderen leiblichen Elternteil wünscht (oder bereits hat) und hofft, eine gute Eltern-Kind-Beziehung aufrechtzuerhalten, dient die Feststellung der Wirksamkeit der schwachen Adoption dem Wohl des Stiefkindes. Wenn umgekehrt der andere leibliche Elternteil, der jetzt nicht mit dem Stiefkind zusammenlebt, in der Vergangenheit das Kind weggegeben oder seine Rechte oder Interessen verletzt hat und das Stiefkind immer noch gefährdet sein könnte, wenn die Eltern-Kind-Beziehung zu diesem leiblichen Elternteil bestehen würde, dann ist es mit dem Kindeswohl unvereinbar, die schwache Adoption anzuerkennen.

In der Rechtspraxis steht die tatsächliche Rechtsanwendung bei der Feststellung der Wirkungen der nach ausländischem Recht begründeten Adoption jedoch häufig im Widerspruch zur Bestimmung des § 28 S. 2 IPRG. Die chinesischen Gerichte ziehen es vor, das chinesische Adoptionsrecht unmittelbar anzuwenden, um die Wirkungen der im Ausland erfolgten Adoption in China festzustellen. So gab es z. B. in China einen Fall in Erbsachen mit Auslandsbezug, in dem es um die Vorfrage der Wirkungen der Adoption durch chinesische Verwandte ging, die dauerhaft in Frankreich lebten (analog zur Stiefkindadoption). Dabei hat das Gericht unbegründet direkt das chinesische Adoptionsrecht herangezogen und diese Auslandsadoption als Volladoption anstelle einer schwachen Adoption bestätigt. Die Eltern-Kind-Beziehung der adoptierten Kinder zu ihrem leiblichen Vater erlosch somit aufgrund der Verwandtenadoption und die Kinder können das Erbe des leiblichen Vaters in China nicht antreten.[521]

---

521 Zivilurteil des VG des Bezirks Xuhui Shanghai, (2011) xu min yi (min) chu zi Nr. 3305.

3) Ordre public

Da das chinesische Adoptionsrecht die Volladoption vorsieht, verstößt eine nach ausländischem Recht begründete Stiefkindadoption, durch die das Stiefkind die Rechtsstellung eines leiblichen Kindes des Stiefelternteils erhält und das Eltern-Kind-Verhältnis zwischen dem Stiefkind und seinem leiblichen Elternteil außerhalb der Stieffamilie erlischt, nicht gegen den chinesischen ordre public. Auch bei einer schwachen Adoption liegt kein ordre-public-Verstoß vor. Denn nach chinesischem Familienrecht kann ein faktisches Eltern-Kind-Verhältnis zwischen dem Stiefkind und dem Stiefelternteil rechtlich abgesichert werden und die Rechtsstellung des Stiefkindes ist dann die gleiche wie die eines leiblichen Kindes des Stiefelternteils. In diesem Fall hat das Stiefkind auch überlappende Eltern-Kind-Beziehungen, ähnlich der Rechtslage bei einer schwa-chen Adoption.

Wenn die im ausländischen Recht festgelegten Wirkungen der Adoption nicht dem Kindeswohl entsprechen, z. B. wenn das Recht des Aufenthaltsstaates des Stiefelternteils zum Zeitpunkt der Stiefkindadoption dem adoptierten Stiefkind weniger Rechte als dem leiblichen Kind einräumt oder das Stiefkind kein Erbrecht hat, kann das chinesische Gericht wegen Verstoßes gegen den chinesischen ordre public das chinesische Recht anstelle des ausländischen Rechts anwenden, um die Wirkungen der Adoption zu erweitern und dem im Ausland adoptierten Stiefkind die gleichen Rechte wie dem in China adoptierten Kind zu gewähren. In einem Gerichtsfall musste das Gericht in Shanghai prüfen, ob ein chinesischer Adoptivsohn das Erbe seines pakistanischen Adoptivvaters antreten kann.[522] Obwohl das pakistanische Recht vorsieht, dass adoptierte Kinder nicht erben können, wenn der Erblasser zum Zeitpunkt des Erbfalls noch andere Verwandte hat, wandte das Gericht in Shanghai in diesem Fall direkt das chinesische Recht an und stellte fest, dass der chinesische Adoptivsohn erbberechtigt ist. Ob die Anwendung des pakistanischen Rechts im Ergebnis gegen den chinesischen ordre public verstößt, geht aus der Entscheidung nicht eindeutig hervor. Es ist jedoch naheliegend, dass sich diese Entscheidung am Kindeswohl des Adoptivkindes orientiert, was als ein Aspekt des chinesischen ordre public angesehen wird.

---

522 Wang, Changying: *Theory and Practice of Chinese Private International Law*. People's Court Press: Beijing 1993, S. 375; Siehe Han, Chi: *Study on Inter-country Adoption Laws Issues*. (Master Thesis) Tianjin University: Tianjin 2009. S. 38.

c) *Anknüpfung der Aufhebung der Stiefkindadoption an den gewöhnlichen Aufenthalt des Stiefkindes zum Zeitpunkt der Adoption bzw. an die lex fori gem. § 28 S. 3 IPRG*

Das Recht des Staates, in dem das Kind zum Zeitpunkt der Adoption seinen gewöhn-lichen Aufenthalt hat, ist i. d. R. am engsten mit dem Kind und der Begründung des Annahmeverhältnisses verbunden. Bei der Aufhebung einer internationalen Adoption kann die Anwendung dieses Adoptionsstatuts verhindern, dass das angenommene Kind den besonderen Schutz verliert, den das Recht seines Heimatstaates (Aufenthaltsstaat des angenommenen Kindes) bietet. Da die Anwendung ausländischen Rechts auf die Aufhebung des ausländischen Adoptionsverhältnisses im Hinblick auf einen Verstoß gegen den ordre public des Gerichtsortes (z. B. Kindeswohl) zu prüfen ist, kann die unmittelbare Anwendung der lex fori aufgrund der Vorbehaltsklausel in gewisser Weise die Interessen des Adoptivkindes absichern. Deshalb sieht § 28 IPRG für den Fall der Aufhebung des Adoptionsverhältnisses die Anwendung des Rechts des Staates, in dem das adoptierte Kind zum Zeitpunkt der Adoption seinen gewöhnlichen Aufenthalt hat, oder die lex fori vor.

Obwohl § 28 S. 3 IPRG eine alternative Anknüpfung vorsieht, fehlt eine klare Orientierung zur Wahl des anzuwendenden Rechts, bspw. anhand von Grundsätzen wie dem Prinzip des Schutzes des Schwächeren oder dem Günstigkeitsprinzip. Im Vergleich dazu werden das Günstigkeitsprinzip und das Prinzip des Schutzes des Schwächeren in anderen Bestimmungen des IPRG (§§ 25, 29, 30 IPRG), die ebenfalls eine alternative Anknüpfung eingeführt haben, klar zum Ausdruck gebracht, nämlich „Das für den Schutz der Interessen des Schwächeren günstig-ste Recht ist anzuwenden.“ Nach allgemeiner Ansicht kann der Richter das Recht aber ohnehin nach dem Günstigkeitsprinzip wählen, weil sich dies aus dem Sinn der alternativen Anknüpfung ergibt. Bei der Stiefkindadoption wird durch das Günstigkeitsprinzip nicht nur die Aufrechterhaltung oder Aufhebung des Annahmeverhältnisses gefördert, sondern auch die Aufhebung des Annahmeverhältnisses am Kindeswohl ausgerichtet. Dies bedeutet, dass, wenn die Aufhebung des Adoptionsverhältnisses eher dem Wohl des Kindes dient, das Recht gewählt werden sollte, das eine leichte Aufhebung des Adoptionsverhältnisses ermöglicht. Ist der Schwierigkeitsgrad der Aufhebung des Adoptionsverhältnisses ähnlich, ist zusätzlich zu prüfen, nach welchem Recht die Wirkungen der Aufhebung des Adoptionsverhältnisses dem Wohl des Adoptivkindes besser entsprechen.

Ist dagegen die Aufrechterhaltung des Annahmeverhältnisses für den Sch-utz der Interessen des Adoptivkindes günstiger, so ist das Recht anzuwenden, das strengere Voraussetzungen für die Aufhebung des Annahmeverhältnisses vorgesehen hat, um zu verhindern, dass eine willkürliche Aufhebung des Annahmeverhältnisses dem Wohl des Adoptivkindes schadet.[523]

Nach chinesischem Adoptionsrecht (§ 1114 Abs. 1 ZGB) kann der Annehmende keinen Antrag auf Aufhebung des Annahmeverhältnisses stellen, wenn das angenommene Kind minderjährig ist. Das Adoptionsverhältnis kann jedoch in den folgenden zwei Fällen aufgehoben werden: Erstens können der Annehmende und die Person, die das Kind zur Adoption freigegeben hat, die Aufhebung des Annahmeverhältnisses vereinbaren. Dazu ist die Zustimmung des Kindes, das das achte Lebensjahr vollendet hat, erforderlich. Nachdem sich z. B. der Stiefelternteil vom leiblichen Elternteil hat scheiden lassen, können der Stiefelternteil und der leibliche Elternteil das Adoptionsverhältnis einvernehmlich aufheben, sofern das mindestens achtjährige Stiefkind zugestimmt hat. Die einvernehmliche Aufhebung des Annahmeverhältnisses zwischen dem Stiefelternteil und dem Stiefkind widerspricht i. d. R. nicht den Interessen des Stiefkindes, insbesondere wenn das Stiefkind zustimmt, weil die Stiefkindadoption in gewisser Weise von der Partnerschaft zwischen dem Stiefelternteil und dem leiblichen Elternteil abhängt. Wenn die Partnerschaft tatsächlich nicht mehr besteht, verliert das Annahmeverhältnis zwischen Stiefelternteil und Stiefkind gleichzeitig die Voraussetzung seiner familiären Struktur. Die Aufhebung des Annahmeverhältnisses ist ebenfalls bei der zuständigen Behörde zu registrieren. Eine internationale Adoption, die nicht in China stattgefunden hat, wurde i. d. R. in China nicht amtlich registriert, so dass es keine Aufzeichnungen über die Adoption gibt. In solchen Fällen ist es nicht möglich, die Aufhebung der Adoption bei der zuständigen Behörde registrieren zu lassen. Um dennoch die Anerkennung der Wirksamkeit einer ausländischen Adoption oder die Aufhebung einer ausländischen Adoption in der Praxis zu ermöglichen, kann die Vereinbarung über die Aufhebung der Adoption notariell beglaubigt werden. Dies bedeutet, dass die beteiligten Parteien (Adoptiveltern, leibliche Eltern usw.), wenn eine ausländische Adoption in China nicht registriert wurde, eine Vereinbarung über die Aufhebung des Adoptionsverhältnisses

---

523 Huang 2011, S. 67.

treffen und diese notariell beglaubigen lassen können, um die Aufhebung rechtswirksam zu machen.

Zweitens, wenn der Annehmende die elterliche Verantwortung nicht wahrnimmt und die Rechte und Interessen des minderjährigen Adoptivkindes durch Misshandlung, Aussetzen usw. verletzt, kann die Person, die das Kind zur Adoption freigegeben hat, die Aufhebung des Adoptionsverhältnisses verlangen (§ 1114 Abs. 2 ZGB). Kommt eine Einigung zwischen dem Annehmenden und demjenigen, der das Kind zur Adoption freigegeben hat, nicht zustande, kann das Gericht angerufen werden. Im Rahmen der Aufhebung des Adoptionsverhältnisses zwischen Stiefelternteil und Stiefkind von Gesetzes wegen können nur die leiblichen Eltern die Aufhebung verlangen. Das Gericht kann das Adoptionsverhältnis im Interesse des Kindes nicht von Amts wegen aufheben und befindet sich in einer völlig passiven Position. Dies kann zu einer für die Stiefkinder nachteiligen Situation führen. So kann es bspw. zu folgender Konstellation kommen: Der leibliche Elternteil in der Stieffamilie will aus partnerschaftlichen oder anderen familiären Gründen keinen Antrag auf Aufhebung des Annahmeverhältnisses stellen, auch wenn das Kindeswohl des Stiefkindes beeinträchtigt ist. Da der andere leibliche Elternteil zudem nicht mit dem Kind zusammenlebt (z. B. im Ausland) und das Eltern-Kind-Verhältnis zwischen ihm und dem Kind durch die Stiefkindadoption bereits erloschen ist, kann oder will der andere leibliche Elternteil den Zustand des Kindes nicht kennen. In diesem Fall wäre es sehr schwierig, die Aufhebung des Adoptionsverhältnisses zwischen dem Stiefelternteil und dem Stiefkind durch die leiblichen Eltern rechtzeitig zu erreichen, auch wenn dies für das Wohl des Kindes erforderlich wäre. Denn in einer Stieffamilie bestehen komplizierte Familienstrukturen und emotionale Bindungen. Ist nach ausländischem Recht der Kreis der Personen, die die Aufhebung des Adoptionsverhältnisses aus Gründen des Kindeswohls beantragen können, weiter (z. B. das adoptierte Kind, andere Verwandte oder zuständige Behörden), kann das chinesische Gericht das ausländische Recht (nämlich das Recht des gewöhnlichen Aufenthalts des Stiefkindes zum Zeitpunkt der Adoption) anwenden.

Sind die Voraussetzungen für die Aufhebung des Adoptionsverhältnisses nach chine-sischem Recht und nach ausländischem Recht gleich, sind auch die Folgen der Aufhebung des Adoptionsverhältnisses zu berücksichtigen. Nach chinesischem Adoptionsrecht führt die Aufhebung des

Adoptionsverhältnisses zum einen zum Erlöschen des Eltern-Kind-Verhältnisses zwischen dem Annehmenden und dem angenommenen Kind und zum anderen zum automatischen Wiederaufleben des Eltern-Kind-Verhältnisses zwischen dem minderjährigen angenommenen Kind und den leiblichen Eltern (einschließlich des Sorgerechts) (§ 1117 ZGB). Das deutsche Adoptionsrecht sieht eine ähnliche Regelung vor, unterscheidet sich jedoch hinsichtlich des Sorgerechts nach der Aufhebung. Nur wenn das Kindeswohl dadurch nicht beeinträchtigt wird, kann das Sorgerecht den leiblichen Eltern wieder übertragen werden, ansonsten wird ein Vormund oder Pfleger bestellt (§ 1764 BGB). Bei der Stiefkindadoption widerspricht die automatische Wiederherstellung des Eltern-Kind-Verhältnisses zwischen dem Stiefkind und dem anderen leiblichen Elternteil (mit Ausnahme des Sorgerechts) i. d. R. nicht dem Kindeswohl. Der geschiedene leibliche Elternteil, der mit dem Kind in der ehemaligen Stieffamilie dauerhaft zusammengelebt hat, kann bereits nach chinesischem Recht Inhaber der unmittelbaren elterlichen Sorge sein. Der andere leibliche Elternteil ist nach Wiederaufleben des Eltern-Kind-Verhältnisses unterhaltspflichtig. Die Frage, ob das Sorgerecht bei einer Stiefkindadoption wieder auf die leiblichen Eltern zurückfällt, ist dann nicht von großer Bedeutung.

In der Rechtspraxis wird der chinesische Richter jedoch eher das vertraute chinesische Recht (d. h. die lex fori) wählen als das mglw. günstigere ausländische Recht (wenn das adoptierte Kind zum Zeitpunkt der Adoption seinen gewöhnlichen Aufenthalt im Ausland hatte). Diese alternative Anknüpfung spielt faktisch keine Rolle und könnte de facto zu einer einseitigen Kollisionsnorm werden. Um das „Prinzip des Schutzes des Schwächeren" des IPRG durchzusetzen und die Interessen des Adoptivkindes zu schützen, sollten chinesische Richter die Vorteile der alternativen Anknüpfung voll ausschöpfen und die lex fori zurückhaltend anwenden. Wenn das Recht des Gerichtsortes keine einschlägigen Bestimmungen zum Schutz der Interessen des Kindes enthält, kann die Anwendung des Rechts des Staates, in dem das adoptierte Kind zum Zeitpunkt der Adoption seinen gewöhnlichen Aufenthalt hatte, eine bessere Lösung darstellen.

d) Stiefkindadoption im Rahmen des HAÜ

Nach dem nationalen Adoptionsrecht, das das HAÜ umsetzt, soll offenbar die Adoption eines Kindes in China durch im Ausland lebende Chinesen erleichtert werden. Da der Anknüpfungspunkt des HAÜ der gewöhnliche Aufenthalt und nicht die Staatsangehörigkeit ist, widerspricht das vereinfachte Verfahren, das speziell für im Ausland lebende chinesische Annehmende konzipiert wurde, den einschlägigen Bestimmungen des HAÜ. In der Folge könnten in China durchgeführte Adoptionen von der dort zuständigen Behörde nicht anerkannt werden, was den Aufwand internationaler Adoptionsverfahren tatsächlich erhöht und dem Schutz der Interessen der Kinder nicht dient. Darüber hinaus ist zu beachten, dass nach chinesischem Recht bei der internationalen Adoption eines Stiefkindes weder die Adoptionsbedürftigkeit noch die Möglichkeit einer inländischen Unterbringung geprüft werden muss (es gibt jedoch Ausnahmen: Stirbt der andere leibliche Elternteil, können die Eltern des verstorbenen leiblichen Elternteils ein vorrangiges Sorgerecht erhalten). Eine internationale Stiefkindadoption kann durchgeführt werden, wenn die Zustimmung der leiblichen Eltern und des adoptierten Stiefkindes (wenn dieses älter als 8 Jahre ist) vorliegt. Aufgrund der besonderen Struktur der Stieffamilie könnte es dem Wohl des Stiefkindes zuwiderlaufen, wenn bei einer Stiefkindadoption eine strenge Prüfung der Adoptionsbedürfnisse wie bei einer Fremdadoption verlangt würde, ohne die bestehenden emotionalen Bindungen und den Wunsch der Mitglieder der Stieffamilie, zusammenzuleben, zu berücksichtigen. Die Bestimmungen über die Voraussetzungen der internationalen Adoption nach dem HAÜ unterscheiden sich jedoch nicht zwischen der Fremdadoption, der Verwandtenadoption und der Stiefkindadoption. Dies könnte die gegenseitige Anerkennung internationaler Adoptionen zwischen den Vertragsstaaten erschweren.

Obwohl das chinesische Adoptionsrecht noch keine Regelungen zum Verfahren der internationalen Adoption durch in China lebende Annehmende enthält, die ein Kind im Ausland adoptieren wollen, kann nach dem HAÜ die ausländische Adoption kraft Gesetzes anerkannt werden, wenn die Bestimmungen des HAÜ bei der internationalen Adoption im Ausland durch den in China lebenden Annehmenden eingehalten wurden, d. h. wenn die zuständigen Behörden in China und im Ausland zusammengearbeitet haben. Hat dagegen der in China lebende Annehmende die internationale Adoption im Ausland nicht nach dem HAÜ durchgeführt, kann auch die im Vertragsstaat begründete ausländische Adoption anerkannt werden, es sei denn, es handelt sich um eine private Adoption im Ausland oder die ausländische Adoption verstößt gegen den chinesischen ordre public.

III. Zwischenergebnis

Die Beziehungen zwischen dem Stiefelternteil und dem minderjährigen Stiefkind in der Stieffamilie betreffen folgende zwei Konstellationen: Zum einen beteiligt sich der Stiefelternteil, der mit dem leiblichen Elternteil in einer stabilen partnerschaftlichen Beziehung steht, unmittelbar an der Erziehung und dem Lebensunterhalt des bei ihm lebenden Stiefkindes. Der Stiefelternteil kann daher u. U. das „Sorgerecht" für das Stiefkind haben. Zum anderen entsteht durch die Stiefkindadoption ein rechtliches Annahmeverhältnis zwischen dem Stiefelternteil und dem Stiefkind, d. h. nach der Stiefkindadoption wird die rechtliche Elternschaft dem Stiefelternteil zugeordnet. Die Regelungen zum Sorgerecht des Stiefelternteils und zur Stiefkindadoption sind nach deutschem und chinesischem Recht etwas unterschiedlich. Nach deutschem Recht steht dem Stiefelternteil vor der Stiefkindadoption nur das sog. kleine Sorgerecht zu, d. h. der Stiefelternteil kann erst durch die Stiefkindadoption die rechtliche Elternschaft erlangen. Nach chinesischem Recht kann die faktische Eltern-Kind-Beziehung zwischen dem Stiefelternteil und dem Stiefkind vor der Stiefkindadoption rechtlich abgesichert werden, d. h. der Stiefelternteil kann die rechtliche Elternschaft sowohl aus sozial-familiären Gründen als auch durch Stiefkindadoption erlangen. Darüber hinaus hat das deutsche Recht die Stiefkindadoption für Regenbogenfamilien und nichteheliche Lebensgemeinschaften geöffnet, während das chinesische Recht die Stiefkindadoption nur für verheiratete verschiedengeschlechtliche Paare zulässt. Die Stieffamilie, die nicht nur mit dem deutschen, sondern auch mit dem chinesischen Recht in Verbindung steht, könnte durch die Rechtskollisionen beeinflusst werden.

Vor der Stiefkindadoption kann die Beziehung zwischen dem Stiefelternteil und dem Stiefkind als sorgerechtliche Beziehung oder als elterliche Verantwortung qualifiziert werden. Zur Feststellung dieser Beziehung können die deutschen Gerichte Art. 21 EGBGB oder Art. 16, 17 KSÜ anwenden. Nicht nur in Art. 21 EGBGB, sondern auch in Art. 16, 17 KSÜ ist der gewöhnliche Aufenthalt des Kindes alleiniger Anknüpfungspunkt, was der Tendenz des modernen IPR entspricht, in Kindschaftssachen vor allem an den gewöhnlichen Aufenthalt des Kindes anzuknüpfen. Dies liegt zum einen daran, dass vor dem Hintergrund der Globalisierung die räumliche Mobilität der Menschen immer häufiger wird. Im Vergleich zum Staatsangehörigkeitsstaat wird der Staat des gewöhnlichen Aufenthalts zunehmend als enger mit einer natürlichen Person verbun-den angesehen. Zum anderen hat das Recht der einzelnen Staaten mit der weltweiten Entwicklung des Konzepts des Menschenrechtsschutzes dem Schutz der Kinderrechte mehr Aufmerksamkeit geschenkt. Kinder werden zunehmend als eigenständige Rechtssubjekte angesehen. Die Auslegung des gewöhnlichen Aufenthalts des Kindes im Rechtssinne sollte daher nicht vom gewöhnlichen Aufenthalt des Trägers der elterlichen Verantwortung abhängen. Die Anknüpfung an den gewöhnlichen Aufenthalt des Kindes in Kindschaftssachen ist erforderlich, um die Interessen des Kindes im Kollisionsrecht zu schützen. Auf diese Weise kann die Kontinuität und Stabilität der Rechte und Interes-sen des Kindes gewährleistet werden, weil die erworbenen Rechte des Kindes in statusrechtlicher Hinsicht durch den absichtlichen und häufigen Wechsel des gewöhnlichen Aufenthalts des Inhabers der elterlichen Verantwortung verletzt werden könnten. Soweit der gewöhnliche Aufenthalt ein wandelbarer Anknüpfungspunkt ist, sollte bei der Auslegung des gewöhnlichen Aufenthalts des Kindes das Günstigkeitsprinzip, d. h. die für das Kind günstigste Auslegung, Anwendung finden. Zum Schutz des Kindeswohls werden in Art. 16 Abs. 3, 4 KSÜ zusätzliche Anknüpfungspunkte eingefügt, um die Kontinuität der elterlichen Verantwortung bei einem Wechsel des gewöhnlichen Aufenthalts des Kindes zu gewährleisten. Da Art. 21 EGBGB und Art. 16, 17 KSÜ nur einen Anknüpfungspunkt vorsehen, könnte sich die Möglichkeit des Eingreifens des deutschen ordre public erhöhen, wenn das Recht des Aufenthaltsstaates des Kindes mit dem deutschen Recht kollidiert.

Nach chinesischem Recht kann eine faktische unterhaltsrechtliche (sorgerechtliche) Beziehung zwischen dem Stiefelternteil und dem Stiefkind auch ohne Stiefkindadoption rechtlich abgesichert werden. Die Beziehung zwischen Stiefelternteil und Stiefkind vor der Stiefkindadoption kann daher als Eltern-Kind-Beziehung (§ 25 IPRG) oder als unterhaltsrechtliche (sorgerechtliche) Beziehung (§ 29 IPRG) qualifiziert werden. Zum Schutz der Interessen der schwächeren Partei (hier: des Kindes) im Eltern-Kind-Verhältnis sowie im Unterhaltsrechtsverhältnis sind sowohl in § 25 IPRG als auch in § 29 IPRG eine alternative Anknüpfung, das Günstigkeitsprinzip sowie das Prinzip des Schutzes der schwächeren Partei ausgestaltet. Neben einer sekundären alternativen Anknüpfung findet jedoch in § 25 S. 1 IPRG das Recht des gemeinsamen gewöhnlichen Aufenthalts eine primäre Anwendung. Wenn nicht das Recht des gemeinsamen gewöhnlichen Aufenthalts von Stiefelternteil und

Stiefkind, sondern das Recht des Staatsangehörigkeitsstaates einer Partei die Interessen des Kindes besser schützen kann, wäre die Anwendung von § 29 IPRG die günstigere Wahl. Dem modernen Trend im IPR folgend, hat das chinesische IPR die Gerechtigkeit nicht nur in kollisionsrechtlicher, sondern auch in materiellrechtlicher Hinsicht berücksichtigt. In Kindschafts- und Familiensachen ist eine kombinierte Anwendung von alternativer Anknüpfung, Günstigkeitsprinzip und Prinzip des Schutzes der schwächeren Partei zum Schutz der Interessen der schwächeren Partei weit verbreitet (§§ 25, 29, 30 IPRG). In der Praxis geben chinesische Richter aufgrund ihrer begrenzten Kenntnisse des ausländischen Rechts und ihrer Gewohnheit, das Recht des Gerichtsorts anzuwenden, bei der Wahl zwischen mehreren anwendbaren Rechtsordnungen i. d. R. der Anwendung der lex fori den Vorrang. Dies kann dem Ziel des Gesetzgebers, die Interessen der schwächeren Partei zu schützen und materielle Gerechtigkeit zu verwirklichen, zuwiderlaufen.

Die Stiefkindadoption ist die wichtigste Möglichkeit für den Stiefelternteil, rechtlich Elternteil des Stiefkindes zu werden. Da sowohl Deutschland als auch China Vertragsstaaten des HAÜ sind, ist bei der Durchführung oder Anerkennung der Stiefkindadoption zunächst zu prüfen, ob die Stiefkindadoption unter das HAÜ fällt. Ist dies nicht der Fall, können die deutschen Gerichte Art. 22 EGBGB anwenden. Da das deutsche Adoptionsrecht die Stiefkindadoption für nichteheliche Familien geöffnet hat, hat das deutsche IPR auf eine Differenzierung der Anknüpfung nach dem Familienstand der Annehmenden verzichtet. Stattdessen ist das deutsche Recht als lex fori auf die inländische Stiefkindadoption unabhängig davon anzuwenden, ob der Stiefelternteil oder das Stiefkind die deutsche Staatsangehörigkeit besitzt. Die Anwendung der lex fori knüpft an die internationale Zuständigkeit an. Sofern nach § 101 FamFG bei einer Stiefkindadoption der Stiefelternteil oder das Stiefkind entweder die deutsche Staatsangehörigkeit oder seinen gewöhnlichen Aufenthalt in Deutschland hat, ist das deutsche Gericht international zuständig. D. h. das deutsche Recht wäre das Staatsangehörigkeitsrecht oder das Aufenthaltsrecht des Stiefelternteils oder des Stiefkindes. Obwohl die Anwendung der lex fori das häufige Eingreifen der Vorbehaltsklausel verhindern kann, kann die Anerkennung deutscher Entscheidungen zur Stiefkindadoption im Ausland erschwert werden, wenn das deutsche Gericht seine internationale Zuständigkeit für die Adoptionssache ausübt und dabei deutsches Recht anwendet, nur weil der Stiefelternteil Deutscher ist. Denn das deutsche Recht (das Staatsangehörigkeitsrecht des Stiefelternteils) dürfte mit der Stiefkindadoption wenig zu tun haben.

Darüber hinaus ist eine kollisionsrechtliche Anknüpfung erforderlich, wenn die Wirksamkeit der ausländischen Vertragsadoption festgestellt werden soll. Ein Anerkennungsverfahren nach § 108 FamFG käme nicht in Betracht, da eine Vertragsadoption von der zuständigen ausländischen Behörde nicht geprüft wird und daher nicht anerkennungsfähig ist. Art. 22 Abs. 2 S. 2 EGBGB führt die Anknüpfung an den gewöhnlichen Aufenthalt des Kindes in Kindschaftssachen fort. Allerdings wird der eigentlich wandelbare Anknüpfungspunkt auf den gewöhnlichen Aufenthalt im Zeitpunkt der Adoption beschränkt. Dies könnte gewissermaßen die Möglichkeit erhöhen, ausländische Vertragsadoptionen in Deutschland anerkennen zu lassen. Denn nach Art. 22 a. F. EGBGB kam es auf das Personalstatut bzw. Ehewirkungsstatut (Wirkungsstatut der eingetragenen Lebenspartnerschaft) des Annehmenden an. In diesem Fall ist i. d. R. deutsches Recht anzuwenden. Nach deutschem Recht kann eine Adoption nur gerichtlich ausgesprochen werden. Die Wirksamkeit einer ausländischen Vertragsadoption kann daher i. d. R. in Deutschland nicht anerkannt werden. Nach Art. 22 n. F. EGBGB hat das deutsche Gericht nur die Frage des ordre public zu prüfen, ob die Versagung der Anerkennung der ausländischen Vertragsadoption dem Kindeswohl widerspricht oder ob es andere Möglichkeiten gibt, wenn das Recht des Aufenthaltsstaates des Kindes die Vertragsadoption vorsieht. Widerspricht die Anerkennung dem Kindeswohl und bestehen keine anderweitigen Möglichkeiten, ist die Wirksamkeit der ausländischen Vertragsadoption in Deutschland festzustellen.

In § 28 IPRG ist das sog. System der „Segmentierung“ vorgesehen. Das bedeutet, dass die Anknüpfung der Adoption entsprechend den unterschiedlichen Merkmalen der einzelnen Adoptionsphasen in drei Gegenstände unterteilt wird: Begründung der Adoption, Wirkungen der Adoption und Aufhebung der Adoption. Der gewöhnliche Aufenthalt gilt als überwiegender Anknüpfungspunkt. (Ausnahme: Bei der Aufhebung der Adoption ist alternativ die Anknüpfung an die lex fori möglich). Nach § 28 S. 1 IPRG wird sowohl bei der Durchführung der Stiefkindadoption mit Auslandsbezug in China als auch bei der Feststellung der Wirksamkeit der ausländischen Stiefkindadoption kumulativ an den gewöhnlichen Aufenthalt des Stiefelternteils und des Stiefkindes angeknüpft. Wenn der Stiefelternteil und das Stiefkind einen gemeinsamen gewöhnlichen Aufenthalt haben, ist auf die Stiefkindadoption das Recht des Landes anzuwenden, in dem sich dieser Aufenthalt befindet, da dieses Recht die engste Verbindung zu beiden Parteien aufweist. Damit wird eine Umgehung des am engsten verbundenen Rechts bei Stieffamilien verhindert. In der Rechtspraxis ist, obwohl nach § 28 IPRG wegen des gemeinsamen Aufenthalts in China nur auf das chinesische Recht verwiesen wird, auch ausländisches Recht zu berücksichtigen, wenn der Annehmende Ausländer ist. Nach den chinesischen Vorschriften über das Verfahren der internationalen Adoption muss der ausländische Annehmende die Erlaubnis zur internationalen Adoption von der zuständigen ausländischen Behörde vorlegen und über diese den Adoptionsantrag an die chinesische Adoptionsbehörde weiterleiten. Dabei wird zunächst die Elterneignung des Annehmenden durch die ausländische zuständige Behörde nach ausländischem Recht geprüft. Wenn nach § 28 S. 1 IPRG nur das ausländische Recht anzuwenden ist, nach dem die Adoption ausschließlich durch die Gerichte ausgesprochen werden kann, ist es nicht möglich, dem ausländischen Recht zu folgen, weil nach chinesischem Recht eine internationale Adoption in China lediglich durch ein Verfahren der Zusammenarbeit zwischen den zuständigen Behörden zweier Länder erfolgen kann. Wenn der Annehmende Chinese ist, kann er die internationale Adoption direkt bei der zuständigen Behörde registrieren lassen, ohne die Genehmigung der internationalen Adoption durch die zuständige Behörde des Aufenthaltsstaates einzuholen und ohne den Antrag über diese Behörde weiterzuleiten. Auf die Voraussetzungen der Elterneignung nach ausländischem Recht kommt es daher nicht an. Diese vereinfachte Regelung des internationalen Adoptionsverfahrens für chinesische Annehmende, die ihren gewöhnlichen Aufenthalt im Ausland haben, ignoriert die materiellrechtlichen Voraussetzungen der internationalen Adoption nach ausländischem Recht, was dazu führen kann, dass die Anerkennung des bereits in China begründeten Adoptionsverhältnisses durch die zuständige ausländische Behörde erschwert wird. Wenn der Stiefelternteil und das Stiefkind in zwei Ländern leben und die Voraussetzungen für die Stiefkindadoption nach dem Recht der beiden Länder unterschiedlich sind, kann eine Lösung durch Verhandlungen zwischen den zuständigen Behörden der beiden Länder nach den entsprechenden chinesischen Vorschriften für das Verfahren der internationalen Adoption[524] gefunden werden.

---

[524] § 3 Maßnahmen zur Registrierung der Adoption durch Ausländer.

Bei der Feststellung der Wirksamkeit der im Ausland begründeten Stiefkindadoption in China sind sowohl die Voraussetzungen der internationalen Adoption als auch das Verfahren der internationalen Adoption nach dem Recht des Aufenthaltsstaates des Stiefelternteils und des Stiefkindes zu bestimmen. Bei dieser kumulativen Anknüpfung ist die Anerkennung einer ausländischen Stiefkindadoption in China daher sehr schwierig, insbesondere wenn der Stiefelternteil und das Stiefkind keinen gemeinsamen gewöhnlichen Aufenthalt haben. Nach § 28 S. 2 IPRG sind die Wirkungen der Adoption an den gewöhnlichen Aufenthalt des Annehmenden zum Zeitpunkt der Adoption anzuknüpfen. Diese Anknüpfung entspricht den tatsächlichen Gegebenheiten, d. h. das adoptierte Kind wird i. d. R. in den Aufenthaltsstaat des Annehmenden gebracht, um dort mit ihm zu leben. Das Bestehen des Annahmeverhältnisses und die Wirkungen der Adoption sind daher am engsten mit dem Recht des Aufenthaltsstaates des Annehmenden zum Zeitpunkt der Adoption verbunden. Diese Anknüpfung ist jedoch in Ausnahmefällen nicht sachgerecht, z. B. wenn Stiefelternteil und Stiefkind nach der Stiefkindadoption noch getrennt in zwei Staaten leben oder der Stiefelternteil in den Aufenthaltsstaat des Stiefkindes umzieht. Nach § 28 S. 3 IPRG ist auf die Aufhebung der Adoption das Recht des Aufenthaltsstaates des Adoptivkindes oder die lex fori anzuwenden. Die alternative Anknüpfung mit dem verdeckten Günstigkeitsprinzip bietet mehr Möglichkeiten, das für das adoptierte Kind günstigere Recht anzuwenden. In der Praxis zieht das Gericht jedoch die Anwendung des Rechts des Gerichtsorts vor, was vom gesetzgeberischen Ziel des Schutzes der schwächeren Partei abweicht.

C. Adoptivfamilien

I. Eltern-Kind-Zuordnung aufgrund der Adoption

1. Deutschland

a) Rechtliche Elternschaft durch Begründung eines Adoptionsverhältnisses im Inland

1) Anwendung des deutschen Rechts als lex fori gem. Art. 22 Abs. 1 S. 1 EGBGB

aa) Allgemeines

Aufgrund der Entscheidung des BVerfG vom 26.3.2019 wird durch die Einführung des § 1766a BGB der verfassungswidrige Ausschluss der

Stiefkindadoption für Paare in einer nichtehelichen, aber verfestigten Lebensgemeinschaft beseitigt.[525] Dabei ist nach Art. 22 Abs. 1 S. 1 n. F. EGBGB auf die im Inland vollzogene Adoption stets deutsches Recht als lex fori anzuwenden, unabhängig davon, ob der Annehmende Deutscher oder Ausländer ist und welchen Familienstand er hat. Zudem wird auf Art. 23 EGBGB hinsichtlich des Zustimmungsstatuts der Adoption, das sich nach der Staatsangehörigkeit des Kindes richtet, verzichtet. Damit wird eine kollisionsrechtliche Gleichbehandlung in allen Adoptionsfällen mit Auslandsbezug erreicht.[526]

Nach deutschem Recht (§ 1741 BGB) ist bei der Adoption das Kindeswohl oberstes Maßstab. Danach setzt die Adoption eines Kindes die Prüfung des Kindeswohls voraus, d. h. die Prüfung der Adoptionsbedürftigkeit, der Elterneignung sowie der Erwartung, dass das Eltern-Kind-Verhältnis Bestand haben wird.[527] Darüber hinaus bedarf die Adoption nach deutschem Adoptionsrecht grundsätzlich der Einwilligung des Kindes (§ 1746 BGB) und seiner leiblichen Eltern (§ 1747 BGB). Die Einwilligung eines Elternteils kann unter bestimmten Voraussetzungen zum Wohl des Kindes ersetzt werden (§ 1748 BGB). Die Adoption erfolgt in Deutschland durch gerichtlichen Beschluss (§ 1752 BGB, § 197 f. FamFG) und der Adoptionsbeschluss ist grundsätzlich unanfechtbar. Er kann nur wegen bestimmter Mängel aufgehoben werden, die in § 1759 BGB in Verbindung mit § 1762, 1763 BGB geregelt sind.

bb) Adoption durch eine Einzelperson

i. Alleinadoption

Grundfall der Adoption durch eine Einzelperson ist die in § 1741 Abs. 2 S. 1 BGB geregelte Alleinadoption, die voraussetzt, dass der Annehmende unverheiratet und der Anzunehmende ein Kind ist. Nach § 1754 Abs. 2 BGB wird dem Annehmenden als Wirkung der Alleinadoption die rechtliche Elternschaft zugewiesen. Außerdem steht dem Annehmenden nach § 1754 Abs. 3 BGB die elterliche Sorge allein zu.

---

525 BT-Drs. 19/15618, S. 8.

526 Eckebrecht, Marc: „Die Stiefkindadoption in nichtehelichen Familien“. *NJW* 2020, S. 1404.

527 MüKoBGB/Helms (2024), Art. 22 EGBGB Rn. 86–93.

ii. Stiefkindadoption

Die in § 1741 Abs. 2 S. 3 BGB geregelte Stiefkindadoption gilt als Ausnahmefall der Adoption durch einen Ehegatten allein. Durch die Stiefkindadoption kann ein Ehegatte das Kind des anderen Ehegatten aus dessen früherer Ehe oder Beziehung annehmen, unabhängig davon, ob es leiblich geboren oder adoptiert wurde. Mit der Annahme des Stiefkindes steht dem Ehegatten nach § 1754 Abs. 1 BGB auch die rechtliche Elternschaft zu und das Stiefkind gilt rechtlich als gemeinschaftliches Kind beider Ehegatten.

Die Stiefkindadoption gilt auch für eingetragene Lebenspartnerschaften. Durch das Gesetz zur Überarbeitung des Lebenspartnerschaftsrechts vom 15.12.2004 wurde eine solche Adoption durch eingetragene gleichgeschlechtliche Paare in Deutschland ermöglicht.[528] Eingetragene Lebenspartner können damit sozial und rechtlich die gemeinsame Elternschaft für das leibliche Kind eines Lebenspartners ausüben. Zuvor konnten sie das Kind ihres Lebenspartners nur im Wege der Sukzessivadoption annehmen.

Die Stiefkindadoption wurde durch Art. 1 des Änderungsgesetzes vom 19.3.2020 auch Paaren in nichtehelichen Familien eröffnet.[529] Nach der Neufassung des § 1766a BGB werden Paare in verfestigter Lebensgemeinschaft bei der Stiefkindadoption Ehepaaren gleichgestellt. Dabei ist es unerheblich, ob es sich um verschieden- oder gleichgeschlechtliche Paare handelt.

cc) Gemeinsame Adoption

i. durch Ehegatten

Nach § 1741 Abs. 2 S. 2 BGB ist die gemeinschaftliche Adoption gesetzlich nur für Ehegatten vorgesehen. Seit der Einführung der gleichgeschlechtlichen Ehe in Deutschland[530] haben auch gleichgeschlechtliche Paare das Recht, nach Eingehung einer Ehe oder Umwandlung einer eingetragenen Lebenspartnerschaft in eine Ehe ein Kind gemeinsam zu adoptieren.

Vor der gemeinschaftlichen Adoption ist daher zu klären, ob die Adoptiveltern verheiratet sind. Die Vorfrage der Wirksamkeit der Ehe beurteilt sich bei verschiedengeschlechtlichen Ehen nach den Kollisionsnormen der Art. 11 und 13 EGBGB, bei gleichgeschlechtlichen Ehen nach Art. 17b Abs. 4 EGBGB.

---

528 BGBl. I 2004, S. 3396.
529 BGBl. I 2020, S. 541.
530 BGBl. I 2017, S. 2787.

Nach § 1754 Abs. 1, 3 BGB sind Ehegatten, die ein Kind gemeinsam annehmen, hinsichtlich der rechtlichen Elternschaft und des Sorgerechts gleichberechtigt.

ii. durch registrierte Lebenspartner

Die gemeinschaftliche Adoption durch eingetragene Lebenspartner ist weder nach § 9 LPartG noch nach § 1741 Abs. 2 S. 1 BGB zulässig. Es sei denn, wie oben erwähnt, gleichgeschlechtliche Paare, die in einer eingetragenen Lebenspartnerschaft leben, wandeln diese zunächst nach § 20a LPartG in eine Ehe um.

Auch für die Möglichkeit der gemeinschaftlichen Adoption durch gleichgeschlechtliche Paare in eingetragener Lebenspartnerschaft gibt es im deutschen Recht derzeit keine speziellen kollisionsrechtlichen Regelungen. Art. 17b Abs. 5 EGBGB erstreckt die Wirkungen der Ehe auf die Adoption bislang nicht auf gleichgeschlechtliche Lebenspartnerschaften. Dies bedeutet, dass die Rechtswirkungen der Ehe im Bereich der Adoption im deutschen Recht nicht automatisch auf gleichgeschlechtliche Lebenspartnerschaften übertragen werden.

iii. durch zwei Personen, die in nichtehelichen Familien leben

Nach § 1741 BGB ist eine gemeinschaftliche Adoption durch zwei Personen, die in einer nichtehelichen Familie leben, in Deutschland derzeit nicht zulässig. Vor der Änderung des Art. 22 EGBGB war es jedoch möglich, dass zwei Personen, die in einer verschieden- oder gleichgeschlechtlichen nichtehelichen Partnerschaft leben, ein Kind gemeinsam adoptieren, sofern das nach Art. 22 Abs. 1 S. 1 a. F. EGBGB berufene Recht, d. h. das Heimatrecht beider Annehmenden, eine solche Adoption zulässt.

Darüber hinaus hat das EuAdoptÜ,[531] das keine Kollisionsnormen enthält, sondern internationale Standards zur Angleichung des nationalen Rechts setzt, die gemeinschaftliche Adoption durch gleichgeschlechtliche Paare, die in einer eingetragenen oder stabilen Partnerschaft leben, eröffnet. Dieses Übereinkommen ergänzt das HAÜ und berücksichtigt stärker das Kindeswohl, um dem Kind eine harmonische Familie zu bieten.[532]

---

[531] Das Europäischen Übereinkommen über die Adoption von Kindern (rev.) v. 27.11.2008; in Deutschland ist es seit 1.7.2015 in Kraft.

[532] Zimmermann, *NZFam* 2016, S. 252.

2) Internationale Zuständigkeit nach § 101 FamFG

aa) Gleichlauf mit der lex-fori-Anknüpfung

Nach Art. 22 Abs. 1 S. 1 n. F. EGBGB wird die Anknüpfung an das Recht des Gerichtsstands bereits bei der Durchführung der Inlandsadoption vollzogen. In diesem Zusammenhang ist die Frage der internationalen Zuständigkeit zu beachten, die parallel zur lex-fori-Anknüpfung verläuft. Wenn deutsche Gerichte die internationale Zuständigkeit großzügig handhaben, könnte die Anwendung deutschen Rechts als Adoptionsstatut nur einen geringen Bezug zur internationalen Adoption haben. Deutsche Adoptionsentscheidungen könnten wegen Verstoßes gegen den ordre public am Lebensmittelpunkt des Annehmenden oder des Kindes nicht anerkannt werden. Aus diesem Grund sind die internationalen Zuständigkeitsregeln unter Berücksichtigung der lex-fori-Anknüpfung eher restriktiv auszugestalten. Im Folgenden wird näher auf diese Frage eingegangen.

bb) Anknüpfung der internationalen Zuständigkeit

Die internationale Zuständigkeit deutscher Gerichte in Adoptionssachen richtet sich nach § 101 FamFG, wonach deutsche Gerichte zuständig sind, wenn einer der Annehmenden oder das Kind deutscher Staatsangehöriger ist oder seinen gewöhnlichen Aufenthalt im Inland hat. Eine ausschließliche internationale Zuständigkeit der deutschen Gerichte, die sich aus § 106 FamFG ergibt, besteht bei der Adoption eines deutschen Kindes nicht.

Es gibt also vier (bei gemeinschaftlichen Adoptionen sechs) Tatbestände, auf die die internationale Zuständigkeit deutscher Gerichte gestützt werden kann. Die Auswahl der Anknüpfungssubjekte ist mit dem Annehmenden, einem oder beiden annehmenden Ehegatten und dem Kind relativ groß. Darüber hinaus sind sowohl die deutsche Staatsangehörigkeit als auch der gewöhnliche Aufenthalt in Deutschland Anknüpfungskriterien. Besitzt einer der Beteiligten mehrere Staatsangehörigkeiten, reicht allein die deutsche Staatsangehörigkeit aus, um die internationale Zuständigkeit deutscher Gerichte zu begründen, auch wenn tatsächlich keine enge Beziehung zu Deutschland besteht.[533] Auch der gewöhnliche Aufenthalt bestimmt sich autonom nach deutschem Recht.[534] Da er nach deutschem Recht wandelbar

---

533 MüKoBGB/Helms (2024), Art. 22 EGBGB Rn. 50.

534 MüKoFamFG/Rauscher (2018), § 101 FamFG Rn. 17.

ist, kann die Zuständigkeit deutscher Gerichte unsicher sein. Insgesamt ist die internationale Zuständigkeit deutscher Gerichte in Adoptionssachen weit gefasst, was im Rahmen der lex-fori-Anknüpfung zu Problemen führen kann, wie z. B. die erschwerte Anerkennung der deutschen Adoption im Ausland.

3) Anerkennungsfähigkeit der deutschen Adoptionsentscheidungen im Ausland

aa) Mögliche Hindernisse für die Anerkennung

Da bei Inlandsadoptionen stets die lex fori, also das deutsche Recht, angewendet wird und die deutschen Gerichte in Adoptionssachen eine weit gefasste internationale Zuständigkeit haben, stellt sich die Frage der Anerkennungsfähigkeit deutscher Adoptionsentscheidungen im Ausland. Diese weite Zuständigkeit ergibt sich daraus, dass bereits ein geringer Bezug zur deutschen Rechtsordnung ausreicht, um die internationale Zuständigkeit deutscher Gerichte zu begründen. Will z. B. ein Deutscher, der im Ausland lebt, dort ein Kind adoptieren, könnte er aufgrund seiner deutschen Staatsangehörigkeit nach § 108 FamFG das deutsche Gericht anrufen, um durch die Anwendung deutschen Rechts und damit die Vermeidung der Anwendung ausländischen Rechts eine für ihn günstigere Rechtsfolge herbeizuführen. Um sein Ziel zu erreichen, kommt es weiterhin darauf an, ob die Rechtsordnung des Aufenthaltsstaates des deutschen Annehmenden anerkennungsfreundlich ist, d. h. ob und inwieweit das durch die Adoption nach deutschem Recht begründete Statusverhältnis auch dort fortbesteht.[535] Dieses „forum shopping" bzw. die Rechtsumgehung könnte allerdings dazu führen, dass die Anerkennung deutscher Adoptionsentscheidungen im Aufenthaltsstaat der deutschen Annehmenden erschwert wird.

Trotz hinreichendem Inlandsbezug der Adoption drohen aufgrund des Anerkennungshindernisses im Ausland sog. hinkende Statusverhältnisse. Will z. B. der ausländische Annehmende mit gewöhnlichem Aufenthalt in Deutschland ein deutsches oder in Deutschland lebendes Kind im Inland adoptieren, so ist auf diese Inlandsadoption im Rahmen der lex-fori-Anknüpfung stets deutsches Recht anzuwenden, ohne dass die Voraussetzungen der

---

[535] Teklote, *NZFam* 2020, S. 414.

Adoption nach dem Recht des Heimatstaates des Annehmenden berücksichtigt werden müssen. Wenn das Kind nach der Adoption voraussichtlich in Deutschland aufwächst, entsteht dem Kind kein schwerer Nachteil. Anders verhält es sich, wenn die Adoptiveltern mit dem Kind nach einigen Jahren in den Heimatstaat zurückkehren, insbesondere wenn absehbar ist, dass das Recht des Heimatstaates die Adoption wegen Verstoßes gegen den dortigen ordre public nicht anerkennen wird.

bb) Maßnahmen zur Erleichterung der Anerkennung

i. Eine kumulative Anwendung des betreffenden ausländischen Rechts

Deutsche Adoptionsentscheidungen sollten im Ausland anerkannt werden können, weil das deutsche Adoptionsrecht selbst strenge materiellrechtliche Voraussetzungen vorsieht, nämlich eine umfassende Kindeswohlprüfung (§ 1741 Abs. 1 S. 1 BGB) und die Einholung der Einwilligung aller Beteiligten (§§ 1746, 1747, 1749 BGB). Allerdings könnte die Modernisierung des deutschen Adoptionsrechts, wie etwa die gemeinschaftliche Adoption durch verheiratete gleichgeschlechtliche Paare, zu Konflikten mit den Adoptionsbedingungen in Ländern führen, die mglw. noch nicht auf solche gesellschaftlichen Entwicklungen, wie die Legalisierung gleichgeschlechtlicher Ehen, reagiert haben. Insofern kann es schwierig sein, eine inländische Adoption, die mit der aktuellen Rechtslage in anderen Ländern unvereinbar ist, von diesen ausländischen Gerichten anerkennen zu lassen, insbesondere wenn die Anerkennung gegen den ordre public dieser Länder verstößt.

Bei Adoptionen ohne hinreichenden Inlandsbezug könnte de lege ferenda eine kumulative Anwendung ausländischen Rechts in Betracht kommen, insbesondere in Fällen, in denen der Adoptionsfall einen stärkeren Auslandsbezug aufweist, etwa durch den gewöhnlichen Aufenthalt des Kindes im Ausland. In solchen Fällen wäre eine parallele Anwendung der einschlägigen Bestimmungen des ausländischen Rechts insbesondere dann denkbar, wenn dieses strengere oder zusätzliche Voraussetzungen für die Adoption vorsieht, die im Hinblick auf den ausländischen ordre public von Bedeutung sind, aber von den deutschen materiellrechtlichen Anforderungen abweichen, solange sie dem Kindeswohl nicht entgegenstehen. So könnten z. B. Unterschiede in der Eignung der Adoptiveltern, wie die gemeinschaftliche Adoption nur durch verheiratete heterosexuelle Paare, zur Anwendung ausländischen Rechts führen.

ii. Einführung einer Schutzklausel

Gegen das Risiko der Nichtanerkennung einer deutschen Adoptionsentscheidung in einem anderen Staat, der mit den Adoptiveltern oder dem Kind eng verbunden ist, sollte ein Sicherungsmechanismus eingeführt werden. Ein solcher Mechanismus besteht bspw. im schweizerischen IPRG, das eine entsprechende Schutzklausel vorsieht (Art. 77 Abs. 2 IPRG).[536] Diese Schutzklausel wirft die Frage auf, ob eine Adoption generell abzulehnen ist, wenn die Anerkennung der Adoptionsentscheidung im betreffenden Staat nicht gewährleistet ist, oder ob dies im Einzelfall zu prüfen ist. In Fällen, in denen die Nichtanerkennung keine erheblichen Auswirkungen auf das Kindeswohl hat und die Adoption in Deutschland wirksam bleibt, könnte m. E. eine differenzierte Abwägung vorgenommen werden. Eine pauschale Ablehnung wäre hier nicht zwingend. Vielmehr könnte geprüft werden, ob alternative rechtliche Maßnahmen ergriffen werden können, um die internationale Anerkennung zu erleichtern oder mögliche negative Folgen zu vermeiden.

Wenn das Kind nach der Adoption voraussichtlich im Gerichtsstaat aufwachsen wird, hat die Nichtanerkennung in einem anderen betroffenen Staat kaum praktische Auswirkungen.[537] Zu beachten ist jedoch, dass das Kind nach der Adoption mglw. nicht in Deutschland lebt, weil die internationale Zuständigkeit deutscher Gerichte in Adoptionssachen weit gefasst ist. In solchen Fällen kann die Nichtanerkennung der deutschen Adoptionsentscheidung in einem anderen betroffenen Staat zu Nachteilen für das Kind führen. Die Schutzklausel spielt daher eine wichtige Rolle, um zu verhindern, dass das Kind unter diesen Umständen leidet.

Es könnte die Ansicht vertreten werden, dass das HAÜ aufgrund seiner weiten Akzeptanz die Anerkennung deutscher Adoptionsentscheidungen sicherstellen kann, wodurch die Einführung einer Schutzklausel unnötig erscheint. Der Anwendungsbereich des HAÜ ist jedoch begrenzt, da es nur auf Adoptionen zutrifft, bei denen der Annehmende und das Kind nicht den

---

536 Art. 77 Abs. 2 des schweizer IPRG: „Zeigt sich, dass eine Adoption im Wohnsitz- oder im Heimatstaat der adoptierenden Person oder der adoptierenden Ehegatten nicht anerkannt und dem Kind daraus ein schwerwiegender Nachteil erwachsen würde, so berücksichtigt die Behörde auch die Voraussetzungen des Rechts des betreffenden Staates. Erscheint die Anerkennung auch dann nicht als gesichert, so darf die Adoption nicht ausgesprochen werden."

537 Helms, *StAZ* 2015, S. 102.

gleichen gewöhnlichen Aufenthalt haben. Schutzklauseln können Bereiche abdecken, die vom HAÜ nicht erfasst werden,[538] da die deutschen Regelungen zur internationalen Zuständigkeit weiter reichen als die des HAÜ. Insgesamt wird festgestellt, dass die Einführung einer Schutzklausel sinnvoll ist, um möglichen Problemen im Zusammenhang mit der Anerkennung einer deutschen Adoptionsentscheidung in anderen Ländern, in denen das Kind seinen Lebensmittelpunkt haben wird, vorzubeugen.

iii. Materiellrechtliche Kindswohlabwägung im Einzelfall

Da nach deutschem Recht das Kindeswohl oberster Maßstab bei der Adoption ist, ist die Anerkennung deutscher Adoptionsentscheidungen, die das Kindeswohl bereits geprüft haben, i. d. R. im Ausland nicht zu versagen, insbesondere wenn das Kindeswohl auch im betreffenden ausländischen Recht als wichtigste Konkretisierung des ordre public angesehen wird. Es wird eine Auffassung vertreten, wonach die Anerkennungsfähigkeit deutscher Adoptionsentscheidungen grundsätzlich im Rahmen der materiellrechtlichen Kindeswohlprüfung im Einzelfall berücksichtigt werden kann.[539]

Allerdings kann die materiellrechtliche Kindeswohlabwägung im Einzelfall das Risiko eines hinkenden Statusverhältnisses bei der Durchführung der Adoption nicht ganz ausschließen. Denn die Konkretisierungen des ordre public im Hinblick auf die Adoption eines Kindes sind immer von den gesellschaftlichen Vorstellungen, dem politischen Handeln und der Rechtskultur des jeweiligen Landes geprägt. Auch wenn das Kindeswohl weltweit zu einem immer wichtigeren Abwägungskriterium bei internationalen Adoptionen geworden ist, können die konkreten Aspekte des Kindeswohls von Land zu Land unterschiedlich oder umstritten sein.

Neben dem Kindeswohl können auch andere Erwägungen im Zusammenhang mit dem ordre public in Betracht gezogen werden. Widersprechen sich mehrere Erwägungen einschließlich des Kindeswohls, müssen ausländische Gerichte im Einzelfall verschiedene Faktoren umfassend abwägen, bevor sie über die Anerkennung deutscher Adoptionsentscheidungen entscheiden. Insgesamt erscheint es für deutsche Gerichte nicht praktikabel, zur Erleichterung der Anerkennung deutscher Adoptionsentscheidungen alle möglichen

---

538 Vgl. Helms, *StAZ* 2015, S. 102.
539 Helms, *StAZ* 2015, S. 103.

Faktoren einschließlich der materiellrechtlichen Kindeswohlabwägung des ausländischen Rechts im Vorhinein zu bedenken und auszugleichen.

b) Zuweisung der rechtlichen Elternschaft durch Feststellung der Wirksamkeit der ausländischen Vertragsadoption

1) Anwendung des Rechts des gewöhnlichen Aufenthaltsstaates des adoptierten Kindes zum Zeitpunkt der Adoption gem. Art. 22 Abs. 1 S. 2 EGBGB

aa) Allgemeines

i. Vertragsadoption

Neben den materiellrechtlichen Voraussetzungen der Adoption regelt das Adoptionsstatut auch die Art und Weise des Zustandekommens. So kann die Adoption durch Dekret oder durch Vertrag erfolgen. Daneben gibt es auch die Mischform der Vertragsadoption, die noch einer gerichtlichen oder behördlichen Bestätigung oder Genehmigung bedarf.[540] Ausländische Adoptionsdekrete einschließlich einer Mischform der Adoption, bei denen eine Prüfung der gesetzlichen Voraussetzungen (inhaltliche Prüfung) erfolgt ist, sind im Anerkennungsverfahren nach § 108 FamFG anzuerkennen. Demgegenüber sind reine Vertragsadoptionen und Adoptionen, bei denen die Vertragsadoption lediglich beurkundet worden ist, nach dem durch Art. 22 Abs. 1 n. F. EGBGB berufenen Recht anzuerkennen.[541]

Wird nach Art. 22 Abs. 1 S. 2 n. F. EGBGB auf deutsches Recht verwiesen, das die Wirksamkeit einer ausländischen Vertragsadoption nach § 1752 BGB ausschließt, könnte in solchen Fällen eine erneute Adoption in Deutschland erforderlich sein. Hier stellt sich die Frage, ob die Erklärungen der ausländischen Vertragsadoption als Zustimmungserklärungen im Sinne des deutschen Rechts angesehen werden können. Diese Frage ist gerichtlich zu prüfen und hängt davon ab, welche rechtlichen und tatsächlichen Aspekte im Einzelfall maßgeblich sind. In diesem Zusammenhang können Faktoren wie die Rechtmäßigkeit der Adoption im Herkunftsland, die Art der getroffenen Vereinbarungen sowie die Berücksichtigung des Kindeswohls nach deutschen Maßstäben entscheidend sein. Insbesondere ist zu prüfen, ob die Rechtmäßigkeit des Verfahrens der informierten Einwilligung oder

---

[540] BeckOGK/Markwardt (2023), Art. 22 EGBGB Rn. 51–53.
[541] MüKoBGB/Helms (2024), Art. 22 EGBGB Rn. 73–74.

Zustimmung beider Elternteile gewährleistet ist und ob die Adoption nicht gegen den deutschen ordre public verstößt (z. B. Kinderhandel und Nötigung). Sind diese Voraussetzungen erfüllt, könnte die Erklärung der Beteiligten als Einwilligung im Sinne des deutschen Rechts anerkannt werden.

ii. Anknüpfung an den gewöhnlichen Aufenthalt des Kindes zum Zeitpunkt der Adoption

Nach Art. 22 Abs. 1 S. 2 n. F. EGBGB ist das Recht des Staates, in dem das Kind zur Zeit der Adoption seinen Aufenthalt hat, für die Prüfung der Wirksamkeit einer im Ausland erfolgten Vertragsadoption maßgebend.[542] Die Neuregelung stellt das zu adoptierende Kind und nicht die Adoptiveltern in den Vordergrund, da das Kindeswohl stets im Mittelpunkt steht. Das Ehewirkungsstatut bzw. Partnerschaftsstatut, das den Interessen der Ehegatten bzw. Lebenspartner am ehesten gerecht zu werden scheint, wird seither wegen der Vernachlässigung der Interessen des angenommenen Kindes aufgegeben. Darüber hinaus wird im Zuge der Entwicklung des Kollisionsrechts die Staatsangehörigkeit als Anknüpfungspunkt durch den Ort des gewöhnlichen Aufenthalts ersetzt. Die Kinder können dann in allen Adoptionsfällen unabhängig vom Ehewirkungs- oder Personalstatut der Adoptiveltern kollisi. onsrechtlich gleich behandelt werden.[543]

Der gewöhnliche Aufenthalt des Adoptivkindes befindet sich nach allgemein anerkannten Grundsätzen am Lebensmittelpunkt des Kindes, d. h. dort, wo sich der Schwerpunkt seiner sozialen Bindungen befindet.[544] Das Adoptionsstatut ist zudem unwandelbar, weil es nach Art. 22 Abs. 1 S. 2 n. F. EGBGB nur an den gewöhnlichen Aufenthalt im Zeitpunkt der Adoption anknüpft. Maßgeblich ist insoweit der Zeitpunkt der Erfüllung des letzten Tatbestandsmerkmals der Adoption. Es ist nicht möglich, durch eine Änderung des anwendbaren Rechts (Statutenwechsel) eine bereits erfolgte Adoption unwirksam oder eine unwirksam gewordene Adoption nachträglich wirksam zu machen.[545]

542 BT-Drs. 19/15618, S. 16.
543 BeckOGK/Markwardt (2023), Art. 22 EGBGB Rn. 59.
544 MüKoBGB/Helms (2024), Art. 22 EGBGB Rn. 23; Siehe auch oben Teil 3 A.
545 MüKoBGB/Helms (2024), Art. 22 EGBGB Rn. 24.

iii. Gesamtverweisung

Es ist noch nicht geklärt, ob es sich bei Art. 22 Abs. 1 S. 2 n. F. EGBGB um eine Sachnormverweisung oder um eine Gesamtverweisung handelt. Ein Renvoi könnte jedoch nur angenommen werden, wenn es dem Sinn der Verweisung nach Art. 4 Abs. 1 S. 1 EGBGB entspricht. Der Zweck der Verweisung auf das Recht des gewöhnlichen Aufenthalts des Kindes besteht darin, im Interesse des Kindeswohls die nach dem Recht des Aufenthaltsstaates wirksame Vertragsadoption in Deutschland anzuerkennen.[546] Eine Rück- oder Weiterverweisung sollte daher nur in Betracht kommen, wenn dadurch die Wirksamkeit der Adoption unter dem Vorbehalt des ordre public sichergestellt wird. Dies könnte insbesondere dann der Fall sein, wenn das Recht des Aufenthaltsstaates keine Vertragsadoption vorsieht, sein IPR aber auf das Recht verweist, nach dem die Adoption durchgeführt wurde. Ist dagegen nach dem IPR des Aufenthaltsstaates deutsches Recht anwendbar, ist eine Rückverweisung nicht zu beachten, da nach deutschem Recht (§ 1752 BGB) Vertragsadoptionen unwirksam sind.

Zusammenfassend lässt sich feststellen, dass die Vertragsadoption, soweit sie aus der Sicht des Aufenthaltsrechts des Kindes (einschließlich des IPR) wirksam ist, eine Lebenswirklichkeit des Kindes darstellt und für seine Rechtsstellung und seine Interessen von erheblicher Bedeutung ist. In solchen Fällen sollte das deutsche Recht unter Berücksichtigung des Kindeswohls, d. h. der faktischen Bindungen des Kindes zu seinen Adoptiveltern, diese Adoption nicht gänzlich unberücksichtigt lassen. Allerdings ist zu betonen, dass dies nicht automatisch bedeutet, dass die Adoption ohne weiteres anerkannt wird. Vielmehr bedarf es einer eingehenden Prüfung, inwieweit die Adoption mit dem deutschen ordre public, insbesondere dem Kindeswohlprinzip, vereinbar ist, wobei Aspekte wie das Fehlen einer informierten und freiwilligen Einwilligung, Kinderhandel oder finanzielle Motive zu berücksichtigen sind.

iv. Vorfrage des Bestehens einer Ehe oder eingetragenen Lebenspartnerschaft

Die Wirksamkeit der Ehe (oder eingetragenen Lebenspartnerschaft) ist ggf. als Vorfrage für die Beurteilung der Wirksamkeit einer Vertragsadoption zu klären. Umstritten ist allerdings, ob die Vorfrage der Ehe (bzw. eingetragenen

---

546 MüKoBGB/Helms (2024), Art. 22 EGBGB Rn. 25.

Lebenspartnerschaft) selbständig nach dem sich aus Art. 13 EGBGB bzw. Art. 17b Abs. 4 n. F. EGBGB ergebenden Recht oder unselbständig nach dem materiellen Recht des Adoptionsstatuts anzuknüpfen ist.[547] Die Ehe der Eltern ist in Deutschland nach h. M. grundsätzlich selbständig anzuknüpfen.[548] Allerdings wird vertreten, dass für die Beurteilung der Wirksamkeit einer Vertragsadoption ausnahmsweise eine unselbständige Anknüpfung nach dem Günstigkeitsprinzip zur Anwendung kommen kann. Dies bedeutet, dass u. U. das auf die Wirksamkeit der Ehe anzuwendende Recht so zu bestimmen ist, dass sich für die Anerkennung der Vertragsadoption und die Beteiligten die günstigsten Folgen ergeben, weil das Günstigkeitsprinzip sicherstellen soll, dass die Interessen des Kindes und der Adoptiveltern angemessen berücksichtigt werden.[549]

bb) „Kindesstatut“

Sowohl die Zuordnung des Kindes (Abstammung) als auch die Wirkungen des Eltern-Kind-Verhältnisses richten sich im deutschen IPR grundsätzlich nach dem Recht des Staates, in dem das Kind seinen gewöhnlichen Aufenthalt hat, z. B. Art. 19 Abs. 1 S. 1, Art. 21 EGBGB. Vor diesem Hintergrund wird in der Literatur die Schaffung eines einheitlichen „Kindesstatuts“ empfohlen.[550] Damit könnte eine kollisionsrechtliche Gerechtigkeit zum Schutz der Interessen des schwächeren Kindes erreicht werden.

Art. 22 Abs. 1 S. 2 n. F. EGBGB knüpft für die kollisionsrechtliche Anerkennung der vertraglichen Auslandsadoption an den gewöhnlichen Aufenthalt des Adoptivkindes an und kann dabei als Anknüpfungspunkt für ein mögliches „Kindesstatut“ verstanden werden. Bei der Adoption steht vor allem das Kindeswohl im Mittelpunkt, was auch durch die Berücksichtigung des gewöhnlichen Aufenthalts zur Prüfung der Wirksamkeit der ausländischen Vertragsadoption gefördert wird. Denn der gewöhnliche Aufenthalt befindet sich am Lebensmittelpunkt des Adoptivkindes, und die Begründung eines Annahmeverhältnisses nach dem Recht dieses Lebensmittelpunktes ist den

---

547 Näheres siehe oben Teil 3 A I 2 a) 3).

548 Vgl. Fn. 188.

549 MüKoBGB/Helms (2024), Art. 22 EGBGB Rn. 34.

550 Art. 22 i. V. m. Art. 29 EGBGB des Vorschlags; Neuhaus, Paul Heinrich / Kropholler, Jan: „Entwurf eines Gesetzes über internationales Privat- und Verfahrensrecht (IPR-Gesetz)“. *RabelsZ* 44 (1980), S. 335.

sozialen Bindungen des Kindes i. d. R. bekannt und wird von diesen akzeptiert. Darüber hinaus kann nach der Adoption aufgrund des Rechtsverhältnisses zwischen dem Kind und den Adoptiveltern häufig eine faktische Familie entstanden sein, die für das Kind am Ort seines gewöhnlichen Aufenthalts zur Lebensrealität bzw. zu einer unumkehrbaren Tatsache geworden ist.

Der Gedanke des „Kindesstatuts“ für die Beurteilung der Wirksamkeit internationaler Vertragsadoptionen entspricht zudem dem Kontinuitätsprinzip für die Zuweisung der elterlichen Verantwortung in Art. 16 Abs. 2 KSÜ. Die Anerkennung des zum Zeitpunkt der Adoption nach dem Recht des Aufenthaltsstaates des Kindes begründeten Annahmeverhältnisses setzt voraus, dass die im Ausland faktisch und rechtlich begründete Eltern-Kind-Beziehung auch im Inland rechtlich abgesichert werden kann und die elterliche Verantwortung aufgrund der Zuweisung der Elternschaft durch die Adoption fortbesteht, um sie vor einer hinkenden Rechtsbeziehung zwischen dem Kind und den Adoptiveltern zu schützen.

Insgesamt führt ein einheitliches „Kindesstatut“ zu einer Kontinuität in der Zuordnung der verschiedenen Arten von Rechtsverhältnissen zwischen Eltern und Kind und den entsprechenden Rechten und Pflichten. Die Berücksichtigung des Kindeswohls soll dabei stets im Vordergrund stehen, indem das Personalstatut des Kindes bei der Anknüpfung in den Vordergrund gerückt wird, was darauf hindeutet, dass das Kind ohnehin ein eigenständiges und vorrangiges Subjekt des Kollisionsrechts sein sollte.

2) Ordre-public-Prüfung nach Art. 6 EGBGB

aa) Kindeswohl

i. Allgemeines

Die Berücksichtigung des Kindeswohls gilt als oberster Grundsatz des Adoptionsrechts (Art. 3, Art. 21 UN-KRK, Art. 6 II GG, vgl. auch Art. 24 HAÜ).[551] Das Kindeswohl ist daher sowohl bei der Durchführung der Adoption als auch bei der Anerkennung von im Ausland begründeten Adoptionsverhältnissen ernst zu nehmen.

---

[551] MüKoBGB/Helms (2024), Art. 22 EGBGB Rn. 81; BeckOK BGB/Heiderhoff (2023), Art. 22 EGBGB Rn. 46, 59.

Aus Sicht des deutschen Rechts kann eine Vertragsadoption dem Kindeswohl i. d. R. nicht hinreichend Rechnung tragen.[552] Dies kann jedoch bei der Anerkennung der ausländischen Vertragsadoption im Rahmen einer ordre-public-Prüfung kein berechtigtes Argument für die Ablehnung des durch den Vertrag im Ausland begründeten Annahmeverhältnisses sein. Denn bei der ordre-public-Prüfung handelt es sich bei dem Erfordernis der Prüfung des Kindeswohls zum Zeitpunkt des Zustandekommens der ausländischen Vertragsadoption lediglich um ein formelles Kriterium,[553] während ein ordre-public-Verstoß nur dann vorliegt, wenn das Ergebnis der Wirksamkeitsfeststellung aktuell mit dem Kindeswohl unvereinbar wäre. Es kommt also darauf an, ob die Bejahung der Anerkennung der Vertragsadoption im Zeitpunkt der Wirksamkeitsfeststellung dem Kindeswohl des Adoptierten widerspricht. Dabei sind die zwischenzeitlich eingetretenen tatsächlichen Entwicklungen der Bindungen des Kindes seit der Vertragsadoption und die Folgen der Nichtfeststellung der Wirksamkeit der Adoption für das Kind zu berücksichtigen.[554] Dies wird im Folgenden näher erläutert.

ii. Kindeswohlkonstellationen im Zeitpunkt der Wirksamkeitsfeststellung der ausländischen Vertragsadoption

Bei der Berücksichtigung des Kindeswohls im Zeitpunkt der Feststellung der Wirksamkeit der ausländischen Adoption ist, wie oben bereits erwähnt, zu prüfen, ob die Interessen des konkret betroffenen Kindes verletzt werden, wenn die Wirksamkeit der Vertragsadoption nicht festgestellt wird. Im Hinblick auf das aktuelle Kindeswohl kommt vor allem eine Wiederholungsadoption als Alternative in Betracht, wenn die Anerkennung der Vertragsadoption abzulehnen ist, weil bei ihrem Zustandekommen das Kindeswohl nicht hinreichend berücksichtigt wurde. Eine solche Wiederholungsadoption ist jedoch in folgenden Fällen unrealistisch oder unmöglich, z. B. wenn sich das Kind im Zeitpunkt der Wirksamkeitsfeststellung noch im Ausland aufhält oder wenn sich die Frage erst viele Jahre später nach dem Auseinanderbrechen der Beziehung zwischen den Adoptiveltern oder als Vorfrage in einem erbrechtlichen Streit stellt. Bei der Berücksichtigung

552 Helms, *StAZ* 2015, S. 103.
553 Majer, *NZFam* 2015, S. 1140.
554 Helms, *StAZ* 2015, S. 104.

des Kindeswohls im Zeitpunkt der Feststellung der Wirksamkeit der Vertragsadoption ist daher vielmehr auf die irreversiblen Tatsachen abzustellen. Dabei ist insbesondere zu berücksichtigen, wie sich die faktische Eltern-Kind-Beziehung zwischen den Adoptiveltern und dem Kind seit der Adoption entwickelt hat und wie sich die sonstigen Bindungen des Kindes zu seinen bisherigen Bezugspersonen, insbesondere den leiblichen Eltern, aktuell darstellen.[555]

Hat sich an der Betreuungssituation des Kindes noch nichts geändert, ist also das Eltern-Kind-Verhältnis zwischen den Adoptiveltern und dem Kind faktisch noch nicht entstanden, ist es möglich und gerechtfertigt, die Wirksamkeit der Vertragsadoption wegen Unvereinbarkeit mit den Aspekten der Kindeswohlprüfung nach deutschem Recht zu verneinen. So sind z. B. die Adoptionsbedürfnisse hinreichend zu prüfen. Die Ursachen für die Adoption, wie z. B. die Beseitigung der Kinderlosigkeit, die Verbesserung der wirtschaftlichen Situation des Kindes oder der Erwerb der deutschen Staatsangehörigkeit, sind offensichtlich nicht bedürfnisorientiert und daher mit dem deutschen ordre public unvereinbar. Insoweit ist auch die Erforderlichkeit einer internationalen Adoption zu prüfen, da die Berücksichtigung einer Inlandsadoption grundsätzlich vorrangig ist. Darüber hinaus ist eine ausreichende Prüfung der Elterneignung erforderlich, so dass ein Bericht oder Ermittlungen zum Lebensumfeld der Adoptionsbewerber vorhanden sein müssen.[556]

Das Kindeswohl wird zudem durch die Einwilligung der leiblichen Eltern und des Kindes bestimmt. Es könnte daher auch gegen den deutschen ordre public verstoßen, wenn die Vertragsadoption im Ausland durchgeführt wird, ohne dass die Einwilligungen der Betroffenen vorliegen. Im Übrigen ist darauf hinzuweisen, dass bei anderen Mängeln, die bei der Durchführung der Adoption aufgetreten sind, aber nicht das Kindeswohl betreffen, die Vorbehaltsklausel bei der Anerkennung der ausländischen Vertragsadoption zurückhaltend anzuwenden ist.[557]

---

555 MüKoBGB/Helms (2024), Art. 22 EGBGB Rn. 98.
556 Ebd., Rn. 101–102.
557 BeckOK BGB/Heiderhoff (2023), Art. 22 EGBGB Rn. 47.

bb) Schutz der sozialen Familien

Das Recht auf Familienleben nach Art. 8 EMRK gilt zugleich als Konkretisierung des deutschen ordre public. Für die Eröffnung des Schutzbereichs des Art. 8 EMRK genügt eine soziale Familie aufgrund einer nach ausländischem Recht begründeten Vertragsadoption,[558] auch wenn das Adoptionsverhältnis rechtlich nicht anerkannt ist.[559] Das Zusammenleben und die faktische Beziehung zwischen den Adoptiveltern und dem Adoptivkind sind in erster Linie Indizien für das Vorliegen eines schutzwürdigen faktischen Familienlebens.[560] Leben die Familienmitglieder getrennt, hängt das geschützte Familienleben von Umständen wie einer hinreichend konstanten Beziehung und einer engen persönlichen Beziehung ab.[561] Auch regelmäßige Besuche in den Ferien können unter Umständen ein geschütztes faktisches Familienleben begründen.[562] Zu beachten ist jedoch, dass Art. 8 EMRK zwar eine potentielle Beziehung zwischen den Adoptiveltern und dem Kind schützt, nicht aber das Entstehen einer sozialen Familie. Das faktische Familienleben wird durch die Nichtanerkennung der Vertragsadoption schwerer beeinträchtigt, wenn sich das Kind im Ausland befindet, weil die Adoptivfamilie an der durch die Nichtanerkennung erzwungenen (teilweisen) Trennung der Familienmitglieder scheitern würde, was mit Art. 8 EMRK unvereinbar ist, wonach die soziale Familie, in der die Bindungen des Kindes und sein Kontinuitätsinteresse liegen, unabhängig davon zu schützen ist, ob sich das Kind im In- oder Ausland aufhält.[563] Da sich aus Art. 8 Abs. 1 EMRK das Recht der Familienangehörigen auf Zusammenleben ergibt, bedarf es einer Rechtfertigung, wenn durch die Nichtanerkennung der Vertrags-

---

558 Botthof, *StAZ* 2013, S. 79; HK-EMRK/Nettesheim (2023), Art. 8 EMRK Rn. 57.

559 Majer, *NZFam* 2015, S. 1139.

560 Botthof, *StAZ* 2013, S. 79.

561 Botthof, *StAZ* 2013, S. 79; HK-EMRK/Nettesheim (2023), Art. 8 EMRK Rn. 58.

562 Strittig. OLG Köln, Beschluss v. 27.03.2019 – 14 UF 7/19, *BeckRS* 2019, S. 8577, Rn. 10: in dieser Entscheidung wurde festgestellt, dass Urlaubsbesuche allein nicht ausreichen, um ein faktisches Familienleben zu begründen. Nach Botthof, *StAZ* 2013, S. 79, können regelmäßige Besuche jedoch eine de facto Familie bilden. Auch in internationalen Fällen, in denen ein Adoptionsverhältnis nicht anerkannt ist, kann der Umstand, dass der in Deutschland lebende Adoptivvater nur in den Ferien zu Besuch kommt, als regelmäßiger Besuch gelten.

563 MüKoBGB/Helms (2024), Art. 22 EGBGB Rn. 81.

adoption in das Zusammenleben der Familie eingegriffen wird. Eingriffe sind im Lichte des Art. 8 Abs. 1 EMRK nur dann gerechtfertigt, wenn sie ausnahmsweise aus Gründen des Kindeswohls gerechtfertigt sind.[564]

In der Entscheidung des OLG Köln vom 27.3.2019[565] wird jedoch der Schluss gezogen, dass der Schutz des Kindes durch eine durchzuführende Kindeswohlprüfung auch den Eingriff in ein vermeintlich bereits bestehendes faktisches Familienleben rechtfertigen würde, was jedoch dem Zweck des Art. 22 Abs. 1 S. 2 n. F. EGBGB widersprechen würde, wonach die Vertragsadoption, bei der die Kindeswohlprüfung nicht durchgeführt wird, nicht pauschal abgelehnt werden kann. Der Schutz des Kindes liegt vielmehr in der Berücksichtigung des aktuellen Kindeswohls, das – wie oben dargestellt – auch den Schutz des faktischen Familienlebens zwischen Adoptiveltern und Kind seit der Adoption erfordert. Andernfalls droht dem Adoptivkind eine dem Kindeswohl widersprechende Zerstörung seiner sozialen Adoptivfamilie.

In einer Anmerkung zu dieser Entscheidung wird auch unter generalpräventiven Gesichtspunkten darauf hingewiesen, dass die Versagung der Anerkennung jedenfalls dann keine Verletzung des Rechts auf Familienleben nach Art. 8 EMRK darstelle, wenn ein Adoptionsverfahren[566] nachgeholt werden könne.[567] Eine andere Meinung weist demgegenüber zu Recht darauf hin, dass eine faktische Familieneinheit gesetzliche Verbote oder generalpräventive Erwägungen überlagern könne.[568] Danach ist das Recht auf Familienleben nach Art. 8 EMRK verletzt, wenn ein neues Adoptionsverfahren nur aus generalpräventiven Erwägungen und nicht aus anderen gewichtigen Gründen des Kindeswohls nachgeholt werden muss.

---

564 Botthof, *StAZ* 2013, S. 80.

565 OLG Köln, Beschluss v. 27.3.2019 – 14 UF 7/19, *NZFam* 2019, S. 649.

566 Die Entscheidung verweist vor allem auf das internationale Adoptionsverfahren im Rahmen des HAÜ. Zudem wird eine Wiederholungsadoption in Betracht gezogen, die jedoch wenig realistisch erscheint, da das Kind im Ausland lebt.

567 Majer, Christian F.: „Anmerkung zum OLG Köln, Beschluss v. 27.3.2019 – 14 UF 7/19". *NZFam* 2019, S. 649.

568 Botthof, StAZ 2013, S. 79.

2. China

a) Rechtliche Elternschaft durch die im Inland erfolgte Adoption

1) „Spaltung“ des Adoptionsstatuts gem. § 28 IPRG

aa) Kumulative Anwendung des Rechts des gewöhnlichen Aufenthalts des Annehmenden und des anzunehmenden Kindes auf Begründung der Adoption gem. § 28 S. 1 IPRG

In § 28 IPRG wird das Adoptionsstatut aufgespalten. Nach § 28 S. 1 IPRG findet auf das Zustandekommen (Voraussetzungen und Form) der Adoption eine kumulative Anwendung der Rechtsordnungen des gewöhnlichen Aufenthalts des Annehmenden und des angenommenen Kindes statt, um hinkende Statutenverhältnisse zu vermeiden.[569] In Bezug auf die materiellrechtlichen Voraussetzungen der Adoption ist die kumulative Anwendung sehr streng, so dass es relativ schwierig ist, eine internationale Adoption zu begründen, weil die Adoptionsvorschriften der beiden Rechtsordnungen erhebliche Unterschiede aufweisen können. Bei der Adoption durch Verheiratete führt eine solche Anknüpfung sogar zu einer Überlagerung von drei Adoptionsrechten, wenn sie im Zeitpunkt der Adoption keinen gemeinsamen gewöhnlichen Aufenthalt haben. So ist z. B. für die Adoption durch ein neues Ehepaar, das künftig an einem Ort leben will, aber im Zeitpunkt der Adoption unterschiedliche gewöhnliche Aufenthalte hat, nach § 28 S. 1 IPRG eine kumulative Anwendung der materiellrechtlichen Voraussetzungen der Lebenswirklichkeit unbillig und hätte für die Betroffenen erhebliche Nachteile zur Folge. In der Literatur wird daher eine besondere Anknüpfung für die Adoption durch Verheiratete für erforderlich gehalten, um die Begründung einer solchen Adoption zu erleichtern, zumal das chinesische Adoptionsrecht nur die gemeinschaftliche Adoption durch Ehepaare vorsieht und die internationale Adoption durch Verheiratete auch in der chinesischen Praxis üblich ist.[570]

---

[569] Huang/Jiang 2011, S. 156; Pißler, *RabelsZ* 76 (2012), S. 24–25.

[570] Zhu 2015, S. 134: Das anwendbare Recht auf die gemeinsame Adoption durch Ehegatten muss sorgfältig geprüft werden. In diesem Beitrag wird empfohlen, dass „im Falle einer gemeinsamen Adoption durch Ehegatten neben dem Recht des gewöhnlichen Aufenthalts des Angenommenen zum Zeitpunkt der Adoption zusätzlich folgende Rechte berücksichtigt werden sollten: 1. Haben die Annehmenden im Zeitpunkt der Adoption verschiedene gewöhnliche Aufenthaltsorte, so ist das Recht des Aufenthaltsortes anzuwenden, der die engste Verbindung zur vorgesehenen Adoptivfamilie aufweist. 2. Analoge Anwendung des Rechts, das nach § 23 IPRG

Die Frage, welche Anknüpfung für die Adoption durch Ehepaare in Betracht kommt, ist in der chinesischen Literatur nicht speziell diskutiert worden und daher noch offen. Denkbar wäre der Anhaltspunkt aus dem alten deutschen Adoptionskollisionsrecht (Art. 22 a. F. EGBGB). Insoweit gilt das Ehewirkungsstatut nach § 23 IPRG. Danach ist bei der Adoption durch Ehegatten zunächst das Recht des gemeinsamen gewöhnlichen Aufenthalts der Ehegatten anzuwenden. Besteht kein gemeinsamer gewöhnlicher Aufenthalt, so kommt das Recht der gemeinsamen Staatsangehörigkeit in Betracht. Gibt es weder einen gemeinsamen gewöhnlichen Aufenthalt noch eine gemeinsame Staatsangehörigkeit, so kann das Recht zur Anwendung kommen, das mit der Adoption durch Verheiratete am engsten verbunden ist. Zur Vereinfachung der Rechtsanwendung und zum Schutz der Interessen des Kindes besteht eine weitere Alternative darin, bei internationalen Adoptionen hinsichtlich der materiellrechtlichen Voraussetzungen allein auf das Recht des gewöhnlichen Aufenthalts des Adoptivkindes (ggf. chinesisches Recht) abzustellen.

In formeller Hinsicht (Verfahrensvoraussetzungen) widerspricht eine kumulative Anwendung häufig der chinesischen Praxis. Sieht eine ausländische Rechtsordnung z. B. nur eine gerichtliche Adoption vor, ist es mangels entsprechender verfahrensrechtlicher Regelungen nicht möglich, eine internationale Adoption durch ein chinesisches Gericht auszusprechen. Stattdessen wird in China bei einer internationalen Adoption immer ein Kooperationsverfahren durch die zuständigen Behörden zwischen China (Heimatstaat) und dem ausländischen Aufnahmestaat durchgeführt. Dabei werden die Eignung des Annehmenden und die Bedürftigkeit des Adoptierten nach dem jeweiligen Personalstatut geprüft. Auch die materiellrechtlichen Voraussetzungen der Adoption dürfen den Rechtsordnungen beider Staaten nicht widersprechen. Außerdem muss ein Adoptions-vertrag geschlossen werden (auf Wunsch beider Parteien kann dieser notariell beurkundet werden). Anschließend muss die internationale Adoption von der zuständigen

auf die persönlichen Wirkungen der Ehegatten anzuwenden ist. 3. Anstatt ein spezielles Recht für die gemeinsame Adoption durch Ehegatten vorzusehen, sollte unmittelbar nur das Recht des gewöhnlichen Aufenthalts des Angenommenen zum Zeitpunkt der Adoption angewandt werden. Alternativ kann für jeden Beteiligten das jeweilige Recht des gewöhnlichen Aufenthaltsortes der Annehmenden und des Angenommenen zum Zeitpunkt der Adoption herangezogen werden.“

chinesischen Zivilverwaltungsbehörde geprüft und registriert werden. Mit der Registrierung wird das Adoptionsverhältnis wirksam.[571] Das oben beschriebene Verfahren ist grundsätzlich als Dekretadoption anzusehen. Die Form der Adoption ist an den Ort gebunden, an dem die Adoption erfolgt ist (bzw. an den Ort, an dem das adoptierte Kind seinen gewöhnlichen Aufenthalt hat), weil in verfahrensrechtlicher Hinsicht grundsätzlich die lex fori gilt. Dafür spricht auch die „locus-regit-actum"-Regel.[572]

bb) Anwendung des Rechts des gewöhnlichen Aufenthalts des Annehmenden zum Zeitpunkt der Adoption auf Wirkungen der Adoption gem. § 28 S. 2 IPRG

Nach § 28 S. 2 IPRG ist auf die Wirkungen der Adoption das Recht des gewöhnlichen Aufenthalts des Annehmenden zum Zeitpunkt der Adoption anzuwenden. Dies kann damit begründet werden, dass das adoptierte Kind i. d. R. nach der Adoption an den gewöhnlichen Aufenthalt des Annehmenden gebracht wird, um dort ein Familienleben zu führen. Das Recht des Staates des gewöhnlichen Aufenthalts des Annehmenden ist daher i. d. R. am engsten mit den Rechten und Pflichten des Annehmenden gegenüber dem Adoptivkind verbunden.[573] In diesem Fall betrifft das Wirkungsstatut jedoch nicht nur die Rechte und Pflichten zwischen dem Annehmenden und dem Angenommenen, sondern auch die Frage, ob das Eltern-Kind-Verhältnis zwischen dem Kind und seinen leiblichen Eltern erloschen ist. Zur Klärung der Rechte und Pflichten zwischen dem Adoptivkind und seinen leiblichen Eltern ist außerdem das Recht des gewöhnlichen Aufenthalts des Kindes (in dem auch seine leiblichen Eltern leben) heranzuziehen, denn nach den einschlägigen chinesischen Bestimmungen, die für die Adoption durch Ausländer gelten, muss eine internationale Adoption sowohl den Vorgaben des chinesischen als auch des ausländischen Rechts entsprechen.[574] Dies gilt auch für die Wirkungen der Adoption, da die Auswirkungen der Adoption vor deren Vollzug den leiblichen Eltern erklärt werden müssen.

---

[571] § 11 Maßnahmen zur Registrierung der Adoption durch Ausländer.

[572] Qu, Guangqing / Zhu, Lina: „The Value Orientation of the Conflict Law of Intercountry Adoption and the Improvement of Legislation in China". *Social Science Journal* 2014(2), S. 83.

[573] Huang 2011, S. 67.

[574] § 3 Maßnahmen zur Registrierung der Adoption durch Ausländer.

Es gibt auch andere Konstellationen, in denen die Anknüpfung an den gewöhnlichen Aufenthalt des Annehmenden für die Wirkungen der Adoption nicht sachgerecht ist. So ist es bspw. möglich, dass das Recht des gewöhnlichen Aufenthalts des Annehmenden zum Zeitpunkt der Adoption für die Wirkungen der Adoption nicht relevant ist, wenn die Adoptivfamilie zum Zeitpunkt der Adoption nicht am gewöhnlichen Aufenthalt des Annehmenden, sondern an einem anderen Ort zu leben beabsichtigt. Schwierig ist die Bestimmung des Wirkungsstatuts auch, wenn bei einer Adoption durch Verheiratete deren gewöhnlicher Aufenthalt in zwei Ländern mit unterschiedlichem Recht liegt. Da-rüber hinaus ist das Wirkungsstatut nicht anwendbar, wenn das Recht des Aufenthaltsstaates des Annehmenden die Wirkungen der Adoption nicht vorsieht oder wenn nach dem Wirkungsstatut das Wohl des Kindes offensichtlich gefährdet ist.

In jedem Fall muss das Wirkungsstatut eindeutig festgelegt und anwendbar sein, damit kulturelle Konflikte zwischen dem Heimatstaat und dem Aufnahmestaat über die Wirkungen der Adoption vermieden werden,[575] dem Wohl des Adoptivkindes Rechnung getragen wird und es vor einem Schwebezustand großer Ungewissheit über den Status des Adoptivkindes geschützt wird. Daraus folgt, dass neben der bisherigen Anknüpfung weitere Anknüpfungen in § 28 S. 2 IPRG aufgenommen werden müssen. In Betracht kommt eine alternative Anknüpfung an den Staat des gewöhnlichen Aufenthalts des Adoptivkindes, was der chinesischen Praxis entspricht, nach der für die Wirkungen der in China erfolgten Adoption häufig das chinesische Adoptionsrecht und nicht das in § 28 S. 2 IPRG genannte Adoptionsstatut gilt.

Zudem ist zu beachten, dass die Anknüpfung an den gewöhnlichen Aufenthalt i. S. v. § 28 S. 2 IPRG i. V. m. § 13 der Erläuterungen des OVG zum IPRG I (2020) objektiviert ist, was darauf hindeutet, dass nicht auf den Aufenthaltswillen (animus manendi) abzustellen ist.[576] Dies bedeutet, dass nur dann, wenn sich der Annehmende zuletzt mindestens ein Jahr ununterbrochen an einem Ort aufgehalten hat, an dem er seinen Lebensmittelpunkt hat, dieser Ort als gewöhnlicher Aufenthalt angesehen werden kann. Lässt

575 Zhu 2015, S. 140.

576 Huang/Jiang 2011, S. 109; Pißler, *RabelsZ* 76 (2012), S. 15.

sich der gewöhnliche Aufenthalt des Annehmenden nicht feststellen,[577] so ist nach § 20 IPRG das Recht seines gegenwärtigen Aufenthaltsortes anzuwenden. Da der gegenwärtige Aufenthalt jedoch sehr subjektiv und zufällig sein kann,[578] kann das Recht des gegenwärtigen Aufenthaltsortes wenig mit den Wirkungen der Adoption zu tun haben. Der Begriff des gewöhnlichen Aufenthalts i. S. v. § 13 der gerichtlichen Auslegung ist daher wenig flexibel. Insbesondere ist die Voraussetzung „ein Jahr" nicht sachgerecht. Insofern ist eine subjektivere und flexiblere Auslegung des kollisionsrechtlichen Begriffs des gewöhnlichen Aufenthalts erforderlich.

cc) Alternative Anwendung des Rechts des gewöhnlichen Aufenthalts des angenommenen Kindes zum Zeitpunkt der Adoption oder lex fori auf die Aufhebung der Adoption gem. § 28 S. 3 IPRG

Nach § 28 S. 3 IPRG ist auf die Aufhebung der Adoption das Recht des Staates anzuwenden, in dem das Kind zum Zeitpunkt der Adoption seinen gewöhnlichen Aufenthalt hat oder die lex fori. Es kommt also eine alternative Anknüpfung in Betracht. Dieses Aufhebungsstatut regelt die Voraussetzungen, das Verfahren und die Folgen der Aufhebung der Adoption. Durch die Anknüpfung an den gewöhnlichen Aufenthalt des Kindes zum Zeitpunkt der Adoption entspricht einerseits die Aufhebung der Adoption (§ 28 S. 3 IPRG) der Begründung der Adoption (§ 28 S. 1 IPRG); insoweit entspricht der Rückweg dem Hinweg, der auf die Kontinuität der Betreuung und des Schutzes des Adoptivkindes durch das Recht seines Heimatstaates abzielt, m. a. W.: auf diese Weise kann die Kontinuität der Interessen des adoptierten Kindes gewährleistet werden. Andererseits ist der Gerichtsstand i. d. R. der Ort des derzeitigen gewöhnlichen Aufenthalts des adoptierten Kindes, dessen Recht (lex fori) eine realistische und effiziente Alternative im Interesse des Kindes darstellt, wenn das Heimatrecht dem Kind keinen Schutz bietet.

---

577 Li, Xiang: *Research on the Legal Issues of Application of Law for International Adoption in China.* (Master Thesis) Ocean University of China: Qingdao 2013, S. 5, 13; Xie, Wenshan: *„Principle of Child' s Best Interest" in Legal Application of Foreign Adoption.* (Master Thesis) Southwest University of Political Science & Law: Chongqing 2016, S. 21.

578 So wechseln Adoptierende bspw. ihren gewöhnlichen Aufenthalt nach Belieben, um das Gesetz zu umgehen.

Obwohl das Günstigkeitsprinzip nicht wörtlich eindeutig in § 28 S. 3 IPRG verankert ist, ist das Günstigkeitsprinzip grundsätzlich aus einer alternativen Anknüpfung abzuleiten, die im Wege des richterlichen Ermessens durch die Wahl des für das Adoptivkind günstigsten Rechts dem Schutz des Wohls des Adoptivkindes dient.[579] In der Literatur wird empfohlen, die klare inhaltliche Orientierung „das für den Schutz der Interessen des Adoptivkindes günstigste Recht" wie in den §§ 25, 29, 30 IPRG einzuführen, um dem Ermessen des Richters bei der Wahl des Aufhebungsstatuts der Adoption eine klare Grundlage zu geben.[580] Andernfalls besteht die Gefahr, dass der chinesische Richter letztlich immer das ihm vertraute Recht des Gerichtsortes (chinesisches Recht) wählt, was dem Schutz der Interessen des Adoptivkindes zuwiderläuft.[581]

dd) Ordre-public-Prüfung nach § 5 IPRG

Da China Vertragsstaat der UN-KRK und des HAÜ ist, ist das Prinzip des Kindeswohls die oberste Richtschnur für die Adoption in China. Das Kindeswohlprinzip findet sich in § 1044 ZGB, wonach die Adoption im Interesse des Adoptivkindes liegen muss. Hinsichtlich des Kindeswohls ist vor allem das Subsidiaritätsprinzip der internationalen Adoption zu beachten, das sich aus dem HAÜ ergibt, d. h. eine Inlandsunterbringung oder -adoption eines Kindes ist vorrangig vor einer internationalen Adoption zu berücksichtigen. Eine Kindeswohlprüfung (und zwar eine Adoptionsprüfung § 1105 ZGB) hinsichtlich der Elterneignung (§ 1098, § 1109 ZGB) und der Adoptionsbedürftigkeit (§ 1093 ZGB) findet sich auch im chinesischen Adoptionsrecht. Darüber hinaus ist bei der internationalen Adoption die Zustimmung des anzunehmenden Kindes (Minderjährige über acht Jahre, § 1104 ZGB) und seiner leiblichen Eltern (§§ 1094 ff., § 1103 ZGB) zum Kindeswohl erforderlich.

Nach chinesischem Adoptionsrecht steht die gemeinschaftliche Adoption nur verschiedengeschlechtlichen Ehegatten offen, weil gleichgeschlechtliche Lebenspartnerschaften nicht den traditionellen chinesischen Moralvorstellungen entsprechen und in der breiten chinesischen Bevölkerung bislang nicht akzeptiert sind, ganz zu schweigen von gleichgeschlechtlicher

---

579 Huang/Jiang 2011, S. 156; Pißler, *RabelsZ* 76 (2012), S. 25.

580 Zhu 2015, S. 138.

581 Näheres siehe oben Teil 3 B I 2 b) 2) bb) und c) 2).

Elternschaft durch Adoption. Aus Sicht der chinesischen Adoptionsvermittlungsstellen, der Zivilstandsbehörden und der Gerichte kann es auch nicht dem Kindeswohl dienen, wenn das Kind in einer Familie lebt und aufwächst, die in der Gesellschaft nicht allgemein akzeptiert ist, so dass eine gemeinschaftliche Adoption durch gleichgeschlechtliche Partner ohne weiteres als Verstoß gegen den chinesischen ordre public angesehen wird. Daher kann zum einen der Antrag auf gemeinschaftliche Adoption eines Kindes in China durch ausländische gleichgeschlechtliche Ehegatten abgelehnt werden, auch wenn sie das Adoptivkind ins Ausland bringen und dort leben wollen, wo die gleichgeschlechtliche Familie weitgehend akzeptiert ist. Zum anderen kann die Feststellung der Wirksamkeit der ausländischen Adoption durch gleichgeschlechtliche Paare auch wegen Verstoßes gegen den chinesischen ordre public verweigert werden.

Bei Verwandten- und Stiefkindadoptionen sind die Gesichtspunkte des Kindeswohls im chinesischen Recht und damit die Voraussetzungen der Adoption hinsichtlich der Kindeswohlprüfung anders gelagert, weil es bei diesen Adoptionen nicht nur um die Interessen des anzunehmenden Kindes geht, sondern auch um die emotionalen Bindungen zwischen allen Beteiligten. Außerdem wird den gesellschaftlichen Realitäten und Entwicklungen in China Rechnung getragen. Würde man für diese Adoptionsformen die gleichen strengen Voraussetzungen wie für die Fremdadoption vorsehen, wären die Funktionen der Adoption in China sehr eingeschränkt.[582] Aufgrund traditioneller Sitten und Gebräuche war z. B. die Verwandtenadoption bereits vor der Verabschiedung des chinesischen Adoptionsgesetzes Anfang der 90er Jahre in der chinesischen Bevölkerung weit verbreitet. Die Erleichterung der Voraussetzungen für Verwandtenadoptionen dient dem Schutz und der Achtung der faktischen Eltern-Kind-Beziehung in der Adoptivfamilie.[583]

Mit der steigenden Scheidungsrate nimmt auch die Zahl der Stief- und Patchworkfamilien in China zu. Um die rechtliche Integration des Stiefkindes in die neue Familie zu ermöglichen, werden die Voraussetzungen für die Stiefkindadoption erleichtert, damit die Beziehungen zwischen den

---

582 Gem. § 1099 und § 1103 ZGB müssen die Adoptionsbedürfnisse (für Verwandtenadoptionen und Stiefkindadoptionen) sowie die Elterneignung (für Stiefkindadoptionen) bei der Begründung der Adoption nicht zwingend geprüft werden.

583 Huang 2020, § 1099.

Familienmitgliedern in der Stieffamilie früher rechtlich abgesichert werden können, insbesondere wenn die Ehegatten jeweils ein oder mehrere Kinder aus der früheren Beziehung oder Ehe in die Stieffamilie mitbringen und in der Stieffamilie ein faktisches Familienleben geführt wird. Jedenfalls ist festzuhalten, dass es grundsätzlich dem Wohl der Stiefkinder entspricht, in einer stabilen und rechtlich abgesicherten Stieffamilie zu leben.[584]

Das Kindeswohl ist auch im Hinblick auf die Wirkungen der Adoption zu berücksichtigen. Dient die Regelung nach ausländischem Recht nicht dem Kindeswohl, so ist nach § 5 IPRG stattdessen das chinesische Adoptionsrecht anzuwenden. Nach § 1111 ZGB ist die Rechtsstellung des adoptierten Kindes der eines ehelichen Kindes der Adoptiveltern gleichgestellt, und das Eltern-Kind-Verhältnis zwischen dem adoptierten Kind und den leiblichen Eltern erlischt mit der Adoption.[585] Darüber hinaus kann für die Aufhebung der Adoption unmittelbar die lex fori gewählt werden, um einen Verstoß gegen den ordre public zu vermeiden, da es sich um eine alternative Anknüpfung in § 28 S. 3 IPRG handelt.

Daraus folgt, dass die Auslegungen der Kindeswohlaspekte von den kulturellen und gesellschaftlichen Vorstellungen der Länder geprägt sind. Dementsprechend kann es bei der Prüfung des ordre public im Hinblick auf das Kindeswohl zu Konflikten kommen. Um Konflikte zwischen den Aspekten des Kindeswohls zu reduzieren, kann bei der Adoption immer auf die Persönlichkeit des Kindes, seinen wirklichen Willen, sein wirkliches Leben sowie seine sozialen Bindungen usw. abgestellt werden. Da das Kindeswohl bei der Adoption oberstes Prinzip ist, sollte die Beachtung des Kindeswohls Vorrang vor anderen Konkretisierungen des ordre public haben.[586]

---

584 Huang 2020, § 1099, S. 220–223.

585 Das Recht, das nicht im Interesse des Kindes liegt, ist nicht anwendbar. Näheres siehe oben Teil 3 B II 2 b).

586 Außer dem Kindeswohl sind keine anderen Aspekte wie Familienplanung oder die Vereinbarkeit der Adoption durch gleichgeschlechtliche Paare mit den moralischen Vorstellungen Chinas geeignet, als eine Konkretisierung des ordre public angesehen zu werden. Wenn z. B. das adoptierte Kind nach der Adoption in ein Land gebracht wird, das gegenüber gleichgeschlechtlichen Familien tolerant ist, dient die Adoption, durch die eine Familie für das Kind geschaffen wird, dem Kindeswohl. Daher sollten die Aspekte des Kindeswohls je nach lokalem Umfeld angepasst werden und sich nicht auf die moralischen Werte innerhalb Chinas beschränken.

2) Internationale Zuständigkeit und Kollisionsnormen gem. den chinesischen Regelungen zum internationalen Adoptionsverfahren

aa) Internationale Zuständigkeit der chinesischen Zivilbehörde am Ort der Haushaltsregistrierung des adoptierten Kindes

Da nach chinesischem Adoptionsrecht (§ 1105 ZGB) das Adoptionsverhältnis erst ab dem Zeitpunkt der Registrierung der Adoption rechtswirksam wird, fungiert die chinesische Registrierungsbehörde somit wie die für internationale Adoptionen zuständigen deutschen Gerichte. Nach den chinesischen Rechtsvorschriften über die Registrierung internationaler Adoptionen[587] ist die Abteilung für Zivilangelegenheiten am Ort der Haushaltsregistrierung[588] des adoptierten Kindes für die Registrierung der internationalen Adoption eines Kindes zuständig. Das bedeutet, dass das zu adoptierende Kind einen registrierten Haushalt in China haben muss.

Nach den Vorschriften der VR China über die Haushaltsregistrierung (§ 2, § 6, § 7) kann und muss ein Chinese, der dauerhaft in der VR China lebt, seinen Haushalt dort registrieren lassen, wo er seinen gewöhnlichen Aufenthalt hat. Dementsprechend können nur in China lebende chinesische Kinder, die in China registriert sind, von ausländischen oder im Ausland lebenden chinesischen Adoptiveltern in China adoptiert werden. Für Findelkinder, deren Eltern nicht ermittelt werden können und deren Staatsangehörigkeit nicht festgestellt werden kann, ist jedoch eine Haushaltsregistrierung am Ort der Sozialhilfeeinrichtung, in der die Kinder leben, möglich.[589] Somit steht die internationale Adoption in China auch verlassenen Kindern ohne oder mit ausländischer Staatsangehörigkeit offen. Allerdings kann die chinesische Abteilung für zivile Angelegenheiten die Zuständigkeit für die Registrierung der Adoption von anderen in China lebenden ausländischen Kindern nicht ausüben, weil es eine Regelungslücke hinsichtlich der Zuständigkeit für die Adoption des in China lebenden ausländischen Kindes gibt.

Zusammenfassend lässt sich sagen, dass die chinesischen Behörden grundsätzlich nur dann für die internationale Adoption zuständig sind, wenn das anzunehmende Kind sowohl die chinesische Staatsangehörigkeit besitzt als

---

587 § 9 Maßnahmen zur Registrierung der Adoption durch Ausländer; § 2 Bestimmungen zur Registrierung der Adoption durch Überseechinesen.

588 Also „chang zhu ‚hu kou' suo zai di", d. h. der Ort, an dem der ständige Wohnsitz des Adoptierten eingetragen ist.

589 § 7 Abs. 2 Vorschriften der VR China über die Haushaltsregistrierung.

auch seinen gewöhnlichen Aufenthalt in China hat. Ausnahmsweise sind sie auch für die internationale Adoption eines in China lebenden elternlosen Kindes zuständig, dessen Staatsangehörigkeit nicht festgestellt werden kann.

bb) Anknüpfung bei der Adoption durch ausländische oder im Ausland lebende chinesische Annehmede

Nach § 28 S. 1 IPRG ist für die Voraussetzungen und die Form der Adoption an den gewöhnlichen Aufenthalt des anzunehmenden Kindes und der Annehmenden anzu-knüpfen. In der Praxis bestimmt sich die Anknüpfung für die materiellrechtlichen Voraussetzungen bei der Durchführung der Adoption in China stattdessen unmittelbar nach den Maßnahmen zur Registrierung der Adoption von Kindern durch Ausländer in der VR China (kurz: Registrierungsmaßnahmen), wonach bei der Adoption eines Kindes durch ausländische Annehmende in China sowohl das chinesische Recht als auch das „suo zai guo"-Recht der ausländischen Annehmenden anzuwenden ist.[590] Angesichts der beschränkten internationalen Zuständigkeit der chinesischen Behörde für die Registrierung der internationalen Adoption ist das chinesische Recht häufig das Recht des Staates, in dem das adoptierte Kind seinen gewöhnlichen Aufenthalt hat.

Eine eindeutige Auslegung des Begriffs „suo zai guo" ergibt sich aus dem chinesischen Recht jedoch nicht. Einerseits kann „suo zai guo" aufgrund einer kontextbezogenen Auslegung grundsätzlich als der Staat des gewöhnlichen Aufenthalts des Annehmenden verstanden werden. Dies ist auch mit der Anknüpfung in § 28 S. 1 IPRG vereinbar. Hinzu kommt, dass sich dieses Verständnis noch aus der historischen Auslegung herleiten lässt, dass die zum Zeitpunkt des Inkrafttretens der neuen Registrierungsmaßnahmen außer Kraft getretenen Maßnahmen zur Durchführung der Adoption von Kindern durch Ausländer in der VR China (kurz: Durchführungsmaßnahmen) eindeutig den Begriff des gewöhnlichen Aufenthaltsstaates verwenden.

Andererseits kann „suo zai guo" aufgrund einer zielgerichteten und systematischen Auslegung ausnahmsweise als der Staat verstanden werden, dessen Staatsangehörigkeit der Annehmende besitzt. Denn der ausländische Annehmende, der seinen gewöhnlichen Aufenthalt in China hat, muss nach § 4 Registrierungsmaßnahmen nicht nur von seiner Arbeitseinheit oder

---

590 § 3 Maßnahmen zur Registrierung der Adoption durch Ausländer.

Abteilung in China, sondern auch von der Behörde von „suo zai guo" ausgestellte und beglaubigte Urkunden zum Nachweis des Vorliegens der Voraussetzungen nach chinesischem Recht bei der zuständigen chinesischen Behörde vorlegen. Insoweit ist China der Aufenthaltsstaat des Annehmenden, während als Staatsangehörigkeitsstaat dann „suo zai guo" zu verstehen wäre. Darüber hinaus könnte sich aus dem Wechsel vom Begriff des gewöhnlichen Aufenthaltsstaates in den alten Durchführungsmaßnahmen zum Begriff „suo zai guo" in den neuen Registrierungsmaßnahmen auch die Absicht des Gesetzgebers ergeben, dass der Begriff „suo zai guo" weiter zu verstehen ist als der Begriff des gewöhnlichen Aufenthaltsstaates, um die Umstände zu erfassen, unter denen Ausländer ihren gewöhnlichen Aufenthalt in China haben.

Bei der Adoption eines Kindes in China durch im Ausland lebende Chinesen ist dagegen nur das chinesische Adoptionsrecht zu beachten, weil die Prüfung der Elterneignung nach ausländischem Recht durch die zuständige ausländische Behörde nicht erforderlich ist. Allerdings müssen die im Ausland lebenden Chinesen die von der ausländischen Behörde ausgestellten und beglaubigten Dokumente als Nachweis der Erfüllung der Voraussetzungen nach chinesischem Recht bei der zuständigen chinesischen Behörde vorlegen.[591]

3) Anerkennungsfähigkeit der in China erfolgten internationalen Adoption

aa) Verfahrenskooperation zwischen den zuständigen Behörden beider Länder

Die Registrierungsmaßnahmen, die in der VR China seit Mai 1999 in Kraft sind und die früheren, im November 1993 in Kraft getretenen Durchführungsmaßnahmen ersetzt haben, sehen ein Verfahren der Zusammenarbeit zwischen den zuständigen Behörden beider Länder bei internationalen Adoptionen vor.

Die VR China hat das HAÜ erst am 16. September 2005 ratifiziert; am 1. Januar 2006 ist das HAÜ in der VR China in Kraft getreten.[592] Seit Inkrafttreten des HAÜ in China können daher in China durchgeführte internationale

[591] § 3 ff. Bestimmungen zur Registrierung der Adoption durch Überseechinesen.

[592] HCCH: *instruments.conventions.status-table.print*, retrieved 26.10.2023, from https://www.hcch.net/en/instruments/conventions/status-table/print/?cid=69.

Adoptionen in den Vertragsstaaten nach den einschlägigen Bestimmungen des HAÜ anerkannt werden.

Neben dem Beitritt zum HAÜ hat China mit 17 Staaten bilaterale Abkommen über die Zusammenarbeit auf dem Gebiet der Adoption geschlossen.[593] Zwischen China und diesen 17 Staaten erfolgt die internationale Adoption durch Zusammenarbeit der jeweils zuständigen Behörden auf der Grundlage des bilateralen Abkommens. Von diesen Staaten sind außer Singapur 16 auch Vertragsstaaten des HAÜ. Die Anerkennung von in China durchgeführten internationalen Adoptionen im Ausland kann daher entweder nach dem bilateralen Abkommen oder nach dem HAÜ erfolgen.

Kommen die Annehmenden weder aus einem Vertragsstaat des HAÜ noch aus einem Staat, der mit China ein bilaterales Abkommen über die Zusammenarbeit im Bereich der Adoption abgeschlossen hat, können sie i. d. R. kein Kind in China adoptieren. Daraus ergibt sich, dass für die Durchführung einer internationalen Adoption in China eine Zusammenarbeit erforderlich ist; auch die Anerkennung der chinesischen Adoptionsentscheidungen erfolgt auf der Grundlage dieser Zusammenarbeit.

bb) Mischform: Vertrag mit behördlicher Genehmigung

Die Durchführungsmaßnahmen von 1993 sahen eine Mischform der Adoption vor. Das bedeutet, dass der Adoptierte und die Person, die das Kind zur Adoption freigibt, zunächst einen Vertrag schließen mussten.[594] Dann musste die Adoption bei der zuständigen Behörde registriert werden.[595] Schließlich musste die Adoption beglaubigt werden.[596] Mit den neuen Registrierungsmaßnahmen von 1999 ist das Erfordernis der Beglaubigung entfallen. Demnach muss die internationale Adoption nur noch beglaubigt werden, wenn eine oder beide Parteien dies verlangen. Die internationale Adoption wird jedoch nicht mit der Beglaubigung, sondern mit der Registrierung wirksam.[597]

---

593 Xinhuanet: *China arbeitet mit 17 Ländern im Bereich Adoption zusammen*, retrieved 26.10.2023, from http://www.xinhuanet.com/politics/2016-06/16/c_129065570.htm?isappinstalled=0.

594 § 8 Maßnahmen zur Durchführung der Adoption von Kindern durch Ausländer in der VR China (in Kraft seit 10.11.1993, außer Kraft seit 25.05.1999, im Folgenden: Maßnahmen zur Durchführung der Adoption durch Ausländer).

595 § 8–10 Maßnahmen zur Durchführung der Adoption durch Ausländer.

596 § 11–13 Maßnahmen zur Durchführung der Adoption durch Ausländer.

597 § 9–12 Maßnahmen zur Durchführung der Adoption durch Ausländer.

Erfolgt die Anerkennung chinesischer Adoptionsentscheidungen im Rahmen des HAÜ, sind i. d. R. die Art. 23 ff. HAÜ anzuwenden, die sowohl für Dekretadoptionen als auch für Vertragsadoptionen aus Vertragsstaaten gelten.[598] Entsprechendes gilt für die Mischform der Vertragsadoption mit behördlicher Bewilligung. Dementsprechend findet bei der Anerkennung der in China durchgeführten internationalen Adoption keine Inhaltskontrolle statt. Sie kann nur versagt werden, wenn die Adoption nach Art. 24 HAÜ offensichtlich gegen die öffentliche Ordnung des Vertragsstaates verstößt. Dabei ist das Kindeswohl als besondere Ausprägung des ordre public[599] zu berücksichtigen.

Die in China praktizierte Mischform der Adoption ist einer Dekretadoption gleichgestellt, weil die zuständigen chinesischen Behörden die am Kindeswohl orientierten Adoptionsvoraussetzungen zu prüfen haben und auf dieser Grundlage eine Adoptionsentscheidung treffen können. Außerhalb des Rahmens des HAÜ sind daher bei der Anerkennung chinesischer Adoptionsentscheidungen sowohl die Zuständigkeit der chinesischen Behörde als auch der ordre-public-Vorbehalt des ausländischen Staates zu beachten. Unproblematisch ist die Prüfung der internationalen Adoptionszuständigkeit der chinesischen Behörde, die auf den gewöhnlichen Aufenthalt oder die Staatsangehörigkeit des Adoptivkindes abstellt. Im Hinblick auf den ordre public ist dann das Kindeswohl als oberste Richtschnur der internationalen Adoption zu prüfen. Es ist jedoch möglich, dass die Anerkennung an der Beachtung des Kindeswohls scheitert, weil Aspekte des Kindeswohls im chinesischen Adoptionsrecht mit denen im Adoptionsrecht des Anerkennungsstaates unvereinbar sein können. Dies dürfte jedoch selten der Fall sein, denn die bilateralen internationalen Adoptionsbeziehungen zwischen China und 17 Ländern können die Anerkennung der chinesischen Adoptionsentscheidung aufgrund des gegenseitigen Vertrauens weitgehend erleichtern.

---

598 Zimmermann, *NZFam* 2016, S. 251.
599 Ebd., S. 155.

cc) Einfacheres Verfahren und erleichterte Voraussetzungen für die im Ausland lebende chinesische Annehmende

Im Vergleich zur Adoption eines in China lebenden Kindes durch ausländische Annehmende sehen die einschlägigen chinesischen Bestimmungen[600] für die Adoption eines in China lebenden Kindes durch im Ausland lebende chinesische Annehmende ein einfacheres Verfahren vor. D. h. diese im Ausland lebenden chinesischen Annehmenden können die von einer ausländischen Behörde ausgestellten und diplomatisch beglaubigten Dokumente, die die Erfüllung der nach chinesischem Recht vorgesehenen Voraussetzungen der Annehmenden nachweisen, direkt bei der zuständigen chinesischen Behörde zur Registrierung der Adoption vorlegen, ohne dass eine Zusammenarbeit bei der Adoptionsvermittlung zwischen den zuständigen Behörden des Staates des gewöhnlichen Aufenthalts der chinesischen Annehmenden und Chinas erforderlich ist, wie dies bei der Adoption durch ausländische Annehmende der Fall ist.[601]

Fällt die Adoption durch im Ausland lebende chinesische Annehmende unter das HAÜ, kann die Anerkennung im anderen Vertragsstaat von Gesetzes wegen nicht erfolgen, weil die in Art. 27 HAÜ geregelte Zustimmung der zuständigen Behörde des Aufnahmestaats wegen Nichtbeachtung der Zusammenarbeit nach dem HAÜ fehlt. Es ist daher möglich, dass die Erstreckung der Wirksamkeit des in China begründeten Adoptionsverhältnisses zwischen dem im Ausland lebenden Annehmenden und dem in China lebenden Kind im Vertragsstaat erschwert wird.

Die Anerkennung chinesischer Adoptionsentscheidungen nach ausländischem Recht ist nach wie vor schwierig. Da eine Zusammenarbeit der zuständigen Behörden beider Staaten nicht erforderlich ist, kann die Elterneignung des im Ausland lebenden chinesischen Annehmenden nicht nach dem Recht des Aufenthaltsstaates geprüft werden. Das bedeutet, dass im Ausland lebende chinesische Annehmende ein Kind in China adoptieren können, wenn sie die Voraussetzungen für eine internationale Adoption nach chinesischem Adoptionsrecht erfüllen. In materiellrechtlicher Hinsicht sind die Voraussetzungen für die Adoption eines in China lebenden Kindes durch im Ausland lebende chinesische Annehmende jedoch erheblich erleichtert,

---

600 Bestimmungen zur Registrierung der Adoption durch Überseechinesen.

601 § 4 Maßnahmen zur Registrierung der Adoption durch Ausländer.

insbesondere bei der Verwandt-enadoption.[602] Es ist daher möglich, dass die Kindeswohlprüfung aus Sicht des ausländischen Rechts nicht ausreichend ist und die Anerkennung daran scheitert.

Diese besondere Ausgestaltung des vereinfachten Verfahrens und der erleichterten Voraussetzungen für im Ausland lebende chinesische Annehmende kann auf die chinesische Rechtspolitik zurückgeführt werden, die der sozialen Realität zum Zeitpunkt der Gesetzgebung entsprach, wie z. B. die Politik der Familienplanung (d. h. die Ein-Kind-Politik), die Armut der Familie und traditionelle Konzepte der Adoption, die die Notwendigkeit der internationalen Adoption verursachten, und die Adoption durch im Ausland lebende Chinesen kann auch die kulturelle Diskontinuität minimieren, die mit einer internationalen Adoption einhergeht.[603] Die Anerkennung chinesischer Adoptionsentscheidungen im Ausland könnte sich jedoch, wie oben dargestellt, als problematisch erweisen, insbesondere in der gegenwärtigen Zeit, in der China einen tiefgreifenden sozialen Wandel durchläuft. Insofern ist eine Gesetzesänderung erforderlich, um die Voraussetzungen für eine internationale Adoption in China unter den Annehmenden gleichzustellen und die Kindeswohlprüfung ausreichender zu gestalten.

b) Eltern-Kind-Zuordnung durch Wirksamkeitsfeststellung der ausländischen Adoption

1) Wirksamkeitsprüfung der ausländischen Adoption gem. § 28 IPRG

aa) Eine gleichzeitige Berücksichtigung der Anwendung des § 28 S. 1 und S. 2 IPRG

Die Anerkennung einer ausländischen gerichtlichen Adoptionsentscheidung richtet sich grundsätzlich nach §§ 298–303 des Zivilprozessgesetzes der VR China (ZPG). Die Wirksamkeit ausländischer behördlicher Adoptionsentscheidungen oder ausländischer privater Vertragsadoptionen ist hingegen nach § 28 IPRG zu prüfen. Aufgrund der Aufspaltung des Adoptionsstatuts nach § 28 IPRG sind daher bei der Anerkennungs-feststellung

---

602 § 4 Abs. 2 Bestimmungen zur Registrierung der Adoption durch Überseechinesen; § 1099 ZGB.

603 Siehe China Center for Children's Welfare and and Adoption: *Policy Documents*, retrieved 27.10.2023, from https://xxgk.mca.gov.cn:8444/cppweb/web/content.jsp?id=114470 (114471).

solcher Adoptionen sowohl die Begründung der Adoption nach § 28 S. 1 IPRG als auch die Wirkungen der Adoption nach § 28 S. 2 IPRG zu berücksichtigen.

Gem. § 28 S. 1 IPRG wird die Feststellung der Wirksamkeit einer ausländischen Adoption in China durch die kumulative Anwendung des Rechts des gewöhnlichen Aufenthalts des Annehmenden und des Angenommenen auf die Begründung der Adoption (Form und Voraussetzungen der Adoption) erschwert, insbesondere wenn Annehmender und Angenommener zum Zeitpunkt der Adoption keinen gemeinsamen gewöhnlichen Aufenthalt haben. Dies kann dazu führen, dass die faktische Familie zerstört wird und das Kindeswohl im Hinblick auf die Bindungen und das Kontinuitätsinteresse des Kindes beeinträchtigt wird.

Um die Feststellung der Wirksamkeit einer ausländischen Adoption zu erleichtern und dem Kindeswohl zu dienen, ist daher eine Änderung dieser kumulativen Anknüpfung erforderlich. Dem Kindeswohl entspricht es bspw., für die Voraussetzungen der Adoption eine alternative Anknüpfung vorzusehen und das Recht anzuwenden, das für den Schutz der Interessen des Adoptivkindes am günstigsten ist. Alternativ gilt das Recht des gewöhnlichen Aufenthalts des Annehmenden und des Annehmenden für ihre jeweiligen Anforderungen oder Voraussetzungen. Angesichts des Adoptionstatbestands ist es auch folgerichtig, für die Adoptionsform auf das Recht abzustellen, nach dem die Adoption erfolgt.

Nachdem die Wirksamkeit der Begründung der ausländischen Adoption gem. § 28 S. 1 IPRG in China festgestellt ist, sind die Wirkungen der Adoption nach § 28 S. 2 IPRG zu bestimmen, wonach das Recht des gewöhnlichen Aufenthalts des Annehmenden zum Zeitpunkt der Annahme anzuwenden ist. Die Wirkungen der Adoption knüpfen zwar grundsätzlich am engsten an das Aufenthaltsrecht des Annehmenden zum Zeitpunkt der Adoption an, doch gibt es, wie oben dargestellt, Ausnahmen, die sogar zu für das Kind ungünstigen Ergebnissen führen können, z. B. wenn das angenommene Kind nach dem Aufenthaltsrecht des Annehmenden erbrechtlich nicht gleich oder schlechter gestellt ist als das leibliche Kind. In diesem Fall kann die Anwendung des ausländischen Rechts durch den ordre public-Vorbehalt ausgeschlossen und stattdessen das chinesische Recht angewendet werden, weil das chinesische Adoptionsrecht eine Volladoption vorsieht und das adoptierte Kind die gleiche Rechtsstellung wie ein eheliches Kind hat. In der chinesischen Gerichtspraxis wird häufig auch chinesisches Recht angewandt, um zu bestimmen, welche Wirkungen die Adoption hat.[604]

Die Wirkungen der ausländischen Adoption im Fall der Adoption eines Kindes durch Ehegatten, die zum Zeitpunkt der Adoption keinen gemeinsamen gewöhnlichen Aufenthalt haben, sind nach § 28 S. 2 IPRG schwer zu bestimmen, insbesondere wenn sich die Regelungen über die Wirkungen der Adoption nach dem Recht beider Staaten widersprechen. In einem solchen Fall sollte das Recht zur Anwendung kommen, nach dem die Wirkungen der Adoption für das Wohl des Kindes am günstigsten sind.

bb) Anwendbarkeit des § 28 S. 2 IPRG bei den Adoptionsverhältnissen als Vorfrage

In einigen chinesischen Gerichtsentscheidungen[605] ist die Anwendung des § 28 IPRG auf die Vorfrage des Adoptionsverhältnisses insofern verwirrend, als die Wirksamkeit der Adoption (insbesondere ihre Voraussetzungen und Form) fälschlicherweise nicht nach § 28 Abs. 1 IPRG, sondern nach § 28 Abs. 2 IPRG beurteilt wurde, der ausschließlich das Wirkungsstatut regelt. Diese Unterscheidung ist wichtig, da § 28 Abs. 1 IPRG die allgemeinen Voraussetzungen der Wirksamkeit festlegt, während sich § 28 Abs. 2 IPRG auf die Wirkungen der Adoption beschränkt. Daraus wird ersichtlich, dass die chinesischen Gerichte in diesen Fällen den Begriff der Wirksamkeit der Adoption mit dem Begriff der Wirkungen der Adoption verwechseln (beide Begriffe werden im Chinesischen als „xiao li" bezeichnet). Außerdem konzentrierten sich die chinesischen Gerichte in diesen Fällen bei der Prüfung der Wirksamkeit der Adoption nach § 28 S. 2 IPRG eher um die Formwirksamkeit, d. h. um die Frage, ob die Adoption registriert worden ist,[606] ohne die Inhaltskontrolle zu berücksichtigen. Obwohl das Ergebnis bei Anwendung von § 28 S. 2 IPRG statt § 28 S. 1 IPRG im Gegenteil für die Feststellung der Wirksamkeit der ausländischen Adoption spricht, ist die Auslegung und Argumentation problematisch.

Es ist daher zunächst zu erläutern, dass das chinesische Wort „xiao li" im Rechtssinne eine Doppelbedeutung hat und nicht nur als Gültigkeit

---

604 Näheres siehe oben Teil 3 C I 2 a) 1) bb).

605 Zivilurteil des MVG Nanjing, Jiangsu, (2019) su 01 min zhong Nr. 2451; Zivilentscheidung des VG Changsha, Hunan, (2012) chang xian min chu zi Nr. 456.

606 Zivilurteil des MVG Nanjing, Jiangsu, (2019) su 01 min zhong Nr. 2451.

bzw. Wirksamkeit eines Rechtsgeschäfts, sondern auch als Rechtsfolge eines Rechtsgeschäfts ausgelegt werden kann. Aus der materiellrechtlichen Regelung im chinesischen Adoptionsrecht[607] und der Aufspaltung des Adoptionsstatuts nach § 28 IPRG ergibt sich jedoch, dass es bei dem chinesischen Wort „xiao li" in § 28 S. 2 IPRG nicht um die Wirksamkeit oder Gültigkeit der Adoption, sondern um die Rechtsfolgen bzw. Wirkungen der Adoption geht. Die Feststellung der Wirksamkeit der Adoption muss daher, wie oben dargestellt, unter gleichzeitiger Berücksichtigung der Anwendung des § 28 S. 1 und S. 2 IPRG erfolgen.

In einer anderen Entscheidung,[608] die nach dem Inkrafttreten des IPRG ergangen ist, wird § 28 IPRG jedoch nicht für die Feststellung der Wirksamkeit der Adoption herangezogen, die sich als Vorfrage in Erbsachen stellt. Konkret geht es im diesem Fall um die Vorfrage der Feststellung der Wirksamkeit und der Wirkungen einer in Frankreich ergangenen gerichtlichen Adoptionsentscheidung, die in China im Anerkennungsverfahren nicht anerkannt wird. Dabei hat das chinesische Gericht ohne Anwendung von § 28 IPRG die Wirksamkeit dieses Adoptionsverhältnisses unmittelbar nach französischem Recht festgestellt, während die Wirkungen der Adoption allein deshalb automatisch chinesischem Recht unterliegen, weil die erbrechtlichen Angelegenheiten in diesem Fall chinesischem Recht unterliegen. Das bedeutet, dass nach Auffassung des Gerichts die Anknüpfung der Vorfrage der Adoptionswirkungen von der Anknüpfung der Hauptfrage der Erbfolge abhängt. Für die Vorfrage der Adoptionswirkungen gilt somit eine unselbständige Anknüpfung. Nach chinesischem Adoptionsrecht ist das Eltern-Kind-Verhältnis zwischen dem adoptierten Kind und seinem leiblichen Vater mit der Adoption erloschen, so dass der in Frankreich lebende Adoptierte nicht erbberechtigt ist. Ist dies nach § 28 S. 2 IPRG anzuknüpfen, ergibt sich ein anderes Ergebnis, weil das französische Recht als das Recht des Staates des gewöhnlichen Aufenthalts des Annehmenden im Zeitpunkt der Adoption anzuwenden ist, wonach in diesem Fall eine schwache Adoption gilt.

Die unselbständige Anknüpfung der Vorfrage der Adoptionswirkungen im vorgenannten Fall könnte im Widerspruch zu der Bestimmung über die Anknüpfung der Vorfrage stehen, nämlich gem. § 10 Erläuterungen des OVG

---

607 Vgl. §§ 1111–1113 ZGB.
608 Zivilurteil des VG Xuhui, Shanghai, (2011) xu min yi (min) chu zi Nr. 3305.

zum IPRG I (2020) das anwendbare Recht nach der Natur dieser Vorfrage zu bestimmen. Diese unselbständige Anknüpfung dient im Ergebnis auch nicht den Interessen des Adoptivkindes. Allerdings ist die Adoption in diesem Fall faktisch einer Volladoption insofern ähnlich, als die adoptierten Kinder nach der Adoption dauerhaft in Frankreich gelebt und den Kontakt zu ihrem leiblichen Vater praktisch verloren haben. Außerdem haben die adoptierten Kinder das Vermögen ihrer in Frankreich lebenden Adoptiveltern geerbt. Es entspricht nicht den Tatsachen, wenn die Adoption nach französischem Recht als einfache Adoption angesehen wird. Zusammenfassend lässt sich sagen, dass die Rechtsanwendung des Gerichts in diesem Fall nicht zu besonders ungerechten Ergebnissen für die Adoptierten geführt hat. Es fehlt jedoch an einer hinreichenden Begründung der Rechtsanwendung durch das Gericht, die für eine einheitliche Rechtsprechung auf nationaler und internationaler Ebene von großer Bedeutung ist.

cc) Ordre-public-Prüfung nach § 5 IPRG

Das Kindeswohl gilt als oberster Grundsatz des chinesischen Adoptionsrechts.[609] Daher ist bei der Feststellung der Wirksamkeit der ausländischen Adoption im Rahmen der ordre-public-Prüfung stets das Kindeswohl zu berücksichtigen. Dabei ist auf das aktuelle Kindeswohl im Hinblick auf die sozialen Beziehungen, den Schutz der sozialen Familie und das Kontinuitätsinteresse des Adoptivkindes[610] abzustellen und nicht darauf, ob die Kindeswohlprüfung zum Zeitpunkt der Durchführung der Adoption gegeben war oder ob die Voraussetzungen und die Form der Adoption nach ausländischem Recht mit den Kindeswohlaspekten des chinesischen Adoptionsrechts vereinbar sind.

Rechtskollisionen, die sich aus der kumulativen Anknüpfung nach § 28 S. 1 IPRG ergeben, können durch den ordre-public-Vorbehalt beseitigt werden, indem die Anwendung der dem Kindeswohl nicht entsprechenden Rechtsordnung ausgeschlossen wird, so dass nur das für die Interessen des Adoptivkindes günstigste Recht zur Anwendung kommt.

Das ausländische Recht, nach dem das adoptierte Kind im Hinblick auf die Wirkungen der Adoption benachteiligt wird, ist ebenfalls nicht anzuwenden,

---

609 § 1044 ZGB.

610 Näheres siehe oben Teil 3 C I 2 a) 1) dd).

weil es dem Kindeswohl widerspricht. In diesem Fall ist es gem. § 5 IPRG durch das chinesische Recht zu ersetzen. D. h. bei der Feststellung der Wirksamkeit der ausländischen Adoption nach § 28 IPRG erfolgt die Rechtsanwendungskorrektur durch den ordre-public-Vorbehalt nach § 5 IPRG zum Schutz des gegenwärtigen Kindeswohls.

2) Vorliegen einer Regelungslücke im Verfahrensrecht zur Wirksamkeitsfeststellung oder Anerkennung der ausländischen Adoption

aa) Amtliche Beglaubigung und diplomatische Legalisation

Das chinesische Adoptionsrecht kennt keine Regelungen über das Verfahren zur Feststellung der Wirksamkeit bzw. Anerkennung einer ausländischen Adoption wie das deutsche Recht (AdWirkG). Die Anerkennung einer ausländischen gerichtlichen Adop-tionsentscheidung erfolgt grundsätzlich im Rahmen des allgemeinen Anerkennungsverfahrens nach §§ 298–303 ZPG. Andere Adoptionsformen, wie z. B. die Adoptionsregistrierung, die Vertragsadoption, eine Mischform der Adoption, sind hiervon jedoch nicht erfasst.

Bemerkenswert ist allerdings, dass sich in der chinesischen Praxis ein neuer Weg der Anerkennung ausländischer Adoptionen entwickelt hat. Bei der Adoption eines ausländischen Kindes im Ausland können die chinesischen Annehmenden zunächst eine konsularische Adoptionsbescheinigung beantragen, die von den chinesischen Botschaften oder Konsulaten im Ausland ausgestellt wird. Mit dieser Bescheinigung kann das adoptierte ausländische Kind dann ein chinesisches Einreisevisum beantragen. Auf der Grundlage dieser konsularischen Adoptionsbescheinigung kann die von der zuständigen ausländischen Behörde notariell beurkundete und beglaubigte Bescheinigung über das Adoptionsverhältnis von den Konsulaten zusätzlich beglaubigt werden, um sie bei der Haushaltsregistrierung des adoptierten Kindes oder zum Nachweis der Identität des adoptierten Kindes anzubieten.[611] D. h. die Prüfung und Anerkennung der ausländischen Adoption kann in Form der amtlichen Beglaubigung und der diplomatischen Legalisation erfolgen. Das Beurkundungsverfahren kann sinngemäß auch in den anderen Fällen der Wirksamkeitsfeststellung der ausländischen Adoption angewendet werden. Dieses Verfahren führt jedoch nur zu einer formellen Anerkennung der

611 Ren, *World Affairs* 2015(13), S. 70.

ausländischen Adoption. Im Streitfall ist der Fall den chinesischen Gerichten vorzulegen.

bb) Einhaltung des Rahmens des HAÜ

Obwohl das chinesische Adoptionsrecht keine Vorschriften über die Anerkennung ausländischer Adoptionen und das Anerkennungsverfahren enthält, unterliegt es dem Rahmen des HAÜ, weil China Vertragsstaat des HAÜ ist.[612] Fällt die ausländische Adoption in den Anwendungsbereich des HAÜ, kann sie ohne weiteres anerkannt werden, sofern kein Verstoß gegen den ordre public im Hinblick auf das Kindeswohl vorliegt. Auch wenn für die Anerkennung der internationalen Adoption kein besonderes Verfahren erforderlich ist, ist aufgrund des einheitlichen chinesischen Haushaltsregistrierungssystems weiterhin eine Registrierung bei der Behörde für Zivilangelegenheiten der Provinz erforderlich, um sicherzustellen, dass das adoptierte Kind eine Reihe von Zivilrechten in China genießt.[613]

II. Zwischenergebnis

Nach Art. 22 S. 1 EGBGB ist auf die Inlandsadoption stets deutsches Recht anzuwenden, so dass die Adoption nach deutschem Recht allen in Deutschland lebenden Annehmenden offensteht. Auf diese Weise kann eine Gleichstellung bzw. Nichtdiskriminie-rung bei der Adoption (z. B. bei der Stiefkindadoption in einer nichtehelichen Familie) erreicht werden. Aufgrund der lex-fori-Anknüpfung ist zudem die internationale Zuständigkeit deutscher Gerichte nach § 101 FamFG zu beachten. Die deutschen Gerichte haben danach eine relativ weite internationale Zuständigkeit, so dass die Anerkennung der deutschen Adoptionsentscheidung, die mit dem deutschen Recht wenig zu tun hat, im Ausland erschwert ist.

Bei der Feststellung der Wirksamkeit der ausländischen Vertragsadoption ist nach Art. 22 S. 2 EGBGB an das Kindstatut anknüpfen zu lassen, um die Interessen des Adoptivkindes zu berücksichtigen. Zudem ist bei der Prüfung

---

612 Xu, Jin: *Research of Foreign Adoption Laws.* (Master Thesis) North China University of Techology: Beijing 2013, S. 21–22.

613 Wang, Hui: *An Analysis of the Legal System of Intercountry Adoption in China – From the Perspective of the Hague Adoption Convention.* (Master Thesis) China University of Political Science and Law: Beijing 2011, S. 36–37.

des ordre public auf das aktuelle Kindeswohl abzustellen und nicht auf das Vorliegen der Kindeswohlsprüfung zum Zeitpunkt der Adoption.

§ 28 IPRG enthält eine Aufspaltung des Adoptionsstatuts. Nach § 28 S. 1 IPRG wird eine kumulative Anknüpfung für die Voraussetzungen und die Form der Adoption vorgesehen. Darüber hinaus wird in § 3 Registrierungsmaßnahmen betont, dass die in China durchgeführte internationale Adoption nicht nur dem chinesischen Recht, sondern auch dem ausländischen Recht, d. h. dem Recht des Staates, in dem der Annehmende lebt oder dessen Staatsangehöriger er ist, unterliegt. Sollten Widersprüche zwischen beiden Rechtsordnungen bestehen, können diese durch Verhandlungen zwischen den zuständigen Behörden beider Länder beseitigt werden. Mit der Einführung der kumulativen Anknüpfung an den gewöhnlichen Aufenthalt des Annehmenden und des angenommenen Kindes soll mglw. eine hinkende Adoption verhindert werden, weil sich China in der Praxis überwiegend als Heimatstaat des angenommenen Kindes erweist.

Da die Anknüpfung für die Wirkungen der Adoption nach § 28 S. 2 IPRG nicht für alle Fälle geeignet ist, muss eine Anknüpfung für Ausnahmefälle vorgesehen werden. Nach § 28 S. 3 IPRG wird eine alternative Anknüpfung für die Aufhebung der Adoption vorgesehen, damit das für die Interessen des Adoptivkindes günstigste Recht nach richterlichem Ermessen gewählt werden kann. Eine ergebnisorientierte Kollisionsnorm, wie sie in den §§ 25, 29, 30 IPRG enthalten ist („Das für die Interessen der schwächeren Partei günstigste Recht ist anzuwenden"), ist jedoch nicht vorgesehen. Dies kann dazu führen, dass die chinesischen Gerichte unmittelbar die lex fori anwenden und das in der alternativen Anknüpfung verankerte Günstigkeitsprinzip bewusst außer Acht lassen.

Nach den einschlägigen Vorschriften der Registrierungsmaßnahmen und der Vorschriften über die Zuständigkeit in Adoptionssachen usw. für chinesische Adoptiveltern, die im Ausland, in Hongkong, Macao oder Taiwan leben, ist die Abteilung für Zivilangelegenheiten am Ort der Haushaltsregistrierung des adoptierten Kindes für die Registrierung internationaler Adoptionen zuständig. Für in China lebende ausländische Kinder gibt es daher keine Regelung der internationalen Zuständigkeit, weil diese Kinder keine Haushaltsregistrierung in China haben können. Es gibt jedoch Ausnahmen für verlassene ausländische oder staatenlose Kinder, deren Eltern nicht ermittelt werden können, weil diese Kinder eine Haushaltsregistrierung am Ort der

Sozialhilfeein-richtung haben können. Das chinesische Adoptionsgesetz, d. h. Registrierungsmaßnahmen, sieht ein Verfahren der Zusammenarbeit zwischen den zuständigen Behörden beider Länder bei internationalen Adoptionen vor. Darüber hinaus hat China mit 17 Staaten bilaterale Abkommen über die internationale Adoption geschlossen. Die Anerkennung der in China getroffenen Entscheidung zur Adoption eines Kindes durch die ausländischen Annehmenden wird dadurch im Ausland relativ erleichtert.

Darüber hinaus sieht die Vorschrift über die Zuständigkeit in Adoptionssachen usw. für chinesische Annehmende, die im Ausland, in Hongkong, Macao oder Taiwan leben für im Ausland lebende Chinesen ein vereinfachtes Adoptionsverfahren und erleichterte materiellrechtliche Voraussetzungen vor, was dazu führen kann, dass die Wirksamkeitserstreckung der in China erfolgten Adoption eines Kindes durch im Ausland lebende chinesische Annehmende im Ausland auf Hindernisse stoßen kann.

Bei der Feststellung der Wirksamkeit der ausländischen Adoption kommt § 28 S. 1 und S. 2 IPRG gleichzeitig in Betracht. Nach dem Recht, das sich aus § 28 S. 1 IPRG ergibt, wird die Wirksamkeit der internationalen Adoption hinsichtlich der Form und der Voraussetzungen der Adoption geprüft. Das nach § 28 S. 2 IPRG berufene Recht bestimmt die Rechtsfolgen der Adoption, d. h. die Wirkungen der Adoption. Ist nach § 28 S. 1 und S. 2 IPRG die Wirksamkeit oder die Wirkungen der internationalen Adoption schwer zu bestimmen sind, kann die Rechtsanwendung durch den Vorbehalt des ordre public korrigiert werden, um das aktuelle Kindeswohl im Hinblick auf die sozialen Bindungen und das Kontinuitätsinteresse des Kindes zu schützen.

Das chinesische Adoptionsrecht sieht kein besonderes Anerkennungsverfahren vor. Außerhalb des Bereichs des gerichtlichen Anerkennungsverfahrens nach §§ 298–303 ZPG kann die Anerkennung der ausländischen Adoption angesichts der Praxis in Form einer amtlichen und diplomatischen Beglaubigung erfolgen. Darüber hinaus kann die Wirksamkeit der ausländischen Adoption nach dem HAÜ unter dem ordre-public-Vorbehalt der VR China („aktuelles Kindeswohl ist oberster Grundsatz") ohne weiteres festgestellt werden, wenn die ausländische Adoption in den Anwendungsbereich des HAÜ fällt. Obwohl es kein besonderes Anerkennungsverfahren gibt, muss das ausländische Adoptionsverhältnis bei der Abteilung für Zivilangelegenheiten registriert und in die Akten eingetragen werden, damit das adoptierte Kind in China in den Genuss der bürgerlichen Rechte kommen kann.

D. Leihmutterschaftsfamilien

I. Abstammung des Kindes bei Wunscheltern

1. Deutschland

a) Allgemeines

1) Kollisionsrechtliche Anerkennungsfähigkeit

Die Leihmutterschaft wird in den einzelnen Ländern rechtlich unterschiedlich geregelt und ausgestaltet.[614] Die nach ausländischem Recht begründete Elternstellung der

Wunscheltern ist nach deutschem Recht neu zu beurteilen, wenn die Wunscheltern das Leihmutterschaftskind nach Deutschland gebracht haben. Die Abstammung des Kindes aus Leihmutterschaft ist z. B. dann zu klären, wenn für das Kind nach der Geburt im Ausland ein deutscher Reisepass beantragt wird oder die ausländische Geburt im Inland nachbeurkundet werden soll oder wenn sie als Vorfrage in einem sorge- oder unterhaltsrechtlichen Verfahren relevant ist.[615] Liegt eine Entscheidung i. S. v. § 108 FamFG über die Abstammung des Kindes vor, ist die verfahrensrechtliche Anerkennung eröffnet.[616] Ergibt sich die Elternschaft der Wunscheltern hingegen nur aus dem Gesetz oder einer bloßen Beurkundung oder Eintragung im ausländischen Geburtenregister, also ohne Sachprüfung, greift die kollisionsrechtliche Anerkennung. Es kommt also darauf an, ob das aus deutscher Sicht nach Art. 19 Abs. 1 EGBGB als Abstammungsstatut berufene Recht die Leihmutterschaft zulässt und den Wunscheltern die rechtliche Elternschaft zuordnet.[617]

Dennoch bleibt in Deutschland ein schwieriger Grenzfall zwischen verfahrens- und kollisionsrechtlicher Anerkennung hinsichtlich der ausländischen behördlichen Eintragung der Elternschaft der Wunscheltern bei

---

614 Duden, Konrad: „Ausländische Leihmutterschaft: Elternschaft durch verfahrensrechtliche Anerkennung". *StAZ* 2014, S. 164–165; Helms, Tobias: „Leihmutterschaft – ein rechtsgleichender Überblick". *StAZ* 2013, S. 115–119.

615 Dethloff, Nina: „Leihmütter, Wunscheltern und ihre Kinder". *JZ* 2014, S. 925.

616 BGH, Beschluss v. 10.12.2014 – XII ZB 463/13, *NJW* 2015, S. 479; Weiteres siehe Teil 4 unten zur verfahrensrechtlichen Anerkennung der Elternschaft bei Leihmutterschaft.

617 Benicke, Christoph: „Kollisionsrechtliche Fragen der Leihmutterschaft". *StAZ* 2013, S. 106.

Leihmutterschaft.[618] Nach der Entscheidung des BGH ist die behördliche Eintragung der Abstammung des Kindes immer dann kollisionsrechtlich zu beurteilen, wenn sie nicht endgültig und verbindlich ist.[619] Dies erinnert an die Abgrenzung zwischen Dekretadoption und Vertragsadoption.[620] Es ist darauf abzustellen, ob ein konstitutiver Akt vorliegt. Bei der Vertragsadoption findet keine Prüfung durch die zuständige Behörde statt und das durch die Erklärungen der Beteiligten erzielte statusrechtliche Ergebnis wird lediglich beurkundet. Die Wirksamkeitsprüfung der Vertragsadoption richtet sich nach den deutschen Anknüpfungsregeln (Art. 22 EGBGB). Demgegenüber wird bei der Dekretadoption der Sachverhalt grundsätzlich durch ein Gericht oder eine Behörde geprüft und sodann unter das anwendbare Recht subsumiert.[621] Für die Anerkennung der Dekretadoption gilt daher, soweit sie nicht unter das HAÜ fällt, das Anerkennungsverfahren nach § 108 FamFG. Daraus ergibt sich, dass die Abgrenzung des Anerkennungsweges in Adoptionsfällen Anhaltspunkte für die in Leihmutterschaftsfällen geben kann. Liegt also bei Leihmutterschaft und Kindeszuordnung ein konstitutiver Akt vor (wie etwa eine gerichtliche Entscheidung oder die Eintragung im Geburtenregister, die die rechtliche Elternschaft der Wunscheltern offiziell bestätigt), kann die verfahrensrechtliche Anerkennung eingreifen, andernfalls fällt die Kindeszuordnung wie bei der Vertragsadoption unter die kollisionsrechtliche Anerkennung. Eine nähere Erörterung der Anerkennungsfähigkeit bei der Kindeszuordnung in Leihmutterschaftsfällen findet sich unten in Teil 4 A I 2.

2) Regelungsgehalt des Art. 19 Abs. 1 EGBGB

Der Abstammungsbegriff des Art. 19 Abs. 1 EGBGB ist weit zu verstehen. Er erfasst auch die Mutterschaft, die nicht durch Geburt, sondern durch einen Leihmutterschaftsvertrag oder durch genetische Abstammung nach ausländischem Recht begründet wird. Nach Art. 19 Abs. 1 EGBGB gibt es

---

618 OLG Celle, Beschluss v. 22.05.2017 – 17 W 8/16, *NZFam* 2017, S. 658; OLG München, Hinweisbeschluss v. 12.10.2017 – 31 Wx 243/16, *NZFam* 2018, S. 36; BGH, Beschluss v. 20.3.2019 – XII ZB 320/17, *NJW* 2019, S. 1608; Weiteres siehe Teil 4 unten zur verfahrensrechtlichen Anerkennung der Elternschaft bei Leihmutterschaft.

619 BGH, Beschluss v. 20.3.2019 – XII ZB 320/17, *NJW* 2019, S. 1608, Rn. 14.

620 Siehe oben Teil 3 C I 1 b).

621 Unger, Elisabeth: „Anmerkung zum OLG Celle, Beschluss v. 22. 05. 2017 – 17 W 8/16“. *FamRZ* 2017, S. 1499–1500.

drei alternative Anknüpfungen für die Berufung auf das Abstammungsstatut. Zunächst richtet sich die Abstammung des Kindes nach dem Recht des Staates, in dem das Kind seinen gewöhnlichen Aufenthalt hat. Alternativ kann die Abstammung im Verhältnis zu jedem potentiellen Elternteil nach dessen Heimatrecht bestimmt werden. Darüber hinaus unterliegt die Abstammung des Kindes alternativ auch dem Recht, das nach dem Ehelichkeitsstatut der „Mutter" zum Zeitpunkt der Geburt anwendbar ist. Da im Rahmen des Art. 19 Abs. 1 EGBGB das Günstigkeitsprinzip gilt, ist letztlich das Recht zu wählen, das für die Interessen des Kindes am günstigsten ist.[622]

b) Anknüpfung an den gewöhnlichen Aufenthalt des Kindes gem. Art. 19 Abs. 1 S. 1 EGBGB

1) Gewöhnlicher Aufenthalt eines Kindes

Die Prüfung der Wirksamkeit der nach ausländischem Recht begründeten Abstammung erfolgt i. d. R. bei der Ausstellung eines Reisepasses oder bei der Nachbeurkundung der Auslandsgeburt im Inland und richtet sich gem. Art. 19 Abs. 1 S. 1 EGBGB alternativ nach dem Recht des Staates, in dem das Kind seinen gewöhnlichen Aufenthalt hat. Danach ist das Abstammungsstatut wandelbar, da zwischen der Geburt des Kindes und der Feststellung seiner Abstammung ein Zeitablauf stattfindet. Der maßgebliche Zeitpunkt für die Bestimmung des gewöhnlichen Aufenthalts des Kindes ist grundsätzlich nicht die Geburt, sondern die Entscheidung. Es ist jedoch möglich, dass das Kind zu einem früheren Zeitpunkt (z. B. Geburt) seinen gewöhnlichen Aufenthalt im Ausland hat und nach diesem ausländischen Recht die Elternschaft den Wunscheltern zugeordnet wird. In diesem Fall kann der Grundsatz der wohlerworbenen Rechte zur Anwendung kommen, d. h. die im Ausland erworbenen Rechte bleiben bestehen.[623]

Der gewöhnliche Aufenthalt eines Kindes ist autonom zu bestimmen und nicht von den sorgeberechtigten Personen (z. B. den Eltern) abzuleiten. Der faktische Daseinsmittelpunkt, d. h. der Ort, an dem sich eine Person dauerhaft und nicht nur vorübergehend aufhält und an dem sich der Schwerpunkt ihrer sozialen Bindungen befindet, bildet den gewöhnlichen Aufenthalt.[624]

---

[622] Benicke, *StAZ* 2013, S. 106.
[623] Dethloff, *JZ* 2014, S. 929.
[624] Benicke, *StAZ* 2013, S. 107.

Bei Neugeborenen, die in Leihmutterschaftsfällen häufig betroffen sind, ist es jedoch schwierig, den sog. Daseinsmittelpunkt zu bestimmen.[625] Allein die Geburt in einem bestimmten Land reicht nicht aus, um einen gewöhnlichen Aufenthalt zu begründen. Vielmehr ist regelmäßig auf die künftige, auch geplante Entwicklung abzustellen.[626] Ein Kind hat seinen gewöhnlichen Aufenthalt grundsätzlich bei den Personen, die es gegenwärtig tatsächlich betreuen und versorgen.[627] Ausnahmsweise kann der gewöhnliche Aufenthalt des Kindes von dem seiner Bezugspersonen abweichen. Bei der Beurteilung, ob das Kind und seine Bezugspersonen einen gemeinsamen gewöhnlichen Aufenthalt haben, sind neben der tatsächlichen Integration des Kindes auch die rechtlichen Verhältnisse (rechtliche Abstammung, Staatsangehörigkeit, Sorgerecht) zu berücksichtigen. Steht die deutsche Staatsangehörigkeit des Kindes, die sich aus der rechtlichen Elternstellung eines Elternteils ergibt, nach den Rechtsordnungen aller beteiligten Staaten fest, so reist das Kind mit seinen Bezugspersonen (rechtmäßig) nach Deutschland ein, wo der gewöhnliche Aufenthalt des Kindes vermutet werden kann.[628] Lässt sich die Abstammung bzw. Staatsangehörigkeit des Kindes nicht zweifelsfrei feststellen, kommt es für die Bestimmung des künftigen gewöhnlichen Aufenthalts des Kindes auf die soziale Integration an, die sowohl von tatsächlichen als auch von rechtlichen Faktoren geprägt wird. Insbesondere kommt es darauf an, welche Personen tatsächlich den gewöhnlichen Aufenthalt des Kindes bestimmen und wo das Kind in Zukunft voraussichtlich dauerhaft leben wird.[629] Die Annahme, dass das Kind zum Zeitpunkt der Geburt stets seinen gewöhnlichen Aufenthalt bei der gebärenden Mutter hat, muss differenziert betrachtet werden, da sowohl die tatsächlichen Betreuungspersonen als auch die rechtlichen Beziehungen für die Bestimmung des gewöhnlichen Aufenthalts maßgeblich sind.[630] So kann z. B. in Fällen von Leihmutterschaft der

---

625 Dethloff, *JZ* 2014, S. 929.

626 Benicke, *StAZ* 2013, S. 107; Dethloff, *JZ* 2014, S. 929.

627 Heiderhoff, Bettina: „Der gewöhnliche Aufenthalt von Säuglingen". *IPRax* 2012, S. 525; BGH, Beschluss v. 20.3.2019 – XII ZB 530/17, *NJW* 2019, S. 1606, Rn. 19.

628 Näheres siehe unten Teil 3 D I 1 b) 2).

629 BGH, Beschluss v. 20.3.2019 – XII ZB 530/17, *NJW* 2019, S. 1606, Rn. 19–20.

630 BGH, Beschluss v. 20.3.2019 – XII ZB 530/17, *NJW* 2019, S. 1607, Rn. 26; Siehr, Kurt: „Das Internationale Abstammungsrecht im EGBGB, Vorschläge zur Reform der Art. 19–20, 23 EGBGB". *StAZ* 2015, S. 266.

gewöhnliche Aufenthalt des Kindes bei den Wunscheltern liegen, wenn diese die tatsächliche Betreuung übernehmen und die rechtliche Elternstellung innehaben.

2) Gewöhnlicher Aufenthalt des Kindes im Inland

Das Kind kann seinen gewöhnlichen Aufenthalt im Inland begründen, wenn es nach der Absicht der Bezugspersonen zeitnah nach der Geburt nach Deutschland zurückkehren und hier dauerhaft leben soll und es dem Kind auch gelingt, sich rechtmäßig in Deutschland aufzuhalten. Dies wurde bereits in einem Fall vom BGH (OLG Hamm) bestätigt.[631] Ungeklärt ist in diesem Zusammenhang jedoch die Frage, ob ein gewöhnlicher Aufenthalt eines neugeborenen Kindes im Inland begründet werden kann, wenn die Absicht, das Kind nach Deutschland zu bringen, aufgrund der Verweigerung eines Pas-ses oder Visums nicht umgesetzt wird. Ein ähnlicher Fall wurde vor dem VG Berlin verhandelt:[632] Das Kind hatte sich seit seiner Geburt etwa sechs Monate in der Ukraine aufgehalten, und trotz der ausdrücklichen Absicht der Bezugspersonen, nach der Geburt nach Deutschland zu kommen, wurde dem Kind die Einreise verweigert. Es bestehen daher Zweifel, ob der gewöhnliche Aufenthalt des Kindes in der Ukraine oder in Deutschland liegt. Es ist jedoch zu beachten, dass es jedenfalls nicht sachgerecht ist, einen gewöhnlichen Aufenthalt in einem Staat zu begründen, in dem man sich nicht einmal aufhalten darf. Das VG Berlin hat diese Frage jedoch umgangen, indem es die Anwendung des ukrainischen Rechts wegen Verstoßes gegen den deutschen ordre public unmittelbar ausgeschlossen hat.

Die im ausländischen Geburtenregister eingetragene Elternschaft der Wunscheltern wird nicht anerkannt, wenn das Kind seit der Geburt jederzeit seinen gewöhnlichen Aufenthalt im Inland hat und als Abstammungsstatut stets deutsches Recht anzuwenden ist, weil das deutsche Recht eine Abstammung durch Leihmutterschaftsvertrag nicht vorsieht und die Leihmutterschaft verbietet. Nach § 1592 BGB kann die Vaterschaft des Wunschvaters mit Zustimmung der unverheirateten Leihmutter anerkannt werden. Da-rüber hinaus ist für den genetischen Wunschvater in den §§ 1599–1600c BGB ein Anfechtungsverfahren vorgesehen, wenn die Leihmutter verheiratet ist. Die

631 BGH, Beschluss v. 20.3.2019 – XII ZB 530/17, *NJW* 2019, S. 1606, Rn. 22.
632 VG Berlin, Beschluss v. 5.9.2012 – 23 L 283.12, *IPRax* 2014, S. 80–81, Rn. 10.

Adoption ist jedoch der einzige Weg für die genetische Wunschmutter, die rechtliche Elternstellung zu erlangen, weil nach § 1591 BGB nur die gebärende Frau rechtliche Mutter eines Kindes ist.

3) Gewöhnlicher Aufenthalt des Kindes im Ausland

Das Kind kann nur dann im Geburtsland verbleiben und dort seinen ersten gewöhnlichen Aufenthalt begründen, wenn ihm die Einreise nach Deutschland verweigert wird und auch nach längerer Zeit noch nicht absehbar ist. So in einem Fall vom VG Berlin,[633] in dem der gewöhnliche Aufenthalt des Kindes in Indien begründet werden konnte, weil das Kind dort seit seiner Geburt zwei Jahre verbracht hatte. In den beiden anderen ähnlich gelagerten Fällen des VG Berlin ist jedoch noch fraglich, ob allein der tatsächliche Aufenthalt im Geburtsland ausreicht, um dort den gewöhnlichen Aufenthalt zu begründen,[634] weil sich die Kinder nur für wenige Monate (in der Ukraine knapp sechs Monate, in Indien vier Monate) im Geburtsland aufgehalten haben. Dabei kann sich der bloße Aufenthalt im Geburtsland im Laufe der Zeit zu einem gewöhnlichen Aufenthalt entwickeln, wie im o. g. Fall des VG Berlin vom 26.11.2009 (nach ca. zwei Jahren).[635]

Begründet das Kind seinen ersten gewöhnlichen Aufenthalt im Ausland, ist nach Art. 19 Abs. 1 S. 1 EGBGB das ausländische Recht als Abstammungsrecht anzuwenden, so dass vorbehaltlich des deutschen ordre public[636] die rechtliche Elternschaft den Wunscheltern zukommt und das Kind die sich daraus ergebende deutsche Staatsangehörigkeit erwirbt. Es ist daher möglich, dass sich das Kind nicht „natürlich“, sondern „gezwungenermaßen“ für längere Zeit im Ausland aufhält, um den Kriterien des gewöhnlichen Aufenthalts i. S. d. Art. 19 Abs. 1 S. 1 EGBGB zu genügen. Dies hätte zur Folge, dass die Leihmutterfamilie für längere Zeit getrennt werden müsste und auch die Identität des Kindes nicht gesichert wäre, was dem

---

633 VG Berlin, Beschluss v. 26.11.2009 – 11 L 396.09, *BeckRS* 2009, S. 42145, Rn. 19.

634 VG Berlin, Beschluss v. 5.9.2012 – 23 L 283.12, *IPRax* 2014, S. 80–81, Rn. 10; VG Berlin, Beschluss v. 15.04.2011 – 23 L 79.11, *IPRax* 2012, S. 548–550, Rn. 8.

635 Benicke, *StAZ* 2013, S. 107.

636 Nach der aktuellen Rechtsprechung wird die rechtliche Elternschaft der Wunscheltern, die genetisch mit einem Leihmutterschaftskind verwandt sind, grundsätzlich nicht als Verstoß gegen den deutschen ordre public unter dem Aspekt des Kindeswohls betrachtet, siehe BGH, Beschluss v. 10.12.2014 – XII ZB 463/13, *NJW* 2015, S. 479.

Kindeswohl widerspricht. Da die Begründung des ersten gewöhnlichen Aufenthalts des Kindes im Falle der Leihmutterschaft in hohem Maße von unsicheren rechtlichen Faktoren beeinflusst wird, hat das von einer Leihmutter geborene Kind keinen eigenständigen natürlichen Daseinsmittelpunkt. Die Anknüpfung an den gewöhnlichen Aufenthalt und die Auslegung des gewöhnlichen Aufenthalts aus der Sicht des deutschen Rechts sind daher für die Abstammungszuordnung im Fall der Leihmutterschaft nicht geeignet, weil sie mglw. nicht zu dem günstigsten Ergebnis bei der Feststellung der rechtlichen Abstammung des Leihmutterschaftskindes von den Wunscheltern führen, so dass die Ziele des Art. 19 Abs. 1 EGBGB nicht erreicht werden können.

In der Literatur wird zu Recht empfohlen, für den gewöhnlichen Aufenthalt eines neugeborenen Kindes auf die ersten Lebenswochen abzustellen, weil bei Leihmutterschaft das Kind zeitlebens im Geburtsstaat verbleibt und eine Ausreise noch zweifelhaft ist.[637] D. h. eine besondere Auslegung des gewöhnlichen Aufenthalts des Kindes in Fällen der Leihmutterschaft ist eine Lösung, um die kollisionsrechtliche Anerkennung der Elternschaft der Wunscheltern zu erleichtern. Darüber hinaus könnte wegen der unterschiedlichen Rechtslage bei Leihmutterschaft und der sich daraus ergebenden Abstammung des Kindes in rechtsvergleichender Hinsicht de lege ferenda alternativ eine Anknüpfung an den Ort der Durchführung der Leihmutterschaft in Betracht kommen, um hinkende Statusverhältnisse zu vermeiden[638] und damit dem Kindeswohl zu dienen. Ähnlich wie in Art. 17b EGBGB wird für die gleichgeschlechtliche Lebenspartnerschaft und die gleichgeschlechtliche Ehe die Anknüpfung an den registerführenden Staat gewählt, um angesichts der unterschiedlichen Rechtslage in den einzelnen Staaten die Anerkennung der ausländischen legitimierten gleichgeschlechtlichen Partnerschaft zu erleichtern.

---

637 Heiderhoff, *IPRax* 2012, S. 525; Henrich, Dieter: „Leinmütterkinder: Wessen Kinder?“. *IPRax* 2015, S. 232.

638 Lurger, Brigitta: „Das österreichische IPR bei Leihmutterschaft im Ausland – das Kindeswohl zwischen Anerkennung, europäischen Grundrechten und inländischen Leihmutterschaftsverbot“. *IPRax* 2013, S. 289.

c) Alternative Anknüpfungen gem. Art. 19 Abs. 1 EGBGB

1) Anknüpfung an den Heimatstaat des Wunschelternteils gem. Art. 19 Abs. 1 S. 2 EGBGB

Nach Art. 19 Abs. 1 S. 2 EGBGB knüpft die Elternschaft eines potentiellen Elternteils an dessen Staatsangehörigkeit an. Für die Abstammung des von einer Leihmutter geborenen Kindes vom Wunschelternteil ist daher das Heimatrecht des Wunschelternteils maßgeblich. Sind die Wunscheltern deutsche Staatsangehörige, so richtet sich die Abstammung von den Wunscheltern nach deutschem Recht, wonach rechtliche Mutter nur die Frau ist, die das Kind geboren hat, also die Leihmutter, die aber keine Elternverantwortung übernehmen will und nach ihrem Heimatrecht auch nicht dazu verpflichtet ist. Die Vaterschaft des Wunschvaters kann entweder durch Anerkennung mit Zustimmung der unverheirateten Leihmutter oder durch ein Anfechtungsverfahren begründet werden, wenn die Leihmutter verheiratet ist. Insgesamt erkennt das deutsche Recht die Elternstellung der Wunscheltern aufgrund eines Leihmutterschaftsvertrags nicht unmittelbar an. Dies zeigt, dass die Anknüpfung an die Staatsangehörigkeit eines potenziellen Elternteils bei grenzüberschreitender Leihmutterschaft nicht ausreicht, um die Fest-stellung der Abstammung des Kindes von den Wunscheltern rechtlich zu erleichtern.

2) Anwendung des Ehewirkungsstatuts der Mutter gem. Art. 19 Abs. 1 S. 3 EGBGB

Nach Art. 19 Abs. 1 S. 3 EGBGB kann auch das Ehewirkungsstatut der Mutter zum Zeitpunkt der Geburt des Kindes die Abstammung bestimmen. Mit „Mutter“ kann hier die Leihmutter oder die Wunschmutter gemeint sein, weil „Mutter“ i. S. d. deutschen Sachrechts eigentlich die gebärende Frau ist, während „Mutter“ im deutschen Kollisionsrecht auch die rechtliche Mutter im weiteren Sinne erfasst, weil sie sich aus dem ausländischen Recht ergeben kann.[639] Im Fall der Leihmutterschaft führt die unterschiedliche Auslegung des Begriffs „Mutter“ nicht zu einer anderen Feststellung der

---

[639] Dethloff, *JZ* 2014, S. 929; Für die Leihmutter, siehe Witzleb, Normann: „‚Vater werden ist nicht schwer‘? – Begründung der inländischen Vaterschaft für Kinder aus ausländischer Leihmutterschaft“. In: Normann Witzleb, et al. (Hrsg.): *Festschrift für Dieter Martiny zum 70. Geburtstag.* Mohr Siebeck: Tübingen 2014, S. 218; Für die Wunschmutter, siehe Henrich, Dieter: „Das Kind mit zwei Müttern (und zwei Vätern) im Intenationalen Privatrecht“. In: Sibylle Hofer et al. (Hrsg.): *Perspektiven*

Abstammung. Nach dem Ehewirkungsstatut der Leihmutter, das i. d. R. dem Recht des Geburtsstaates des Kindes entspricht, sind weder die Leihmutter noch ihr Ehemann rechtliche Eltern. Nach dem Ehewirkungsstatut der Wunschmutter, also nach deutschem Recht, kann auch die Elternschaft der Wunscheltern nicht anerkannt werden. Das Ergebnis ist also ähnlich wie bei Art. 19 Abs. 1 S. 2 EGBGB. Das Günstigkeitsprinzip spielt daher bei der grenzüberschreitenden Leihmutterschaft kaum eine Rolle.

d) Ordre-public-Prüfung nach Art. 6 EGBGB

1) Allgemeines

aa) Allgemeines zu Art. 6 EGBGB

Die Anwendung ausländischen Rechts wird von den deutschen Gerichten nach Art. 6 EGBGB abgelehnt, wenn die Ergebnisse mit wesentlichen Grundsätzen des deutschen Rechts offensichtlich unvereinbar sind. Inhalt und Maßstab des Art. 6 EGBGB sind im Wesentlichen identisch mit dem anerkennungsrechtlichen ordre public[640] und Art. 6 EGBGB schützt wie § 109 Abs. 1 S. 4 FamFG auch den internationalen ordre public,[641] wenngleich der Maßstab der ordre-public-Prüfung nach Art. 6 EGBGB strenger sein kann als im Anerkennungsverfahren. Zu beachten ist, dass in jedem Fall auf das Ergebnis abzustellen ist.[642] Vorstehendes gilt grundsätzlich auch für Fälle der Leihmutterschaft.[643] Wegen der Relativität des ordre public ist zu berücksichtigen, dass ein hinreichender Inlandsbezug besteht, wenn der ordre-public-Vorbehalt des Art. 6 EGBGB eingreift. Hierfür genügt die Staatsangehörigkeit der Wunscheltern und der geplante gewöhnliche Aufenthalt in

---

des Familienrechts. (Festschrift für Dieter Schwab zum 70. Geburtstag am 15. August 2005). Gieseking: Bielefeld 2005, S. 1148.

640 Woitge, Evelyn: „Der Status von Kindern ausländischer Leihmütter in Deutschland- zugleich Anmerkung zu BGH, Beschluss vom 10. Dezember 2014- Az. XII ZB 463/13“. *Jura* 2015, S. 503; Grünenwald, Christoph: „Im Ausland durchgeführte Leihmutterschaften: automatische Zuordnung zu den Wunscheltern oder Adoptionserfordernis?“. *StAZ* 2015, S. 220.

641 Henrich, *IPRax* 2015, S. 230.

642 Heiderhoff, *NJW* 2014, S. 2676.

643 Benicke, *StAZ* 2013, S. 109; Mayer, Claudia: „Ordre public und Anerkennung der rechtlichen Elternschaft in internationalen Leihmutterschaftsfällen“. *RabelsZ* 78 (2014), S. 572; Woitge, *Jura* 2015, S. 503–504.

Deutschland.[644] Da die Umstände, die den ordre public beeinflussen können, wandelbar sind, ist für die Prüfung des ordre public im Falle der Leihmutterschaft nicht der Zeitpunkt der Geburt, sondern der Zeitpunkt der aktuellen Entscheidung maßgeblich, wie dies auch im Rahmen der internationalen Adoption der Fall ist.[645]

bb) Überblick des deutschen ordre public im Kontext der Leihmutterschaft

Der ordre public im Falle der Leihmutterschaft geht vor allem von den Grund- und Menschenrechten der Beteiligten aus. Nach Art. 1 GG ist die Menschenwürde der Leihmutter zu beachten. Die Menschenwürde der Leihmutter wird durch die kollisionsrechtliche Anerkennung der nach ausländischem Recht begründeten Abstammung des Kindes nicht verletzt, wenn die Durchführung der Leihmutterschaft und die Herausgabe des Kindes an die Wunscheltern dem erklärten freien Willen der Leihmutter, insoweit vergleichbar einer Adoption,[646] entsprechen. Die Wunscheltern haben nach Art. 2 Abs. 1 GG das Recht auf freie Entfaltung der Persönlichkeit und nach Art. 6 Abs. 1 GG und Art. 8 Abs. 1 EMRK das Recht auf Schutz der Familie. Die Grundrechte der Wunsch-eltern gebieten es daher grundsätzlich, dass die dem ausländischen Recht unterliegende Elternstellung der Wunscheltern auch aus deutscher Sicht wirksam festgestellt werden kann. Auf Seiten des Kindes ist die Anwendung des ausländischen Rechts zugleich mit seinen Grund- und Menschenrechten aus Art. 2 Abs. 1 i. V. m. Art. 6 Abs. 2 S. 1 GG (Grundrecht des Kindes auf elterliche Pflege und Erziehung) und Art. 8 Abs. 1 EMRK (Recht auf Schutz des Privatlebens im Hinblick auf die Identitätsfindung),[647] weil nach ausländischem Recht die Abstammung des Kindes den genetischen Wunscheltern zusteht, die auch faktisch soziale Elternschaft ausüben.

Darüber hinaus wird dem Kindeswohl gem. Art. 3 Abs. 1 der UN-KRK bei Maßnahmen, die das Kind betreffen, stets Vorrang eingeräumt.[648] Der

---

644 Grünenwald, *StAZ* 2015, S. 220.

645 Frank, Rainer: „Anmerkung zum EGMR, Urteil v. 26.6.2014 – 65192/11 (Mennesson/ Frankreich)". *FamRZ* 2014, S. 1528.

646 AG Emmendingen, Beschluss v. 1.8.2018 – 2 F 155/17, *BeckRS* 2018, S. 25687, Rn. 16; BGH, Beschluss v. 10.12.2014 – XII ZB 463/13, *NJW* 2015, S. 483, Rn. 49.

647 AG Emmendingen, Beschluss v. 1.8.2018, – 2 F 155/17, *BeckRS* 2018, S. 25687, Rn. 14; BGH, Beschluss v. 10.12.2014 – XII ZB 463/13, *NJW* 2015, S. 482, Rn. 42.

648 BGH, Beschluss v. 10.12.2014 – XII ZB 463/13, *NJW* 2015, S. 482, Rn. 41.

Grundsatz des Kindeswohls wird daher im Fall der Leihmutterschaft als überwiegender Inhalt des ordre public angesehen.[649]

Wenngleich das AdVermiG und das ESchG grundsätzlicher Natur sind und zum Inhalt des ordre public gehören, liegt beiden Gesetzen ein generalpräventiver Gedanke zur Verhinderung der Umgehung des nationalen Verbots zugrunde. Der sich aus beiden Gesetzen ergebende § 1591 BGB gilt als zwingendes Recht und dient ebenfalls dem Präventionszweck. Jedoch ist er nicht Teil des ordre public. Jedenfalls im Fall der grenzüberschreitenden Leihmutterschaft wird die Zuordnung der Elternschaft im Lichte der Rechte des Kindes und des Kindeswohls eigenständig beurteilt werden müssen.[650]

2) Kindeswohl

aa) Grundlagen

Da es für die ordre-public-Prüfung auf den Zeitpunkt der Entscheidung ankommt, ist nicht das Kindeswohl „ex ante" zu gewährleisten, sondern das aktuelle Wohl des Kindes, das erst nach der Geburt als eigenständiges Rechtssubjekt angesehen wird. Da das Kind keinen Einfluss auf seine Geburt und die Art der Geburt hat, sollte die Abstammung des Kindes nicht danach differenziert werden, ob das Kind von einer Leihmutter geboren wurde. D. h. allein generalpräventive Erwägungen rechtfertigen es nicht, von der rechtlichen Zuordnung des Kindes zu den faktisch betreuungswilligen Wunscheltern abzusehen. Das Kindeswohl ist jedenfalls immer vorrangig zu berücksichtigen, insbesondere vor generalpräventiven Erwägungen.[651]

Als Alternative zur rechtlichen Zuordnung des Kindes zu den Wunscheltern wird in Literatur und Rechtsprechung die Adoption angesehen. Das Bestehen einer anderen rechtlichen Möglichkeit führt jedoch nicht zur Verneinung der nach ausländischem Recht begründeten Abstammung wegen Verstoßes gegen den ordre public, weil die Adoption die gleiche Wirkung hat.[652] Darüber hinaus kann es sein, dass die Adoption überhaupt keine Lösung ist, die dem Kindeswohl entspricht. Zum einen ist eine Adoption

---

649 Mayer, *RabelsZ* 78 (2014), S. 572–573.

650 BGH, Beschluss v. 10.12.2014 – XII ZB 463/13, *NJW* 2015, S. 483, Rn. 45–46.

651 BGH, Beschluss v. 5.9.2018 – XII ZB 224/17, *DNotZ* 2019, 57, Rn. 24–25.

652 BGH, Beschluss v. 10.12.2014 – XII ZB 463/13, NJW 2015, S. 484, Rn. 58; AG Emmendingen, Beschluss v. 1.8.2018 – 2 F 155/17, *BeckRS* 2018, S. 25687, Rn. 18; OLG Celle, Beschluss v. 22.5.2017 – 17 W 8/16, *NZFam* 2017, S. 661, Rn. 29–30.

nicht möglich, solange das Kind wegen der Einreiseverweigerung im Ausland verbleiben muss. Zum anderen hängt das Zustandekommen einer Adoption im Inland zusätzlich von vielen Faktoren ab, wie z. B. dem Zeitfaktor, der Beziehung der Wunscheltern, der Änderung des Willens der Wunscheltern, dem Tod eines Wunschelternteils usw. Würde die Adoption nicht durchgeführt, wäre das Kind keinem rechtlichen Schutz ausgesetzt und letztlich das Kindeswohl verletzt.[653]

bb) Schutz der Grundrechte des Kindes

i. Art. 2 Abs. 1 i.V. m. Art. 6 Abs. 2 GG

Kinder haben nach Art. 2 GG das Recht auf freie Entfaltung ihrer Persönlichkeit. Zur Förderung der Persönlichkeitsentfaltung von Kindern weist Art. 6 Abs. 2 GG die Schutz- und Fürsorgeverantwortung primär den Eltern zu, weil diese i. d. R. als am besten geeignet angesehen werden, sich um das Kindeswohl zu kümmern. D. h. es ist grundsätzlich mit dem Kindeswohl vereinbar, wenn das Kind in der Obhut der Eltern verbleibt. Aus Art. 2 Abs. 1 i. V. m. Art. 6 Abs. 2 GG ergibt sich das Grundrecht des Kindes auf elterliche Pflege und Erziehung.[654]

Die Ausübung der elterlichen Sorge setzt nach deutschem Familienrecht regelmäßig die rechtliche Zuordnung der Elternschaft voraus. Ein Kind kann elterliche Pflege und Erziehung grundsätzlich nur von seinen rechtlichen Eltern tatsächlich erfahren.[655] Die mit der Elternverantwortung verbundene Eltern-Kind-Zuordnung ist daher auch als ein Aspekt des Kindeswohls anzusehen. D. h. dem Kind ist ein Recht auf rechtliche Zuordnung zu beiden Eltern zu gewährleisten, was auch dem Kindeswohl entspricht.[656]

Eine Zuordnung zur Leihmutter würde ins Leere gehen, weil die Leihmutter nach ihrem Heimatrecht weder Mutter ist noch die Sorge für das Kind

---

653 Helms, Tobias: „Anmerkung zum BGH, Beschluss v. 10.12.2014 – XII ZB 463/13“. *FamRZ* 2015, S. 246; BGH, Beschluss v. 10.12.2014 – XII ZB 463/13, *NJW* 2015, S. 484, Rn. 59.

654 Britz, Gabriele: „Das Grundrecht des Kindes auf staatliche Gewährleistung elterlicher Pflege und Erziehung – jüngere Rechtsprechung des Bundesverfassungsgerichts“. *JZ* 2014, S. 1070.

655 Britz, *JZ* 2014, S. 1070.

656 BGH, Beschluss v. 5.9.2018 – XII ZB 224/17, *DNotZ* 2019, S. 57, Rn. 26; AG Emmendingen, Beschluss v. 1.8.2018 – 2 F 155/17, *BeckRS* 2018, S. 25687, Rn. 17; BGH, Beschluss v. 10.12.2014 – XII ZB 463/13, *NJW* 2015, S. 484, Rn. 57.

übernehmen will. Das Kindeswohl im Hinblick auf die Kindeszuordnung ist daher nicht auf die psychosoziale Beziehung zwischen Leihmutter und Kind zu beschränken. Für das dauerhafte Zusammenleben der geplanten Familie, die strukturell aus den Wunscheltern und einem von einer Leihmutter geborenen und faktisch von den Wunscheltern betreuten Kind besteht, ist eine gesicherte Elternstellung des genetisch-sozialen Wunschelternteils i. S. d. Kindeswohls erforderlich.[657] Die Übertragung der Vormundschaft für das Kind auf die Wunscheltern als weitere Möglichkeit ist der rechtlichen Eltern-Kind-Zuordnung nicht gleichwertig. Denn zum einen ist die rechtliche Zuordnung mit weiteren Folgen verbunden, die über das Sorgerecht hinausgehen, z. B. Unterhaltsrecht, Erbrecht. Zum anderen kann die bloße Pflegschaft jederzeit durch das Familiengericht aufgehoben werden, so dass eine instabile familiäre Beziehung zwischen dem Kind und den Wunscheltern droht. Das Kindeswohl gebietet daher eine verlässliche statusrechtliche Zuordnung zu den Eltern, die die elterliche Verantwortung faktisch wahrnehmen.[658]

Offen blieb die Frage, ob sich bei fehlender genetischer Abstammung des Kindes von beiden Wunschelternteilen eine andere Beurteilung des Kindeswohls hinsichtlich der Zuordnung der Elternschaft ergibt. Eine Differenzierung bei der Zuordnung der Elternschaft allein aufgrund der genetischen Abstammung des Kindes ist nicht gerechtfertigt, weil nach deutschem Recht die Vaterschaft wahrheitswidrig anerkannt werden kann.[659] Darüber hinaus ist die Leihmutterschaftsvereinbarung mit der in § 1600 Abs. 5 BGB vorgesehenen Vereinbarung über die einvernehmliche heterologe Insemination vergleichbar. Dementsprechend ist auch aus Sicht des deutschen Rechts die unmittelbare Zuordnung zu einem genetisch nicht verwandten Wunschelternteil möglich, wenn man davon ausgeht, dass die Wunscheltern, die einvernehmlich in die künstliche Übertragung des fremden Samens einwilligen, gemeinsam die faktische Elternverantwortung für das so gezeugte

---

[657] Oldenburger, Marko: „Die Abstammung von Leihmütterkindern". *NZFam* 2020, S. 459.

[658] Biermann, Bastian: „Anmerkung zum OLG Celle, Beschluss v. 22.5.2017 – 17 W 8/16". *NZFam* 2017, S. 664.

[659] Grünenwald, *StAZ* 2015, S. 220.

Kind übernehmen.[660] Im Kontext der Leihmutterschaft widerspricht die rechtliche Zuordnung zu den Wunscheltern i. S. d. Kindeswohls daher nicht dem ordre public, auch wenn der Wunschelternteil mit dem Kind nicht genetisch verwandt ist,[661] d. h. die genetische Abstammung des Kindes ist für die Beurteilung des Kindeswohls nicht ausschlaggebend.

Es ist i. S. d. Kindeswohls notwendig, die Leihmutterschaft klar vom Kinderhandel abzugrenzen. Ein wesentlicher Faktor dabei ist das Vorliegen einer formellen Leihmutterschaftsvereinbarung, die dokumentiert, dass die Zeugung und die Übergabe des Kindes auf freiwilliger Basis erfolgen. Solch ein Vertrag muss von allen beteiligten Parteien ohne Zwang abgeschlossen werden. Nach deutschem Recht spielt die genetische Abstammung keine Rolle bei der Beurteilung der Leihmutterschaft.[662] Kinderhandel kann ausgeschlossen werden, wenn eine eindeutige Leihmutterschaftsvereinbarung besteht und alle relevanten Aspekte der Vereinbarung überprüfbar sind.

Daraus folgt, dass sich nach Art. 6 EGBGB die Prüfung des ordre public hinsichtlich der rechtlichen Zuordnung der Elternschaft zu den Wunscheltern am Kindeswohl und damit an den Rechten des Kindes aus Art. 2 Abs. 1 i. V. m. Art. 6 Abs. 2 GG orientiert.[663]

ii. Andere relevante Grundrechte

Nach Art. 2 Abs. 1 i. V. m. Art. 1 Abs. 1 GG hat das Kind ein Recht auf Kenntnis seiner Abstammung, das vom BVerfG als Ausfluss des Persönlichkeitsrechts auf Seiten der väterlichen Abstammung anerkannt ist.[664] Die mütterliche Abstammung ist nicht nur genetischer, sondern auch biologischer Natur und ihre Kenntnis wirkt sich ebenfalls auf die freie Entfaltung der Persönlichkeit aus, die eng mit dem Kindeswohl verbunden ist. Dieses Recht ist jedoch nur auf die Kenntnis der Tatsachen gerichtet.[665] Bei der Eizellspende kann die Kenntnis wie bei der Samenspende durch bloße Klärung

---

660 Mayer, Claudia: „Verfahrensrechtliche Anerkennung einer ausländischen Abstammungsentscheidung zugunsten eingetragener Lebenspartner im Falle der Leihmutterschaft. Zum Beschluss des BGH vom 10.12.2014“. *StAZ* 2015, S. 40.

661 Woitge, *Jura* 2015, S. 503.

662 Duden, *StAZ* 2015, S. 205–206.

663 BGH, Beschluss v. 10.12.2014 – XII ZB 463/13, *NJW* 2015, S. 483, Rn. 54.

664 Dethloff, *JZ* 2014, S. 928.

665 BGH, Beschluss v. 10.12.2014 – XII ZB 463/13, *NJW* 2015, S. 484, Rn. 63.

oder Feststellung der genetischen Abstammung erlangt werden. Die Kenntnis der Geburtsmutter im Falle einer Leihmutterschaft kann dann durch eine ausländische Geburtsurkunde oder eine ausländische Gerichtsentscheidung oder einen Leihmutterschaftsvertrag erreicht werden, soweit darin die Leihmutter benannt wird.[666] Das Recht auf Kenntnis der Abstammung erstreckt sich nicht auf die rechtliche Eltern-Kind-Zuordnung. Die Elternschaft der Wunscheltern verstößt daher im Hinblick auf dieses Grundrecht nicht gegen den ordre public.

Aus Art. 2 Abs. 1 i. V. m. Art. 1 Abs. 1 GG ergibt sich zudem ein Schutz vor Staatenlosigkeit. Das Recht des Kindes auf freie Entfaltung seiner Persönlichkeit wird beeinträchtigt, wenn das Kind durch den Ausschluss der Anwendbarkeit ausländischen Rechts elternlos und damit staatenlos wird.[667]

cc) Schutz des Privatlebens des Kindes gem. Art. 8 Abs. 1 EMRK

Der EGMR ist der Auffassung, dass die Identität eines Kindes in der Gesellschaft, zu der im Wesentlichen die Eltern-Kind-Zuordnung mit der Folge der Staatsangehörigkeit und der erbrechtlichen Stellung gehört, als Teil des Privatlebens des Kindes i. S. d. Art. 8 Abs. 1 EMRK anzusehen ist. Die Identitätsfindung des Kindes im Rahmen des Art. 8 Abs. 1 EMRK würde schwerwiegend verletzt, wenn nach nationalem Recht kein Weg zur Feststellung der rechtlichen Elternschaft vorgesehen wäre, insbesondere wenn der Wunschelternteil mit dem Kind genetisch verwandt ist, m. a. W.: der einem Mitgliedstaat nach Art. 8 Abs. 1 EMRK zustehende Ermessensspielraum ist überschritten, wenn weder durch Anerkennung noch durch Adoption eine rechtliche Zuordnung des Kindes zu dem Wunschelternteil, der u. U. der genetische Elternteil wäre, erfolgen kann, es sei denn, der Eingriff in das Privatleben ist gerechtfertigt, was ebenfalls vorrangig am Kindeswohl zu messen ist.[668]

Das Kindeswohl gebietet grundsätzlich die Identitätsfindung des Kindes aus Leihmutterschaft, d. h. die Gewährleistung der rechtlichen Zuordnung des Kindes zu den Wunscheltern, die die faktische Elternverantwortung

---

666 Dethloff, *JZ* 2014, S. 928.

667 Ebd.

668 EGMR, Urteil v. 26.6.2014 – Beschwerde Nr. 65192/11, Beschwerde Nr. 65941/11, *FamRZ* 2014, S. 1526; EGMR, Entscheidung v. 10.4.2019 – Vorlage Nr. P16–2018–001 des französischen Kassationshofes, *FamRZ* 2019, S. 889.

übernehmen wollen. Dem Kindeswohl widerspräche es hingegen, wenn der nationale Gesetzgeber alle Möglichkeiten der Begründung eines Statusverhältnisses zwischen dem Kind und den Wunscheltern verbieten würde. Das bedeutet, dass der EGMR das Kindeswohl auch auf die Beziehung des Kindes zu den Wunscheltern ausdehnt. Damit wird der unbestimmte Rechtsbegriff des Kindeswohls weiter gestärkt.[669] Zu beachten ist, dass der EGMR hier über das Recht des Kindes auf Kenntnis der eigenen Abstammung i. S. v. Art. 2 Abs. 1 i. V. m. Art. 1 Abs. 1 GG hinausgeht, weil laut EGMR die rechtliche Eltern-Kind-Zuordnung ein wichtiger Teil der Identitätsfindung des Kindes ist.[670]

3) Schutz der sozialen Familie

aa) Schutz der Familie gem. Art. 6 Abs. 1 GG

Nach Art. 6 Abs. 1 GG ist die Familie besonders zu schützen. Unter Familie ist die tatsächliche Lebens- und Erziehungsgemeinschaft von Kindern und Eltern zu verstehen. In dieser Gemeinschaft wird das Kind von seinen Eltern gepflegt und erzogen. Dabei kommt es weder auf die biologisch-genetische noch auf die rechtliche Verwandtschaft an. Entscheidend ist, dass eine soziale familiäre Beziehung zwischen Kind und Eltern besteht. Eine Familie liegt z. B. bereits dann vor, wenn der genetische, aber nicht rechtliche Vater das Kind über einen gewissen Zeitraum tatsächlich betreut hat und zwischen ihnen eine soziale familiäre Beziehung entstanden ist.[671]

Diese Auslegung des Familienbegriffs i. S. d. Art. 6 Abs. 1 GG sollte auch im Kontext der Leihmutterschaft Anwendung finden. Die Nichtanwendung ausländischen Rechts im Fall der Leihmutterschaft könnte daher mit dem Familienschutz des Art. 6 Abs. 1 GG unvereinbar sein, wenn zwischen den Wunscheltern und dem Kind bereits eine soziale Familie entstanden ist und die Familienmitglieder aufgrund der Ablehnung der Anerkennung der Elternschaft der Wunscheltern getrennt leben müssen. Wird das Kind z. B. in einem Staat geboren, in dem das Kind die betreffende Staatsangehörigkeit

---

669 Oldenburger, *NZFam* 2020, S. 458.

670 Engel, Martin: „Leihmutterschaft: Verfahrensrechtliche Anerkennung ausländischer Abstammungsentscheidungen im Lichte des Art. 8 EMRK. Zu den Entscheidungen »Mennesson v. Frankreich« und »Labassee v. Frankreich« des EGMR“. *StAZ* 2014, S. 355.

671 Dürig/Herzog/Scholz/Badura (2023), Art. 6 GG Rn. 60–61.

nicht aufgrund des Geburtsortes, sondern aufgrund der Abstammung von seinen Eltern erwerben kann, ist es dem Kind mangels Erwerb des Passes des Geburtsstaates und eines deutschen Passes unmöglich, in seinem Geburtsstaat zu bleiben oder nach Deutschland einzureisen und mit seinen sozialen Eltern, also den Wunscheltern, familiär zusammenzuleben, so dass das Recht auf Schutz der Familie verletzt ist.

Zwar ist es nach deutschem Recht möglich, dass das Kind im Wege der Anerkennung oder im Wege eines Anfechtungsverfahrens vom Wunschvater abstammt und so über ihn die deutsche Staatsangehörigkeit erhält und nach Deutschland einreisen kann. Dies kann jedoch nicht geschehen, wenn die Beziehung der Wunscheltern zum Zeitpunkt der Entscheidung zerrüttet ist, oder wenn die Leihmutter verheiratet und der Wunschvater mit dem Kind nicht genetisch verwandt ist. Insgesamt kann sich die soziale Familie, die aus dem von einer Leihmutter geborenen Kind und den Wunscheltern besteht, ggf. auf den Schutz der Familie i. S. d. Art. 6 Abs. 1 GG im Rahmen der ordre-public-Kontrolle berufen, um die Elternschaft der Wunscheltern kollisionsrechtlich anzuerkennen.[672]

bb) Schutz des Familienlebens gem. Art. 8 Abs. 1 EMRK

i. Begriff des Familienlebens

Um den Schutzbereich des Art. 8 EMRK im Hinblick auf die Achtung des Familienlebens im Fall der Leihmutterschaft zu eröffnen, ist zunächst zu prüfen, ob ein Familienleben i. S. d. Art. 8 Abs. 1 EMRK vorliegt, mit dem sich der EGMR insbesondere in den Leihmutterschaftsfällen aus Frankreich und Italien befasst hat. Im Fall der Leihmutter-schaft in Frankreich[673] bejaht der Gerichtshof das Vorliegen eines Familienlebens, weil zum einen eine biologische Verbindung zwischen den Wunscheltern und dem Kind besteht und zum anderen die Wunscheltern mit dem Kind seit Jahren in Frankreich zusammenleben. Nach der Entscheidung der Kammer des EGMR vom 27.01.2015 im Fall der italienischen Leihmutterschaft[674] wird auch ein Zusammenleben der Wunschel-tern mit dem Kind über einen Zeitraum von sechs Monaten als faktisches Familienleben angesehen, weil es sich bei dieser

672 Dethloff, *JZ* 2014, S. 927.

673 EGMR, Urteil v. 26.6.2014 – 65192/11 (Mennesson/Frankreich), *NJW* 2015, S. 3211.

674 EGMR (Kammer), Urteil v. 27.01.2015 – 25358/12 (Paradiso u. Campanelli/Italien), *BeckRS* 2015, S. 80492, Rn. 67–70, insbesondere Rn. 69; Duden, *StAZ* 2015, S. 203.

Zeit um eine wichtige Phase im Leben des Kindes handelt, in der die Wunscheltern die faktische Elternverantwortung für das Kind übernommen haben.

Demgegenüber wurde von der Großen Kammer des EGMR in der Entscheidung vom 24.1.2017 unter Bezugnahme auf denselben o. g. italienischen Fall der Schluss auf das Vorliegen eines Familienlebens i. S. d. Art. 8 EMRK abgelehnt. Der Schutz des Familienlebens nach Art. 8 EMRK setzt voraus, dass eine Familie oder eine potentielle Familienbeziehung besteht. Insbesondere die Große Kammer des Gerichtshofs erkennt an, dass genetische oder rechtliche Bindungen u. U. nicht ausschlaggebend sind und es vielmehr auf die tatsächlichen persönlichen Bindungen ankommt. Außerdem wird betont, dass keine Mindestdauer für die Begründung eines faktischen Familienlebens festgelegt wird, da die Qualität der persönlichen Beziehung und die Umstände des Einzelfalls berücksichtigt werden müssen. Dennoch ist nach Auffassung der Großen Kammer der Zeitfaktor ein entscheidendes Kriterium für das Bestehen eines Familienlebens. Der Glaube des Wunschvaters, der biologische Vater des Kindes zu sein, wobei er es tatsächlich nicht ist, reicht nicht aus, um die kurze Dauer von sechs Monaten des Zusammenlebens der Wunscheltern mit dem Kind auszugleichen. Auch wenn die Beendigung des Zusammenlebens in diesem Fall nicht unmittelbar von den Wunscheltern selbst gewählt wird, so wird sie doch mittelbar durch die Umgehung des italienischen Verbots der Leihmutterschaft durch die Wunscheltern herbeigeführt. Die Große Kammer fasste daher zusammen, dass die drei genannten Faktoren, nämlich das Fehlen biologischer Bindungen, die kurze Dauer des Zusammenlebens und die rechtliche Unsicherheit der Beziehungen zusammengenommen dazu führen, dass kein Familienleben i. S. v. Art. 8 EMRK vorliegt, obwohl die Wunscheltern planten, Eltern durch Leihmutterschaft zu werden und die emotionale Bindung zwischen den Wunscheltern und dem Kind bereits entstanden war.[675] In der Literatur wird kritisiert, dass die Große Kammer wenig zur Bestimmung des Begriffs des Familienlebens beiträgt und lediglich im Ergebnis die Anwendung des Art. 8 Abs. 1 Var. 2 EMRK

---

675 EGMR (GK), Urteil v. 24.1.2017 – 25358/12 (Paradiso u. Campanelli/Italien), *NJW* 2017, S. 941, Rn. 141, 148, 151–158.

zum Schutz des Familienlebens einschränkt. Insofern ist eine rechtssichere Konturierung des Begriffs des Familienlebens erforderlich.[676]

Die bloßen Rechtsbeziehungen in Leihmutterschaftsfällen, die im Ausland nach ausländischem Recht begründet werden, fallen nicht unmittelbar in den Schutzbereich des Art. 8 Abs. 1 Var. 2 EMRK, wie dies in der einschlägigen Rechtsprechung des EGMR zu internationalen Adoptionsfällen der Fall ist, obwohl die Wunsch- bzw. Adoptiveltern durch diese Elternprojekte ein gemeinsames Familienleben beabsichtigen.[677] In einer anderen Entscheidung sieht der EGMR jedoch im geplanten Zusammenleben des biologischen Vaters mit dem Kind ein schützenswertes Familienleben,[678] was zeigt, dass bei der Bestimmung des Vorliegens eines Familienlebens die biologische Verbundenheit trotz der kurzen Dauer des Zusammenlebens durchaus eine wichtige Rolle spielt. Bemerkenswert ist auch, dass in einem anderen Adoptionsfall trotz fehlenden Zusammenlebens und fehlender genetischer Verwandtschaft dennoch ein Familienleben i. S. v. Art. 8 EMRK vorliegen konnte, sofern zwischen den Adoptiveltern und dem Adoptivkind eine rechtmäßige und echte Adoption stattgefunden hat, was darauf hindeutet, dass der EGMR ausnahmsweise eine besondere Auslegung des Familienlebens für die Adoptivfamilie vornimmt. Daraus folgt, dass in den Fällen der Leihmutterschaft auch im Wege einer Sonderauslegung grundsätzlich ein Familienleben zu bejahen ist, weil die Wunscheltern neben den rechtlichen Bindungen und dem geplanten künftigen Familienleben regelmäßig auch genetisch mit dem Kind verbunden sind.[679]

Es ist grundsätzlich davon auszugehen, dass es für die Begründung eines Familienlebens nicht auf die genetische bzw. biologische Verbundenheit, sondern auf die soziale bzw. potentielle familiäre Verbundenheit ankommt.[680] Ein Familienleben liegt daher bei einer Leihmutterschaft vor, wenn die

---

676 Thomale, Chris: „Das Kinderwohl ex ante – Straßburger zeitgemäße Betrachtungen zur Leihmutterschaft". *IPRax* 2017, S. 586.

677 Vgl. Lurger, *IPRax* 2013, S. 288; Nordmeier, Carl Friedrich: „Unionsbürgerschaft, EMRK und ein Anerkennungsprinzip: Folgen der namensrechtlichen EuGH-Rechtsprechung für Statusentscheidungen". *StAZ* 2011, S. 137–138.

678 EGMR, Urteil v. 21.12.2010 – 20578/07, *FamRZ* 2011, S. 269, Rn. 60.

679 Lurger, *IPRax* 2013, S. 288.

680 Mayer, Claudia: „Sachwidrige Differenzierungen in internationalen Leihmutterschaftsfällen". *IPRax* 2014, S. 60.

Wunscheltern trotz fehlender biologischer Verwandtschaft mit dem Kind längere Zeit zusammenleben und sich faktisch um das Kind gekümmert haben. Umstritten ist, ob in der folgenden Konstellation ein Familienleben begründet werden kann, wenn zwischen den Wunscheltern und dem Kind weder eine biologische noch eine soziale Bindung besteht, aber aufgrund der im Ausland rechtlich begründeten Statusverhältnisse ein zukünftiges Familienleben zu erwarten wäre und nur wegen der Umgehung des Verbots bisher nicht entstehen konnte. Nach einer Ansicht soll der Schutzbereich des Art. 8 EMRK für den genannten Fall eröffnet sein,[681] während nach Auffassung der Großen Kammer des EGMR das Vorliegen eines Familienlebens im vorgenannten Fall nicht festgestellt werden kann, andernfalls könnte der Familienschutz i. S. v. Art. 8 Abs. 1 Var. 2 EMRK für alle ausländischen Statusverhältnisse eröffnet und damit ein Anerkennungsprinzip unmittelbar nach Art. 8 Abs. 1 EMRK eingeführt werden, was offensichtlich nicht dem Sinn des Art. 8 Abs. 1 EMRK entspricht.[682] M. E. ist für die Bejahung eines Familienlebens i. S. v. Art. 8 EMRK ein faktisches Familienleben von gewisser Dauer erforderlich, es sei denn, dass wie im oben erwähnten Adoptionsfall in der Entscheidung des EGMR eine Sonderauslegung für Leihmutterschaftsfälle erfolgt. Dies ergibt sich jedoch aus der Prämisse, dass in den Mitgliedstaaten eine positive Einstellung zur Leihmutterschaft und zur Kindeszuordnung zu den Wunscheltern vorherrscht.

ii. Eingriff in das Familienleben und Verhältnismäßigkeit des Eingriffs

Besteht zwischen dem Kind und dem Wunschelternteil ein Familienleben i. S. v. Art. 8 Abs. 1 Var. 2 EMRK, so ist ein Eingriff in das Familienleben nach Art. 8 Abs. 2 EMRK nur gerechtfertigt, wenn er „in einer demokratischen Gesellschaft notwendig“ ist und ein Ausgleich zwischen den Interessen des Staates und denen der Beteiligten gefunden wurde, wobei das Kindeswohl vorrangig zu berücksichtigen ist.[683]

Befindet sich das Kind bspw. bereits im Inland und wird weiterhin von den Wunscheltern betreut, so wird das Familienleben durch die bloße Nichtanerkennung der im Ausland begründeten Eltern-Kind-Zuordnung nicht

---

[681] Mayer, *IPRax* 2014, S. 60.
[682] Lurger, *IPRax* 2013, S. 288.
[683] Duden, *StAZ* 2015, S. 203.

verletzt, weil das Zusammenleben der Familie im Inland fortgesetzt werden kann. Ein Eingriff in das Familienleben kann vorliegen, wenn den Wunscheltern das Sorgerecht entzogen wird, so dass die Familie nicht mehr im Inland zusammenleben kann.[684] Der Ausschluss der Anwendbarkeit ausländischen Rechts beeinträchtigt das Familienleben auch dann, wenn das Kind nicht nach Deutschland einreisen darf und die Elternschaft der Wunscheltern, aus der sich die deutsche Staatsangehörigkeit des Kindes ergibt, nur unter Anwendung ausländischen Rechts festgestellt werden kann mit der Folge, dass die Familie in zwei Ländern getrennt leben muss.[685]

Der Schutz des Familienlebens bedeutet daher im Zusammenhang mit der Leihmutterschaft, dass die Trennung des Kindes von den Wunscheltern nicht im Inland erfolgen darf, weil im Hinblick auf das Kindeswohl die Herausnahme des Kindes aus seinem familiären Umfeld das letzte Mittel sein sollte.[686] Die Anerkennung der nach ausländischem Recht begründeten Zuordnung des Kindes zu den Wunscheltern kann daher erforderlich sein, um den Schutz des Familienlebens zu gewährleisten. Die völlige Verweigerung der Anerkennung der Elternschaft der Wunscheltern könnte sonst als Eingriff in das Familienleben angesehen werden, wenn sich aus den Umständen des Einzelfalls ergibt, dass die Anerkennung zu bejahen ist.[687]

2. China

a) Allgemeines

1) Methoden in der Praxis

Wird ein von einer Leihmutter im Ausland geborenes Kind nach der Geburt von den chinesischen Wunscheltern direkt nach China gebracht, so ist die Geburt nach § 7 des Haushaltsregistrierungsgesetzes bei der chinesischen zuständigen Behörde zu registrieren (d. h. Haushaltsregistrierung bzw. Hukou). Im Haushaltsregister ist dabei die rechtliche Eltern-Kind-Beziehung anzugeben.[688] Eine kollisionsrechtliche Prüfung zur Feststellung der

684 EGMR, Urteil v. 26.6.2014 – 65192/11 (Mennesson/Frankreich), *NJW* 2015, S. 3211.

685 Mayer, *RabelsZ* 78 (2014), S. 581.

686 Duden, *StAZ* 2015, S. 203.

687 Näheres siehe unten Teil 4 B I 3 b) 3).

688 Im Haushaltsregister sind grundsätzlich Informationen zur Identifizierung enthalten, darunter Namen, Geburten (rechtliche Eltern), Todesfälle, Eheschließungen (Ehegatten), Scheidungen und Wohnsitzwechsel aller Familienmitglieder.

rechtlichen Elternschaft der Wunscheltern wird von der chinesischen zuständigen Behörde in der Praxis i. d. R. nicht vorgenommen. Vielmehr werden für die Registrierung des Haushalts des Kindes lediglich formelle Urkunden benötigt, die direkt in das chinesische Register übertragen werden. Sind die Wunscheltern verheiratet, müssen sowohl die Geburtsurkunde des Kindes aus dem Ausland als auch die Heiratsurkunde der Wunscheltern vorgelegt werden. D. h. die Mutterschaft der Wunschmutter kann durch die Geburtsurkunde nachgewiesen werden,[689] sofern aus dieser nicht hervorgeht, dass es sich um eine Leihmutterschaft handelt, während der Ehemann der Mutter automatisch der rechtliche Vater ist. Sind sie nicht verheiratet, muss die Vaterschaft des Wunschvaters durch einen Gentest nachgewiesen werden. Die Mutterschaft der Wunschmutter könnte in wenigen Ausnahmefällen auch auf genetische Verbindungen zwischen dem Kind und der Wunschmutter gestützt werden, wenn keine Geburtsurkunde vorliegt.[690]

In der Praxis wird daher grundsätzlich davon ausgegangen, dass die Mutter die Frau ist, die das Kind geboren hat, während der Vater der Ehemann der Mutter ist. Unter bestimmten Umständen kann die genetische Verwandtschaft ein zusätzliches Kriterium für die Feststellung der Elternschaft sein. Aus dem gleichen Grund wird ein Antrag des Kindes auf einen chinesischen Reisepass oder ein chinesisches Visum für die Einreise nach China von den chinesischen Konsularbeamten regelmäßig nicht abgelehnt, weil nur Urkunden ähnlich denen der Haushaltsregistrierung verlangt werden,[691] es

689 Eine chinesische Geburtsurkunde enthält i. d. R. die Geburtsdaten des Kindes und weist die leibliche Mutter aus. Selbst wenn in der ausländischen Geburtsurkunde nur die rechtliche Mutter und nicht die Leihmutter (Geburtsmutter) vermerkt ist, gehen die chinesischen Behörden bei der Geburtsregistrierung üblicherweise davon aus, dass die in der ausländischen Geburtsurkunde angegebene Mutter die Geburtsmutter ist, und tragen diese als Mutter direkt in das Haushaltsregister ein.

690 Siehe Chaoyang District, The People'S Government of Beijing Municipality: *Registering the Birth of a Newborn Baby*, retrieved 30.10.2023, from https://banshi.beijing.gov.cn/pubtask/task/1/110105000000/14cc0e02–9014–49ae-8bbb-2aac966355e9.html?locationCode=110105000000&serverType=1001; Pudong District, The People'S Government of Shanghai Municipality: *Local household registration (birth registration application)* retrieved 30.10.2023, from https://zwdt.sh.gov.cn/govPortals/bsfw/item/086a73b2-d5f6–4dff-b33a-cc8f1bbab381.

691 Die erforderlichen Dokumente sind auf dem Portal der zuständigen Behörde für öffentliche Sicherheit auf Provinz- oder Gemeindeebene angegeben. Dazu gehören

sei denn, die Durchführung der Leihmutterschaft ist bekannt und keiner der Wunscheltern ist mit dem Kind genetisch verwandt.

Daraus folgt, dass in grenzüberschreitenden Leihmutterschaftsfällen die Registrierung des Haushalts und der Erwerb der chinesischen Staatsangehörigkeit des Kindes in der Praxis grundsätzlich unproblematisch sind, bevor es zu einem Rechtsstreit kommt. Obwohl die Übertragung der ausländischen Geburtsurkunde in das Haushaltsregister nur die Feststellung der formellen Beweiskraft beinhaltet, kommt sie in ihrer tatsächlichen Wirkung der Anerkennung bzw. Begründung des in der Urkunde verwirklichten Statusverhältnisses sehr nahe. D. h. die Übertragung hat auch sorge-, unterhalts- und erbrechtliche Wirkungen, soweit nicht später die Abstammung des Kindes angefochten wird. Eine Wirksamkeitskontrolle durch das inländische IPR im Hinblick auf die Eltern-Kind-Zuordnung ist jedoch ohnehin zu einem späteren Zeitpunkt im Rahmen des Sorge-, Vormundschafts- und Erbrechts erforderlich. Die ausländische Leihmutter wird i. d. R. nicht nach China kommen, um um das Sorgerecht oder die Vormundschaft für das Kind zu kämpfen, da sie nach dem Recht ihres Heimat- oder Aufenthaltsstaates nicht die rechtliche Mutter ist. Nur wenn die Beziehung der Wunscheltern zerbricht oder ein Wunschelternteil stirbt, kommt es zu Streitigkeiten über das Sorgerecht oder die Vormundschaft zwischen den Wunscheltern oder zwischen den Eltern des verstorbenen Wunschelternteils und dem anderen Wunschelternteil.[692] In diesen Fällen ist die Eltern-Kind-Zuordnung eine Vorfrage.

2) Anwendbarkeit der §§ 29, 30 IPRG

§ 29 IPRG bezieht sich auf den Unterhalt zwischen Eltern und Kind oder zwischen Ehegatten, während § 30 IPRG die Vormundschaft erfasst. Die Eltern-Kind-Zuordnung im Fall der Leihmutterschaft unterscheidet sich

---

im Wesentlichen eine Geburtsurkunde, eine Heiratsurkunde oder ein Nachweis der Elternschaft (z. B. ein Vaterschaftstest).

692 Inländischer Leihmutterschaftsfall: Chen v. Luo, Zivilurteil des Ersten MVG Shanghai, (2015) hu zi zhong shao min zhong zi Nr. 56 (in diesem Fall war der genetische Wunschvater bereits vor dem Rechtsstreit verstorben); Leihmutterschaftsfall mit Auslandsbezug: Tao v. Yin, Zivilbeschluss des MVG von Kunming, Yunnan, (2019) yun 01 min zhong Nr. 2092, sowie Baike, Baidu: *Fall Shuang Zhen*, retrieved 24.11.2023, from https://baike.baidu.com/item/%E9%83%91%E7%88%BD%E4%BB%A3%E5%AD%95%E4%BA%8B%E4%BB%B6/55916937?fr=ge_ala. (in beiden Fällen war die Beziehung zwischen den Wunscheltern bereits vor dem Rechtsstreit zerbrochen).

davon offensichtlich, weil die rechtliche Elternschaft i. d. R. als Vorfrage in Unterhalts- oder Vormundschaftssachen angesehen wird.

Es besteht auch kein Bedürfnis, wie in der Literatur vertreten wird, die Anwendung der §§ 29, 30 nur deshalb vorrangig zu berücksichtigen, um unmittelbar auf das Prinzip des Schutzes des Schwächeren zurückzugreifen. Im Kontext der Leihmutterschaft genügt bereits die Anwendung des § 25 IPRG, um das Prinzip des Schutzes des Schwächeren und das Günstigkeitsprinzip heranzuziehen, weil der primäre Anknüpfungspunkt des § 25 S. 1 IPRG im Fall der Leihmutterschaft häufig ins Leere geht und daher unmittelbar die Anknüpfungsregel des § 25 S. 2 IPRG in Betracht kommt, die ebenfalls das Prinzip des Schutzes des Schwächeren vorsieht.[693]

Insgesamt ist bei der Prüfung der Abstammung des Leihmutterschaftskindes die Anwendung der §§ 29, 30 IPRG wegen der unterschiedlichen Qualifikation nicht zu berücksichtigen. Vielmehr ist nur § 25 IPRG anzuwenden, auf den im Folgenden näher eingegangen wird.

3) Regelungsgehalt des § 25 IPRG

Das chinesische Familienrecht kennt keine Vorschriften über die Abstammung eines Kindes von Gesetzes wegen (in der Praxis gibt es jedoch gewohnheitsrechtliche Regelungen), wohl aber über die Anfechtung der Abstammung einschließlich der gerichtlichen Feststellung oder Verneinung der Abstammung[694] und über die Wirkungen des Eltern-Kind-Verhältnisses wie Sorgerecht, Unterhalt und Erbrecht.[695] Dementsprechend enthält das IPRG auch keine gesonderte Bestimmung über die Anknüpfung der Abstammung des Kindes, während es für die Adoption eine eigene Anknüpfungsregel, nämlich § 28 IPRG, vorsieht. Aus diesen Gründen sind die persönlichen Beziehungen zwischen Eltern und Kindern i. S. v. § 25 IPRG weit zu verstehen, um alle Statusverhältnisse zwischen Eltern und Kind zu erfassen, die sich aus anderen natürlichen oder fiktiven, nicht auf Adoption beruhenden Verwandtschaft ergeben, unabhängig davon, ob es sich um die Eltern-Kind-Zuordnung oder deren Wirkungen handelt.[696] Die Wirksamkeit der nach ausländischem Recht

---

693 Näheres siehe unten Teil 3 D I 2 c) 2).

694 § 1073 ZGB; § 39, 40 OVG-Erläuterungen des Ehe- und Familienteils I.

695 §§ 1067–1068, §1070 ZGB

696 Huang 2011, S. 66.

begründeten Elternschaft der Wunscheltern im Fall der Leihmutterschaft ist daher auch nach § 25 IPRG zu beurteilen.

§ 25 IPRG enthält eine zweistufige Anknüpfungsleiter. Auf der ersten Stufe erfolgt die Anknüpfung an den gemeinsamen gewöhnlichen Aufenthalt des Elternteils und des Kindes. Die zweite Stufe umfasst eine alternative Anknüpfung, die sich am Prinzip des Schutzes der schwächeren Partei orientiert.

b) Primäre Anknüpfung an den gemeinsamen gewöhnlichen Aufenthalt gem. § 25 IPRG

1) Gewöhnlicher Aufenthalt eines Kindes

Nach § 13 der gerichtlichen Auslegung des IPRG hat ein Kind nur dann einen gewöhnlichen Aufenthalt an einem Ort, wenn es zum Zeitpunkt der Entstehung des Eltern-Kind-Verhältnisses seit mindestens einem Jahr ununterbrochen an diesem Ort lebt und dort seinen Lebensmittelpunkt hat. Bei der Eltern-Kind-Zuordnung eines Kindes ist es daher nicht möglich, einen gewöhnlichen Aufenthalt zu begründen, weil der Zeitpunkt der Feststellung der Abstammung nach chinesischem Recht allein auf die Geburt abstellt und nicht wie nach deutschem Recht veränderbar ist, m. a. W.: bei einer autonomen Beurteilung des gewöhnlichen Aufenthalts eines Kindes kann das Kind zum Zeitpunkt der Geburt überhaupt keinen gewöhnlichen Aufenthalt i. S. v. Art. 13 der gerichtlichen Auslegung des IPRG haben. Wird der gewöhnliche Aufenthalt eines Kindes von demjenigen seiner Bezugspersonen abgeleitet, die das Kind tatsächlich betreut haben, so teilt das von einer Leihmutter geborene Kind i. d. R. einen gewöhnlichen Aufenthalt mit den Wunscheltern. Es entspricht jedoch eher der internationalen Tendenz, den gewöhnlichen Aufenthalt des Kindes unter Berücksichtigung des Kindeswohls eigenständig zu bestimmen.[697] Insofern erscheint die Jahresfrist nicht sachgerecht, so dass für das Kind eine Sonderregelung hinsichtlich der Eltern-Kind-Zuordnung geschaffen werden sollte. Als alternativer Anknüpfungspunkt käme z. B. der Geburtsort in Betracht.

---

697 Liu, Renshan: „The Current Center of Interest is the Value Orientation of the Principle of the Law of Habitual Residence". *Chinese Journal of Law* 2013, S. 187.

2) Gemeinsamer gewöhnlicher Aufenthalt

Da, wie oben ausgeführt, ein neugeborenes Kind grundsätzlich keinen gewöhnlichen Aufenthalt i. S. v. § 13 der gerichtlichen Auslegung hat, gibt es natürlich auch keinen gemeinsamen gewöhnlichen Aufenthalt von Wunscheltern und Kind. Im Fall der Leihmutterschaft läuft diese primäre Anknüpfung daher häufig ins Leere, es sei denn, der gewöhnliche Aufenthalt des Kindes, das von einer Leihmutter geboren wurde, leitet sich gerade von dem der Wunscheltern ab. In diesem Fall haben die Wunscheltern und das Kind ihren gemeinsamen gewöhnlichen Aufenthalt in China, so dass chinesisches Recht anwendbar ist.

c) Sekundäre Anknüpfungen aufgrund des Prinzips des Schutzes des Schwächeren gem. § 25 IPRG

1) Alternative Anknüpfungen

aa) Liste der vorhandenen Anknüpfungspunkte

i. Verweisung auf inländisches Recht

Auf der sekundären Stufe werden alternative Anknüpfungspunkte aufgezählt, nämlich der gewöhnliche Aufenthalt oder die Staatsangehörigkeit des Kindes oder des Elternteils. Bei grenzüberschreitenden chinesischen Leihmutterschaftsfällen kommt es häufig vor, dass chinesische Wunscheltern, die ihren gewöhnlichen Aufenthalt in China haben, ins Ausland reisen, um dort im Weg der Leihmutterschaft ein Kind zu zeugen, weil das chinesische Recht die Leihmutterschaft nicht zulässt. Die Anknüpfung auf Grundlage des Wunschelternteils führt in den meisten Fällen zu einer Verweisung auf das inländische Recht. Zudem ist zu beachten, dass die Staatsangehörigkeit und der gewöhnliche Aufenthalt auf Seiten des Kindes, das von einer Leihmutter geboren wurde, wie oben dargestellt, regelmäßig noch unklar sind. Die Staatsangehörigkeit des Kindes steht nur ausnahmsweise fest, wenn es in einem Staat geboren wird, der die Staatsangehörigkeit nach dem Geburtsprinzip (ius soli) verleiht.

Wäre das chinesische Recht anwendbar, gäbe es keine spezifischen gesetzlichen Bestimmungen. Dennoch werden sowohl in der Rechtsprechung zu inländischen Leihmutterschaftsfällen als auch in der Literatur Leitsätze und Grundgedanken zur Begründung der Eltern-Kind-Zuordnung bei ausländischer Leihmutterschaft herangezogen. Nach chinesischem Recht wird die Eltern-Kind-Zuordnung grundsätzlich in natürliche und fiktive Kategorien eingeteilt.[698] Darüber hinaus wird das durch künstliche Befruchtung gezeugte Kind, sofern die Ehegatten zuvor während des Bestehens der Ehe die Durchführung einer homologen oder heterologen Insemination vereinbart haben, nach gerichtlicher Auslegung als eheliches Kind angesehen und hat damit die gleiche statusrechtliche Stellung wie dieses.[699]

Nach der Entscheidung des Ersten MVG Shanghai in einer Vormundschaftssache in einem inländischen Leihmutterschaftsfall[700] im Jahr 2015 ist der genetische Wunschvater der rechtliche Vater des von einer Leihmutter geborenen Kindes, während die rechtliche Mutter die Leihmutter ist, d. h. die Frau, die das Kind geboren hat. Allerdings hat das Gericht eine rechtliche Zuordnung des Kindes zur Wunschmutter fiktiv auf der Grundlage des sozialen Eltern-Kind-Verhältnisses in der Stieffamilie i. S. v. § 1072 S. 2 ZGB vorgenommen, weil zum einen das Kind, das als nichteheliches Kind des Wunschvaters gilt, ein Stiefkind der Ehefrau des Wunschvaters (nämlich der Wunschmutter) ist und zum anderen die Wunschmutter während des fünfjährigen Zusammenlebens das Kind tatsächlich betreut und erzogen, also die faktische Elternverantwortung übernommen hat. In einem weiteren Leihmutterschaftsfall mit Auslandsbezug im Jahr 2010 hat das VG des Bezirks Dingcheng, Changde, die Wirksamkeit des Leihmutterschaftsvertrages unmittelbar nach chinesischem Vertragsrecht festgestellt und dem Wunschvater aufgrund seiner genetischen Verwandtschaft zum Kind die Elternstellung zuerkannt.[701]

---

698 §§ 1071–1073, § 1111 ZGB; § 39, 40 OVG-Erläuterungen des Ehe- und Familienteils I.

699 Das Antwortschreiben des OVG von 1991 zum Rechtsstatus von durch künstliche Befruchtung während einer bestehenden Ehe geborenen Kindern stellt fest, dass, wenn beide Ehepartner der künstlichen Befruchtung zustimmen, die geborenen Kinder als eheliche Kinder des Paares gelten. Die einschlägigen Bestimmungen des Ehegesetzes finden auf das Verhältnis zwischen Eltern und Kindern Anwendung. In einem Erbschaftsfall erließ der OVG die Leitlinie Nr. 50, die klarstellt, dass Kinder aus einer (heterogenen) künstlichen Befruchtung erbberechtigt sind. In § 40 der OVG-Erläuterungen des Ehe- und Familienteils I, die auf die alte Erläuterung des Ehegesetzes Bezug nehmen, wird die gleichgestellte Rechtsstellung künstlich befruchteter Kinder mit ehelichen Kindern erneut klargestellt.

700 Zivilurteil des Ersten MVG Shanghai, (2015) hu zi zhong shao min zhong zi Nr. 56.

701 Siehe Gao, Y.: *A Bizarre Surrogacy Dispute*, retrieved 27.4.2021, from http://cddcfy.chinacourt.gov.cn/article/detail/2010/08/id/1476162.html.

Aus den genannten Gerichtsentscheidungen ergibt sich, dass im Fall der Leihmutterschaft die rechtliche Vaterschaft stets dem genetischen Wunschvater zukommt. Die genetische Wunschmutter hingegen kann nicht unmittelbar die rechtliche Elternstellung erlangen, weil nach chinesischer Theorie und Praxis die rechtliche Mutterschaft nicht durch die Eizellspende, sondern durch die Geburt vermittelt wird. Wäre die Wunsch-mutter mit dem genetischen Wunschvater verheiratet, könnte sie nur auf fiktivem Weg rechtliche Mutter werden, nämlich durch die Begründung eines sozialen Eltern-Kind-Verhältnisses in der Stieffamilie oder durch Stiefkindadoption. Ist der Wunschvater mit dem Kind nicht genetisch verwandt, müssen die Wunscheltern das Kind gemeinsam adoptieren, um die rechtliche Elternschaft zu schaffen, selbst wenn die Wunschmutter auch die genetische Mutter ist. Darüber hinaus kann die Eltern-Kind-Zuordnung bei der heterologen Insemination nicht unmittelbar auf den Fall der Leihmutterschaft übertragen werden, weil die Inanspruchnahme der künstlichen Befruchtung voraussetzt, dass die Ehefrau des Wunschvaters auch die austragende Mutter ist.[702]

Insgesamt ist es nach chinesischem Recht zeitaufwändig und unsicher, die rechtliche Zuordnung des Kindes zu den Wunscheltern fiktiv zu begründen, weil dies vom Willen und der Beziehung der Wunscheltern abhängt. Die rechtliche Identität des von einer Leihmutter geborenen Kindes droht daher in der Schwebe zu bleiben.

ii. Verweisung auf ausländisches Recht

Bei grenzüberschreitenden Leihmutterschaftsfällen kommt es im Rahmen der zweiten Anknüpfungsstufe nur sehr selten zu einer Verweisung auf ausländisches Recht, weil sich die Anknüpfungspunkte seitens der Wunscheltern, wie oben dargestellt, regelmäßig auf inländisches Recht beziehen, während die Staatsangehörigkeit und der gewöhnliche Aufenthalt des neugeborenen Kindes nicht festgestellt werden können. Wird das Kind also in einem Staat geboren, dessen Staatsangehörigkeit sich aus der Abstammung des Kindes ergibt, bleibt die Staatsangehörigkeit des Kindes bis zur Feststellung der Eltern-Kind-Zuordnung unklar. Zum Zeitpunkt der Geburt ist auch die Begründung eines eigenständigen gewöhnlichen Aufenthalts des Kindes nach § 13 der gerichtlichen Auslegung des IPRG wie oben erläutert nicht möglich.

---

702 Näheres siehe oben Teil 2 B II.

Ausländisches Recht ist nur dann anzuwenden, wenn das Kind in dem Staat geboren wurde, dessen Staatsangehörigkeit es durch Geburt erwerben kann, z. B. in den USA. Zum Schutz des Schwächeren und im Interesse des Kindes ist diese Anknüpfung an die amerikanische Staatsangehörigkeit zu bejahen, weil das Kind ansonsten staatenlos wird. Allerdings ist zu beachten, dass die Anwendung des amerikanischen Rechts zu einem Teufelskreis führen könnte, weil das chinesische Recht die doppelte Staatsangehörigkeit nicht anerkennt.[703]

Zudem ist nach § 20 IPRG das Recht des aktuellen Aufenthaltsortes stattdessen anzuwenden, wenn der gewöhnliche Aufenthalt des Kindes nicht bestimmt ist. Befindet sich das Kind bereits in China, so ist der gegenwärtige Aufenthalt des Kindes eben China. Befindet sich das Kind noch im Geburtsland, ist der gegenwärtige Aufenthalt des Kindes das Geburtsland und dann kann ausländisches Recht auf die Abstammung des Kindes aus Leihmutterschaft angewendet werden.

Ausländisches Recht kann auch dann zur Anwendung kommen, wenn die in China lebenden ausländischen Wunscheltern die Leihmutterschaft in ihrem Heimatland haben durchführen lassen und das Kind dann nach China gebracht haben. Diese Konstellation ist jedoch selten und steht nicht im Mittelpunkt der Diskussion. Zusammenfassend lässt sich sagen, dass die Anknüpfungspunkte des Art. 25 IPRG nicht geeignet sind, die kollisionsrechtliche Anerkennung der Elternschaft der Wunscheltern zu erleichtern.

bb) Möglichkeit der Aufnahme neuer Anknüpfungspunkte

Die Verweisung auf ausländisches Recht durch die bestehenden Anknüpfungspunkte in § 25 IPRG erfolgt in grenzüberschreitenden Leihmutterschaftsfällen wie den o. g. nur ausnahmsweise. Es ist daher denkbar, hier neue Anknüpfungspunkte aufzunehmen, um die kollisionsrechtliche Anerkennung der Zuordnung des von einer Leihmutter geborenen Kindes zu den Wunscheltern zum Schutz des Kindeswohls[704] zu fördern.

In der Literatur wird vor allem angeregt, alternativ an den Geburtsstaat des Kindes anknüpfen zu können, weil zum einen der Geburtsstaat gegenüber dem gewöhnlichen Aufenthalt und der Staatsangehörigkeit einfacher

---

703 § 3 Staatsangehörigkeitsgesetz der VR China.

704 Näheres siehe unten Teil 3 D I 2 c) 2) bb).

zu bestimmen ist, zum anderen die Leihmutterschaft im Geburtsstaat i. d. R. erlaubt ist und nach dessen Recht den Wunscheltern die rechtliche Elternschaft zukommt.[705] Es ist auch möglich, im Weg der Aus-legung durch die Gerichte festzustellen, dass der Geburtsort eines von einer Leihmutter geborenen Kindes als dessen gewöhnlicher Aufenthalt zum Zeitpunkt der Geburt anzusehen ist.[706] Diese Methode hat eine ähnliche Wirkung wie die Hinzufügung des Geburtsstaats als neuen Anknüpfungspunkt.

Ergänzend ist jedoch darauf hinzuweisen, dass der Ort, an dem die Leihmutterschaft durchgeführt wurde, für die Anknüpfung der Abstammung des von einer Leihmutter geborenen Kindes besser geeignet sein dürfte als der Geburtsort. I. d. R. ist davon auszugehen, dass das Recht des Ausführungsortes die Leihmutterschaft zulässt und die rechtliche Elternschaft der Wunscheltern vorsieht. Demgegenüber ist der Geburtsort, der frei gewählt und damit zufällig sein kann, nicht notwendigerweise der Ort, an dem der Embryo der Leihmutter implantiert wurde.[707]

Darüber hinaus wird teilweise vorgeschlagen, die Staatsangehörigkeit und den ge-wöhnlichen Aufenthalt der Leihmutter als mögliche neue Anknüpfungspunkte heranzuziehen.[708] Diese Anknüpfungspunkte lassen sich jedoch nur schwer in den Wortlaut des § 25 IPRG einfügen, weil die Leihmutter nicht Partei des Eltern-Kind-Verhältnisses ist. Es sei denn, es würde eine neue Anknüpfungsregel speziell für die Zuordnung der Abstammung in grenz-

---

705 Cheng, Man: *A Study on the Identification of the Parentage of the Cross-border Surrogacy.* (Master Thesis) Henan University: Zhengzhou 2020, S. 49; Ni, Ruochen: *Research on Applicable Law of Identification of Cross-border Surrogate Parent.* (Master Thesis) Liaoning University: Shenyang 2018, S. 41; Sun, Kun: *Cross-border Surrogacy's Conflict of Laws and ist Solutions.* (Master Thesis) Anhui University: Hefei 2019, S. 43; Zheng, Lei: *A Study on the Principle of Children's Best Interests in the Identification of Transnational Surrogacy Parent-child Relationship.* (Master Thesis) Soochow University: Suzhou 2020, S. 33; Zhong, Tiantian: *The Protection of Children's Rights and Interests in Transnational Surrogacy – From the Perspektive of the Identification of Parentage.* (Master Thesis) Shandong University: Jinan 2020, S. 30; Deng, Yelin: *Legal Parentage Issues Arising from Cross-border Surrogacy.* (Master Thesis) Hunan Normal University: Changsha 2017, S. 47.

706 Gao, Sheng / Wang, Honggen: „On the Legal Conflicts of the Determining Legal Parentage in Transnational Surrogacy". *Journal of Henan University of Economics and Law* 2017(4), S. 164.

707 Lurger, *IPRax* 2013, S. 289.

708 Ni 2018, S. 41; Deng 2017, S. 47.

überschreitenden Leihmutterschaftsfällen geschaffen, wobei die Leihmutter als Anknüpfungsperson anzusehen wäre, da sie eine an der Leihmutterschaft beteiligte Person ist.

2) Prinzip des Schutzes des Schwächeren

aa) Das Kind als die schwächere Partei

Bei der sekundären stufigen Anknüpfung des § 25 IPRG richtet sich die Rechtswahl nach seinem Wortlaut stets nach dem Prinzip des Schutzes des Schwächeren. Bei der Eltern-Kind-Zuordnung ist das von einer Leihmutter geborene Kind im Gegensatz zu den Wunscheltern naturgemäß als die schwächere Partei anzusehen, denn die Wunscheltern sind geschäftsfähig und haben sich freiwillig für die im Inland eigentlich verbotene Elternschaft mittels ausländischer Leihmutterschaft entschieden, während das von einer Leihmutter geborene Kind keinen Einfluss auf seine Geburt nehmen kann. Aus diesen Gründen sind die Wunscheltern für die Folgen der Umgehung des Verbots verantwortlich. Dies bedeutet auch, dass das Kind nicht unter den Folgen der Sanktionen leiden darf. Zudem ist das Kind noch sehr jung und dringend auf elterliche Fürsorge und Erziehung sowie ein familiäres Zuhause angewiesen, was eine verlässliche rechtliche Eltern-Kind-Zuordnung voraussetzt.[709]

bb) Kindeswohl und Günstigkeitsprinzip

Das Prinzip des Schutzes des Schwächeren zielt in den Fällen der Leihmutterschaft darauf ab, dass mit Hilfe des in der Alternativanknüpfung verankerten Günstigkeits-prinzips das materielle Ergebnis der Rechtsanwendung dem Wohl des von der Leihmutter geborenen Kindes am besten dient. Dies bedeutet, dass das Günstigkeitsprinzip bei der Anwendung des potentiell anwendbaren Rechts und bei der Auslegung des Prinzips des Schutzes des Schwächeren in § 25 S. 2 IPRG zur Anwendung kommt, um sicherzustellen, dass das Kindeswohl bestmöglich gefördert wird.

Das Kindeswohl gebietet in erster Linie, bei der Eltern-Kind-Zuordnung Elternlosigkeit zu vermeiden, d. h. dem Kind mindestens zwei rechtliche Eltern zu garantieren. Führen unterschiedliche Rechtsordnungen zu

---

709 Cao, Tianjiao: *On the Choice of Law of Parentage Confirmation in Cross-border Surrogacy.* (Master Thesis) Northwest University: Xi'an 2019, S. 30–32.

unterschiedlichen rechtlichen Eltern-Kind-Zuordnungen, so ist nach dem Günstigkeitsprinzip stets das für das Kind günstigste Recht anzuwenden. Dabei geht das Kindeswohl über den bloßen Schutz vor Elternlosigkeit hinaus. Bei der Leihmutterschaft ist die Elternschaft in genetischer, biologischer und sozialer (bzw. voluntativer) Hinsicht auseinander gefallen. Grundsätzlich dient es dem Kindeswohl am besten, wenn die rechtliche Eltern-Kind-Zuordnung die gespaltene Elternschaft so weit wie möglich zusammenführt und vor faktischer Eltern-losigkeit schützt.[710]

In der Praxis ist bei einer Leihmutterschaft regelmäßig mindestens ein Wunschelternteil genetisch mit dem Kind verwandt. Zudem haben die Wunscheltern bereits seit der Geburt des Kindes die tatsächliche Elternverantwortung übernommen, während die Leihmutter nach der Geburt des Kindes kaum Kontakt zu diesem hat. Für das Kindeswohl ist daher in diesem Fall das Recht am besten geeignet, das die rechtliche Elternschaft unmittelbar den Wunscheltern zuweist, weil zum einen die gespaltene Elternschaft bei den Wunscheltern am stärksten gekoppelt ist und zum anderen die Identitätsfindung als Teil des Kindeswohls von einer verlässlichen rechtlichen Eltern-Kind-Zuordnung abhängt. Insofern kann die sorge-, unterhalts- und erbrechtliche Stellung des Kindes rechtlich abgesichert werden, so dass das von einer Leihmutter geborene Kind in der Gesellschaft nicht benachteiligt aufwächst.[711]

Darüber hinaus könnte es Ausnahmefälle von Leihmutterschaft geben. Die Leihmutter bereut z. B. ihre Entscheidung und möchte das Kind nach der Geburt nicht an die Wunscheltern abgeben. Hierfür bietet das Recht des Ausführungsortes bzw. des Geburtsortes i. d. R. bereits einen Schutz der Interessen der Leihmutter, nämlich dass die Leihmutter das Kind vor der Herausgabe behalten und selbst die rechtliche Elternschaft übernehmen kann.[712] Im Hinblick auf das Kindeswohl soll weiterhin das Recht angewendet werden, nach dem die rechtliche Elternschaft der Wunscheltern begründet wurde, wenn das Kind bereits an sie übergeben worden ist. Dies gilt jedoch nicht, wenn die Wunscheltern ihre faktische Elternverantwortung nicht wahr-

---

710 Mayer, *IPRax* 2014, S. 60.

711 Chen, Xingfeng: *Legal Issues Arising from Transnational Surrogacy.* (Master Thesis) Soochow University: Suzhou 2017, S. 41.

712 Lurger, *IPRax* 2013, S. 289.

genommen und dadurch dem Kindeswohl geschadet haben, während die Leihmutter bereit ist, die elterliche Sorge zu übernehmen. In einem solchen Fall ist nach einem Günstigkeits-vergleich dasjenige Recht anzuwenden, das der Leihmutter die rechtliche Mutterschaft zuspricht.[713]

Wenn die Wunscheltern, die mit dem Kind nicht genetisch verwandt sind, die rechtliche Elternstellung für das Kind nicht übernehmen wollen und gleichzeitig die Leihmutter nicht bereit und in der Lage ist, für das Kind zu sorgen, wird die rechtliche Eltern-Kind-Zuordnung zu einer offenen Frage. Unter Berücksichtigung des Kindeswohls sollte grundsätzlich das Recht gewählt werden, das vorsieht, dass die zuständige Behörde oder ein Kinderheim das Kind in Obhut nehmen und in eine Adoptivfamilie vermitteln kann, wenn dies zum Wohl des Kindes erforderlich ist. Im Interesse des Kindes, das aus einer Leihmutterschaft hervorgegangen ist, kann es jedoch geboten sein, das Recht anzuwenden, das die rechtliche Elternschaft der nicht genetisch mit dem Kind verwandten Wunscheltern anerkennt, wenn das Kind längere Zeit mit den Wunscheltern zusammengelebt und eine soziale Eltern-Kind-Beziehung entwickelt hat, einer der Wunschelternteile aber wegen Scheidung oder Tod des anderen Wunschelternteils auf die rechtliche Elternschaft verzichten will. Andernfalls würden die Identität des Kindes und die damit verbundenen Rechte vollständig in die Hände des Wunschelternteils gelegt, der seinen Willen geändert hat, was dem Kindeswohl erheblich zuwiderlaufen würde.

Insgesamt ist nach dem Prinzip des Schutzes des Schwächeren bei der Eltern-Kind-Zuordnung auf die Umstände des Einzelfalls abzustellen, um im Weg des Günstigkeitsprinzips ein dem Kindeswohl dienliches materiellrechtliches Ergebnis zu erzielen.

d) Ordre-public-Prüfung nach § 5 IPRG

1) Allgemeines

Bei der ordre-public-Prüfung nach § 5 IPRG handelt es sich wie bei der Prüfung nach Art. 6 EGBGB um eine Ergebniskontrolle. Nur wenn das Ergebnis der Anwendung der ausländischen Rechtsordnung offensichtlich gegen den

---

[713] In den letzten Jahren gab es in China Berichte über einen Leihmutterschaftsfall, bei dem die Wunscheltern das Kind nicht behalten wollten, während die Leihmutter die faktische elterliche Verantwortung übernahm, siehe Li, Lixiang: „Surrogacy ‚Canceled‘: Biological Parents Required to Assist with Child’s Registration“. *China Women’s News* 27.1.2021.

chinesischen ordre public verstößt, wird deren Anwendung ausgeschlossen und stattdessen das chinesische Recht angewendet.[714]

Nach Art. 3 Abs. 1 der UN-KRK, der China beigetreten ist, haben chinesische Gerichte das Kindeswohl als konkretisierten und überwiegenden Inhalt des ordre public i. S. v. § 5 IPRG zu sehen,[715] weil nach dem dort geregelten Kindeswohlprinzip das Kindeswohl bei allen Entscheidungen und Maßnahmen, die das Kind betreffen, stets als vorrangig zu berücksichtigen ist.[716] Im Fall der Leihmutterschaft ist daher bei der Prüfung des ordre public im Hinblick auf die nach ausländischem Recht begründete rechtliche Elternschaft dem Wohl des von der Leihmutter geborenen Kindes der Vorrang einzuräumen.

Nach Art. 49 der chinesischen Verfassung sind Ehe, Familie, Mutter und Kind zu schützen. Der Schutz der Familie und des Kindes gilt damit auch als Inhalt des ordre public i. S. v. § 5 IPRG, weil der chinesische ordre public von den Bestimmungen der Verfassung beeinflusst wird. Nach Art. 38 der chinesischen Verfassung ist die Menschenwürde der chinesischen Bürgerinnen und Bürger unantastbar. Somit wäre der Schutz der (Leih-)Mutter im Fall der Leihmutterschaft u. U. auch nach Art. 49 bzw. Art. 38 der chinesischen Verfassung zu erwägen.[717]

Darüber hinaus sehen die chinesischen Verwaltungsvorschriften Maßnahmen zur Verwaltung der assistierten Reproduktionstechnologie beim Menschen und Ethische Grundsätze der assistierten Reproduktionstechnologie beim Menschen und der menschlichen Samenbank[718] ein

714 Cheng 2020, S. 50.

715 Huang, Zhihui: „Transnational Recognition of Surrogate Parentage: European Experience and Options under Chinese Law". *Global Law Review* 2021(2), S. 189.

716 Hou, Weiqing: „Legal basis for the foster mother to obtain custody of the surrogate child". *People's Judicature* 2017(2), S. 8.

717 Zhu, *Tsinghua University Law Journal* 2017(1), S. 126–127.

718 In Art. 3 der am 1. August 2001 in Kraft getretenen Maßnahmen zur Verwaltung der menschlichen assistierten Reproduktionstechnologie heißt es: „Die Anwendung der assistierten Reproduktionstechnologie beim Menschen erfolgt in medizinischen Einrichtungen zu medizinischen Zwecken und in Übereinstimmung mit der nationalen Familienplanungspolitik, den ethischen Grundsätzen und den einschlägigen gesetzlichen Bestimmungen. Der Verkauf von Keimzellen, Zygoten und Embryonen in jeglicher Form ist verboten. Medizinische Einrichtungen und medizinisches Personal dürfen keine Form von Leihmutterschaftstechniken durchführen." Darüber hinaus ist das Verbot der Leihmutterschaft in den am 1.

Leihmutterschaftsverbot vor. Diese Verbotsregelungen können als Aspekte des ordre public i. S. v. § 5 IPRG angesehen werden, weil die Leihmutterschaft zum einen Auswirkungen auf die chinesische Gesellschaftsordnung hätte und zum anderen ethische Probleme aufwerfen würde. Dabei ist jedoch zu beachten, dass diese beiden Vorschriften nur dem generalpräventiven Zweck dienen. Im Rahmen der ordre-public-Prüfung hat die Berücksichtigung des Kindeswohls ohnehin Vorrang vor dieser Generalprävention.

Bemerkenswert ist zudem, dass bei der Novellierung des Familienplanungsgesetzes im Jahr 2015 hinsichtlich der Verbotsklausel der Leihmutterschaft ein Wechsel von der Aufnahme in den Gesetzesentwurf zur Streichung aus dem Gesetzesentwurf stattgefunden hat. Dies deutet darauf hin, dass der chinesische Gesetzgeber nicht bereit ist, Leihmutterschaft auf einer höheren rechtlichen Ebene zu verbieten.[719] Daher wird den chinesischen Rechtspraktikern mehr Raum für die Erforschung und Auslegung der Rechtsfragen in Leihmutterschaftsfällen, insbesondere im Hinblick auf die Eltern-Kind-Zuordnung, eingeräumt.

2) Kindeswohl

Der Begriff des Kindeswohls ist von Natur aus unsicher und vage. In der chinesischen Rechtsliteratur und Rechtspraxis wird das Kindeswohl im Wesentlichen wie folgt verstanden. Erstens befinden sich Kinder in einer relativ benachteiligten Position und werden als die schwächere Partei angesehen, so dass die Interessen des Kindes vorrangig vor denen des Erwachsenen zu schützen sind. Bei der Prüfung des ordre public in Leihmutterschaftsfällen ist das Kindeswohl vorrangig vor anderen Erwägungen des ordre public zu berücksichtigen.[720] Zweitens sind Kinder nicht nur schutzbedürftige Objekte, sondern auch eigenständige Rechtssubjekte. Das bedeutet, dass Kinder ein

---

Oktober 2003 in Kraft getretenen Ethischen Grundsätzen für assistierte menschliche Reproduktionstechnologien und Samenbanken ausdrücklich festgelegt. Dieses Verbot stützt sich auf den Grundsatz zum Schutz zukünftiger Generationen, den Grundsatz des sozialen Gemeinwohls und den Grundsatz der strikten Verhinderung der Kommerzialisierung.

719 Song, Wei: *Protection of Children's Rights in Transnational Surrogacy – Perspective of Guaranteeing Children's Nationality.* (Master Thesis) Southwest University of Political Science & Law: Chongqing 2018, S. 27–28.

720 Gu, Fei: *Research on Private International Law Issues of Cross-border Surrogacy.* (Master Thesis) Dongnan University: Nanjing 2016, S. 32–33.

Selbstbewusstsein und eine eigene Persönlichkeit haben. Das Recht des Kindes auf freie Entfaltung seiner Persönlichkeit ist daher zu achten. Demgegenüber reicht es nicht aus, Kinder lediglich als Familienmitglieder zu schützen oder sie nur als Teil des Familienbesitzes zu betrachten. Die eigenen Rechte der Kinder rücken immer mehr in den Mittelpunkt, um das Wohl der Kinder zu gewährleisten.[721]

Das Kindeswohl „ex ante“ vor der Geburt des Kindes aus Leihmutterschaft richtet sich nach dem Recht des Herkunftsstaates (regelmäßig des Geburtsstaates), während das Kindeswohl „ex post“ nach der Geburt des Kindes davon abhängt, wie der Aufnahmestaat die dem ausländischen Recht unterliegende Eltern-Kind-Zuordnung beurteilt. Bei der ordre-public-Prüfung ist das Kindeswohl aktuell, d. h. nach der Geburt, entscheidend, weil erst das geborene Kind ein eigenständiges, schutzbedürftiges Rechtssubjekt ist, während die Beurteilung der Rechtswidrigkeit der Leihmutterschaft mit der tatsächlichen Geburt des Kindes zurückzutreten hat.[722] Die Situation ist vergleichbar mit der Geburt eines Kindes unter Verstoß gegen das Familienplanungsgesetz, wobei die Folgen der Rechtswidrigkeit heute in China nicht mehr auf dem Rücken des Kindes ausgetragen werden.[723] Da die Existenz des von einer Leihmutter geborenen Kindes eine Tatsache geworden ist, auf die das Kind keinen Einfluss hatte, ist es nicht gerechtfertigt, das Kind für das rechtswidrige Verhalten der Wunscheltern einstehen zu lassen.[724] Das generalpräventiv begründete Verbot der Leihmutterschaft sollte daher nicht über das Kindeswohl gestellt werden,[725] m. a. W.: die Rechtswidrigkeit der Leihmutterschaft führt nicht dazu, dass das Kind seine berechtigten Ansprüche verliert, die eine verlässliche Eltern-Kind-Zuordnung voraussetzen.[726]

Der Inhalt des Kindeswohls bei der Eltern-Kind-Zuordnung ist von demjenigen bei der Zuweisung des Sorgerechts oder der Vormundschaft zu

---

721 Hou, *People's Judicature* 2017(2), S. 8.

722 Xiong, Jinguang / Zeng, Xiangxin: „On the Attribution of Parental Rights under the Surrogacy Technology Context: Take the First Case of Custody Dispute Caused by Surrogacy in China as an Example“. *Administration and Law* 2017(6), S. 99.

723 Cheng 2020, S. 50.

724 Zheng 2020, S. 22.

725 Qi, Lingxing: *Legal Parentage Issues Arising from Cross-border Surrogacy*. (Master Thesis) Zhejiang Gongshang University: Hangzhou 2015, S. 50.

726 Hou, *People's Judicature* 2017(2), S. 7.

unterscheiden. Bei der Zuteilung des Sorgerechts oder der Vormundschaft werden i. d. R. die Eignung des Elternteils (z. B. Beruf, physische und psychische Gesundheit, Wille und Fähigkeit zur Übernahme der elterlichen Verantwortung), die Bedürfnisse des Kindes (z. B. psychische und emotionale Bindungen, Lebensumfeld, Familienstruktur) und weitere Faktoren berücksichtigt.[727] Dabei ist einerseits dem Kontinuitätsinteresse des Kindes Rechnung zu tragen. Dies bedeutet, dass die bestehenden stabilen und förderlichen sozialen Bindungen des Kindes weiterhin rechtlich abgesichert werden können. Zum anderen sind die Interessen des Kindes vor rechtswidrigen Beeinträchtigungen durch einen Elternteil zu schützen. Dabei ist zu prüfen, ob das Kind Opfer häuslicher Gewalt oder einer zivilrechtlichen Entführung geworden ist.

Bei der Eltern-Kind-Zuordnung sind allerdings vor allem die Überlebens- und Entwicklungsinteressen zu beachten, d. h. Kinder müssen von Geburt an von ihren Eltern betreut und erzogen werden, weil die Eltern die geeignetsten Personen sind, sich um das Wohl des Kindes zu kümmern. Zudem muss die Identitätsfindung des Kindes durch eine verlässliche rechtliche Eltern-Kind-Zuordnung erreicht werden, weil die Identitätsfindung in psychosozialer Hinsicht die bessere Integration des Kindes in Familie und Gesellschaft unterstützt.[728] In Fällen der Leihmutterschaft kann durch die Koppelung von genetischer, voluntativ-sozialer und rechtlicher Elternschaft bei den Wunsch-eltern sichergestellt werden, dass das von einer Leihmutter geborene Kind nicht nur in einer vollständigen Familienstruktur aufwachsen kann,[729] sondern auch eine stabile Identitätsfindung erfährt. Zudem sollen durch Leihmutterschaft gezeugte Kinder hinsichtlich der Abstammung Kindern, die auf andere natürliche oder künstliche Weise geboren wurden, gleichgestellt werden,[730] was auch dem Kindeswohl dient.

---

[727] Hou, *People's Judicature* 2017(2), S. 8; Xie, Zaimeng: *Legal Parentage in International Surrogacy Arrangements Case: "the Best Interests of the Child" Principle.* (Master Thesis) East China University of Political Science and Law: Shanghai 2018, S. 30–31.

[728] Wang, Jiwen: „The Principle of the Best Interest of the Child in the Germnay Verdicts of Surrogacy". *Issues on Juvenile Crimes and Delinquency* 2018(4), S. 42, 44; Song 2018, S. 22; You, Wenting: „Exploring the Legal Regulation of Transnational Surrogacy – Analysis from the Perspective of International Conflict of Laws". *Journal of Shanxi Normal University(Social Science Edition)* 2016(3), S. 85.

[729] Gu 2016, S. 33; Cheng 2020, S. 50; Song 2018, S. 22.

[730] Art. 33 der chinesischen Verfassung.

Die kollisionsrechtliche Anerkennung der Elternschaft der Wunscheltern durch Anwendung ausländischen Rechts dient daher grundsätzlich dem Wohl des von einer Leihmutter geborenen Kindes, zumal wenn die dem chinesischen Familienrecht zugrunde liegenden Voraussetzungen für die Begründung einer fiktiven Eltern-Kind-Beziehung in einer Stieffamilie nicht erfüllt sind. Dies ist der Fall, wenn die Wunscheltern gleich-geschlechtliche Partner sind oder nicht verheiratet sind oder nicht genetisch mit dem Kind verwandt sind oder zwischen den Wunscheltern und dem Kind nur eine frühe faktische familiäre Beziehung besteht.[731] Würde auf die Adoption zurückgegriffen, so könnte die Nichterfüllung der Voraussetzungen für eine Adoption und die Änderung des Willens der Wunscheltern zu einer Rechtsunsicherheit für das Kind und zu einer Gefährdung des Kindeswohls führen. Kann die Adoption hingegen erfolgreich durchgeführt werden, spricht gerade dies dafür, dass im Ergebnis kein wesentlicher Unterschied zwischen der unmittelbaren Anerkennung der Eltern-Kind-Zuordnung und der Begründung der Elternschaft der Wunscheltern durch Adoption besteht. Unter diesen Umständen ist es im Hinblick auf das Kindeswohl jedenfalls nicht gerechtfertigt, die Anwendung des ausländischen Rechts wegen Verstoßes gegen den ordre public nach § 5 IPRG auszuschließen.

Meiner Ansicht nach sollte vor der Feststellung der rechtlichen Elternschaft der Wunscheltern im Hinblick auf das Kindeswohl geprüft werden, ob eine tatsächliche Leihmutterschaft vorliegt oder ob es sich um Kinderhandel handelt. Eine Leihmutterschaft kann bspw. durch den Leihmutterschaftsvertrag nachgewiesen werden. Es ist dabei nicht erforderlich, dass die Wunscheltern genetisch mit dem Kind verwandt sind. Wenn jedoch Zweifel an der Rechtmäßigkeit der Leihmutterschaft bestehen und Kinderhandel nicht ausgeschlossen werden kann, sollte die rechtliche Zuordnung des Kindes zu den Wunscheltern nicht anerkannt werden.

---

[731] Nach den einschlägigen Bestimmungen des ZGB und der Entscheidung des VG Minhang, Shanghai (Richter Hou Weiqing) sind die wichtigsten Voraussetzungen für die fiktive Eltern-Kind-Beziehung in diesem Leihmutterschaftsfall: 1. Die Wunscheltern müssen in einer heterosexuellen Ehe leben; 2. Der Wunschvater muss genetisch mit dem Leihmutterschaftskind verwandt sein; 3. Die Tatbestandsmerkmale „Dauer des Zusammenlebens“ und „subjektiver Wille“ müssen erfüllt sein.

3) Schutz der Familie

Nach Art. 49 der chinesischen Verfassung ist die Familie geschützt. Auch im Allgemeinen Teil des ZGB (§ 1041) wird betont, dass Ehe und Familie unter dem Schutz des Staates stehen. Der Begriff der Familie im rechtlichen Sinne ist jedoch unklar. Als normale Familienstruktur gilt in China seit einigen Jahren die Kernfamilie, die aus einem Dreieck von Vater, Mutter und Kind besteht.[732] Eltern-Kind-Beziehungen werden im chinesischen Recht grundsätzlich durch natürliche und fiktive Verwandtschaft erfasst. Im Fall einer heterologen künstlichen Befruchtung kann die Vaterschaft des Ehemannes der Mutter auch fiktiv begründet werden. Familienangehörige sind auch Ehegatten, Eltern, Kinder sowie andere nahe Verwandte, die nach § 1045 ZGB in häuslicher Gemeinschaft leben. Daraus lässt sich ableiten, dass der Familienbegriff nicht nur die Kernfamilienstruktur im engeren Sinne umfasst, sondern auch im weiteren Sinne als Lebensgemeinschaft verstanden werden kann, die durch Zusammenleben und nahe Verwandtschaft gekennzeichnet ist. D. h. auch wenn zwischen den Eltern keine Ehe besteht, die Eltern gleichgeschlechtliche Partner sind oder die Kinder durch künstliche Befruchtung oder Leihmutterschaft entstanden sind, liegt eine Familie im Rechtssinne vor, sofern Eltern und Kinder zur Gründung einer Familie zusammengelebt haben und zugleich eine faktische soziale Familie entstanden ist.

Rechtsvergleichend und rechtspraktisch lässt sich der Schutz der Familie in zwei Dimensionen unterteilen. Zum einen sind die rechtlichen Voraussetzungen für die Möglichkeit des Zusammenlebens von Familienmitgliedern in einer frühen (potentiellen) sozialen Familie zu erleichtern, d. h. eine Trennung von Familienmitgliedern ist zu vermeiden. Zum anderen muss die faktische soziale Familie, in der sich bereits emotionale Bindungen und Unterstützungen entwickelt haben, rechtlich weitgehend abgesichert werden, d. h. die stabilen modernen Familienstrukturen müssen rechtlich anerkannt und geschützt werden.[733] Nur wenn Mitglieder der sozialen Familie rechtswidrigen Schädigungen und innerfamiliären Straftaten, wie z. B. häuslicher Gewalt, ausgesetzt sind, sollte das Recht in das Familienleben eingreifen.[734]

---

732 Xiong/Zeng, *Administration and Law* 2017(6), S. 99.

733 Song 2018, S. 22; Xiong/Zeng, *Administration and Law* 2017(6), S. 99.

734 Vgl. § 1042 ZGB.

In den Fällen der Leihmutterschaft wird das von einer Leihmutter geborene Kind regelmäßig nach der Geburt den Wunscheltern übergeben, so dass zwischen den Wunscheltern und dem Kind eine der Kernfamilie vergleichbare faktische Familie entsteht. Leihmutterschaftsfamilien sollten daher grundsätzlich den gleichen rechtlichen Schutz genießen wie andere normale Kernfamilien. Könnten die Wunscheltern und das Kind wegen der Nichtanerkennung der Elternschaft der Wunscheltern im Inland nicht weiter in einer Familie zusammenleben, würde dies nicht nur zum Zusammenbruch der entstehenden oder bereits bestehenden Familie führen, sondern auch das Kindeswohl verletzen. Haben die Wunscheltern und das Kind im Inland bereits längere Zeit in einer sozialen Familie zusammengelebt, würde die Anerkennung des nach ausländischem Recht begründeten Eltern-Kind-Verhältnisses sowohl zu einer weiteren Verfestigung der faktischen familiären Bindungen als auch zu einer rechtlichen Absicherung der Rechte des von einer Leihmutter geborenen Kindes führen, was ebenfalls dem Kindeswohl dient. Liegen jedoch Umstände vor, die das Kindeswohl erheblich beeinträchtigen, wie z. B. Kinderhandel oder häusliche Gewalt, ist die Elternschaft der Wunscheltern kollisionsrechtlich nicht anzuerkennen, auch wenn dies einen Eingriff in das Familienleben darstellen kann.

II. Rechtliche Elternschaft der Wunscheltern durch Adoption

1. Deutschland

a) Allgemeines

Die Adoption stellt eine Alternative zur Sicherung der Elternstellung der Wunscheltern in Leihmutterschaftsfällen dar, wenn die Anerkennung der Elternschaft der Wunscheltern sowohl kollisionsrechtlich als auch verfahrensrechtlich gescheitert ist. Verbleibt das Kind noch im Ausland, ist eine internationale Adoption nach dem HAÜ nicht möglich, weil die Wunscheltern nach dem Recht des Ursprungsstaates bereits rechtliche Eltern des Kindes sind.[735] Befindet sich das Kind bereits in Deutschland, ist gem. Art. 22 Abs. 1 S. 1 EGBGB das deutsche Adoptionsrecht anzuwenden.

Nach deutschem Recht (§ 1741 BGB) steht die gemeinschaftliche Adoption den Wunscheltern offen, wenn sie verheiratet sind. Darüber hinaus kann die

[735] Benicke, *StAZ* 2013, S. 112.

Wunschmutter im Wege der Stiefkindadoption die Elternstellung erlangen, wenn der Wunschvater die Vaterschaft anerkannt (§ 1592 Nr. 2 BGB) oder erfolgreich angefochten hat (§ 1600, 1600a ff. BGB). D. h. für die Wunschmutter ist die Adoption der einzige Weg, die rechtliche Elternschaft zu begründen, auch wenn sie mit dem Kind genetisch verwandt ist.[736]

Im Vergleich zur unmittelbaren Anerkennung der Elternschaft wäre der Weg über die Adoption jedoch unter dem Gesichtspunkt des Kindeswohls defizitär, weil die Adoption i. d. R. längere Zeit in Anspruch nimmt und während dieser Zeit die rechtliche Stellung des Kindes durch Unsicherheitsfaktoren, wie z. B. die Scheidung der Wunscheltern oder den Tod eines Wunschelternteils, stets in der Schwebe steht.[737]

b) Voraussetzungen der Adoption gem. § 1741 Abs. 1 BGB

1) Anwendung des § 1741 Abs. 1 S. 2 BGB

aa) Argumente für die Anwendbarkeit des § 1741 Abs. 1 S. 2 BGB

i. Gesetzeswidrigkeit

Die Gesetzeswidrigkeit ist ein Grund für die Anwendung des § 1741 Abs. 1 S. 2 BGB. Es gibt jedoch unterschiedliche Auffassungen darüber, gegen welche Gesetze die Leihmutterschaft verstößt. Das AG Hamm im o. g. Leihmutterschaftsfall bejaht einen Verstoß des Leihmutterschaftsvertrages gegen das Verbot des EschG i. V. m. § 134 Abs. 1 BGB.[738] In der Literatur wird jedoch vertreten, dass bei der Durchführung der Leihmutterschaft die Rechtswidrigkeit nur in einem Verstoß gegen das Verbot des AdVermiG und nicht gegen das Verbot des EschG liegt.[739]

Auch hinsichtlich des Verstoßes gegen das Verbot des AdVermiG wird unterschiedlich argumentiert. Zum Teil wird vertreten, dass bereits eine Mitwirkung der Wunscheltern i. S. v. § 1741 Abs. 1 S. 2 BGB vorliege, d. h. das Verhalten der Wunschmutter erfülle den Tatbestand dieses Satzes, indem sie

---

736 Dethloff, *JZ* 2014, S. 930; BGH, Beschluss v. 20.3.2019 – XII 530/17 OLG Hamm, *NFZam* 2019, S. 430, Rn 28.

737 Siehe Heiderhoff, *NJW* 2014, S. 2675; Helms, Anm zu BGH, Beschluss v. 10.12.2014 – XII ZB 463/13, *FamRZ* 2015, S. 246; Oldenburger, Marko: „Abstammungsrecht: Dein Kind, mein Kind, unser Kind". *FK* 2021, S. 14.

738 AG Hamm, Beschluss v. 22.2.2011 – XVI 192/08, *BeckRS* 2011, S. 25140, Rn. 15–22; Verstoß gegen das Verbot des § 1 Abs. 1 Nr. 2, 7 und § 1 Abs. 2 Nr. 2 ESchG

739 Benicke, *StAZ* 2013, S. 112; Grünenwald, *StAZ* 2015, S. 221.

die Agentur bzw. die Leihmutter, die den Wunscheltern die rechtswidrigen Vermittlungsleistungen zum Zwecke der Adoption anbietet, beauftragt und belohnt hat.[740]

Demgegenüber wird teilweise vertreten, dass eine Mitwirkung i. S. v. § 1741 Abs. 1 S. 2 BGB nur dann vorliege, wenn die Wunscheltern die Verbringung tatsächlich gefördert oder Dritte damit beauftragt oder dafür entlohnt hätten. Eine Verbringung mit dem Ziel der Adoption liege bereits dann vor, wenn die Wunscheltern nicht von einer Adoption, sondern von einer unmittelbaren Begründung der rechtlichen Elternschaft ausgegangen seien. Entscheidend für die Verbringung des Kindes ist der Ortswechsel, der die Verbringung des Kindes verwirklicht und damit die Rechtswidrigkeit, also den Verstoß gegen das Verbot des AdVermiG begründet, obwohl die Wunscheltern mit dem Kind genetisch verwandt sind. Daraus folgt, dass die Verbringung des Kindes die zwangsläufige Folge einer rechtswidrigen Leihmutterschaftsvereinbarung ist.[741]

Insgesamt führt nicht nur die Sittenwidrigkeit, sondern auch die Rechtswidrigkeit zur Anwendbarkeit des § 1741 Abs. 1 S. 2 BGB auf die Adoption eines Kindes aus Leihmutterschaft, so dass der Maßstab des Kindeswohls greift. Dies soll im Folgenden untersucht werden.

ii. Sittenwidrigkeit

In einem Adoptionsfall im Zusammenhang mit einer Leihmutterschaft hat das AG Hamm § 1741 Abs. 1 S. 2 BGB mit dem Argument der Sittenwidrigkeit der Leihmutterschaft herangezogen, die sich aus der gesetzgeberischen Wertung des EschG ergebe. Nach Auffassung des AG Hamm ist der Leihmutterschaftsvertrag mit den deutschen Moral- und Wertvorstellungen unvereinbar, weil das Kind als Gegenstand eines Geschäfts gegen Geld geboren und zur Ware herabgewürdigt werde.[742] Abgesehen von äußerst seltenen altruistischen Leihmutterschaften sind die meisten im Ausland durchgeführten Leihmutterschaftsfälle in Deutschland als sittenwidrig einzustufen.[743]

---

740 Benicke, *StAZ* 2013, S. 112; AG Hamm, Beschluss v. 22.2.2011 – XVI 192/08, *BeckRS* 2011, S. 25140, Rn. 25.

741 Grünenwald, *StAZ* 2015, S. 221.

742 AG Hamm, Beschluss v. 22.2.2011 – XVI 192/08, *BeckRS* 2011, S. 25140, Rn. 23–24.

743 Benicke, *StAZ* 2013, S. 113.

bb) Maßstab der Erforderlichkeit im Kindeswohl

i. Nichtbestehen der Erforderlichkeit der Adoption für das Kindeswohl

Das AG Hamm hielt die Adoption zum Wohl des Kindes nicht für erforderlich und lehnte daher die Stiefkindadoption durch die Wunschmutter ab. Nach Auffassung des AG Hamm reicht das sog. „kleine Sorgerecht" der Wunschmutter i. S. v. § 1687b Abs. 1 BGB für das Aufwachsen des Kindes in der Familie aus, da sich die Wunschmutter liebevoll um das Kind kümmere. Darüber hinaus kann ein Testament errichtet werden, um die erbrechtliche Stellung des Kindes zu sichern. In jedem Fall müssen sich die Wunscheltern ihr rechts- und sittenwidriges Verhalten zurechnen lassen, indem die rechtliche Elternstellung der Wunschmutter auch durch Adoption nicht vermittelt werden kann.[744] Die Entscheidung des AG Hamm hat durch den Ausschluss der Stiefkindadoption durch die Wunschmutter die Sanktion für das Verhalten der Wunscheltern auf dem Rücken des Leihmutterschaftskindes ausgetragen. Dies hat zur Folge, dass der Status des von einer Leihmutter geborenen Kindes stets unsicher ist, was dem Kindeswohl offensichtlich zuwiderläuft.

ii. Bestehen der Erforderlichkeit der Adoption für das Kindeswohl

Gegenüber der Auffassung des AG Hamm im obigen Fall gibt es in der Literatur allerdings auch gegenteilige Auffassungen im Hinblick auf die Kindeswohlerforderlichkeit. Die Zuordnung des Kindes zur Wunschmutter im Weg der Stiefadoption führt dazu, dass der Wunschmutter mit dem genetischen Wunschvater ein gemeinsames Sorgerecht eingeräumt wird, was für das Kindeswohl erforderlich ist,[745] weil ansonsten das Kind im Fall des Todes eines Wunschelternteils elternlos werden könnte oder im Fall der Trennung der Wunscheltern keinen Unterhaltsanspruch hätte, m. a. W.: die rechtliche Stellung des Kindes und die gelebte faktische Beziehung können durch die Stiefkindadoption verbessert werden. Zudem wird die Beziehung zwischen der gebärenden Mutter, also der Leihmutter, und dem Kind durch die Stiefkindadoption nicht beeinträchtigt, weil die gebärende Mutter nur nach deutschem Recht, nicht aber nach dem Recht des Geburtsstaates rechtliche Mutter ist und tatsächlich keine Elternstellung einnehmen will.[746]

---

744 AG Hamm, Beschluss v. 22.2.2011 – XVI 192/08, *BeckRS* 2011, S. 25140, Rn. 27–32.

745 Benicke, *StAZ* 2013, S. 113.

746 Dethloff, *JZ* 2014, S. 931.

Die Anwendbarkeit des § 1741 Abs. 1 S. 2 BGB führt daher nicht dazu, dass die Möglichkeit einer Adoption durch die Wunscheltern gänzlich ausgeschlossen wird. Es ist nicht vorstellbar, dass das leibliche Kind der Wunscheltern in einer anderen Familie leben muss.[747] Die Erforderlichkeit der Adoption für das Kindeswohl ist daher z. B. bereits dann gegeben, wenn die Wunscheltern oder ein Wunschelternteil mit dem Kind genetisch verwandt sind und die faktische Elternverantwortung übernehmen wollen. Die Adoption ist auch dann zum Wohl des Kindes erforderlich, wenn die Wunscheltern bereits längere Zeit mit dem Kind zusammengelebt haben und eine soziale familiäre Beziehung entstanden ist.[748]

Sind beide Wunscheltern nicht genetisch verwandt, haben aber eine tiefe innere Bindung zu dem Kind, so ist die gemeinschaftliche Adoption auch im Hinblick auf die Sicherung von Unterhalts- und Erbansprüchen für das Kindeswohl erforderlich, weil es dem Kindeswohl widersprechen könnte, wenn das Kind ohne rechtliche Eltern-Kind-Beziehung lediglich in einem Pflegeverhältnis aufwächst. Das Kindeswohl gebietet daher den gerichtlichen Ausspruch der Adoption durch die Wunscheltern, um die gespaltene rechtliche und soziale Elternschaft zu koppeln und hinkende Verhältnisse zu ver-meiden. Sanktions- oder generalpräventive Zwecke dürfen das Kindeswohl, das sich auch aus Art. 21 UN-KRK ergibt, nicht überlagern. Auch vor diesem Hintergrund ist die Adoption verfassungs- und menschenrechtskonform ausgestaltet.[749]

Daraus folgt, dass das Erforderlichkeitskriterium des Kindeswohls die Adoption durch die Wunscheltern im Fall der Leihmutterschaft bejaht, sofern das Leihmutterschaftskind mit einem der Wunschelternteile genetisch verwandt ist oder eine sozial-familiäre Beziehung zu den Wunscheltern aufgebaut hat.

[747] Dethloff, *JZ* 2014, S. 931.
[748] Benicke, *StAZ* 2013, S. 113.
[749] Grünenwald, *StAZ* 2015, S. 222.

2) Anwendung des § 1741 Abs. 1 S. 1 BGB

aa) Argumente für die Anwendbarkeit des § 1741 Abs. 1 S. 1 BGB

i. Auslegung aus dem Wortlaut

Einige deutsche Gerichte haben das Vorliegen einer Kindesvermittlung in Fällen der Leihmutterschaft durch verschiedene Auslegungsmethoden verneint, darunter auch durch eine Auslegung des Wortlauts. So liegt nach der Entscheidung des LG Frankfurt a. M. bei der Inanspruchnahme einer Leihmutterschaft oder Eizellspende keine Verbringung eines Kindes vor. Vielmehr handelt es sich allenfalls um die Vermittlung der Leihmutter oder der Eizelle. Da das AdVermiG offensichtlich zwischen den Begriffen „Vermittlung der Annahme eines Kindes“ und „Vermittlung einer Ersatzmutter“ unterscheidet, ist der Begriff der „Vermittlung eines Kindes“ i. S. v. § 1741 Abs. 1 S. 2 BGB von dem der „Vermittlung der Leihmutter“ zu differenzieren. Eine Mitwirkung der Wunscheltern an der Vermittlung des Kindes liegt somit nicht vor.[750]

In einem anderen Fall wurde vom OLG Düsseldorf die fehlende „Kindesvermittlung“ bei der Durchführung der Leihmutterschaft damit begründet, dass die Norm mit dem Begriff des Kindes nur Sachverhalte nach der Geburt erfasse. Die Inanspruchnahme der Eizellspende und der Leihmutterschaft sei aber bereits mit der Geburt abgeschlossen. Zudem könne der Ortswechsel des Kindes vom Geburtsland nach Deutschland nicht ohne weiteres unter den Begriff der rechts- oder sittenwidrigen Verbringung eingeordnet werden, weil das Kind unmittelbar nach der Geburt mit den Wunscheltern in einer Familie gelebt habe und zu der Leihmutter i. d. R. von vornherein keine familiäre Bindung entstanden sei, m. a. W.: da eine Trennung des Kindes von seiner leiblichen Familie als Folge des Ortswechsels nicht eintritt, ist der Ortswechsel des Kindes nicht unter den Begriff der Verbringung des Kindes zu subsumieren.[751]

Entgegen der Begründung des OLG Düsseldorf kommt es nach Auffassung des OLG München und des OLG Frankfurt a. M. für die Erfüllung des Tatbestandsmerkmals der Vermittlung des Kindes i. S. v. § 1741 Abs. 1 S. 2 BGB nicht auf die Geburt des Kindes an, weil auch ein ungeborenes Kind verkauft und an die Wunscheltern vermittelt werden kann. Entscheidend

[750] LG Frankfurt a.M., Beschluss v. 3.8.2012 – 2–09 T 50/11, *BeckRS* 2012, S. 17482, Rn. 18–21.

[751] OLG Düsseldorf, Beschluss v. 17.3.2017, II-1 UF 10/16, *NZFam* 2017, S. 405, Rn. 18.

ist aber, dass nicht die Vermittlung des von einer Leihmutter geborenen Kindes, sondern die Inanspruchnahme der Eizellspende und der Leihmutterschaft gegen inländisches Recht verstößt. Die Wunscheltern haben also an der Möglichkeit der Zeugung des Kindes mitgewirkt, nicht aber an der Vermittlung des Kindes.[752]

Daraus ergibt sich, dass die Auslegung des Wortlauts es insgesamt rechtfertigt, das Vorliegen einer Vermittlung von Kindern abzulehnen. Daher ist § 1741 Abs. 1 S. 1 BGB anzuwenden.

ii. Systematische Auslegung

Das OLG Düsseldorf und das OLG München haben in den o. g. Fällen die Anwend-barkeit des § 1741 Abs. 1 S. 2 BGB aus systematischen Gründen verneint. Nach Auffassung des OLG Düsseldorf sind Adoptionsvermittlung und Leihmutterschaft im AdVermiG eigenständig normiert und stellen zwei unterschiedliche Tatbestände dar. Es widerspreche daher der Systematik der diese Tatbestände regelnden Normen, wenn die Begründung der Adoption in den Leihmutterschaftsfällen als Vermittlung oder Verbrin-gung eines Kindes zum Zwecke der Annahme bewertet werde.[753]

Beide Gerichte stützen sich darauf, dass das in § 1697a BGB normierte Kindeswohlprinzip, wonach Entscheidungen in Kindschaftssachen grundsätzlich dem Wohl des Kindes zu dienen haben, zusätzlich eine enge Auslegung des § 1741 Abs. 1 S. 2 BGB gebietet. Denn das Ergebnis der Anwendung des § 1741 Abs. 1 S. 2 BGB weicht vom Kindeswohlprinzip ab, wenn der Ausspruch der Adoption zwar dem Kindeswohl am besten entspricht, aber zum Wohl des Kindes nicht erforderlich ist. Der strengere und systemwidrige Maßstab des § 1741 Abs. 1 S. 2 BGB kann daher als restriktiv auszulegende Ausnahmevorschrift angesehen werden.[754]

Die systematischen Erwägungen der Gerichte unter dem Maßstab des Kindeswohlprinzips werden in der Literatur allerdings in Frage gestellt.

---

752 OLG München, Beschluss v. 12.2.2018 – 33 UF 1152/17, *RnotZ* 2018, S. 418, Rn. 19–20; OLG Frankfurt a. M., Beschluss v. 28.02.2019 – 1 UF 71/18, *NJW* 2019, S. 1616, Rn. 22; Biermann, Bastian: „Anmerkung zum OLG Düsseldorf, Beschluss v. 17.3.2017 – II-1 UF 10/16". *NZFam* 2017, S. 407–408.

753 OLG Düsseldorf, Beschluss v. 17.3.2017, II-1 UF 10/16, *NZFam* 2017, S. 406, Rn 19–20.

754 OLG Düsseldorf, Beschluss v. 17.3.2017, II-1 UF 10/16, *NZFam* 2017, S. 406, Rn. 19–20; OLG München, Beschluss v. 12.2.2018 – 33 UF 1152/17, *RNotZ* 2018, S. 418, Rn. 25.

Naheliegender als von einer Systemwidrigkeit des § 1741 Abs. 1 S. 2 BGB auszugehen, wäre es, die Erforderlichkeit der Adoption im Verhältnis zum sog. „kleinen Sorgerecht" zu prüfen, um verfassungskonform eine verlässliche rechtliche Zuordnung zu erreichen. Zudem besteht die Gefahr, dass durch eine solche systematische Vorgehensweise das Adoptivkind zu einem Objekt gemacht wird.[755] Diese gegenteilige Auffassung überzeugt das OLG Frankfurt a. M. jedoch nicht, weil sie von der „Vorstellung eines Rechts auf ein Kind" geprägt sei.[756]

Es bleibt daher umstritten, ob eine systematische Auslegung die Ablehnung der Anwendung des § 1741 Abs. 1 S. 2 rechtfertigt. Die deutsche Rechtsprechung befürwortet i. d. R. eine systematische Auslegung. In der Literatur wird jedoch eher dagegen argumentiert, weil das Adoptivkind als eigenständiges Subjekt zu behandeln sei, eine systematische Auslegung dies aber vernachlässige. M. E. kann die systematische Auslegung als ergänzender Ansatz neben der Auslegung im Lichte der Grundrechte des Kindes dienen.[757]

iii. Historische und teleologische Auslegung

Auch die einzelnen o. g. Gerichte haben in ihrer Rechtsprechung mit einem teleologischen und historischen Ansatz argumentiert. Allerdings unterscheiden sich die Gründe. Nach Auffassung des LG Frankfurt a. M. hat der Gesetzgeber § 1741 Abs. 1 S. 2 BGB eingeführt, um „präventiv dem Kinderhandel und vergleichbaren Praktiken entgegenzuwirken", was die Geburt des Kindes voraussetze, das aus seinem natürlichen Familienverband herausgelöst und verkauft werde. Bei der Leihmutterschaft handelt es sich jedoch nicht um die Vermittlung eines geborenen Kindes, sondern um eine im Geburtsland erlaubte Methode der assistierten Reproduktion, während Kinderhandel international verboten ist. Daher sieht das LG Frankfurt a. M. die Sanktionen gegen Leihmutterschaft nicht als Zweck des § 1741 Abs. 1 S. 2 BGB an.[758]

Das OLG Düsseldorf hingegen ordnet die Verhinderung von Leihmutterschaft der gesetzgeberischen Zielsetzung zu, die sowohl im AdVermiG als

---

755 Eckebrecht, Marc: „Anmerkung zum OLG München, Beschluss v. 12.2.2018 – 33 UF 1152/17". *NZFam* 2018, S. 286.

756 OLG Frankfurt a.M., Beschluss v. 28.2.2019 – 1 UF 71/18, *NJW* 2019, S. 1617, Rn. 26.

757 Näheres siehe unten Teil 3 D II 1 b) 2) aa) iv.

758 LG Frankfurt a.M., Beschluss v. 3.8.2012 – 2–09 T 50/11, *BeckRS* 2012, S. 17482, Rn. 21–25.

auch im ESchG ihren Niederschlag gefunden hat. Generalpräventive Zwecke rechtfertigen jedoch nicht die Beeinträchtigung des Kindeswohls im Hinblick auf die Begründung der rechtlichen Elternschaft. Diese Auffassung wird auch von der Rechtsprechung des OLG München geteilt.[759]

Das OLG München und das OLG Frankfurt a. M. weisen zudem darauf hin, dass der strengere Maßstab der Erforderlichkeit für das Kindeswohl i. S. v. § 1741 Abs. 1 S. 2 BGB auch die Möglichkeit bietet, die soziale Beziehung zwischen dem Kind und den Annehmenden rechtlich abzusichern. D. h. im Vergleich zum Aufwachsen in einer anderen Familie wäre der Verbleib des Kindes in der Adoptivfamilie die bessere Lösung für das Kindeswohl.[760] Allerdings ist eine Leihmutterschaftsfamilie, in der eine sozial-familiäre Beziehung noch nicht entstanden ist, nicht mit der o. g. Adoptivfamilie vergleichbar, in der bereits eine sozial-familiäre Beziehung besteht. Der strenge Maßstab kann daher für die Adoption bei Leihmutterschaft nicht angemessen sein.

Daraus folgt, dass die deutsche Rechtsprechung trotz anderer Argumente die Anwendbarkeit des § 1741 Abs. 1 S. 2 BGB durch teleologische und historische Auslegung überzeugend verneint.

iv. Auslegung im Lichte des GG, EMRK und UN-KRK

Schließlich ist die Auslegung des § 1741 Abs. 1 S. 2 BGB durch die genannten Gerichte bei der Adoption im Zusammenhang mit Leihmutterschaft auch im Lichte des GG, der EMRK und der UN-KRK verfassungs- und konventionskonform.

Das LG Frankfurt hat sich auf Art. 21 UN-KRK berufen, wonach die Adoption stets am Kindeswohl auszurichten ist,[761] auch das OLG Frankfurt hat diesen Artikel herangezogen und darauf hingewiesen, dass generalpräventive Erwägungen hinter dem Kindeswohl zurückzutreten haben.[762] Darüber hinaus verweist das LG Frankfurt auch auf das Grundrecht des Kindes auf Gleichbehandlung nach Art. 6 Abs. 5 und Art. 3 Abs. 1 GG. Dies bedeutet,

---

759 OLG Düsseldorf, Beschluss v. 17.3.2017, II-1 UF 10/16, *NZFam* 2017, S. 406, Rn. 21; OLG München, Beschluss v. 12.2.2018 – 33 UF 1152/17, *NFZam* 2018, S. 286, Rn. 23.

760 OLG München, Beschluss v. 12.2.2018 – 33 UF 1152/17, *NFZam* 2018, S. 418, Rn. 22; OLG Frankfurt a. M., Beschluss v. 28.2.2019 – 1 UF 71/18, *NJW* 2019, S. 1617, Rn. 23–25.

761 LG Frankfurt a.M., Beschluss v. 3.8.2012 – 2–09 T 50/11, *BeckRS* 2012, S. 17482, Rn. 28.

762 OLG Frankfurt a.M., Beschluss v. 28.2.2019 – 1 UF 71/18, *NJW* 2019, S. 1617, Rn. 27.

dass das Kind nicht nach der Art seiner Zeugung und der Ehe seiner Eltern ungleich behandelt werden darf und auch generalpräventive Gründe eine Ungleichbehandlung nicht rechtfertigen.[763] Die Adoption eines von einer Leihmutter geborenen Kindes wird daher nicht von § 1741 Abs. 1 S. 2 BGB erfasst.

In den Entscheidungen des OLG Düsseldorf und des OLG München wird das Recht des Kindes auf eine verlässliche rechtliche Zuordnung zu den Eltern, die die faktische Elternverantwortung ausüben, i. S. v. Art. 6 Abs. 2 GG und Art. 8 EMRK betont. Wäre § 1741 Abs. 1 S. 2 BGB anwendbar, wäre die Begründung eines Annahmeverhältnisses zwischen dem Kind und den nicht genetischen Wunscheltern grundsätzlich unmöglich und nur ausnahmsweise im Einzelfall möglich, wenn das Kindeswohl dies erfordert. Die Rechtsstellung des Kindes wäre damit kaum gesichert.[764]

Das OLG Frankfurt a. M. hat sich näher mit der verfassungs- und konventionskonformen Auslegung des § 1741 Abs. 1 S. 2 BGB befasst. Seine Argumente sind vergleichbar mit denen, die der BGH bei der ordre-public-Prüfung im Verfahren zur Aner-kennung ausländischer Kindeszuordnungsentscheidungen bei Leihmutterschaft vorgebracht hat.[765] Im Ergebnis erweisen sich die erschwerten Adoptionsvoraussetzungen bei der Anwendbarkeit des § 1741 Abs. 1 S. 2 BGB als verfassungs- und konventionswidrig.[766] Für die Adoption bei Leihmutterschaft ist daher vielmehr der Maßstab der Kindeswohldienlichkeit i. S. v. § 1741 Abs. 1 S. 1 BGB heranzuziehen.

bb) Maßstab der Dienlichkeit im Kindeswohl

Nach § 1741 Abs. 1 S. 1 BGB ist die Adoption des von einer Leihmutter geborenen Kindes durch die Wunscheltern oder einen Wunschelternteil auszusprechen, wenn die Annahme dem Wohl des Kindes aus Leihmutterschaft dient und zu erwarten ist, dass zwischen den Wunscheltern (oder

---

763 LG Frankfurt a.M., Beschluss v. 3.8.2012 – 2–09 T 50/11, *BeckRS* 2012, S. 17482, Rn. 30–32.

764 OLG Düsseldorf, Beschluss v. 17.3.2017 – II-1 UF 10/16, *NZFam* 2017, S. 406, Rn. 22; OLG München, Beschluss v. 12.2.2018 – 33 UF 1152/17, *RNotZ* 2018, S. 418, Rn. 24.

765 Weitere ähnliche Begründungen finden sich in den og. Abschnitten (Teil 3 D I 1 d) zur „ordre-public-Prüfung“ bei der „Abstammung des Kindes bei Wunscheltern“. Dabei werden die gleichen Details nicht erneut aufgeführt.

766 OLG Frankfurt a.M., Beschluss v. 28.2.2019 – 1 UF 71/18, *NJW* 2019, S. 1617–1618, Rn. 27–36.

dem Wunschelternteil) und dem Kind ein Eltern-Kind-Verhältnis entsteht. In Leihmutterschaftsfällen wird das Kind i. d. R. von Geburt an von beiden Wunscheltern betreut und versorgt, d. h. sie übernehmen faktisch die Elternrolle. Durch das intakte familiäre Zusammenleben bieten die Wunscheltern dem Kind eine stabile familiäre Struktur. Das Bestehen eines Eltern-Kind-Verhältnisses i. S. v. § 1741 Abs. 1 S. 1 BGB ist daher in der Leihmutterschaftsfamilie grundsätzlich anzunehmen.[767]

Die verlässliche rechtliche Zuordnung des Kindes zu zwei Wunscheltern gehört vor allem zum Kindeswohl und ist insbesondere bei Ausfall des einzigen Elternteils von großer Bedeutung. Darüber hinaus wird dem Kind ein dauerhaftes Zuhause gegeben, weil durch die Adoption eine familiäre Bindung des Kindes zu den Wunscheltern gefestigt und unter den Schutz des Familienrechts gestellt werden kann. Damit führt die Adoption des Kindes durch die Wunscheltern oder den Wunschelternteil zu einer deutlich besseren Persönlichkeitsentwicklung des Kindes, was ebenfalls dem Kindeswohl dient.[768] Insgesamt ist das Kriterium der Kindeswohldienlichkeit in den Fällen der Leihmutterschaft im Vergleich zum Kriterium der Kindeswohlerforderlichkeit eher zu erfüllen.

2. China

a) Allgemeines

Wenn die rechtliche Elternschaft der Wunscheltern in China nicht anerkannt werden kann, stellt die Adoption eine alternative Lösung dar. Nach chinesischem Recht ist der Wunschvater, der eine genetische Beziehung zum durch Leihmutterschaft geborenen Kind hat, der rechtliche Vater. Kann die mit dem Wunschvater verheiratete Wunsch-mutter die rechtliche Mutterschaft in der Stieffamilienstruktur nach § 1072 ZGB nicht aufgrund des sozialen Eltern-Kind-Verhältnisses fiktiv übernehmen, muss sie auf die Stiefkindadoption zurückgreifen. Eine gemeinschaftliche Adoption durch verheiratete

---

767 OLG Düsseldorf, Beschluss v. 17.3.2017 – II-1 UF 10/16, *NZFam* 2017, S. 405, Rn. 12; OLG München, Beschluss v. 12.2.2018 – 33 UF 1152/17, *RNotZ* 2018, S. 417, Rn. 12–14.

768 OLG Düsseldorf, Beschluss v. 17.3.2017 – II-1 UF 10/16, *NZFam* 2017, S. 405, Rn. 13–16; OLG München, Beschluss v. 12.2.2018 – 33 UF 1152/17, *RNotZ* 2018, S. 419, Rn. 27–29; OLG Frankfurt a. M., Beschluss v. 28.2.2019 – 1 UF 71/18, *NJW* 2019, S. 1619, Rn. 40.

Wunscheltern kommt nach § 1101 ZGB in Betracht, wenn die Wunscheltern nicht oder nur die Wunschmutter mit dem Kind genetisch verwandt sind.

Hat das Kind seinen gewöhnlichen Aufenthalt im Geburtsstaat, fällt die Adoption nicht in den Anwendungsbereich des HAÜ, weil die Elternschaft der Wunscheltern bereits nach dem Recht des gewöhnlichen Aufenthaltsstaates des Kindes begründet ist. Befindet sich das Kind bereits in China, ist die chinesische Behörde für die Registrierung der Adoption zuständig. Nach § 28 IPRG ist bei einer Adoption im Fall einer Leihmutterschaft für das Zustandekommen, die Wirkungen und die Aufhebung der Adoption regelmäßig chinesisches Recht anzuwenden.

Die Zuordnung des Kindes aus Leihmutterschaft zu den Wunscheltern kann nicht in allen Konstellationen der Leihmutterschaft durch eine Adoption in China sichergestellt werden, weil das chinesische Adoptionsrecht restriktive Voraussetzungen vorsieht. Bis dahin ist der Status des Kindes ungeklärt, was dem Kindeswohl abträglich wäre.[769]

b) Voraussetzungen der Adoption

1) Grundsatz des Kindeswohls gem. § 1044 ZGB

Nach § 1044 S. 1 ZGB orientiert sich die Adoption an dem Grundsatz, dass die Adoption dem Wohl des Adoptierten am besten dient, was dem Kindeswohlprinzip der UN-KRK entspricht.[770] Das Kindeswohl ist somit oberstes Prinzip der Adoption. Zugleich sind das Verbot des Kinderhandels nach § 1044 S. 2 ZGB und das allgemeine Gleichheits- und Freiwilligkeitsprinzip nach §§ 4, 5 ZGB sowie der chinesische ordre public nach § 8 ZGB bei der Durchführung der Adoption zu berücksichtigen.

Bevor in Leihmutterschaftsfällen eine Adoption in Betracht gezogen wird, ist daher zunächst zu prüfen, ob die Leihmutterschaft dem Kinderhandel zuzurechnen ist. Da die Leihmutterschaft auf der Grundlage einer Vereinbarung erfolgt und als Methode der assistierten Reproduktion im Ausführungsstaat regelmäßig rechtlich zulässig ist, ist es nicht sachgerecht, die Leihmutterschaft im Inland als Kinderhandel zu betrachten. Nach § 240 des chinesischen Strafgesetzbuches bezieht sich Kinderhandel grundsätzlich auf die Verbringung eines Kindes aus seiner Herkunftsfamilie in eine andere

---

769 § 1044 ZGB.
770 Huang 2020, § 1044.

Familie zum Zwecke des Verkaufs, was nicht nur das Kindeswohl verletzt, sondern auch Familien zerstört. Die Leihmutter ist jedoch von Anfang an nicht bereit und in der Lage, elterliche Verantwortung zu übernehmen und mit dem Kind eine Familie zu bilden. Das Kind lebt von Geburt an unmittelbar in einer Familie mit den Wunscheltern. Zudem liegt die Rechtswidrigkeit der Leihmutterschaft nicht im Verbringen des Leihmutterschaftskindes vom Ausland nach China, sondern in der Durchführung der Leihmutterschaft. Daraus folgt, dass Leihmutterschaft und Kinderhandel nicht dasselbe sind.

Sofern es sich bei der Leihmutterschaft nicht um Kinderhandel oder ein ähnliches Delikt handelt, wie z. B. häusliche Gewalt, ist es nicht gerechtfertigt, die Leihmutterschaft selbst als Verstoß gegen den chinesischen ordre public zu bewerten und damit die Adoption abzulehnen, weil bei der Adoption des von einer Leihmutter geborenen Kindes durch die Wunscheltern stets auf das Kindeswohl abzustellen ist. Insbesondere dann, wenn zwischen den Wunscheltern und dem Kind frühe familiäre emotionale und soziale Bindungen entstehen, ist die Adoption des Kindes durch die Wunscheltern die optimale Lösung für das Kindeswohl.

2) Voraussetzungen im Einzelnen

Nach § 1103 ZGB sind die Voraussetzungen der Stiefkindadoption sehr gelockert, d. h. in den Fällen der Leihmutterschaft ist für die Begründung der Stiefkindadoption nur die Einwilligung der gebärenden Mutter (Leihmutter) erforderlich. Diese Einwilligung ist grundsätzlich als erteilt anzusehen, weil das Kind nach der Geburt von der Leihmutter unmittelbar an die Wunscheltern übergeben wurde und die Leihmutter damit faktisch auf ihre Elternschaft verzichtet und in die Adoption des Kindes durch die Wunscheltern eingewilligt hat.[771]

Demgegenüber erscheinen die Voraussetzungen für eine gemeinschaftliche Adoption durch die Wunscheltern nach §§ 1098, 1100 ZGB relativ streng. Zunächst ist wie bei der Stiefkindadoption die Einwilligung der leiblichen Eltern erforderlich. Bei der Samenspende kann der leibliche Vater jedoch nicht ermittelt werden, so dass die Einwilligung allein der Leihmutter ausreicht.

---

771 Cui, Yan: *Research on the Cognizance of the Guardianship of the Surrogate Children in China*. (Master Thesis) Anhui University of Finance and Economics: Bengbu 2018, S. 24.

Die Adoption setzt außerdem eine begrenzte Anzahl von Kindern,[772] die Elterneignung der Wunscheltern sowie ein Mindestalter der Wunscheltern von 30 Jahren voraus,[773] was im Fall der Leihmutterschaft i. d. R. leicht zu erfüllen ist.

Zu beachten ist, dass das chinesische Adoptionsrecht die Adoption durch gleichgeschlechtliche oder nichteheliche Lebenspartner nicht zulässt. Unter diesen Umständen kann eine Adoption in China nicht verhindern, dass ein von einer Leihmutter geborenes Kind in eine statusrechtliche Sackgasse gerät, d. h. eine Adoption in China ist nicht immer ein Ausweg. Daher dient es dem Kindeswohl eher, die Zuordnung des Kindes aus Leihmutterschaft zu den Wunscheltern durch eine kollisions- oder verfahrensrechtliche Anerkennung oder andere Anerkennungsmöglichkeiten zu erreichen, weil diese Wege die originäre Kindeszuordnung gewährleisten können und vor Statusunsicherheit schützen.

III. Zwischenergebnis

Die in einer ausländischen Geburtsurkunde oder in einer ausländischen gerichtlichen Entscheidung beurkundete Abstammung bei Leihmutterschaft bedarf grundsätzlich der Anerkennung, um im Inland wirksam zu werden. Ausländische gerichtliche Entscheid-ungen über die Abstammung des Kindes unterliegen der verfahrensrechtlichen Aner-kennung. Die ausländische Geburtsurkunde, in der die rechtliche Elternschaft der Wunscheltern beurkundet ist, hat in Deutschland i. d. R. nur Beweiskraft, weshalb eine kollisionsrechtliche Kontrolle der rechtlichen Eltern-Kind-Zuordnung erforderlich ist. Allerdings gibt es in der Rechtsprechung abweichende Auffassungen, nach denen eine Geburtsurkunde im Falle einer Leihmutterschaft verfahrensrechtlich anerkennungs-fähig ist, da die Eintragung im Geburtenregister, die die rechtliche Elternschaft der Wunscheltern offiziell bestätigt, ähnlich wie bei der Dekretadoption als konstitutiver Akt verstanden werden kann.

---

[772] Gemäß der chinesischen Familienplanungspolitik ist es derzeit erlaubt, bis zu drei Kinder zu haben, vgl. § 18 Bevölkerungs- und Familienplanungsgesetz der VR China (rev. 2021).

[773] § 1098 ZGB: Allgemeine Voraussetzungen für Adoptierende; § 1100 ZGB: Begrenzung der Anzahl der zu adoptierenden Kinder (im Rahmen der Familienplanungspolitik).

Für die kollisionsrechtliche Anerkennung der Elternschaft der Wunscheltern in Deutschland ist das nach Art. 19 EGBGB berufene Recht anzuwenden, d. h. das Recht des Staates, in dem das Kind seinen gewöhnlichen Aufenthalt hat. Nach den bisherigen Auslegungen zum gewöhnlichen Aufenthalt des Kindes hat das von einer Leihmutter geborene Kind i. d. R. seinen ersten gewöhnlichen Aufenthalt in Deutschland. Um die rechtliche Zuordnung des Kindes zu den Wunscheltern zu erleichtern, könnte angesichts des nationalen Verbots der Leihmutterschaft alternativ entweder an den Geburts-staat des Kindes (oder den Ort der Durchführung) angeknüpft oder eine weite Auslegung des Begriffs des gewöhnlichen Aufenthalts des neugeborenen Kindes entwickelt werden. Da im Fall der Leihmutterschaft bei der Prüfung des ordre public in erster Linie auf das Kindeswohl und den Schutz des Familienlebens abzustellen ist, sollte die Anwendung ausländischen Rechts nicht wegen eines Verstoßes gegen den ordre public im Hinblick auf das inländische Verbot der Leihmutterschaft ausgeschlossen werden.

Auch bei der Adoption durch die Wunscheltern ist stets das Kindeswohl maßgeblich. Das von einer Leihmutter geborene Kind sollte daher bei der Adoption nicht dem strengen formalen Kriterium der Kindeswohlerforderlichkeit i. S. v. § 1741 S. 2 BGB unterworfen werden. Allerdings ist auch zu bedenken, dass die Adoption wegen der zeitlichen Dauer und der möglichen Änderung des Willens der Wunscheltern nicht immer die optimale Lösung für das Wohl des von einer Leihmutter geborenen Kindes darstellt.

In der chinesischen Praxis ist bei Leihmutterschaft die Übertragung des Inhalts der ausländischen Geburtsurkunde mit der Eltern-Kind-Zuordnung in das inländische Haushaltsregister regelmäßig unproblematisch und entfaltet auch die allgemeinen Rechtswirkungen, bevor Sorgerechts-, Unterhalts- oder Erbansprüche geltend gemacht werden, bei denen die Vorfrage der Eltern-Kind-Zuordnung einer kollisionsrechtlichen Prüfung bedarf.

Obwohl § 25 IPRG bereits mehrere Anknüpfungspunkte enthält, funktioniert er im Fall der Leihmutterschaft nicht, um die nach ausländischem Recht begründete Eltern-Kind-Zuordnung in der Leihmutterschaftsfamilie festzustellen. Wie bei Art. 19 EGBGB kommt zum einen die Einführung neuer Anknüpfungspunkte (z. B. Geburtsland, Ausführungsort) in Betracht. Zum anderen kann eine ergänzende Auslegung des gewöhnlichen Aufenthalts eines Kindes, insbesondere eines Neugeborenen, zu den bisherigen starren gerichtlichen Auslegungen des IPRG hinzutreten, so dass Defizite aufgrund des konkreten zeitlichen Faktors des gewöhnlichen Aufenthalts beseitigt und die Möglichkeiten für die Anwendbarkeit des Rechts des gewöhnlichen Aufenthalts des Kindes faktisch verbessert werden können. Ist ausländisches Recht anwendbar, so geht der ordre-public-Vorbehalt des § 5 IPRG nicht über das Kindeswohl in Verbindung mit dem Schutz der Familie hinaus, ähnlich dem des Art. 6 EGBGB.

Auch in China ist die Adoption des Kindes durch die Wunscheltern kein absoluter Ausweg, weil es nach chinesischem Recht trotz des Kindeswohlprinzips für bestimmte Konstellationen der Leihmutterschaftsfamilie noch Voraussetzungen gibt, die nicht ausgeräumt werden können, wie z. B. dass die Wunscheltern gleichgeschlechtlich oder unverheiratet sind. Dem Kindeswohl ist daher besser gedient, wenn die Zuordnung des von einer Leihmutter geborenen Kindes zu den Wunscheltern unmittelbar anerkannt werden kann, statt über den Umweg der Adoption zu erfolgen.

E. Regenbogenfamilien

I. Rechtliche Zuordnung des Kindes bei lesbischer Partnerschaft

1. Deutschland

a) Allgemeines

1) Kollisionsrechtliche Anerkennungsfähigkeit

Im Fall einer lesbischen Lebenspartnerschaft kann der Partnerin der Mutter nach ausländischem Recht die Elternschaft kraft Gesetzes, durch Anerkennung oder durch gerichtliche Feststellung zustehen, die in einer ausländischen Geburtsurkunde, in einem ausländischen Geburtenregister oder in einer ausländischen Entscheidung oder einem ausländischen Urteil eingetragen ist.[774] Eintragungen oder Beurkundungen, die lediglich Beweiskraft, aber

---

[774] Reuß, Philipp M.: „Neue Wege zur Mutterschaft – Die neue Duo-Mutterschaft nach niederländischem Recht". *StAZ* 2015, S. 140–141 (Niederlande); Wall, Fabian: „Abstammung eines Kindes, welches während bestehender Lebenspartnerschaft einer Engländerin und einer Neuseeländerin in Deutschland geboren wurde". *StAZ* 2016, S. 280 (Neuseeland); KG, Beschluss v. 2.12.2014–1 W 562/13, *StAZ* 2015, S. 180 (Südafrika); BGH, Beschluss v. 20.4.20 – XII ZB 15/15, *NJW* 2016, S. 2322 (Südafrika); OLG Celle, Beschluss v. 10.3.2011 – 17 W 48/10, *StAZ* 2011, S. 150 (Spanien); AG

keine Rechtskraft entfalten, sind keine Entscheidungen i. S. v. § 108 FamFG und daher nicht anerkennungsfähig. Für die Begründung der Eltern-stellung der Lebenspartnerin der Mutter kommt dann eine Anerkennung nach deutschem IPR in Betracht.[775]

2) Anwendbarkeit des Brüsseler CIEC-Übereinkommen

Nach Art. 3 Nr. 2 EGBGB ist für die Bestimmung des anwendbaren Rechts das Kollisionsrecht der Staatsverträge vorrangig vor dem deutschen IPR zu berücksichtigen. Die Feststellung der Elternschaft der Lebenspartnerin der Mutter eines nichtehelichen Kindes fällt jedoch nicht in den Anwendungsbereich des Brüsseler CIEC-Übereinkommens, weil die rechtliche Mutterschaft i. d. R. bereits vor der Anerkennung der Mitmutterschaft der Lebenspartnerin der Geburtsmutter zugeordnet ist. Zudem handelt es sich nach der Entstehungsgeschichte und dem Zweck des Gesetzes nur um eine mögliche Mutterschaft, auch wenn sich dies aus dem Gesetzeswortlaut nicht eindeutig ergibt. Insofern kann es für die Anwendung dieses Übereinkommens dahinstehen, ob es sich um ein eheliches Kind handelt oder ob der betreffende Staat Vertragsstaat ist.[776]

3) Qualifikation

Ausländische Rechtsordnungen begründen die gleichgeschlechtliche Elternschaft nicht nur im Weg der Adoption sondern auch bereits kraft Abstammung, was dem deutschen Recht noch fremd ist. Um solche dem deutschen Recht fremden Regelungen kollisionsrechtlich anzuknüpfen, sind die Rechtsbegriffe im Rahmen der funktionalen Quali-fikation anstelle der lex-fori-Qualifikation kollisionsrechtlich weit auszulegen.[777] Abstammung i. S. v. Art. 19

Schöneberg, Beschluss v. 10.4.2011 – 70 III 14/11, *juris* (Großbritannien); Helms, Tobias: „Im Ausland begründete – im Inland unbekannte Statusverhältnisse“. *StAZ* 2012, S. 6 (England und Wales, Norwegen, Schweden und Spanien sowie eine Reihe von US-Bundesstaaten, mehrere kanadische Provinzen und australische Territorien).

775 Andrae, *StAZ* 2015, S. 164; Coester-Waltjen, Dagmar: „Die Mitmutterschaft nach südafrikanischem Recht im deutschen Geburtsregister“. *IPRax* 2016, S. 133; Frie, Birgit: „Die Mitmutter kraft ausländischen Rechts“. *FamRZ* 2015, S. 890.

776 Coester-Waltjen, *IPRax* 2016, S. 133; Frie, *FamRZ* 2015, S. 890; BGH, Beschluss v. 20.4.2016 – XII ZB 15/15, *NJW* 2016, S. 2324, Rn. 24.

777 Statt der lex-fori-Qualifikation wird in der deutschen Literatur und Rechtsprechung überwiegend eine funktionale Qualifikation zur rechtlichen Zuordnung des Kindes zu gleichgeschlechtlichen Eltern vertreten, vgl. Coester-Waltjen, *IPRax* 2016, S. 133; Frie, *FamRZ* 2015, S. 890; Wall, *StAZ* 2016, S. 280; Sieberichs, Wolf: „Gleichgeschlechtliche

EGBGB umfasst daher nicht nur die Verwandtschaft i. S. v. §§ 1589, 1591 ff. BGB, sondern auch jede rechtliche Eltern-Kind-Zuordnung kraft Gesetzes oder durch Anerkennung nach ausländischem Recht, wovon die Annahme als Kind i. S. v. Art. 22 EGBGB (Annahme durch Dekret oder Vertrag) zu unterscheiden ist,[778] weil es sich bei ersterer um eine primäre Abstammungsfiktion, bei letzterer hingegen um einen Statuswechsel handelt.[779]

Zudem ist die Abstammung nach deutschem materiellem Recht nicht auf die biologische Abstammung beschränkt, z. B. entspricht die Vaterschaftsvermutung oder -anerkennung (§ 1592 Nr. 1 und Nr. 2, § 1600 Abs. 2, Abs. 4 BGB) nicht notwendigerweise der statusrechtlichen Wahrheit.[780] Für eine weite Auslegung des Abstammungsbegriffs spricht auch die Formulierung „Elternteil" in Art. 19 EGBGB.[781] Insofern ist Art. 19 EGBGB für die rechtliche Zuordnung des Kindes zu lesbischen Lebenspartnerinnen auch dann einschlägig, wenn mindestens ein Elternteil mit dem Kind bewusst nicht biologisch verwandt ist.

b) Anknüpfungsalternativen gem. Art. 19 Abs. 1 EGBGB

1) Verweisung auf das Recht am gewöhnlichen Aufenthalt des Kindes nach Art. 19 Abs. 1 S. 1 EGBGB

aa) Gewöhnlicher Aufenthalt des Kindes in der lesbischen Lebensgemeinschaft

Die den deutschen Gerichten vorliegenden Fälle zur Feststellung der Wirksamkeit gleichgeschlechtlicher Elternschaft in Regenbogenfamilien lesbischer Paare stellen sich häufig wie folgt dar: Das in eine lesbische Lebensgemeinschaft

---

Elternschaft im deutschen IPR und Personen-standsrecht am Beispiel der belgischen Mitmutterschaft". *StAZ* 2015, S. 2; OLG Celle, Beschluss v. 10.3.2011 – 17 W 48/10, *StAZ* 2011, S. 150; OLG Köln, Beschluss v. 27.8.2014 – 2 Wx 222/14, *StAZ* 2014, S. 364; KG, Beschluss v. 2.12.2014 – 1 W 562/13, *StAZ* 2015, S. 180; Rauscher, Thomas: „Anmerkung zum BGH, Beschluss v. 20.4.2016 – XII ZB 15/15". *NJW* 2016, S. 2324, Rn. 27. Vereinzelt wird jedoch die lex-fori-Qualifikation herangezogen, sodass die Frage nach Art. 22 Abs. 1 EGBGB adoptionsrechtlich qualifiziert wird, vgl. Andrae, *StAZ* 2015, S. 169; AG Schöneberg, Beschluss v. 10.4.2011 – 70 III 14/11, *juris*.

778 KG, Beschluss v. 2.12.2014 – 1 W 562/13, *StAZ* 2015, S. 180; Frie, *FamRZ* 2015, S. 890; Wall, *StAZ* 2016, S. 280; BGH, Beschluss v. 20.4.2016 – XII ZB 15/15, *NJW* 2016, S. 2324, Rn. 27.

779 Rauscher, *NJW* 2016, S. 2327.

780 Coester-Waltjen, *IPRax* 2016, S. 133; Frie, *FamRZ* 2015, S. 890; Sieberichs, *StAZ* 2015, S. 2.

781 Sieberichs, *StAZ* 2015, S. 2.

hineingeborene Kind wurde häufig in einem ausländischen Staat gezeugt, nach dessen Recht lesbische Partnerinnen durch heterologe medizinisch assistierte Fortpflanzung ein Kind bekommen und gemeinsam als rechtliche Eltern des Kindes zugeordnet werden können, und die Partnerin der leiblichen Mutter des Kindes ist ebenfalls Deutsche.

Nach der Geburt des Kindes kehren die Partnerinnen häufig sofort mit dem Kind nach Deutschland zurück, wenn der Geburtsort zu beiden Frauen wenig Bezug hat oder zufällig der Registerort der gleichgeschlechtlichen Paarbeziehung ist, so dass Deutsch-land der gewöhnliche Aufenthalt des Kindes ist. Einen solchen Fall hat das OLG Celle bereits entschieden.[782] Dagegen kann eine binationale Familie wie in den Fällen des AG Schöneberg[783] und des KG[784] am Geburtsort des Kindes, der im Heimatstaat der Geburtsmutter liegt, verbleiben und dort i. d. R. den ersten gewöhnlichen Aufenthalt des Kindes begründen.

Wie auch in den Fällen der Leihmutterschaft handelt es sich hierbei häufig um die Bestimmung des gewöhnlichen Aufenthalts eines Kindes aufgrund eines Aufenthaltswechsels.[785] In dem o. g. Fall des OLG Celle hielt sich das Kind bspw. seit seiner Geburt nur ca. sechs Wochen in Spanien auf, so dass das Kind nach Auffassung des OLG Celle dort keinen gewöhnlichen Aufenthalt hatte.[786] Allerdings könnten in diesem Fall weitergehende Auslegungen und sachgerechte Vorschläge zugunsten der Begründung eines gewöhnlichen Aufenthalts des Kindes auf denjenigen der Leihmutterschaftsfamilie verweisen, zumal wenn nach Art. 19 Abs. 1 S. 2, 3 EGBGB keine Rechtsordnung zur Begründung der Zuordnung zur Partnerin der Mutter herangezogen werden kann.[787]

---

782 OLG Celle, Beschluss v. 10.3.2011 – 17 W 48/10, *StAZ* 2011, S. 150: In diesem Fall war Spanien sowohl Geburts- als auch Registerort der gleichgeschlechtlichen Ehe.

783 AG Schöneberg, Beschluss v. 10.4.2011 – 70 III 14/11, *juris*: In diesem Fall war Großbritannien der Geburtsort des Kindes, der Heimatstaat der Geburtsmutter und der Registerort der eingetragenen Lebenspartnerschaft.

784 KG, Beschluss v. 2.12.2014 – 1 W 562/13, *StAZ* 2015, S. 180: In diesem Fall war Südafrika der Geburtsort des Kindes, der Heimatstaat der Geburtsmutter und der Registerort der gleichgeschlechtlichen Ehe.

785 Coester-Waltjen, *IPRax* 2016, S. 134.

786 Helms, *StAZ* 2012, S. 7.

787 Näheres siehe oben Teil 3 D I b).

Insgesamt gelangt das nach Art. 19 Abs. 1 S. 1 EGBGB berufene Recht nur dann zur Feststellung der Wirksamkeit der nach ausländischem Recht begründeten Eltern-Kind-Zuordnung zwischen der Partnerin und dem Kind, wenn sowohl das Kind im Ausland geboren wird, nach dessen Recht die gleichgeschlechtliche Elternschaft durch Abstammung begründet werden kann, als auch das Kind dort seinen primären gewöhnlichen Aufenthalt begründet.

bb) Gesamt- oder Sachnormverweisung

Ist ein Kind nach dem Recht seines gewöhnlichen Aufenthalts beiden Frauen rechtlich zugeordnet, so ist nach Art. 19 Abs. 1 S. 1 EGBGB wegen des Günstigkeitsprinzips i. d. R. eine Sachnormverweisung anzunehmen, d. h. das ausländische Sachrecht, das die Abstammung eines Kindes in einer lesbischen Lebenspartnerschaft regelt, ist wie im o. g. Fall der KG anzuwenden,[788] weil eine Gesamtverweisung nach Art. 4 Abs. 1 S. 1 EGBGB nur dann erfolgt, wenn dies dem Sinn der Verweisung entspricht. Das ausländische IPR ist z. B. zu berücksichtigen, wenn es auf das Recht eines Drittstaates verweist, nach dem das Kind beiden Frauen als Eltern rechtlich zugeordnet werden kann.[789]

cc) Vorfrage der Ehe oder einer anderen Form der Partnerschaft zwischen Eltern gleichen Geschlechts

Das nach Art. 19 Abs. 1 S. 1 EGBGB berufene Abstammungsstatut setzt eine Ehe oder eine andere Form der Partnerschaft der beiden Frauen voraus, so dass es sich hier um eine materiellrechtliche Vorfrage handelt. Einer selbständigen Anknüpfung der Vor-frage im internationalen Abstammungsrecht ist grundsätzlich der Vorzug zu geben.[790] Da aus deutscher Sicht jede gleichgeschlechtliche Partnerschaft in den Anwendungsbereich des Art. 17b EGBGB fällt,[791] kommt stets das Registerrecht zur Anwendung, so dass die

---

788 Andrae, *StAZ* 2015, S. 170; Coester-Waltjen, *IPRax* 2016, S. 134; Frie, *FamRZ* 2015, S. 891.

789 Coester-Waltjen, *IPRax* 2016, S. 134; BGH, Beschluss v. 20.4.2016 – XII ZB 15/15, *NJW* 2016, S. 2324, Rn. 29.

790 Helms, *StAZ* 2012, S. 7; Andrae, *StAZ* 2015, S. 170; BGH, Beschluss v. 20.4.2016 – XII ZB 15/15, *NJW* 2016, S. 2324, Rn. 31.

791 BGH, Beschluss v. 20.4.2016, *NJW* 2016, S. 2325, Rn. 36–37.

Anforderungen des Abstammungsstatuts an gleichgeschlechtliche institutionelle Beziehungen leicht erfüllt werden.[792]

Zudem kommt es z. B. in dem vom KG vorgelegten Fall unabhängig von einer selbständigen oder unselbständigen Anknüpfung zum gleichen Ergebnis, weil das Abstammungsstatut mit dem Ehestatut (Lebenspartnerschaftsstatut) identisch ist. Würden diese beiden Statute auseinanderfallen und sich daraus unterschiedliche institutionelle gleichgeschlechtliche Beziehungen ergeben, wäre ein Substitutionsproblem zu beachten.[793]

Darüber hinaus ist die Partnerschaft gleichgeschlechtlicher Eltern u. U. nicht als Vorfrage zu klären, denn die Abstammung nach manchen ausländischen Rechtsordnungen knüpft z. B. nicht an die rechtliche Partnerschaft der Eltern an, sondern an eine Anerkennungserklärung oder eine einvernehmliche Einwilligung in die künstliche Befruchtung der Partnerin, die mit der Mutter des Kindes in einer nicht formalisierten Paarbeziehung lebt. In diesem Fall ist das Abstammungsstatut zur Beurteilung des Sachverhalts unmittelbar anzuwenden.[794]

2) Anwendung des Heimatrechts der lesbischen Lebenspartnerin nach Art. 19 Abs. 1 S. 2 EGBGB

Ergibt sich aus Art. 19 Abs. 1 S. 1 EGBGB kein anwendbares Recht, das zur rechtlichen Zuordnung des Kindes zur Lebenspartnerin der Mutter führt, z. B. bei gewöhnlichem Aufenthalt des Kindes in Deutschland, so ist das nach Art. 19 Abs. 1 S. 2 EGBGB berufene Recht anzuwenden, wenn die Lebenspartnerin der Mutter Ausländerin ist, nach deren Heimatrecht sie die gleichgeschlechtliche Elternschaft kraft Abstammung erlangen kann. Dies ist gerade in einem Fall[795] gegeben, der dem Standesamt B vorgelegt wurde: Ein Kind wurde von einer Britin in Deutschland geboren und hat seitdem seinen gewöhnlichen Aufenthalt in Deutschland, während die Lebenspartnerin der Mutter Neuseeländerin ist und das neuseeländische Recht eine rechtliche Zuordnung zu gleichgeschlechtlichen Eltern vorsieht. Daher ist nach Art. 19 Abs. 1 S. 2 EGBGB die Abstammung zwischen der Lebenspartnerin und dem Kind festzustellen. Da das neuseeländische Recht dem

---

792 Frie, *FamRZ* 2015, S. 891.

793 Andrae, *StAZ* 2015, S. 171.

794 Helms, *StAZ* 2012, S. 7.

795 Wall, *StAZ* 2016, S. 280.

Bereich des Common Law zuzuordnen ist, ist in der Zuständigkeitsregelung eine Kollisionsnorm „versteckt": Nach neuseeländischem Recht sind deutsche Gerichte international zuständig, so dass grundsätzlich „versteckt" auf deutsches Recht verwiesen werden kann. Aufgrund des Günstigkeitsprinzips i. S. v. Art. 4 Abs. 1 S. 1 EGBGB ist das neuseeländische Sachrecht jedoch unmittelbar anzuwenden. In diesem Fall stellt die Partnerschaft der Eltern keine Vorfrage dar, da die Zuordnung des Kindes zur Partnerin der Mutter eine einvernehmliche Einwilligung beider Frauen voraussetzt. Die Beurteilung dieses Sachverhalts erfolgt direkt nach dem Abstam-mungsstatut, also nach neuseeländischem Recht.[796]

Es ist umstritten, ob das ausländische Recht auf die Zuordnung des Kindes zur Partnerin der Geburtsmutter unter Verweis auf Art. 5 Abs. 1 S. 2 EGBGB Anwendung finden kann, wenn die Partnerin neben der deutschen noch eine ausländische Staatsangehörigkeit besitzt und das Kind seinen gewöhnlichen Aufenthalt in Deutschland hat. Eine überwiegende Ansicht vertritt, dass die Zuordnung des Kindes aufgrund einer teleologischen Reduktion i. S. v. Art. 5 Abs. 1 S. 2 EGBGB ausschließlich nach deutschem Recht zu beurteilen ist.[797] Eine andere Auffassung weist jedoch zu Recht darauf hin, dass nach dem in Art. 19 EGBGB verankerten Günstigkeitsprinzip neben deutschem Recht auch dasjenige ausländische Recht herangezogen werden kann, das die Elternschaft der Lebenspartnerin der Mutter anerkennt.[798]

3) Anknüpfung an das Ehewirkungsstatut nach Art. 19 Abs. 1 S. 3 EGBGB

Sieht das nach Art. 19 Abs. 1 S. 1, 2 EGBGB berufene Recht keine Abstammungsfiktion für gleichgeschlechtliche Paare vor, ist alternativ Art. 19 Abs. 1 S. 3 EGBGB in Betracht zu ziehen. Obwohl Art. 19 Abs. 1 S. 3 EGBGB keinen ausdrücklichen Verweis auf Art. 17b EGBGB enthält, sollten bei gleichgeschlechtlichen Ehen anstelle des nach Art. 14 Abs. 2 EGBGB berufenen Rechts die Sachvorschriften des registerführenden Staates Anwendung finden.[799] Zum einen, weil Art. 17b Abs. 5 EGBGB bereits darauf hinweist, dass Art. 19 Abs. 1 S. 3 EGBGB auch für die gleichgeschlechtliche Ehe gilt. Zum anderen,

[796] Wall, *StAZ* 2016, S. 281.

[797] Staudinger/Henrich (2022), Art. 19 EGBGB Rn. 16; MüKoBGB/Helms (2024), Art. 19 EGBGB Rn. 10; NK-BGB/Bischoff (2021), Art. 19 EGBGB Rn. 16.

[798] Coester-Waltjen, *IPRax* 2016, S. 135.

[799] Tometten, Christoph: „Zwei Mütter durch Abstammung?". *ZRP* 2019, S. 134.

weil die Anknüpfung in Art. 19 Abs. 1 S. 3 i. V. m. Art. 14 Abs. 2 EGBGB darauf abstellt, dass zur Bestimmung des Abstammungsstatuts alternativ auf das Ehewirkungsstatut der Mutter zurückgegriffen werden kann. Art. 14 EGBGB enthält jedoch als lex generalis ein allgemeines Ehewirkungsstatut, während sich die allgemeinen Wirkungen bei einer gleichgeschlechtlichen Ehe nach Art. 17b EGBGB als lex specialis richten. Daraus folgt, dass bei gleichgeschlechtlichen Ehen eine Verweisung des Art. 19 Abs. 1 S. 3 EGBGB auf Art. 17b EGBGB gelten dürfte,[800] was zur Anerkennung der rechtlichen Zuordnung zur Partnerin der Mutter führen kann, wenn dies mit dem Recht des Register führenden Staates vereinbar ist. Dieses Ergebnis entspricht auch dem in Art. 19 Abs. 1 EGBGB enthaltenen Günstigkeitsprinzip, d. h. aufgrund der gleichrangigen Anknüpfungen in Art. 19 Abs. 1 EGBGB ist letztlich das für das Kindeswohl günstigste Recht zu wählen.[801]

Obwohl das Registerstatut auf den ersten Blick wenig mit dem Kind zu tun hat und aus der Sicht des Kindes etwas willkürlich erscheint,[802] wird die Eltern-Kind-Zuordnung bei gleichgeschlechtlichen institutionellen Beziehungen häufig an das Register-statut anknüpfen müssen, weil ein lesbisches Paar mit Kinderwunsch höchstwahrscheinlich in einem Land, dessen Recht die Abstammungsfiktion bei gleichgeschlechtlichen Paaren zulässt, die Ehe oder Lebenspartnerschaft eintragen lassen und das Kind zur Welt bringen wird. Das Registerstatut bietet somit eine Alternative, um dem in Regenbogenfamilien geborenen Kind zwei Elternteile geben zu können.

Zusammenfassend ist festzuhalten, dass die auf Art. 19 Abs. 1 EGBGB gestützten Abstammungsstatute aufgrund des Günstigkeitsprinzips regelmäßig zu einer Abstammung zwischen der Lebenspartnerin der Mutter und dem Kind führen.[803]

---

800 Tometten, *ZRP* 2019, S. 135

801 Tometten, *ZRP* 2019, S. 135; Näheres siehe hierzu Teil 3 E I 1 d) 3) zur Konkretisierung des Kindeswohls in Sinne des ordre public: (1) von Anfang an zwei rechtmäßige Elternteile festzustellen, die in einer Familie leben; (2) weitere rechtliche Wirkungen zu erzielen; (3) unnötige Verwaltungsverfahren und diskriminierende Folgen für solche Familien zu vermeiden. Diese Punkte stellen konkrete Aspekte des Kindeswohls dar.

802 Andrae, *StAZ* 2015, S. 171.

803 Frie, *FamRZ* 2015, S. 891.

c) *Deutsche Staatsangehörigkeit des Kindes*

Nach der Entscheidung des BGH kann die Abstammung als Vorfrage der Staatsangehörigkeit vom Standesamt in eigener Zuständigkeit geprüft werden, ohne dass es eines vorgeschalteten Verfahrens bei der Staatsangehörigkeitsbehörde oder dem Familiengericht bedarf.[804]

Wie in Art. 19 EGBGB ist auch in § 4 StAG der Begriff der Abstammung weit zu verstehen, d. h. er beschränkt sich nicht auf die biologische Abstammung, sondern stellt vielmehr auf die rechtliche Eltern-Kind-Zuordnung ab. § 4 StAG erfasst nicht nur Kindeszuordnungen im deutschen Sachrecht. In Abstammungsfällen mit Auslandsbezug ist der Elternteil i. S. v. § 4 Abs. 1 S. 1 StAG regelmäßig entweder über die Anknüpfung des Art. 19 Abs. 1 EGBGB oder über ein Anerkennungsverfahren nach § 108 FamFG zu bestimmen.[805] Nimmt die deutsche Lebenspartnerin der Mutter die rechtliche Elternstellung nach dem sich aus Art. 19 Abs. 1 EGBGB ergebenden Recht ein, so vermittelt sie dem Kind nach § 4 StAG die deutsche Staatsangehörigkeit, auch wenn die Lebenspartnerin mit dem Kind offensichtlich nicht genetisch verwandt ist.

d) *Ordre-public-Prüfung nach Art. 6 EGBGB*

1) **Allgemeines**

Ein Verstoß gegen den ordre public nach Art. 6 EGBGB hinsichtlich der Zuordnung des Kindes zur Lebenspartnerin der Mutter ist wie bei der ordre-public-Kontrolle nach § 109 FamFG nur dann anzunehmen, wenn das Ergebnis der Anwendung ausländischen Rechts mit wesentlichen Grundsätzen und Wertvorstellungen des deutschen Rechts offensichtlich unvereinbar ist.[806]

Der Ausschluss der Anwendbarkeit ausländischen Rechts setzt grundsätzlich einen hinreichenden Inlandsbezug voraus. Von einem geringen Inlandsbezug ist z. B. auszugehen, wenn die Regenbogenfamilie ihren gewöhnlichen Aufenthalt im Ausland hat und nur der Geburtsort des Kindes zufällig in

---

804 BGH, Beschluss v. 20.4.2016 – XII ZB 15/15, *NJW* 2016, S. 2323, Rn. 17–23; a. A. Andrae, *StAZ* 2015, S. 165.

805 Coester-Waltjen, *IPRax* 2016, S. 138.

806 Ebd., 136.

Deutschland liegt[807] oder wenn ein Elternteil mit mehrfacher Staatsangehörigkeit gerade die deutsche Staatsangehörigkeit besitzt.[808]

Die Umstände der künstlichen Zeugung des Kindes verstoßen regelmäßig nicht gegen den deutschen ordre public.[809] Auch wenn die Geburtsmutter eine befruchtete Eizelle ihrer Lebenspartnerin ausgetragen hat, liegt kein Verstoß gegen den ordre public vor, da dies nicht als Leihmutterschaft i. S. d. deutschen Rechts gilt. Zudem beruht das Verbot der Leihmutterschaft im deutschen Recht hauptsächlich auf generalpräventiven Überlegungen.

Der ordre public im Zusammenhang mit der Abstammungsfiktion in lesbischen Partnerschaften wird zudem häufig durch die Interessen und Rechte der gleichgeschlechtlichen Wunscheltern, des Kindes sowie des Samenspenders konkretisiert. Da die lesbischen Partnerinnen mit dem durch künstliche Befruchtung gezeugten Kind eine Familie gründen wollen oder bereits gegründet haben, ist auch der Schutz der Familie zu berücksichtigen.

Der Gleichheitssatz des Art. 6 Abs. 2 GG i. V. m. Art. 3 Abs. 1 GG könnte für die Anerkennung der ausländischen Abstammungsfiktion in lesbischen Lebenspartnerschaften eine Rolle spielen. Dies ist jedoch in der deutschen Rechtsprechung umstritten: Nach der Ansicht des BGH gilt der Gleichheitssatz hier nicht, während das OLG Celle dies anders sieht. Derzeit liegt es dem BVerfG zur erneuten Entscheidung vor.[810]

2) Gleichgeschlechtliche Elternschaft

Die nach ausländischem Recht begründete Zuordnung des Kindes zur Lebenspartnerin der Mutter hätte zur Folge, dass das Kind ohne weiteren Verwaltungsakt wie die Adoption unmittelbar rechtlich gleichgeschlechtliche Eltern hätte, was nicht gegen den deutschen ordre public verstößt. Denn zum einen steht gleichgeschlechtlichen Paaren im deutschen Recht bereits die Stiefkindadoption oder die gemeinschaftliche Adoption eines Kindes offen[811]

807 Sieberichs, *StAZ* 2015, S. 3.

808 Dies trifft zu für den KG, Beschluss v. 02.12.2014 – 1 W 562/13, *BeckRS* 2015, S. 1229; vgl. Coester-Waltjen, *IPRax* 2016, S. 135.

809 Coester-Waltjen, *IPRax* 2016, S. 136; Frie, *FamRZ* 2015, S. 894; KG, Beschluss v. 02.12.2014 – 1 W 562/13, *BeckRS* 2015, S. 1229.

810 BGH, Beschluss v. 10.10.2018 – XII ZB 231/18, *NJW* 2019, S. 156, Rn. 24–30; OLG Celle, Beschluss v. 24.3.2021 – 21 UF 146/20, *NZFam* 2021, S. 352.

811 Sieberichs, *StAZ* 2015, S. 3.

und nach den Ausführungen des BVerfG ist auch die rechtliche Elternschaft gleichgeschlechtlicher Paare durch Art. 6 Abs. 2 S. 1 GG geschützt.[812] Andererseits ist eine automatische Zuordnung zur gleichgeschlechtlichen Elternschaft im Fall der Leihmutterschaft durch die Entscheidung des BGH anerkannt.[813] Die geschützten gleichgeschlechtlichen Beziehungen der Eltern stehen daher einer fiktiven Abstammung nicht entgegen, sondern fördern wie bei verschiedengeschlechtlichen Beziehungen das Aufwachsen des Kindes[814] und die Entstehung einer sozial-familiären Beziehung.[815]

Auch der Grundsatz der Statuswahrheit rechtfertigt den Verstoß gegen den ordre public bei der automatischen Zuordnung zur Lebenspartnerin der Mutter nicht, weil bei der Zuordnung des Kindes nach § 1592 Nr. 1, 2 i. V. m. § 1600 Abs. 2 BGB aus Gründen der Statussicherheit neben der genetischen Verwandtschaft auch die soziale Elternschaft eine Rolle spielt.[816] Der Statuswahrheit widerspricht es auch, wenn der Ehemann, der keine genetische Beziehung zu dem Kind hat, im Fall einer künstlichen Befruchtung aufgrund seiner Ehe mit der Geburtsmutter automatisch Vater des Kindes werden kann. Wegen dieser Einschränkungen des Grundsatzes der Statuswahrheit ist er daher kein wesentlicher Grundsatz des deutschen Abstammungsrechts[817] und steht einer gleichgeschlechtlichen Elternschaft nicht zwingend entgegen. Die Abstammungsfiktion bei lesbischen Lebenspartnerschaften entspricht im Übrigen der Auffassung des BGH im Fall der Leihmutterschaft mit der Maßgabe, dass mindestens ein Elternteil, nämlich die Geburtsmutter, mit dem Kind genetisch oder biologisch verwandt ist.[818]

3) Kindeswohl

Bei der Prüfung des ordre public in Angelegenheiten, die Kinder betreffen, ist stets auf das Kindeswohl abzustellen.[819] Da auch gleichgeschlechtliche Eltern in der Lage sind, für das Aufwachsen des Kindes zu sorgen und eine

---

812 BVerfG, Urteil v. 19.2.2013 – 1 BvL 1/11, 1 BvR 3247/09, *openJur* 2013, S. 5030.

813 BGH, Beschluss v. 10.12.2014 – XII ZB 463/13, *NJW* 2015, S. 479.

814 Coester-Waltjen, *IPRax* 2016, S. 136.

815 BGH, Beschluss v. 20.4.2016 – XII ZB 15/15, *NJW* 2016, S. 2327, Rn. 50.

816 Helms, *StAZ* 2012, S. 7; Wall, *StAZ* 2016, S. 283.

817 Wall, *StAZ* 2016, S. 283.

818 Frie, *FamRZ* 2015, S. 894; Helms, *FamRZ* 2015, S. 240, Rz. 34.

819 BGH, Beschluss v. 10.12.2014 – XII ZB 463/13, *IPRax* 2015, S. 261, Rn. 54; Coester-Waltjen, *IPRax* 2016, S. 138; Frie, *FamRZ* 2015, S. 894.

soziale familiäre Beziehung zum Kind aufzubauen, wird das Kindeswohl nicht allein durch die gleichgeschlechtliche Elterngemeinschaft verletzt.[820]

Wie bei der Leihmutterschaft ist die Eltern-Kind-Zuordnung als Teil des Kindeswohls anzusehen.[821] Die Verweigerung der direkten Zuordnung zum zweiten Elternteil, also zur Partnerin der Geburtsmutter, könnte eine Verletzung des Rechts des Kindes auf Identitätsfindung nach Art. 8 Abs. 1 EMRK darstellen.[822] Der Umweg über die Adoption könnte immer noch eine große Unsicherheit der Statusverhältnisse des Kindes bergen, so dass das Kindeswohl erheblich beeinträchtigt sein könnte.[823] Insgesamt gebietet daher das Kindeswohl eine schnelle und effektive Abstammungsfiktion für ein künstlich gezeugtes Kind, dessen Stellung vergleichbar ist mit der eines durch eine konsentierte heterologe Insemination in eine verschiedengeschlechtliche Ehe geborenen Kindes gem. § 1592 Nr. 1 i. V. m. § 1600 Abs. 5 BGB.[824]

4) Vaterrechte des Samenspenders

Dem biologischen Vater stehen nach § 1686a BGB und § 1747 Abs. 1 BGB bestimmte Rechte zu, auch wenn er die rechtliche Vaterschaft nicht erworben hat. Dieser Schutz des biologischen Vaters, auch des Samenspenders, ergibt sich sowohl aus der Recht-sprechung des BVerfG (Art. 6 GG)[825] als auch aus der des EGMR (Art. 8 EMRK).[826] Insofern wird dem Gesetzgeber jedoch ein Gestaltungsspielraum bei der Eltern-Kind-Zuordnung eingeräumt.[827] Nach deutschem Recht ist bspw. grundsätzlich davon auszu-gehen, dass ein anonymer Samenspender freiwillig auf die rechtliche Vaterschaft und die damit verbundenen Rechte verzichtet hat (§ 1600 Abs. 4 BGB).[828] Ein auslän- disches

---

820 Wall, *StAZ* 2016, S. 283; BVerfG, Urteil v. 19.2.2013 – 1 BvL 1/11, 1 BvR 3247/09, *openJur* 2013, S. 5030, Rn. 59–60; Andrae, *StAZ* 2015, S. 171; Coester-Waltjen, *IPRax* 2016, S. 138.

821 Näheres siehe oben Teil 3 D I 1 d) 2); BGH, Beschluss v. 10.12.2014 – XII ZB 15/15, *IPRax* 2015, S. 261, Rn. 42.

822 Coester-Waltjen, *IPRax* 2016, S. 138.

823 Coester-Waltjen, *IPRax* 2016, S. 136; BGH, Beschluss v. 10.12.2014 – XII ZB 463/13, *IPRax* 2015, S. 261, Rn. 57–58.

824 BGH, Beschluss v. 20.4.2016 – XII ZB 15/15, *NJW* 2016, S. 2327, Rn. 52.

825 BVerfG, Urteil v. 19.2.2013 – 1 BvL 1/11, 1 BvR 3247/09, *NJW* 2013, S. 847.

826 EGMR, Urteil v. 26.5.1994 – 16969/90 (Keegan/Irland), *FamRZ* 1995, S. 112; EGMR, Urteil v. 26.2.2004 – 74969/01 (Görgülü/Deutschland), *FamRZ* 2004, S. 1456.

827 Coester-Waltjen, *IPRax* 2016, S. 137.

828 Coester-Waltjen, *IPRax* 2016, S. 137; Helms, *StAZ* 2012, S. 7.

Recht, das den Samenspender von vornherein aus der Vaterstellung verdrängt und stattdessen die Lebenspartnerin der Mutter als zweiten Elternteil zuordnet, verstößt daher nicht gegen den deutschen ordre public.[829]

5) Schutz der sozialen Familie

Ist die gleichgeschlechtliche Elternschaft in einer Regenbogenfamilie auf Dauer angelegt und legitimiert, kann wie bei einer verschiedengeschlechtlichen Familie eine faktische soziale Familie erwartet werden.[830] Auch eine soziale Familie, die durch zwei Frauen und ein Kind strukturiert ist, muss durch Art. 6 Abs. 1 GG und Art. 8 Abs. 1 EMRK geschützt werden.[831] Ein Eingriff in das Familienleben der Regenbogenfamilie könnte z. B. vorliegen, wenn eine Ausländerin, die mit einem Deutschen verheiratet ist und ihren gewöhnlichen Aufenthalt in Deutschland hat, im Ausland ein Kind zur Welt gebracht hat und dieses mit nach Deutschland bringen möchte, aber wegen der Verweigerung der Anerkennung der Zuordnung des Kindes zur deutschen Partnerin durch deutsche Behörden nicht mit dem Kind nach Deutschland einreisen könnte, um hier in einer Familie zu leben. Dieser Eingriff ist nur gerechtfertigt, wenn es auf das Kindeswohl stützt. Im obigen Beispiel ist dies offensichtlich nicht der Fall.[832]

2. China

a) Allgemeines

1) Eintritt der IPR-Anknüpfung

Liegen, wie im Fall der Leihmutterschaft mit verschiedengeschlechtlichen Eltern, von der zuständigen ausländischen Behörde ausgestellte und beglaubigte Dokumente über die Eltern-Kind-Beziehung vor, ist in der chinesischen Praxis bei der Haushaltsregistrierung eines im Ausland geborenen Kindes regelmäßig eine direkte Übertragung des in den ausländischen Dokumenten vermerkten Inhalts möglich, ohne dass eine IPR-Anerkennung vorgeschaltet werden muss. Dagegen ist es offensichtlich unmöglich, die in einer ausländischen Geburtsurkunde eingetragene gleichgeschlechtliche Elternschaft, z. B. zwei Mütter, in das chinesische Personenstandsregister zu übertragen,

---

829 Coester-Waltjen, *IPRax* 2016, S. 137.

830 BGH, Beschluss v. 20.4.2016 – XII ZB 15/15, *NJW* 2016, S. 2327, Rn. 50.

831 Sieberichs, *StAZ* 2015, S. 3.

832 Näheres siehe oben Teil 3 D I 1 d) 3).

weil dem chinesischen Recht gleichgeschlechtliche Beziehungen und gleichgeschlechtliche Elternschaft fremd sind. In diesem Fall kann nur eine Mutter eingeschrieben werden.[833]

Für die Feststellung der Eltern-Kind-Zuordnung zwischen der Partnerin der Mutter und dem Kind als Vorfrage in Sorgerechts- oder Vormundschaftssachen ist jedoch eine IPR-Anknüpfung erforderlich.

2) Qualifikation

Nach § 8 IPRG richtet sich die Qualifikation nach der lex fori. Das chinesische Recht unterscheidet zwischen der natürlichen und der fiktiven Verwandtschaft. Erstere stellt auf die genetische bzw. biologische Verbundenheit zwischen Eltern und Kind ab. Letztere beruht vor allem auf sozialen Elementen in der Eltern-Kind-Beziehung, darunter faktische soziale Beziehungen in Stieffamilien, Adoptionsverhältnisse sowie die Vaterschaftsvermutung bei heterologer Insemination aufgrund der Ehe der verschiedengeschlechtlichen Eltern. Mit Ausnahme der Adoptionsverhältnisse fällt die Eltern-Kind-Zuordnung im Übrigen in den Anwendungsbereich des § 25 IPRG. Daraus folgt, dass auch wenn das chinesische Recht keine Form der gleichgeschlechtlichen Elternschaft vorsieht, die Zuordnung des Kindes zur Partnerin der Mutter nach chinesischem Recht als fiktive Verwandtschaft zu qualifizieren und daher kollisionsrechtlich nach § 25 IPRG zu prüfen ist.[834]

b) Anknüpfungen gem. § 25 IPRG

1) Primäranknüpfung an den gemeinsamen gewöhnlichen Aufenthalt der Lebenspartnerin der Mutter und des Kindes gem. § 25 Halbs. 1 IPRG

§ 13 der gerichtlichen Auslegung des IPRG (2020) regelt eindeutig den Zeitpunkt (bei Entstehung, Änderung oder Erlöschen eines Zivilrechtsverhältnisses) und die Dauer (mindestens ein Jahr) des gewöhnlichen Aufenthalts einer natürlichen Person. Soweit das IPRG keine andere Einschränkung vorsieht, z. B. in § 28 S. 3 IPRG,[835] ist der Zeitpunkt des gewöhnlichen Aufenthalts stets

---

833 Näheres siehe oben Teil 3 D I 2 a) 1).

834 Näheres siehe oben Teil 3 D I 2 a) 3).

835 Gem. § 28 Satz 3 IPRG ist auf die Auflösung der Adoption nicht das Personalstatut des Adoptierten zum Zeitpunkt der Auflösung anzuwenden, sondern das Recht seines gewöhnlichen Aufenthalts bei der Adoption oder das Recht des Gerichtsortes.

nach § 13 der gerichtlichen Auslegung des IPRG (2020) zu bestimmen. D. h. der Begriff des gewöhnlichen Aufenthalts im chinesischen IPRG ist unveränderlich und die Rechtsfolge des Aufenthaltswechsels daher unbeachtlich.

Wie bei der Leihmutterschaft entsteht auch bei der lesbischen Elternschaft das Eltern-Kind-Verhältnis mit der Geburt des Kindes. Ein neugeborenes Kind kann aber noch nicht mindestens ein Jahr ununterbrochen an einem Ort gelebt haben, was zur Folge hat, dass die Anwendbarkeit des § 25 Halbs. 1 IPRG bei der Zuordnung der Abstammung in jeder Familienstruktur scheitert, es sei denn, der gewöhnliche Aufenthalt des neugeborenen Kindes kann aus dem der Geburtsmutter oder der Wunscheltern abgeleitet werden. Dies entspricht jedoch weder der chinesischen gerichtlichen Auslegung noch der internationalen Tendenz, den gewöhnlichen Aufenthalt eines Kindes eigenständig zu bestimmen.[836]

2) Sekundäranknüpfung mit alternativen Anknüpfungspunkten gem. § 25 Halbs. 2 IPRG

In der chinesischen Praxis reisen chinesische lesbische Paare aufgrund fehlender Regelungen zur gleichgeschlechtlichen institutionellen Partnerschaft und zur gleichge-schlechtlichen Elternschaft im chinesischen Recht häufig ins Ausland, um dort eine gleichgeschlechtliche Ehe oder eine andere gleichgeschlechtliche institutionelle Partnerschaft eintragen zu lassen und durch künstliche Befruchtung ein Kind zu zeugen, so dass sie gemeinsam Eltern werden und damit eine Familie gründen können. Das Kind wird dann häufig nach China gebracht, so dass die nach ausländischem Recht begründete Eltern-Kind-Zuordnung in der Regenbogenfamilie in China geprüft werden muss.

Nach § 25 Halbs. 2 IPRG ist für die Zuordnung des Kindes zur Lebenspartnerin der Mutter das Recht des gewöhnlichen Aufenthalts oder das Heimatrecht des Kindes oder der Lebenspartnerin maßgebend. Da ein neugeborenes Kind keinen gewöhnlichen Aufenthalt i. S. v. § 13 der gerichtlichen Auslegung des IPRG hat, und die Lebenspartnerin der Mutter Chinesin ist und ihren gewöhnlichen Aufenthalt häufig in China hat, kommt i. d. R. nur das Heimatrecht des Kindes in Betracht.

---

[836] Näheres siehe oben Teil 3 D I 2 b).

Wäre das Kind in einem Land geboren, in dem die Staatsangehörigkeit nach dem Geburtsortprinzip bestimmt wird, wäre das Recht des Heimatstaates des Kindes für die Bestimmung der rechtlichen Zuordnung des Kindes zur Partnerin der Mutter am günstigsten. Dies würde jedoch zu einem Teufelskreis führen, weil das chinesische Recht die doppelte Staatsangehörigkeit nicht anerkennt. Wenn aber das Abstammungsprinzip am Geburtsort des Kindes gilt, verweisen alle Anknüpfungsalternativen des § 25 Halbs. 2 IPRG auf das chinesische Recht. Die rechtliche Zuordnung des Kindes zur Lebenspartnerin der Mutter kann daher weder durch „kollisionsrechtliche Anerkennung" noch durch Adoption in China begründet werden, so dass das Kindeswohl der in chinesischen Regenbogenfamilien geborenen Kinder im Hinblick auf die Eltern-Kind-Zuordnung erheblich verletzt wäre.

3) Vorfrage der Ehe oder einer anderen Form der Partnerschaft zwischen Eltern gleichen Geschlechts

Die gleichgeschlechtliche Ehe oder eine andere institutionelle Partnerschaft der lesbischen Eltern kann sich als Vorfrage einer fiktiven Kindeszuordnung in der lesbischen Lebensgemeinschaft darstellen. Nach § 10 der gerichtlichen Auslegung des IPRG (2020) ist das auf die Vorfrage anzuwendende Recht nach deren Eigenart zu bestimmen. Demnach ist die Vorfrage autonom zu beurteilen.

Da weder das chinesische materielle Recht noch das chinesische IPR Regelungen zu gleichgeschlechtlichen Lebenspartnerschaften enthalten, scheinen zwei Lösungswege zur Anknüpfung für die gleichgeschlechtlichen Lebenspartnerschaften denkbar. Zum einen kommt eine analoge Anwendung der für die heterosexuelle Ehe konzipierten §§ 21, 22 IPRG in Betracht. Dies würde allerdings die Anerkennung ausländischer institutioneller gleichgeschlechtlicher Partnerschaften in China nicht erleichtern, weil die Formalisierung gleichgeschlechtlicher Partnerschaften im Vergleich zur heterosexuellen Ehe international weitgehend zersplittert ist, so dass eine Sonderanknüpfung geschaffen werden müsste. Zum anderen wird zur Lösung der Vorfrage das Prinzip der engsten Verbindung nach § 2 Abs. 2 IPRG vorgeschlagen. Angesichts der weltweiten Zersplitterung der Formalisierung gleichgeschlechtlicher Partnerschaften ist der Registerort regelmäßig als der Ort anzusehen, der die engste Verbindung zu gleichgeschlechtlichen Beziehungen aufweist. Die Anwendung des Rechts des Registerortes würde grundsätzlich zu einer unmittelbaren Anerkennung ausländischer institutioneller gleichgeschlechtlicher Partnerschaften als Vorfrage der Eltern-Kind-Zuordnung in China führen, was auch das Kindeswohl gebietet.[837]

4) Fallbeispiel

Das VG des Bezirks Fengtai in Peking (VG Fengtai) befasst sich mit einem Fall,[838] in dem zwei in den USA verheiratete chinesische Frauen nach China zurückgekehrt sind, nachdem sie in den USA jeweils ein Kind geboren hatten. Frau A und Frau B gingen 2016 in den USA eine gleichgeschlechtliche Ehe ein. Frau A gebar eine Tochter, die durch eine von Frau B gespendete Eizelle, die von einem Samenspender befruchtet und in die Gebärmutter von Frau A implantiert wurde, gezeugt wurde. Frau B gebar einen Sohn, nachdem sie einen Embryo austrug, der aus der Befruchtung ihrer eigenen Eizelle mit einem Samenspender entstand. Beide Kinder erhielten die US-Staatsbürgerschaft. Nach ihrer Rückkehr nach China im Jahr 2017 trennten sich die beiden Frauen, und Frau B verwehrte Frau A den Zugang zu den Kindern. Nun klagt Frau A auf elterliche Sorge oder Vormundschaft. Sie fordert, dass amerikanisches Recht in Bezug auf die Vormundschaft angewandt wird.

Im Fall von Frau A handelt es sich nicht um eine klassische Leihmutterschaft, da das Kind nicht auf Grundlage einer solchen Vereinbarung gezeugt wurde. Vielmehr basiert die Elternschaft dieses lesbischen Paares auf der gleichgeschlechtlichen Ehe, die nach amerikanischem Recht anerkannt ist. Insofern ist das Verbot der Leihmutterschaft hier nicht relevant und hat keinen Einfluss auf die rechtliche Zuordnung des Kindes zur Lebensgefährtin der Mutter.

Da beide Kinder in den USA geboren wurden und die amerikanische Staatsbürgerschaft besitzen, ist gem. § 25 Halbs. 2 IPRG amerikanisches Recht (das Recht des Staatsangehörigkeitsstaates) auf die Eltern-Kind-Zuordnung anzuwenden. Die Vorfrage der Wirksamkeit der gleichgeschlechtlichen Ehe ist nach dem oben dargestellten Prinzip der engsten Verbindung gem. § 2

[837] Näheres siehe oben Teil 3 A II 1 b) 1) bb).

[838] Ein Sorgerechtsstreit im Zusammenhang mit einer ausländischen gleichgeschlechtlichen Ehe und einer grenzüberschreitenden Leihmutterschaft, der vor dem VG Fengtai, Beijing verhandelt wurde, wurde von Professor Qi Xiangquan auf dem Forum für Internationales Privatrecht im Jahr 2021 präsentiert, retrieved 10.11.2022, from https://mp.weixin.qq.com/s/gN50VV8WXydRQ0IX7dcFmA.

Abs. 2 IPRG selbständig zu beurteilen. Danach ist auf die Vorfrage der gleichgeschlechtlichen Ehe zwischen Frau A und Frau B das Recht des Registerortes, also das Recht der USA, anzuwenden, wodurch die Wirksamkeit ihrer gleichgeschlechtlichen Ehe in China anerkannt werden kann.

Die elterliche Sorge fällt unter § 25 IPRG, während die Vormundschaft den Regelungen des § 30 IPRG unterliegt. Demnach kommen sowohl amerikanisches als auch chinesisches Recht zur Anwendung. Unter Berücksichtigung des Prinzips des Schutzes des Schwächeren, das durch das Kindeswohl und das Günstigkeitsprinzip flankiert wird, ist das Recht anzuwenden, das den Schutz und das Wohl der Kinder am besten gewährleistet. Da Frau A gemeinsam mit Frau B die Kinder erzogen hat, ist ihre Rolle als Elternteil zu berücksichtigen.

Das Verfahren vor dem VG Fengtai ist seit mehr als drei Jahren anhängig,[839] was zu erheblicher Unsicherheit hinsichtlich der rechtlichen Stellung der Kinder geführt hat. Diese Verzögerung könnte für das Leben der Kinder und ihre Beziehung zu ihrer leiblichen Mutter irreversible Folgen haben. Daher sollte das Kindeswohl bei der Entscheidung im Vordergrund stehen, und eine schnelle Klärung ist notwendig, um die rechtliche Identität der Kinder zu sichern.

c) *Chinesische Staatsangehörigkeit des Kindes*

Die Frage, ob ein Kind die chinesische Staatsangehörigkeit durch die Lebenspartnerin der Geburtsmutter erlangen kann, ist zu klären. Vor der Feststellung der chinesischen Staatsangehörigkeit des Kindes stellt sich jedoch die Frage, ob sich der Begriff „Eltern" im chinesischen Staatsangehörigkeitsrecht nur auf die natürliche Verwandtschaft bezieht. Da das chinesische materielle Recht und die Gerichtspraxis sowohl natürliche als auch fiktive Verwandtschaftsverhältnisse in das rechtliche Eltern-Kind-Verhältnis einbeziehen, ist die Lebenspartnerin der Mutter grundsätzlich als rechtliches Elternteil i. S. d. chinesischen Staatsangehörigkeitsrechts anzusehen, sofern die Wirksamkeit der nach ausländischem Recht begründeten fiktiven Verwandtschaft in China feststeht.

---

839 Vgl. WeChat-Beitrag der Klägeranwälte in diesem Fall: Ming Yue Shuo Fa: *Two Years, No Judgment: The Ongoing Same-Sex Couple Custody Case – Part Three*, retrieved 7.2.2024, from https://mp.weixin.qq.com/s/1O-M3ROO0hWcpLsoDggHRg.

Beispiel: Eine ausländische Frau lebt mit ihrer chinesischen Partnerin in China und hat dort ein Kind geboren. Erwirbt das Kind nach dem Abstammungsprinzip die ausländische Staatsangehörigkeit der Geburtsmutter, so ist nach § 25 IPRG für die Zuord-nung des Kindes zur Lebenspartnerin das Recht des Staatsangehörigkeitsstaates des Kindes maßgebend. Sieht das Heimatrecht des Kindes die gleichgeschlechtliche Elternschaft kraft Abstammung vor, kann der chinesischen Lebenspartnerin unter dem Vorbehalt des ordre public die Elternschaft zukommen. In diesem Fall kann das Kind über die Lebenspartnerin der Mutter jedoch nicht zugleich die chinesische Staatsangehörigkeit erwerben, weil eine doppelte Staatsangehörigkeit nach § 3 des chinesischen Staatsangehörigkeitsgesetzes unzulässig ist.

Daraus folgt, dass es in der Praxis unmöglich ist, dass ein Kind, dessen Geburtsmutter Ausländerin ist, gleichzeitig die chinesische Staatsangehörigkeit erwirbt. Es sei denn, die Staatsangehörigkeit der Geburtsmutter kann nicht festgestellt werden, so dass das Kind staatenlos ist. Die chinesische Staatsangehörigkeit kann es jedoch nur nach §§ 6, 7 des chinesischen Staatsangehörigkeitsgesetzes durch das Geburtsortprinzip in Ausnahmefällen oder durch Einbürgerung erhalten.[840]

d) Ordre-public-Prüfung nach § 5 IPRG

1) Allgemeines

Bei der ordre-public-Prüfung nach § 5 IPRG handelt es sich um eine Ergebniskontrolle. Bei Regenbogenfamilien ergibt sich somit aus der Anwendung des ausländischen Rechts, dass das Kind gleichzeitig rechtliche Eltern gleichen Geschlechts hat. Nach chinesischem Recht ist es jedoch möglich, dass ein in einer Stieffamilie lebendes Kind gleichzeitig drei rechtliche Elternteile hat, von denen zwei gleichgeschlechtlich sind (z. B. eine leibliche Mutter und eine

---

840 § 6 Staatsangehörigkeitsgesetz der VR China: „Die Person, deren Eltern staatenlos oder mit unbekannter Staatsangehörigkeit sind und die sich in China niedergelassen hat und in China geboren ist, besitzt chinesische Staatsangehörigkeit." § 7 Staatsangehörigkeitsgesetz der VR China: „Einem Ausländer oder Staatenlosen, der bereit ist, sich an die Verfassung und die Gesetze Chinas zu halten, und der eine der folgenden Bedingungen erfüllt, kann auf Antrag die chinesische Staatsangehörigkeit verliehen werden: I. Ein enger Verwandter eines chinesischen Staatsangehörigen; II. Niederlassung in China; III. aus anderen berechtigten Gründen."

Stiefmutter).[841] Daraus folgt, dass das Ergebnis der Anwendung ausländischen Rechts nicht notwendigerweise im Widerspruch zu den Grundprinzipien des chinesischen Rechts steht.

Männliche Homosexualität wurde in China bereits 1997 entkriminalisiert. Im Jahr 2001 wurde Homosexualität von der chinesischen Liste der psychischen Krankheiten gestrichen. Die heutige chinesische Gesellschaft und Kultur, vor allem in den Großstädten, ist zunehmend toleranter gegenüber Homosexualität.[842] Vor diesem Hintergrund bekommen immer mehr gleichgeschlechtliche Paare in China, die eine Familie gründen wollen, Kinder auf verschiedenen Wegen der Fortpflanzung, z. B. durch Scheinehe, Einzeladoption, internationale Leihmutterschaft, künstliche Befruchtung usw. und übernehmen de facto gemeinsam die Elternrolle. D. h. gleichgeschlechtliche Elternschaft ist in China trotz Nichtanerkennung Realität. Aus der Lösung der Fälle von Leihmutterschaft lassen sich Anhaltspunkte dafür ableiten, dass sich die Eltern-Kind-Zuordnung in Regenbogenfamilien immer auch am Kindeswohl orientieren sollte, das über die generelle Verhinderung gleichgeschlechtlicher Beziehungen hinausgeht.[843]

Zudem verstößt die in lesbischen Partnerschaften praktizierte Form der künstlichen Befruchtung nicht gegen den chinesischen ordre public, da diese Technik auch für alleinstehende Frauen in einigen chinesischen Provinzen, wie z. B. Jilin, unter bestimmten Voraussetzungen zulässig ist.[844] Obwohl gleichgeschlechtliche Partnerschaften in China rechtlich nicht anerkannt sind, ermöglicht diese rechtliche Öffnung in bestimmten Provinzen hinsichtlich der künstlichen Befruchtung, dass unverheiratete Frauen – einschließlich in einer lesbischen Beziehung lebender Frauen – Zugang zu künstlicher Befruchtung erhalten und somit gemeinsam ein Kind aufziehen können,

---

841 § 1072 ZGB.

842 United Nations Development Programme, United States Agency for International Development 2014, S. 8–10.

843 Peng, *Journal of China Three Gorges University(Humanities & Social Sciences)* 2016, S. 74.

844 Art. 28 des Kapitels 4 (Regulierung der Fruchtbarkeit) der Verordnung über Bevölkerung und Familienplanung von 2014 in der Provinz Jilin, China: „Frauen, die das gesetzliche Mindestheiratsalter erreicht haben, sich gegen eine Heirat entscheiden und kinderlos sind, können ein Kind mit Hilfe der legalen medizinisch unterstützten Reproduktionstechnologie bekommen.“ vgl. Gu 2016, S. 34.

ohne automatisch gegen den öffentlichen Ordnungsgedanken Chinas zu verstoßen.

Ein anonymer Samenspender kann nach chinesischem Recht nicht die rechtliche Vaterschaft übernehmen,[845] während ein privater Samenspender die gerichtliche Feststellung der Vaterschaft beantragen kann.[846] Grundsätzlich kann jedoch davon ausgegan-gen werden, dass die Rechte des Samenspenders, der von vornherein auf seine Vaterschaftsrechte und -pflichten verzichtet hat, nicht vorrangig schutzbedürftig sind.

Im Übrigen ist darauf hinzuweisen, dass bei der Prüfung des ordre public nach § 5 IPRG in Angelegenheiten, die Kinder betreffen, stets auch der Gesichtspunkt des Kind-eswohls und des Schutzes der sozialen Familie eine wichtige Rolle spielt, worauf im Folgenden näher eingegangen wird.

2) Kindeswohl

Auch die in lesbischen Lebenspartnerschaften geborenen Kinder sind wie in den Fällen der Leihmutterschaft durch künstliche Befruchtung gezeugt worden. Das Kindeswohl der durch künstliche Befruchtung gezeugten Kinder ist im Hinblick auf die Eltern-Kind-Zuordnung in gleicher Weise zu schützen. Bei der Eltern-Kind-Zuordnung in einer Regenbogenfamilie ist darüber hinaus der Prinzip des Schutzes des Schwächeren zu beachten, weil das neugeborene Kind die schwächere Partei ist und seine Interessen vorrangig zu schützen sind.[847]

Wäre die Anwendbarkeit ausländischen Rechts ausgeschlossen, hätte das Kind nur eine rechtliche Mutter, weil der Samenspender nach ausländischem Recht nicht rechtlicher Vater des Kindes ist und de facto die Vaterschaft nicht übernehmen will und zudem eine Stiefkindadoption durch die Lebenspartnerin der Mutter in China ohnehin nicht möglich ist. Der Entzug der rechtlichen elterlichen Verantwortung der Partnerin der Mutter kann das Kindeswohl erheblich beeinträchtigen, insbesondere wenn die Beziehung des lesbischen Paares gescheitert ist oder der Tod der Geburtsmutter unerwartet eintritt.

Auch wenn das chinesische Recht die Möglichkeit vorsieht, nach dem Tod der Mutter die Partnerin als Vormund zu bestellen und darüber hinaus

---

845 § 40 OVG-Erläuterungen des Ehe- und Familienteils I.

846 § 1073 ZGB.

847 Vgl. § 1041 S. 3 ZGB; Art. 49 der chinesischen Verfassung; He, *Hebei Law Science* 2012(10), S. 136.

das Erbrecht des Kindes durch ein Testament der Partnerin erreicht werden kann, entspricht die rechtliche Zuordnung des Kindes zur Partnerin der Mutter eher dem Kindeswohl, weil diese sog. Alternativen auf nachträglichen Handlungen der lesbischen Paare beruhen, die dazu führen, dass die Kinder lange Zeit in einem statusrechtlichen Schwebezustand verbleiben, während in jedem Fall das aktuelle Kindeswohl im Vordergrund stehen sollte.

3) Schutz der sozialen Familien

Eine soziale Familie entsteht auch, wenn die Geburtsmutter und ihre Partnerin mit dem Kind zusammenleben und die faktische Elternverantwortung gemeinsam wahrnehmen. Der Schutz der sozialen Familie ist auch eine wichtige Erwägung bei der Prüfung des ordre public nach § 5 IPRG im Hinblick auf die Zuordnung des Kindes zur Partnerin der Mutter. Der Familienschutz umfasst im chinesischen Recht grundsätzlich zwei Aspekte: Nichteinmischung in das Familienleben, außer bei besonderen Umständen, die das Kindeswohl betreffen; und die Legalisierung der sozial-familiären Beziehungen.[848] Die rechtliche Zuordnung zur Partnerin der Mutter ist daher zum Schutz der sozialen Familie erforderlich.[849]

II. Abstammung des Kindes bei zwei Männer aufgrund Leihmutterschaft

1. Deutschland

a) Allgemeines

Mangels einer anerkennungsfähigen Entscheidung i. S. v. § 108 FamFG kommt für die Bestimmung des auf die Abstammung eines Leihmutterschaftskindes anzuwendenden Rechts eine IPR-Anknüpfung in Betracht. Wie bei verschiedengeschlechtlichen Wunscheltern ist auch die rechtliche Zuordnung des Kindes zu zwei Männern aufgrund eines Leihmutterschaftsvertrages nach ausländischem Recht im Rahmen einer funktionalen Qualifikation als Abstammung i. S. v. Art. 19 EGBGB zu qualifizieren, weil die

---

848 Huang 2020, § 1072.

849 Näheres siehe oben Teil 3 D I 2 d) 3).

Zuordnung des Kindes kraft Gesetzes mit der Geburt eintritt, ohne dass ein Statuswechsel stattfindet.[850]

Auch wenn der Leihmutterschaftsvertrag häufig an einen Adoptionsvertrag erinnert, so dass die Zuordnung des Kindes zu den Wunscheltern u. U. als Adoption qualifiziert werden könnte,[851] handelt es sich in den Leihmutterschaftsfällen eher um eine gespaltene Elternschaft, d. h. im Vergleich zu den Adoptionsfällen bestehen neben der sozialen Elternschaft auch voluntative Elemente und meist genetische Verbindungen zwischen den Wunscheltern und dem Kind. Daraus folgt, dass die Abstammung des Kindes von zwei Männern aufgrund einer Leihmutterschaft letztlich nur in den Anwendungsbereich des Art. 19 EGBGB fällt.

b) Anknüpfung gem. Art. 19 Abs. 1 EGBGB

Die Abstammung eines Kindes aus einer Leihmutterschaft bei zwei Männern richtet sich nach Art. 19 Abs. 1 EGBGB alternativ nach dem gewöhnlichen Aufenthalt des Kindes oder nach dem jeweiligen Heimatrecht der Wunschväter. Diese beiden Anknüpfungsalternativen führen in Fällen der Leihmutterschaft bei zwei Männern ebenso wie bei gemischtgeschlechtlichen Elterngemeinschaften nur schwer zu optimalen Ergebnissen, weil zum einen das von einer Leihmutter geborene Kind häufig keinen gewöhnlichen Aufenthalt am Geburtsort bzw. am Ort der Durchführung der Leihmutterschaft begründen kann. Zum anderen ist die Leihmutterschaft in den Heimatländern der beiden Männer regelmäßig verboten, so dass sie sich ins Ausland begeben müssen, um eine Leihmutter zu finden. Zudem kommt nach der Formulierung „Mutter" in Art. 19 Abs. 1 S. 3 EGBGB das Ehewirkungsstatut des potentiellen Vaters nicht in Betracht. Selbst wenn mit „Mutter" die Leihmutter gemeint sein sollte, gilt auch diese nicht als rechtliche Mutter nach ihrem Ehewirkungsstatut, das i. d. R. das Recht des Geburtsstaates des Kindes ist.[852]

---

850 Näheres siehe oben Teil 3 D I 1 a).

851 Rauscher, Thomas: „Anerkennung zweier Väter kraft kalifornischer Leihmuttervereinbarung". *JR* 2016(3), S. 101.

852 Näheres siehe oben Teil 3 D I 1 b) und c).

c) Ordre-public-Prüfung gem. Art. 6 EGBGB

Die Konkretisierungen des deutschen ordre public i. S. v. Art. 6 EGBGB hinsichtlich der Abstammung des von einer Leihmutter geborenen Kindes bei zwei Männern unterscheiden sich nicht von denen bei verschiedengeschlechtlichen Elterngemeinschaften. Vor allem ist stets das Kindeswohl maßgeblich und geht über das generelle präventive Verbot der Leihmutterschaft hinaus. Auch die Grund- und Menschenrechte des Kindes, der Wunscheltern und der Leihmutter spielen im Rahmen der ordre-public-Kontrolle eine wichtige Rolle.[853]

In einer Entscheidung[854] zur Anerkennung von zwei Vätern aufgrund eines kalifornischen Leihmutterschaftsvertrages weist der BGH zudem darauf hin, dass ein Verstoß gegen den ordre public dann nicht vorliege, wenn zumindest ein Wunschelternteil mit dem Kind genetisch verwandt sei. Auch die rechtliche Zuordnung des durch Leihmutterschaft gezeugten Kindes zu den mit dem Kind nicht biologisch verwandten Wunschvätern, die sind, verstoße nicht zwingend gegen den deutschen ordre public, weil kindeswohlrelevante Erwägungen u. U. eine direkte Zuordnung des Kindes zu den Wunschvätern anstelle des Umweges über eine Adoption erfordern könnten, sofern kein Kinderhandel vorliege.[855] Hinzu kommt, dass die Vaterschaft nach deutschem Recht nicht ausschließlich auf der biologischen Verwandtschaft beruht (§ 1592 Nr. 1 und 2, § 1600 Abs. 5 BGB)

Dass die gleichgeschlechtliche Elternschaft aus originärer Abstammung in den Fällen der Leihmutterschaft nicht zu einem Verstoß gegen den deutschen ordre public führt, hat auch der BGH unter Bezugnahme auf die Entscheidung des BVerfG[856] bereits bestätigt.[857] Zu beachten ist auch der verfassungs- und menschenrechtliche Schutz der rechtlichen gleichgeschlechtlichen Elternschaft, sei es durch Adoption oder durch Abstammungszuordnung.[858] Daraus folgt, dass die automatische rechtliche Zuordnung des Kindes zu zwei Männern aufgrund der Leihmutterschaft nicht gegen den deutschen ordre public verstößt.

---

853 Näheres siehe oben Teil 3 D I 1 d).
854 BGH, Beschluss v. 10.12.2014 – XII ZB 463/13, *IPRax* 2015, S. 266, Rn. 52.
855 Näheres siehe oben Teil 3 D I 1 d).
856 BVerfG, Urteil v. 19.02.2013 – 1 BvL 1/11, 1 BvR 3247/09, *FamRZ* 2013, S. 521.
857 Rauscher, *JR* 2016(3), S. 102.
858 Siehe auch oben Teil 3 E 1 1 d).

2. China

a) Allgemeines

Da die gleichgeschlechtliche Elternschaft in China nicht geregelt ist, kann in der Praxis nur der mit dem Kind genetisch verwandte Wunschvater durch einen Gentest als rechtlicher Vater in das Haushaltsregister eines von einer Leihmutter geborenen Kindes eingetragen werden.[859] Sind beide Wunschväter nicht genetisch mit dem Kind verwandt, ist eine faktische Geburtsregistrierung des Kindes in China nicht möglich.

Die Zuordnung des Kindes zu den Wunschvätern aufgrund eines Leihmutterschaftsvertrages, die u. U. als Vorfrage in Sorgerechts- oder Erbschaftsangelegenheiten auftritt, ist als persönliche Beziehung zwischen den Eltern und dem Kind zu qualifizieren, so dass sie nach § 25 IPRG selbständig anzuknüpfen ist. Sie kann nicht als Adoption qualifiziert werden, weil zum einen die Kindeszuordnung bei Leihmutterschaft zur originären Abstammung gehört, die von der Adoption als Statuswechsel zu unterscheiden ist, und zum anderen die Elternschaft bei Leihmutterschaft im Vergleich zur Elternschaft bei Adoption nicht nur soziale, sondern auch voluntative und genetische Elemente umfasst.

b) Anknüpfung gem. § 25 IPRG

Die Anknüpfung der Zuordnung des Kindes zu den Wunschvätern nach § 25 IPRG ist dieselbe wie in den Fällen der Leihmutterschaft mit verschiedengeschlechtlichen Wunscheltern. Wegen des Verbots der Leihmutterschaft reisen zwei in China lebende chinesische Männer häufig ins Ausland, um eine Leihmutterschaft in Anspruch zu nehmen. Ein neugeborenes Kind kann zunächst keinen gewöhnlichen Aufenthalt i. S. d. chinesischen gerichtlichen Auslegung begründen, so dass der primäre Anknüpfung des

§ 25 Halbs. 1 IPRG nicht in Betracht kommt. Die Anknüpfungsalternativen des § 25 Halbs. 2 IPRG verweisen auf das Heimat- und Aufenthaltsrecht der

[859] Bei schwulen Paaren wird Leihmutterschaft häufig im Verborgenen durchgeführt. Der Haushalt des Leihmutterschaftskindes kann i. d. R. erfolgreich registriert werden. Eine kollisionsrechtliche Lösung ist nur erforderlich, wenn es zu Streitigkeiten im Sorgerecht kommt, vgl. Yu, Zening: *A Study on Recognition and Enforcement of Foreign Judgement on Cross-border Surrogacy.* (Master Thesis) East China University of Political Science and Law: Shanghai 2019, S. 56.

beiden Männer, also auf das chinesische Recht, das aber weder Leihmutterschaft noch gleichgesch-lechtliche Elternschaft zulässt. Lediglich das Recht des Staatsangehörigkeitsstaates des Kindes kann von Bedeutung sein, sofern das Kind in einem Staat geboren wurde, in dem das Geburtsortprinzip gilt.[860]

c) Ordre-public-Prüfung nach § 5 IPRG

Auch die ordre-public-Prüfung hinsichtlich der Zuordnung des Kindes zu zwei Männern aufgrund einer Leihmutterschaft nach § 5 IPRG ist ähnlich wie bei Leihmutterschaftsfällen mit verschiedengeschlechtlichen Eltern. Im Mittelpunkt steht der Aspekt des Kindeswohls. Sowohl Leihmutterschaft als auch gleichgeschlechtliche Beziehungen sind nicht als Hindernisse für die Begründung eines Eltern-Kind-Verhältnisses anzusehen. D. h. die Generalprävention darf nicht über das Kindeswohl gestellt werden. Der Schutz der sozialen Familie ist auch ein wichtiger Gesichtspunkt bei der kollisionsrechtlichen Prüfung des ordre public.[861]

III. Gleichgeschlechtliche Elternschaft infolge von Adoption

1. Deutschland

a) Allgemeines

Aufgrund der Gleichheitsprüfung durch das BVerfG[862] hat der deutsche Gesetzgeber die Stiefkindadoption unter bestimmten Voraussetzungen auch für nichteheliche Familien geöffnet. Auch Art. 22 EGBGB wurde entsprechend geändert. Die Anknüpfung der Adoption in Art. 22 EGBGB gliedert sich in die Inlandsadoption und die sonstige Adoption (z. B. ausländische Vertragsadoption). Bei der Inlandsadoption ist der Familienstand des Annehmenden bzw. die Art der Partnerschaft zwischen den beiden Anneh-menden, z. B. gleichgeschlechtliche Ehe, eingetragene Lebenspartnerschaft oder nicht formalisierte gleichgeschlechtliche Beziehung, kein Differenzierungskriterium für das Adoptionsstatut mehr. Im Hinblick auf die Interessen des zu adoptierenden Kindes wird zudem bei der Anknüpfung zur Prüfung

---

[860] Näheres siehe oben Teil 3 D I 2 b), c) und E I 2 b).

[861] Näheres siehe oben Teil 3 D I 2 d) und E I 2 d).

[862] BVerfG, Beschluss v. 26.3.2019 – 1 BvR 673/17, *NJW* 2019, S. 1793.

der Wirksamkeit ausländischer Vertragsadop-tionen das „Kindesstatut“ eingeführt.[863]

b) Anknüpfung gem. Art. 22 Abs. 1 EGBGB

1) Durchführung der Adoption im Inland

Nach Art. 22 Abs. 1 S. 1 EGBGB richtet sich die Inlandsadoption stets nach der lex fori, also dem deutschen Recht, um eine Gleichbehandlung der Inlandsadoptionen zu erreichen. Zur Inlandsadoption kommt es häufig, wenn lesbische Lebenspartnerinnen und schwule Paare an der Anerkennung ihrer im Ausland durch Abstammungsfiktion oder Leihmutterschaftsvereinbarung begründeten Elternschaft im Inland scheitern.

Nach deutschem Recht kann der Stiefelternteil ein leibliches Kind oder ein Adoptivkind der gleichgeschlechtlichen Lebenspartnerin oder des gleichgeschlechtlichen Lebenspartners im Weg der Stiefkindadoption oder der Sukzessivadoption annehmen, unabhängig davon, ob die Beziehung des gleichgeschlechtlichen Paares institutionell formalisiert ist oder nicht.[864] Seit der Öffnung der Ehe für gleichgeschlechtliche Paare im deutschen Recht können verheiratete gleichgeschlechtliche Paare auch gemeinsam ein fremdes Kind adoptieren.[865] Es ist darauf hinzuweisen, dass bei der inländischen Adoption eines von einer Leihmutter geborenen Kindes durch zwei männliche Wunscheltern der Maßstab der Kindeswohldienlichkeit nach § 1741 Abs. 1 S. 1 BGB vorzuziehen wäre.[866]

2) Wirksamkeitsfeststellung der im Ausland erfolgten Vertragsadoption

Die Anknüpfung bei gleichgeschlechtlicher Elternschaft durch Adoptionsvertrag ist nicht anders als bei verschiedengeschlechtlicher Elternschaft durch Auslandsadoption. Für die Feststellung der Wirksamkeit der im Ausland

---

863 Näheres siehe oben Teil 3 C I 1.

864 Nach der Einführung der gleichgeschlechtlichen eingetragenen Lebenspartnerschaft in das deutsche Recht im Jahr 2001 können gleichgeschlechtliche Paare die leiblichen Kinder ihres Partners durch eine Stiefkindadoption annehmen. Seit 2013 haben sie zudem die Möglichkeit, durch die Sukzessivadoption die Adoptivkinder ihres Partners zu adoptieren. Mit der Öffnung der Stiefkindadoption für nichteheliche Familien, die am 21. März 2020 in Kraft trat, sind auch gleichgeschlechtliche nichteheliche Familien einbezogen.

865 Die gleichgeschlechtliche Ehe ist seit 22.12.2018 in Kraft.

866 Näheres siehe oben Teil 3 D II 1 b).

erfolgten Vertragsadoption ist das gewöhnliche Aufenthaltsrecht des Kindes, also das „Kindesstatut" maßgeblich, d. h. ausgehend von der Perspektive des Kindes und des Kindeswohls wird mit dieser Anknüpfung kollisionsrechtliche Gerechtigkeit verwirklicht. Auch wenn diese Anknüpfung nicht dazu führt, dass alle ausländischen Vertragsadoptionen in Deutschland anerkannt werden, wird die Anerkennung des Adoptionsverhältnisses zwischen dem gleich-geschlechtlichen Paar und dem Kind aufgrund eines am gewöhnlichen Aufenthalt des Kindes geschlossenen Vertrages in gewisser Weise erleichtert, damit ein hinkendes Statusverhältnis des Kindes vermieden werden kann.[867]

c) Ordre-public-Prüfung gem. Art. 6 EGBGB

Da das deutsche Recht die Adoption eines Kindes durch gleichgeschlechtliche Paare zulässt, verstößt die gleichgeschlechtliche Elternschaft infolge einer ausländischen Vertragsadoption zwar nicht gegen den deutschen ordre public. Andere Erwägungen, wie das Kindeswohl und der Schutz der sozialen Familie, sind ähnlich wie bei Adoptivfamilien mit verschiedengeschlechtlichen Eltern. Im Vordergrund steht wiederum, dass die Kindeswohlprüfung auf den Zeitpunkt der Wirksamkeitsfeststellung der Vertragsadoption abstellt. Die formale Frage, ob sich das Annahmeverhältnis aus einem Vertrag oder einem Verwaltungsakt ergibt, ist für das aktuelle Kindeswohl nicht entscheidend.[868]

2. China

a) Allgemeines

Die chinesische Abteilung für Zivilangelegenheiten am Ort der Haushaltsregistrierung ist nur für Inlandsadoptionen von Kindern zuständig, die ihren gewöhnlichen Aufenthalt in China haben und grundsätzlich chinesische Staatsangehörige sind. Wollen zwei chinesische Männer ein von einer Leihmutter geborenes Kind, das mit ihnen nicht genetisch verwandt ist und sich noch im Ausland befindet, in China adoptieren, ist ein Antrag auf Inlandsadoption durch einen oder beide Wunschväter unzulässig, weil die chinesische Behörde für solche Adoptionen nicht zuständig ist. Auch eine internationale Adoption nach dem HAÜ ist nicht möglich, weil die Wunschväter nach dem

---

867 Näheres siehe oben Teil 3 C I 1 b) 1) bb).

868 Näheres siehe oben Teil 3 C I 1 b) 2).

Recht des Staates des gewöhnlichen Aufenthalts (Geburtsort) des Kindes bereits rechtliche Väter geworden sind.

Ein besonderes Anerkennungsverfahren für internationale Adoptionen gibt es in China nicht. Mangels gerichtlicher Entscheidungen i. S. v. §§ 298, 299 ZPG, die einem allgemeinen Anerkennungsverfahren unterliegen, sind vor der Einreise von Kindern, die von gleichgeschlechtlichen Paaren im Ausland adoptiert wurden, beglaubigte Bescheinigungen bei den Botschaften oder Konsulaten einzuholen, die zur Feststellung der ausländischen Adoptionsverhältnisse eine kollisionsrechtliche Prüfung nach Art. 28 EGBGB vornehmen würden.[869]

b) Anknüpfung gem. § 28 IPRG

1) Durchführung der Adoption im Inland

Gem. § 28 IPRG ist bei Inlandsadoptionen sowohl das Recht des Staates des gewöhnlichen Aufenthalts des Annehmenden als auch das Recht des Adoptierten anzuwenden. Da die Zuständigkeit der chinesischen Behörde an den gewöhnlichen Aufenthalt des Kindes anknüpft, ist bei Inlandsadoptionen stets die Anwendbarkeit chinesischen Rechts zu beachten. Nach chinesischem Sachrecht ist eine Adoption durch gleichgeschlechtliche Paare nicht zulässig. Allerdings kann ein Mann oder eine Frau allein ein Kind adoptieren, sofern sie ihre gleichgeschlechtliche Orientierung verbergen.[870]

Daraus folgt, dass ausländische gleichgeschlechtliche Paare in China kein Kind adoptieren können, auch wenn ihr Heimatrecht die Stiefkindadoption oder die gemein-schaftliche Adoption für lesbische und schwule Paare vorsieht, weil die Voraussetzungen für eine Adoption nach chinesischem Recht gem. § 28 IPRG gleichzeitig erfüllt sein müssen. Die kumulative Anwendung des Aufenthaltsrechts des Annehmenden und des Adoptierten sollte m. E. durch eine distributive Anknüpfung ersetzt werden. Dies bedeutet, dass die Elterneigenschaft des Annehmenden und die Adoptionsbedürftigkeit des anzunehmenden Kindes nach dem Recht ihres jeweiligen gewöhnlichen Aufenthalts zu beurteilen sind.

---

[869] Näheres siehe oben Teil 3 C I 2 b) 2) aa).

[870] Die gleichgeschlechtliche Orientierung könnte bei der Prüfung der Elterneignung negativ bewertet werden.

Wird die im Ausland durch Abstammungsfiktion oder Leihmutterschaft begründete gleichgeschlechtliche Elternschaft nach chinesischem Recht kollisionsrechtlich nicht anerkannt, ist ein Ausweg wie die Stiefkindadoption oder die gemeinschaftliche Adoption in China ohnehin nicht möglich. Haben bereits zwei Männer ein von einer Leihmutter geborenes Kind nach China gebracht, das mit ihnen nicht genetisch verwandt ist, kommt nur die alleinige Adoption des Kindes durch einen der beiden Männer in Betracht. Insgesamt ist eine gemeinsame gleichgeschlechtliche Elternschaft in China nicht möglich und die Möglichkeiten anderer rechtlicher Schutzmaßnahmen, die eine Übernahme des Sorgerechts durch den anderen Elternteil ermöglichen, greifen erst nach dem Tod eines Elternteils, was offensichtlich nicht dem aktuellen Kindeswohl entspricht.[871]

2) Kollisionsrechtliche Anerkennung der ausländischen Adoption

Auch für die Feststellung der Wirksamkeit einer ausländischen Vertragsadoption durch gleichgeschlechtliche Paare gilt nach § 28 S. 1 IPRG das Kumulationsprinzip, d. h. die durch eine ausländische Vertragsadoption begründete gleichgeschlechtliche Eltern-schaft wird in China kollisionsrechtlich nur anerkannt, wenn die Voraussetzungen und die Form der Adoption dem Recht des gewöhnlichen Aufenthaltsstaates sowohl des Annehmenden als auch des anzunehmenden Kindes entsprechen.

Diese kumulative Anknüpfung erschwert die Anerkennung der gleichgeschlechtlichen Elternschaft durch Adoption, insbesondere für gleichgeschlechtliche Paare mit gewöhnlichem Aufenthalt in China, die im Ausland ein Kind durch Vertrag gemeinsam adoptieren wollen. In diesem Fall ist die Adoption stets nach chinesischem Recht zu prüfen, das die Adoption durch gleichgeschlechtliche Paare verbietet. Die Anerkennung ist vorbehaltlich des ordre public nur möglich, wenn chinesische gleichgeschlechtliche Paare, die zum Zeitpunkt der Adoption ihren gewöhnlichen Aufenthalt im Ausland hatten, dort ein Kind adoptiert haben und einige Jahre später nach China zurückkehren. Um die Feststellung der Wirksamkeit einer ausländischen Adoption durch gleichgeschlechtliche Paare zu erleichtern, kommt m. E. eine alternative Anknüpfung in Betracht, d. h. die Wirksamkeit der ausländischen

[871] Näheres siehe oben Teil 3 E I 2 d) 2).

Adoption ist festzustellen, wenn die Adoption mit dem materiellen Recht des Staates des gewöhnlichen Aufenthalts eines der Beteiligten vereinbar ist.[872]

c) Ordre-public-Prüfung nach § 5 IPRG

Adoptionen sind nach Art. 4, Art. 24 HAÜ und Art. 3 Abs. 1 UN-KRK immer am Kindeswohl orientiert. Auch gleichgeschlechtliche Elterngemeinschaften sind in der Lage, eine am Kindeswohl orientierte Fürsorge für das Aufwachsen von Kindern zu leisten. Die gleichgeschlechtliche Orientierung der Adoptiveltern ist dem Bereich des Privatlebens zuzuordnen und weder rechtswidrig noch sittenwidrig, weil zum einen die Partnerschaften ausländischer gleichgeschlechtlicher Paare, die in China Kinder adoptieren wollten, im Ausland formalisiert sind und in ihrer Gesellschaft als legitim angesehen werden. Zum anderen würde das adoptierte Kind nach der Adoption in die ausländische Umgebung gebracht und dort mit den gleichgeschlechtlichen Eltern in einer Familie leben. Dies bedeutet, dass das Adoptionsverhältnis zwischen dem Kind und den gleichgeschlechtlichen Adoptiveltern auf Dauer nur wenig mit den chinesischen Moralvorstellungen verbunden ist.

Ähnliche Erwägungen des ordre public wie bei der Leihmutterschaft und der Abstammungsfiktion in lesbischen Partnerschaften gelten auch für die Feststellung der Wirksamkeit der Auslandsadoption. So ist vorrangig das Kindeswohl zu berücksichtigen, d. h. ein hinkendes Statusverhältnis ist im Interesse des Adoptivkindes zu vermeiden. Die Beurteilung des Verhältnisses zwischen dem Adoptivkind und den gleichgeschlechtlichen Adoptiveltern ist daher im Rahmen der ordre-public-Prüfung nach § 5 IPRG von jener der gleichgeschlechtlichen Partnerschaften zu unterscheiden, m. a. W.: Trotz der Annahme eines ordre-public-Verstoßes gleichgeschlechtlicher Partnerschaften in China ist die Eltern-Kind-Zuordnung in Regenbogenfamilien aufgrund einer Adoption eigenständig nach dem Kindeswohl zu beurteilen.[873]

IV. Zwischenergebnis

Regenbogenfamilien, in denen mindestens ein Elternteil nicht genetisch mit dem Kind verwandt ist, zeichnen sich wie andere moderne Familienstrukturen

---

[872] Näheres siehe oben Teil 3 C I 2 b) 1) aa).

[873] Näheres siehe oben Teil 3 E I 2 d) und II 2 d).

auch durch gespaltene Elternschaft aus, unterscheiden sich von diesen aber durch die gleichgeschlechtliche Elternschaft, die sich im Wesentlichen aus drei Modellen ergibt, nämlich der Abstammungsfiktion in lesbischen Partnerschaften, der Leihmutterschaft für schwule Paare und der Adoption durch gleichgeschlechtliche Paare. Häufig kommt es auch zu rechtlichen Konflikten, weil die rechtlichen Regelungen zu gleichgeschlechtlichen Partnerschaften und gleichgeschlechtlicher Elternschaft von Land zu Land sehr unterschiedlich sind.

Die im deutschen Recht nicht geregelte Abstammungsfiktion in lesbischen Lebens-partnerschaften ist als Abstammung i. S. d. Art. 19 EGBGB zu qualifizieren. Nach Art. 19 EGBGB stehen drei Anknüpfungsalternativen zur Verfügung, nämlich das gewöhnliche Aufenthaltsrecht des Kindes, das jeweilige Heimatrecht des Elternteils sowie das Ehewirkungsstatut der Mutter, das nicht nur auf Art. 14 EGBGB (verschiedengeschlechtliche Ehe), sondern auch auf Art. 17b EGBGB (gleichgeschlechtliche Ehe und andere institutionelle gleichgeschlechtliche Partnerschaften) verweist. Trotz der drei Anknüpfungsalternativen ist es auch in Regenbogenfamilien möglich, dass kein Recht zur Anerkennung der gleichgeschlechtlichen Elternschaft herangezogen werden kann. Wegen der Wandelbarkeit des gewöhnlichen Aufenthalts des neugeborenen Kindes kommt daher dessen Umdeutung zugunsten der Begründung gleichgeschlechtlicher Elternschaft in Regenbogenfamilien in Betracht. Außerdem ist nach den Erwägungen zum Kindeswohl, zum Schutz der sozialen Familie und zur gleichgeschlechtlichen Elternschaft in der Abstammungsfiktion in lesbischen Partnerschaften kein Verstoß gegen den ordre public zu sehen.

Für die Leihmutterschaft durch zwei Männer und die Adoption durch gleichgeschlechtliche Paare gelten in Deutschland ähnliche Anknüpfungsregeln wie für verschiedengeschlechtliche Paare. Sie sollen hier nicht wiederholt werden. Der einzige Unterschied besteht darin, dass der in Deutschland grundsätzlich zulässige Aspekt der gleichgeschlechtlichen Elternschaft im Rahmen der Prüfung des ordre public nach Art. 6 EGBGB zusätzlich geprüft wird.

Da das chinesische Recht weder eine gleichgeschlechtliche Partnerschaft noch eine gleichgeschlechtliche Elternschaft vorsieht, reisen chinesische gleichgeschlechtliche Paare häufig ins Ausland, um ihre gleichgeschlechtliche Ehe oder eine andere gleichgeschlechtliche institutionelle Partnerschaft registrieren zu lassen. Darüber hinaus werden solche Paare, die eine Familie mit einem Kind gründen wollen, noch am Ort der Registrierung ein Kind durch künstliche Befruchtung oder Leihmutterschaft zeugen. Kehren sie mit dem Kind nach China zurück und beantragen die Haushaltsregistrierung für das neugeborene Kind, kann i. d. R. nur ein Wunschelternteil, der mit dem Kind biologisch verwandt ist, als rechtlicher Elternteil in das Haushaltsregister eingetragen werden, weil die zuständige Behörde häufig keine rechtliche, sondern eine tatsächliche Prüfung vornimmt.

Die Eltern-Kind-Zuordnung in lesbischen Partnerschaften als Vorfrage in Obsorge-, Vormundschafts- oder Erbschaftssachen fällt i. d. R. in den Anwendungsbereich des § 25 IPRG. Mangels gewöhnlichen Aufenthalts eines neugeborenen Kindes i. S. d. chinesischen gerichtlichen Auslegung geht die Anknüpfung des § 25 Halbs. 1 IPRG ins Leere. In Betracht kommen dann die drei verbleibenden Anknüpfungsalternativen des § 25 Halbs. 2 IPRG, nämlich die Staatsangehörigkeit des Kindes und des Wunschelternteils sowie der gewöhnliche Aufenthalt des Wunschelternteils. Da es in der Praxis jedoch häufig vorkommt, dass gleichgeschlechtliche Wunscheltern Chinesen sind und ihren gewöhnlichen Aufenthalt in China haben, kommt nur das Recht des Staatsangehörigkeitsstaates des Kindes in Betracht. Aber auch diese Anknüpfung ist unmöglich, wenn das Kind in einem Land geboren wurde, in dem das Abstammungsprinzip gilt.

Zur Verweisung auf ausländisches Recht und damit zur Erzielung eines günstigeren Ergebnisses kommt u. U. die Anwendung von § 20 IPRG in Betracht, wonach bei Zweifeln über den gewöhnlichen Aufenthalt eines neugeborenen Kindes das Recht des Ortes anzuwenden ist, an dem das Kind seinen gegenwärtigen Aufenthalt hat, wobei für die Anknüpfung des Eltern-Kind-Verhältnisses eine analoge Anwendung der gerichtlichen Auslegung des gewöhnlichen Aufenthalts einer natürlichen Person in Betracht zu ziehen ist, d. h. unter „gegenwärtigem Aufenthalt" ist der „gegenwärtige Aufenthalt im Zeitpunkt der Geburt" zu verstehen. Lässt sich die Abstammungsfiktion in lesbischen Lebenspartnerschaften wegen des Verweises auf chinesisches Recht nicht begründen, stehen nur nachträgliche Schutzmaßnahmen nach chinesischem Recht zur Verfügung, die jedoch dem Kindeswohl nicht am besten dienen.

In China ist die Anknüpfungsregel für die Eltern-Kind-Zuordnung bei Leihmutterschaft durch zwei Männer ähnlich der Abstammungsfiktion bei lesbischen Lebens-partnerschaften. Dies braucht hier nicht näher ausgeführt zu werden. Da nach § 28 IPRG das Aufenthaltsrecht des Adoptierenden und des Adoptierten kumulativ gelten, können einerseits ausländische gleichgeschlechtliche Paare in China kein Kind adoptieren, andererseits wird die ausländische Adoption eines Kindes durch chinesische gleichgeschlechtliche Paare kollisionsrechtlich kaum anerkannt. Um die Situation zu erleichtern, sollte für inländische Adoptionen anstelle des Kumulationsprinzips eine distributive Anknüpfung eingeführt werden, während für die Feststellung der Wirksamkeit von Adoptionen nach ausländischem Recht eine alternative Anknüpfung ausreicht.

Zu beachten ist ferner, dass bei der Prüfung des ordre public nach § 5 IPRG eine Abgrenzung zwischen gleichgeschlechtlicher Elternschaft und gleichgeschlechtlicher Partnerschaft aus der unterschiedlichen Perspektive und Intensität des ordre public erforderlich ist, um dem Kindeswohl vorrangig Rechnung zu tragen.

Verfahrensrechtliche Anerkennung rechtlicher Elternschaft in modernen Familienstrukturen

A. Grundlagen

I. Deutsches Recht

1. Allgemeines

Ausländische Entscheidungen zur Eltern-Kind-Zuordnung oder zur elterlichen Verantwortung in modernen Familienstrukturen sind in Deutschland nach § 108 FamFG grundsätzlich verfahrensrechtlich anzuerkennen, soweit nicht europarechtliche oder völkerrechtliche Vereinbarungen vorrangig zu beachten sind. Die Anwendung der Brüssel IIa-VO und des KSÜ ist etwa bei der Anerkennung der elterlichen Verantwortung vorrangig anzuwenden. Allerdings kann § 108 FamFG nach dem Günstigkeitsprinzip über die anerkennungsrechtlichen Regelungen in den multilateralen und bilateralen Übereinkommen hinausgehen, d. h. § 108 FamFG kann bei Nichtbeachtung des Übereinkommens anwendbar sein, soweit sich aus dem Sinn und Zweck des Übereinkommens keine ausschließliche Geltung ergibt.[874]

Gem. § 108 Abs. 1 FamFG erfolgt die Anerkennung von Entscheidungen in Abstammungs- und Kindschaftssachen mit Ausnahme von

---

[874] Bumiller/Harders/Schwamb/Bumiller (2022), § 108 FamFG Rn. 8.

Adoptionsentscheidungen i. S. v. § 1 Abs. 2 AdWirkG grundsätzlich inzident und bedarf keines besonderen förmlichen Verfahrens.[875] Diese automatische Anerkennung ausländischer Entscheidungen über die rechtliche Elternschaft der deutschen Wunscheltern in Leihmutter- oder Regenbogenfamilien wird häufig als Vorfrage geprüft, z. B. bei der Nachbeurkundung des im Ausland geborenen Kindes nach § 36 Abs. 1 S. 1 PStG oder bei der Ausstellung eines deutschen Passes für das Kind nach §§ 1, 6 PassG.[876] Die ausländischen Entscheidungen über die Vorfrage des Eltern-Kind-Verhältnisses einschließlich des Eltern-Kind-Zuordnung zwischen Stiefkind und Stiefelternteil sind im Rahmen der Entscheidungen in Sorgerechts-, Unterhalts- und Erbschaftssachen inzident anzuerkennen. Die Anerkennung ausländischer Adoptionsentscheidungen, die weder unter das HAÜ noch unter § 1 Abs. 2 AdWirkG fallen, erfolgt ebenfalls inzident in dem Verfahren, in dem es um die Wirksamkeit der ausländischen Adoption geht.[877]

Darüber hinaus kann gem. § 108 Abs. 2 FamFG auf Antrag der Beteiligten, die ein rechtliches Interesse haben, ein isoliertes, fakultatives Anerkennungsfeststellungs-verfahren eingeleitet werden.[878] Wenn in diesem Verfahren die Anerkennung der aus-ländischen Entscheidung festgestellt wird, entfaltet sie Bindungswirkung inter omnes, d. h. die Anerkennung der ausländischen Entscheidung ist für die deutschen Gerichte und Verwaltungsbehörden allgemein bindend.[879] Für die Anerkennung oder Nichtanerkennung von Minderjährigenadoptionen gilt nach § 108 Abs. 2 S. 3 FamFG das besondere, formalisierte Verfahren des AdWirkG.[880] Kann eine ausländische Adoptions-entscheidung, die im Rahmen eines internationalen Adoptionsverfahrens (§ 2a Abs. 1 AdVermiG) getroffen wurde, nicht nach dem HAÜ anerkannt werden, so ist deren Anerkennung gem. § 1 Abs. 2

---

875 Sternal/Dimmler (2023), § 108 FamFG Rn. 1.

876 Benicke, *StAZ* 2013, S. 104.

877 Eckebrecht, Marc: „Rechtsprechungsübersicht zum Adoptionsrecht (2016–2018)". *NZFam* 2018, S. 970.

878 Hk-ZPO/Kemper (2023), § 108 FamFG Rn. 1; Hausmann (2018), IntEuFamR, K. Ehesachen, § 108 FamFG Rn. 244.

879 BeckOK FamFG/Sieghörtner (2023), § 108 FamFG Rn. 54.

880 MüKoFamFG/Rauscher (2018),§ 108 FamFG Rn. 3, 25.

AdWirkG durch das Verfahren des AdWirkG nicht nur zulässig, sondern auch erforderlich.[881]

Die Prüfungsmaßstäbe für die Anerkennung der Elternschaft bzw. der Eltern-Kind-Beziehung in modernen Familienstrukturen richten sich nach § 109 FamFG,[882] wonach die Anerkennung ausgeschlossen ist, wenn eines der Anerkennungshindernisse insbesondere nach § 109 Abs. 1 Nr. 1 bis 4 FamFG vorliegt.[883] Die Verletzung des rechtlichen Gehörs (Nr. 2) und unvereinbare Entscheidungen oder Verfahren (Nr. 3) sind i. d. R. keine Hindernisse für die Anerkennung der Eltern-Kind-Zuordnung in modernen Familienstrukturen mit Auslandsbezug. Zu beachten ist jedoch, dass die Beteiligung des anzunehmenden Kindes an der Anhörung und Äußerung im Adoptionsverfahren bei der Prüfung der Anerkennungshindernisse in Betracht kommt. Im Folgenden soll die Prüfung der beiden anderen Hürden, nämlich der Anerkennungszuständigkeit (Nr. 1) und insbesondere des ordre public (Nr. 4), im Mittelpunkt der Anerkennungsprüfung stehen. Nach §§ 108, 109 FamFG ist i. d. R. Anerkennung Grundsatz und Nichtanerkennung Ausnahme.[884]

Im Übrigen ist darauf hinzuweisen, dass die vorgenannten Prüfungsmaßstäbe auch für die Anerkennung von Dekretadoptionen gelten, denn das AdWirkG greift nicht in die Anerkennungsvoraussetzungen ein.[885] Um bei internationalen Adoptionen das Kindeswohl besser zu berücksichtigen und Kinderhandel zu verhindern, sieht der neue § 4 AdWirkG für unbegleitete Auslandsadoptionen zusätzliche strengere Kriterien vor. Nach diesen Kriterien ist die Anerkennung unbegleiteter Auslandsadoptionen i. S. v. § 1 Abs. 2 AdWirkG grundsätzlich ausgeschlossen. Ausnahmen gelten, wenn die Anerkennung im Einzelfall erforderlich ist, um das Kindeswohl zu gewährleisten.[886]

---

881 BeckOK FamFG/Sieghörtner (2023), § 108 FamFG Rn. 26; Hk-ZPO/Kemper (2023), § 108 FamFG Rn. 2.1.

882 Hausmann (2018), IntEuFamR, K. Ehesachen, § 108 FamFG Rn. 248.

883 Mayer, *RabelsZ* 78 (2014), S. 570.

884 Bumiller/Harders/Schwamb/Bumiller (2022), § 108 FamFG Rn. 3; Mayer, *RabelsZ* 78 (2014), S. 570.

885 Musielak/Borth/Frank/Frank (2022), § 108 FamFG Rn. 8.

886 BeckOK FamFG/Sieghörtner (2023), § 108 FamFG Rn. 27.

2. Anerkennungsfähigkeit

a) Allgemeines

Die anerkennungsfähigen „Entscheidungen“ i. S. v. § 108 FamFG sind weit gefasst und erfassen nicht nur gerichtliche Beschlüsse oder Urteile, sondern auch Entscheidungen ausländischer Behörden oder Notare, wenn diese funktional deutschen Gerichten entsprechen.[887] Reine Eintragungen oder Beurkundungen ohne inhaltliche Prüfung sind dagegen nicht anerkennungsfähig.[888] In Literatur und Rechtsprechung ist allerdings umstritten, ob eine Entscheidung vorliegt, wenn bei der Registrierung oder Beurkundung die materielle Rechtslage von der ausländischen hoheitlichen Stelle geprüft wurde. Zum Teil wird vertreten, dass es allein auf die Sachprüfung ankommt.[889] Nach anderer Auffassung muss der ausländische Verwaltungsakt neben der materiellen Prüfung auch nach seiner Wirkung rechtsgestaltend (auch konstitutiv, rechtsbegründend genannt) oder feststellend sein,[890] d. h. die anerkennungsfähigen ausländischen Sachentscheidungen müssen abschließend und für künftige Verfahren bindend sein.[891]

Die im Ausland begründete rechtliche Elternschaft der Wunscheltern in modernen Familienstrukturen kann – anders als in normalen Familienstrukturen – nicht nur durch ein privates Rechtsgeschäft wie einen Vertrag, eine bloße Registrierung, eine Beurkundung, eine Vaterschaftsanerkennung oder eine Entscheidung über die Eltern-Kind-Zuordnung (Abstammung und Statuswechsel) nachgewiesen werden, sondern oft in einer Kombination dieser Formen. Damit stellt sich die Frage, ob eine ausländische Urkunde oder ein Dokument, das die Eltern-Kind-Zuordnung betrifft, anerkennungsfähig ist.

---

887 Sternal/Dimmler (2023), § 108 FamFG Rn. 6; Haußleiter/Gomille (2017), § 108 FamFG Rn. 12.

888 MüKoFamFG/Rauscher (2018), § 108 FamFG Rn. 10; Hk-ZPO/Kemper (2023), § 108 FamFG Rn. 8.

889 Unger, *FamRZ* 2017, S. 1499; Biermann, *NZFam* 2017, S. 663; Duden, *StAZ* 2014, S. 166.

890 BGH, Beschluss v. 20.3.2019 – XII ZB 320/17, *NJW* 2019, S. 1608; BeckOK FamFG/Sieghörtner (2023), § 108 FamFG Rn. 30; Hausmann (2018), IntEuFamR, K. Ehesachen, § 108 FamFG Rn. 238; MüKoFamFG/Rauscher (2018), § 108 FamFG Rn. 10.

891 Löhnig, Martin: „Anmerkung zum OLG München, Hinweisbeschluss v. 12.10.2017 – 31 Wx 243/16“. *NZFam* 2018, S. 36; BeckOK FamFG/Sieghörtner (2023), § 108 FamFG Rn. 30.

b) Stieffamilien

Es ist möglich, dass die Zuordnung des Stiefkindes zu dem Stiefelternteil als Vorfrage in Sorgerechts-, Unterhalts-, Vormundschafts- oder Erbschaftssachen zu klären ist. Chinesische Gerichte müssen bspw. in diesen Angelegenheiten häufig ein fiktives Eltern-Kind-Verhältnis in Stieffamilien als Vorfrage prüfen, denn das chinesische Familienrecht sieht ein fiktives Eltern-Kind-Verhältnis zwischen dem Stiefkind und dem Stiefelternteil aufgrund ihrer faktischen familiären Beziehung vor. Dieses fiktive Eltern-Kind-Verhältnis zwischen Stiefkind und Stiefmutter wird aufgrund einer Regelungslücke durch ein chinesisches Gericht auch auf die Zuordnung des Leihmutterschaftskindes zur Ehefrau des biologischen Vaters in einem inländischen Leihmutterschaftsfall[892] übertragen. Es stellt sich daher die Frage, ob die in einer gerichtlichen Entscheidung festgestellte Vorfrage der Eltern-Kind-Zuordnung nach § 108 FamFG anerkennungsfähig ist. Die Anerkennung der von den chinesischen Gerichten festgestellten Eltern-Kind-Zuordnung in der Stieffamilie fällt m. E. in den Anwendungsbereich des § 108 FamFG, da eine gerichtliche Entscheidung vorliegt und die Kindeszuordnung auch sachlich geprüft wird. Hinzu kommt, dass die Entscheidung über dieses Eltern-Kind-Verhältnis einen gewissen Feststellungscharakter hat, auch wenn sie in einigen Fällen lediglich als Vorfrage behandelt wird. Im Übrigen ist die Entscheidung über das Sorgerecht des Stiefelternteils selbstverständlich nach § 108 FamFG anerkennungsfähig, weil es sich um eine endgültige gerichtliche Entscheidung handelt, unabhängig davon, ob sie als eigenständige Frage oder bloße Vorfrage betrachtet wird.

c) Adoptivfamilien

Ausländische Adoptionen erfolgen häufig durch Vertrag, durch Registrierung oder Beurkundung, durch behördliche oder gerichtliche Entscheidung sowie in Mischformen. Eine reine Vertragsadoption (wie in Indien[893] oder Pakistan[894]) und eine reine Registrierung oder Beurkundung der Vertragsadoption sind verfahrensrechtlich nicht anzuerkennen und ihre Wirksamkeit ist i. d. R. am rechtlichen Maßstab des Art. 22 EGBGB zu prüfen. Dagegen sind die

---

892 Zivilurteil des Ersten MVG Shanghai, (2015) hu yi zhong shao min zhong zi Nr. 56.

893 OLG Köln, Beschluss v. 27.03.2019 – 14 UF 7/19, *BeckRS* 2019, S. 8577.

894 OLG Stuttgart, Beschluss v. 21.1.2019 – 17 UF 25/18, *FamRZ* 2019, S. 1548.

Dekretadoption und die Mischform der Vertragsadoption mit behördlicher oder gerichtlicher Genehmigung oder Billigung nach §§ 108, 109 FamFG anerkennungsfähig,[895] unabhängig davon, ob die Mitwirkung des Gerichts oder der Behörde konstitutiv vorab (wie in Guatemala[896]) oder nachträglich (wie in Indonesien[897]) erfolgt. Die Anerkennung der Adoptionseintragung richtet sich ebenfalls nach §§ 108, 109 FamFG, wenn sie von einer gerichtlichen oder behördlichen Entscheidung abhängt (wie in Südkorea[898], Thailand[899] und Kenia[900]).

d) Leihmutterschaftsfamilien

Die Ausgestaltung der Leihmutterschaft im Ausland ist wie bei der Auslandsadoption vielfältig. In Russland, der Ukraine und Indien wird die Leihmutterschaft i. d. R. ohne gerichtliche Mitwirkung durchgeführt und die Elternschaft der Wunscheltern wird aufgrund der Leihmutterschaftsvereinbarung kraft Gesetzes unmittelbar in die Geburtsurkunde eingetragen. Obwohl in diesen Ländern die zuständige Behörde vor Ausstellung der Geburtsurkunde die materielle Rechtslage geprüft hat und die Eintragung der Elternschaft der Wunscheltern ablehnen kann, ist die Geburtsurkunde nach Auffassung des BGH[901] verfahrensrechtlich nicht anzuerkennen, weil es an den anerkennungsfähigen Bindungswirkungen fehlt. Eine zu starke Differenzierung zwischen der behördlichen Adoptionsentscheidung und der behördlichen Ausstellung der Geburtsurkunde des aus der Leihmutterschaft hervorgegangenen Kindes ist jedoch nicht gerechtfertigt, wenn in beiden Fällen vor der Entscheidung die Zustimmung aller Beteiligten eingeholt wird. Dass die ausländische behördliche Adoptionsentscheidung in Deutschland als rechtskräftig und bindend gilt, sollte m. E. analog auch für die Entscheidung über die Ausstellung der Geburtsurkunde aufgrund des Leihmutter-

---

895 BeckOGK/Markwardt (2023), Art. 22 EGBGB Rn. 53.

896 AG Berlin-Schöneberg, Beschluss v. 14.06.2004 – 50 XVI 3/02, *BeckRS* 2014, S. 4041; AG Düsseldorf, Beschluss v. 10.06.2005 – 98 XVI 27/02, *BeckRS* 2005, S. 18801; LG Potsdam, Beschluss v. 11.11.2010 – 5 T 447/10, *BeckRS* 2011, S. 12676.

897 AG Frankfurt a.M., Beschluss v. 29.04.2008 – 48 XVI BAG 14/07, *BeckRS* 2008, S. 29168.

898 LG Köln, Beschluss v. 13.08.2007 – 1 T 263/07, *BeckRS* 2011, S. 11356.

899 OLG Hamm, Beschluss v. 12. 8. 2010 – 15 Wx 20/10, *NJW-RR* 2010, S. 1659.

900 OLG Schleswig, Beschluss v. 24.06.2009 – 2 W 38/09, *BeckRS* 2010, S. 25761.

901 BGH, Beschluss v. 20.3.2019 – XII ZB 320/17, *NJW* 2019, S. 1608.

schaftsvertrages gelten, um sicherzustellen, dass das von einer Leihmutter im Ausland geborene Kind in Deutschland rechtliche Eltern hat, was auch der Rechtsprechung des EGMR entspricht,[902] zumal die kollisionsrechtliche Anerkennung häufig daran scheitert, dass keine sachgerechte Anknüpfung für die Zuordnung des Kindes in Leihmutterschaftsfällen vorgesehen ist.

Nach britischem und israelischem Recht können die Wunscheltern nur durch eine gerichtliche Entscheidung nach der Geburt des Kindes rechtliche Eltern werden. Bis zu dieser gerichtlichen Entscheidung wird das Kind im Vereinigten Königreich von Geburt an der Leihmutter und ggf. ihrem Ehemann oder ihrer Lebenspartnerin rechtlich zugeordnet, während es in Israel als elternlos gilt. In diesen beiden Ländern wird die Abstammung des Kindes von der Leihmutter also konstitutiv begründet und ihre Anerkennung von den §§ 108, 109 FamFG ohne weiteres erfasst.[903]

In Griechenland und einigen Bundesstaaten der USA bedarf die Leihmutterschaft der gerichtlichen Genehmigung. Liegt eine gerichtliche Entscheidung über die Genehmigung der Leihmutterschaft vor, kann die Elternschaft der Wunscheltern automatisch in das Geburtenregister eingetragen werden. Obwohl die Elternschaft der Wunscheltern durch die gerichtliche Entscheidung nicht ausdrücklich festgestellt oder begründet wird, ist die Registerbeurkundung dennoch anerkennungsfähig, denn sie stellt zum einen auf die gerichtliche Genehmigung der Leihmutterschaftsvereinbarung ab, ähnlich der Rechtslage bei der Anerkennung der Registerbeurkundung von Adoptionen, die ebenfalls auf einer gerichtlichen oder behördlichen Genehmigung beruht.[904] Zum anderen ergibt sich zwar nach dem Recht dieser Staaten, in denen die Leihmutterschaft von einer gerichtlichen Genehmigung abhängt, die Rechtswirkungen der Leihmutterschaft nicht unmittelbar aus der gerichtlichen Entscheidung, sondern aus dem Gesetz, doch dürfte dies auch bei einigen ausländischen Adoptionen der Fall sein, bei denen die gerichtliche Genehmigung der Adoption ebenfalls nicht unbedingt unmittelbar die Rechtswirkungen der Adoption nach sich zieht. Darüber hinaus entspricht es dem Sinn und Zweck der verfahrensrechtlichen Anerkennung, vorbehaltlich des deutschen ordre public den Inhalt, d. h. die Prüfung der materiell-

902 Vgl. BeckOK FamFG/Sieghörtner (2023), § 108 FamFG Rn. 30.
903 Duden, *StAZ* 2014, S. 165.
904 Benicke, *StAZ* 2013, S. 105.

rechtlichen Voraussetzungen der Leihmutterschaft aus einem ausländischen förmlichen Verfahren, von der deutschen kollisionsrechtlichen Kontrolle freizustellen.[905]

e) Regenbogenfamilien

Die Geburtsurkunde bzw. der Auszug aus dem Geburtsregister, aus dem die Elternschaft eines lesbischen Paares hervorgeht, stellt keine Entscheidung i. S. v. §§ 108, 109 FamFG dar,[906] denn sie deklariert lediglich die materiell bereits bestehende fiktive Eltern-Kind-Beziehung, die sich entweder aus einer rechtlichen lesbischen Partnerschaft oder aus der übereinstimmenden Willenserklärung eines in einer nicht formalisierten Beziehung lebenden lesbischen Paares ergibt, ohne abschließenden und verbindlichen Charakter. Anders als in den Leihmutterschaftsfällen konkurriert ein lesbisches Paar eher mit Dritten um die Elternschaft, z. B. mit einem privaten Samenspender oder anderen potenziellen Eltern außerhalb der gleichgeschlechtlichen Beziehung. In Leihmutterschaftsfällen hingegen klärt und bindet der behördlich genehmigte oder geprüfte Leihmutterschaftsvertrag das Verhältnis des von einer Leihmutter geborenen Kindes zu allen potenziellen Eltern. Daher ist die lesbische Elternschaft im Vergleich zur Elternschaft der Wunscheltern in Leihmutterschaftsfällen anfälliger für Zweifel und weniger stabil. Insgesamt muss die lesbische Elternschaft, die in der Geburtsurkunde oder im Auszug aus dem Geburtenregister vermerkt ist, i. d. R. noch nach den deutschen Kollisionsnormen geprüft werden, weil weder eine Sachprüfung noch eine Bindungswirkung stattfindet. Dies gilt jedoch nicht, wenn das ausländische Gericht die lesbische Elternschaft festgestellt oder verneint hat, ähnlich den Regelungen in den §§ 1600 ff. BGB. Solche ausländischen Entscheidungen sind nach § 108 FamFG anerkennungsfähig.

---

905 Benicke, StAZ 2013, S. 105.

906 Andrae, *StAZ* 2015, S. 164.

3. Anerkennungszuständigkeit

a) Allgemeines

Die internationale Zuständigkeit, die nach deutschem Recht in einem Verfahren mit Auslandsberührung selbständig und vorrangig zu prüfen ist,[907] gilt gem. § 109 Abs. 1 Nr. 1 FamFG spiegelbildlich für die Anerkennungszuständigkeit.[908] Während in Kindschaftssachen nach § 99 FamFG das Kind als alleinige Anknüpfungsperson im Mittelpunkt steht und drei alternative Anknüpfungspunkte, nämlich Heimat-, Aufenthalts- und Fürsorgezuständigkeit, zur Wahl stehen,[909] ist die Anknüpfung in Abstammungs- (§ 100 FamFG) und Adoptionssachen (§ 101 FamFG) zwar nicht mehr kindzentriert[910] (d. h. Anknüpfungspersonen sind in Abstammungssachen nicht nur das Kind, sondern auch die Mutter, der Vater oder der mögliche leibliche Vater und in Adoptionssachen nicht nur das zu adoptierende Kind, sondern auch einer der Annehmenden), folgt aber mit Ausnahme der Fürsorgezuständigkeit den gleichen Anknüpfungskriterien wie § 99 FamFG.[911] Es handelt sich also um eine sehr weite Zuständigkeit in §§ 100, 101 FamFG,[912] woraus sich auch eine weite Anerkennungszuständigkeit (§ 109 Abs. 1 Nr. 1 FamFG) ergibt.[913]

Im Übrigen ist zu beachten, dass es für die Heimatzuständigkeit nach §§ 99–101 FamFG nicht auf die effektive Staatsangehörigkeit des Doppelstaatlers ankommt.[914] Für die Aufenthaltszuständigkeit nach §§ 99–101 FamFG ist erforderlich, dass eine Anknüpfungsperson ihren gewöhnlichen Aufenthalt in Deutschland hat. Der gewöhnliche Aufenthalt ist der Ort, an dem eine Person für längere Zeit ihren tatsächlichen Lebensmittelpunkt hat.[915] Bei Erwachsenen ist der dauerhafte Bleibewille zur Begründung eines neuen gewöhnlichen Aufenthalts erkennbar, während ein Kind häufig mit einem

---

907 Musielak/Borth/Frank/Frank (2022), § 99 FamFG Rn. 2.

908 Haußleiter/Gomille (2017), § 99 FamFG Rn. 1.

909 Hk-ZPO/Kemper (2023), § 99 FamFG Rn. 20–23; Bumiller/Harders /Schwamb/ Bumiller (2022), § 99 FamFG Rn. 4–7.

910 MüKoFamFG/Rauscher (2018), § 100 FamFG Rn. 8.

911 MüKoFamFG/Rauscher (2018), § 101 FamFG Rn. 14.

912 Hk-ZPO/Kemper (2023), § 100 FamFG Rn. 4; Hk-ZPO/Kemper (2023), § 101 FamFG Rn. 5.

913 MüKoFamFG/Rauscher (2018), § 100 FamFG Rn. 23.

914 Johannsen/Henrich/Althammer/Henrich (2020), § 99 FamFG Rn. 27.

915 BeckOK FamFG/Sieghörtner (2023), § 99 FamFG Rn. 29.

sorgeberechtigten Elternteil – mglw. widerrechtlich, z. B. im Fall einer Kindesentführung – umgezogen ist, ohne dass es auf den Willen des Kindes ankommt. Der gewöhnliche Aufenthalt eines Kindes ist daher eigenständig zu bestimmen, wobei auf die Dauer und die soziale Integration des Kindes in einem Staat abzustellen ist.[916] Für die Begründung des gewöhnlichen Aufenthalts eines Kindes ist ein Zeitraum von etwa sechs Monaten ausreichend,[917] während teilweise eher zwölf Monate als Integrationszeitraum angesehen werden.[918] Es ist jedoch gerechtfertigt, dass die für die soziale Integration erforderliche Zeit je nach Alter des Kindes unterschiedlich lang sein kann.[919] Zudem spielt eine Integrationsfrist für die Begründung eines erstmaligen oder neuen gewöhnlichen Aufenthalts dann kaum eine Rolle, wenn der Aufenthaltswechsel dem Willen aller sorgeberechtigten Eltern entspricht, d. h. der beabsichtigte Zuzug nach Deutschland auf Dauer angelegt ist.[920]

b) Stieffamilien

Die Beziehung zwischen dem Stiefkind und dem Stiefelternteil, die sich nach chinesischem Recht im Frühstadium befindet und noch nicht als rechtlich fiktive Beziehung aufgrund einer sozial-familiären Beziehung angesehen wird, kann als elterliche Verantwortung oder Sorgerecht eingestuft werden, denn der Stiefelternteil verfügt aufgrund seiner Ehe mit dem rechtlichen Elternteil des Stiefkindes grundsätzlich über bestimmte elterliche Befugnisse. Wird zwischen ihnen aufgrund einer sozial-familiären Beziehung ein rechtlich fiktives Eltern-Kind-Verhältnis begründet, so ist dieses m. E. nicht der Abstammung, sondern der Annahme als Kind zuzuordnen, denn es beruht nicht auf einer biologischen oder potentiellen biologischen Beziehung oder einer originären Statuszuweisung aufgrund der Partnerschaft der Eltern, sondern auf einer rein sozialen Verbundenheit. Die Anerkennungszuständigkeit für die elterliche Sorge des Stiefelternteils richtet sich daher nach

---

916 MüKoFamFG/Rauscher (2018), § 99 FamFG Rn. 39–40.

917 Hk-ZPO/Kemper (2023), § 100 FamFG Rn. 6; MüKoFamFG/Rauscher (2018), § 99 FamFG Rn. 40.

918 MüKoFamFG/Rauscher (2018), § 99 FamFG Rn. 41; BeckOK FamFG/Sieghörtner (2023), § 99 FamFG Rn. 29.

919 Bumiller/Harders/Schwamb/Bumiller (2022), § 99 FamFG Rn. 6.

920 MüKoFamFG/Rauscher (2018), § 99 FamFG Rn. 42; Sternal/Dimmler (2023), § 99 FamFG Rn. 27.

§ 99 FamFG, die für die fiktive Eltern-Kind-Zuordnung in der Stieffamilie nach § 101 FamFG, wobei gegenüber § 99 FamFG nicht nur das Stiefkind, sondern auch der Stiefelternteil, ggf. der rechtliche Elternteil in der Stieffamilie als Anknüpfungssubjekt fungiert, was eine Anerkennungszuständigkeit erweitern kann.

c) Adoptivfamilien

Die Anerkennungszuständigkeit für die Adoptionsentscheidung ist in § 101 FamFG geregelt, wonach ausländische Gerichte oder Behörden für eine Adoption international zuständig sind, wenn der Annehmende, einer der annehmenden Ehegatten oder der Anzunehmende eine ausländische Staatsangehörigkeit besitzt oder seinen gewöhnlichen Aufenthalt im Ausland hat. Bei einer Stiefkindadoption wären nach dem Wortlaut des § 101 FamFG ausländische Gerichte oder Behörden international nicht zuständig, wenn weder der Stiefelternteil noch das Stiefkind, sondern nur der rechtliche Elternteil eine ausländische Staatsangehörigkeit besitzt oder seinen gewöhnlichen Aufenthalt im Ausland hat. In der Literatur wird jedoch darauf hingewiesen, dass eine analoge Anwendung der Situation der gemeinschaftlichen Adoption auf die Stiefkindadoption in Betracht kommt, weil sowohl die gemeinschaftliche Adoption als auch die Stiefkindadoption zu einer gemeinsamen elterlichen Sorge bzw. zu Kindschaftsverhältnissen führen und daher keine widerstreitenden Interessen vorliegen.[921]

d) Leihmutterschaftsfamillien

Die Anerkennungszuständigkeit für die originäre Abstammungszuordnung in Leihmutterschafts- und Regenbogenfamilien wird von § 100 FamFG erfasst, denn die Abstammung kann nicht nur auf der Grundlage deutschen Rechts, sondern auch ausländischen Rechts entstehen[922] und ist daher in Anlehnung an die kollisionsrechtliche Qualifikation weit zu verstehen. Teilweise wird jedoch vertreten, dass die vertragliche Abstammung bei Leihmutterschaft aus deutscher Sicht eher als Adoption zu qualifizieren sei.[923] Würde man die vertraglich begründete Zuordnung als Adoptionsverhältnis

921 MüKoFamFG/Rauscher (2018), § 101 FamFG Rn. 14.
922 MüKoFamFG/Rauscher (2018), § 100 FamFG Rn. 5a.
923 MüKoFamFG/Rauscher (2018), § 100 FamFG Rn. 5a; Rauscher, JR 2016(3), S. 101–102.

qualifizieren, wäre die aus § 101 FamFG folgende mögliche Anknüpfung an den gewöhnlichen Aufenthalt der Leihmutter zur Begründung einer spiegelbildlichen Zuständigkeit im Entscheidungsstaat nicht anwendbar, so dass die Anerkennung der ausländischen Entscheidung in Leihmutterschaftsfällen daran scheitern würde,[924] was dem am Kindeswohl orientierten Günstigkeitsprinzip nicht entspräche.

Wird die vertraglich begründete Abstammungszuordnung in Leihmutterschaftsfällen als Abstammungssache qualifiziert, bleibt umstritten, ob die Leihmutter Mutter i. S. v. § 100 FamFG ist. Nach h. M. sind Eltern i.. S.. v. § 100 FamFG zum einen die Mutter oder der Vater, die nach dem durch Art. 19 EGBGB berufenen Recht feststehen, zum anderen die Putativ- oder Wunscheltern, also die Personen, die die Elternstellung einnehmen wollen.[925] Auch der BGH geht in einer Entscheidung bei der Prüfung der Anerkennungszuständigkeit davon aus, dass die Leihmutter, die nach Art. 19 Abs. 1 S. 1 EGBGB bei gewöhnlichem Aufenthalt des Kindes in Deutschland nach deutschem Recht als rechtliche Mutter gilt,[926] eben die Mutter i. S. v. § 100 FamFG ist.[927] Daraus folgt, dass die Zuständigkeit nach § 100 FamFG gegeben ist, wenn eine der an der Abstammungssache beteiligten Personen die Staatsangehörigkeit oder ihren gewöhnlichen Aufenthalt im Entscheidungsstaat hat.[928] Der Auffassung des BGH wird teilweise mit der Begründung widersprochen, dass es zu einem Zirkelschluss käme, wenn die Leihmutter die Mutter i. S. v. § 100 FamFG wäre.[929]

Im Übrigen haben die Wunscheltern i. d. R. weder ihren gewöhnlichen Aufenthalt noch ihre Staatsangehörigkeit im Entscheidungsstaat. Auch das Kind hat dort keinen ersten gewöhnlichen Aufenthalt, es sei denn, es hält sich bis zur Antragstellung bei Gericht oder bis zur gerichtlichen Entscheidung längere Zeit im Entscheidungsstaat auf. Wird das Kind aus einer Leihmutterschaft in einem Staat geboren, in dem es die Staatsangehörigkeit bei Geburt erwerben kann, kann auch die internationale Zuständigkeit des Entscheidungsstaates gegeben sein. Zusammenfassend kann gesagt werden, dass die

---

924 MüKoFamFG/Rauscher (2018), § 100 FamFG Rn. 5a.
925 BeckOK FamFG/Sieghörtner (2023), § 100 FamFG Rn. 3.
926 Mayer, *RabelsZ* 78 (2014), S. 570.
927 BGH, Beschluss v. 10.12.2014 – XII ZB 463/13, *IPRax* 2015, S. 266, Rn. 25–26.
928 Benicke, *StAZ* 2013, S. 105.
929 Rauscher, *JR* 2016(3), S. 102.

Anerkennungszuständigkeit nach § 100 FamFG in Leihmutterschaftsfällen begrenzt ist.

e) Regenbogenfamilien

Die rechtliche Zuordnung eines Kindes zur Lebenspartnerin der Geburtsmutter erfolgt entweder kraft gesetzlicher Fiktion oder durch gemeinsame Willenserklärung zur künstlichen Befruchtung oder durch gerichtliche Feststellung. Auch dies gehört zu einer originären Abstammungszuordnung und fällt damit in den Anwendungsbereich des § 100 FamFG, wonach das ausländische Gericht spiegelbildlich international zuständig ist, wenn einer der gleichgeschlechtlichen Elternteile oder das Kind seinen gewöhnlichen Aufenthalt im Ausland hat oder eine ausländische Staatsangehörigkeit besitzt. Wie ist aber die Anerkennungszuständigkeit zu beurteilen, wenn nur der Samenspender diese Anknüpfungskriterien erfüllen kann? Ist dies vergleichbar mit der Situation und Lösung in Leihmutterschaftsfällen? Zunächst ist anzumerken, dass die Situation bei Regenbogenfamilien wohl etwas anders wäre, weil der Samenspender nach deutschem Recht nicht ohne Privatrechtsgeschäft oder gerichtliche Entscheidung automatisch in die Elternstellung einrücken kann, so dass sich in diesem Fall keine spiegelbildliche Zuständigkeit ergibt. Kann auf dieser Grundlage die internationale Zuständigkeit des ausländischen Gerichts spiegelbildlich nach § 100 FamFG dadurch begründet werden, dass der Samenspender einer der Beteiligten in der Abstammungssache ist? Diese Auffassung mag im Einzelfall gerechtfertigt sein, denn die in den Leihmutterschaftsfällen gefundene Lösung gibt hierfür Anhaltspunkte.

Zusammenfassend ist festzuhalten, dass in Leihmutterschafts- und Regenbogenfamilien der tatsächliche Anwendungsbereich der Anerkennungszuständigkeit nach § 100 FamFG sehr begrenzt ist und u. U. für diese Familienstrukturen überhaupt nicht eröffnet ist. Der Wortlaut des § 100 FamFG sollte daher eher nach dem Günstigkeitsprinzip ausgelegt werden, um die Regelungslücke der internationalen Zuständigkeit, insbesondere im Rahmen der Anerkennungszuständigkeit, zu schließen.[930]

---

[930] Nach Rauscher ist diese „weite“ internationale Zuständigkeit fraglich (siehe MüKoFamFG/Rauscher (2018), § 100 FamFG Rn. 16). Ich halte sie jedoch für gerechtfertigt, da im Anerkennungsverfahren bezüglich bestimmter Familienstrukturen nur diese „weite“ Auslegung die Anerkennungszuständigkeit begründen kann.

4. Wirkungen der Anerkennung

a) Allgemeines

In Deutschland gilt für die Anerkennung einer ausländischen Entscheidung nicht die Theorie der Wirkungsgleichstellung, sondern das Prinzip der Wirkungserstreckung.[931] Die Anerkennung bedeutet also nicht, dass die ausländische Entscheidung in ihren Wirkungen einer inländischen gleichgestellt wird,[932] sondern sie entfaltet nach der Anerkennung im Inland die gleichen Wirkungen wie im Entscheidungsstaat.[933] Allerdings können nicht alle Wirkungen, die sich aus dem ausländischen Recht ergeben, im Wege der Wirkungserstreckung in Deutschland eintreten. Anzuerkennen sind nur solche Entscheidungswirkungen, die das deutsche Recht kennt.[934] Sind die Entscheidungswirkungen gering, werden sie unmittelbar auf das Inland erstreckt und es findet keine „Aufwertung" statt.[935] Gehen die Wirkungen der ausländischen Entscheidung dagegen über die Wirkungen des deutschen Rechts hinaus, so gelten die weitergehenden Wirkungen des ausländischen Rechts, sofern sie dem deutschen Recht nicht völlig fremd sind.[936] Besser wäre es jedoch, jedenfalls die Wirkungen des Ursprungsstaates so weit wie möglich im Inland anzuerkennen, um den Zweck des Anerkennungsverfahrens

---

931 Sternal/Dimmler (2023), § 108 FamFG Rn. 2; BeckOK FamFG/Sieghörtner (2023), § 108 FamFG Rn. 45; Haußleiter/Gomille (2017), § 108 FamFG Rn. 2; MüKoFamFG/Rauscher (2018), § 108 FamFG Rn. 18; Hk-ZPO/Kemper (2023), § 108 FamFG Rn. 24; Musielak/Borth/Frank/Frank (2018), § 108 FamFG Rn. 14; Hausmann (2018), IntEuFamR, K. Ehesachen, § 108 FamFG Rn. 252.

932 Sternal/Dimmler (2023), § 108 FamFG Rn. 2; BeckOK FamFG/Sieghörtner (2023), § 108 FamFG Rn. 45.

933 Haußleiter/Gomille (2017), § 108 FamFG Rn. 2; MüKoFamFG/Rauscher (2018), § 108 FamFG Rn. 18; Hk-ZPO/Kemper (2023), § 108 FamFG Rn. 24; Musielak/Borth/Frank/Frank (2022), § 108 FamFG Rn. 14; Hausmann (2018), IntEuFamR, K. Ehesachen, § 108 FamFG Rn. 252.

934 Sternal/Dimmler (2023), § 108 FamFG Rn. 3; Musielak/Borth/Frank/Frank (2022), § 108 FamFG Rn. 14.

935 Haußleiter/Gomille (2017), § 108 FamFG Rn. 8; Musielak/Borth/Frank/Frank (2022), § 108 FamFG Rn. 14; Hausmann (2018), IntEuFamR, K. Ehesachen, § 108 FamFG Rn. 252; MüKoFamFG/Rauscher (2018), § 108 FamFG Rn 19; Hk-ZPO/Kemper (2023), § 108 FamFG Rn. 24; BeckOK FamFG/Sieghörtner (2023),§ 108 FamFG Rn. 45.

936 Haußleiter/Gomille (2017), § 108 FamFG Rn. 9; BeckOK FamFG/Sieghörtner (2023), § 108 FamFG Rn. 45.

zu erreichen und der Gefahr international uneinheitlicher Wirkungen der Einzelentscheidungen vorzubeugen.[937]

Anerkennungsfähig sind zudem nur unmittelbare Wirkungen, wie materielle Rechtskraft-, Feststellungs- oder Gestaltungswirkungen,[938] während Tatbestandswirkungen oder Tatsachenfeststellungen nicht anerkannt werden können[939] und sich die Frage, ob sie mittelbare Wirkungen für andere Rechtsverhältnisse entfalten, nach der lex causae bestimmt.[940] Sollen der anerkennungsfähigen ausländischen Entscheidung darüber hinaus weitere Wirkungen beigemessen werden, die nach dem Recht des Ursprungsstaates nicht möglich sind, ist eine erneute Sachentscheidung im Inland erforderlich.[941] Im Übrigen genügt für die Anerkennung das Vorliegen einer wirksamen Entscheidung, d. h. es bedarf keiner formellen oder materiellen Rechtskraft.[942]

b) Stieffamilien

In Sorgerechts-, Vormundschafts- oder Erbschaftssachen wird z. B. nach chinesischem Recht die Zuordnung des Stiefkindes zum Stiefelternteil, die aufgrund einer sozial-familiären Beziehung kraft gesetzlicher Fiktion erfolgt, vom Gericht i. d. R. als Vorfrage festgestellt. Die sich aus dieser fiktiven Eltern-Kind-Zuordnung ergebenden Rechte und Pflichten des Stiefelternteils entsprechen denen des rechtlichen Elternteils, z. B. Inhaber des vollen Sorgerechts. Darüber hinaus lässt diese rechtlich fiktive Kindeszuordnung die rechtliche Elternstellung der beiden anderen Elternteile unberührt, d. h. es handelt sich in diesem Fall um drei parallele Eltern-Kind-Verhältnisse. Solche Kindeszuordnung in Stieffamilien ist dem deutschen Recht unbekannt und geht in ihren Wirkungen wohl über die nach deutschem Recht hinaus, ohne jedoch den Maßstab „gänzlich unbekannt“ zu erreichen, weil ihre Wirkungen in etwa mit denen der Stiefkindadoption im deutschen

---

937 Haußleiter/Gomille (2017), § 108 FamFG Rn. 9; BeckOK FamFG/Sieghörtner (2023), § 108 FamFG Rn. 45; MüKoFamFG/Rauscher (2018), § 108 FamFG Rn. 20.

938 MüKoFamFG/Rauscher (2018), § 108 FamFG Rn. 18, 20.

939 Haußleiter/Gomille (2017), § 108 FamFG Rn. 3; BeckOK FamFG/Sieghörtner (2023), § 108 FamFG Rn. 45; MüKoFamFG/Rauscher (2018), § 108 FamFG Rn. 20.

940 MüKoFamFG/Rauscher (2018), § 108 FamFG Rn. 18.

941 MüKoFamFG/Rauscher (2018), § 108 FamFG Rn. 19; Hk-ZPO/Kemper (2023), § 108 FamFG Rn. 24; Musielak/Borth/Frank/Frank (2022), § 108 FamFG Rn. 14; BeckOK FamFG/Sieghörtner (2023), § 108 FamFG Rn. 45.

942 MüKoFamFG/Rauscher (2018), § 108 FamFG Rn. 16.

Recht vergleichbar sind. Der einzige Unterschied besteht darin, dass das Eltern-Kind-Verhältnis zu den bisherigen Eltern durch die fiktive Eltern-Kind-Zuordnung nicht erloschen ist. Die unmittelbare Feststellungswirkung der fiktiven Eltern-Kind-Zuordnung in Stieffamilien sollte sich daher jedenfalls auch auf Deutschland erstrecken.

In einer chinesischen gerichtlichen Entscheidung wurde die fiktive Eltern-Kind-Zuordnung in Stieffamilien auf die Zuordnung eines von einer Leihmutter geborenen Kindes zu einer Wunschmutter (Stiefmutter) im Rahmen einer inländischen Leihmutterschaft angewendet.[943] Es stellt sich die Frage, ob diese fiktive Eltern-Kind-Beziehung in Deutschland unmittelbar anerkannt werden würde. Würde die fiktive Kindeszuordnung als unmittelbare Wirkung auf Deutschland erstreckt werden, wäre sie in Deutschland als Vorfrage der Erbenstellung, die über das Erbstatut entscheidet,[944] bindend, während die Eltern-Kind-Zuordnung zwischen Stiefkind und Stiefelternteil nach der lex causae neu zu bestimmen wäre, wenn diese rechtlich fiktive Zuordnung nicht als unmittelbare Wirkung gelten würde.

c) Adoptivfamilien

Die Wirkungen der Anerkennung ausländischer Adoptionsentscheidungen richten sich nach dem angewandten Adoptionsrecht des Herkunftsstaates.[945] Nach § 2 AdWirkG ist insbesondere zu prüfen, ob das Eltern-Kind-Verhältnis des Kindes zu seinen bisherigen Eltern erloschen ist, ob es sich also um eine sog. schwache oder um eine Volladoption handelt. Besteht das Statusverhältnis zu den bisherigen Eltern fort, so erstrecken sich nur die Wirkungen des Sorgerechts der Adoptiveltern auf das Inland. Wird das Statusverhältnis zu den bisherigen Eltern durch die Adoption beendet, so steht die ausländische Adoption in ihren Wirkungen dem nach deutschem Sachrecht begründeten Annahmeverhältnis gleich, einschließlich der Statusverhältnisse zu den Verwandten des Annehmenden. Die Wirkungen der Volladoption werden somit durch deutsches Recht bestimmt, selbst wenn die Wirkungen nach dem Recht des Herkunftsstaates über die Wirkungen nach deutschem Recht hinausgehen. Darüber hinaus kann nach § 3 AdWirkG eine nach ausländischem

---

943 Siehe Teil 4 A I 2 b) oben, vgl. Fn. 892.
944 MüKoFamFG/Rauscher (2018), § 108 FamFG Rn. 18.
945 Ebd.

Recht begründete schwache Adoption auf Antrag in eine Volladoption nach deutschem Recht umgewandelt werden. Das bedeutet, dass das deutsche Gericht der ausländischen Adoption weitere Wirkungen beimessen kann, die ihr nach dem Recht des Ausstellungsstaates nicht zukommen.

d) Leihmutterschaftsfamilien

Da die Durchführung der Leihmutterschaft und die daraus resultierende Eltern-Kind-Zuordnung in den Ländern, in denen Leihmutterschaft zulässig ist, unterschiedlich geregelt ist, sind auch die Wirkungen von Entscheidungen in Leihmutterschaftsfällen von Land zu Land verschieden. In Großbritannien und Israel entfalten gerichtliche Ent-scheidungen, die zu einem Statuswechsel führen, i. d. R. unmittelbare Gestaltungswirkung. Die kalifornischen Gerichtsentscheidungen stellen die rechtliche Abstammung unmittelbar fest. Diese unmittelbaren Wirkungen auf die rechtliche Elternschaft der Wunscheltern können sich unmittelbar auf das Inland erstrecken und mit der erga-omnes-Wirkung als Grundlage für die Feststellung der Staatsangehörigkeit und die Nachbeurkundung im Geburtenregister dienen.[946]

Die Frage, ob die indische gerichtliche Feststellung der genetischen Elternschaft bzw. der Wirksamkeit der Leihmutterschaftsvereinbarung der Feststellung der rechtlichen Elternschaft der Wunscheltern funktional gleichsteht, ist nach indischem Recht zu beurteilen, nach dem einerseits die rechtliche Elternschaft nicht abstrakt von ihren Wirkungen, d. h. den Rechten und Pflichten der rechtlichen Eltern, unterschieden wird, andererseits die gerichtliche Entscheidung hierüber endgültig und verbindlich ist. Insofern ist es daher vorzuziehen, die Wirkungen der rechtlichen Abstammung unmittelbar festzustellen.[947] Andernfalls entspräche sie nicht dem Zweck des deutschen Anerkennungsverfahrens und die Anerkennung der Eltern-Kind-Zuordnung in den indischen Leihmutterschaftsfällen würde daran scheitern.

Demgegenüber ist es gerechtfertigt, dass die israelische Entscheidung über die Feststellung der genetischen Vaterschaft eines gleichgeschlechtlichen Paares in einem indischen Leihmutterschaftsfall keine unmittelbare Wirkung für die rechtliche Elternschaft entfaltet, denn das israelische Gericht hat weder nach israelischem noch nach indischem oder deutschem Recht

---

946 Duden, *StAZ* 2014, S. 167.
947 Ebd., S. 167–168.

die Abstammung rechtlich bewertet oder begründet, sondern lediglich die Tatsache der genetischen Elternschaft festgestellt.

Da die griechische Gerichtsentscheidung Grundlage des Geburtenregisters ist und somit das Geburtenregister anerkennungsfähig ist, kommt es nicht darauf an, ob die Gerichtsentscheidung allein unmittelbare oder mittelbare Wirkung für die rechtliche Abstammung entfaltet. Daraus folgt, dass der anerkennungsfähige Geburtseintrag, der eine gerichtliche Mitwirkung voraussetzt, selbst unmittelbare abstammungsbegründende Wirkung auslöst.[948]

e) Regenbogenfamilien

In einigen europäischen Ländern,[949] Kanada, Australien, Südafrika usw. können lesbische Partnerinnen gemeinsam rechtliche Eltern eines durch künstliche Befruchtung gezeugten Kindes werden.[950] In diesen Ländern kann die rechtliche Elternschaft der Partnerin der Geburtsmutter entweder aufgrund der formalisierten Partnerschaft oder aufgrund der gemeinsamen Zustimmung zur künstlichen Befruchtung ipso iure in das Geburtenregister eingetragen oder durch ihre Anerkennung begründet oder durch eine gerichtliche Entscheidung festgestellt oder angefochten werden. Nur gerichtliche Entscheidungen können verfahrensrechtlich anerkannt werden, wobei die unmittelbaren Wirkungen der Anerkennung auf die rechtliche Elternschaft bzw. das Verwandtschaftsverhältnis beschränkt sind. Ob durch die rechtliche Elternschaft der Lebenspartnerin die Staatsangehörigkeit des Kindes vermittelt werden kann, ist weiterhin nach deutschem Staatsangehörigkeitsrecht zu entscheiden. Die Zuweisung des Sorgerechts als mittelbare Folge der rechtlichen Eltern-Kind-Zuordnung richtet sich im Übrigen nach der lex causae.[951]

---

[948] Vgl. a. A. Duden, *StAZ* 2014, S. 169.

[949] Beispiele hierfür sind die Niederlande, Belgien, Schweden, Island, Norwegen, Dänemark, Großbritannien und Spanien.

[950] Jänterä-Jareborg, Maarit: „Sweden: Lesbian couples are entitiled to assisted fertilization and to equal rights of parentage". *FamRZ* 2006, S. 1329; Reuß, *StAZ* 2015, S. 139; Polikoff, Nancy D.: „A mother should not have to adopt her own child: Parentage laws for children of lesbian couples in the twenty-first century". *Stanford Journal of Civil Rights & Civil Liberties* 5 (2009), S. 227; Sieberichs, *StAZ* 2015, S. 1; Coester-Waltjen, *IPRax* 2016, S. 132.

[951] MüKoFamFG/Rauscher (2018), FamFG § 108 Rn. 18.

II. Chinesisches Recht

1. Allgemeines

Da es in China kein spezielles Verfahrensrecht in Familiensachen und auch kein gesondertes Anerkennungsverfahren für im Ausland begründete Adoptionen wie in Deutschland gibt, müssen alle ausländischen Gerichtsentscheidungen in Zivilsachen einschließlich Familiensachen nach den einschlägigen Bestimmungen des chinesischen Zivilprozessgesetzes in der Fassung von 2023[952] (kurz: ZPG 2023) und seiner gerichtlichen Auslegung in der Fassung von 2022[953] (kurz: gerichtliche Auslegung des ZPG 2022) anerkannt werden. Nach § 298 ZPG 2023 können nur rechtskräftige Urteile und Beschlüsse ausländischer Gerichte in China prozessual anerkannt werden. Dieses Anerkennungsverfahren ist grundsätzlich nicht inzident, d. h. die Anerkennung und Vollstreckung ausländischer Gerichtsentscheidungen wird von den Parteien bzw. Beteiligten oder von den Gerichten des Entscheidungsstaates beantragt. Allerdings gibt es in der chinesischen Gerichtspraxis Ausnahmefälle, so wurde z. B. in einem grenzüberschreitenden Leihmutterschaftsfall[954] bei der Anerkennung der kalifornischen Gerichtsentscheidung über die Elternschaft der Wunschmutter durch das chinesische Gericht eine der Regelung des § 108 FamFG vergleichbare Inzidentprüfung durchgeführt und die automatische Anerkennung wegen Verstoßes gegen den ordre public versagt. Darüber hinaus hat das chinesische Gericht in einem anderen Erbfall[955] die Wirksamkeit des Adoptionsverhältnisses auf der Grundlage eines französischen Adoptionsurteils, das als Beweismittel diente, unmittelbar bestätigt, während

952 Zivilprozessgesetz der VR China (rev. 2023), verkündet am 1.9.2023, in Kraft getreten am 1.1.2024. Dies ist die fünfte Fassung des Gesetzes, wobei der Schwerpunkt dieser Überarbeitung auf Teil IV („Sonderbestimmungen für Zivilverfahren mit Auslandsberührung“) liegt.

953 Die Erläuterungen des OVG zum Zivilprozessgesetz der VR China (rev. 2022), verkündet am 1.4.2022, in Kraft getreten am 10.4.2022.

954 Tao X v. Yin X Lin, Sorgerechtsfall, Beschluss des MVG Kunming, Yunnan, (2019) yun 01 min zhong Nr. 2092: In diesem Fall forderte der Wunschvater nach der Scheidung das Gericht auf, die Wunschmutter zur Erfüllung ihrer Vormundschaftsaufgaben zu verpflichten, insbesondere zur Mitwirkung bei der Ausstellung eines neuen US-Passes für das Kind aus der Leihmutterschaft.

955 Zivilurteil des VG Xuhui, Shanghai, (2011) xu min yi (min) chu zi Nr. 3305.

sich die Wirkungen der Adoption nach chinesischem Recht, d. h. nach der lex causae des Erbfalls, bestimmen.

Nach § 299 ZPG 2023 ergibt sich die Grundlage für die Anerkennung ausländischer Gerichtsentscheidungen im Wesentlichen entweder aus den Übereinkommen und Abkommen,[956] die China geschlossen hat oder denen China beigetreten ist, oder aus dem Prinzip der Gegenseitigkeit.[957] Nach § 542 der gerichtlichen Auslegung des ZPG 2022 ist der Antrag auf Anerkennung grundsätzlich abzulehnen, wenn zwischen dem Entscheidungsstaat und China weder ein Übereinkommen (oder ein Abkommen) noch Gegenseitigkeit besteht, ausgenommen bei rechtskräftigen ausländischen Scheidungsurteilen. Daraus folgt, dass ausländische gerichtliche Abstammungsentscheidungen in modernen Familienstrukturen von chinesischen Gerichten nur auf der Grundlage vertraglicher Beziehungen oder Gegenseitigkeitsverhältnisse mit dem Ausland anerkannt werden könnten. Auch wenn China mit der Ukraine und Russland, in denen Leihmutterschaft erlaubt ist, jeweils ein bilaterales Abkommen im zivilrechtlichen Bereich abgeschlossen hat, kann der in diesen Ländern aufgrund des Leihmutterschaftsvertrages ausgestellte Auszug aus dem Geburtenregister oder die Geburtsurkunde nicht unter den Anerkennungsbereich des § 299 ZPG 2023 fallen, weil danach nur rechtskräftige gerichtliche Entscheidungen anerkannt werden könnten. Dagegen bestehen zwischen China und dem Vereinigten Königreich, Israel und den Vereinigten Staaten, die ebenfalls die Leihmutterschaft zulassen, keine zivilrechtlichen Vertragsbeziehungen, so dass die Anerkennung nur auf den Grundsatz der Gegenseitigkeit gestützt werden kann. In Fällen, die Stief-, Adoptiv- und Regenbogenfamilien betreffen, können gleichfalls nur Entscheidungen aus Ländern, mit denen China zivilrechtliche Vertragsbeziehungen unterhält, von chinesischen mittleren Gerichten anerkannt werden, ansonsten ist die Anerkennung weiterhin nur auf der Grundlage der Gegenseitigkeit möglich. Entscheidungen zur Eltern-Kind-Zuordnung in modernen Familienstrukturen aus ausländischen Staaten, mit denen China

956 Im Bereich der Zivil- und Handelssachen hat China mit mehreren Ländern bilaterale Rechtshilfeabkommen geschlossen, darunter: Frankreich (1987), Spanien (1992), Türkei (1992) und viele weitere bis hin zu Iran (2016). Für Zivilsachen wurden zudem Abkommen mit Ländern wie Polen (1987), Belgien (1987) und Italien (1991) abgeschlossen, retrieved 11.10.2023, from: pkulaw.com.

957 Näheres siehe unten Teil 4 A II 2.

weder vertragliche Beziehungen noch ein Gegenseitigkeitsverhältnis hat, wie z. B. Gerichtsentscheidungen in Fällen internationaler Leihmutterschaft aus Indien, können in China prozessual nicht anerkannt werden.

Nach § 300 ZPG 2023 stellen neben dem ordre-public-Vorbehalt das Fehlen der internationalen Zuständigkeit des Entscheidungsstaates (sog. Anerkennungszuständigkeit), die Nichtbeachtung eines ordnungsgemäßen Verfahrens, Betrug sowie die Unvereinbarkeit mit einer im Inland ergangenen oder anerkannten ausländischen Entscheidung oder einem anhängigen Verfahren Hindernisse für die Anerkennung ausländischer Gerichtsentscheidungen dar. Darunter sind die Einhaltung eines ordnungsgemäßen Verfahrens, der Ausschluss von Betrug sowie die Prüfung der Rechtshängigkeit bzw. von Parallelverfahren in der Anerkennungspraxis meist nicht in Frage gestellt. Es ist zu prüfen, ob das Adoptivkind im ausländischen Adoptionsverfahren an der Adoption mitgewirkt oder sich zu ihr geäußert hat. Nach §§ 299, 300 ZPG 2023 und den Bestimmungen der Übereinkommen prüft das Gericht die ausländischen gerichtlichen Entscheidungen nur in formeller Hinsicht, ohne den materiellen Inhalt einschließlich des anwendbaren Rechts zu überprüfen.[958]

2. Prinzip der Gegenseitigkeit

Obwohl das Gegenseitigkeitsprinzip gem. § 299 ZPG 2023 als eine der Grundlagen für die Anerkennung ausländischer Gerichtsentscheidungen gilt, gibt es keine spezifische Bestimmung und Auslegung hinsichtlich des Maßstabs für die Anwendung dieses Prinzips. Die chinesische Rechtsprechung hat vor allem einen Maßstab der faktischen Gegenseitigkeit entwickelt, d. h. wenn ein Land in der Vergangenheit chinesische Gerichtsentscheidungen anerkannt und vollstreckt hat, wird dieser Präzedenzfall als Grundlage für das Vorliegen von Gegenseitigkeit mit China herangezogen. Nach bisheriger chinesischer Rechtsprechung wurden Gerichtsentscheidungen aus Deutschland, den USA, Singapur und Südkorea aufgrund faktischer Gegenseitigkeit in China anerkannt.[959] Es stellt sich jedoch folgendes Problem: Selbst wenn

---

[958] Li/Ou 2015, S. 416.

[959] Wang, Yahan: „Application and Perfection of the Principle of Reciprocity in the Practice of Recognition and Enforcement of Foreign Court Judgments in China". *Chinese Yearbook of Private International Law and Comparative Law* 25, 2019, S. 48; Du, Tao / Wang, Honggen: „The Reconstruction of the Indentification Criterion for

in einem bestimmten Fall faktische Gegenseitigkeit mit einem Land festgestellt wird, interpretieren verschiedene Gerichte in China den Gegenstand (oder die Sache) und den Umfang der Anwendung unterschiedlich, was zu einer uneinheitlichen Anerkennungsentscheidung führen würde. So ist bspw. das MVG Wuhan[960] bei der Anerkennung einer deutschen Gerichtsentscheidung der Auffassung, dass die durch einen Präzedenzfall festgestellte Gegenseitigkeit in bestimmten Fragen (hier: Feststellung der Wirksamkeit der Schiedsvereinbarung) auf die Anerkennung aller Gerichtsentscheidungen in Zivil- und Handelssachen ausgedehnt werden kann. Demgegenüber hat das MVG Dezhou[961] und Shenyang[962] entschieden, dass zwischen China und Singapur das Gegenseitigkeitsverhältnis nur in Wirtschafts- und Handelssachen entwickelt ist, während in Zivilsachen, die Statusverhältnisse betreffen, keine Gegenseitigkeit besteht. Darüber hinaus stellt sich bei der faktischen Gegenseitigkeit auch für chinesische Gerichte die Frage, ob gegenüber einem Staat mit mehreren Teilrechtsordnungen die Gegenseitigkeit insgesamt zu bejahen ist oder nur in Bezug auf eine bestimmte Teilrechtsordnung, wie dies z. B. bei den US-Bundesstaaten der Fall ist.[963]

Da die Anwendung des Kriteriums der faktischen Gegenseitigkeit die Ermittlung von Präzedenzfällen erschwert, könnte dies zu uneinheitlichen Ergebnissen bei der Anerkennung führen oder als Instrument für Vergeltungsmaßnahmen zwischen Ländern dienen. Angesichts der vorgenannten Nachteile werden in der chinesischen Literatur und Rechtspraxis folgende Alternativen bzw. Auswege vorgeschlagen: Neben der faktischen Gegenseitigkeit können gleichzeitig z. B. der Maßstab der rechtlichen Gegenseitigkeit, der

---

Reciprocity in the Recognition and Enforcement of Foreign Judgements". *Chinese Yearbook of Private International Law and Comparative Law* 24, 2019, S. 165.

960 Antrag von Sascha Rudolf Seehaus auf Anerkennung einer deutschen Gerichtsentscheidung, MVG Wuhan, Hubei, (2012) e wu han zhong min shang wai chu zi Nr. 00016.

961 Antrag von Li X und Ding Xjing auf Anerkennung und Vollstreckung des Urteils über den vermögensrechtlichen Teil der Scheidung (nicht anerkannt), MVG Dezhou, Shandong, (2018) lu 14 xie wai ren Nr. 1.

962 Antrag von Zhang Xmai und Yang Xiao auf Anerkennung des Urteils zur Feststellung der Nichtigkeit der Ehe (zurückgewiesen), MVG Shenyang, Liaoning, (2019) liao 01 xie wai ren Nr. 4.

963 Du/Wang, *Chinese Yearbook of Private International Law and Comparative Law* 24, 2019, S. 167–168.

vom OVG der VR China in einer 2015 erlassenen Verordnung zur Gewährleistung von Justizdienstleistungen und Sicherheit für die Neue Seidenstraße herangezogen wurde, und das Kriterium der vermuteten Gegenseitigkeit, über das bereits durch die Erklärung des 2. China-ASEAN-Justizforums in Nanning Konsens erzielt wurde.[964] Konkret bedeutet dies, dass im Rahmen der rechtlichen Gegenseitigkeit eine ausländische gerichtliche Entscheidung anerkannt und vollstreckt werden kann, wenn nach dem Recht und der Rechtsprechung des ausländischen Staates die Möglichkeit der Gegenseitigkeit besteht, ohne dass geprüft werden muss, ob ein Präzedenzfall für die Gegenseitigkeit besteht (faktische Gegenseitigkeit).[965] Nach der Gegenseitigkeitsvermutung gilt das Gegenseitigkeitsverhältnis als gegeben, solange ein ausländischer Staat die Anerkennung und Vollstreckung einer inländischen Entscheidung nicht unter Berufung auf fehlende Gegenseitigkeit verweigert.[966] Beide Gegenseitigkeitsmodelle haben jedoch ihre Grenzen. So wird die Anwendung der rechtlichen Gegenseitigkeit in China auf den kommerziellen Kontext beschränkt bleiben, während die vermutete Gegenseitigkeit vorerst nur zwischen den ASEAN-Staaten besteht und nicht bindend ist.

Es sei darauf hingewiesen, dass die strikte Anwendung des Kriteriums der faktischen Gegenseitigkeit im Bereich der Statusbeziehungen problematisch sein könnte. Obwohl bspw. in bestimmten Zivil- und Handelssachen zwischen China und einigen US-Bundesstaaten, in denen chinesische Paare häufig eine Leihmutter suchen, faktische Gegenseitigkeit besteht, könnten chinesische Gerichte aufgrund unterschiedlicher Kriterien für die Feststellung der „faktischen Gegenseitigkeit" zu unterschiedlichen Schlussfolgerungen in Bezug auf Statusfragen gelangen. Außerdem haben chinesische Gerichte die Gegenseitigkeit mit dem Vereinigten Königreich und Israel, die ebenfalls Leihmutterschaft zulassen und gerichtliche Entscheidungen über die Elternschaft treffen, noch nicht bestätigt. Darüber hinaus könnten auch Probleme der „uneinheitlichen Anerkennungsstandards" auftreten, wenn deutsche

---

964 Du/Wang, *Chinese Yearbook of Private International Law and Comparative Law* 24, 2019, S. 173.

965 Du/Wang, *Chinese Yearbook of Private International Law and Comparative Law* 24, 2019, S. 163; Liu, *People's Judicature* 2009, S. 98–99; Wang, *Chinese Yearbook of Private International Law and Comparative Law* 25, 2019, S. 66.

966 Du/Wang, *Chinese Yearbook of Private International Law and Comparative Law* 24, 2019, S. 164.

Gerichtsentscheidungen zur Adoption durch gleichgeschlechtliche Paare (Sukzessiv-, Stief- oder gemeinschaftliche Adoption) im Rahmen der faktischen Gegenseitigkeit zwischen Deutschland und China in China anerkannt werden müssten. Zusammenfassend wäre es sehr schwierig, die Anerkennung von Entscheidungen über die Eltern-Kind-Zuordnung in modernen Familienstrukturen in China auf der Grundlage einer geschlossenen und anspruchsvollen „faktischen Gegenseitigkeit" zu erreichen. Die Vielfalt der Gegenseitigkeitskriterien, wie z. B. rechtliche Gegenseitigkeit und vermutete Gegenseitigkeit, kann bis zu einem gewissen Grad dazu beitragen, die Starrheit eines einzigen Kriteriums der faktischen Gegenseitigkeit zu mildern.

Zudem kommt eine Gegenseitigkeitsausnahme in Betracht. Konkret sehen die Sonderbestimmungen[967] über Scheidungsurteile ausländischer Gerichte nicht vor, dass die Anerkennung von Scheidungsurteilen ausländischer Gerichte an das Gegenseitigkeitsprinzip gebunden ist. Daher können die Parteien bei den chinesischen Gerichten die Anerkennung von Scheidungsurteilen beantragen, die von ausländischen Gerichten in Ländern erlassen wurden, mit denen China weder einen bilateralen Vertrag noch ein internationales Übereinkommen geschlossen hat, unabhängig davon, ob zwischen den beiden Ländern ein Verhältnis der Gegenseitigkeit besteht. Der effektivste Weg zur Anerkennung von Statusbeziehungen wäre daher, den Anwendungsbereich der Gegenseitigkeitsausnahme zu erweitern, m. a. W.: um die Anerkennung und Vollstreckung von Entscheidungen im Bereich der Statusverhältnisse zu fördern, sollte die „Gegenseitigkeitsausnahme" nicht auf Scheidungsurteile beschränkt bleiben, sondern schrittweise auf den Bereich der Statusverhältnisse, insbesondere der Eltern-Kind-Verhältnisse, ausgedehnt werden.[968]

3. Anerkennungszuständigkeit

Besondere Vorschriften über die internationale Zuständigkeit chinesischer Gerichte bestehen nach § 276 Abs. 1 ZPG 2023 für Vertragsstreitigkeiten und

---

967 § 1 Bestimmungen des OVG zu Verfahrensfragen bei Anträgen chinesischer Staatsbürger auf Anerkennung ausländischer Scheidungsurteile v. 13.8.1991 (rev. 2020)

968 Shen, Hongyu: „A Study on the Recognition and Execution of Foreign Civil and commercial Judgments". *Journal of Law Application* 2018(5), S. 15; Liu, *People's Judicature* 2009, S. 99; Wang, *Chinese Yearbook of Private International Law and Comparative Law* 25, 2019, S. 67.

andere vermögensrechtliche Streitigkeiten, während sich solche Vorschriften für Familiensachen weder im ZPG 2021 noch in anderen chinesischen Gesetzen finden. Nach § 276 Abs. 2 ZPG 2023 können zusätzlich zu den Regelungen des § 276 Abs. 1 ZPG 2023 auch zivilrechtliche Streitigkeiten mit Auslandsbezug der Zuständigkeit der Volksgerichte unterworfen werden, wenn sie eine andere angemessene Verbindung zur VR China aufweisen. Es bleibt jedoch zu klären, wie die genannte „angemessene Verbindung" in Familiensachen zu verstehen ist. Hinzu kommt, dass sich nach § 270 ZPG 2023 die internationale Zuständigkeit chinesischer Gerichte in Familiensachen auch nach den Zuständigkeitsvorschriften anderer Teile richtet, wenn keine Regelung im Teil der besonderen Vorschriften für Zivilverfahren mit Auslandsberührung getroffen ist. Nach § 22 Abs. 1 ZPG 2023 sind in Zivilsachen die Volksgerichte am Wohnsitz oder gewöhnlichen Aufenthalt des Beklagten zuständig. Nach § 23 Nr. 1 ZPG 2023 sind die Volksgerichte am Wohnsitz oder gewöhnlichen Aufenthalt des Klägers zuständig, wenn es sich um Statusverhältnisse handelt und der Beklagte nicht in der VR China lebt.

Bis zum Inkrafttreten des ZPG 2023 enthielten das ZPG und seine Auslegung keine eindeutige Regelung, ob das Vorliegen der internationalen Zuständigkeit ausländischer Gerichte Voraussetzung für die Anerkennung und Vollstreckung ist und welches Recht bei der Prüfung der internationalen Zuständigkeit ausländischer Gerichte anzuwenden ist, wenn die vorstehende Frage bejaht wird.[969] Die spiegelbildliche Anwendung der internationalen Zuständigkeit nach nationalem Recht auf die Anerkennungszuständigkeit wurde daher einmal von einer Richterin des OVG der VR China in einer Veröffentlichung vorgeschlagen, nämlich dass das chinesische Zuständigkeitsrecht zur Beurteilung der Zuständigkeit ausländischer Gerichte analog angewendet werden kann, bis das ZPG oder dessen Auslegung die Lücken schließt.[970] Allerdings ist zu beachten, dass vor Inkrafttreten des ZPG 2023 eine Grundlage für die Anerkennungszuständigkeit nur bei der Anerkennung im Rahmen der Gegenseitigkeit fehlt und damit das sog. Spiegelbildlichkeitsprinzip in Betracht kommt, während die dem Anerkennungsverfahren

---

969 Liu, Yitong: „On the Examination Rules of Indirect Jurisdiction". *Citizen and Law (Comprehensive)* 2015(1), S. 13.

970 Shen, *Journal of Law Application* 2018(5), S. 11.

zugrunde liegenden Abkommen und Übereinkommen i. d. R. ausdrücklich die Prüfung der Anerkennungszuständigkeit und deren Regelung vorsehen.

Die bilateralen Abkommen, die China mit ausländischen Staaten geschlossen hat, sehen grundsätzlich drei Modelle zur Prüfung der Anerkennungszuständigkeit vor. Erstens ist zwischen China und Frankreich, Polen, der Mongolei, Kuba, Rumänien, Bulgarien usw. die Anerkennungszuständigkeit nach dem Recht des ersuchten Staates zu prüfen, d. h. nach dem sog. Spiegelbildlichkeitsprinzip. Zweitens wird zwischen China und Russland, Griechenland usw. die Ausschlussmethode angewandt, d. h. die Gerichte des Entscheidungsstaates sind für den Fall zuständig, sofern es sich nicht um eine ausschließliche Zuständigkeit nach dem innerstaatlichen Recht des ersuchten Staates handelt. Drittens wird zwischen China und Italien, Spanien oder Tunesien usw. die Anerkennungszuständigkeit in den jeweiligen Abkommen aufgezählt und die Anerken-nungszuständigkeit gilt als gegeben, wenn das Gericht, das die Entscheidung erlassen hat, einen der aufgezählten Tatbestände erfüllt.[971]

Die vorgenannten Lücken hat der Gesetzgeber aktuell durch die Einführung der §§ 300 Nr. 1 und 301 ZPG 2023 geschlossen, so dass eine Grundlage für die Anerkennung im Rahmen der Gegenseitigkeit zur Verfügung steht. Nach § 300 Nr. 1 ZPG 2023 sind ausländische gerichtliche Beschlüsse und Urteile nicht anzuerkennen, wenn das ausländische Gericht nach § 301 dieses Gesetzes für die Sache nicht zuständig ist. Damit wird klargestellt, dass das Fehlen der Anerkennungszuständigkeit ein Anerkennungshindernis darstellt. Gem. § 301 ZPG 2023 stellt das Volksgericht die Unzuständigkeit des ausländischen Gerichts fest, wenn einer der folgenden Umstände vorliegt: (i) das ausländische Gericht ist nach seinem Recht für die Sache unzuständig oder hat, obwohl es nach seinem Recht zuständig ist, keine angemessene Verbindung zu dem Rechtsstreit in der Sache; (ii) es verstößt gegen die Bestimmungen dieses Gesetzes über die ausschließliche Zuständigkeit; (iii) es verstößt gegen die Vereinbarung der Parteien über die ausschließliche Zuständigkeit des Gerichts. Dies ist vergleichbar mit der oben beschriebenen Ausschlussmethode, d. h. die Anerkennungszuständigkeit bei der Anerkennung ausländischer Gerichtsentscheidungen ist nach dem Recht des Entscheidungsstaates zu beurteilen, es sei denn, das ausländische Gericht

---

971 Liu, *Citizen and Law (Comprehensive)* 2015(1), S. 13; Li/Ou 2015, S. 411.

hat keine angemessene Verbindung zu dem Rechtsstreit oder es handelt sich um eine ausschließliche Zuständigkeit nach dem innerstaatlichen Recht des ersuchten Staates oder um eine vereinbarte ausschließliche Zuständigkeit.

Hinsichtlich der Anerkennung ausländischer Abstammungsentscheidungen in modernen Familienstrukturen auf dieser Grundlage ist zunächst festzuhalten, dass das chinesische Recht im Bereich der Statusverhältnisse keine ausschließlichen Zuständigkeitsregeln kennt. Zudem sind ausschließliche Gerichtsstandsvereinbarungen im Bereich der Eltern-Kind-Zuordnung in modernen Familienstrukturen selten. Hinzu kommt, dass ausländische Gerichte häufig ihre internationale Zuständigkeit ausüben, weil eine der an der Kindeszuordnung beteiligten Parteien dort ihren gewöhnlichen Aufenthalt hat oder deren Staatsangehörigkeit besitzt. Dies bedeutet, dass die Verbindung des Falles zum Entscheidungsstaat i. d. R. angemessen ist. Haben z. B. in einem Leihmutterschaftsfall die Wunscheltern und das Kind weder die Staatsangehörigkeit noch ihren gewöhnlichen Aufenthalt im Entscheidungsstaat, so reicht die Staatsangehörigkeit oder der gewöhnliche Aufenthalt der Leihmutter im Entscheidungsstaat als einer der Verfahrensbeteiligten aus, um die Zuständigkeit des ausländischen Gerichts zu begründen. Die Prüfung der Anerkennungszuständigkeit nach dem Recht des Entscheidungsstaates kommt einer unmittelbaren Anerkennung der internationalen Zuständigkeit ausländischer Gerichte gleich, was eine erhebliche Erleichterung darstellt. Dieser Ansatz ist für die Anerkennung ausländischer Abstammungsentscheidungen in modernen Familienstrukturen besonders geeignet, denn er kann Konflikte in den Statusbeziehungen zwischen verschiedenen Ländern verringern und die Stabilität der Statusverhältnisse erhalten.[972]

4. Wirkungen der Anerkennung

Hinsichtlich der Entfaltung der Wirkungen anerkannter ausländischer Gerichtsentscheidungen gilt in China die allgemeine Theorie, dass ausländische Gerichtsentscheidungen, die von den zuständigen chinesischen Gerichten anerkannt wurden, die gleiche Wirkung haben wie Entscheidungen der chinesischen Volksgerichte.[973] Darüber hinaus ist in den bilateralen

---

972 Shen, *Journal of Law Application* 2018(5), S. 11.

973 Zhang, Zihe: „On the Effect of Recognised Foreign Court Judgments". *Academic Search for Truth and Reality* 2013(1), S. 76.

Abkommen, die China mit ausländischen Staaten geschlossen hat, jeweils ausdrücklich vereinbart, dass die anerkannten und vollstreckten Beschlüsse oder Urteile im Hoheitsgebiet des ersuchten Staates die gleiche Wirkung haben, als wären sie von einem Gericht des ersuchten Staates erlassen worden.[974] Daraus ergibt sich, dass die Anerkennungswirkungen im chinesischen Recht grundsätzlich der Gleichstellungstheorie und nicht der Erstreckungstheorie folgen.

Ausländische Adoptionsentscheidungen entfalten grundsätzlich Gestaltungswirkung, die in China freilich anerkannt werden kann. Zu beachten ist jedoch, dass aufgrund der Gleichstellungstheorie die von einem chinesischen Gericht anerkannte ausländische Adoptionsentscheidung, die nach ausländischem Recht inter partes zwischen dem Kind und den leiblichen Eltern wirkt, in China eine erga-omnes-Wirkung gegenüber entfaltet, m. a. W.: ist nach ausländischem Adoptionsrecht das Eltern-Kind-Verhältnis zwischen dem Adoptivkind und den leiblichen Eltern durch die Begründung des Adoptionsverhältnisses nicht vollständig erloschen, sondern lediglich die elterliche Sorge auf die Adoptiveltern übergegangen und das Adoptivkind weiterhin von den leiblichen Eltern erbberechtigt (sog. schwache Adoption), so wird die schwache Adoption nach ihrer Anerkennung durch ein chinesisches Gericht unmittelbar in eine starke Adoption umgewandelt, d. h. das Eltern-Kind-Verhältnis zwischen dem Adoptivkind und den leiblichen Eltern erlischt. In der gerichtlichen Praxis hat das chinesische Gericht z. B. eine Entscheidung des französischen Gerichts über eine einfache Adoption unmittelbar als Voll-adoption anerkannt.[975]

In Leihmutterschaftsfällen werden gerichtliche Entscheidungen aus Großbritannien und Israel über die Zuordnung des Kindes zu den Wunscheltern in China grundsätzlich nicht anerkannt, da zwischen China und Großbritannien bzw. Israel weder ein bilaterales Abkommen noch ein Gegenseitigkeitsverhältnis besteht. Sollten die Rechtsgrund-lagen für die Anerkennung von Gerichtsentscheidungen zwischen China und Großbritannien bzw. Israel in Zukunft vorhanden sein, könnte die gestaltende bzw. konstitutive Wirkung der Gerichtsentscheidungen in China unmittelbar anerkannt werden. Ist

---

974 Vgl. § 26 des Abkommens über die zivilrechtliche Rechtshilfe zwischen der VR China und der Republik Italien v. 20.05.1991.

975 Zivilurteil des VG Xuhui, Shanghai, (2011) xu min yi (min) chu zi Nr. 3305.

darüber hinaus eine ausländische Entscheidung mit anderen als gestaltenden oder konstitutiven Wirkungen in China anzuerkennen, so ist diese aufgrund der Gleichstellungstheorie nach chinesischem Recht zu beurteilen.

Zunächst ist darauf hinzuweisen, dass das chinesische Recht (sowohl in der Theorie als auch in der Praxis) in Bezug auf die Begriffe der subjektiven Grenzen (inter partes oder inter omnes) und den objektiven Umfang (insbesondere zwischen materieller Rechtskraft, Feststellungs- und Tatbestandswirkung usw.) der Wirkungen einer gericht-lichen Entscheidung eher unklar ist. Zudem kennt das chinesische Familienrecht keine Abstammungsvorschriften wie die §§ 1591, 1592, 1594 ff. BGB, sondern nur eine Vorschrift über die Feststellung oder Anfechtung der Abstammung in Ausnahmefällen durch chinesische Volksgerichte gem. § 1073 ZGB. In der chinesischen Theorie und Praxis beruht die Zuordnung von Kindern im Wesentlichen auf der natürlichen Verwandtschaft, d. h. die Geburtsmutter gilt automatisch als rechtliche Mutter und der mit ihr verheiratete Mann als rechtlicher Vater. In Fällen, in denen die Vaterschaft angefochten wird oder die Geburtsmutter unverheiratet ist, gilt der mit dem Kind genetisch verwandte Mann als Vater. Nach der Gerichtspraxis in China kann bei Leihmutterschaft ohne weiteres davon ausgegangen werden, dass der Wunschvater, der mit dem Kind genetisch verwandt ist, der rechtliche Vater ist.

Daraus folgt, dass nach der Gleichstellungstheorie eine israelische Gerichtsentscheidung, die lediglich bestätigt, dass der Wunschvater mit dem Kind genetisch verwandt ist, nach ihrer Anerkennung durch das chinesische Gericht im Rahmen der Gegenseitigkeit in China die Wirkung entfalten kann, dass die rechtliche Vaterschaft des Wunschvaters unmittelbar festgestellt wird, obwohl diese Entscheidung im Fall der Leihmutterschaft nach israelischem Recht die Eltern-Kind-Zuordnung nicht begründet oder festgestellt hat. Sofern die Anerkennungsgrundlagen i. S. v. §§ 298, 299 ZPG 2023 künftig zwischen China und Indien geschaffen werden, könnte daher die Anerkennung der indischen Entscheidung über die genetische Verwandtschaft zwischen dem von einer Leihmutter geborenen Kind und den Wunscheltern sowie die Gültigkeit bzw. Wirksamkeit des Leihmutterschaftsvertrages auch in China zur Anerkennung der Eltern-Kind-Zuordnung in der Leihmutterschaftsfamilie führen, denn nach chinesischem Recht übernimmt der genetische Wunschvater unmittelbar auch die rechtliche Vaterschaft. Zwar kann die Mutterschaft nach chinesischem Recht nicht durch einen Abstammungsvertrag begründet werden, jedoch kann nach der Rechtsprechung in einem inländischen Leihmutterschaftsfall die Wunschmutter durch eine fiktive Zuordnung des Kindes zur Stiefmutter aufgrund der sozial-familiären Beziehung rechtliche Mutter werden. Eine solche Zuordnung scheitert jedoch, wenn die Beziehung zwischen Wunschvater und Wunschmutter zerrüttet ist.

Die Anerkennung der griechischen gerichtlichen Entscheidung über die Genehmigung der Leihmutterschaft im Rahmen des bilateralen Abkommens zwischen China und Griechenland käme der Anerkennung der Eltern-Kind-Zuordnung zwischen dem von einer Leihmutter geborenen Kind und den Wunscheltern gleich, weil es zum einen im chinesischen Recht keinen klaren Begriff der Tatbestandswirkung einer gerichtlichen Entscheidung gibt und zum anderen die Wirkung der Adoptionsgenehmigung analog auf den Fall der Leihmutterschaftsgenehmigung angewendet werden könnte. Die Feststellungswirkung der amerikanischen (kalifornischen) Gerichtsentscheidung über die Elternschaft der Wunscheltern wird in China allgemein als materielle Rechtskraft angesehen, die im Rahmen der Gegenseitigkeit zwischen China und Amerika (Kalifornien) von einem chinesischen Gericht anerkannt werden kann.

Auch die Feststellung oder Anfechtung der Elternschaft in gleichgeschlechtlichen Familien durch ausländische Gerichte entfaltet eine gestaltende bzw. begründende Wirkung, die aufgrund der Gleichstellungstheorie auch in China anerkannt werden kann. Zudem erhalten nach chinesischem Recht die rechtlichen Eltern automatisch das Sorgerecht, unabhängig davon, ob die rechtliche Mutter verheiratet ist oder nicht.[976] Eine Aufteilung des Sorgerechts in ein direktes (d. h. alleiniges) Sorgerecht und ein indirektes Sorgerecht (d. h. Umgangsrecht) durch die chinesischen Gerichte erfolgt nur im Falle einer Scheidung oder Trennung der Eltern.[977] Die Anerkennung der Elternschaft in China bedeutet daher auch die Anerkennung des Sorgerechts der Wunscheltern, so dass sich die Frage nach dem anwendbaren Recht auf das Sorgerecht erübrigt. Zusammenfassend lässt sich sagen, dass in China aufgrund der Gleichstellungstheorie die Wirkung der Anerkennung der ausländischen Gerichtsentscheidung in Bezug auf die Eltern-Kind-Zuordnung in modernen Familienstrukturen grundsätzlich unproblematisch wäre.

---

976 § 1068, § 1071 ZGB.
977 § 1085, § 1086 ZGB.

III. Rechtsvergleichende Bewertung

Das deutsche System der verfahrensrechtlichen Anerkennung in Familiensachen und das deutsche materielle Abstammungsrecht sind spezifischer und detaillierter strukturiert. Demgegenüber erscheint das chinesische System der verfahrensrechtlichen Anerkennung abstrakter, d. h. sowohl für die Anerkennung ausländischer Entscheidungen in Familiensachen (außer Scheidungssachen) als auch für das materielle Abstammungsrecht fehlen spezielle Regelungen. Die Vorteile des deutschen Rechts gegenüber dem chinesischen Recht liegen in der Verfahrensflexibilität (Inzidentprüfung), der Weite des Anerkennungsgegenstands, der Großzügigkeit der Anerkennungsvoraussetzungen und der Vorhersehbarkeit des Anerkennungsergebnisses. Hinsichtlich der Beurteilung der Anerkennungsfähigkeit bestimmter Entscheidungen, des Umfangs der Anerkennungszuständigkeit und der Anerkennungswirkungen können die Regelungen des deutschen Rechts allerdings mglw. die Anerkennung ausländischer Abstammungsentscheidungen in modernen Familienstrukturen nicht adäquat fördern, so dass einige sinnvolle Anpassungen vorgenommen werden könnten.

Das chinesische Recht könnte in Anlehnung an das deutsche Recht die Verfahrensvorschriften in Familiensachen vom allgemeinen Zivilprozessrecht trennen. Für die verfahrensrechtliche Anerkennung ausländischer Entscheidungen über die Eltern-Kind-Zuordnung könnten zusätzlich klare und erleichterte Voraussetzungen außerhalb des Abkommensrahmens und der Gegenseitigkeit erforderlich sein, z. B. die Einführung der Gegenseitigkeitsausnahme im Bereich der Statusverhältnisse. Dementsprechend sollte das chinesische materielle Recht klare Regelungen zur Abstammung enthalten, um die Kohärenz und Integrität des internen und externen Rechtssystems zu wahren.

Sowohl im deutschen als auch im chinesischen Recht könnte versucht werden, im Rahmen der verfahrensrechtlichen Anerkennung Regelungen zum Schutz der Interessen des Kindes im Einzelfall unter bestimmten Umständen (insbesondere im Hinblick auf moderne Familienstrukturen) aufzunehmen (sog. Schutzklausel). Als Vorbild könnte z. B. das im Adoptionsanerkennungsverfahren eingeführte Erforderlichkeitskriterium zum Schutz des Kindeswohls (§ 4 Abs. 1 S. 2 AdWirkG) dienen.

B. Anerkennungsrechtlicher ordre public

I. Aus deutscher Sicht

1. Allgemeines

Der anerkennungsrechtliche ordre public i. S. v. § 109 FamFG ist mit ähnlichen Maßstäben ausgestattet wie der kollisionsrechtliche ordre public des Art. 6 EGBGB,[978] aber demgegenüber großzügiger.[979] Der ordre-public-Vorbehalt ist ausnahmsweise und restriktiv anzuwenden.[980] Bei der ordre-public-Prüfung ist nicht die abstrakte Rechtmäßigkeit der ausländischen Entscheidung, sondern das konkrete Ergebnis ihrer Anerkennung (oder Nichtanerkennung) im Einzelfall zu prüfen,[981] und zwar auch bei einem Verstoß gegen zwingendes nationales Recht.[982] Die Anerkennung scheitert nur dann, wenn das Ergebnis aus der Sicht des deutschen Rechts schlechthin untragbar ist, also in offensichtlichem Widerspruch zu wesentlichen Grundgedanken und Gerechtigkeitsvorstellungen der deutschen Rechtsordnung steht,[983] insbesondere mit den Grundrechten (einschließlich der Menschenrechte der EMRK) unvereinbar ist.[984] Für die Beurteilung des ordre-public-Verstoßes kommt es nach h. M. nicht auf den Zeitpunkt des Erlasses der ausländischen Entscheidung,

---

978 Mayer, *RabelsZ* 78 (2014), S. 572; Weiteres siehe auch oben Teil 3 A III 7 a).

979 Musielak/Borth/Frank/Frank (2022), § 109 FamFG Rn. 8; BeckOK FamFG/Sieghörtner (2023), § 109 FamFG Rn. 32.

980 Haußleiter/Gomille (2017), § 109 FamFG Rn. 20; Musielak/Borth/Frank/Frank (2022), § 109 FamFG Rn. 8; BeckOK FamFG/Sieghörtner (2023), § 109 FamFG Rn. 32.

981 MüKoFamFG/Rauscher (2018), § 109 FamFG Rn. 37; BeckOK FamFG/Sieghörtner (2023), § 109 FamFG Rn. 32; Mayer, *RabelsZ* 78 (2014), S. 571.

982 Haußleiter/Gomille (2017), § 109 FamFG Rn. 20; Mayer, *RabelsZ* 78 (2014), S. 571.

983 Haußleiter/Gomille (2017), § 109 FamFG Rn. 20; MüKoFamFG/Rauscher (2018), § 109 FamFG Rn. 37; BeckOK FamFG/Sieghörtner (2023), § 109 FamFG Rn. 32; BGH, Beschluss v. 10.12.2014 – XII ZB 463/13, *FamRZ* 2015, S. 241; BVerwG, Urteil v. 29. 11. 2012 – 10 C 4/12, 10 C 5/12, 10 C 11/12 (OVG Berlin-Brandenburg), *FamRZ* 2013, S. 549; OVG Berlin-Brandenburg, Urteil v. 13.12.2011 – OVG 12 B 35.11, *BeckRS* 2012, S. 45788; OLG Köln, Beschluss v. 9. 4. 2010 – 4 UF 56/10, *NJW-RR* 2010, S. 1226; KG, Beschluss v. 31.5.2016 – 1 VA 7/15, *FamRZ* 2016, S. 1586.

984 Musielak/Borth/Frank/Frank (2022), § 109 FamFG Rn. 8; Johannsen/Henrich/Althammer/Henrich (2020), § 109 FamFG Rn. 12; Sternal/Dimmler (2023), § 109 FamFG Rn. 18.

sondern auf den Zeitpunkt ihrer Anerkennung an.[985] Als Umstände des Einzelfalls können daher auch nachträgliche Änderungen des Sachverhalts oder der tatsächlichen Verhältnisse eine Rolle spielen.[986] Ist nach den aktuellen Umständen im Zeitpunkt der Anerkennung nicht von einem schweren Verstoß auszugehen, sollte die ausländische Entscheidung anerkannt werden, um hinkende Statusverhältnisse zu vermeiden.[987] Der Inlandsbezug wirkt sich auch auf die Toleranz des deutschen ordre public aus, d. h. je enger der Inlandsbezug, desto eher greift der ordre-public-Vorbehalt.[988]

Soweit es um kindbezogene Fragen geht, sei es in Abstammungs-, Adoptions- oder Kindschaftssachen, ist das Kindeswohl als entscheidendes Element des deutschen ordre public anzusehen.[989] Darüber hinaus sind die Menschenrechte, insbesondere diejenigen zum Schutz der Familie, eine wesentliche Konkretisierung des deutschen ordre public in der Anerkennung der Eltern-Kind-Zuordnung in modernen Familienstrukturen.[990] Im Folgenden sollen diese beiden Aspekte des deutschen ordre public (anhand der Rechtsprechung) im Vordergrund stehen, die i. d. R. für das Ergebnis der Anerkennungsprüfung im Hinblick auf die Eltern-Kind-Zuordnung in modernen Familienstrukturen maßgeblich sind.

---

985 Es ist h. M.: Haußleiter/Gomille (2017), § 109 FamFG Rn. 20; BeckOK FamFG/Sieghörtner (2023), § 109 FamFG Rn. 34; Löhnig, Martin: „Anmerkung zum BGH, Beschluss v. 27.5.2020 – XII ZB 54/18 (KG)“. *NZFam* 2020, S. 770; OLG Celle, Beschluss v. 12.10.2011 – 17 UF 98/11, *FamRZ* 2012, S. 1228; OLG Stuttgart, Beschluss v. 12.10.2004 – 8 W 507/03, *FamRZ* 2005, S. 636; KG, Beschluss v. 4.4.2006 – 1 W 369/05, *FamRZ* 2006, S. 1407; KG, Beschluss v. 23.9.2010 – 1 W 168/10, *FamRZ* 2011, S. 311; AG Karlsruhe, Beschluss v. 01.08.2008 – 5 XVI 190/2007, *JAmt* 2009, S. 443 (Adoption); AG Hamm, Beschluss v. 21.06.2011 – 20 F 107/10, *StAZ* 2012, S. 54 (Adoption); Wall, Fabian: „Heimatstaatsentscheidungen iSv § 107 I 2 FamFG auch bei Doppelstaatern? – Ein Beitrag wider die Unreflektierte Heranziehung von Art. 5 I EGBGB“. *StAZ* 2020, S. 72; Majer, *NZFam* 2015, S. 1139; a. A. MüKoFamFG/Rauscher (2018), § 109 FamFG Rn. 38–40. (keine Berücksichtigung jeder Änderung der Umstände nach Erlass einer Statusentscheidung)

986 Haußleiter/Gomille (2017), § 109 FamFG Rn. 20.

987 MüKoFamFG/Rauscher (2018), § 109 FamFG Rn. 39.

988 MüKoFamFG/Rauscher (2018), § 109 FamFG Rn. 37; BeckOK FamFG/Sieghörtner (2023), § 109 FamFG Rn. 33; Löhnig, *NZFam* 2020, S. 768.

989 Mayer, *RabelsZ* 78 (2014), S. 572.

990 Ebd., S. 574–577.

2. Kindeswohl und seine Grenzen

a) Allgemeines

Das Kindeswohlprinzip ist vor allem in Art. 3 UN-KRK, Art. 24 GRCh und §§ 1666, 1697a BGB verankert. Darüber hinaus kann es sich mittelbar auch aus Art. 6 GG ergeben.[991] Bei allen Maßnahmen, die Kinder betreffen, ist nach Art. 3 Abs. 1 UN-KRK das Kindeswohl vorrangig zu berücksichtigen.[992] Aus deutscher Sicht fungiert das Kindeswohlprinzip in methodischer Hinsicht nicht nur als Rechtfertigung für staatliche Eingriffe in den Schutzbereich des Familienrechts (Eingriffslegitimation), sondern auch als Abwägungsfaktor bei gerichtlichen Entscheidungen (Entscheidungsmaßstab) sowie als Grundsatz der Verfahrensleitung (Verfahrensleitlinie).[993] Deutsche Gerichte haben daher bei der Entscheidung über die Anerkennung oder Nichtanerkennung ausländischer Entscheidungen über die Eltern-Kind-Zuordnung in modernen Familienstrukturen im Rahmen der ordre-public-Prüfung vorrangig das Kindeswohl zu berücksichtigen.

Im deutschen materiellen Recht werden mit dem Kindeswohlprinzip i. d. R. zwei grundlegende Wertungen verbunden: erstens der Vorrang des Kindeswohls vor allen anderen betroffenen Interessen und zweitens der Vorrang der Einzelfallgerechtigkeit vor allgemeinen Regeln.[994] Allerdings sind die Auffassungen zum zweiten Grundwert in Literatur und Rechtsprechung umstritten, da sich bei der Beurteilung der verschiedenen internationalen Kindersituationen häufig Konflikte zwischen dem allgemeinen Kindeswohl und dem individuellen Wohl des konkreten Kindes ergeben, die im Rahmen

---

991 Heiderhoff, Bettina: „Aktuelle Fragen zu Art. 6 GG: Flüchtlingsfamilien, Regenbogenfamilien, Patchworkfamilien – und das Kindergrundrecht“. *NZFam* 2020, S. 320; OLG Frankfurt a.M., Beschluss v. 19.1.2012 – 20 W 93/11, *StAZ* 2012, S. 241; VGH Kassel, Urteil v. 5.7.1993 – 12 UE 2361/92, *NJW-RR* 1994, S. 391.

992 Art. 3 Abs. 1 UN-KRK: „Bei allen Maßnahmen, die Kinder betreffen, gleichviel ob sie von öffentlichen oder privaten Einrichtungen der sozialen Fürsorge, Gerichten, Verwaltungsbehörden oder Gesetzgebungsorganen getroffen werden, ist das Wohl des Kindes ein Gesichtspunkt, der vorrangig zu berücksichtigen ist.“

993 Coester, Michael: „Das Kindeswohl als Rechtsbegriff“. In: Deutscher Familiengerichtstag e.V. (Hrsg.): *Brühler Schriften zum Familienrecht. Band 4*. Gieseking Verlag: Bielefeld 1986, S. 38–41; Engel, Martin: „Internationale Leihmutterschaft und Kindeswohl“. *ZEuP* 2014, S. 552.

994 Staudinger/Coester (2020), § 1666 BGB Rn. 66.

des nationalen Rechts nicht gelöst werden können.[995] Bei der Prüfung des ordre public könnte das allgemeine Kindeswohl wohl als sog. Kindeswohl ex ante[996] oder als formales Kriterium[997] verstanden werden, während es sich beim Kindeswohl im Einzelfall eher um ein sog. Kindeswohl ex post[998] bzw. um ein materielles Kriterium handelt.

Der Inhalt des Kindeswohls ist aus deutscher Sicht vielfältig und differenziert nach den konkreten Angelegenheiten, die das Kind betreffen, nämlich Abstammungs-, Adoptions- und Sorgerechtssachen. In Abstammungssachen ist die Identitätsfindung, die ein Grundrecht des Kindes darstellt, zugleich ein Aspekt des Kindeswohls, d. h. die Klärung der rechtlichen Abstammung ist für ein Kind immer von Vorteil, auch wenn tatsächlich eine gespaltene Elternschaft in biologischer und sozialer Hinsicht vorliegt.[999] In Adoptionssachen hat das deutsche Recht den obersten Maßstab des Kindeswohls gesetzt und die Elemente der Kindeswohlprüfung geklärt, nämlich die Elterneignung, die Adoptionsbedürftigkeit und die Erwartung, dass das Eltern-Kind-Verhältnis entstehen wird (oder bereits vor der Adoption entstanden ist).[1000] In Sorgerechtsfällen, insbesondere im internationalen Kontext, ist das Kontinuitätsinteresse zur Wahrung des Kindeswohls maßgeblich.[1001] Selbstverständlich geht das Kindeswohl inhaltlich weit über die genannten Aspekte hinaus. Zudem

---

995 Näheres siehe die Analyse des Kindeswohls weiter unten.

996 Thomale, *IPRax* 2017, S. 587–588.

997 Majer, *NZFam* 2015, S. 1140.

998 Thomale, *IPRax* 2017, S. 587–588.

999 Siehe Coester-Waltjen, Dagmar: „Statusrechtliche Folgen der Stärkung der Rechte der nichtehelichen Väter". *FamRZ* 2013, S. 1699.

1000 OLG Koblenz, Beschluss v. 8.10.2014 – 13 UF 463/14, *BeckRS* 2016, S. 3270; OLG Nürnberg, Beschluss v. 8.3.2018 – 7 UF 1313/17, *BeckRS* 2018, S. 25798; OLG Celle, Beschluss v. 13.5.2013 – 17 UF 227/12, *FamRZ* 2014, S. 501; OLG Karlsruhe, Beschluss v. 2.9.2013 – 2 UF 23/13, *FamRZ* 2014, S. 582; OLG München, Urteil v. 2.8.2013 – 33 UF 593/13, *FamRZ* 2014, S. 581; KG, Beschluss v. 23.12.2011 – 17 UF 177/11, *FamRZ* 2012, S. 1234; OLG Hamm, Beschluss v. 12.8.2011 – 11 UF 37/11, *FamFR* 2012, S. 24; OLG Düsseldorf, Beschluss v. 24.6.2014 – 1 UF 1/14, *NZFam* 2015, S. 46; OLG Schleswig, Beschluss v. 9.7.2020 – 15 UF 173/19, *BeckRS* 2020, S. 41416; OLG Stuttgart, Beschluss v. 21.1.2019 – 17 UF 25/18, *FamRZ* 2019, S. 1548; OLG Frankfurt a.M., Beschluss v. 19.1.2012 – 20 W 93/11, *StAZ* 2012, S. 241.

1001 BeckOGK/Markwardt (2023), Art. 16 KSÜ Rn. 25; Helms, Tobias: „Primat des Kindeswohls und seine Grenzen im Internationalen Kindschaftsrecht". *StAZ* 2017, S. 2.

ist darauf hinzuweisen, dass das Wertverständnis und die Konkretisierung des Kindeswohls i. d. R. in den eigenen kulturellen und gesellschaftlichen Wertvorstellungen eines Landes verwurzelt sind und sich daher das vorherrschende Verständnis des Kindeswohls zeitlich[1002] und räumlich wandeln kann. Folglich ist es denkbar, dass eine Divergenz des Kindeswohls zwischen Deutschland und anderen Ländern besteht, was bei der ordre-public-Prüfung zu berücksichtigen ist.

Fraglich ist auch, inwieweit das Kindeswohl die Anerkennungsentscheidung begrenzt und welche Grenzen es selbst hat. Wegen des Vorrangs des Kindeswohls treten generalpräventive oder andere betroffene Interessen grundsätzlich zurück. Beruht die Nichtanerkennung allein auf anderen Interessen als dem Kindeswohl, dient die Anerkennung aber dem Kindeswohl, muss die Beachtung des Kindeswohls zur Anerkennung der Wirkungen der ausländischen Entscheidung führen. Dient die Nichtanerkennung dem Schutz vor künftigen Kindeswohlgefährdungen für unspezifische Gruppen von Kindern, so dass das Wohl des konkreten Kindes im Einzelfall bewusst oder unbewusst außer Acht gelassen wird, kann die Anerkennung m. E. nur unter der Voraussetzung versagt werden, dass die Prävention selbst von vornherein am Kindeswohl orientiert ist und das Wohl des konkreten Kindes durch die Nichtanerkennung nicht in eine unzumutbare Lage gebracht wird. Dies ließe sich auch aus den Regelungen des HKÜ ableiten.[1003] Insofern lassen sich m. E. die Maßstäbe des Kindeswohls wie in § 1747 BGB auch bei der ordre-public-Prüfung in „Dienlichkeit“ und „Erforderlichkeit“ unterteilen, da der vom Kindeswohl ausgehende Eingriff eben nach unterschiedlichen Umständen und Gewichten der Gefährdung erfolgt. Insgesamt ist das Kindeswohl im Rahmen der ordre-public-Prüfung mit einem einzelfallbezogenen Beurteilungsspielraum versehen.

b) Rechtliche Elternstellung des Stiefelternteils

1) Kindeswohl und plurale Elternschaft in Stiefkindkonstellationen

Nach deutschem Recht hat der Stiefelternteil entweder ein kleines Sorgerecht oder tritt im Wege der Stiefkindadoption vollständig in die Stelle der rechtlichen Elternstellung des leiblichen bzw. rechtlichen Elternteils außerhalb

---

[1002] Staudinger/Coester (2020), § 1666 BGB Rn. 66.

[1003] Helms, *StAZ* 2017, S. 2–5.

der Stieffamilie ein, d. h. es gilt in jedem Fall das „Zwei-Eltern-Prinzip". Es ist aber auch möglich, dass deutsche Gerichte in Stiefkindkonstellationen mit der Anerkennung einer sich aus ausländischem Recht ergebenden pluralen Elternschaft konfrontiert werden. Nach chinesischem Recht kann z. B. der Stiefelternteil neben dem leiblichen oder rechtlichen Elternteil außerhalb der Stieffamilie die rechtliche Elternstellung erwerben, wenn er mit dem Stiefkind sozial-familiär verbunden ist.[1004] Das bedeutet, dass nach chinesischem Recht in Stiefkindkonstellationen eine doppelte Vaterschaft oder eine doppelte Mutterschaft begründet werden kann. In der Praxis wird diese Zuordnung des Kindes zum Stiefelternteil im Streitfall gerichtlich festgestellt oder angefochten. Auch die Mutterschaft der Wunsch-mutter in einem chinesischen inländischen Leihmutterschaftsfall wird auf diese Weise gerichtlich festgestellt.[1005] Darüber hinaus hat bspw. ein kanadisches Gericht einer zweiten Frau neben den ursprünglichen rechtlichen Eltern die Elternschaft für das Kind zugesprochen.[1006] Auch nach französischem Recht kann im Fall einer Stiefkindadoption eine „einfache Adoption" erfolgen, durch die neben dem Abstammungsverhältnis zu den leiblichen Eltern ein neues Rechtsverhältnis zu dem Stiefelternteil begründet wird.[1007]

Auch für die Anerkennung der rechtlichen Elternstellung des Stiefelternteils nach § 109 Abs. 1 Nr. 4 FamFG ist im Rahmen der ordre-public-Prüfung das auf den Einzelfall bezogene Kindeswohl im Zeitpunkt der Anerkennungsentscheidung maßgeblich, das vor allem die Übernahme tatsächlicher Elternverantwortung durch den Stiefelternteil und die Entstehung oder zu erwartende Entstehung einer sozialen Eltern-Kind-Beziehung anstelle des „Zwei-Eltern-Prinzip" zu berücksichtigen hat. Plurale Elternschaft in Stiefkindkonstellationen im Hinblick auf den Fortbestand der rechtlichen Elternschaft des leiblichen Elternteils außerhalb der Stieffamilie und die rechtliche Absicherung der sozialen Elternschaft des Stiefelternteils wird einerseits der gelebten komplexen sozialen Realität gerecht und ist andererseits

---

1004 § 1072 ZGB.

1005 Zivilurteil des Ersten MVG Shanghai, (2015) hu yi zhong shao min zhong zi Nr. 56.

1006 Heiderhoff, Bettina: „Kann ein Kind mehrere Väter haben?". *FamRZ* 2008, S. 1904.

1007 § 364 Civil Code.

grundsätzlich mit dem Kindeswohl vereinbar,[1008] insbesondere unter der Voraussetzung der Einholung der Zustimmung des Stiefkindes und der leiblichen Eltern.

Konkret gewährleistet die rechtliche Sicherung der Elternstellung des Stiefelternteils eine volle und gleichberechtigte „Kinderstellung“ des Stiefkindes wie die der in die Stief- oder Patchworkfamilie hineingeborenen Kinder, so dass das Stiefkind rechtlich nicht marginalisiert wird und eine echte rechtliche Integration des Stiefkindes in die Stief- oder Patchworkfamilie stattfindet. Darüber hinaus wird es dem Kindeswohl im Einzelfall i. d. R. nicht widersprechen, sondern dienen, wenn neben der rechtlichen Elternstellung des Stiefelternteils die Elternstellung des leiblichen oder rechtlichen Elternteils von außen fortbesteht,[1009] denn diese doppelte Vaterschaft oder Mutterschaft berücksichtigt nicht nur die soziale, sondern auch die biologische Elternschaft,[1010] was gerade die zunehmenden Fälle gespaltener Elternschaft in modernen Familienstrukturen und zugleich neue Aspekte des Kindeswohls rechtlich besser abbildet.

2) Wohl des Stiefkindes und Interessen der leiblichen oder rechtlichen Kinder des Stiefelternteils

Im Rahmen des HAÜ stehen vor allem die Interessen des zu adoptierenden Kindes im Vordergrund, während die Interessen der anderen betroffenen Kinder, insbesondere der vorhandenen Kinder der Adoptierenden, nicht gesondert erörtert werden. In Stief- oder Patchworkfamilien wird es jedoch aufgrund der Komplexität der Struktur häufig zu Interessenkonflikten zwischen „deinen Kindern, meinen Kindern und unseren Kindern“[1011] kommen. Es bleibt offen, ob und inwieweit diese konkurrierenden Interessen bei der Anerkennung der Elternschaft des Stiefelternteils zu berücksichtigen sind.

[1008] Helms, Tobias: „Abstammunsrecht und Kindeswohl“. *StAZ* 2014, S. 231; Heiderhoff, *FamRZ* 2008, S. 1901; Heiderhoff, Bettina: „Anmerkung zum BGH, Urteil v. 15.5.2013 – XII ZR 49/11“. *FamRZ* 2013, S. 1213; *Coester-Waltjen*, FamRZ 2013, 1699.

[1009] Coester-Waltjen, *FamRZ* 2013, S. 1699; Heiderhoff, *FamRZ* 2008, S. 1904; Dethloff/Timmermann 2017, S. 176–177.

[1010] Coester-Waltjen, *FamRZ* 2013, S. 1699; Heiderhoff, *FamRZ* 2008, S. 1904.

[1011] „Meine Kinder und deine Kinder“ beziehen sich auf die Kinder aus vorherigen Beziehungen beider Partner. Im Gegensatz dazu bezeichnet „unsere Kinder“ die in Stief- oder Patchworkfamilien geborenen Kinder sowie die gemeinsamen Kinder, die durch Stiefkindadoption oder andere rechtliche Verfahren anerkannt wurden.

Dies erinnert an § 1745 BGB, wonach im inländischen Adoptionsverfahren die immateriellen Interessen vorhandener Kinder zu berücksichtigen sind. In Patchworkfamilien kann es bspw. dazu kommen, dass die Kinder eines Partners aufgrund fehlender „Wechselseitigkeit" benachteiligt werden, wenn ein Partner die Kinder des anderen Partners als Kinder annimmt, der andere Partner jedoch diese Bereitschaft nicht zeigt.[1012] Dieser Umstand stellt jedoch keinen wesentlichen Grundsatz im Adoptionsrecht, einschließlich der Stiefkindadoption, dar, da eine fehlerhafte Interessenabwägung weder zur Unwirksamkeit noch zur Aufhebung der Adoption führt.[1013]

Daher liegt der Schwerpunkt der ordre-public-Prüfung in Fällen der Stiefkindadoption nach wie vor auf der Frage, ob die Anerkennung der rechtlichen Elternstellung des Stiefelternteils dem Wohl des Stiefkindes dient, auch wenn die ausländischen Entscheidungen die konkurrierenden Interessen zwischen den vorhandenen Kindern und dem zu adoptierenden Stiefkind nicht berücksichtigt haben. In anderen Stiefkindkonstella-tionen hat sich i. d. R. eine intensive „soziale" Eltern-Kind-Beziehung zwischen dem Stiefkind und dem Stiefelternteil entwickelt, so dass, wie die Fakten zeigen, die Konkurrenz der Interessen der Kinder innerhalb der Stief- oder Patchworkfamilie mit hoher Wahrscheinlichkeit entweder nicht besteht oder bereits gelöst ist. Der Interessenkonflikt des Stiefkindes mit den Interessen der außenstehenden Kinder, für die der Stiefelternteil nicht sorgeberechtigt ist, hat naturgemäß ein geringeres Gewicht, weil es in erster Linie um die materiellen Interessen geht, auf die es nach § 1745 BGB bei der Stiefkindadoption nicht ankommt.[1014]

Das Wohl des Stiefkindes entspricht in gewisser Weise sogar dem Wohl der leiblichen oder rechtlichen Kinder in der Stief- oder Patchworkfamilie, weil die rechtliche Absicherung der sozialen Eltern-Kind-Beziehung zwischen dem Stiefkind und dem Stiefelternteil dazu führt, dass die rechtliche Stellung der Kinder innerhalb der Stief- oder Patchworkfamilie gleichgestellt wird und somit für alle Kinder ein diskriminierungsfreies und gesundes familiäres Umfeld geschaffen werden kann. Insgesamt hat bei der Anerkennung der rechtlichen Elternstellung des Stiefelternteils das Wohl des Stiefkindes Vorrang vor den Interessen der vorhandenen Kinder des Stiefelternteils.

1012 MüKoBGB/Maurer (2024), § 1745 BGB Rn. 13.

1013 Ebd., Rn. 34.

1014 Siehe MüKoBGB/Maurer (2024), § 1745 BGB Rn. 12.

3) Kindeswohl und Interessen des leiblichen oder rechtlichen Elternteils außerhalb der Patchworkfamilie

Bei der Anerkennung der rechtlichen Elternschaft des Stiefelternteils sind auch die Interessen des leiblichen oder rechtlichen Elternteils außerhalb der Stief- oder Patchworkfamilie zu berücksichtigen. Bei einem Nebeneinander der rechtlichen Elternstellung des Stiefelternteils und des außenstehenden Elternteils werden die Interessen des außenstehenden Elternteils nicht unmittelbar berührt, unabhängig davon, ob seine Zustimmung vorliegt oder nicht, denn die potentiell konkurrierenden Sorgerechte zwischen dem Stiefelternteil und dem außenstehenden Elternteil können später durch gerichtliche Entscheidungen, die sich am Kindeswohl orientieren, koordiniert werden, wenn der außenstehende Elternteil nach der Trennung oder Scheidung die elterliche Sorge gemeinsam mit dem internen rechtlichen Elternteil innehat. Steht dem internen Elternteil die elterliche Sorge allein zu, entspricht es regelmäßig dem Kindeswohl, wenn die elterliche Sorge auch dem Stiefelternteil übertragen wird, der die tatsächliche elterliche Verantwortung für das Stiefkind übernommen hat. Die sonstigen Rechte und Pflichten des außenstehenden Elternteils wie Umgang mit dem Kind, Kindesunterhalt, Erbrecht des Kindes usw. werden durch die rechtliche Elternstellung des Stiefelternteils nicht benachteiligt. Vielmehr werden die Interessen des Stiefkindes gefördert.

Wird die rechtliche Elternstellung des außerhalb der Stieffamilie lebenden leiblichen Elternteils durch den Stiefelternteil ersetzt, ohne dass dieser seine Zustimmung erteilt hat, werden die Interessen des außerhalb der Stieffamilie lebenden leiblichen Elternteils im Hinblick auf die mit der rechtlichen Elternschaft verbundenen Rechte und Pflichten verletzt, so dass auch das relevante Wohl des Stiefkindes, nämlich seine rechtliche Bindung an den außerhalb der Stieffamilie lebenden leiblichen Elternteil und dessen Familie, gefährdet ist. Liegen jedoch triftige Gründe des Kindeswohls vor, z. B. wenn der außerhalb der Stieffamilie lebende leibliche Elternteil das Stiefkind über einen längeren Zeitraum verletzt oder vernachlässigt hat, kann die Einwilligung des außerhalb der Stieffamilie lebenden Elternteils ersetzt werden.[1015]

[1015] § 1748 BGB (über die Ersetzung der Zustimmung der Eltern zur Adoption) enthält ebenfalls Bestimmungen für vergleichbare Fälle.

c) *Fehlerhafte Auslandsadoption*

1) **Auslandsadoptionen bei fehlender oder unzureichender Kindeswohlprüfung**

aa) *Verweigerung der Anerkennung wegen Nichtbeachtung der deutschen Kriterien der Kindeswohlprüfung*

i. Allgemeines

Im Rahmen der ordre-public-Prüfung bei Auslandsadoptionen nach § 109 Abs. 1 Nr. 4 FamFG sind stets das Kindeswohl und die Beteiligungsrechte des anzunehmenden Kindes und seiner leiblichen Eltern zu berücksichtigen.[1016] In der Rechtsprechung wird die Anerkennung ausländischer Adoptionsentscheidungen von deutschen Gerichten in bestimmten Fällen mit der Begründung abgelehnt, dass die ausländischen Gerichte oder Behörden bei ihren Adoptionsentscheidungen die deutschen Maßstäbe für die Kindeswohlprüfung bei der Adoption nicht oder nicht hinreichend beachtet hätten.[1017] Aus Sicht dieser deutschen Gerichte kommt es bei der Beachtung des Kindeswohls i. S. v. § 109 Abs. 1 Nr. 4 FamFG zum einen nicht auf das aktuelle Kindeswohl im Zeitpunkt der Anerkennungsentscheidung an, sondern auf einen „formalen" Maßstab des Vorliegens der Kindeswohlprüfung im Zeitpunkt der Adoptionsentscheidung,[1018] d. h. sie sind der Ansicht, dass die Frage, ob das Kindeswohl zum Zeitpunkt der Adoption geprüft wurde, maßgeblich ist und nicht, ob die Verweigerung der Anerkennung dem aktuellen Kindeswohl zuwiderläuft. Zum anderen stellen diese deutschen Gerichte bei der Beurteilung, ob ausländische Adoptionsentscheidungen das Kindeswohl geprüft haben,

---

[1016] Sternal/Dimmler (2023), § 109 FamFG Rn. 22–23; BeckOK FamFG/Sieghörtner (2023), § 109 FamFG Rn. 40.

[1017] Majer, Christian F.: „Anmerkung zum OLG Frankfurt a. M., Beschluss v. 24.9.2019 – 1 UF 93/18". *NZFam* 2020, S. 46; OLG Düsseldorf, Beschluss v. 24.6.2014 – 1 UF 1/14, *NZFam* 2015, S. 46; OLG Hamm, Beschluss v. 21.3.2017 – 11 UF 179/16, *FamRZ* 2017, S. 1583; OLG Celle, Beschluss v. 13.5.2013 – 17 UF 227/12, *FamRZ* 2014, S. 501; OLG Karlsruhe, Beschluss v. 2.9.2013 – 2 UF 23/13, *FamRZ* 2014, S. 582; OLG Nürnberg, Beschluss v. 8.3.2018 – 7 UF 1313/17, *BeckRS* 2018, S. 25798; OLG Schleswig, Beschluss v. 9.7.2020 – 15 UF 173/19, *BeckRS* 2020, S. 41416; KG, Beschluss v. 23.12.2011 – 17 UF 177/11, *FamRZ* 2012, S. 1234; OLG Stuttgart, Beschluss v. 21.1.2019 – 17 UF 25/18, *FamRZ* 2019, S. 1548; OLG München, Urteil v. 2.8.2013 – 33 UF 593/13, *FamRZ* 2014, S. 581; OLG Dresden, Beschluss v. 29.10.2013 – 21 UF 519/13, *FamRZ* 2014, S. 1129.

[1018] LG Berlin, Beschluss v. 5.8.2005 – 83 T 324/04, *BeckRS* 2011, S. 8930; Majer, *NZFam* 2015, S. 1140.

allein auf Aspekte der Kindeswohlprüfung nach deutschem Adoptionsrecht ab,[1019] ohne die Unterschiede zwischen Ländern und Kulturkreisen in Bezug auf Aspekte des Kindeswohls zu beachten. In den Entscheidungen, in denen die Anerkennung verweigert wurde, wurde überwiegend die Auffassung vertreten, dass die Nachholung der Kindeswohlprüfung zwar dem Sinn und Zweck des Anerkennungsverfahrens entspricht, jedoch nicht in diesem Rahmen, sondern durch ein neues Adoptionsverfahren erfolgen sollte.[1020]

ii. Fehlende Elterneignungsprüfung

Die Nichtanerkennung ausländischer Adoptionsentscheidungen wegen fehlender Kindeswohlprüfung beruht nach deutschem Adoptionsrecht häufig auf der fehlenden oder unzureichenden Prüfung der Elterneignung, des Adoptionsbedürfnisses sowie der Entstehung oder zu erwartenden Entstehung des Eltern-Kind-Verhältnisses, die sich aus dem deutschen Adoptionsrecht oder der Rechtsprechung zur Inlandsadoption ergibt. Bei der Prüfung der Elterneignung kommt es nach den für die Auslandsadoption einschlägigen Rechtsordnungen auf die Mitwirkung der Fachstelle oder geeigneter Institutionen oder Personen des Aufnahmestaates oder des Herkunftsstaates am Lebensmittelpunkt der Adoptionsbewerber an, d. h. eine Elterneignungsprüfung ohne eine solche Mitwirkung ist aus deutscher Sicht weitgehend nicht am Kindeswohl orientiert und daher nicht akzeptabel.[1021] Zudem umfasst

---

1019 OLG Nürnberg, Beschluss v. 8.3.2018 – 7 UF 1313/17, *BeckRS* 2018, S. 25798.

1020 Majer, *NZFam* 2020, S. 46; OLG Düsseldorf, Beschluss v. 24.6.2014 – 1 UF 1/14, *NZFam* 2015, S. 46; OLG Hamm, Beschluss v. 12.8.2011 – 11 UF 37/11, *FamFR* 2012, S. 24; OLG Koblenz, Beschluss v. 15.10.2014 – 13 UF 463/14, *IPRspr* 2014 Nr. 121, S. 294; OLG Nürnberg, Beschluss v. 8.3.2018 – 7 UF 1313/17, *BeckRS* 2018, S. 25798; OLG Celle, Beschluss v. 12.10.2011 – 17 UF 98/11, *FamRZ* 2012, S. 1226; OLG Dresden, Beschluss v. 29.10.2013 – 21 UF 519/13, *FamRZ* 2014, S. 1129; OLG Nürnberg, Beschluss v. 8.3.2018 – 7 UF 1313/17, *BeckRS* 2018, S. 25798; OLG Schleswig, Beschluss v. 9.7.2020 – 15 UF 173/19, *BeckRS* 2020, S. 41416.

1021 OLG Celle, Beschluss v. 13.5.2013 – 17 UF 227/12, *FamRZ* 2014, S. 501; OLG Düsseldorf, Beschluss v. 24.6.2014 – 1 UF 1/14, *NZFam* 2015, S. 46; OLG Hamm, Beschluss v. 12.8.2011 – 11 UF 37/11, *FamFR* 2012, S. 24; OLG Koblenz, Beschluss v. 15.10.2014 – 13 UF 463/14, *IPRspr* 2014 Nr. 121, S. 294; OLG Schleswig, Beschluss v. 9.7.2020 – 15 UF 173/19, *BeckRS* 2020, S. 41416; OLG Stuttgart, Beschluss v. 21.1.2019 – 17 UF 25/18, *FamRZ* 2019, S. 1548; OLG Karlsruhe, Beschluss v. 2.9.2013 – 2 UF 23/13, *FamRZ* 2014, S. 582; OLG Frankfurt a.M., Beschluss v. 22.12.2011 – 1 UF 262/11, *BeckRS* 2012, S. 8210; OLG Nürnberg, Beschluss v. 8.3.2018 – 7 UF 1313/17, *BeckRS*

diese Elterneignungsprüfung nicht nur „äußere"/„formale" Kriterien wie Beruf, Gesundheit, Familie und Vorstrafen, sondern auch „weiche" Kriterien wie Erziehungseignung, Bereitschaft und Fähigkeit, das Kind in der Phase der Anpassung an das veränderte soziale und kulturelle Lebensumfeld zu begleiten und zu fördern.[1022] Dies unterstreicht zusätzlich, dass Dokumente, die nur einfache und formale Informationen enthalten, zur Beurteilung der Elterneignung aus deutscher Sicht bei weitem nicht ausreichen und daher eine begleitete Elterneignungsprüfung notwendig ist.

iii. Fehlen eines Adoptionsbedürfnisses und keine Erwartung der Entstehung eines Eltern-Kind-Verhältnisses

In diesen Entscheidungen haben die deutschen Gerichte zum einen hervorgehoben, dass die Prüfung des Kindeswohls im Anerkennungsverfahren nicht nachholbar ist,[1023] zum anderen haben sie die vom ausländischen Gericht oder der ausländischen Behörde vorgenommene Adoptionsbedürftigkeitsprüfung inhaltlich überprüft. Danach liegt ein Adoptionsbedürfnis aus Sicht dieser deutschen Gerichte z. B. nicht vor, wenn das anzunehmende Kind allein oder überwiegend aus wirtschaftlichen oder materiellen Gründen[1024] oder wegen besserer Zukunftsaussichten des Kindes aus seiner intakten Herkunftsfamilie herausgenommen wird;[1025] oder wenn das Hauptmotiv für eine ausländische Verwandtenadoption darin besteht, dass die Annehmenden nicht kinderlos bleiben wollen;[1026] oder wenn die Adoption nicht der Familiengründung oder Familienzusammenführung, sondern der Einreise und dem Aufenthalt im Inland dient.

2018, S. 25798; OLG München, Urteil v. 2.8.2013 – 33 UF 593/13, *FamRZ* 2014, S. 581; KG, Beschluss v. 23.12.2011 – 17 UF 177/11, *FamRZ* 2012, S. 1234.

1022 OLG Köln, Beschluss v. 29.5.2009 – 16 Wx 251/08, *NJW-RR* 2009, S. 1374; AG Frankfurt a. M., Beschluss v. 7.5.2018 – 470 F 16114/17 AD, *BeckRS* 2018, S. 49151; OLG Hamm, Beschluss v. 12.8.2011 – 11 UF 37/11, *FamFR* 2012, S. 24; OLG Frankfurt a.M., Beschluss v. 10.02.2017 – 1 UF 130/15, *BeckRS* 2017, S. 107383.

1023 OLG Frankfurt a.M., Beschluss v. 22.12.2011 – 1 UF 262/11, *BeckRS* 2012, S. 8210; OLG Hamm, Beschluss v. 12.8.2010 – 15 Wx 20/10, *NJW-RR* 2010, S. 1659.

1024 AG Celle, Beschluss v. 23.05.2016 – 50 F 5030/15 AD, *BeckRS* 2016, S. 129274; LG Köln, Beschluss v. 13.08.2007 – 1 T 263/07, *BeckRS* 2011, S. 11356; OLG Nürnberg, Beschluss v. 8.3.2018 – 7 UF 1313/17, *BeckRS* 2018, S. 25798.

1025 LG Düsseldorf, Beschluss v. 31.5.2010 – 25 T 524/09, *BeckRS* 2010, S. 16985.

1026 AG Düsseldorf, Beschluss v. 4.1.2018 – 253 F 81/16, *BeckRS* 2018, S. 23909.

Im Hinblick auf das in der deutschen Verfassung verankerte allgemeine Persönlichkeitsrecht des Kindes auf Schutz seiner persönlichen Identität dient die Adoption nur dann dem Kindeswohl, wenn sie zu einer nachhaltigen Verbesserung der persönlichen Verhältnisse oder der Rechtsstellung des Kindes führt.[1027] Nach Auffassung eines deutschen Gerichts liegt ein Adoptionsbedürfnis bspw. nur dann vor, wenn das leibliche Wohl des Kindes nachhaltig gefährdet ist.[1028] Außerdem ist bei internationalen Adoptionen nach deutschem Verständnis die Beachtung des Subsidiaritätsprinzips, das sich aus der Wahrung der kulturellen Identität des Kindes ergibt,[1029] maßgeblich.[1030] Es ist i. d. R. davon auszugehen, dass die Kindeswohlprüfung im Hinblick auf die Erforderlichkeit einer internationalen Adoption nicht stattgefunden hat, wenn ausländische Gerichte oder Behörden den internationalen Charakter der Adoption wegen Umgehung oder Verschweigung durch die Beteiligten nicht gekannt oder den Auslandsbezug bewusst ausgeblendet oder den Aufenthaltswechsel nach Deutschland nicht aufgeklärt oder erörtert haben.[1031] Weiterhin haben deutsche Gerichte die Anerkennung mit der Begründung abgelehnt, dass die Entstehung eines Eltern-Kind-Verhältnisses zwischen den Annehmenden und dem (älteren) Adoptivkind nicht absehbar[1032] bzw. im Zeitpunkt der Anerkennung wegen der Volljährigkeit des Adoptivkindes noch nicht eingetreten sei.[1033]

[1027] LG Köln, Beschluss v. 13.8.2007 – 1 T 263/07, *BeckRS* 2011, S. 11356.

[1028] LG Düsseldorf, Beschluss v. 31.5.2010 – 25 T 524/09, *BeckRS* 2010, S. 16985.

[1029] Jayme, Erik: „Kulturelle Identität und Kindeswohl im internationalen Kindschaftsrecht". *IPRax* 1996, S. 238.

[1030] OLG Düsseldorf, Beschluss v. 24.6.2014 – 1 UF 1/14, *NZFam* 2015, S. 46; OLG Frankfurt a. M., Beschluss v. 6. 5. 2009 – 20 W 472/08, *FGPrax* 2009, S. 212; OLG Karlsruhe, Beschluss v. 2.9.2013 – 2 UF 23/13, *FamRZ* 2014, S. 582; OLG Hamm, Beschluss v. 12.8.2010 – 15 Wx 20/10, *FamRZ* 2011, S. 310.

[1031] OLG Celle, Beschluss v. 13.5.2013 – 17 UF 227/12, *FamRZ* 2014, S. 501; OLG Celle, Beschluss v. 12.10.2011 – 17 UF 98/11, *FamRZ* 2012, S. 1226; OLG Dresden, Beschluss v. 29.10.2013 – 21 UF 519/13, *FamRZ* 2014, S. 1129; Krause, Thomas: Anmerkung zu OLG Düsseldorf, Beschluss v. 22.6.2010 I-25 Wx 15/10, *FamRBInt* 2010, S. 85; OLG Nürnberg, Beschluss v. 28.11.2014 – 7 UF 1084/14, *FamRZ* 2015, S. 1640.

[1032] OLG Nürnberg, Beschluss v. 8.3.2018 – 7 UF 1313/17, *BeckRS* 2018, S. 25798; KG, Beschluss v. 23.12.2011 – 17 UF 177/11, *FamRZ* 2012, S. 1234.

[1033] Weitzel, Wolfgang: „Anmerkung zum OLG Celle, Beschluss v. 5.12.2007 – 17 W 92/07". *FamRZ* 2008, S. 1109.

iv. Sonstige Mängel der Kindeswohlprüfung

In der deutschen Rechtsprechung wird ebenfalls die Auffassung vertreten, dass ausländische Adoptionsentscheidungen jedenfalls dann nicht am Kindeswohl orientiert sind,[1034] wenn sie auf verschwiegenen, ausgeblendeten oder unwahren Angaben oder Tatsachen beruhen, wie z. B. bei der Prüfung der Elterneignung das Verschweigen einer homosexuellen Orientierung,[1035] bei der Prüfung der Adoptionsbedürftigkeit das Ausblenden der tatsächlichen Lebensverhältnisse des Kindes und der leiblichen Mutter[1036] oder bei der Prüfung des Eltern-Kind-Verhältnisses die Befreiung von der Probezeit aufgrund einer wahrheitswidrigen Behauptung.[1037] Ferner hat das deutsche Gericht in einer Entscheidung betont, dass bei der Kindeswohlprüfung die Besonderheit der Verwandtenadoption zu Lebzeiten der leiblichen Eltern zu berücksichtigen ist, da dies das innerfamiliäre Gefüge erheblich beeinträchtigen kann. Diese Perspektive spiegelt eine spezifisch deutsche Sichtweise wider, die in anderen kulturellen Kontexten mglw. weniger Relevanz für das Kindeswohl hat.[1038] Neben den üblichen Aspekten der Kindeswohlprüfung im deutschen Adoptionsrecht und in der deutschen Rechtsprechung ist gleichzeitig die Beteiligung und Anhörung des zu adoptierenden Kindes und der leiblichen Eltern entscheidend für den Ausspruch bzw. die Anerkennung der Adoption, was nicht nur die Einhaltung eines geordneten Verfahrens i. S. d. deutschen ordre public bedeutet, sondern auch direkt oder indirekt das Kindeswohl beeinflusst.[1039]

[1034] OLG Düsseldorf, Beschluss v. 19.08.2008 – 25 Wx 114/07, *FamRZ* 2009, S. 1078.

[1035] LG Berlin, Beschluss v. 5.8.2005 – 83 T 324/04, *BeckRS* 2011, S. 8930.

[1036] LG Frankfurt, Beschluss v. 24.1.2011 – 2–09 T 282/10, *BeckRS* 2011, S. 23047; OLG Frankfurt a.M., Beschluss v. 19.01.2012 – 20 W 93/11, *StAZ* 2012, S. 241: In diesem Fall wurde bspw. die Zustimmung der leiblichen Mutter nicht eingeholt, was zu einer fehlenden Prüfung der Adoptionsbedürftigkeit führte. Das Kind wurde somit unter Ausblendung des tatsächlichen Lebensumfelds als Waisenkind adoptiert.

[1037] OLG Hamm, Beschluss v. 21.3.2017 – 11 UF 179/16, *FamRZ* 2017, S. 1583: In diesem Fall wurde die erforderliche einjährige Pflege- und Erziehungszeit aufgrund falscher Angaben befreit.

[1038] OLG Düsseldorf, Beschluss v. 27.7.2012 – 1 UF 82/11, *BeckRS* 2012, S. 18591.

[1039] OLG Frankfurt a.M., Beschluss v. 22.12.2011 – 1 UF 262/11, *BeckRS* 2012, S. 8210; OLG Koblenz, Beschluss v. 08.10.2014 – 13 UF 463/14, *BeckRS* 2016, S. 3270; OLG Koblenz, Beschluss v. 15.10.2014 – 13 UF 463/14, *IPRspr* 2014 Nr. 121, S. 294; OLG Schleswig, Beschluss v. 9.7.2020 – 15 UF 173/19, *BeckRS* 2020, S. 41416; Weitzel, *FamRZ* 2008, S. 1109; LG Frankfurt, Beschluss v. 24.1.2011 – 2–09 T 282/10, *BeckRS*

In einigen Fällen prüfen die deutschen Gerichte im Anerkennungsverfahren nicht nur, ob die ausländische Adoptionsentscheidung dem Kindeswohl nach deutschem Recht entspricht, sondern auch, ob das ausländische Recht selbst eine Kindeswohlprüfung vorschreibt und ob diese korrekt durchgeführt wurde. In diesem Zusammenhang wird in bestimmten Entscheidungen deutscher Gerichte die Auffassung vertreten, dass eine Kindeswohlprüfung überhaupt nicht stattgefunden hat, wenn sie nach ausländischem Recht nicht vorgesehen war[1040] oder wenn die erforderliche Kindeswohlprüfung von den Beteiligten, den Gerichten oder Behörden umgangen wurde,[1041] z. B. wenn die ausländische Adoption nicht nach dem Adoptionsgesetz, das eine Kindeswohlprüfung eindeutig vorsah, sondern nach dem Sittengesetz durchgeführt wurde.[1042] Insgesamt ist die Anerkennung ausgeschlossen, wenn die ausländische Adoptionsentscheidung weder das Kindeswohl geprüft hat noch in einem geordneten rechtsstaatlichen Verfahren nach deutschem Recht zustande gekommen ist.[1043]

v. Debatte bei der Ablehnung aufgrund unzureichender Kindeswohlprüfung

In den Entscheidungen, in denen die Anerkennung ausländischer Adoptionsentscheidungen wegen fehle nder oder unzureichender Kindeswohlprüfung abgelehnt wird, kommt es nach der oben dargestellten Auffassung der meisten deutschen Gerichte auf das Vorliegen einer „formellen“ Kindeswohlprüfung an, die auf den ordre public im Zeitpunkt der Adoption abstellt. Ein anderes deutsches Gericht vertritt hingegen die Auffassung, dass es auf den ordre public im Zeitpunkt der Anerkennungsentscheidung ankommt, wobei es allerdings davon ausgeht, dass die Änderung des deutschen Adoptionsrechts und deren Auswirkungen auf den ordre public entscheidend ist (nach

---

2011, S. 23047; OLG Frankfurt a.M., Beschluss v. 19.01.2012 – 20 W 93/11, *StAZ* 2012, S. 241.

1040 KG, Beschluss v. 4.4.2006 – 1 W 369/05, *FamRZ* 2006, S. 1405.

1041 OLG Celle, Beschluss v. 13.5.2013 – 17 UF 227/12, *FamRZ* 2014, S. 501; LG Karlsruhe, Beschluss v. 8.8.2006 – 11 T 176/06, *BeckRS* 2007, S. 13998; OLG Dresden, Beschluss v. 29.10.2013 – 21 UF 519/13, *FamRZ* 2014, S. 1129; OLG Frankfurt a.M., Beschluss v. 19.01.2012 – 20 W 93/11, *StAZ* 2012, S. 241; OLG Frankfurt a. M., Beschluss v. 6. 5. 2009 – 20 W 472/08, *FGPrax* 2009, S. 212.

1042 OLG Frankfurt a. M., Beschluss v. 6. 5. 2009 – 20 W 472/08, *FGPrax* 2009, S. 212.

1043 OLG Schleswig, Beschluss v. 9.7.2020 – 15 UF 173/19, *BeckRS* 2020, S. 41416.

heutiger deutscher Auffassung wird z. B. das Kindeswohl nicht mehr durch gleichgeschlechtliche Elternschaft oder den Formalisierungsgrad der Partnerschaft der Adoptiveltern beeinflusst[1044]), nicht jedoch eine Veränderung tatsächlicher Umstände.[1045] Trotz der unterschiedlichen Argumente könnten die Konsequenzen dennoch dieselben sein: Das aktuelle Kindeswohl, das durch veränderte Lebensumstände beeinflusst wird, wird im Einzelfall nicht ausreichend berücksichtigt.

Demgegenüber wird teilweise die Auffassung vertreten, dass nachträgliche Ermittlungen im Anerkennungsverfahren dann in Betracht kommen, wenn sich das Eltern-Kind-Verhältnis zwischen den Annehmenden und dem anzunehmenden Kind aufgrund von Veränderungen in den Lebensverhältnissen der Beteiligten in der Zeit zwischen dem Zeitpunkt des Adoptionsbeschlusses und dem Zeitpunkt der Anerkennungsentscheidung entwickelt hat,[1046] es also ausnahmsweise auf die nachträgliche Entwicklung ankommt.[1047] Zusammenfassend lässt sich sagen, dass nach überwiegender Auffassung dieser Gerichtsentscheidungen die Anerkennung grundsätzlich zu versagen ist, weil die ausländische Adoptionsentscheidung das Kindeswohl nicht oder nicht ausreichend geprüft hat, was darauf beruht, dass das Wohl aller potentiell betroffenen Kinder ex ante geschützt werden kann, wenn internationale Adoptionen in einem rechtsstaatlichen und am Kindeswohl orientierten Verfahren durchgeführt werden.[1048]

vi. Stellungnahme

Aus meiner Sicht haben diese deutschen Gerichte die Rechtmäßigkeit der ausländischen Adoptionsentscheidung fast ausschließlich nach deutschen Vorstellungen der Kindeswohlprüfung geprüft, ohne sich darum zu kümmern, dass das Kindeswohl bzw. die Kindeswohlprüfung bei Adoptionen regional oder kulturell unterschiedlich sein kann. So werden in Entwicklungsländern

---

1044 Heiderhoff, Bettina: „Anmerkung zum BGH, Beschluss v. 17.6.2015 – XII ZB 730/12". *FamRZ* 2015, S. 1479: In diesem Fall handelt es sich um ein gleichgeschlechtliches Paar ohne Eheband.

1045 LG Karlsruhe, Beschluss v. 30.9.2009 – 11 T 20/08, *BeckRS* 2011, S. 11098.

1046 OLG Köln, Beschluss v. 29.5.2009 – 16 Wx 251/08, *NJW-RR* 2009, S. 1374.

1047 Majer, Christian F.: „Anmerkung zum OLG Frankfurt a.M., Beschluss v. 10.2.2017 – 1 UF 130/15". *NZFam* 2017, S. 536.

1048 Majer, *NZFam* 2020, S. 46.

wie China, Indien oder Indonesien die Adoptionsvoraussetzungen für Verwandtenadoptionen gelockert, was gerade mit dem dortigen wirtschaftlichen, sozialen und kulturellen Hintergrund vereinbar sein kann. Nach § 1099 des chinesischen ZGB kann z. B. bei der Adoption von Geschwisterkindern oder Kindern von Cousins und Cousinen auf die Prüfung der Adoptionsbedürftigkeit verzichtet werden, weil das traditionelle Familienverständnis in der Moderne fortbesteht oder weil Lösungen für aktuelle schwierige Gegebenheiten wie Familienplanung[1049] oder wirtschaftliche Erwägungen[1050] usw. gefunden werden sollen. Demgegenüber sind aus deutscher Sicht nicht nur Adoptionen fremder Kinder, sondern auch Verwandtenadoptionen in die Prüfung der Adoptionsbedürftigkeit einzubeziehen, die i. S. d. deutschen ordre public stets als ein Aspekt der Kindeswohlprüfung angesehen wird, was häufig zur Folge hat, dass solche ausländischen Verwandtenadoptionen in Deutschland nur schwer anerkannt werden können.

Darüber hinaus spielt m. E. das Subsidiaritätsprinzip (also der Vorrang der Inlandsadoption) bei Verwandtenadoptionen eine geringere Rolle. Es ist unrealistisch, bei Verwandtenadoptionen strikt den Vorrang der Inlandsvermittlung zu gewähren. Häufig wird ein Kind von nahen Verwandten adoptiert, weil es aus wirtschaftlichen oder anderen objektiven Gründen nicht gut in seiner Herkunftsfamilie aufwachsen kann. Die Adoption durch im Ausland lebende nahe Verwandte kann dem Wohl des Kindes besser dienen als die Unterbringung in einer anderen, fremden Familie im Inland, weil sie biologisch miteinander verwandt sind und durch regelmäßige Kontakte vor der Adoption eine enge persönliche Beziehung aufgebaut haben können. Zudem wird die kulturelle Identität des Kindes nicht schwerwiegend beeinträchtigt, weil das Kind durch die Verwandtenadoption nicht völlig aus seinem ursprünglichen kulturellen Umfeld herausgerissen wird.

1049 Die Familienplanungspolitik wurde 1982 als grundlegende staatliche Politik Chinas festgelegt und im selben Jahr in die chinesische Verfassung aufgenommen, wo sie bis heute beibehalten wurde. Diese Politik hat sich von der Ein-Kind-Politik im Jahr 1982 über die Zwei-Kind-Politik im Jahr 2016 bis hin zur heutigen Drei-Kind-Politik entwickelt.

1050 Die wirtschaftliche Entwicklung Chinas ist sehr ungleichmäßig. In städtischen und ländlichen Gebieten gibt es weiterhin Familien mit relativ geringem Einkommen, insbesondere in ärmeren und rückständigen Regionen.

Neben der mangelnden Berücksichtigung kultureller Unterschiede haben die deutschen Gerichte im Anerkennungsverfahren die Rechtmäßigkeit der ausländischen Adoptionsentscheidung faktisch überprüft, indem sie diese dem deutschen Rechtsverständnis der Kindeswohlprüfung unterworfen haben, was dem Sinn und Zweck des Anerkennungsverfahrens nach § 109 Abs. 2 FamFG widerspricht. Nach Auffassung dieser deutschen Gerichte müssen z. B. ausländische Adoptionsentscheidungen auf der Grundlage einer Elterneignungsprüfung getroffen werden, die nach deutschem Verständnis unter Beteiligung der Fachstelle oder geeigneter Institutionen oder Personen am Lebensmittelpunkt der Adoptionsbewerber für einen bestimmten Zeitraum (sog. Probezeit) erfolgt und auf die Erfüllung aller Kriterien (sowohl „formaler" als auch „weicher" Kriterien) angelegt ist. M. E. handelt es sich hierbei nicht nur um eine erschwerte Anforderung für wirtschaftlich schwache ausländische Staaten, die dem HAÜ nicht beigetreten sind oder keine Adoptionskooperation mit Deutschland eingegangen sind, sondern auch um eine materielle Rechtskontrolle, die aus deutscher Sicht im Anerkennungsverfahren vermieden werden sollte.

Insgesamt würde die alleinige Anwendung des deutschen Kriteriums der Kindeswohlprüfung bei der Anerkennung ausländischer Adoptionsentscheidungen, unabhängig davon, ob es sich um unbegleitete internationale Adoptionen oder um reine Auslandsadoptionen handelt, dazu führen, dass der Generalprävention[1051] Vorrang vor dem aktuellen Wohl des konkreten Kindes im Einzelfall eingeräumt wird und damit die Nichtanerkennung zum Grundsatz und die Anerkennung zur Ausnahme werden könnte. Dies scheint dem Sinn der verfahrensrechtlichen Anerkennung zu widersprechen.

1051 Die Generalprävention der Kindeswohlprüfung kann völkerrechtlich nicht als „besondere" kindeswohlorientierte Prävention betrachtet werden, da es sich hierbei lediglich um eine Norm handelt, die auf deutschen Maßstäben basiert und nicht für alle Auslandsadoptionen anwendbar ist. Auf völkerrechtlicher Ebene können nur das HKÜ und das HAÜ als „besondere" kindeswohlorientierte Prävention angesehen werden. Ausnahme hiervon bilden spezielle nationale Regelungen wie der neue § 4 AdWirkG, der für Auslandsadoptionen geschaffen wurde und somit eine „besondere" kindeswohlorientierte Prävention darstellt.

bb) Anerkennung durch eine nachträgliche kursorische Kindeswohlprüfung angesichts des „Kindeswohls ex post“ im konkreten Fall

In anderer Rechtsprechung, vor allem in der Rechtsmittelinstanz, werden ausländische Adoptionsentscheidungen von deutschen Gerichten aus Gründen des aktuellen Kindeswohls im Einzelfall anerkannt, auch wenn die Kindeswohlprüfung nach deutschen Maßstäben nicht erfolgt ist, denn § 109 Abs. 1 Nr. 4 FamFG stellt eine den Anerkennungsgrundsatz durchbrechende Ausnahmevorschrift zum internationalen Entscheidungseinklang und zur Vermeidung hinkender Rechtsverhältnisse[1052] dar,[1053] so dass er eng auszulegen und die Versagung der Anerkennung auf Ausnahmefälle zu beschränken ist,[1054] wobei die Unvereinbarkeit mit dem Kindeswohl einen solchen Ausnahmefall bildet.[1055] Insoweit kommt es jedoch nicht auf die Kindeswohlprüfung zum Zeitpunkt der Adoptionsentscheidung an, sondern auf das Kindeswohl aufgrund der aktuellen Verhältnisse im konkreten Fall,[1056] weil einerseits für die ordre-public-Prüfung der Zeitpunkt der Anerkennungsentscheidung maßgeblich ist[1057] und andererseits es sich bei § 109 Abs. 1 Nr. 4 FamFG um eine

---

1052 OLG Celle, Beschluss v. 20.2.2017 – 17 UF 131/16, *BeckRS* 2017, S. 125339; OLG Düsseldorf, Beschluss v. 28.9.2018 – II-1 UF 18/18, *NJW-RR* 2019, S. 391; OLG Stuttgart, Beschluss v. 04.08.2017 – 17 UF 265/16, *BeckRS* 2017, S. 126257; OLG Brandenburg, Beschluss v. 28.4.2016 – 15 UF 184/15, *BeckRS* 2016, S. 10044.

1053 Grziwotz, Herbert: „Anmerkung zum AG Hamm, Beschluss v. 21.6.2011 – 20 F 107/10“. *FamFR* 2011, S. 502; OLG Hamm, Beschluss v. 19.12.2013 – 11 UF 24/13, *BeckRS* 2014, S. 20108; OLG Hamm, Beschluss v. 17.2.2015 – 11 UF 222/14, *FamRZ* 2015, S. 1983; OLG Bremen, Beschluss v. 26.9.2014 – 5 UF 52/14, *NJW-RR* 2014, S. 1411; Heiderhoff, *FamRZ* 2015, S. 1479; OLG Schleswig, Beschluss v. 1.6.2015 – 12 UF 196/14, *StAZ* 2016, S. 141; LG Köln, Beschluss v. 31.1.2013 – 1 T 188/12, *FamRZ* 2013, S. 1498.

1054 OLG Celle, Beschluss v. 20.2.2017 – 17 UF 131/16, *BeckRS* 2017, S. 125339; OLG Stuttgart, Beschluss v. 4.8.2017 – 17 UF 265/16, *BeckRS* 2017, S. 126257; OLG Brandenburg, Beschluss v. 28.4.2016 – 15 UF 184/15, *BeckRS* 2016, S. 10044; Majer, *NZFam* 2020, S. 46.

1055 MüKoFamFG/Rauscher (2018), § 109 FamFG Rn. 44a.

1056 Majer, *NZFam* 2017, S. 536; Majer, *NZFam* 2020, S. 46; OLG Brandenburg, Beschluss v. 28.4.2016 – 15 UF 184/15, *BeckRS* 2016, S. 10044; Majer, Christian F.: „Anmerkung zum OLG München, Beschluss v. 23.4.2019 – 33 UF 32/19“. *NZFam* 2019, S. 696; Majer, Christian F.: „Anmerkung zum OLG Düsseldorf, Beschluss v. 28.9.2018 – II-1 UF 18/18“. *NZFam* 2018, S. 1053.

1057 Grziwotz, *FamFR* 2011, S. 502; OLG Hamm, Beschluss v. 19.12.2013 – 11 UF 24/13, *BeckRS* 2014, S. 20108; OLG Celle, Beschluss v. 20.2.2017 – 17 UF 131/16, *BeckRS*

Generalklausel handelt, die einer Einzelfallprüfung und Ergebniskontrolle zu unterziehen ist.[1058]

Entspricht das Ergebnis der Anerkennung im konkreten Fall nicht dem aktuellen Kindeswohl, sind ausländische Entscheidungen nicht anzuerkennen;[1059] umgekehrt ist die Anerkennung zu bejahen, wenn trotz der Missachtung des Kindeswohls ex ante, also fehlender oder unzureichender Kindeswohlprüfung, die Anerkennung dem Kindeswohl ex post entspricht.[1060] Das bedeutet, dass die fehlende oder unzureichende Kindeswohlprüfung kein zwingender Versagungsgrund ist, sondern lediglich Zweifel an der Vereinbarkeit mit dem deutschen ordre public auslöst,[1061] während die Einzelfallprüfung anhand der Entwicklung der kindeswohlrelevanten Umstände seit der Adoptions-entscheidung entscheidend ist.[1062] Auch wenn dieser Maßstab künftigen ausländischen Adoptionsentscheidungen, die das Kindeswohl nicht hinreichend prüfen, nicht entgegengehalten werden kann, darf das Wohl des konkreten Kindes im Einzelfall nicht geopfert werden,[1063] m. a. W.: das aktuelle Kindeswohl hat Vorrang vor der generellen Prävention und es kommt nicht auf das Wohl der potentiell betroffenen Kinder an, sondern auf das Wohl des konkreten Kindes, ganz abgesehen davon, dass es zweifelhaft ist, ob die Nichtanerkennung verfahrensfehlerhafter Adoptionen tatsächlich dem Wohl dieser potentiellen Kinder dienen würde.[1064]

Darüber hinaus ist gem. § 109 Abs. 5 FamFG die Rechtmäßigkeit ausländischer Adoptionsentscheidungen im Anerkennungsverfahren nicht zu

---

2017, S. 125339; OLG Bremen, Beschluss v. 26.9.2014 – 5 UF 52/14, *NJW-RR* 2014, S. 1411; OLG Stuttgart, Beschluss v. 4.8.2017 – 17 UF 265/16, *BeckRS* 2017, S. 126257; BayObLG, Beschluss v. 21.6.2000 – 1Z BR 186/99, *BayObLGZ* 2000, S. 180; LG Köln, Beschluss v. 31.1.2013 – 1 T 188/12, *FamRZ* 2013, S. 1498; Majer, *NZFam* 2018, S. 1053; Majer, *NZFam* 2017, S. 536.

1058 OLG Bremen, Beschluss v. 26.9.2014 – 5 UF 52/14, *NJW-RR* 2014, S. 1411; OLG Celle, Beschluss v. 20.01.2014 – 17 UF 50/13, *FamRZ* 2014, S. 1131; Majer, *NZFam* 2019, S. 696; Majer, *NZFam* 2020, S. 46.

1059 OLG Celle, Beschluss v. 20.2.2017 – 17 UF 131/16, *BeckRS* 2017, S. 125339.

1060 LG Potsdam, Beschluss v. 11.11.2010 – 5 T 447/10, *BeckRS* 2011, S. 12676; Grziwotz, *FamFR* 2011, S. 502.

1061 OLG Bremen, Beschluss v. 26.9.2014 – 5 UF 52/14, *NJW-RR* 2014, S. 1411.

1062 BayObLG, Beschluss v. 21.6.2000 – 1Z BR 186/99, *BayObLGZ* 2000, S. 180; LG Köln, Beschluss v. 31.1.2013 – 1 T 188/12, *FamRZ* 2013, S. 1498.

1063 OLG Celle, Beschluss v. 3.2.2020 – 17 UF 188/19, *BeckRS* 2020, S. 6265.

1064 Majer, *NZFam* 2020, S. 46.

prüfen,[1065] so dass es nicht darauf ankommt, ob die Adoption vollständig nach ausländischem Recht erfolgt ist.[1066] Daraus folgt, dass auch die nach deutschem Adoptionsrecht erforderliche Kindeswohlprüfung grundsätzlich nicht in das Anerkennungsverfahren verlagert werden kann.[1067] Allerdings ist im Hinblick auf das aktuelle Kindeswohl eine nachträgliche Sachverhaltsaufklärung zur Schließung von Lücken der Kindeswohlprüfung nicht ausgeschlossen,[1068] d. h. eine nachträgliche kursorische Kindeswohlprüfung ist geboten und möglich.[1069]

Bei der nachträglichen Prüfung des aktuellen Kindeswohls im Einzelfall ist stets der Aspekt zu berücksichtigen, dass eine verlässliche rechtliche Zuordnung des Kindes zu den Personen erfolgen sollte, die faktisch elterliche Verantwortung übernommen haben[1070] oder übernehmen würden, unabhängig davon, ob es sich um eine primäre Abstammungszuordnung oder einen Statuswechsel handelt, sofern keine Anhaltspunkte dafür vorliegen, dass das aktuelle Wohl des konkreten Kindes durch das Verhalten der Wunscheltern, wie z. B. häuslicher oder sexueller Missbrauch oder Kinderhandel, beeinträchtigt wurde. Dabei ist insbesondere die Entwicklung der Eltern-Kind-Beziehung zu berücksichtigen.[1071] Ausländische Adoptionsentscheidungen sind z. B. dann anzuerkennen, wenn im Einzelfall intensive Eltern-Kind-Beziehungen durch langjähriges Zusammenleben bzw. Kontakte entstanden sind,[1072] oder sich im Laufe der Zeit persönliche Beziehungen entwickelt haben.[1073] Andernfalls führt die Nichtanerkennung zu einem recht-

---

1065 OLG Celle, Beschluss v. 20.2.2017 – 17 UF 131/16, *BeckRS* 2017, S. 125339; Majer, *NZFam* 2019, S. 696.

1066 Majer, *NZFam* 2019, S. 696.

1067 OLG Düsseldorf, Beschluss v. 28.9.2018 – II-1 UF 18/18, *NJW-RR* 2019, S. 391.

1068 OLG Karlsruhe, Beschluss v. 6.12.2012 – 2 UF 190/12, *BeckRS* 2013, S. 575.

1069 OLG Celle, Beschluss v. 3.2.2020 – 17 UF 188/19, *BeckRS* 2020, S. 6265; Grziwotz, *FamFR* 2011, S. 502; Majer, *NZFam* 2019, S. 696; Majer, *NZFam* 2018, S. 1053.

1070 OLG Celle, Beschluss v. 20.2.2017 – 17 UF 131/16, *BeckRS* 2017, S. 125339.

1071 OLG Bremen, Beschluss v. 26.9.2014 – 5 UF 52/14, *NJW-RR* 2014, S. 1411; Grziwotz, *FamFR* 2011, S. 502; Majer, *NZFam* 2020, S. 46; OLG Schleswig, Beschluss v. 1.6.2015 – 12 UF 196/14, *StAZ* 2016, S. 141; OLG Stuttgart, Beschluss v. 4.8.2017 – 17 UF 265/16, *BeckRS* 2017, S. 126257.

1072 OLG Bremen, Beschluss v. 26.9.2014 – 5 UF 52/14, *NJW-RR* 2014, S. 1411; OLG Hamm, Beschluss v. 17.2.2015 – 11 UF 222/14, *FamRZ* 2015, S. 1983; OLG Schleswig, Beschluss v. 1.6.2015 – 12 UF 196/14, *StAZ* 2016, S. 141.

1073 OLG Brandenburg, Beschluss v. 28.4.2016 – 15 UF 184/15, *BeckRS* 2016, S. 10044.

lich unsicheren Status des Kindes (sog. hinkendes Adoptionsverhältnis)[1074] und damit u. U. zur Zerstörung der Zusammenführung der Adoptivfamilie durch Verweigerung der Einreise des Adoptivkindes nach Deutschland,[1075] was dem aktuellen Kindeswohl in hohem Maße widerspricht.

Schließlich ist darauf hinzuweisen, dass die bloße „fait-accompli"-Argumentation, bei Nichtanerkennung drohe dem Kind Elternlosigkeit im Heimatstaat,[1076] die Anerkennung im Hinblick auf das aktuelle Kindeswohl nicht vollumfänglich rechtfertigt, weil sie die Möglichkeit einer Kindeswohlgefährdung im Einzelfall, wie oben für den Fall des häuslichen oder sexuellen Missbrauchs oder des Kinderhandels dargestellt, nicht ausschließen kann.[1077] Erfordert darüber hinaus das aktuelle Wohl des konkreten Kindes im Einzelfall die Anerkennung ausländischer Adoptionsentscheidungen, bei denen die Kindeswohlprüfung nicht oder nicht hinreichend durchgeführt worden ist, so ist die Anerkennung auch nicht mit der Begründung zu versagen, dass eine Nachadoption in Betracht kommt, denn die Alternative einer Nachadoption rechtfertigt keine abweichende Beurteilung des Vorrangs des Kindeswohls,[1078] da sonst das Statusverhältnis des zu adoptierenden Kindes wegen ungewisser künftiger Umstände erneut in der Schwebe bliebe, was dem Kindeswohl gerade zuwiderliefe.

cc) Übrige Ansichten in der Rechtsprechung

In anderen Fällen gehen die deutschen Gerichte bei der Prüfung des ordre public nach wie vor von der Perspektive des „Kindeswohls ex ante" aus. Allerdings ist ihre Haltung gegenüber ausländischen Adoptionsentscheidungen nicht so streng, sondern relativ großzügig. Nach Auffassung einiger deutscher Gerichte kann grundsätzlich vermutet werden, dass ausländische Adoptionsentscheidungen das Kindeswohl geprüft oder berücksichtigt haben, wenn das ausländische Recht die Berücksichtigung des Kindeswohls vorsieht, es sei denn, es liegen Anhaltspunkte vor, die dagegen sprechen.[1079]

1074 BayObLG, Beschluss v. 21.6.2000 – 1Z BR 186/99, *BayObLGZ* 2000, S. 180; LG Köln, Beschluss v. 31.1.2013 – 1 T 188/12, *FamRZ* 2013, S. 1498.

1075 OLG Brandenburg, Beschluss v. 28.4.2016 – 15 UF 184/15, *BeckRS* 2016, S. 10044.

1076 OLG Celle, Beschluss v. 20.2.2017 – 17 UF 131/16, *BeckRS* 2017, S. 125339.

1077 Majer, *NZFam* 2020, S. 46.

1078 OLG Düsseldorf, Beschluss v. 28.9.2018 – II-1 UF 18/18, *NJW-RR* 2019, S. 391.

1079 OLG Düsseldorf, Beschluss v. 28.9.2018 – II-1 UF 18/18, *NJW-RR* 2019, S. 391; OLG Stuttgart, Beschluss v. 4.8.2017 – 17 UF 265/16, *BeckRS* 2017, S. 126257; OLG Brandenburg, Beschluss v. 11.09.2014 – 15 UF 128/13, *FamRZ* 2015, S. 869.

Nach Auffassung anderer deutscher Gerichte ist es im Rahmen der ordre-public-Prüfung nicht erforderlich, dass die Kindeswohlprüfung im Rahmen des ausländischen Adoptionsverfahrens vollständig nach deutschen Verfahrensvorschriften und inhaltlichen Maßstäben erfolgt.[1080] Soweit ausländische Adoptionsentscheidungen das Kindeswohl nach den dortigen Maßstäben, ggf. unter Beteiligung deutscher Behörden, geprüft haben,[1081] auch wenn diese Kindeswohlprüfung nach deutschen Maßstäben unzureichend ist, verstößt dies nicht gegen den deutschen ordre public,[1082] d. h. es liegt kein ordre-public-Verstoß vor, wenn die ausländische Kindeswohlprüfung zwar nicht vollständig, aber grundsätzlich mit den deutschen Maßstäben vereinbar ist.[1083]

Daraus folgt, dass ausländische Adoptionsentscheidungen von diesen deutschen Gerichten unter Beachtung der Kindeswohlprüfung, die dem „Kindeswohl ex ante" zukommt, grundsätzlich anzuerkennen sind; die Nichtanerkennung ist der Ausnahmefall. Demgegenüber gibt es eine abweichende Auffassung eines anderen deutschen Gerichts, nach der die Anerkennung wegen fehlender oder unzureichender Kindeswohlprüfung grundsätzlich versagt wird, das „Kindeswohl ex post" aber ausnahmsweise berücksichtigt wird.[1084] In einer anderen Entscheidung wird die Anerkennung trotz fehlender oder unzureichender Kindeswohlprüfung nicht versagt, wenn das Adoptivkind von den Adoptiveltern nicht nach Deutschland verbracht wird und somit eine geringere Inlandsbeziehung aufweist.[1085]

Zusammenfassend lässt sich feststellen, dass die deutschen Gerichte die Anerkennung ausländischer Adoptionsentscheidungen, die das Kindeswohl nicht oder nur unzureichend geprüft haben, auf der Grundlage eines unterschiedlichen Verständnisses des Kindeswohls unterschiedlich beurteilt haben.

[1080] OLG Bremen, Beschluss v. 26.9.2014 – 5 UF 52/14, *NJW-RR* 2014, S. 1411; OLG Stuttgart, Beschluss v. 4.8.2017 – 17 UF 265/16, *BeckRS* 2017, S. 126257; BayObLG, Beschluss v. 21.6.2000 – 1Z BR 186/99, *BayObLGZ* 2000, S. 180.

[1081] OLG Hamm, Beschluss v. 17.2.2015 – 11 UF 222/14, *FamRZ* 2015, S. 1983: In diesem Fall ist zu berücksichtigen, dass eine seit 16 Jahren bestehende Eltern-Kind-Beziehung dem Kindeswohl entspricht.

[1082] OLG Hamm, Beschluss v. 19.12.2013 – 11 UF 24/13, *BeckRS* 2014, S. 20108.

[1083] OLG Frankfurt a.M., Beschluss v. 10.06.2014 – 20 W 24/14, *BeckRS* 2014, S. 16906.

[1084] OLG Frankfurt a.M., Beschluss v. 10.02.2017 – 1 UF 130/15, *BeckRS* 2017, S. 107383.

[1085] OLG Celle, Beschluss v. 20.01.2014 – 17 UF 50/13, *FamRZ* 2014, S. 1131: Bevor das Argument des Kindeswohls ins Feld geführt wurde, wurde die Verletzung des ordre public unter Heranziehung der räumlichen Relativität verneint.

Dies könnte zu Inkonsistenzen internationaler Entscheidungen und damit zu einer Beeinträchtigung der Berechenbarkeit für die Betroffenen führen. M. E. ist bei der ordre-public-Prüfung im Anerkennungsverfahren der Auslandsadoption bei fehlender oder unzureichender Kindeswohlprüfung das Kindeswohl ex post bzw. das aktuelle Kindeswohl maßgeblich, d. h. nur in Ausnahmefällen, in denen das aktuelle Kindeswohl verletzt wird, ist die Anerkennung ausländischer Adoptionsentscheidungen zu versagen.

2) Unbegleitete Auslandsadoptionen i. S. d. neuen § 4 AdWirkG

aa) Nichtanerkennung als Grundsatz angesichts des allgemeinen Kindeswohls

Ohne fachliche Beratung und Begleitung durch eine Adoptionsvermittlungsstelle bei internationalen Adoptionen ist i. d. R. davon auszugehen, dass eine ausreichende Kindeswohlprüfung, die nach deutschem Verständnis für das Kindeswohl zum Zeitpunkt der Adoption von wesentlicher Bedeutung ist, nicht erfolgen kann.[1086] Um solche unbegleiteten Auslandsadoptionen einzudämmen, die nach § 2a AdVermiG nicht nur in Nichtvertragsstaaten des HAÜ, sondern auch in Vertragsstaaten des HAÜ (unter Missachtung des Übereinkommens) stattfinden können, hat der deutsche Gesetzgeber mit dem am 1.4.2021 in Kraft getretenen Adoptionshilfegesetz § 4 AdWirkG neu eingeführt, der „auf die Förderung des Gelingens von Adoptionen und damit auf die Sicherung des Kindeswohls" abzielt.[1087]

Für die Anerkennung unbegleiteter Auslandsadoptionen greift die bisher überwiegende Rechtsprechung grundsätzlich nach dem Günstigkeitsprinzip auf §§ 108, 109 FamFG zurück, wobei die nach ständiger Rechtsprechung eng auszulegende ordre-public-Prüfung i. S. v. § 109 Abs. 1 Nr. 4 FamFG zu vorzunehmen ist.[1088] Insofern verstieß bis zum Inkrafttreten des Adoptionshilfegesetzes das Fehlen einer internationalen Adoptionsvermittlung

---

[1086] BT-Drs. 19/16718, S. 2.

[1087] BR-Drs. 575/19, S. 1.

[1088] OLG Düsseldorf, Beschluss v. 28.9.2018 – II-1 UF 18/18, *FamRZ* 2019, S. 611; OLG Celle, Beschluss v. 21.2.2017 – 17 UF 131/16, *FamRZ* 2017, S. 1503; OLG Brandenburg, Beschluss v. 28.4.2016 – 15 UF 184/15, *StAZ* 2017, S. 15; a. A.: OLG Schleswig, Beschluss v. 30.9.2013 – 12 UF 58/13, *FamRZ* 2014, S. 498; vgl. Schlauß, Stefan: „Das Adoptionshilfe-Gesetz, Folgen für die familiengerichtliche Praxis bei der Anerkennung von Adoptionen aus dem Ausland". *FamRZ* 2021, S. 250.

selbst grundsätzlich nicht gegen den deutschen ordre public.[1089] Nur wenn es ausnahmsweise um die Unvereinbarkeit mit dem Kindeswohl ging, war die Anerkennung unbegleiteter Auslandsadoptionen abzulehnen.[1090] Demgegenüber wird mit der Neufassung des § 4 AdWirkG die Anerkennung internationaler Adoptionen ohne Vermittlung durch eine staatliche oder staatlich anerkannte Adoptionsvermittlungsstelle nach § 2a Abs. 2 AdVermiG grundsätzlich versagt,[1091] um das allgemeine Kindeswohl der potentiell zu adoptierenden Kinder ex ante zu schützen. Gleichzeitig ist zu beachten, dass für internationale Adoptionen nach § 1 Abs. 2 AdWirkG ein obligatorisches Anerkennungsverfahren vorgesehen ist, d. h. nach § 108 Abs. 1 FamFG n. F. sind Adoptionsentscheidungen i. S. v. § 1 Abs. 2 AdWirkG von der Möglichkeit einer inzidenten Anerkennung ausgeschlossen. Für Inlands- und Drittstaatenadoptionen (d. h. Auslandsadoptionen mit Ausnahme der internationalen Adoption i. S. v. § 1 Abs. 2 AdWirkG) bleiben die Anerkennungsvorschriften der §§ 108, 109 FamFG jedoch unverändert.[1092]

Bei der bisherigen Anerkennung ausländischer Adoptionsentscheidungen (auch unbegleiteter Adoptionsentscheidungen) handelt es sich nach § 109 FamFG um ein Regel-Ausnahme-Verhältnis, d. h. die Anerkennung ist der Grundsatz und die Nichtanerkennung die Ausnahme, während § 4 Abs. 1 S. 1 AdWirkG aus Gründen der allgemeinen kindeswohlorientierten Prävention ein neues, sehr strenges Anerkennungskriterium enthält, wonach eine unbegleitete Auslandsadoption im Hinblick auf das allgemeine Kindeswohl in Deutschland grundsätzlich nicht anerkannt werden kann, es also bei der unbegleiteten internationalen Adoption um den Grundsatz der Nichtanerkennung geht.[1093] Dies erschwert die Feststellung der rechtlichen Elternstellung der Annehmenden in Deutschland und hat für das betroffene Kind unmittelbar ein hinkendes Statusverhältnis zur Folge: Eine Wirkungserstreckung hinsichtlich des Statuswechsels findet in Deutschland nicht statt, was dazu führt, dass das Adoptivkind nicht nach Deutschland einreisen darf. Befindet sich das adoptierte Kind aber bereits in Deutschland, kann es nicht in das deutsche Geburtenregister eingetragen werden und erlangt damit keine

[1089] Eckebrecht, *NZFam* 2018, S. 970.
[1090] Vgl. Teil 4 B I 2 c) 1).
[1091] BR-Drs. 575/19, S. 64.
[1092] Schlauß, *FamRZ* 2021, S. 253.
[1093] Ebd., S. 254.

rechtliche Stellung als Kind in der Adoptivfamilie.[1094] Auch wenn die Adoptierenden einen Antrag auf Pflegschaft oder Nachadoption stellen können, um Betreuer oder Pflegeperson des betroffenen Kindes zu werden,[1095] kann dies im Einzelfall mit dem aktuellen Kindeswohl unvereinbar sein, so dass ausnahmsweise eine Härtefallklausel erforderlich ist,[1096] die im Folgenden näher erläutert wird.

bb) Anerkennung als Ausnahme aufgrund der Erforderlichkeit des Wohls des konkreten Kindes im Einzelfall

§ 4 Abs. 1 S. 2 AdWirkG stellt im Hinblick auf das Wohl des konkreten Kindes im Einzelfall eine Härtefallklausel dar, die es dem deutschen Gericht ausnahmsweise ermöglicht, unbegleitete Auslandsadoptionen nach dem Maßstab der „Erforderlichkeit" des Kindeswohls anzuerkennen, wobei sich dieser Maßstab ausweislich der Gesetzesbegründung gerade an der Norm des § 1741 Abs. 1 S. 2 BGB anlehnt. Insofern müssen die Vorteile der Adoption (Anerkennung) unter Berücksichtigung der konkreten Lebensumstände des Adoptivkindes die Vorteile der Alternativen (Nichtanerkennung) deutlich überwiegen, d. h. die Anerkennung muss die eindeutig bessere Lösung sein, ohne die das konkrete Kindeswohl erheblich gefährdet wäre.[1097]

Gegenüber der eingeschränkten ordre-public-Prüfung nach § 109 Abs. 1 Nr. 4 FamFG in der bisherigen Rechtsprechung kann das deutsche Gericht nunmehr gem. § 4 Abs. 1 S. 2 AdWirkG eine umfassende Kindeswohlprüfung unter Beteiligung des Jugendamtes und der zentralen Adoptionsstelle des Landesjugendamtes[1098] durchführen, um aktuelle Umstände zu ermitteln, die dem Erforderlichkeitsmaßstab genügen. Denn gem. § 4 Abs. 2 AdWirkG ist für den Maßstab der Erforderlichkeit des Kindeswohls im Adoptionsrecht der Zeitpunkt der gerichtlichen Entscheidung maßgeblich,[1099] was nicht auf eine retrospektive, sondern auf eine aktuelle Kindeswohlprüfung abstellt.[1100] Trotz

---

[1094] Botthof, Andreas: „Das Adoptionshilfe-Gesetz: Freiwilligkeit, Abschreckung und Kindeswohl". *NJW* 2021, S. 1129.
[1095] BT-Drs. 19/16718, S. 60.
[1096] Schlauß, *FamRZ* 2021, S. 254; BeckOGK/Markwardt (2023), § 4 AdWirkG Rn. 4.
[1097] BR-Drs. 575/19, S. 65.
[1098] Botthof, *NJW* 2021, S. 1127.
[1099] Ebd., S. 1130.
[1100] BeckOGK/Markwardt (2023), § 4 AdWirkG Rn. 15.

der Anlehnung an § 1741 BGB sind auch der Erforderlichkeitsmaßstab und der Schwerpunkt der Kindeswohlprüfung im Anerkennungsverfahren, dessen Ergebnis über die (Nicht-) Einreise des Adoptivkindes nach Deutschland und den Inhalt des Geburtenregisters entscheidet, von dem im („nachträglichen") Adoptionsverfahren, in dem eine erneute Adoption zu prüfen und auszusprechen ist, zu unterscheiden.[1101]

Dabei ist auf den „Verlauf der Adoption im Heimatstaat des Kindes oder auch auf den Verlauf seines Aufenthalts in Deutschland" abzustellen.[1102] Die Adoption ist z. B. dann für das Kindeswohl erforderlich und kann „hinkende Adoptionsverhältnisse" vermeiden, wenn Adoptivkind und Adoptiveltern im Inland dauerhaft zusammengelebt haben und bereits ein Eltern-Kind-Verhältnis entstanden ist, während das Kind nach der Adoption die Bindung zu seinen Herkunftseltern nahezu vollständig verloren hat. Es wäre jedoch unzureichend, allein den Umstand, dass durch das Zusammenleben der Beteiligten bereits ein Eltern-Kind-Verhältnis entstanden ist, in das Tatbestandsmerkmal der Erforderlichkeit einzubeziehen, weil es nach § 4 Abs. 1 S. 1 AdWirkG auf eine prognostische Beurteilung des Eltern-Kind-Verhältnisses ankommt. Die „Erforderlichkeit" kann daher auch dann zu bejahen sein, wenn das Adoptivkind zum Zeitpunkt der Anerkennung zwar von den Adoptiveltern getrennt lebt und sich noch im Ausland aufhält, aber durch regelmäßige Online-Kontakte und persönliche Besuche bereits enge persönliche Bindungen zu den Adoptiveltern entwickelt hat und die Versagung der Einreise des Adoptivkindes nach Deutschland zu einem schweren Nachteil für das Kind führen würde.[1103]

Insgesamt kommt es für das Kriterium der Erforderlichkeit darauf an, ob die Statusänderung faktisch bereits eingetreten ist und ob eine erzwungene Änderung der an die Tatsachen anknüpfenden Rechtsverhältnisse die gegenwärtigen Interessen des konkreten Kindes erheblich beeinträchtigen würde. Dies könnte aber auch dazu führen, dass die Adoptierenden durch die Verzögerung der Anerkennung Fakten schaffen. Zwar sieht § 5 Abs. 1 S. 2 AdWirkG eine unverzügliche Antragstellung vor, eine Sanktion für die Verzögerung ist damit jedoch nicht verbunden. Dies könnte jedoch im Rahmen

---

1101 Botthof, *NJW* 2021, S. 1130.

1102 BR-Drs. 575/19, S. 66.

1103 Schlauß, *FamRZ* 2021, S. 254.

der materiellen Prüfung erwogen werden.[1104] Jedenfalls sind in die Gesamtabwägung der besonderen Umstände des Einzelfalls nach dem Maßstab der Erforderlichkeit „die Gründe, die ein Zurückdrängen der unbegleiteten Auslandsadoptionen gebieten",[1105] also die kindeswohlorientierte Generalprävention, einzubeziehen, wobei der Grundsatz der Nichtanerkennung zu beachten ist.[1106]

Die ordre-public-Prüfung nach § 109 Abs. 1 Nr. 4 FamFG ist bei unbegleiteten Auslandsadoptionen nur in Ausnahmefällen i. S. v. § 4 Abs. 1 S. 2 n. F. AdWirkG relevant. Die Anerkennung könnte z. B. bei Vorliegen vom Kinderhandel, der als Verstoß gegen den ordre public i. S. v. § 109 Abs. 1 Nr. 4 FamFG gilt, auch bei Bejahung des Erforderlichkeitskriteriums des Kindeswohls weiterhin versagt werden.[1107] Folglich ist bei der Gesamtabwägung, ob die Anerkennung einer ausländischen unbegleiteten Adoption wegen eines ordre-public-Verstoßes zu versagen ist, in einer Gesamtschau auch das Kindeswohl im Zeitpunkt der Anerkennungsentscheidung zu berücksichtigen.[1108]

3) Stellungnahme

Deutsche Gerichtsentscheidungen zeigen, dass das Wohl eines konkret betroffenen Kindes häufig mit dem Wohl einer unbestimmten Vielzahl anderer, nur potentiell zukünftig betroffener Kinder kollidiert.[1109] Die ordre-public-Prüfung im Hinblick auf das Kindeswohl bei der Anerkennung von Drittstaaten- oder Inlandsadoptionen wird auch bei Einführung der Neufassung des § 4 AdWirkG ohnehin stattfinden. Bei der ordre-public-Prüfung nach § 109 Abs. 1 Nr. 4 FamFG sollte m. E. nicht auf eine retrospektive Kindeswohlprüfung oder auf eine formale Basis abgestellt werden, weil der deutsche Maßstab bei der Kindeswohlprüfung ausländische Adoptionsentscheidungen überfordern würde. Vielmehr ist das aktuelle, auf tatsächlichen Umständen beruhende Wohl des konkreten Kindes im Einzelfall zum Zeitpunkt der Anerkennungsentscheidung maßgeblich, d. h. die Anerkennung ist zu bejahen, wenn dies dem am Einzelfall orientierten Kindeswohl dient. Die For-

1104 BR-Drs. 575/19, S. 67.
1105 Ebd., S. 66.
1106 Schlauß, *FamRZ* 2021, S. 254.
1107 Botthof, *NJW* 2021, S. 1130; Schlauß, *FamRZ* 2021, S. 254.
1108 Schlauß, *FamRZ* 2021, S. 254.
1109 Helms, *StAZ* 2017, S. 1.

derung, die Kindeswohlprüfung nach deutschen Maßstäben durchzuführen, mag zwar generalpräventiv sein. Der Vorrang des (einzelfallorientierten) Kindeswohls bei der ordre-public-Prüfung ist jedoch stets zu beachten.

Das Adoptionshilfegesetz bietet allen internationalen Adoptionen, unabhängig davon, ob sie in den Anwendungsbereich des HAÜ fallen oder nicht, die Schutzstandards des HAÜ. Es ist daher davon auszugehen, dass die Zielsetzung des durch das Adoptionshilfegesetz eingefügten § 4 AdWirkG ebenso wie die des HAÜ eine am Kindeswohl orientierte Generalprävention darstellt.[1110] Der Maßstab der Anerkennungsfeststellung nach § 4 AdWirkG ist daher auch mit dem ebenfalls am Kindeswohl orientierten Maßstab der Rückführung nach Art. 12, 13 HKÜ vergleichbar. Bei Interessenkonflikten zwischen dem konkreten Kind im Einzelfall und potentiell betroffenen Kindern in der Zukunft tritt nach dem vorgenannten Maßstab ersteres grundsätzlich zurück, um eine kindeswohlzentrierte Gesamtstrategie zu erreichen. Nur wenn ausnahmsweise die Opfergrenze überschritten ist oder die Härtefallklausel eingreift, kommt das Wohl des konkreten Kindes im Einzelfall in Betracht.[1111]

Im Einzelnen handelt es sich bei der unbegleiteten Auslandsadoption nach § 4 AdWirkG um den Grundsatz der Nichtanerkennung und die Ausnahme der Anerkennung aus Gründen der Erforderlichkeit für das Kindeswohl, die auf die tatsächliche Situation des betroffenen Kindes im Zeitpunkt der gerichtlichen Anerkennung abstellt, während es bei der internationalen Kindesentführung nach Art. 12, 13 HKÜ um den Grundsatz der Rückführung in den Herkunftsstaat bei zügiger Verfahrensführung und die Ausnahme des Verbleibs im Zufluchtsstaat unter den engen Voraussetzungen des Art. 13 HKÜ geht, der eine Kinderschutzklausel des Art. 13 Abs. 1 lit. b HKÜ enthält und demnach nur eine offensichtliche Kindeswohlgefährdung der Rückführung entgegensteht.[1112]

Auch wenn sowohl § 4 AdWirkG als auch Art. 12, 13 HKÜ das konkrete, einzelfallbezogene Kindeswohl hinter die kindeswohlorientierte Generalprävention zurücktreten lassen, besteht doch ein Unterschied darin, dass die Gewichtung der Auswirkungen gerichtlicher Entscheidungen auf das

---

1110 Helms, *StAZ* 2017, S. 7; BR-Drs. 575/19, S. 1.

1111 Helms, *StAZ* 2017, S. 3.

1112 Ebd., S. 2.

konkrete Wohl des betroffenen Kindes im Einzelfall bei Auslandsadoptionen und internationalen Kindesentführungen unterschiedlich ist. In ersteren Fällen kann die Nichtanerkennung zu einer schwerwiegenden Beeinträchtigung der statusrechtlichen Verhältnisse des betroffenen Kindes führen.[1113] Im letzteren Fall stellt die Rückführung keine unmittelbare Erschütterung der Rechtsverhältnisse des Kindes dar.[1114] Daraus folgt, dass der Erforderlichkeitsmaßstab der Härtefallklausel des § 4 Abs. 1 S. 2 AdWirkG im Vergleich zum Maßstab der Opfergrenze in der Kinderschutzklausel des Art. 13 HKÜ lockerer zu fassen ist, d. h. die Versagung der Anerkennung der Auslandsadoption gegenüber der Rückführung des Kindes sollte nach der Gesamtabwägung von kindeswohlzentrierter Generalprävention und einzelfallbezogenem Kindeswohl zurückhaltender erfolgen.

d) *Abstammungsverhältnisse infolge von Leihmutterschaft*

1) Anerkennung als Grundsatz angesichts des „Kindeswohls ex post" im konkreten Fall

Nach Art. 3 UN-KRK (Art. 24 Abs. 2 GRCh) ist auch bei der Anerkennung der Eltern-Kind-Zuordnung in grenzüberschreitenden Leihmutterschaftsfällen das Kindeswohl vorrangig zu berücksichtigen.[1115] Da für die ordre-public-Prüfung nach § 109 FamFG der Zeitpunkt der Anerkennungsentscheidung maßgeblich ist, steht das Wohl des konkreten Leihmutterschaftskindes im Einzelfall im Mittelpunkt,[1116] also das sog. „Kindeswohl ex post", das auf eine verlässliche Zuordnung des Kindes zu den Personen verweist, die dauerhaft Verantwortung für das Wohl und Wehe des Kindes übernehmen, d. h. zum Kindeswohl gehört grundsätzlich auch die rechtliche Zuordnung der Elternschaft und damit das Grundrecht des Kindes auf Pflege und Erziehung durch seine Eltern gem. Art. 2 Abs. 1 i. V. m. Art. 6 Abs. 2 S. 1 GG und Art. 8 Abs. 1 EMRK.[1117]

1113 Helms, StAZ 2017, S. 7.

1114 Ebd., S. 5.

1115 Mayer, *RabelsZ* 78 (2014), S. 572; Coester-Waltjen, Dagmar: „Anmerkung zum KG, Beschluss v. 4.7.2017 – 1 W 153/16". *FamRZ* 2017, S. 1696.

1116 Frank, *FamRZ* 2014, S. 1528.

1117 AG Emmendingen, Beschluss v. 1.8.2018 – 2 F 155/17, *BeckRS* 2018, S. 25687, Rn. 17; BGH, Beschluss v. 10.12.2014 – XII ZB 463/13, *NJW* 2015, S. 484, Rn. 62; Biermann, *NZFam* 2017, S. 663; OLG Düsseldorf, Beschluss v. 7.4.2015 – II-1 UF

Daraus folgt, dass das aktuelle Kindeswohl im Zeitpunkt der Anerkennung der Elternschaft der Wunscheltern, bei der es um die primäre Zuordnung der Abstammung geht, etwas anders gelagert ist als das Kindeswohl im Zeitpunkt der Anerkennung der Auslandsadoption, bei der es vor allem auf die durch den Zeitablauf nach dem Statuswechsel entstandenen sozialen Eltern-Kind-Beziehungen ankommt.[1118] Die Ähnlichkeit im Hinblick auf das Kindeswohl besteht jedoch darin, dass durch die Anerkennung hinkende Statusverhältnisse vermieden und die damit verbundenen Rechte, wie der Erwerb der deutschen Staatsangehörigkeit oder die Nachbeurkundung in deutschen Geburtsregistern, gewährt werden können.[1119] Darüber hinaus ist zu beachten, dass der Aspekt des Kindeswohls, d. h. die psychosoziale Beziehung zwischen Kind und Leihmutter, aus nachträglicher Sicht i. d. R. eine untergeordnete Rolle spielt.[1120]

In der Rechtsprechung zu Leihmutterschaftsfällen, in denen einer der Wunschelternteile, der weiterhin die tatsächliche elterliche Verantwortung übernehmen will, mit dem von einer Leihmutter geborenen Kind genetisch verwandt ist, die Leihmutter aber keine genetische Beziehung zu dem betroffenen Kind hat und sich freiwillig zur Durchführung der Leihmutterschaft und zur Herausgabe des Kindes an die Wunscheltern bereit erklärt, überwiegt die Auffassung der Gerichte, dass die Anerkennung dann i. d. R. dem oben dargestellten „Kindeswohl ex post" dient.[1121] Denn vor diesem Hintergrund hat

---

258/13, *NZFam* 2015, S. 866, Rn. 11; Coester-Waltjen, FamRZ 2017, S. 1695; Duden, Konrad: „Anmerkung zum OVG Münster, Urteil v. 14.7.2016 – 19 A 2/14". *FamRZ* 2016, S. 2133; OVG Münster, Beschluss v. 15.1.2021 – 19 A 1987/18, *NJW* 2021, S. 1895; BVerfG, Urteil v. 19.2.2013 – 1 BvL 1/11, 1 BvR 3247/09, *NJW* 2013, S. 847.

1118 Frank, *FamRZ* 2014, S. 1528.

1119 Kreß, Hartmut: „Samenspende und Leihmutterschaft – Problemstand, Rechtsunsicherheiten, Regelungsansätze". *FPR* 2013, S. 243; Frank, *FamRZ* 2014, S. 1528; AG Konstanz, Beschluss v. 22.04.2015 – UR III 4/14 (2), *FamRZ* 2016, S. 248.

1120 Coester-Waltjen, *FamRZ* 2017, S. 1695.

1121 BGH, Beschluss v. 10.12.2014 – XII ZB 463/13, *NJW* 2015, S. 479, Rn. 62; BGH, Beschluss v. 5.9.2018 – XII ZB 224/17 (OLG Braunschweig), *NZFam* 2018, S. 987, Rn. 28; Frank, *FamRZ* 2014, S. 1528; AG Emmendingen, Beschluss v. 1.8.2018 – 2 F 155/17, *BeckRS* 2018, S. 25687; Biermann, *NZFam* 2017, S. 663; OLG Düsseldorf, Beschluss v. 7.4.2015 – II-1 UF 258/13, *NZFam* 2015, S. 866; AG Neuss, Beschluss v. 14.05.2013 – 45 F 74/13, *FamRZ* 2014, S. 1127; Coester-Waltjen, *FamRZ* 2017, S. 1693; Duden, *FamRZ* 2016, S. 2130; AG Konstanz, Beschluss v. 22.04.2015 – UR III 4/14 (2), *FamRZ* 2016, S. 248.

das Wohl des konkreten Leihmutterschaftskindes im Einzelfall Vorrang vor der nicht primär am Kindeswohl, sondern an rechtspolitischen und ethischen Erwägungen orientierten Generalprävention des Leihmutterschaftsverbots und des Umgehungsver-bots,[1122] so dass die Anerkennung der Elternschaft der Wunscheltern nicht gegen den ordre public verstößt.[1123] Das Kindeswohl hat insoweit eine Doppelfunktion, d. h. es setzt sowohl der Leihmutterschaft als auch dem Leihmutterschaftsverbot eine Grenze.[1124]

Zudem reicht die Vormundschaft der Wunscheltern als Alternative zur Anerkennung nicht aus, weil zum einen die Vormundschaft jederzeit aufgehoben werden kann[1125] und zum anderen die über das Sorgerecht hinausgehenden unterhalts- und erbrechtlichen Folgen, zu denen die Anerkennung führt, für das Kindeswohl von großer Bedeutung sind.[1126] Auch die Adoption als Alternative kann die Nichtanerkennung nicht rechtfertigen, denn zum einen würde die Adoption voraussichtlich zum gleichen Ergeb-nis führen, was gerade für das Fehlen eines ordre-public-Verstoßes spricht,[1127] und zum anderen könnte das Scheitern der Adoption aufgrund einer Willensänderung der Wunscheltern das Kindeswohl im Hinblick auf die Erlangung und Aufrechterhaltung eines Statusverhältnisses gefährden.[1128] Hinzu kommt, dass die Kindeswohlprüfung im Adoptionsverfahren für die primäre Kindeszuordnung, die als Aspekt des Kindeswohls durch Art. 6 Abs. 2 S. 3 GG gewährleistet wird,[1129] nicht erforderlich ist. Insgesamt ist in Deutschland die Bejahung der Elternschaft der Wunscheltern unter dem Gesichts-punkt des „Kindeswohls ex post“ in den üblichen Fällen grenzüberschreitender Leihmutterschaft Grundsatz, insbesondere vor dem Hintergrund der offenen Haltung des BGH, sofern keine Hinweise auf Kinderhandel oder andere unannehmbare Umstände vorliegen.

1122 Helms, *StAZ* 2017, S. 5; Nähere siehe unten Teil 4 B I 2 d) 2).

1123 AG Emmendingen, Beschluss v. 1.8.2018 – 2 F 155/17, *BeckRS* 2018, S. 25687, Rn. 17; OLG Celle, Beschluss v. 22.5.2017 – 17 W 8/16, *NZFam* 2017, S. 661, Rn. 16; Coester-Waltjen, *FamRZ* 2017, S. 1695; Helms, *StAZ* 2017, S. 5; Mayer, *RabelsZ* 78 (2014), S. 573.

1124 Schatz, *NDV* 2017, S. 274.

1125 Biermann, *NZFam* 2017, S. 664.

1126 Ebd., S. 661.

1127 AG Emmendingen, Beschluss v. 1.8.2018 – 2 F 155/17, *BeckRS* 2018, S. 25687, Rn. 18; AG Konstanz, Beschluss v. 22.04.2015 – UR III 4/14 (2), *FamRZ* 2016, S. 248.

1128 Helms, *StAZ* 2017, S. 5; Engel, *ZEuP* 2014, S. 554; Frank, *FamRZ* 2014, S. 1529.

1129 OLG Celle, Beschluss v. 22.5.2017 – 17 W 8/16, *NZFam* 2017, S. 662, Rn. 30.

2) Nichtanerkennung aufgrund des „Kindeswohls ex ante" in einigen Entscheidungen

Vereinzelt wird in Rechtsprechung und Literatur die Auffassung vertreten, dass im Hinblick auf das „Kindeswohl ex ante" die Elternschaft der Wunscheltern grundsätzlich nicht anzuerkennen sei, also generalpräventive Erwägungen Vorrang vor dem Kindeswohl im Einzelfall hätten.[1130] Als „Kindeswohl ex ante" ist i. d. R. die Bekämpfung der gespaltenen Mutterschaft,[1131] die Verhinderung der Objektivierung künftiger Kinder[1132] oder die Verhinderung der Verletzung der Grundrechte künftiger Kinder auf Persönlichkeit und Identitätsfindung[1133] anzusehen. Zum Schutz des „Kindeswohls ex ante" sollte das Gericht nach dieser Gegenmeinung bei der Anerkennung zurückhaltend sein. Es wird sogar die Ansicht vertreten, dass die Adoption nur ausnahmsweise, d. h. bezogen auf die Erforderlichkeit für das Wohl des konkreten Kindes im Einzelfall, alternativ in Betracht kommen sollte, um die Kindeswohlprüfung im Hinblick auf die Eignung der Wunscheltern durchführen zu können.[1134]

Diese gegenteilige Auffassung erscheint mir nicht plausibel. Denn die generalpräventiven Gewichte bei der ordre-public-Prüfung sind in Leihmutterschaftsfällen anders verteilt als bei Kindesentführungen oder unbegleiteten Auslandsadoptionen. Das eher ethisch und rechtspolitisch begründete Verbot der Leihmutterschaft ist weniger kindeswohlorientiert als der Rückführungsmechanismus des HAÜ[1135] und der Anerkennungsmaßstab bei unbegleiteten Auslandsadoptionen des AdWirkG. Es ist zudem fraglich, ob das Verbot der Leihmutterschaft tatsächlich geeignet ist, zukünftige Kinder ex ante zu schützen. Das Verbot zielt zwar darauf ab, Kinder vor möglichen ethischen oder rechtlichen Konflikten zu bewahren, aber die potenziellen Kinder, die durch Leihmutterschaft geboren werden, existieren ausschließlich aufgrund dieses Vorgangs. Ein Verbot der Leihmutterschaft würde also bedeuten, dass

---

1130 Engel, *ZEuP* 2014, S. 557; Thomale, Chris: „Anerkennung kalifornischer Leihmutterschaftsdekrete in der Sch-weiz". *IPRax* 2016, S. 179; Thomale, *IPRax* 2017, S. 587–588; Biermann, Bastian / Apel, Simon: „Anmerkung zum OLG Braunschweig, Beschluss v. 12.4.2017 – 1 UF 83/13". *NZFam* 2017, S. 525, Rn. 25.

1131 Engel, *ZEuP* 2014, S. 557.

1132 Thomale, *IPRax* 2016, S. 179.

1133 Biermann/Apel, *NZFam* 2017, S. 522, Rn. 25.

1134 Thomale, *IPRax* 2017, S. 587–588.

1135 Helms, *StAZ* 2017, S. 5.

diese Kinder gar nicht erst geboren werden. Im Gegensatz dazu schützen das HAÜ und das AdWirkG bereits geborene Kinder, was eine wesentliche Unterscheidung in der kindeswohlorientierten Prävention darstellt. Zusammenfassend ist festzuhalten, dass das konkrete Kind aus Leihmutterschaft im Einzelfall als eigenständiges Rechtssubjekt zu betrachten ist[1136] und daher nicht nach der Art der Zeugung, auf die das Kind keinen Einfluss hat, differenziert werden darf.[1137] Es sollte vermieden werden, dass diese generelle Prävention der Leihmutterschaft auf dem Rücken des konkreten Kindes ausgetragen wird.[1138]

3) Ungeklärte Fragen zum Kindeswohl in spezifischen Einzelfällen

aa) Kindeswohl und Relevanz der genetischen Abstammung

Sowohl der BGH als auch der EGMR haben die Bejahung der Anerkennung mit Blick auf das Kindeswohl im Einzelfall an die genetische Abstammung zumindest von einem der Wunschelternteile geknüpft.[1139] Nach der Entscheidung des BGH bleibt jedoch offen, ob die Elternschaft von Wunscheltern anerkannt werden kann, die mit dem von einer Leihmutter geborenen Kind nicht genetisch verwandt sind.[1140] Gegenüber der offenen und unsicheren Haltung des BGH betont das OVG Münster in einer anderen Entscheidung jedoch stärker die Bedeutung der genetischen Abstammung, was unter dem Gesichtspunkt des Kindeswohls in Frage gestellt werden kann.[1141] Allerdings wurde auch in einem vom KG entschiedenen Fall, in dem der Wunschvater mit dem betroffe-nen Kind nicht genetisch verwandt ist, die Anerkennung bejaht, weil nach Auffassung des KG für das Kindeswohl nicht die genetische, sondern die gelebte sozial-familiäre Beziehung entscheidend ist, die

---

1136 Kreß, *FPR* 2013, S. 243.

1137 BGH, Beschluss v. 5.9.2018 – XII ZB 224/17 (OLG Braunschweig), *NZFam* 2018, S. 986, Rn. 25.

1138 Biermann/Apel, *NZFam* 2017, S. 529; Biermann, *NZFam* 2017, S. 404.

1139 BGH, Beschluss v. 10.12.2014 – XII ZB 463/13, *NJW* 2015, S. 484, Rn. 62; Frank, *FamRZ* 2014, S. 1528; EGMR (GK), Urteil v. 24.1.2017 – 25358/12 (Paradiso u. Campanelli/Italien), *NJW* 2017, S. 941; Ferrand, Frédérique: „Anmerkung zum EGMR, Entscheidung v. 10.4.2019, Vorlage Nr. P16–2018–001 des französischen Kassationshofes“. *FamRZ* 2019, S. 887.

1140 BGH, Beschluss v. 10.12.2014 – XII ZB 463/13, *NJW* 2015, S. 484, Rn. 62; Duden, *FamRZ* 2016, S. 2135.

1141 Duden, *FamRZ* 2016, S. 2135.

i. d. R. zwischen den Wunscheltern und dem Leihmutterschaftskind besteht, insbesondere vor dem Hintergrund, dass die genetischen Eltern keine Verantwortung übernehmen wollen oder anonyme Gametenspender sind.[1142]

Es könnte davon ausgegangen werden, dass die genetische Verwandtschaft in den Leihmutterschaftsfällen i. d. R. nicht das einzige Kriterium für das Kindeswohl und die rechtliche Zuordnung darstellt, aber eines der Elemente für die Beurteilung des Kin-deswohls bei der rechtlichen Zuordnung ist. Denn einerseits kann die genetische Verwandtschaft des betroffenen Kindes mit den Wunscheltern die Möglichkeit des Vor-liegens von Kinderhandel bis zu einem gewissen Grad ausschließen und auch eine genetische und soziale Einheit in der Elternschaft fördern, was mit dem Kindeswohl vereinbar wäre. Andererseits kann bei fehlender genetischer Verwandtschaft zwischen den Wunscheltern und dem Kind aus Leihmutterschaft im Rahmen der gespaltenen Elternschaft die soziale Rolle ein entscheidender Faktor für das Kindeswohl sein, weil der Samenspender, die Eizellspenderin und die Leihmutter, die mit dem betroffenen Kind genetisch oder biologisch verwandt sind, von vornherein auf elterliche Rechte und Pflichten verzichtet haben und nicht zu Bezugspersonen werden können, die kontinuierlich Verantwortung für das Wohl und Wehe des betroffenen Kindes tragen. Viel-mehr sind die Wunscheltern, die eine soziale Beziehung zu dem betroffenen Kind haben oder haben wollen, nicht nur Verursacher seiner Geburt, sondern auch geeignete Pflege-personen für sein Aufwachsen. Für das Kindeswohl ist daher nicht allein die genetische oder biologische Abstammung relevant.

Es ist jedoch richtig, dass die genetische Abstammung des Kindes von einem der Wunschelternteile i. d. R. eine Garantie für die Geburt des Kindes auf der Grundlage einer Leihmutterschaftsvereinbarung sein kann und dass die Rechte und Pflichten der Beteiligten klar sind, so dass der Vorwurf des Kinderhandels in vielen Fällen unbegründet ist. Liegt keine genetische Verwandtschaft vor, könnte illegaler Kinderhandel unter dem Deckmantel der Leihmutterschaft legalisiert werden. Daher sollte bei fehlender genetischer Verwandtschaft zwischen den Wunscheltern und dem Leihmutterschaftskind strenger geprüft werden, ob tatsächlich eine Leihmutterschaft vorliegt, wobei

[1142] von Bary, Christiane: „Anmerkung zum KG, Beschluss v. 21.1.2020 – 1 W 47/19“. *FamRZ* 2020, S. 609.

eine Leihmutterschaftsvereinbarung ein gewichtiges Indiz darstellt.[1143] Darüber hinaus sollte in diesem Fall auch der Anerkennungsmaßstab noch strenger sein, wobei jedoch stets der Vorrang des Kindeswohls zu beachten ist.[1144] Hier könnte mit Blick auf die Haltung und Position des deutschen Gesetzgebers zur Leihmutterschaft wohl wieder an den Erforderlichkeitsmaßstab des Kindeswohls gem. § 1741 Abs. 1 S. 2 BGB oder gem. § 4 Abs. 1 S. 2 AdWirkG gedacht werden, indem bei fehlender genetischer Abstammung in den Leihmutterschaftsfällen ein kindeswohlorientierter Generalpräventionstatbestand aufgestellt wird und zugleich ausnahmsweise das Wohl des konkreten Kindes im Einzelfall zu berücksichtigen ist. Im Übrigen ist auch bei Vorliegen einer genetischen Abstammung von der Leihmutter eine Gesamtabwägung der Umstände im Hinblick auf das Kindeswohl vorzunehmen und ein genereller Ausschluss der Anerkennung auch in diesem Fall fragwürdig;[1145] in diesem Fall könnte auch der o. g. Erforderlichkeitsmaßstab für die Anerkennung der Elternschaft der Wunscheltern in Betracht gezogen werden.

bb) Kindeswohl bei fehlendem Leihmutterschftsvertrag

Maßgebliches Indiz für das tatsächliche Vorliegen einer Leihmutterschaft ist i. d. R. ein Leihmutterschaftsvertrag. Fehlt dieser, kann der Verdacht des Kinderhandels nicht ausgeschlossen werden, insbesondere wenn gleichzeitig die genetische Abstammung zwischen den Wunscheltern und dem Leihmutterschaftskind nicht gegeben ist. Das Fehlen des Leihmutterschaftsvertrages ist auch dann anzunehmen, wenn sich die darin enthaltenen Angaben als falsch[1146] oder unklar[1147] erweisen. Fehlt ein Leihmutterschaftsvertrag, ist die Elternschaft der Wunscheltern m. E. grundsätzlich nicht anzuerkennen, während ausnahmsweise im Hinblick auf die Erforderlichkeit für das Kindeswohl, die wohl dem Maßstab des § 1741 Abs. 1 S. 2 BGB bzw. § 4 Abs. 1 S. 2

1143 von Bary, *FamRZ* 2020, S. 609.

1144 Duden, *FamRZ* 2016, S. 2130.

1145 OVG Münster, Beschluss v. 15.1.2021 – 19 A 1987/18, *NJW* 2021, S. 1895.

1146 EGMR (GK), Urteil v. 24.1.2017 – 25358/12 (Paradiso u. Campanelli/Italien), *NJW* 2017, S. 941.

1147 Duden, *FamRZ* 2016, S. 2135. Das Gericht betonte hier die Nichtanonymität der Leihmutter. Duden vertritt jedoch die Auffassung, dass die Anonymität der Leihmutter kein Anerkennungshindernis darstellt. M. E. fällt die Anonymität nicht unter unklare Informationen zur Leihmutterschaft, solange diese nach ausländischem Recht rechtmäßig erfolgt.

AdWirkG vergleichbar wäre, die Anerkennung der Elternschaft zu bejahen sein könnte, z. B. wenn die Wunsch-eltern und das Wunschkind längere Zeit in einer Familie zusammengelebt haben.

Darüber hinaus ist insbesondere zu beachten, dass aufgrund der unterschiedlichen ausländischen Rechtslage hinsichtlich der gerichtlichen Zuordnung der Elternschaft in Leihmutterschaftsfällen die Leihmutterschaftsvereinbarung nicht immer notwendige Voraussetzung ist. Dies ist bspw. nach kalifornischem Recht der Fall, wonach das kalifornische Gericht vor Durchführung der Leihmutterschaft tätig wird und die Zuordnung des Kindes zu den Wunscheltern bereits vor der Geburt des Wunschkindes feststellt, ein Leihmutterschaftsvertrag aber nicht zwingend erforderlich ist. In diesem Fall kann trotz fehlenden Leihmutterschaftsvertrages durch das ausländische Gerichtsverfahren unter Beteiligung der von der Leihmutterschaft Betroffenen der Ausschluss von Kinderhandel sichergestellt werden, was im Anerkennungsverfahren bestätigt werden sollte.[1148]

cc) Kindeswohl bei Verletzung der Menschenwürde der Leihmutter

Die primäre Zuordnung des Kindes zu den Wunscheltern ist grundsätzlich auch dann nicht anzuerkennen, d. h. das aktuelle Kindeswohl spielt eine untergeordnete Rolle, wenn die Notlage der Leihmutter in einer nicht hinnehmbaren Weise ausgenutzt wird,[1149] so dass die Menschenwürde der Leihmutter im Hinblick auf die Entscheidungsfreiheit und Freiwilligkeit der Leihmutter, das betroffene Kind an die Wunscheltern abzugeben, verletzt wird.[1150] Dies wird häufig anhand von Indizien zu beurteilen sein, z. B. fehlender Leihmutterschaftsvertrag oder unklare Umstände der Leihmutterschaft und der Leihmutter oder andere Tatsachen, die auf eine Verletzung der Men-schenwürde der Leihmutter schließen lassen.

Ist das Zusammenleben von Wunscheltern und Leihmutterschaftskind jedoch auf Dauer angelegt, so dass die Versagung der Anerkennung den Rechten und Interessen des konkreten Kindes sehr stark zuwiderlaufen würde, kann im Hinblick auf die Erforderlichkeit für das Kindeswohl eine Gesamtabwägung aller Umstände des Einzelfalls vorgenommen werden,[1151]

1148 Siehe von Bary, *FamRZ* 2020, S. 607–609.

1149 Mayer, *RabelsZ* 78 (2014), S. 573.

1150 OVG Münster, Beschluss v. 15. 1. 2021 – 19 A 1987/18, *NJW* 2021, S. 1895, Rn. 9–11.

1151 von Bary, *FamRZ* 2020, S. 609.

die wiederum an den oben dargestellten Erforderlichkeitsmaßstab des § 1741 Abs. 1 S. 2 BGB bzw. § 4 Abs. 1 S. 2 AdWirkG erinnert. Dies soll hier nicht wiederholt werden.

dd) Kindeswohl bei Tod oder Reue eines Wunschelternteils

Ist ein Wunschelternteil bis zum Zeitpunkt der Anerkennung verstorben oder will er das Leihmutterschaftskind wegen des Beziehungsabbruchs nicht annehmen, kommt es für die Anerkennung auf das konkrete Kindeswohl im Einzelfall an. Der Tod eines Wunsch-elternteils hat i. d. R. keinen Einfluss auf die ordre-public-Prüfung des Kindeswohls im Anerkennungsverfahren. Im Fall der Reue eines Wunschelternteils würde die Nicht-anerkennung der Elternschaft dieses Wunschelternteils dazu führen, dass sich dieser Wunschelternteil seiner rechtlichen Verantwortung entzieht und damit das betroffene Kind bei diesem Wunschelternteil unterhalts- und erbrechtlich benachteiligt wird, während gleichzeitig die elterliche Sorge dann grundsätzlich dem anderen Wunschelternteil, der seine elterliche Verantwortung weiterhin wahrnehmen will, zuzuweisen wäre.[1152] Die Anerkennung der Elternschaft beider Wunscheltern dient somit dem Kindeswohl.

Wollen beide Wunscheltern nicht, dass das Leihmutterschaftskind z. B. mit einer Behinderung bei ihnen bleibt,[1153] würde die Nichtanerkennung den Verbleib des Kindes im Ausland erzwingen und dem Kind Staatsangehörigkeitslosigkeit und faktische Elternlosigkeit drohen, weil nach ausländischem Recht die Wunscheltern die rechtlichen Eltern sind. In einem solchen Fall dient die Anerkennung daher grundsätzlich dem Wohl des konkreten Kindes, insbesondere wenn das betroffene Kind mit den Wunscheltern genetisch verwandt ist. Sie kann jedoch verweigert werden, falls das Kindeswohl durch die Anerkennung erheblich gefährdet werden könnte, etwa durch das Risiko einer Rückkehr in eine Aussetzungssituation oder durch mögliche

---

1152 Engel, *ZEuP* 2014, S. 554: Engel verwendet die genetische Verwandtschaft als Kriterium für die Zuweisung des Sorgerechts. M. E. wäre jedoch der Wille der Beteiligten ein geeigneterer Faktor.

1153 Helms, *StAZ* 2017, S. 5: Helms sieht in der Situation einen Konflikt mit der Menschenwürde. Anstatt lediglich ein Verbot der Leihmutterschaft durchzusetzen, sei es weiterhin erforderlich, mehr Schutz für Leihmutterschaftskinder im nationalen und internationalen Recht zu entwickeln.

Misshandlung nach der Anerkennung. In diesem Fall kann auf das inländische Adoptionsverfahren oder die Alternative der Pflege zurückgegriffen werden.

e) Anerkennung der gleichgeschlechtlichen Elternschaft

1) Kindeswohl und gleichgeschlechtliche Elternschaft

Die Anerkennung gleichgeschlechtlicher Elternschaft nach §§ 108, 109 FamFG erfolgt i. d. R. bei der Zuordnung eines Leihmutterschaftskindes zu zwei Vätern aufgrund einer ausländischen (z. B. kalifornischen[1154]) Entscheidung oder bei einer ausländischen (z. B. niederländischen[1155]) gerichtlichen Feststellung der Elternschaft der Lebenspartnerin der Geburtsmutter. Bei der ordre-public-Prüfung nach § 109 Abs. 1 Nr. 4 FamFG steht wiederum das Kindeswohl im Einzelfall im Mittelpunkt. Grundsätzlich dient es dem Kindeswohl, wenn das Kind neben der Geburtsmutter bzw. dem rechtlichen Vater auch dem zweiten Elternteil abstammungsrechtlich zugeordnet wird.[1156]

D. h. die rechtliche Elternstellung des zweiten Elternteils darf durch die Verwei-gerung der Anerkennung nicht verschlechtert werden,[1157] sonst wird die Statusbezie-hung des betroffenen Kindes verunsichert. Denn zum einen liegt die Zuordnung des Kindes im Weg der Adoption allein im Belieben der Lebenspartnerin der Geburtsmutter bzw. des Lebenspartners des rechtlichen Vaters. Zum anderen würde sich der zweite Wunschelternteil, obwohl er Mitinitiator der Zeugung des betreffenden Kindes ist, seiner Verantwortung entziehen, wenn sich die Wunscheltern trennen oder ein Wunschelternteil seine Entscheidung bereut.[1158] Es ist daher für das aktuelle Kindeswohl geboten, die rechtliche Absicherung zwischen dem betroffenen Kind und dem zweiten sozialen Elternteil bzw. potentiellen sozialen Elternteil so schnell wie möglich zu realisieren. Alternativen wie Adoption oder ein kleines Sorgerecht

---

1154 BGH, Beschluss v. 10.12.2014 – XII ZB 463/13, *NJW* 2015, S. 479.

1155 Reuß, *StAZ* 2015, S. 139.

1156 Coester-Waltjen, *IPRax* 2016, S. 138; BGH, Beschluss v. 10.12.2014 – XII ZB 463/13, *IPRax* 2015, S. 261 Rn. 56.

1157 Helms, *StAZ* 2012, S. 8.

1158 Löhnig, Martin: „Gemeinsame Elternschaft gleichgeschlechtlicher Paare kraft Gesetzes?". *NJW* 2019, S. 122.

entsprechen hingegen nicht dem Kindeswohl im Einzelfall.[1159] Zudem ist davon auszugehen, dass die soziale Elternrolle und die soziale Familie grundsätzlich dem Kindeswohl im Einzelfall dienen. Insofern können auch Regenbogenfamilien solche sozial-familiären Verhältnisse und Umgebungen für das Aufwachsen des betroffenen Kindes schaffen.[1160] Hinzu kommt, dass gleichgeschlechtliche Paare nach deutschem Recht durch Adoption gemeinsam rechtliche Eltern eines Kindes werden können, so dass gleichgeschlechtliche Eltern-schaft als solche jedenfalls nicht gegen den deutschen ordre public im Hinblick auf das Kindeswohl verstößt.[1161]

2) Kindeswohl und andere Grundsätze oder Rechtspolitiken

Da der Primat des Kindeswohls maßgeblich ist, tritt die generalpräventive Sanktion, sei es das Verbot der Leihmutterschaft, sei es das Verbot des Zugangs zur künstlichen Befruchtung für Frauen, die nicht in einer stabilen heterosexuellen Lebensgemeinschaft leben,[1162] grundsätzlich hinter die originäre abstammungsrechtliche Zuordnung des betroffenen Kindes zurück, die, wie oben dargestellt, Teil des Kindeswohls ist.

Das deutsche Abstammungsrecht stellt gem. §§ 1592 Nr. 1, 1600 Abs. 5 BGB neben der biologischen Wahrheit auch auf soziale bzw. voluntative Elemente der Elternschaft ab, so dass der Grundsatz der Statuswahrheit, der auch durch das Gebot der Status-sicherheit flankiert wird, nicht zu den wesentlichen Grundsätzen zählt.[1163] Auch wenn eine begrenzte (oder schrittweise) Öffnung des Abstammungsrechts für gleichge-schlechtliche Paare rechtspolitisch denkbar wäre, darf sie im Einzelfall nicht dem Kindeswohl vorgehen.[1164]

1159 Campbell, Claudia: „Die rechtliche Elternschaft in Regenbogenfamilien". *NZFam* 2016, S. 298; Pauli, *NZFam* 2016, S. 57.

1160 Wall, *StAZ* 2016, S. 283; Coester-Waltjen, *IPRax* 2016, S. 138; Helms, *StAZ* 2012, S. 8; Frie, *FamRZ* 2015, S. 893; Sieberichs, *StAZ* 2015, S. 5; Andrae, *StAZ* 2015, S. 171.

1161 Wall, *StAZ* 2016, S. 283; Sieberichs, *StAZ* 2015, S. 3.

1162 Helms, *StAZ* 2012, S. 8.

1163 Helms, *StAZ* 2012, S. 8; Wall, *StAZ* 2016, S. 283; Coester-Waltjen, *IPRax* 2016, S. 136; a. A. Rauscher, *JR* 2016(3), S. 105.

1164 Rauscher, *JR* 2016(3), S. 105; Helms, *StAZ* 2012, S. 8; Frie, *FamRZ* 2015, S. 894; Coester-Waltjen, *IPRax* 2016, S. 138.

3) Kindeswohl und Rechte oder Interessen der anderen Beteiligten

Das Kindeswohl hat grundsätzlich auch Vorrang vor den Rechten bzw. Interessen der anderen am Fortpflanzungsprogramm beteiligten Personen wie Samenspender, Eizellspenderin, Leihmutter oder Wunscheltern. Da Samenspender und Leihmutter freiwillig auf Elternrechte verzichtet haben und nach ausländischem Recht keine rechtlichen Eltern sind, spielt die Berücksichtigung ihrer Rechte und Interessen bei der Anerkennung der gleichgeschlechtlichen Elternschaft im Hinblick auf das Kindeswohl hinsichtlich der Zuordnung des Kindes zum Partner (oder zur Partnerin) des rechtlichen Elternteils, der die faktische Elternverantwortung ausübt, eine untergeordnete Rolle,[1165] es sei denn, es gibt Hinweise auf Unfreiwilligkeit oder Zwang seitens des Samenspenders oder der Leihmutter.

Trennen sich gleichgeschlechtliche Wunscheltern und ändert einer der Wunschelternteile seinen Willen, z. B. will die Geburtsmutter die Elternschaft ihrer Partnerin ausschließen oder will die Partnerin der Geburtsmutter keine Elternverantwortung mehr übernehmen, so richtet sich die Entscheidung über die Anerkennung stets nach dem aktuellen Kindeswohl im Einzelfall, wozu i. d. R. die Feststellung der Abstammung des Kindes vom zweiten Elternteil gehört, die mit Unterhalts- und Erbansprüchen des Kindes verbunden ist. Darüber hinaus kann sich vor der Anerkennung eine intensive emotionale und soziale Beziehung zwischen dem Kind und der Partnerin der Geburtsmutter entwickelt haben. In diesem Fall widerspricht es dem Kindeswohl im Hinblick auf die rechtliche Verfestigung dieser sozialen Eltern-Kind-Beziehung, wenn die Geburtsmutter einseitig die Anerkennung der Elternschaft ihrer Partnerin verweigern kann.[1166]

f) Fazit

Bei der Anerkennung ausländischer Kindeszuordnungsentscheidungen kommt es im Rahmen der ordre-public-Prüfung auf das Kindeswohl im Zeitpunkt der Anerkennungsentscheidung an. Es wird also grundsätzlich nicht auf das in der Gesetzgebung häufig anzutreffende „Kindeswohl ex ante",

---

[1165] Coester-Waltjen, *IPRax* 2016, S. 137.

[1166] Dies ist der Fall in einem in China anhängigen Fall, in dem es um einen Sorgerechtsstreit eines gleichgeschlechtlichen Paares vor dem VG Fengtai, Beijing geht. Siehe Ming Yue Shuo Fa: *Two Years, No Judgment: The Ongoing Same-Sex Couple Custody Case – Part Three*, Web.

sondern auf das häufig einzelfallbezogene „Kindeswohl ex post" abgestellt. Das bedeutet, dass das Kindeswohl (ex post) als Teilaspekt des deutschen ordre public nicht zwangsläufig verletzt ist, auch wenn die Regelungen zum Kindeswohl (ex ante) im ausländischen Abstammungs- und Adoptionsrecht von denen des deutschen Rechts abweichen. Da es sich beim „Kindeswohl ex post" um eine Einzelfallbetrachtung handelt, ist bei der Prüfung des ordre public vor allem eine Gesamtabwägung anhand der unterschiedlichen Umstände des Einzelfalls vorzunehmen und sind dann entsprechend differenzierte Grenzen und Maßstäbe für das Kindeswohl zu setzen.

Im Fall des Auseinanderfallens von biologisch-genetischer und voluntativ-sozialer Elternschaft in den vorgenannten vier Typen moderner Familienstrukturen kann nicht die Beachtung des Grundsatzes der Statuswahrheit, sondern die Zuordnung des Kindes zu den voluntativ-sozialen Eltern dem Kindeswohl (ex post) dienen. I. d. R. hat das Kindeswohl (ex post) bei der ordre-public-Prüfung Vorrang vor anderen Grundwerten bzw. Grundprinzipien des deutschen Rechts oder Interessen anderer Beteiligter oder generalpräventiven Zielen in rechtspolitischer Hinsicht, wobei häufig das Kriterium der Kindeswohldienlichkeit gilt, d. h. die Anerkennung der rechtlichen Elternschaft der sozialen Wunscheltern ist zu bejahen, wenn dies dem Kindeswohl dient. Dies führt häufig dazu, dass die Anerkennung der Grundsatz und die Nichtanerkennung die Ausnahme ist.

Das „Kindeswohl ex ante", d. h. das Wohl potentiell betroffener zukünftiger Kinder, und das „Kindeswohl ex post", d. h. das Wohl des konkreten Kindes im Einzelfall, sind allerdings bei Vorliegen einer kindeswohlzentrierten Generalprävention des deutschen Rechts oder des Völkerrechts gegeneinander abzuwägen. Vorzugswürdig wäre in diesem Fall der Maßstab der Erforderlichkeit für das Kindeswohl, d. h. ausländische Entscheidungen über die Eltern-Kind-Zuordnung zwischen Wunschkind und Wunscheltern sind nur anzuerkennen, wenn dies für das Kindeswohl erforderlich ist. Dies hat regelmäßig zur Folge, dass die Nichtanerkennung der Grundsatz und die Anerkennung die Ausnahme ist.

Die Prüfung des ordre public bei der Anerkennung der Mehrelternschaft in Stiefkindkonstellationen und der gleichgeschlechtlichen Elternschaft der Partnerin der Geburtsmutter konzentriert sich nicht auf eine kindeswohlzentrierte Generalprävention, sondern auf rechtspolitische Aspekte. Das Kindeswohl im Einzelfall hat daher in den vorgenannten

Konstellationen Vorrang vor dem „Zwei-Eltern-Prinzip“ bzw. vor deutschen rechtspolitischen Erwägungen zur Abstammungszuordnung bei gleichgeschlechtlichen Paaren, wobei ohne weiteres der Maßstab der Dienlichkeit anzuwenden ist.

Die Anerkennung ausländischer Adoptionsentscheidungen, die keiner hinreichenden, an deutschen Maßstäben orientierten Kindeswohlprüfung unterzogen worden sind und auch nicht in den Anwendungsbereich des § 4 AdWirkG fallen, kann auch nicht mit kindeswohlorientierter Generalprävention verbunden werden, da deutsche konkrete Maßstäbe und Aspekte der Kindeswohlprüfung nur für in Deutschland durchgeführte Adoptionen gelten und sich nicht auf im Ausland durchgeführte Adoptionen erstrecken sollen und können. Vielmehr könnte es sich nur um das „Kindeswohl ex ante“ handeln, das, wie oben dargestellt, i. d. R. nur Inlandsfälle betrifft und für das Anerkennungsverfahren irrelevant ist. In diesem Fall ist die Anerkennung zu bejahen, wenn sie dem Kindeswohl dient. Es sei denn, das deutsche Recht sieht Sonderregelungen wie § 4 AdWirkG vor oder internationale Übereinkommen wie das HAÜ und das HKÜ zielen selbst auf eine kindeswohlorientierte Generalprävention ab. Nur insoweit ist das Erforderlichkeit-skriterium des Kindeswohls anwendbar.

Auch das Leihmutterschaftsverbot und die generalpräventiven Erwägungen vor gespaltener Mutterschaft im deutschen Recht stellen nicht vollständig auf das Kindeswohl ab, sondern vor allem auf andere rechtspolitische Erwägungen. Zudem wird der abstam-mungsrechtlichen Zuordnung des Leihmutterschaftskindes zu den freiwilligen sozialen Eltern im Vergleich zum Statuswechsel in Stiefkindkonstellationen und Adoptionsfällen ein höheres Gewicht beigemessen. Andernfalls wäre das Wohl des konkreten Leihmutterschaftskindes im Vergleich zum Stiefkind und Adoptivkind stärker beeinträchtigt. Daher ist in Leihmutterschaftsfällen grundsätzlich der weniger strenge Maßstab der Dienlichkeit heranzuziehen.

Darüber hinaus wäre in Extremfällen wie Kinderhandel, unzumutbare Gefährdung der Rechte und Interessen Dritter außerhalb moderner Familienstrukturen, wie z. B. des außenstehenden leiblichen oder rechtlichen Elternteils in Stiefkindkonstellationen und Adoptionsfällen oder der Leihmutter in Leihmutterschaftsfällen, auch der Erforderlichkeitsmaßstab des Kindeswohls zugrunde zu legen.

3. Schutz der sozialen Familien und seine Umsetzung in der Praxis

a) Vorgaben im Hinblick auf den Familienschutz im höherrangigen Recht

1) Recht auf Achtung des Familienlebens im Art. 8 EMRK

Der Schutz der Familie, der sich aus höherrangigem Recht wie Art. 8 EMRK, Art. 7 GRCh, Art. 6 Abs. 1 GG usw. ergibt, ist neben dem Kindeswohl ein wichtiger Inhalt der ordre-public-Prüfung nach § 109 Abs. 1 Nr. 4 FamFG im Anerkennungsverfahren der Eltern-Kind-Zuordnung in modernen Familienstrukturen. Insoweit könnte das Grundrecht auf Achtung des Familienlebens (bzw. der Schutz der Familie) über das Instrument des ordre-public-Vorbehalts bei der Anerkennungsentscheidung zum Tragen kommen. Am Rande sei bemerkt, dass in der folgenden Darstellung nur Art. 8 EMRK und Art. 6 Abs. 1 GG berührt werden, weil die Rechte aus Art. 7 GRCh gem. Art. 52 Abs. 3 S. 1 GRCh grundsätzlich die gleiche Bedeutung und Tragweite haben wie die Rechte aus der EMRK. Art. 7 GRCh ist daher nicht Gegenstand der Analyse.

Art. 8 EMRK enthält keine generelle Pflicht zur Anerkennung ausländischer Entscheidungen über die Eltern-Kind-Zuordnung und ist daher im Einzelfall zu prüfen,[1167] gleichgültig, ob man die Vorschrift selbst oder eine der Konkretisierungen des deutschen ordre public zugrunde legt. Dabei ist zunächst zu klären, ob die moderne Familienstruktur in den Schutzbereich des Art. 8 EMRK fällt, ob also Familienleben i. S. d. Art. 8 EMRK vorliegt, wofür es darauf ankommt, mit Hilfe der Rechtsprechung des EGMR die maßgeblichen Maßstäbe bzw. Konstituenten des Familienlebens zu erfassen, wobei die Bestimmung eines präzisen Begriffs des Familienlebens weder möglich noch erforderlich ist. Wird die Eröffnung des Schutzes des Art. 8 EMRK für eine konkrete Familie im Einzelfall bejaht, ist sodann zu prüfen, ob die Nichtanerkennung der Elternschaft des Wunschelternteils das Familienleben stört, beeinträchtigt oder gefährdet, was von den konkreten Umständen des Einzelfalls abhängt. Führt die Verweigerung der Anerkennung zur Zerstörung des Familienlebens, würde sie Art. 8 EMRK nicht verletzen, sofern sie nach Art. 8 Abs. 2 EMRK gerechtfertigt werden kann, m. a. W.: die

---

[1167] Nordmeier, *StAZ* 2011, S. 137.

Nichtanerkennung stellt keinen Eingriff in das Familienleben dar, wenn sie dem Verhältnismäßigkeitsprinzip des Art. 8 Abs. 2 EMRK entspricht.

Das Familienleben i. S. v. Art. 8 EMRK wird in erster Linie durch die sozial-familiären Beziehungen zwischen Personen geprägt, die eine faktische Familie bilden,[1168] während biologische oder rechtliche Elemente für die Konstituierung des Familienlebens eine untergeordnete Rolle spielen. So ist das Zusammenleben von Eltern und Kindern ein wichtiges Indiz für das Vorliegen eines Familienlebens.[1169] Weiterhin ist eine tatsächliche enge persönliche Beziehung zwischen ihnen erforderlich.[1170] D. h. je länger sie zusammengelebt haben, desto eher spricht dies für das Vorliegen eines Familienlebens. In den Fällen, in denen die Familie nicht zusammenlebt, reicht i. d. R. aus, dass ein ausreichend ständiger Kontakt (durch Besuche oder Online-Kontakte) und ein enges persönliches Verhältnis zwischen den Familienmitgliedern besteht.[1171] Unter bestimmten Umständen kann ein geplantes Familienleben oder eine sich entwickelnde potentielle Beziehung unter Art. 8 EMRK fallen, insbesondere wenn die unvollständige Herstellung des Familienlebens nicht dem Beschwerdeführer zugerechnet werden kann.[1172] Darüber hinaus ist zu beachten, dass nach der Rechtsprechung des EGMR der biologischen Beziehung zwischen Elternteil und Kind im Ver-

---

1168 HK-EMRK/Nettesheim (2023), Art. 8 EMRK Rn. 56.

1169 HK-EMRK/Nettesheim (2023), Art. 8 EMRK Rn. 54; Nordmeier, *StAZ* 2011, S. 137.

1170 HK-EMRK/Nettesheim (2023), Art. 8 EMRK Rn. 56; EGMR (GK), Urteil v. 12.7.2001 – 25702/94 (K. u. T./Finnland), *NJW* 2003, S. 809, Rn. 150.

1171 Strittig. In der Entscheidung (OLG Köln, Beschluss v. 27.03.2019 – 14 UF 7/19, *BeckRS* 2019, S. 8577, Rn. 10) wurde festgehalten, dass Urlaubsbesuche allein nicht ausreichen, um ein faktisches Familienleben zu begründen. Botthof hingegen argumentiert, dass regelmäßige Besuche ein tatsächliches Familienleben begründen können (Botthof, *StAZ* 2013, S. 79). Ein ähnlicher Standpunkt wie bei Botthof wird auch in HK-EMRK/Nettesheim (2023), Art. 8 EMRK Rn. 58 geäußert.

1172 EGMR (GK), Urteil v. 22.1.2008 – 43546/02 (E.B./Frankreich), *NJW* 2009, S. 3637, Rn. 41; EGMR, Beschluss v. 18.3.2008 – 33375/03 (Hülsmann/Deutschland), *NJW-RR* 2009, S. 1585; EGMR, Urteil v. 5.6.2014 – 31021/08 (I.S./Deutschland), *NJW* 2015, S. 2319: Es wurde festgestellt, dass kein Familienleben zwischen der leiblichen Mutter und ihrem leiblichen Kind besteht, nachdem die leibliche Mutter das Kind zur Adoption freigegeben hat, da dies freiwillig und aus eigener Schuld geschah. In Bezug auf biologische Väter siehe EGMR, Beschluss v. 19.6.2003 – 46165/99 (Nekvedavcius/Deutschland), *HUDOC*; EGMR, Beschluss v. 29.6.1999 – 27110/95 (Nylund/Finnland), *ÖJZ* 2000, S. 354.

gleich zur rechtlichen Beziehung[1173] im Einzelfall eine gewisse Sonderrolle zukommt,[1174] auch wenn sie nach allgemeiner Auffassung für die Begründung eines Familienlebens i. S. v. Art. 8 EMRK allein nicht ausschlaggebend ist.

Liegt ein Familienleben i. S. d. Art. 8 EMRK vor, muss das Recht auf Zusammenleben der Familienmitglieder von staatlichen Behörden oder Gerichten respektiert werden, d. h. die Integrität der Familie muss durch staatliche Maßnahmen geschützt werden.[1175] Auch wenn Art. 8 EMRK kein unmittelbares Recht auf Einreise oder Aufenthalt in der Union gewährt, wird das Recht auf Zusammenleben eines Familienangehörigen (z. B. eines Elternteils) durch die Verweigerung der Einreise eines anderen Familienangehörigen (z. B. eines Kindes) beeinträchtigt.[1176] Daher kann entweder die Anerkennung der Abstammung in Betracht gezogen werden oder es können andere Möglichkeiten vorgesehen werden, um die Einreise des Familienangehörigen zum Schutz des Familienlebens zu ermöglichen. Wenn sich alle Familienmitglieder bereits im Land befinden, dürfen die staatlichen Behörden oder Gerichte nicht nur nicht in die Entwicklung normaler Beziehungen, die Zusammenführung und das Familienleben zwischen Eltern und Kind eingreifen, sondern sie sind verpflichtet, durch rechtliche Verfahren oder Rahmenbedingungen[1177] eine vollständige rechtliche Familienbindung sicherzustellen.[1178]

Allerdings gilt der Schutz des Familienlebens nach Art. 8 Abs. 2 EMRK nicht schrankenlos. Insofern räumt der EGMR den Mitgliedstaaten einen weiten Ermessensspielraum ein, da es keinen einheitlichen europäischen Standard hinsichtlich der Anerkennung gleichgeschlechtlicher Elternschaft, der Wunschelternschaft bei Leihmutterschaft, der Mehrelternschaft in Stiefkindkonstellationen usw. gibt.[1179] Die Anerkennung der Eltern-Kind-Zuordnung in modernen Familienstrukturen allein über das Recht auf Achtung des Fami-

---

1173 EGMR, Urteil v. 24. 4. 1996 – 22070/93 (Boughanemi/Frankreich), *ÖJZ* 1996, S. 834.

1174 Nordmeier, *StAZ* 2011, S. 137; EGMR, Urteil v. 21.12.2010 – 20578/07 (Anayo/Deutschland), *FPR* 2013, S. 275, Rn. 60; EGMR, Urteil v. 27.10.1994 – 18535/91(Kroon u. a./Niederlande), *FamRZ* 2003, S. 813.

1175 HK-EMRK/Nettesheim (2023), Art. 8 EMRK Rn. 67.

1176 Jarass GrCh (2021), Art. 7 Rn. 29.

1177 HK-EMRK/Nettesheim (2023), Art. 8 EMRK Rn. 68.

1178 EGMR, Urteil v. 27.10.1994 – 29/1993/424/503, *FamRZ* 2003, S. 813.

1179 Grabenwarter/Pabel (2021), § 22. Rechte der Person Rn. 47.

lienlebens aus Art. 8 EMRK erscheint daher als schwierige Aufgabe. Dennoch müssen sich die Gerichte auf Rechtfertigungsgründe stützen, flankiert von „Rechtsgrundlage“ und „Notwendigkeit“, also dem Verhältnismäßigkeitsprinzip,[1180] bevor sie durch Verweigerung der Anerkennung in das Familienleben eingreifen. Im Rahmen der ordre-public-Prüfung haben die Gerichte daher je nach den Umständen des Einzelfalls einen Ausgleich zwischen den individuellen Interessen an der Achtung des Rechts auf Familienleben und den allgemeinen öffentlichen Interessen zu finden. Gleichzeitig ist auch ein Ausgleich zwischen widerstreitenden privaten Interessen herzustellen.[1181] Dabei kommt dem Kindeswohl jedenfalls wesentliche Bedeutung zu.[1182]

2) Familienschutz im Art. 6 Abs. 1 GG

Art. 6 Abs. 1 GG ist hinsichtlich des Familienschutzes mit Art. 8 EMRK vergleichbar und schützt vor allem „die tatsächliche Lebens- und Erziehungsgemeinschaft von Eltern und Kindern“.[1183] Dies bedeutet, dass auch der Familienbegriff des Art. 6 Abs. 1 GG eine tatsächliche Verbundenheit voraussetzt. Für den Familienbegriff ist es auch unerheblich, ob die Familie rechtmäßig oder rechtswidrig ist, ob die Eltern verheiratet sind, ob die Eltern verschiedenen Geschlechts sind, ob die Kinder mit den Eltern biologisch oder rechtlich verwandt sind, ob die Kinder durch künstliche Befruchtung gezeugt wurden. In den Schutzbereich des Art. 6 Abs. 1 GG fallen damit auch Stief-, Patchwork-, Regenbogen-, Adoptiv- und Inseminationsfamilien (z. B. Leihmutterfamilien) usw., sofern es sich um auf Dauer angelegte und umfassend gelebte Lebensgemeinschaften handelt.[1184] Familien entstehen also durch die Geburt eines Kindes oder durch einen rechtlichen oder tatsächlichen Vorgang (wie Adoption oder Pfleg-schaft).[1185] Art. 6 Abs. 1 GG hebt das Element der engen persönlichen Beziehungen zwischen den Familienmitgliedern nicht besonders hervor. D. h. die Anforderungen an die tatsächliche Dauer

---

1180 HK-EMRK/Nettesheim (2023), Art. 8 EMRK Rn. 101–121.

1181 Ebd., Rn. 113.

1182 Ebd., Rn. 116.

1183 Jarass/Pieroth/Jarass (2022), Art. 6 GG Rn. 1.

1184 Jarass/Pieroth/Jarass (2022), Art. 6 GG Rn. 8–9; Heiderhoff, *NZFam* 2020, S. 320.

1185 BVerfG, Beschluss v. 18.4.1989 – 2 BvR 1169/84, *NJW* 1989, S. 2195; BVerfG, Beschluss v. 12.10.1988 – 1 BvR 818/88, *NJW* 1989, S. 519; BGH, Beschluss v. 16.11.2016 – XII ZB 328/15, *NJW* 2017, S. 472 Rn. 24; Jarass/Pieroth/Jarass (2022), Art. 6 GG Rn. 8.

und Qualität der schutzwürdigen Familie sind bei Art. 6 Abs. 1 GG nicht so streng. Der Schutz des Art. 6 Abs. 1 GG erstreckt sich daher von der Familiengründung auf alle Bereiche des Familienlebens.[1186]

Der Familienschutz durch Art. 6 Abs. 1 GG geht über die Elternschaft i. S. v. Art. 6 Abs. 2 GG hinaus.[1187] Dies bedeutet jedoch nicht, dass der Schutz der Familie automatisch die Anerkennung der nach ausländischem Recht begründeten Elternschaft erfordert. Denn zum einen kann der Schutz der Familie Schranken erfahren, etwa die Achtung der Grundrechte anderer Personen, und zum anderen unterliegt die Feststellung der Elternschaft staatlicher Kontrolle. Eingriffe in die Familie bzw. die Eltern-Kind-Zuordnung bedürfen jedenfalls einleuchtender Sachgründe bzw. zwingender Gründe.[1188] Bei der Abwägung, ob ausländische Entscheidungen über die Elternschaft der Wunscheltern anzuerkennen sind, könnten im Rahmen der ordre-public-Prüfung das Recht auf familiäres Zusammenleben aus Art. 6 Abs. 1 GG und die Grundrechte der Kinder auf staatliche Gewährleistung elterlicher Pflege und Erziehung aus Art. 2 Abs. 1 GG i. V. m. Art. 6 Abs. 2 S. 1 GG verhältnismäßig berücksichtigt werden.[1189]

b) Umsetzung der Vorgaben in modernen Familienstrukturen

1) Stief- oder Patchworkfamilien

aa) Vorliegen eines Familienlebens

Die Anerkennung des sich aus dem ausländischen Recht ergebenden Statusverhältnisses zwischen Stiefelternteil und Stiefkind könnte in der Praxis u. U. zusätzlich unter Berufung auf das Recht auf Achtung des Familienlebens nach Art. 8 EMRK erfolgen. I. d. R. besteht bereits vor der rechtlichen Verfestigung der Beziehung eine faktische sozial-familiäre Beziehung zwischen dem Stiefelternteil und dem Stiefkind, das in einer Stief- oder Patchworkfamilie lebt. Dies fällt aufgrund der sozialen Elemente selbstverständlich unter den Begriff des Familienlebens in Art. 8 EMRK, unabhängig davon, ob die rechtliche Beziehung zwischen Stiefelternteil und Stiefkind in Deutschland anerkannt werden kann oder ob die Beziehung zwischen dem

---

1186 Jarass/Pieroth/Jarass (2022), Art. 6 GG Rn. 11.

1187 Ebd., Rn. 8.

1188 Ebd., Rn. 23, 23a.

1189 Heiderhoff, *NZFam* 2020, S. 320.

sorgeberechtigten Elternteil und dem Stiefelternteil rechtlich formalisiert wird (z. B. durch Eheschließung). Außerdem ist darauf hinzuweisen, dass eine sozial-familiäre Beziehung auch dann angenommen werden kann, wenn der Stiefelternteil und das Stiefkind trotz des getrennten Lebens in zwei Ländern durch regelmäßige persönliche Besuche in den Ferien oder regelmäßige Online-Kontakte eine enge persönliche Beziehung[1190] entwickelt haben.[1191]

Darüber hinaus stellt sich in der Praxis die Frage, ob ein Familienleben i. S. v. Art. 8 EMRK vorliegt, wenn zwischen dem Stiefelternteil und dem Stiefkind bereits ein Statusverhältnis nach ausländischem Recht begründet wurde und danach ein Zusammenleben geplant ist, sie aber bis zum Zeitpunkt der Anerkennung nie zusammengelebt haben und aus verschiedenen Gründen soziale Kontakte nicht in einem solchen Umfang und einer solchen Regelmäßigkeit stattfinden, dass eine enge Beziehung entstehen kann. Nach der bisherigen Rechtsprechung des EGMR fällt die im Ausland begründete Rechtsbeziehung nicht automatisch in den Anwendungsbereich des Schutzes des Familienlebens i. S. v. Art. 8 EMRK, d. h. es findet kein Schutz der Rechtsbeziehung um ihrer selbst willen statt.[1192] Ohne deutliche sozial-familiäre Elemente wie Zusammenleben oder tatsächliche Pflege und Erziehung fällt ein geplantes Familienleben nur ausnahmsweise in den Anwendungsbereich des Rechts auf Achtung des Familienlebens nach Art. 8 EMRK, z. B. wenn der biologische Vater zwar sein nachhaltiges Interesse an einem Familienleben mit dem Kind bekundet, es aber aus Gründen, die ihm nicht zuzurechnen sind, nie zu einem tatsächlichen Familienleben kommt.[1193] Demgegenüber ist ein nur geplantes, aber nicht tatsächliches Familienleben zwischen dem Kind und der Person, die mit dem Kind nicht genetisch verwandt ist und die Vaterschaft anerkannt hat, zwar ein Indiz, aber kein hinreichendes Indiz für

---

1190 Psychologische, emotionale und materielle Kontakte sollten im Hinblick auf das Alter der Stiefkinder differenziert betrachtet werden. Jüngere Kinder sind mglw. nicht in der Lage, allein durch diese Art und Häufigkeit des Kontakts (ohne persönlichen Umgang und Betreuung) enge Beziehungen aufzubauen. Dies gelingt oft erst im höheren Alter, wenn direkte Kommunikation möglich ist.

1191 Botthof, *StAZ* 2013, S. 79; HK-EMRK/Nettesheim (2023), Art. 8 EMRK Rn. 58; strittig: vgl. Fn. 1171.

1192 Nordmeier, *StAZ* 2011, S. 137–138.

1193 EGMR, Urteil v. 21.12.2010 – 20578/07 (Anayo/Deutschland), *FPR* 2013, S. 275; EGMR, Urteil v. 30.6.2020 – 70879/11 (Ilya Lyapin/Russland), *HUDOC*, Rn. 44.

das Bestehen eines Familienlebens i. S. v. Art. 8 EMRK.[1194] Daraus folgt, dass der Schutzbereich des Art. 8 EMRK nicht eröffnet sein kann, wenn zwischen dem Stiefelternteil und dem Stiefkind nur die nach ausländischem Recht begründete Rechtsbeziehung mit einem geplanten Familienleben, nicht aber die sozial-familiäre Beziehung besteht, wenn also die Anerkennung ihrer Statusbeziehung nicht die Festigung und Formalisierung, sondern die Eröffnung der sozial-familiären Beziehung bezweckt.

bb) Eingriff in das Familienleben

Besteht zwischen dem Stiefelternteil und dem Stiefkind eine sozial-familiäre Beziehung, d. h. ein Familienleben i. S. v. Art. 8 EMRK, haben die deutschen Gerichte im Anerkennungsverfahren den Schutz des Familienlebens durch die Erfüllung positiver oder negativer Pflichten zu beachten, zwischen denen sich allerdings keine scharfen Grenzen ziehen lassen.[1195] Leben Stiefelternteil und Stiefkind getrennt in verschiedenen Ländern, kann die Verweigerung der Anerkennung ihres Statusverhältnisses die Einreise des im Ausland lebenden Stiefelternteils oder des Stiefkindes nach Deutschland erschweren und damit die Familienzusammenführung behindern. Befinden sich alle Mitglieder der Stief- oder Patchworkfamilie bereits in Deutschland, kann die Verweigerung der Anerkennung der rechtlichen Elternschaft des Stiefelternteils die Ausübung der gemeinsamen elterlichen Sorge von Stiefelternteil und leiblichem Elternteil und damit das Familienleben negativ beeinflussen. Gleichzeitig könnte die Konsolidierung und Formalisierung der sozial-familiären Beziehung als eine positive Verpflichtung der deutschen Behörden angesehen werden, die Integrität und Einheit der Familie rechtlich zu garantieren.[1196]

1194 Nordmeier, *StAZ* 2011, S. 137; EGMR, Urteil v. 24. 4. 1996 – 22070/93 (Boughanemi/Frankreich), *ÖJZ* 1996, S. 834.

1195 EGMR, Urteil v. 29.1.2013 – 13072/05 (Roman/Finnland), *HUDOC*, Rn. 45; EGMR, Urteil v. 26.5.1994 – 16969/90 (Keegan/Irland), *FamRZ* 1995, S. 110; EGMR, Urteil v. 27.10.1994 – 18535/91(Kroon u. a./Niederlande), *FamRZ* 2003, S. 813.

1196 EGMR, Urteil v. 26.7.2007 – 58077/00 (Chepelev/Russland), *HUDOC*, Rn. 29; EGMR, Urteil v. 25.1.2007 – 21949/03 (Eski/Österreich), *ÖJZ* 2007, S. 750, Rn. 37; in diesen Entscheidungen wird mehrfach auf die „Konsolidierung und Formalisierung der sozial-familiären Beziehungen“ verwiesen.

cc) Rechtfertigung des Eingriffs in das Familienleben

Stellt die Nichtanerkennung der rechtlichen Elternschaft des Stiefelternteils einen Eingriff in das Familienleben dar, so ist das Recht auf Achtung des Familienlebens noch nicht verletzt, wenn die Entscheidung über die Versagung der Anerkennung gem. Art. 8 Abs. 2 EMRK auf einer gesetzlichen Grundlage und dem Notwendigkeitsgrundsatz beruht. Nach § 109 FamFG kann die Anerkennung der im Ausland begründeten rechtlichen Elternschaft des Stiefelternteils versagt werden, wenn ein Anerkennungshindernis vorliegt, z. B. die fehlende Beteiligung (oder Anhörung) des außerhalb der Stief- oder Patchworkfamilie lebenden leiblichen Elternteils im maßgeblichen Verfahren oder die ungerechtfertigte Ersetzung seiner Einwilligung in die Stiefkindadoption oder die Unvereinbarkeit der Anerkennung mit dem Kindeswohl.

Bei fehlender Einwilligung des ausländischen leiblichen Elternteils haben die deutschen Gerichte nach dem Prinzip der Verhältnismäßigkeit des Art. 8 Abs. 2 EMRK im Rahmen der ordre-public-Prüfung die Interessenkonflikte der Beteiligten (einschließlich der Familienangehörigen in der Stief- oder Patchworkfamilie und des außenstehenden leiblichen Elternteils) auszugleichen, da es zwei schützenswerte Familienleben gibt (zum einen das zwischen dem Stiefkind und dem sozialen Stiefelternteil, zum anderen das zwischen dem Stiefkind und dem außenstehenden leiblichen Elternteil).[1197] Maßgeblich ist das Kindeswohl, das nach den Umständen des Einzelfalls umfassend zu berücksichtigen ist, z. B. die tatsächliche Beziehung des Stiefkindes zum außenstehenden leiblichen Elternteil, die rechtliche Situation des Stiefkindes in der Stief- oder Patchworkfamilie usw., d. h. die Interessen des Stiefkindes überwiegen nach Art und Schwere i. d. R. die Interessen der Eltern.[1198]

Die familiäre Bindung zwischen einem Kind und seinem leiblichen Elternteil ist von großer Bedeutung und liegt i. d. R. auch im Interesse des Kindes, so dass ein Eingriff in diese familiäre Bindung nur ausnahmsweise zulässig

---

1197 EGMR, Urteil v. 21.12.2010 – 20578/07 (Anayo/Deutschland), *FPR* 2013, S. 275, Rn. 70.

1198 EGMR, Urteil v. 30.6.2020 – 70879/11 (Ilya Lyapin/Russland), *HUDOC*, Rn. 45; EGMR, Urteil v. 9.4.2019 – 72931/10 (V.D. u. a./Russland), *HUDOC*, Rn. 114; EGMR, Urteil v. 25.1.2007 – 21949/03 (Eski/Österreich), *ÖJZ* 2007, S. 750, Rn. 35; mutatis mutandis, EGMR (GK), Urteil v. 8.7.2003 – 31871/96 (Sommerfeld/Deutschland), *FamRZ* 2004, S. 337, Rn. 62–64.

ist,[1199] d. h. nur wenn es das Kindeswohl erfordert, darf in das Familienleben zwischen dem Kind und seinem leiblichen Elternteil eingegriffen werden.[1200] Zeigt der außenstehende leibliche Elternteil kein Interesse an der Teilhabe am Leben und an der Erziehung des Stiefkindes, indem er z. B. aus Gründen, die er selbst zu vertreten hat, seit Jahren keinen Kontakt mehr zu dem Stiefkind hat[1201] oder z. B. nur wenige unregelmäßige Besuche macht, und hat er durch sein Verhalten das Wohl des Kindes gefährdet, so dass zwischen ihnen keine enge persönliche Beziehung besteht,[1202] würde die Beendigung seiner rechtlichen Elternschaft ohne seine Zustimmung nicht zu einer Beeinträchtigung der tatsächlichen Beziehung zwischen dem Stiefkind und ihm führen.[1203] Insgesamt überwiegt das Interesse des Stiefkindes daran, dass der Status quo des Lebens in der Stief- oder Patchworkfamilie unverändert bleibt und die bestehende Beziehung zur faktischen sozialen Familie rechtlich gefestigt wird.[1204]

Liegt die Einwilligung des außenstehenden leiblichen Elternteils in die Stiefkindadoption vor, könnte die Ablehnung der Anerkennung der rechtlichen Elternschaft des Stiefelternteils durch deutsche Gerichte grundsätzlich noch auf das Kindeswohl gestützt werden. Da aber, wie oben (Teil 4 B I 2) dargestellt, das Verständnis der Kindeswohlprüfung gerade bei der Stiefkindadoption von Kulturkreis zu Kulturkreis (von Land zu Land) unterschiedlich ist, sollte es auf das Wohl des konkreten Kindes im Einzelfall zum Zeitpunkt der Anerkennungsentscheidung ankommen.[1205] Bspw. könnten deutsche Gerichte die Anerkennung der rechtlichen Beziehung zwischen einem deutschen Stiefelternteil und einem im Ausland lebenden Stiefkind aus Gründen der kulturellen Identität des Stiefkindes mit seinem Heimatstaat ablehnen, die einen Aspekt des Kindeswohls darstellt, während gleichzeitig die Festigung und rechtliche Absicherung der sozial-familiären Beziehung

---

1199 EGMR, Urteil v. 21.12.2010 – 20578/07 (Anayo/Deutschland), *FPR* 2013, S. 275; EGMR, Urteil v. 30.6.2020 – 70879/11 (Ilya Lyapin/Russland), *HUDOC*, Rn. 44.

1200 EGMR, Urteil v. 30.6.2020 – 70879/11 (Ilya Lyapin/Russland), *HUDOC*, Rn. 47.

1201 EGMR, Urteil v. 30.6.2020 – 70879/11 (Ilya Lyapin/Russland), *HUDOC*, Rn. 54–56; EGMR, Urteil v. 26.7.2007 – 58077/00 (Chepelev/Russland), *HUDOC*, Rn. 30–31.

1202 EGMR, Urteil v. 25.1.2007 – 21949/03 (Eski/Österreich), *ÖJZ* 2007, S. 750, Rn. 32, 37.

1203 EGMR, Urteil v. 30.6.2020 – 70879/11 (Ilya Lyapin/Russland), *HUDOC*, Rn. 54; EGMR, Urteil v. 26.7.2007 – 58077/00 (Chepelev/Russland), *HUDOC*, Rn. 30–31.

1204 EGMR, Urteil v. 30.6.2020 – 70879/11 (Ilya Lyapin/Russland), *HUDOC*, Rn. 54–56.

1205 Näheres siehe oben Teil 4 B I 2.

zwischen dem Stiefkind und dem Stiefelternteil i. d. R. auch dem Kindeswohl dient. In diesem Fall sollte m. E. das Subsidiaritätsprinzip der internationalen Adoption bei bereits bestehenden sozial-familiären Beziehungen nicht im Mittelpunkt der Prüfung des aktuellen Wohls des konkreten Kindes im Einzelfall stehen. Vielmehr ist der rechtlichen Verfestigung dieser sozialfamiliären Beziehungen im Hinblick auf den Schutz des Familienlebens ein größeres Gewicht beizumessen. Der Schutz des Familienlebens tritt erst dann in den Hintergrund, wenn das Wohl des Stiefkindes durch das Verhalten des Stiefelternteils, wie z. B. häusliche Gewalt oder sexuelle Belästigung bzw. Übergriffe, beeinträchtigt wird.

Auch wenn die Anerkennung des Eltern-Kind-Verhältnisses zwischen dem Stiefkind und dem Stiefelternteil Rechtsfolgen wie den Erwerb der Staatsangehörigkeit nach sich ziehen und damit einwanderungsrechtliche Elemente enthalten kann, sollte die Anerkennung der rechtlichen Elternschaft des Stiefelternteils in Anerkennungsverfahren auf familienrechtliche Erwägungen beschränkt und nicht auf einwanderungsrechtliche Folgen erstreckt werden, weil dies gegen den Verhältnismäßigkeitsgrundsatz des Art. 8 Abs. 2 EMRK verstößt. Im Bereich des Einwanderungsrechts ist die Auffassung weit verbreitet, dass sich aus dem „Recht auf Achtung des Familienlebens" keine allgemeine und unmittelbare Verpflichtung der mitgliedstaatlichen Behörde ergibt, das Familienleben des Betroffenen im Mitgliedstaat zu gewährleisten, sondern dies nur im Einzelfall geprüft werden kann.[1206] Würde man diese Auffassung auch auf den Bereich des Familienrechts übertragen, könnte der Schutz des Familienlebens kein taugliches Argument für die Anerkennung von nach ausländischem Recht begründeten Statusverhältnissen (z. B. Ehe) in ausländischen Familien sein, weil diese faktisch alle in ihr „Heimatland" zurückkehren könnten, um dort ihr Familienleben zu führen. Dies widerspricht eindeutig dem ursprünglichen Zweck des Schutzes des Familienlebens nach Art. 8 EMRK und kann im Einzelfall sogar gegen das mit dem Familienschutz verbundene Freizügigkeitsrecht der EU-Bürger verstoßen.[1207]

[1206] EGMR, Urteil v. 8.11.2016 – *56971/10* (El Ghatet/Schweiz), *HUDOC*, Rn. 44.
[1207] Vgl. Art. 21 AEUV.

dd) Anwendung von Art. 6 Abs. 1 GG

Nach der Entscheidung des BVerfG steht das Elternrecht i. S. d. Art. 6 Abs. 2 GG den leiblichen Eltern unabhängig davon zu, ob die Eltern verheiratet sind oder ob zwischen dem Kind und dem leiblichen Elternteil ein gelebtes Eltern-Kind-Verhältnis besteht.[1208] Dies bedeutet, dass die Beziehung zwischen dem Stiefkind und dem außenstehenden leiblichen Elternteil jedenfalls in den Schutzbereich des Art. 6 Abs. 2 GG (Elternrecht) fällt, während die sozial-familiäre Beziehung zwischen dem Stiefkind und dem Stiefelternteil, die einem Eltern-Kind-Verhältnis gleichkommt, aber nicht vom Elternrecht erfasst werden kann, nur in den Schutzbereich des Art. 6 Abs. 1 GG (Schutz der Familie) fällt.

Dieser Schutz der Familie muss nach der verfassungsgerichtlichen Rechtsprechung nicht dadurch gewährleistet werden, dass dem Stiefelternteil das Elternrecht in vollem Umfang eröffnet wird.[1209] Auch im Verfahren zur Anerkennung der sich aus ausländischem Recht ergebenden rechtlichen Elternschaft des Stiefelternteils ist nach der Rechtsprechung des BVerfG ein Ausgleich der Interessen des Kindes und des ausländischen Elternteils erforderlich. Der Aspekt des Kindeswohls, also die bessere Integration des Stiefkindes in eine typische, normale Familienstruktur, steht nach Auffassung des BVerfG nicht immer im Vordergrund.[1210] Auch der Ausschluss eines künftigen Umgangsrechts des leiblichen Elternteils, der für das Fehlen einer gelebten Eltern-Kind-Beziehung zwischen ihm und dem Kind nicht verantwortlich ist, durch Beendigung ihrer rechtlichen Beziehung ohne seine Zustimmung entspricht i. d. R. nicht dem Kindeswohl.[1211]

Darüber hinaus ist zu berücksichtigen, dass aufgrund der Liberalisierung der Gesellschaft und des gesellschaftlichen Wertewandels neue, freiere Formen des Familienlebens, wie z. B. Stief- oder Patchworkfamilien, rasch zunehmen und sich die familiären Verhältnisse daher schnell ändern können. So kann es im Einzelfall gerade dem Wohl des konkreten Kindes entsprechen, dass die rechtliche Elternschaft des Stiefelternteils nicht begründet wird,

---

1208 BVerfG, Beschluss v. 29.11.2005 – 1 BvR 1444/01, *FamRZ* 2006, S. 97.

1209 BVerfG, Beschluss v. 26.3.2019 – 1 BvR 673/17, *NJW* 2019, S. 1795, Rn. 56–57.

1210 Rösler, Hannes / Reimann, Barbara: „Anmerkung zum BVerfG, Beschluss v. 27. 4. 2006 – 1 BvR 2866/04“. *FamRZ* 2006, S. 1356.

1211 BVerfG, Beschluss v. 29.11.2005 – 1 BvR 1444/01, *FamRZ* 2006, S. 95.

wenn der außenstehende leibliche Elternteil nicht zugestimmt hat.[1212] Die rechtliche Absicherung der sozial-familiären Beziehung ist jedoch von großer Bedeutung, um die Kontinuität der Lebensform des Stiefkindes rechtlich abzusichern[1213] und die Einheit der Familie nach außen zu festigen und zu stärken.[1214] Die Zustimmung des außenstehenden leiblichen Elternteils kann daher ersetzt werden, wenn das Interesse des Stiefkindes an der Anerkennung der rechtlichen Beziehung zwischen ihm und dem sozialen Stiefelternteil das Elternrecht des außenstehenden leiblichen Elternteils überwiegt.[1215]

2) Adoptivfamilien

aa) Vorliegen eines Familienlebens

Auch Adoptionsverhältnisse nach ausländischem Recht können in den Schutzbereich von Art. 8 EMRK fallen. Lebt das Adoptivkind mit den Adoptiveltern zusammen und sind zwischen ihnen bereits sozial-familiäre Beziehungen entstanden, so liegt selbstverständlich ein Familienleben i. S. v. Art. 8 EMRK vor, unabhängig davon, ob dieses Zusammenleben im Ausland oder im Inland stattfindet. Unter ersterem Fall sind folgende Konstellationen zu verstehen, z. B. wenn bei einer internationalen Adoption das Recht des Heimatstaates des anzunehmenden Kindes eine Probezeit für die Adoption vorsieht und daher bis zum Zeitpunkt der Adoptionsentscheidung die Adoptionsbewerber das Adoptivkind für eine angemessene Dauer im Heimatstaat des anzunehmenden Kindes in Pflege gehabt haben; oder z. B. bei einer reinen Inlandsadoption, wenn die Adoptiveltern bereits im Heimatstaat die tatsächliche elterliche Verantwortung für das Adoptivkind übernommen haben und der spätere Umzug der Adoptivfamilie in den Anerkennungsstaat die Anerkennung der Adoptionsverhältnisse erforderlich macht. Im letzteren Fall geht es i. d. R. darum, dass das Adoptivkind nach der Adoption mit einem befristeten und bedingten Visum in den Anerkennungsstaat einreist und sich die sozial-familiären Beziehungen der Adoptivfamilie im Anerkennungsstaat aufgrund des Zeitablaufs bis zum Zeitpunkt der Anerkennungsentscheidung

---

1212 Rösler, *FamRZ* 2006, S. 1357.

1213 Rösler, *FamRZ* 2006, S. 1356; BayObLG, Beschluss v. 9.11.2001 – 1Z BR 18/01, *FamRZ* 2002, S. 486.

1214 BVerfG, Beschluss v. 29.11.2005 – 1 BvR 1444/01, *FamRZ* 2006, S. 97–98.

1215 Ebd., S. 95.

bereits verfestigt haben, auch wenn vor der Einreise keine faktische Beziehung zwischen ihnen bestand.[1216]

Leben die Adoptiveltern und das Adoptivkind nicht zusammen, kann dennoch ein Familienleben i. S. v. Art. 8 EMRK vorliegen, wenn zwischen ihnen eine rechtmäßige und echte Adoption stattgefunden hat. Genau dies war der Fall in der Pini-Sache,[1217] in der es um internationale Adoptionen nach rumänischem Recht von elternlosen ausländischen Kindern ging, die zum Zeitpunkt der Adoption in einem Kinderheim lebten und nicht älter als 10 Jahre waren, und in der es nach der Adoption zu keiner Zusammenführung der Adoptivfamilie kam, was jedoch nicht den Adoptiveltern anzulasten war. In einem anderen Fall[1218] hingegen, in dem ein in Indien geborener britischer Staatsbürger seinen in Indien lebenden 14-jährigen Neffen nach indischem Recht adoptiert hatte und noch nicht mit ihm zusammengeführt worden war, sah der EGMR kein Familienleben i. S. v. Art. 8 EMRK, denn es bestand nur ein Verwandtschaftsverhältnis und die elterliche Verantwortung war nicht tatsächlich auf den Adoptivelternteil übertragen worden, d. h. der adoptierte Neffe hatte vor der Adoption bereits 15 Jahre in der Ursprungsfamilie gelebt und war auch nach der Adoption dort geblieben, so dass keine echte Adoption vorlag. Daraus folgt, dass bloß rechtmäßige Adoptionsverhältnisse nicht automatisch den Schutz der Familie nach Art. 8 EMRK verdienen, rechtmäßige und echte Adoptionen hingegen schon.[1219]

Es ist umstritten, ob der Schutz des Familienlebens nach Art. 8 EMRK eröffnet ist, wenn ein im Anerkennungsstaat lebender Adoptivelternteil das Adoptivkind, das im Heimatstaat von dem anderen Adoptivelternteil betreut wird, regelmäßig besucht. Regelmäßige Besuche werden in der Literatur häufig als Familienleben angesehen,[1220] während in der Rechtsprechung andere Auffassungen vertreten werden. So besuchte in einem Fall vor dem OLG

1216 EGMR, Urteil v. 28.6.2007 – 76240/01 (Wagner u. J.M.W.L./Luxemburg), *FamRZ* 2007, S. 1529; EGMR, Kommunizierter Fall v. 21.5.2015 – 24705/14 (Keskin u. a./ Deutschland), *HUDOC*.

1217 EGMR, Urteil v. 22.6.2004 – 78028/01 u. 78030/01 (Pini u. a./Rumänien), *EGMR 2004-V.*

1218 EGMR, Beschluss v. 15.12.1977 – 7229/75 (X. u. Y./Vereinigtes Königreich), *HUDOC*.

1219 Nordmeier, *StAZ* 2011, S. 137–138.

1220 Botthof, *StAZ* 2013, S. 79; HK-EMRK/Nettesheim (2023), Art. 8 EMRK Rn. 58.

Köln[1221] der in Deutschland lebende Adoptivvater regelmäßig (siebenmal innerhalb von drei Jahren bis zum Zeitpunkt der Anerkennung) in den Ferien (jeweils ein bis zwei Monate) das mit ihm blutsverwandte Adoptivkind in Indien, das zum Zeitpunkt der Adoption ein Jahr alt war und in der Obhut der Adoptivmutter lebte. Diese regelmäßigen Besuche des Adoptivvaters in den Ferien reichten nach Ansicht des OLG Köln nicht aus, um ein Familienleben i. S. v. Art. 8 EMRK zu begründen. Zudem gebe es keine Anhaltspunkte dafür, dass das Adoptivkind bereits von seinen leiblichen Eltern getrennt sei, da die Adoptivmutter unter derselben Adresse wie die leiblichen Eltern lebe.

In einem anderen ähnlichen Fall[1222] besuchte der Adoptivvater das Adoptivkind, das seit seiner Geburt von seinen leiblichen Eltern getrennt war und bei den Adoptiveltern lebte, ebenfalls regelmäßig in der Türkei, während die Adoptivmutter, die mit dem Adoptivkind blutsverwandt war, zwischen Deutschland und der Türkei pendelte, um das Adoptivkind mehrere Monate in der Türkei zu betreuen, und sie brachte das Adoptivkind gelegentlich nach Deutschland. Anders als im vorgenannten Fall lebte das Adoptivkind zum Zeitpunkt der Anerkennungsentscheidung bereits mehrere Jahre in Deutschland. Das deutsche Gericht lehnte jedoch die Anerkennung der Adoption wegen Verstoßes gegen den deutschen ordre public ab. Daraufhin riefen die Adoptiveltern den EGMR mit der Begründung an, die Entscheidungen der deutschen Gerichte hätten ihr Familienleben gestört. Der Fall wurde noch nicht vom EGMR inhaltlich geprüft, da er vor der Entscheidung aufgrund einer einvernehmlichen Einigung zurückgezogen wurde, und die deutsche Behörde zahlte eine Geldsumme, um den Schaden der Adoptivfamilie zu ersetzen. Ich bin der Meinung, dass in diesem Fall zwischen dem Adoptivkind und den Adoptiveltern ein Familienleben besteht, zumal zwischen ihnen in den Jahren des Zusammenlebens in Deutschland eine sozial-familiäre Beziehung gewachsen ist.

Vor der Anerkennung des Adoptionsverhältnisses sollten m. E. regelmäßige Besuche eines Adoptivelternteils aus objektiven Gründen, wie z. B. eine Trennung in zwei Ländern, ein Familienleben i. S. v. Art. 8 EMRK darstellen, insbesondere wenn der andere Ehegatte mehr Zeit für die Betreuung der Kinder

---

1221 OLG Köln, Beschluss v. 27.3.2019 – 14 UF 7/19, *BeckRS* 2019, S. 8577, Rn. 10.

1222 EGMR, Kommunizierter Fall v. 21.5.2015 – 24705/14 (Keskin u. a./Deutschland), *HUDOC*.

aufwendet. Denn in der heutigen Gesellschaft ist die Aufgabenverteilung in der Familie häufig noch so, dass ein Ehegatte aufgrund seiner Berufstätigkeit weniger Zeit für die Betreuung der Kinder und der Familie aufwendet als der andere Ehegatte, m. a. W.: das Familienleben zwischen dem Kind und den beiden Adoptiveltern ist bei einer gemeinschaftlichen Adoption ein Ganzes, das finanzielle, emotionale und psychologische Elemente umfasst. Es ist daher nicht gerechtfertigt, bei der Beurteilung, ob ein Familienleben zwischen dem Adoptivkind und einem bestimmten Adoptivelternteil besteht, allein darauf abzustellen, mit welchem Adoptivelternteil das Kind mehr Zeit verbracht hat,[1223] es sei denn, dieser Adoptivelternteil hat sich überhaupt nicht um das Kind gekümmert. Eine weitere notwendige Voraussetzung ist natürlich in jedem Fall, dass das Adoptivkind nach der Adoption bereits von seiner Herkunftsfamilie getrennt ist oder weniger Kontakt zu seinen leiblichen Eltern hat.

bb) Eingriff in das Familienleben

Ist der Schutzbereich des Art. 8 EMRK für eine Adoptivfamilie eröffnet, dürfen deutsche Gerichte nicht durch Versagung der Anerkennung des Adoptionsverhältnisses in das Familienleben der Adoptivfamilie eingreifen, es sei denn, dieser Eingriff ist nach Art. 8 Abs. 2 EMRK gerechtfertigt.[1224] Hält sich das Adoptivkind zum Zeitpunkt der Anerkennung noch im Ausland auf, führt die Nichtanerkennung dazu, dass es nicht nach Deutschland einreisen kann, um hier mit seinen Adoptiveltern zusammenzuleben, was zu einer Beeinträchtigung des Familienlebens führen kann. Befindet sich das Adoptivkind bereits in Deutschland, führt die Versagung der Anerkennung dazu, dass das Adoptivkind rechtlich nicht abgesichert ist und die Integration des Adoptivkindes in die Adoptivfamilie erschwert wird, so dass die Adoptivfamilie mit verschiedenen Hindernissen im Alltag zu kämpfen hat,[1225] was ebenfalls eine Beeinträchtigung des Familienlebens darstellen kann.

1223 EGMR (GK), Urteil v. 24.1.2017 – 25358/12 (Paradiso u. Campanelli/Italien), *NJW* 2017, S. 941: in diesem Fall wurde das Familienleben zwischen den Wunschelternteil und dem Kind aus Leihmutterschaft jeweils gesondert geprüft.

1224 EGMR, Urteil v. 28.6.2007 – 76240/01 (Wagner u. J.M.W.L./Luxemburg), *FamRZ* 2007, S. 1529, Rn. 123.

1225 Ebd., Rn. 123, 132.

In der Praxis stellt sich auch die Frage, ob die Nichtanerkennung einer aus Sicht deutscher Gerichte fehlerhaften Auslandsadoption einen Eingriff in das Familienleben darstellt, wenn eine Nachholung bzw. Wiederholung der Adoption in Deutschland oder alternativ das Verfahren nach dem HAÜ eingeleitet werden kann. Nach Auffassung des OLG Köln stellt die Nichtanerkennung bei Vorliegen dieser Alternativen keinen Eingriff in das Familienleben dar.[1226] In der Wagner-Sache[1227] stützte sich die Bejahung eines Eingriffs in das Familienleben in ähnlicher Weise darauf, dass das luxemburgische Recht der Adoption durch eine unverheiratete Frau nicht die Wirkung einer Volladoption beimessen konnte, d. h. die Anerkennung der ausländischen Adoption war für die Adoptivfamilie der einzige Weg, die Wirkung einer Volladoption in Luxemburg zu erlangen. Es wäre m. E. problematisch, alle fehlerhaften Auslandsadoptionen durch ein neues inländisches Adoptionsverfahren oder andere alternative Lösungen zu kompensieren, wenn ein Familienleben i. S. v. Art. 8 EMRK besteht, denn es wäre zweifelhaft, ob die Alternative das Familienleben der Adoptivfamilie sichert oder nicht, weil es zu Verzögerungen im Verfahren kommen kann oder bestimmte Voraussetzungen der Adoption nicht erfüllt sind. Die Verweigerung der Anerkennung kann daher nur dann auf eine Alternativlösung gestützt werden, wenn diese unverzüglich vollzogen werden kann.[1228]

cc) Rechtfertigung des Eingriffs in das Familienleben

Nach Art. 8 Abs. 2 EMRK können deutsche Gerichte trotz der Möglichkeit, in das Familienleben einzugreifen, die Anerkennung einer ausländischen Adoptionsentscheidung versagen, wenn damit legitime Ziele verfolgt werden und das Verhältnismäßigkeitsprinzip gewahrt bleibt. Da in Adoptionssachen das Kindeswohl oberste Richtschnur ist, ist bei der Beurteilung, ob

---

1226 OLG Köln, Beschluss v. 27.3.2019 – 14 UF 7/19, *BeckRS* 2019, S. 8577, Rn. 10.

1227 EGMR, Urteil v. 28.6.2007 – 76240/01 (Wagner u. J.M.W.L./Luxemburg), *FamRZ* 2007, S. 1529, Rn. 132.

1228 EGMR, Urteil v. 26.6.2014 – 65192/11 (Mennesson/Frankreich), *NJW* 2015, S. 3211: Im Fall Mennesson musste die rechtliche Beziehung zwischen dem Leihmutterschaftskind und der Wunschmutter auf ein beschleunigtes Adoptionsverfahren zurückgreifen, was eine Alternative darstellte. Der Unterschied bestand jedoch darin, dass das Leihmutterschaftskind bereits in einer rechtlichen Beziehung zum Wunschvater stand und es nicht um das Familienleben, sondern um das Privatleben ging.

die Nichtanerkennung das Recht auf Achtung des Familienlebens verletzt, in erster Linie auf das Wohl und den Schutz des Kindes abzustellen.

In der Wagner-Sache[1229] diente die Nichtanerkennung der peruanischen Adoptionsentscheidung, die eine Volladoption eines Kindes durch eine unverheiratete Frau betraf, aus Sicht der luxemburgischen Behörden dem Schutz der „Gesundheit und Moral“ sowie der „Rechte und Freiheiten“ des Kindes,[1230] was der Ausgangspunkt für das Kindeswohl zu sein schien. Der EGMR war hingegen der Ansicht, dass die Verweigerung der Anerkennung die soziale Realität der Situation nicht berücksichtigte, denn die Anerkennung des Annahmeverhältnisses entsprach gerade dem aktuellen Wohl des konkreten Kindes im Hinblick auf die rechtliche Absicherung der Integration des Adoptivkindes in die Adoptivfamilie. Zudem würde die Anerkennung der Volladoption die Beziehung des Adoptivkindes zu seiner Herkunftsfamilie nicht beeinträchtigen, weil es sich bei dem Adoptivkind um ein Waisenkind handelte. Insgesamt stand das Kindeswohl im Einzelfall einer Nichtanerkennung der Adoption entgegen. Der EGMR betonte auch in diesem Fall, dass bei der Auslegung der Konvention von der aktuellen Situation auszugehen ist, weil die Konvention ein lebendiges Instrument ist.[1231]

In einem Fall, in dem es um die Aufhebung einer mehrere Jahre zurückliegenden Adoption ging, hatte das rumänische Gericht die Adoption mit der Begründung für nichtig erklärt, dass die Adoption ursprünglich nicht dem Kindeswohl, sondern den wirtschaftlichen Interessen der Adoptivmutter und des Adoptivkindes gedient habe.[1232] Der EGMR war jedoch der Ansicht, dass die Aufrechterhaltung der familiären Beziehung zwischen dem Adoptivkind und der Adoptivmutter in diesem Fall dem „Kindeswohl ex post“ diente, während der Abbruch der familiären Beziehung einen schwerwiegenden Eingriff darstellte.[1233] Darüber hinaus konnte ein Dritter die Aufhebung einer dem Kindeswohl widersprechenden Adoption nicht zu seinem eigenen

[1229] EGMR, Urteil v. 28.6.2007 – 76240/01 (Wagner u. J.M.W.L./Luxemburg), *FamRZ* 2007, S. 1529.

[1230] Ebd., Rn. 126.

[1231] Ebd., Rn. 132–135.

[1232] EGMR, Urteil v. 24.3.2015 – 44958/05 (ZAIEȚ/Rumänien), *NLMR* 2015, S. 122, Rn. 4.

[1233] Ebd., Rn. 46.

Vorteil (im Erbfall) beantragen.[1234] Im Fall Keskin[1235] lehnte das deutsche Gericht die Anerkennung der türkischen Adoption wegen Verstoßes gegen den ordre public ab, nämlich der fehlenden Prüfung des Kindeswohls zum Zeitpunkt der Adoption. Auch wenn es in diesem kommunizierten Fall keine EGMR-Entscheidung gibt, ist es naheliegend, dass das deutsche Gericht in diesem Fall die aktuelle Situation nicht berücksichtigte, dass das Adoptivkind seit seiner Geburt bei den Adoptiveltern lebte, insbesondere jetzt auch in Deutschland mehrere Jahre bei ihnen bleibt und bereits eine enge Eltern-Kind-Beziehung zu den Adoptiveltern aufgebaut hat und nur noch wenig Kontakt zu den leiblichen Eltern hat. Eine Nichtanerkennung wäre mit dem Kindeswohl nicht vereinbar und würde zu einem hinkenden Statusverhältnis und zur Trennung der Adoptivfamilie führen.

Auch im Fall Pini[1236] betonte der EGMR, dass das aktuelle Wohl der konkreten Kinder in diesem Fall entscheidend war. Im Vergleich zu den oben dargestellten Fällen ging es hier jedoch darum, dass das aktuelle Kindeswohl die Nichtanerkennung bzw. Nichtvollstreckung der Adoption erforderte. Auch wenn das Kindeswohl bereits zum Zeitpunkt der Adoption geprüft wurde, hatten sich die über 10-jährigen Adoptivkinder, die bereits in den Kinderheimen integriert waren, nach der Adoption gegen diese internationalen Adoptionen und gegen die Aufnahme in die Adoptivfamilie ausgesprochen. Das Interesse der Adoptiveltern an einer Zusammenführung mit den Kindern stand in diesem Fall aufgrund der veränderten Situation dem Interesse der Kinder entgegen, nicht in die neue Familie aufgenommen zu werden. Zudem bestand keine faktische Beziehung zwischen dem Adoptivkind und den Adoptiveltern. Daraus folgt, dass für die Frage, ob der Eingriff in das Familienleben gerechtfertigt ist, nicht das „Kindeswohl ex ante“, sondern das aktuelle Kindeswohl im Einzelfall entscheidend ist.

Die Frage der Einholung der Zustimmung der leiblichen Eltern betrifft nicht nur das Recht der leiblichen Eltern auf Achtung ihres Familienlebens, sondern auch dieses Recht des Kindes bzw. das Kindeswohl. Bei fehlender Zustimmung der leiblichen Eltern sind bei der Prüfung der Anerkennung der

---

1234 EGMR, Urteil v. 24.3.2015 – 44958/05 (ZAIEŢ/Rumänien), *NLMR* 2015, S. 122, Rn. 48.

1235 EGMR, Kommunizierter Fall v. 21.5.2015 – 24705/14 (Keskin u. a./Deutschland), *HUDOC*.

1236 EGMR, Urteil v. 22.6.2004 – 78028/01 u. 78030/01 (Pini u. a./Rumänien), *EGMR 2004-V*.

Adoptionsentscheidung die Interessen aller Beteiligten (d. h. der leiblichen Eltern, der Adoptiveltern und des Adoptivkindes) gegeneinander abzuwägen. Im Mittelpunkt steht dabei das Wohl des Kindes. Zu beachten ist jedoch, dass sich das Kindeswohl nicht immer von den Interessen der leiblichen Eltern und der Adoptiveltern unterscheidet, d. h. die Interessen des Kindes können in einzelnen Punkten mit denen der leiblichen Eltern und der Adoptiveltern übereinstimmen. So liegt die Kontinuität der elterlichen Sorge sowohl im Interesse des Adoptivkindes als auch der Adoptiveltern, wenn das Adoptivkind bereits mehrere Jahre bei den Adoptiveltern gelebt hat. Das sich aus dem Zeitablauf ergebende Interesse kann jedoch die Beeinträchtigung des Interesses des Kindes (zugleich des Interesses der leiblichen Eltern) an der Aufrechterhaltung der Beziehung zur Herkunftsfamilie nicht ohne weiteres neutralisieren.

Zudem erfordert das aktuelle Wohl des konkreten Kindes ohnehin eine sorgfältige Abwägung verschiedener Faktoren. Dazu gehören die Wünsche des Adoptivkindes, die Qualität der Beziehung zu den Adoptiveltern, die tatsächliche Beziehung zu den leiblichen Eltern, die aktuelle Eignung der leiblichen Eltern sowie die kulturelle Identität des Kindes. Die Meinung des Kindes ist wichtig, da es das Recht hat, zu seiner Adoption gehört zu werden. Eine stabile und liebevolle Beziehung zu den Adoptiveltern fördert das Wohl des Kindes. Es kann von Vorteil sein, eine Verbindung zu den biologischen Wurzeln aufrechtzuerhalten, wenn dies dem Wohl des Kindes dient. Wenn die leiblichen Eltern nicht in der Lage sind, angemessen für das Kind zu sorgen, kann eine Adoption die bessere Lösung sein. Die Anerkennung und Wahrung der kulturellen Identität des Kindes kann für seine persönliche Entwicklung und Identitätsfindung wichtig sein. Insgesamt kann die Einwilligung der leiblichen Eltern ersetzt werden, wenn es das Kindeswohl erfordert und es keine andere Möglichkeit gibt, das Kind vor Schaden zu bewahren oder ihm ein besseres Leben zu ermöglichen. Eine Trennung von den leiblichen Eltern sollte jedoch nur als letztes Mittel in Betracht gezogen werden und nur dann, wenn das Wohl des Kindes nicht auf andere Weise gewährleistet werden kann.[1237]

[1237] EGMR, Urteil v. 28.10.2010 – 52502/07 (Aune/Norwegen), *HUDOC*; EGMR, Urteil v. 10.12.2021 – 15379/16 (Abdi Ibrahim/Norwegen), *HUDOC*; EGMR, Urteil v. 26.2.2004 – 74969/01 (Görgülü/Deutschland), *FamRZ* 2004, S. 1456; EGMR, Urteil

Bei fehlerhaften Adoptionen, bei denen der Rahmen des HAÜ bzw. des internationalen Adoptionsverfahrens nach dem AdVermiG nicht eingehalten wurde, kann die Anerkennung grundsätzlich aus Gründen des Kindeswohls unter generalpräventiven Gesichtspunkten versagt werden. Ist die Anerkennung für das aktuelle Kindeswohl erforderlich und kann die Alternativlösung nicht unverzüglich realisiert werden, sind die o. g. Gründe für die Versagung der Anerkennung der Auslandsadoption nicht gerechtfertigt. Ist die Anerkennung hingegen für das aktuelle Kindeswohl nicht erforderlich oder kann die Alternativlösung so schnell wie möglich verwirklicht werden, würde die Nichtanerkennung das Recht auf Achtung des Familienlebens nach Art. 8 EMRK nicht verletzen. Es ist daher darauf hinzuweisen, dass das Kindeswohl auch hier, wie oben dargestellt,[1238] nicht auf das allgemeine Kindeswohl aus generalpräventiver Sicht („Kindeswohl ex ante"), sondern auf das aktuelle Wohl des konkreten Kindes im Einzelfall („Kindeswohl ex post") abstellt.

3) Leihmutterschaftsfamilien

aa) Vorliegen eines Privat- und Familienlebens

Die Anerkennung der Eltern-Kind-Zuordnung in Leihmutterschaftsfamilien ist in der Praxis auch im Rahmen von Art. 8 EMRK unter dem Gesichtspunkt der Achtung des Privat- und Familienlebens zu prüfen. Nach der Rechtsprechung des EGMR fällt die Zuordnung des Leihmutterschaftskindes zu den Wunscheltern jedenfalls in den Bereich des Privatlebens.[1239] Denn sowohl aus Sicht des Wunschkindes die Feststellung seiner Identität einschließlich der Kenntnis seiner biologischen Abstammung und die Feststellung der rechtlichen Elternschaft[1240] als auch aus Sicht der Wunscheltern die Begründung

v. 8.7.1987 – 9580/81 (H./Vereinigtes Königreich), *EGMR-E 3*, S. 599; EGMR(GK), Urteil v. 10.9.2019 – 37283/13 (Strand Lobben u. a./Norwegen), *NJW* 2020, S. 3161.

1238 Näheres siehe oben Teil 4 B I 2.

1239 Siehe EGMR, Urteil v. 26.6.2014 – 65192/11 (Mennesson/Frankreich), *NJW* 2015, S. 3211; EGMR (GK), Urteil v. 24.1.2017 – 25358/12 (Paradiso u. Campanelli/Italien), *NJW* 2017, S. 941; EGMR, Urteil v. 16.7.2020 – 11288/18 (D/Frankreich), *HUDOC*; EGMR, Urteil v. 24.3.2022 – 30254/18 (A.M./Norwegen), *HUDOC*, Rn. 110–111; EGMR, Beschluss v. 16.11.2021 – 56846/15 u. 56849/15 (S.-H./Polen), *HUDOC*.

1240 Siehe EGMR, Urteil v. 26.6.2014 – 65192/11 (Mennesson/Frankreich), *NJW* 2015, S. 3211; EGMR, Urteil v. 16.7.2020 – 11288/18 (D/Frankreich), *HUDOC*; EGMR, Beschluss v. 16.11.2021 – 56846/15 u. 56849/15 (S.-H./Polen), *HUDOC*.

einer familiären Beziehung zum Wunschkind[1241] sind unmittelbar mit dem Recht auf Achtung des Privatlebens verbunden. Darüber hinaus ist für die Frage, ob die Anerkennung der rechtlichen Elternschaft der Wunscheltern unter Berufung auf das Recht auf Achtung des Familienlebens erfolgen kann, zunächst zu prüfen, ob die Leihmutterschaftsfamilie ein Familienleben i. S. v. Art. 8 EMRK darstellt.

Wird ein Kind in eine traditionelle Familie hineingeboren, ist das Vorliegen eines Familienlebens i. S. v. Art. 8 EMRK i. d. R. unbestritten, weil das Kind mit seinen Eltern biologisch verwandt ist und von Geburt an in der Familie lebt. Der Wandel der familiären Lebensformen spiegelt jedoch eine Diskrepanz zwischen Recht und sozialer Wirklichkeit wider. Bei der Prüfung, ob ein Familienleben i. S. v. Art. 8 EMRK vorliegt, ist vor allem zu berücksichtigen, ob die traditionelle Familieneinheit (d. h. das Zusammenleben) die einzige Form des Familienlebens ist oder ob das Modell „Getrennt leben, aber gemeinsam Kinder erziehen" ohnehin kein Familienleben darstellen kann.[1242] Hinzu kommt, dass in der traditionellen Familie häufig gerade die gebärende Mutter die Mutterrolle übernimmt, während heute aufgrund der gespaltenen Mutterschaft eher die Wunsch- oder Adoptivmutter, die das Kind nicht ausgetragen hat, die soziale Mutterrolle übernimmt.[1243] Daraus folgt, dass traditionelle Vorstellungen vom Familienleben mit der gesellschaftlichen Realität nicht vereinbar sein könnten.

In Fällen von Leihmutterschaft werden in der Rechtsprechung immer wieder Elemente, die häufig eine traditionelle Familie definieren, wie die Dauer des Zusammenlebens, die genetische Verbindung, die Qualität der persönlichen/emotionalen Beziehung, die Beziehung der Wunscheltern zum Zeitpunkt der Anerkennungsentscheidung sowie die Rechtmäßigkeit der Familiengründung usw. herangezogen, um das Vorliegen eines Familienlebens i. S. v. Art. 8 EMRK bei einer Leihmutterfamilie zu beurteilen.[1244] So hatte

---

[1241] Siehe EGMR, Urteil v. 27.1.2015 – 25358/12 (Paradiso u. Campanelli/Italien), *NLMR* 2015, S. 48; EGMR, Urteil v. 24.3.2022 – 30254/18 (A.M./Norwegen), *HUDOC*.

[1242] Siehe O'leary (Richter): „Übereinstimmende Stellungnahme zu EGMR, Urteil v. 24.3.2022 – 30254/18 (A.M./Norwegen)". *HUDOC*, Rn. 20–21; Jelić (Richter), Abweichende Stellungnahme dazu, *HUDOC*, Rn. 50.

[1243] Siehe Jelić (Richter): „Abweichende Stellungnahme zu EGMR, Urteil v. 24.3.2022 – 30254/18 (A.M./Norwegen)". *HUDOC*, Rn. 34.

[1244] Vgl. die og. verschiedenen Entscheidungen zur Leihmutterschaft.

die Große Kammer des EGMR im Fall Paradiso u. Campanelli das Fehlen einer biologischen Verbindung, die Rechtsunsicherheit aufgrund des nach nationalem Recht rechtswidrigen Verhaltens der Eltern und die kurze Dauer des Zusammenlebens zum Anlass genommen, ein Familienleben i. S. v. Art. 8 EMRK auch dann zu verneinen, wenn zwischen den Wunscheltern und dem Wunschkind eine aus ausländischem Recht abgeleitete Elternschaft und faktisch eine enge emotionale Beziehung bestand.[1245] In einem Sondervotum, das im Ergebnis mit der Entscheidung des EGMR übereinstimmte, wurde ebenfalls die Auffassung vertreten, dass eine nichteheliche faktische Familie kein Familienleben i. S. v. Art. 8 EMRK darstellte.[1246]

Demgegenüber wurde in einem abweichenden Sondervotum die Auffassung vertreten, dass der Begriff des Familienlebens nicht zwischen legalen und illegalen Familien unterschied, sondern auf Tatsachen abstellte, d. h. ein Familienleben dann vorlag, wenn die Wunscheltern für eine gewisse Zeit eine elterliche Rolle gespielt und tatsächliche elterliche Verantwortung übernommen hatten, so dass eine emotionale Bindung von hoher Qualität zwischen den Wunscheltern und dem Kind entstanden war, unabhängig davon, ob die Eltern verheiratet waren oder auf welche Weise das Kind gezeugt wurde.[1247] Dies war auch die Auffassung der Kammer in ihrer Entscheidung vom 27.1.2015 im Fall Paradiso u. Campanelli, die für das Vorliegen eines Familienlebens nicht auf die genetische Verwandtschaft, sondern auf emotionale bzw. faktische Aspekte abstellte,[1248] was gerade der bisherigen Praxis der Rechtsprechung des EGMR entsprach.

Für das Vorliegen eines Familienlebens in einer Leihmutterfamilie ist m. E. jedenfalls nochmals darauf hinzuweisen, dass das Familienleben i. S. d. Art. 8 EMRK als lebendes Instrument keine „Legitimität" oder

---

1245 EGMR (GK), Urteil v. 24.1.2017 – 25358/12 (Paradiso u. Campanelli/Italien), *NJW* 2017, S. 941.

1246 De Gaetano et al. (Richter): „Gemeinsame übereinstimmende Stellungnahme zu EGMR (GK), Urteil v. 24.1.2017 – 25358/12 (Paradiso u. Campanelli/Italien)". *HUDOC*, Rn. 3.

1247 Lazarova Trajkovska et al. (Richter): „Gemeinsame abweichende Stellungnahme zu EGMR (GK), Urteil v. 24.1.2017 – 25358/12 (Paradiso u. Campanelli/Italien)". *HUDOC*, Rn. 4.

1248 EGMR, Urteil v. 27.1.2015 – 25358/12 (Paradiso u. Campanelli/Italien), *NLMR* 2015, S. 48.

„rechtliche Bindung“, sondern eine Tatsache voraussetzt.[1249] Auch eine genetische oder biologische Verbindung ist keine notwendige Voraussetzung für die Begründung eines Familienlebens.[1250] Die kurze Dauer oder das Fehlen eines Zusammenlebens kann durch andere Elemente oder Tatsachen ausgeglichen werden, wie die Qualität der persönlichen oder emotionalen Beziehung[1251] oder ein geplantes Familienleben oder eine potenzielle Beziehung zwischen den Wunscheltern und dem Kind.[1252] Zusammenfassend lässt sich sagen, dass sich die Beurteilung des Bestehens eines Familienlebens eher auf tatsächliche Elemente stützen sollte, ohne objektiven Aspekten, die im Einzelfall wenig mit dem Wohl des von einer Leihmutter geborenen Kindes zu tun haben, wie dem rechtswidrigen Verhalten der Wunscheltern oder der biologischen Verbindung, zu viel Gewicht beizumessen.

bb) Eingriff in das Privat- und Familienleben

Die Nichtanerkennung der Eltern-Kind-Zuordnung würde, wie oben dargelegt, in das Privatleben sowohl des aus einer Leihmutterschaft hervorgegangenen Kindes in Bezug auf seine menschliche Identität als auch der Wunscheltern in Bezug auf die Entwicklung ihrer Beziehung zum Wunschkind eingreifen. Das Familienleben wird auch durch die Verweigerung der Anerkennung der rechtlichen Elternschaft der Wunscheltern mehr oder weniger beeinträchtigt, unabhängig davon, ob sich das Kind im Ausland oder

---

[1249] Jelić (Richter): „Abweichende Stellungnahme zu EGMR, Urteil v. 24.3.2022 – 30254/18 (A.M./Norwegen)“. *HUDOC.*

[1250] De Gaetano et al. (Richter): „Gemeinsame übereinstimmende Stellungnahme zu EGMR (GK), Urteil v. 24.1.2017 – 25358/12 (Paradiso u. Campanelli/Italien)“. *HUDOC*, Rn. 3; Siehe auch EGMR, Urteil v. 28.6.2007 – 76240/01 (Wagner u. J.M.W.L./ Luxemburg), *FamRZ* 2007, S. 1529, Rn. 117; EGMR, Urteil v. 27.4.2010 – 16318/07 (Moretti u. Benedetti/Italien), *HUDOC*, Rn. 49–52; und EGMR, Urteil v. 17.1.2012 – 1598/06 (Kopf u. Liberda/Österreich), *FamRZ* 2012, S. 429, Rn. 37.

[1251] Lazarova Trajkovska et al. (Richter): „Gemeinsame abweichende Stellungnahme zu EGMR (GK), Urteil v. 24.1.2017 – 25358/12 (Paradiso u. Campanelli/Italien)“. *HUDOC*, Rn. 4; EGMR (GK), Urteil v. 12.7.2001 – 25702/94 (K. u. T./Finnland), *NJW* 2003, S. 809, Rn. 150; und EGMR (GK), Urteil v. 2.11.2010 – 3976/05 (Şerife Yiğit/Türkei), *HUDOC*, Rn. 93.

[1252] EGMR, Beschluss v. 8.7.2014 – 29176/13 (D. u. a./Belgien), *HUDOC*; EGMR, Urteil v. 22.6.2004 – 78028/01 u. 78030/01 (Pini u. a./Rumänien), *EGMR 2004-V*; EGMR, Beschluss v. 29.6.1999 – 27110/95 (Nylund/Finnland), *ÖJZ* 2000, S. 354.

im Inland befindet. Bleibt bspw. das von einer Leihmutter geborene Kind im Land seiner Geburt, würde die Nichtanerkennung zu einer Trennung der Leihmutterschaftsfamilie führen.[1253] Im Übrigen ist darauf hinzuweisen, dass die Verweigerung der Anerkennung keine Auswirkungen auf das Familienleben hat, wenn alle Familienmitglieder nicht im Anerkennungsstaat leben.[1254]

Die Nichtanerkennung der Eltern-Kind-Zuordnung bei einem Kind, das in einen Anerkennungsstaat eingereist ist, beeinflusst das tägliche Leben der Familie, auch wenn das Kind in der Familie leben darf.[1255] Dies kann z. B. zu Komplikationen bei Reisen in andere Länder führen, Verzögerungen oder Probleme bei der Registrierung in Schulen und Bildungseinrichtungen verursachen und rechtliche Entscheidungen erschweren, die medizinische, schulische oder andere rechtliche Angelegenheiten betreffen können. Auch die soziale Integration des Kindes kann beeinträchtigt werden, und die Familie kann emotional belastet werden, weil die Nichtanerkennung der Eltern-Kind-Beziehung Unsicherheit und Ängste hinsichtlich der Zukunft und einer möglichen Trennung auslösen kann, was zu Stress und Spannungen in der Familie führen kann. Insgesamt ist die Klärung der rechtlichen Situation in jedem Fall wichtig, um dem Kind und der Familie ein stabiles und unterstützendes Umfeld zu bieten und somit das Wohl der Familie zu gewährleisten.

cc) Rechtfertigung des Eingriffs in das Privat- und Familienleben

Der Eingriff in das Privat- und Familienleben des Kindes aus Leihmutterschaft und der Wunscheltern durch die Nichtanerkennung der Eltern-Kind-Zuordnung ist i. d. R. gerechtfertigt, wenn der Mitgliedstaat den ihm durch Art. 8 EMRK eingeräumten Ermessensspielraum nicht überschreitet und im Einzelfall einen gerechten Ausgleich zwischen den öffentlichen und privaten Interessen herstellt. Dabei ist in Angelegenheiten, die Kinder betreffen, zusätzlich der Vorrang des Kindeswohls zu berücksichtigen,[1256] andernfalls

1253 EGMR, Beschluss v. 8.7.2014 – 29176/13 (D. u. a./Belgien), *HUDOC*.

1254 EGMR, Beschluss v. 16.11.2021 – 56846/15 u. 56849/15 (S.-H./Polen), *HUDOC*.

1255 EGMR, Urteil v. 26.6.2014 – 65192/11 (Mennesson/Frankreich), *NJW* 2015, S. 3211; EGMR, Urteil v. 18.5.2021 – 71552/17 (Valdís Fjölnisdóttir u. a./Island), *NJW* 2022, S. 1927.

1256 EGMR, Urteil v. 16.7.2020 – 11288/18 (D/Frankreich), *HUDOC*; EGMR, Gutachten v. 10.4.2019 – P16-2018-001 (Gutachten über die innerstaatliche Anerkennung einer

könnte der Eingriff nicht notwendig sein und damit dem Prinzip der Verhältnismäßigkeit widersprechen.

Das Kindeswohl wird durch den Ermessensspielraum des Mitgliedstaates jedoch auf die Probe gestellt, insbesondere in Fällen von Leihmutterschaft, wo ethisch heikle Fragen aufgeworfen werden. Aus der Rechtsprechung des EGMR ergibt sich, dass bei solchen Themen dem Mitgliedstaat ein weiter Ermessensspielraum eingeräumt wird. Dieser Spielraum wird jedoch enger, wenn es um die Identität eines konkreten Kindes und die rechtliche Eltern-Kind-Zuordnung geht, ganz zu schweigen von anderen Aspekten des Kindeswohls, wie der Bestimmung der Pflegeperson und dem Umfeld, in dem das Kind aufwächst.[1257] Daher dürfte der Ermessensspielraum bei der Anerkennung der Eltern-Kind-Zuordnung in Leihmutterschaftsfamilien letztlich relativ begrenzt sein, da das Kindeswohl im Hinblick auf die Identität des Kindes höher zu gewichten ist als die Generalprävention der Mitgliedstaaten.

Interessant ist jedoch, dass der Gerichtshof in einem anderen Leihmutterschaftsfall die Priorität der Interessen bewusst umgekehrt hat, um den weiten Ermessensspielraum der Gerichte der Mitgliedstaaten zu betonen,[1258] anstatt das Kindeswohl im Einzelfall in den Mittelpunkt zu stellen. Zudem bestätigte die Große Kammer im Fall Paradiso u. Campanelli ebenfalls die ablehnende Entscheidung des Mitgliedstaates, begründete dies aber etwas anders, indem er erstmals den Werten (d. h. sehr wichtige Inhalte des ordre public, generalpräventive Erwägungen) mehr Gewicht beimaß als einem formalen Ermessensspielraum, was darauf hindeutet, dass der Gerichtshof bei seiner Entscheidung umfassendere gesellschaftliche Werte und Anliegen im Zusammenhang mit dem Schutz von Kindern und Menschenhandel berücksichtigt hat und nicht nur auf das Ermessen des Mitgliedstaates („Ermessensspielraum") in diesem speziellen Fall abgestellt hat.[1259] Dies wird aber auch

---

rechtlichen Eltern-Kind-Beziehung zwischen einem durch Leihmutterschaft im Ausland geborenen Kind und der Wunsch-Mutter), *EuGRZ* 2019, S. 185.

1257 EGMR, Urteil v. 26.6.2014 – 65192/11 (Mennesson/Frankreich), *NJW* 2015, S. 3211; EGMR, Gutachten v. 10.4.2019 – P16–2018–001, *EuGRZ* 2019, S. 185.

1258 EGMR, Urteil v. 18.5.2021 – 71552/17 (Valdís Fjölnisdóttir u. a./Island), *NJW* 2022, S. 1927.

1259 Dedov (Richter): „Übereinstimmende Stellungnahme zu EGMR (GK), Urteil v. 24.1.2017 – 25358/12 (Paradiso u. Campanelli/Italien)". *HUDOC*.

dazu führen, dass das Kindeswohl im Einzelfall bei der Identitätsfeststellung völlig außer Acht gelassen wird.

Gleichzeitig besteht die Herausforderung, dass die Rechte des Kindes aus Leihmutterschaft oft nicht ausreichend vor Gericht geltend gemacht werden können, insbesondere wenn die Wunscheltern keine Vormünder sind oder ihre Beziehung zerbricht. Wenn der genetische Wunschvater nicht bereit ist, die Rechte des Kindes auf Zuordnung zur Wunschmutter zu unterstützen, könnte dies die Rechte und Identität des Kindes erheblich beeinträchtigen. Unter diesen Umständen besteht die Gefahr, dass der genetische Vater willkürlich über die Identität des Kindes entscheidet und das Zwei-Eltern-Prinzip unterläuft.[1260] D. h. dieser Aspekt der Unbestimmtheit bei der Wahrnehmung der Kinderrechte durch Vormünder könnte das Kindeswohl beeinträchtigen und stellt daher eine zusätzliche Dimension dar, die bei der Prüfung der Verhältnismäßigkeit staatlicher Eingriffe berücksichtigt werden muss.[1261]

Insgesamt zeigt sich, dass der Eingriff in das Privat- und Familienleben im Kontext der Leihmutterschaft einer strikten Verhältnismäßigkeitsprüfung unterliegt und dabei der Vorrang des Kindeswohls zu beachten ist, insbesondere wenn die Rechte des Kindes aufgrund der Vormundschaftsregelung nicht vollständig zur Geltung kommen. Der Staat muss sicherstellen, dass das Kindeswohl in Fällen unsicherer Vormundschaft oder zerrütteter familiären Verhältnissen nicht gefährdet wird, um einem unverhältnismäßigen Eingriff in das Privat- und Familienleben entgegenzuwirken.

dd) Rechtfertigung des Eingriffs in das Privatleben des Kindes aus Leimutterschaft

Wenn die entsprechenden Rechte des Kindes aus einer Leihmutterschaft dem Gerichtshof vorgelegt werden, ist die Rechtfertigung des Eingriffs in erster Linie unter dem Gesichtspunkt des Privatlebens des Kindes zu prüfen, wobei der Ermessensspielraum, wie oben dargelegt, eingeschränkt ist. Die

---

1260 EGMR, Urteil v. 24.3.2022 – 30254/18 (A.M./Norwegen), *HUDOC*.

1261 Anspruch auf Rechte des Kinds gestellt: EGMR, Urteil v. 26.6.2014 – 65192/11 (Mennesson/Frankreich), *NJW* 2015, S. 3211; EGMR, Urteil v. 16.7.2020 – 11288/18 (D/Frankreich), *HUDOC*; EGMR, Urteil v. 18.5.2021 – 71552/17 (Valdís Fjölnisdóttir u. a./Island), *NJW* 2022, S. 1927; Anspruch auf Rechte des Kinds nicht gestellt: EGMR, Urteil v. 24.3.2022 – 30254/18 (A.M./Norwegen), *HUDOC*; EGMR (GK), Urteil v. 24.1.2017 – 25358/12 (Paradiso u. Campanelli/Italien), *NJW* 2017, S. 941.

Rechtsprechung zu Fällen der Leihmutterschaft zeigt, dass es bei der rechtlichen Identität des Kindes nicht primär um die Art der Anerkennung geht, sondern um die grundlegende Frage, ob eine Anerkennung überhaupt erfolgt. Dies betrifft wesentliche Aspekte wie die rechtliche Zuordnung des Kindes, seine Staatsangehörigkeit und Erbrechte.[1262] Darüber hinaus hat der Wunschvater in den o. g. Fällen der Leihmutterschaft eine genetische Verbindung mit dem Wunschkind, was ebenfalls ein wichtiger Aspekt der Identität einer Person ist. Es ist daher of-fensichtlich mit dem Kindeswohl unvereinbar und mithin nicht gerechtfertigt, dem von einer Leihmutter geborenen Kind die rechtliche Beziehung zu seinem genetischen Vater vorzuenthalten, wenn diese genetische Verbindung bereits festgestellt wurde und die Anerkennung der rechtlichen Elternschaft sowohl dem Wunsch des Kindes als auch dem des genetischen Vaters entspricht.[1263]

Es ist jedoch darauf hinzuweisen, dass in den Fällen der Leihmutterschaft, in denen keine genetische Verbindung zwischen den Wunscheltern und dem Wunschkind besteht, nicht ohne Weiteres gefolgert werden kann, dass die Feststellung der rechtlichen Identität des Wunschkindes, d. h. die Begründung eines rechtlichen Eltern-Kind-Verhältnisses bzw. die Formalisierung und Festigung einer sozial-familiären Beziehung zwischen dem von einer Leihmutter geborenen Kind und der tatsächlichen Pflegeperson, wie im Fall Valdís Fjölnisdóttir,[1264] für das Kindeswohl nicht erforderlich ist, denn die genetische Verbindung ist nur ein Teil des vom Kindeswohl erfassten Identitätsinteresses. Das Kindeswohl im Kontext der Leihmutterschaft umfasst darüber hinaus nicht nur die Elemente, die gegen eine Anerkennung der Elternschaft der Wunscheltern sprechen könnten, wie z. B. der Schutz vor Missbrauchsrisiken[1265] im Zusammenhang mit Leihmutterschaftsvereinbarungen und die Möglichkeit, die eigene Abstammung zu kennen, sondern

---

1262 EGMR, Urteil v. 26.6.2014 – 65192/11 (Mennesson/Frankreich), *NJW* 2015, S. 3211; EGMR, Gutachten v. 10.4.2019 – P16–2018–001, *EuGRZ* 2019, S. 185; EGMR, Urteil v. 16.7.2020 – 11288/18 (D/Frankreich), *HUDOC*.

1263 EGMR, Urteil v. 26.6.2014 – 65192/11 (Mennesson/Frankreich), *NJW* 2015, S. 3211; EGMR, Urteil v. 16.7.2020 – 11288/18 (D/Frankreich), *HUDOC*.

1264 EGMR, Urteil v. 18.5.2021 – 71552/17 (Valdís Fjölnisdóttir u. a./Island), *NJW* 2022, S. 1927.

1265 Das Risiko ergibt sich aus einer allgemeinen Prävention, die dem Wohl der gesamten Gruppe von Kindern dient, nicht dem Wohl einzelner Kinder.

auch solche, die für eine Anerkennung sprechen könnten, wie z. B. die Einhaltung des Rechts auf Achtung des Privatlebens, insbesondere das Interesse an der Identität des Wunschkindes. Zudem umfasst das Kindeswohl auch die Bestimmung der Personen, die bereit und in der Lage sind, die elterliche Verantwortung zu übernehmen und für das Wohl des Kindes zu sorgen, sowie die Gewährleistung der Möglichkeit für das Kind, in einem stabilen Umfeld zu leben und sich zu entwickeln. Die absolute Verweigerung der Anerkennung der rechtlichen Beziehung zwischen der Wunschmutter und dem Wunschkind ist daher nicht im Interesse des Kindes und muss von Fall zu Fall geprüft werden.

Im Gutachten des EGMR zur innerstaatlichen Anerkennung der Eltern-Kind-Beziehung zwischen einem im Ausland durch Leihmutterschaft geborenen Kind und der Wunschmutter im Fall Mennesson wird klargestellt, dass das Kindeswohl die Anerkennung der rechtlichen Elternschaft der Wunschmutter erfordert, die zwar nicht biologisch mit dem Wunschkind verwandt ist, aber eine sozial-familiäre Beziehung zu ihm hat. Die Wahl des Weges der Anerkennung liegt jedoch im Ermessen des Mitgliedstaates. Dies bedeutet, dass je nach den Umständen des Einzelfalls auch andere Wege der Anerkennung (z. B. Adoption) als die unmittelbare Anerkennung (z. B. durch Eintragung der ausländischen Geburtsurkunde in das inländische Geburtenregister) dem Kindeswohl dienen können, dass diese anderen Wege aber wirksam und unverzüglich sein müssen und einen Mechanismus der Anerkennung spätestens dann vorsehen müssen, wenn die Beziehung zwischen dem Wunschelternteil und dem Wunschkind Realität wird, weil andernfalls dem Kindeswohl nicht gedient ist.[1266]

Die Frage, ob die Umschreibung der ausländischen Geburtsurkunde (d. h. die unmittelbare Anerkennung der Elternschaft der Wunscheltern) der einzige Weg ist, der dem Wohl des Kindes entspricht, stellt sich dann, wenn aus objektiven Gründen oder wegen anderer Hindernisse keine anderen Wege zur Verfügung stehen, z. B. wenn die Adoption nur verheirateten Paaren offensteht oder wenn andere Wege kompliziert und zeitaufwendig sind oder wenn die Adoption die vorherige Zustimmung der Leihmutter erfordert usw. So konnte im Fall Valdís Fjölnisdóttir aufgrund der Scheidung der Wunscheltern nur einer der Wunschelternteile durch den alternativen

---

1266 EGMR, Gutachten v. 10.4.2019 – P16–2018–001, *EuGRZ* 2019, S. 185.

Weg der Adoption rechtlicher Elternteil des von der Leihmutter geborenen Kindes werden, während der andere Wunschelternteil in keiner Weise eine Eltern-Kind-Beziehung zu dem Wunschkind aufbauen konnte.[1267] Auch im Fall A.M. konnte die Wunschmutter keinen alternativen Anerkennungsweg beschreiten, weil sie sich vom genetischen Wunschvater getrennt hatte, der die Zuordnung des Wunschkindes zur Wunschmutter abgelehnt hatte.[1268] Diese Umstände müssen jedenfalls durch weitere Rechtsprechung des EGMR gedeckt und präzisiert werden, anstatt den Mitgliedstaaten zu erlauben, willkürlich Rechtslücken offen zu lassen, die die Interessen der Kinder erheblich zu beeinträchtigen drohe.

Daraus folgt, dass im Hinblick auf das Kindeswohl dem Identitätsinteresse des Kindes mehr Bedeutung beigemessen wird, wenn die Rechte des Kindes geltend gemacht werden und von der Perspektive des Privatlebens des Kindes ausgegangen wird. Dennoch wurde im Fall Valdís Fjölnisdóttir der Gesichtspunkt des Privatlebens des Kindes nicht ausreichend berücksichtigt, so dass die Zuordnung zum zweiten Wunschelternteil nicht durch die Grundsatzfrage „Anerkennung oder nicht" gelöst werden konnte. In diesem Fall konnte also nur ein Wunschelternteil die Adoption als Alternative durchführen, da die Wunscheltern bereits getrennt lebten. Dies könnte zu den gleichen Folgen wie im Fall A.M.[1269] führen, nämlich der mögliche Benachteiligung des anderen Wunschelternteils, der Missachtung der Integrität der rechtlichen Identität des Kindes und den sich daraus ergebenden möglichen Risiken für das Kind. Zusammenfassend lässt sich sagen, dass die Perspektive der Prüfung des Rechts des Leihmutterschaftskindes auf Privatleben in Bezug auf seine Identität für die Zuordnung des Kindes zu den Wunscheltern von großer Bedeutung ist. Daher sollte dieses Recht vor den EGMR gebracht werden, indem nationale oder internationale Rechtsmittel ausgeschöpft werden, um den Schutz der rechtlichen Identität des Kindes sicherzustellen.

ee) Rechtfertigung des Eingriffs in das Privatleben der Wunscheltern

Werden die Rechte des Kindes nicht vorgelegt, prüft die Rechtsprechung die Rechtfertigung häufig nur unter dem Gesichtspunkt des Privatlebens

---

[1267] EGMR, Urteil v. 18.5.2021 – 71552/17 (Valdís Fjölnisdóttir u. a./Island), *NJW* 2022, S. 1927.

[1268] EGMR, Urteil v. 24.3.2022 – 30254/18 (A.M./Norwegen), *HUDOC*.

[1269] Ebd.

der Wunscheltern, wobei der Ermessensspielraum nicht so eingeschränkt ist wie bei der Prüfung unter dem Gesichtspunkt des Privatlebens des Kindes. Dementsprechend wird das Interesse an der rechtlichen Identität des von der Leihmutter geborenen Kindes häufig wenig oder gar nicht berücksichtigt,[1270] obwohl auch dies zu den vorrangig zu berücksichtigenden Aspekten des Kindeswohls gehört. Allerdings ist zu beachten, dass die Beziehung zwischen Wunscheltern und Wunschkind auf Gegenseitigkeit beruht. Die rechtliche Absicherung der tatsächlichen Beziehung zwischen ihnen ist daher grundsätzlich auch mit dem Kindeswohl vereinbar, unabhängig davon, ob die Rechte des Kindes in Anspruch genommen werden oder nicht.[1271]

Im Fall A.M.[1272] wird jedoch anderen Aspekten des Kindeswohls, wie dem Interesse, die Beziehung des Kindes zur Stieffamilie nicht zu stören, zu viel Bedeutung beigemessen. Die Entscheidung, die Bindungen des Kindes zur Stieffamilie zu stärken, anstatt ein Eltern-Kind-Verhältnis mit der Wunschmutter zu begründen, ignoriert nicht nur in schwerwiegender Weise die Identitätsinteressen des Kindes, einschließlich des Rechts auf Kenntnis der biologischen Eltern, der Wunscheltern, sondern ist auch besonders ungerecht gegenüber der Wunschmutter außerhalb der Stieffamilie, so dass ein gerechter Ausgleich der Interessen nicht erreicht wird.[1273] In Fällen, in denen Kinder betroffen sind, muss daher der Ermessensspielraum der Mitgliedstaaten im Hinblick auf den Schutz des Kindeswohls eingeschränkt werden, unabhängig davon, ob die Rechte der Kinder eingereicht wurden oder nicht. Darüber hinaus erfordert die Betonung des Vorrangs des Kindeswohls zugleich eine gerechte Abwägung der widerstreitenden Interessen, wobei die bloße Generalprävention als Rechtsgrund für die Verweigerung der Anerkennung fragwürdig ist.[1274] Dies bedeutet, dass je nach den Umständen des Einzelfalls auch die Interessen der Wunscheltern zu berücksichtigen sind, wie z. B. der

---

1270 EGMR, Urteil v. 24.3.2022 – 30254/18 (A.M./Norwegen), *HUDOC*; EGMR, Urteil v. 18.5.2021 – 71552/17 (Valdís Fjölnisdóttir u. a./Island), *NJW* 2022, S. 1927 (vorgelegt, aber nicht erwähnt).

1271 O'leary (Richter): „Übereinstimmende Stellungnahme zu EGMR, Urteil v. 24.3.2022 – 30254/18 (A.M./Norwegen)". *HUDOC*, Rn. 15.

1272 EGMR, Urteil v. 24.3.2022 – 30254/18 (A.M./Norwegen), *HUDOC*.

1273 Jelić (Richter): „Abweichende Stellungnahme zu EGMR, Urteil v. 24.3.2022 – 30254/18 (A.M./Norwegen)". *HUDOC*, Rn. 38.

1274 Ebd., Rn. 27–29.

gemeinsame Wille zur Elternschaft, die Unfähigkeit, auf natürlichem Weg Kinder zu bekommen usw., sofern es keine Anzeichen für einen Missbrauch der Leihmutterschaft gibt, wie z. B. die Ausbeutung der Leihmutter als solche. Der EGMR könnte auf der Grundlage seines Gutachtens zum Fall Mennesson[1275] unter dem Gesichtspunkt der positiven Verpflichtungen der Mitgliedstaaten einen ähnlichen Fall wie den Fall A.M. prüfen, in dem es keine Möglichkeit gibt, die faktische Beziehung zwischen der nicht genetischen Wunschmutter, die sich vom genetischen Wunschvater getrennt hat, und dem Wunschkind rechtlich anzuerkennen.[1276] Ohne eine derartige Vorgehensweise, bei der die positiven Verpflichtungen in den Vordergrund gerückt werden, könnte die Beziehung zwischen dem Wunschkind und dem nicht mit ihm zusammenlebenden Wunschelternteil (oder der ehemaligen Pflegeperson) im Laufe der Zeit irreparable Folgen haben.

Im Fall Paradiso u. Campanelli[1277] hatte die Große Kammer, auch weil die Rechte des von einer Leihmutter geborenen Kindes nicht geltend gemacht worden waren, die Identitätsinteressen des Kindes nicht gesondert geprüft, sondern den Ermessensspielraum des Mitgliedstaates in diesem Bereich als relativ weit und das zu schützende öffentliche Interesse als gewichtig eingestuft und festgestellt, dass die von der beklagten Behörde ergriffenen Maßnahmen zur Beendigung der Rechtswidrigkeit, zur Vermeidung von Kindern in einer rechtlich verlassenen Situation und damit zum Schutz der Interessen des Kindes im Allgemeinen und im Einzelfall dringend waren. Daraus ist zu schließen, dass die Große Kammer der Ansicht war, dass die Behörden in gewissem Maße auch die Interessen des Kindes berücksichtigt hatten. Der weitere Sachverhalt zeigte jedoch, dass die Identitäts- und Kontinuitätsinteressen des von einer Leihmutter geborenen Kindes nach der Trennung von den Wunscheltern tatsächlich gestört waren, z. B. durch mehrfachen Wechsel der Betreuungspersonen und des Lebensumfeldes von den Wunscheltern über das Kinderheim zu den Adoptiveltern und bis zu 2–3 Jahren keine

---

1275 EGMR, Gutachten v. 10.4.2019 – P16–2018–001, *EuGRZ* 2019, S. 185.

1276 O'leary (Richter): „Übereinstimmende Stellungnahme zu EGMR, Urteil v. 24.3.2022 – 30254/18 (A.M./Norwegen)". *HUDOC*, Rn. 21.

1277 EGMR (GK), Urteil v. 24.1.2017 – 25358/12 (Paradiso u. Campanelli/Italien), *NJW* 2017, S. 941.

„formelle Existenz" des Kindes mangels Identität.[1278] Es konnte daher nicht, wie von der italienischen Behörde behauptet, davon ausgegangen werden, dass das Wunschkind aufgrund der kurzen Zeit, die es mit den Wunscheltern verbracht hatte, und seines jungen Alters keinen schweren und irreparablen Schaden erlitten habe.

Die Trennung von Wunscheltern und Wunschkind durch die italienische Behörde diente ausschließlich der Bestrafung der Wunscheltern und der Generalprävention, wobei das Kindeswohl im Einzelfall völlig außer Acht gelassen wurde. Um die Wunscheltern zu sanktionieren, die keine genetische Verbindung mit dem Wunschkind haben, entzog die Behörde das Wunschkind den Wunscheltern, ohne irgendeinen Weg der Anerkennung der Eltern-Kind-Zuordnung zwischen den Wunscheltern und dem Wunschkind, wie z. B. eine Adoption, in Betracht zu ziehen, wobei diese Maßnahme faktisch auch auf dem Rücken des Wunschkindes ausgetragen wurde. Aus der Sicht des von einer Leihmutter geborenen Kindes, das keinen Einfluss auf die Art und Weise seiner Geburt und seine natürliche Abstammung hatte, sollte und konnte es nicht für das rechtswidrige Verhalten der Erwachsenen verantwortlich gemacht werden. Dennoch hatte es von Geburt an faktisch keine Identität und musste in den ersten Phasen seines Lebens den Wechsel der Umgebung, in der es aufwuchs, und die ständige Trennung von seinen Bezugspersonen ertragen. Zudem ist zweifelhaft, ob eine solche generalpräventive Verweigerung der Anerkennung in der Praxis tatsächlich eine präventive Wirkung entfalten kann.[1279] Zusammenfassend ist festzuhalten, dass bei der Prüfung der Rechtfertigung aus der Sicht des Privatlebens der Wunscheltern auch das Kindeswohl ausreichend und umfassend berücksichtigt werden muss.

ff) Rechtfertigung des Eingriffs in das Familienleben

In der Rechtsprechung zu Leihmutterschaftsfällen, in denen das Bestehen eines Familienlebens festgestellt wurde, fiel die Nichtanerkennung der rechtlichen Elternschaft der Wunscheltern häufig in den Ermessensspielraum des Mitgliedstaates und wurde daher nicht als Eingriff in das Familienleben angesehen, wie die folgenden Beispiele zeigen. Im Fall Mennesson konnte die

[1278] EGMR, Urteil v. 27.1.2015 – 25358/12 (Paradiso u. Campanelli/Italien), *NLMR* 2015, S. 48.

[1279] EGMR (GK), Urteil v. 24.1.2017 – 25358/12 (Paradiso u. Campanelli/Italien), *NJW* 2017, S. 941.

vierköpfige Familie in Frankreich zusammenleben, obwohl es im Alltag einige administrative Hindernisse gab.[1280] Im Fall Valdís Fjö-lnisdóttir blieben der Kontakt und das Familienleben zwischen dem Wunschkind und den beiden Wunschmüttern erhalten, da ein Pflegeplan bestand und dem Wunschkind die Staatsangehörigkeit verliehen wurde, wodurch die Störung des Familienlebens begrenzt war.[1281] Im Fall S.-H. stellte sich das Problem nicht, da die Familie nicht in Polen lebte und keine realen Hindernisse zu überwinden waren.[1282] Im Fall D. war die Wartezeit bis zur Entscheidung zwar 3–4 Monate lang, aber das Familienleben konnte nach dieser Zeit wiederhergestellt werden, ohne dass es als schwerwiegende Trennung angesehen wurde.[1283]

Es kann jedoch Fälle geben, in denen der Ermessensspielraum überschritten wird, d. h. wenn der Eingriff in das Familienleben nicht dem Prinzip der Verhältnismäßigkeit entspricht. Bei der Prüfung, ob der Eingriff gerechtfertigt ist, muss daher auch das Kindeswohl berücksichtigt werden, das darin besteht, die familiären Bindungen des Kindes aufrechtzuerhalten, sofern sie sich nicht als äußerst ungeeignet erweisen, und sicherzustellen, dass das Kind sich in einer sicheren Umgebung entwickeln kann. Im Fall Paradiso u. Campanelli hatte die Kammer am 27.1.2015 das Vorliegen eines Familienlebens bestätigt und daher den Gesichtspunkt des Familienlebens geprüft. Bei der Beurteilung der „Notwendigkeit" des Eingriffs räumte die Kammer dem Interesse an der Identität des Kindes und der Aufrechterhaltung seiner familiären Bindungen Vorrang vor anderen öffentlichen Interessen ein. Das Argument, dass „der Verbleib des Kindes bei den Wunscheltern das rechtswidrige Verhalten legitimieren würde", diene nicht dem Schutz des Kindeswohls, sondern der Bestrafung der Wunscheltern und könne daher den Abbruch der familiären Beziehung nicht rechtfertigen.[1284] Im selben italienischen Fall hatte die Große Kammer am 24.1.2017 das Kindeswohl bei der Bestrafung der Wunsch-eltern überhaupt nicht ausreichend berücksichtigt. Ihre Argumentation in Bezug auf den „Zustand der Verlassenheit" des Kindes

---

1280 EGMR, Urteil v. 26.6.2014 – 65192/11 (Mennesson/Frankreich), *NJW* 2015, S. 3211.

1281 EGMR, Urteil v. 18.5.2021 – 71552/17 (Valdís Fjölnisdóttir u. a./Island), *NJW* 2022, S. 1927.

1282 EGMR, Beschluss v. 16.11.2021 – 56846/15 u. 56849/15 (S.-H./Polen), *HUDOC*.

1283 EGMR, Beschluss v. 8.7.2014 – 29176/13 (D. u. a./Belgien), *HUDOC*.

1284 EGMR, Urteil v. 27.1.2015 – 25358/12 (Paradiso u. Campanelli/Italien), *NLMR* 2015, S. 48.

war eher formalistisch, indem den Wunscheltern nur in einem allgemeinen und abstrakten Sinne die Eignung und das Recht abgesprochen wurde, für das Wunschkind zu sorgen, ohne in tatsächlicher Hinsicht zu prüfen, ob es dem Wohl des Kindes dient, bei den Wunscheltern zu leben, wobei anderen öffentlichen Interessen, nämlich der Beendigung der unrechtmäßigen Situation und der allgemeinen Prävention, zu viel Gewicht beigemessen wurde,[1285] so dass das Vorliegen eines Familienlebens nicht begründet und die Prüfung unter dem Gesichtspunkt des Familienlebens umgangen wurde.

Vor allem ist nochmals darauf hinzuweisen, dass es für das Vorliegen eines „Familienlebens“ nicht auf die rechtliche Bindung oder die Rechtmäßigkeit der Familiengründung ankommt, sondern auf die „tatsächliche persönliche Verbundenheit“. In den Fällen der Leihmutterschaft ist daher darauf abzustellen, ob zwischen den Wunscheltern und dem Wunschkind eine faktische familiäre Beziehung besteht, obwohl ihre rechtliche Beziehung nicht anerkannt ist. Es gibt Fälle, die unter dem Gesichtspunkt des „Familienlebens“ hätten analysiert werden können, wie z. B. der Fall A.M., in dem neben dem Wunschvater auch die Wunschmutter die Rolle des sozialen Elternteils des Wunschkindes in dessen ersten Lebensphasen übernommen hat und sich dadurch eine enge emotionale Bindung zwischen ihnen entwickelt hat. Die Aufrechterhaltung und Stärkung dieser faktischen Familienbeziehung lag häufig im Interesse des Wunschkindes und wurde von den Behörden leider nicht ausreichend berücksichtigt.[1286] Insgesamt hat die Rechtsprechung in italienischen, isländischen und norwegischen Leihmutterschaftsfällen seit dem Fall Mennesson gezeigt, dass der EGMR den Mitgliedstaaten in Leihmutterschaftsfällen einen relativ großen Ermessensspielraum einräumt, so dass der grundlegende Schutz der faktischen Beziehung zwischen dem von einer Leihmutter geborenen Kind und den Wunscheltern unter bestimmten Umständen (z. B. bei fehlender genetischer Verwandtschaft, Trennung der Wunscheltern) mittelbar oder unmittelbar vernachlässigt wird.

1285 Lazarova Trajkovska et al. (Richter): „Gemeinsame abweichende Stellungnahme zu EGMR (GK), Urteil v. 24.1.2017 – 25358/12 (Paradiso u. Campanelli/Italien)“. *HUDOC*, Rn. 6–8.

1286 Jelić (Richter): „Abweichende Stellungnahme zu EGMR, Urteil v. 24.3.2022 – 30254/18 (A.M./Norwegen)“. *HUDOC*, Rn. 32.

gg) Diskriminierungsfragen

In der Rechtsprechung des EGMR zu einigen Fällen von Leihmutterschaft wurden potenzielle Diskriminierungsfragen aufgeworfen, die jedoch aufgrund bestimmter Umstände, wie der fehlenden Geltendmachung der betreffenden Rechte zu Beginn des Beschwerdeverfahrens, nicht eingehend geprüft wurden. In diesem Zusammenhang könnte weitere Rechtsprechung erforderlich sein, um die möglichen Auswirkungen der Leihmutterschaft auf die Rechte der Beteiligten zu klären.

In Fällen, in denen die Wunscheltern in einer intakten Familienstruktur leben, könnte es zu einer Ungleichbehandlung der Wunschmutter kommen. Denn die Anerkennung der Abstammung vom genetischen Vater und von der genetischen Mutter kann unterschiedliche Wege und rechtliche Verfahren erfordern.[1287] Wenn die genetische Abstammung vom Vater automatisch anerkannt wird, während die Wunschmutter zusätzliche Schritte unternehmen muss, um als rechtliche Mutter anerkannt zu werden, könnte dies zu einer Ungleichbehandlung führen. Eine solche Differenzierung könnte gegen das Recht auf Gleichbehandlung und Nichtdiskriminierung nach Art. 14 EMRK verstoßen.

Ein weiteres Problem, das sich aus der Leihmutterschaft ergeben könnte, betrifft das alleinige Entscheidungsrecht über das Leben des Kindes, das im Falle einer Trennung der Wunscheltern auf den Wunschvater übergehen könnte. Dies würde bedeuten, dass der biologische Vater die volle Kontrolle über das Kind erhält, während die Wunschmutter, trotz einer emotionalen und ggf. genetischen Bindung zum Kind, von wichtigen Entscheidungen im Leben des Kindes ausgeschlossen wird und an dessen Erziehung nicht beteiligt sein kann. Diese Situation könnte dazu führen, dass die Wunschmutter ihre Rechte als Mutter verliert und mglw. ungerecht und diskriminierend behandelt wird.[1288]

Das Recht des Kindes auf seine Herkunft und Identität und das Recht der Mutter auf eine familiäre Beziehung zu ihrem Kind können dadurch verletzt werden. Zum einen könnte der Verlust der rechtlichen Anerkennung als Mutter dazu führen, dass die Wunschmutter keine formelle elterliche Sorge

---

1287 EGMR, Urteil v. 16.7.2020 – 11288/18 (D/Frankreich), *HUDOC*.

1288 Jelić (Richter): „Abweichende Stellungnahme zu EGMR, Urteil v. 24.3.2022 – 30254/18 (A.M./Norwegen)“. *HUDOC*, Rn. 44–50.

für das Kind hat. Dies könnte zu Un-sicherheiten hinsichtlich ihrer elterlichen Rechte und Verantwortungen führen und das Recht der Wunschmutter auf eine familiäre Beziehung zu ihrem Kind beeinträchtigen. Zum anderen könnte das Auseinanderfallen von genetischer und sozialer Elternschaft und die fehlende rechtliche Anerkennung der Wunschmutter zu Identitätskonflikten für das Kind führen. Das Kind könnte sich in einer schwierigen Situation befinden, da es einerseits eine genetische Verbindung zur Wunschmutter hat, andererseits aber vom biologischen Vater als einzigem rechtlichen Elternteil aufgezogen wird.

Es ist daher wahrscheinlich, dass weitere Rechtsfälle vor Gericht verhandelt werden müssen, um eine klare Linie zu ziehen und die Rechte und Interessen aller Beteiligten angemessen zu berücksichtigen, insbesondere Aspekte wie das Recht auf Nichtdiskriminierung, das Recht auf Familienleben und das Kindeswohl besonders zu beachten. An dieser Stelle sei nochmals darauf hingewiesen, dass das „lebende Instrument" jedenfalls auf das entstehende soziale Konzept angewendet und unter Berücksichtigung der Umstände des Einzelfalls analysiert werden sollte.[1289]

4) Regenbogenfamilien

aa) Vorliegen eines Familien- und Privatlebens

Die Rechtsprechung des EGMR zur Anerkennung der Eltern-Kind-Zuordnung in Regenbogenfamilien befasst sich vor allem mit der Feststellung der rechtlichen Elternschaft der Lebenspartnerin der biologischen Mutter, sei es im Wege der Stiefkindadoption oder der fiktiven Abstammung bei künstlicher Befruchtung. Aus diesem Grund werden zwei Konstellationen unterschieden, nämlich Stieffamilien und geplante Familien. Die Frage, ob bei Stieffamilien ein Familienleben vorliegt, wird hier nicht wiederholt, es wird auf die entsprechenden Abschnitte oben verwiesen. Da bei geplanten Familien eine leibliche Mutter und ein gemeinsamer Wille zur Familiengründung ex ante vorhanden sind, könnte man diese analog als natürliche Familienstruktur oder als heterogene assistierte Reproduktionsfamilien ansehen, bei denen häufig bereits ab der Geburt des Kindes ein Familienleben i. S. v.

[1289] Jelić (Richter): „Abweichende Stellungnahme zu EGMR, Urteil v. 24.3.2022 – 30254/18 (A.M./Norwegen)". *HUDOC*, Rn. 44–50.

Art. 8 EMRK besteht, unabhängig davon, ob ein Zusammenleben beginnt und wie lange es dauert.

Da jedoch in den vom EGMR entschiedenen Fällen[1290] unabhängig von der Konstellation der Regenbogenfamilien zum Zeitpunkt der Anerkennungsentscheidung ein mehrjähriges Zusammenleben bestand, die in einer festen Beziehung lebenden gleichgeschlechtlichen Partnerinnen sich de facto die elterliche Verantwortung teilten und eine sozial-familiäre Beziehung zwischen dem Kind und der Partnerin der Mutter offensichtlich war, bejahte der EGMR in all diesen Fällen das Vorliegen eines Familienlebens i. S. v. Art. 8 EMRK. Für das Vorliegen eines Familienlebens ist es demnach unerheblich, ob die Eltern gleich- oder verschiedengeschlechtlich sind.

In Konstellationen einer durch künstliche Befruchtung geplanten Familie ist einerseits die Eltern-Kind-Zuordnung dem Privatleben des Wunschkindes, andererseits die Begründung einer rechtlichen Beziehung zum Wunschkind dem Privatleben der Partnerin der Mutter zuzuordnen, ebenso wie in Fällen der Leihmutterschaft. Auch die sexuelle Orientierung gleichgeschlechtlicher Paare gehört zum Privatleben. Daher fallen Sachverhalte in Regenbogenfamilien unter Art. 8 EMRK, der durch Art. 14 EMRK (Diskriminierungsverbot) ergänzt werden kann.[1291]

bb) Eingriff in das Familien- und Privatleben

Die Nichtanerkennung der rechtlichen Elternschaft der Lebenspartnerin der Mutter wird das Familienleben von Regenbogenfamilien im Anerkennungsstaat, dessen Staatsangehörigkeit sowohl die Mutter als auch ihre Lebenspartnerin besitzen, im Alltag mehr oder weniger beeinträchtigen, ähnlich wie in den Fällen der Leihmutterschaft mit einem genetischen Vater und einer nicht biologisch mit dem Kind verwandten Mutter. Dies kann u. U. sogar zur Trennung der Regenbogenfamilie führen, wenn die Mutter und ihre Partnerin unterschiedliche Staatsangehörigkeiten haben und die Partnerin der Mutter z. B. aus beruflichen Gründen für längere Zeit in ihrem Heimatstaat bleiben muss, dessen Recht die gleichgeschlechtliche Elternschaft

---

1290 EGMR, Urteil v. 15.3.2012 – 25951/07 (Gas u. Dubois/Frankreich), *NJW* 2013, S. 2171; EGMR(GK), Urteil v. 19.2.2013 – 19010/07 (X u. a./Österreich), *NJW* 2013, S. 2173; EGMR, Beschluss v. 31.10.2017 – 40597/12 (D u. B/Österreich), *HUDOC*; EGMR, Kommunizierter Fall v. 13.9.2021 – 9001/21 (X u. Z/Polen), *HUDOC*.

1291 EGMR, Urteil v. 15.3.2012 – 25951/07 (Gas u. Dubois/Frankreich), *NJW* 2013, S. 2171.

nicht anerkennt. Dies bedeutet, dass das Familienleben einer binationalen Regenbogenfamilie häufig stärker belastet sein kann.

cc) Rechtfertigung des Eingriffs in das Privat- und Familienleben

Der EGMR hat bislang keine Rechtsprechung zu der reinen Frage der Eltern-Kind-Zuordnung zwischen dem Kind und der Partnerin der Mutter im Rahmen von Art. 8 EMRK entwickelt. Allerdings bietet die Rechtsprechung des EGMR zu Leihmutterschaftsfällen wertvolle Ansätze, die auch auf Regenbogenfamilien angewendet werden könnten.

Regelmäßig kann das Recht des Kindes auf Achtung des Privatlebens von der biologischen Mutter als gesetzlicher Vertreterin vor dem EGMR geltend gemacht werden, es sei denn, die Beziehung des lesbischen Paares ist zerrüttet. Aus dem Fall Mennesson ergibt sich, dass die rechtliche Zuordnung des Kindes zu seinem sozialen Elternteil grundsätzlich durch das Recht des Kindes auf Achtung seines Privatlebens und durch das Kindeswohl geboten ist, und dass es keine Rolle spielt, wie die Zuordnung erfolgt. Dies ist darauf zurückzuführen, dass den Vertragsstaaten zwar in ethisch sensiblen Fragen wie Leihmutterschaft oder gleichgeschlechtliche Elternschaft ein weiter Ermessensspielraum eingeräumt wird, dieser aber in Bezug auf die Identität des Kindes einschließlich der Zuordnung der Abstammung relativ gering ist.[1292]

In Regenbogenfamilien übernimmt die Partnerin der Mutter die tatsächliche elterliche Verantwortung. Die rechtliche Zuordnung des Kindes zur Partnerin der Mutter, sei es durch Stiefkindadoption oder durch fiktive Zuordnung, ist daher mit dem Recht des Kindes auf Achtung seines Privatlebens und mit dem Kindeswohl vereinbar. Die sexuelle Orientierung in Regenbogenfamilien darf keine Rolle spielen. D. h. der Eingriff in das Privatleben des Kindes im Hinblick auf die rechtliche Zuordnung zur Partnerin der Mutter ist m. E. nicht gerechtfertigt, nur um die verschiedengeschlechtliche Elternschaft und das Bild der traditionellen Familie zu erhalten.

Für die Analyse des Familienlebens bei Regenbogenfamilien kann auf die Rechtsprechung zu Leihmutterschaftsfällen zurückgegriffen werden. Der EGMR kam i. d. R. zu dem Schluss, dass der Ermessensspielraum der

---

1292 EGMR, Urteil v. 26.6.2014 – 65192/11 (Mennesson/Frankreich), *NJW* 2015, S. 3211; EGMR, Gutachten v. 10.4.2019 – P16–2018–001, *EuGRZ* 2019, S. 185.

Mitgliedstaaten nicht überschritten wurde, wenn eine Familie trotz fehlender rechtlicher Anerkennung der Elternschaft eines Elternteils weiterhin im Anerkennungsstaat oder im Ausland zusammenleben konnte. Eine Überschreitung des Ermessensspielraums könnte jedoch vorliegen, wenn die fehlende Anerkennung der Eltern-Kind-Zuordung so weit reicht, dass sie eine tatsächliche Trennung der Familie verursacht und das Zusammenleben weder im Anerkennungsstaat noch im Ausland (insbesondere im Herkunftsland des Paares) möglich ist. Die Diskussion über das Verhältnis zwischen dem Recht auf Achtung des Familienlebens und dem Kindeswohl wird hier nicht wiederholt und kann in den Leihmutterschaftsfällen nachgelesen werden.[1293]

dd) Vorliegen der Ungleichbehandlung/Diskriminierungsfragen

In den Fällen Gas und Dubois/F[1294] sowie X und Andere/A[1295] ging es ausschließlich um Fragen der Diskriminierung aufgrund der sexuellen Ausrichtung. Im ersten Fall sah das französische Recht die einfache Adoption und das damit verbundene gemeinsame Sorgerecht nur für verheiratete, nicht aber für unverheiratete Paare vor. Nach Auffassung des EGMR war die Situation unverheirateter gleichgeschlechtlicher Paare in Bezug auf die Adoption durch einen nicht biologischen Elternteil nicht mit der Situation verheirateter Paare vergleichbar, weil die Ehe einer verheirateten Person einen besonderen Status verlieh, der mit sozialen, persönlichen und rechtlichen Folgen verbunden war. Gleichgeschlechtliche Paare befanden sich jedoch in einer ähnlichen Situation wie unverheiratete heterosexuelle Paare, denen die einfache Adoption ebenfalls verwehrt war. Eine Ungleichbehandlung aufgrund der sexuellen Orientierung lag daher nach Ansicht des EGMR nicht vor.

Allerdings könnte eine mittelbare Diskriminierung insoweit vorliegen, als unverheiratete heterosexuelle Paare über den Umweg der Eheschließung doch noch die Durchführung der einfachen Adoption erreichen könnten, während dies gleichgeschlechtlichen Paaren überhaupt nicht möglich sei. Denn die bisherige Rechtsprechung (Schalk und Kopf/A)[1296] zeige, dass es keine Verpflichtung der Mitgliedstaaten gebe, die Ehe für gleichgeschlechtliche Paare zu öffnen. Auch aus Art. 14 i. V. m. Art. 8 EMRK lässt sich kein

1293 Näheres siehe oben Teil 4 B I 3 b) 3) ff).

1294 EGMR, Urteil v. 15.3.2012 – 25951/07 (Gas u. Dubois/Frankreich), *NJW* 2013, S. 2171.

1295 EGMR(GK), Urteil v. 19.2.2013 – 19010/07 (X u. a./Österreich), *NJW* 2013, S. 2173.

1296 EGMR, Urteil v. 24.6.2010 – 30141/04 (Schalk u. Kopf/Österreich), *NJW* 2011, S. 1421.

Recht auf Eheschließung ableiten. Zusammenfassend ist festzuhalten, dass nach der Rechtsprechung des EGMR eine unterschiedliche Behandlung aufgrund der Ehe keine Ungleichbehandlung darstellt und daher nicht mit einer Ungleichbehandlung aufgrund der sexuellen Orientierung vergleichbar ist.

Dies steht im Gegensatz zu den Argumenten der deutschen Verfassungsrecht-sprechung, die am 26.3.2019 die Öffnung der Stiefkindadoption für nichteheliche Familien eingeleitet hat. Das BVerfG hat entschieden, dass ein Kind, das längere Zeit in einer nichtehelichen Familie gelebt hat, bei der Begründung der rechtlichen Elternschaft durch Stiefkindadoption gegenüber einem Kind, das in einer ehelichen Familie gelebt hat, nicht ungleich behandelt werden darf. Dies bedeutet, dass eine unterschiedliche Behandlung aufgrund der Ehe oder der Ehelichkeit unter bestimmten Umständen, z. B. bei einem langen Zusammenleben, nicht unbedingt gerechtfertigt ist.[1297]

Im Fall X und Andere/A war die Stiefkindadoption nach österreichischem Recht nicht nur Ehepaaren, sondern auch unverheirateten heterosexuellen Paaren möglich. Die Stiefkindadoption durch gleichgeschlechtliche Paare war jedoch aufgrund der österreichischen Rechtslage ausgeklammert. Zudem konnte eine Partnerin das Kind der anderen Partnerin auch dann nicht adoptieren, wenn der leibliche Vater tot oder unbekannt war oder Gründe vorlagen, die seine Zustimmung zur Adoption ersetzt hätten oder seine Zustimmung zur Adoption vorgelegen hätte. Zunächst war festzuhalten, dass nach Auffassung des EGMR die Situation gleichgeschlechtlicher Paare zwar nicht mit der Situation verheirateter Paare vergleichbar war. Im Vergleich zu unverheirateten verschiedengeschlechtlichen Paaren wurden unverheiratete gleichgeschlechtliche Paare in der Frage der Stiefkindadoption jedoch offensichtlich aufgrund ihrer sexuellen Orientierung ungleich behandelt. Darüber hinaus stellte der EGMR fest, dass die Gerichte des beklagten Mitgliedstaates gerade wegen der Unmöglichkeit der Stiefkindadoption durch gleichgeschlechtliche Paare keine eingehende Sachverhaltsermittlung, wie z. B. die Zustimmung des biologischen Vaters und die Gründe für dessen Ersetzbarkeit, und keine umfassende Prüfung des Kindeswohls durchgeführt hatten, so dass die Verweigerung der Adoption in diesem Fall nicht, wie von den Mitgliedstaaten behauptet, rein sachlich begründet war, sondern mit der sexuellen Orientierung zusammenhing.

1297 BVerfG, Beschluss v. 26.3.2019 – 1 BvR 673/17, *NJW* 2019, S. 1793.

Aus den beiden vom EGMR behandelten Fällen geht hervor, dass eine unterschiedliche Behandlung aufgrund der Ehe nicht mit einer unterschiedlichen Behandlung aufgrund der sexuellen Ausrichtung gleichgesetzt werden kann. Dies ergibt sich aus der Betrachtung des Diskriminierungsverbots aufgrund der sexuellen Orientierung gleichgeschlechtlicher Paare. Hier stellt sich die Frage, ob Kinder, die in Regenbogenfamilien aufwachsen, mglw. aufgrund ihrer Familienkonstellation oder der sexuellen Orientierung ihrer Eltern ungleich behandelt werden könnten. Da Regenbogenfamilien in vielen Ländern rechtlich und gesellschaftlich nicht die gleiche Anerkennung und Unterstützung erfahren wie traditionelle Familien, könnten sich hier Fragen der Ungleichbehandlung und Diskriminierung stellen. Dies könnte insbesondere dann der Fall sein, wenn Kinder in Regenbogenfamilien benachteiligt werden, z. B. in Bezug auf das Adoptionsrecht, das Sorgerecht oder andere elterliche Rechte. Eine solche Ungleichbehandlung könnte das Recht des Kindes auf Gleichbehandlung und Nichtdiskriminierung verletzen und bleibt daher eine offene Frage, die durch Rechtsprechung und Gesetzgebung weiter geklärt werden muss. Es ist wichtig, dass die Rechte von Kindern, die in Regenbogenfamilien aufwachsen, angemessen geschützt werden und dass ihre familiäre Situation nicht zu einer Grundlage für Diskriminierung und Ungleichbehandlung wird.

ee) Rechtfertigung der Ungleichbehandlung

Im Fall X und Andere/A[1298] begründeten die österreichischen Gerichte die Ablehnung der Stiefkindadoption durch gleichgeschlechtliche Paare mit dem Schutz der traditionellen Familie und dem Kindeswohl in diesem Zusammenhang. Nach der Entscheidung des EGMR stellte dies grundsätzlich einen wichtigen und legitimen Grund dar, der eine unterschiedliche Behandlung rechtfertigen konnte. In Fällen, in denen es um eine Ungleichbehandlung aufgrund des Geschlechts oder der sexuellen Orientierung ging, räumte die Rechtsprechung des EGMR dem Mitgliedstaat jedoch nur einen geringen Ermessensspielraum ein. Die Behörden des Mitgliedstaates mussten daher nachweisen, dass es notwendig war, bestimmte Personengruppen, wie z. B. Personen in gleichgeschlechtlichen Beziehungen, vom Anwendungsbereich der einschlägigen Bestimmungen, wie z. B. der Stiefkindadoption,

1298 EGMR(GK), Urteil v. 19.2.2013 – 19010/07 (X u. a./Österreich), *NJW* 2013, S. 2173.

auszuschließen, um das angestrebte Ziel, wie z. B. hier den Schutz der traditionellen Familie und des Kindeswohls, zu erreichen. Die österreichische Behörde hatte jedoch keine konkreten Beweise oder wissenschaftlichen Studien vorgelegt, die belegten, dass Familien mit zwei gleichgeschlechtlichen Elternteilen unter keinen Umständen den Bedürfnissen der Kinder entsprechen könnten. Darüber hinaus ermöglichte und akzeptierte das österreichische Recht (d. h. die alleinige Adoption durch eine Person in einer gleichgeschlechtlichen eingetragenen Lebenspartnerschaft erfordert die Zustimmung der anderen Person) de facto, dass ein Kind im Haushalt eines gleichgeschlechtlichen Paares aufwuchs, was im Hinblick auf das angeblich verfolgte Ziel widersprüchlich erschien. Dennoch bot das österreichische Recht keine weiteren Möglichkeiten der rechtlichen Anerkennung und des Schutzes für solche De-facto-Familien mit gleichgeschlechtlichen Eltern.

Das Argument der österreichischen Behörde, dass bereits im Bereich der Adoption ein weiter Ermessensspielraum bestehe und zudem die Adoption durch gleichgeschlechtliche Paare in Europa nicht konsensfähig sei, so dass die Mitgliedstaaten über einen größeren Ermessensspielraum verfügten, griff hier nicht, da es im vorliegenden Fall nicht um die Frage der Adoption durch gleichgeschlechtliche Paare ging, sondern nur um die damit verbundene Frage der Diskriminierung, bei der der Ermessensspielraum eingeschränkt war. Der EGMR stellte fest, dass die Abwägung zwischen dem Schutz der traditionellen Familie und den Interessen sexueller Minderheiten naturgemäß schwierig sei und von den Mitgliedstaaten verlangte, Standpunkte und Interessen miteinander in Einklang zu bringen, die von den Parteien als grundsätzlich gegensätzlich angesehen wurden. Im vorliegenden Fall hatte die österreichische Behörde keine überzeugenden Argumente dafür vorgebracht, dass der Ausschluss der Stiefkindadoption durch gleichgeschlechtliche Paare zum Schutz der traditionellen Familie und des Kindeswohls erforderlich war.

Daraus ergibt sich, dass die Prüfung des Diskriminierungsverbots bisher nur aus der Sicht des gleichgeschlechtlichen Paares selbst aufgrund des Geschlechts oder der sexuellen Orientierung erfolgt, wobei der Beurteilungsspielraum relativ eng ist. Rechtsprechung des EGMR zur Prüfung des Diskriminierungsverbots aus Sicht des Kindes in Regenbogenfamilien gibt es jedoch nicht. Es könnte an die Rechtsprechung des deutschen BVerfG[1299]

[1299] BVerfG, Beschluss v. 26.3.2019 – 1 BvR 673/17, *NJW* 2019, S. 1793.

erinnert werden, in der das Diskriminierungsverbot aus der Sicht des Kindes in der nichtehelichen Stieffamilie geprüft wurde. Ob die Entscheidung des BVerfG zum Diskriminierungsverbot in diesem Fall über die Frage der Eröffnung der Stiefkindadoption in nichtehelichen Familien auch für die Frage der Zuordnung des Kindes zur Lebenspartnerin der Mutter gilt, kann jedoch offen bleiben und der weiteren Rechtsprechung überlassen werden. Sicher ist aber, dass der Anerkennung der Elternschaft der Wunscheltern in Regenbogenfamilien besser gedient sein könnte, wenn das Diskriminierungsverbot aus der Perspektive des Kindes betrachtet wird.

c) Kritik der Umsetzung der Vorgaben

1) Relevanz zum Schutz der frühen sozialen Familien

Art. 8 EMRK schützt keine Rechtsverhältnisse um ihrer selbst willen. Für die Anerkennung der Eltern-Kind-Zuordnung in modernen Familienstrukturen ist zunächst zu prüfen, ob eine soziale Familie vorliegt, um den Schutzbereich des Art. 8 EMRK zu eröffnen. Aus der Rechtsprechung des EGMR ergibt sich, dass eine frühe soziale Familie, die aufgrund biologischer oder natürlicher Bindungen entstanden ist (ohne Zusammenleben oder mit nur kurzer Dauer des Zusammenlebens, z. B. innerhalb von 6 Monaten), häufig ein Familienleben i. S. v. Art. 8 EMRK darstellt, sofern es nicht den Eltern selbst, sondern rechtlichen Gründen zuzuschreiben ist, dass sich die frühe soziale Familie nicht weiterentwickelt hat.[1300] Dagegen wird eine frühe soziale Familie, in der nur Statusbeziehungen nach ausländischem Recht, aber keine genetischen (biologischen) Beziehungen bestehen, wie z. B. die frühe oder potentielle Beziehung zwischen Stiefkind und Stiefelternteil in einer Stieffamilie oder eine solche Beziehung zwischen dem Wunschkind und dem mit ihm nicht genetisch verbundenen Wunschelternteil in einer Leihmutter- oder Regenbogenfamilie, i. d. R. nicht als Familienleben i. S. v. Art. 8 EMRK angesehen.

Daraus folgt, dass eine sehr wichtige Facette des Begriffs des Familienlebens in Art. 8 EMRK nach wie vor die traditionelle, auf Blutsverwandtschaft beruhende Familie ist, deren Schutz nach Art. 8 EMRK bereits in einem sehr frühen Stadium einsetzt. Darüber hinaus können auch rechtmäßige und echte Adoptionsverhältnisse von Anfang an durch Art. 8 EMRK geschützt sein,

---

[1300] KG, Beschluss v. 23. 9. 2010 – 1 W 70/08, *NJW* 2011, S. 535; EGMR, Urteil v. 21.12.2010 – 20578/07 (Anayo/Deutschland), *FPR* 2013, S. 275.

auch wenn Adoptiveltern und Adoptivkind nicht genetisch miteinander verwandt sind und nie zusammengelebt haben. Der Schutz der frühen sozialen Familie erstreckt sich jedoch nicht auf weitere moderne Familienstrukturen, was zur Folge hätte, dass die Entstehung potentieller Gefahren, die mit dem Wohl der in modernen Familienstrukturen lebenden Kinder unvereinbar sind, nicht verhindert werden könnte. So kann bspw. die rechtliche Situation eines Kindes, das in modernen Familienstrukturen aufwächst, vollständig durch die Paarbeziehung und den elterlichen Willen beeinflusst werden.

Der Schutz einer frühen sozialen Familie ist daher von großer Bedeutung, damit das Kind von Geburt an (Adoption) oder so bald wie möglich in seine Familie integriert werden kann,[1301] unabhängig davon, ob diese soziale Familie auf der Grundlage biologischer Verbindungen oder nicht, auf natürlichem Weg oder durch künstliche Befruchtung entsteht, und unabhängig davon, ob die Eltern dieser sozialen Familie ver-schiedenen oder gleichen Geschlechts sind. Mit dem Wandel der Reproduktionstechnologien und der gesellschaftlichen Wertvorstellungen hinkt die Rechtsentwicklung, z. B. die Definition der Familie bzw. des Familienlebens im rechtlichen Sinne, häufig der Modernisierung der Familienstrukturen hinterher. Kinder in modernen Familienstrukturen sollten dafür nicht verantwortlich gemacht werden. Eine Ausweitung des Schutzes der frühen sozialen Familie auf andere moderne Familienstrukturen wäre daher im Interesse des Kindeswohls wünschenswert.

Wenn die frühe soziale Familie der modernen Familienstruktur nicht ohnehin in den Bereich des Familienlebens fällt, kann sie jedenfalls dem Privatleben zugeordnet werden, weil das Privatleben ein weiter Begriff ist. Der Schutz der frühen sozialen Familie kann dadurch erreicht werden, dass die Anerkennung der sich aus dem ausländischen Recht ergebenden Identitätsverhältnisse unter dem Gesichtspunkt des Rechts auf Achtung des Privatlebens des Kindes und des Kindeswohls angestrebt wird, sofern, wie oben ausgeführt, die Rechte des Kindes vor Gericht ungehindert oder leichter geltend gemacht werden können.

2) Eingriff (Nichtanerkennung) unter welchen Umstände?

Aus der Rechtsprechung des EGMR ergibt sich, dass zwar der Schutzbereich des Familienlebens i. S. d. Art. 8 EMRK für moderne Familienstrukturen

---

[1301] KG, Beschluss v. 23.9.2010 – 1 W 70/08, *NJW* 2011, S. 537.

geöffnet ist, dies aber nicht bedeutet, dass dieser Schutz zu einer unmittelbaren Anerkennung der nach ausländischem Recht begründeten rechtlichen Elternschaft der Wunscheltern führen kann. Unter welchen Umständen ist es gerechtfertigt, in das Familienleben einzugreifen, indem die rechtliche Elternschaft nicht anerkannt wird? Grundsätzlich kann das Kindeswohl als ausschlaggebender Grund für einen Eingriff in das Familienleben angesehen werden. Das Kindeswohl ist jedoch, wie oben dargelegt, ein allgemeiner Begriff und wird als eine der Konkretisierungen des ordre public angesehen. Es wird i. d. R. einerseits unter dem Gesichtspunkt der Generalprävention und andererseits unter dem Gesichtspunkt der besonderen Umstände des Einzelfalls geprüft. Im Rahmen von Art. 8 EMRK kann der Eingriff nicht allein auf das allgemeine Kindeswohl (also das Kindeswohl ex ante) gestützt werden, ohne das Wohl des konkreten Kindes im Einzelfall zu berücksichtigen.

Die Rechtsprechung zur Leihmutterschaft zeigt, dass in den europäischen Mitglied-staaten kein Konsens über die Regelung der Leihmutterschaft besteht, so dass den Mit-gliedstaaten ein relativ großer Ermessensspielraum eingeräumt wird. Der Eingriff in das Familienleben durch die Verweigerung der Anerkennung der Elternschaft der Wunscheltern zum Schutz des allgemeinen Kindeswohls hält sich im Rahmen des Ermessensspielraums, soweit das Kindeswohl im Einzelfall im Hinblick auf den Erhalt der sozialen Familie tatsächlich nicht gefährdet ist oder durch alternative innerstaatliche rechtliche Maßnahmen, wie z. B. ein Pflege- oder Vormundschaftsverhältnis oder ein erneutes Adoptionsverfahren, grundsätzlich gewahrt werden kann. Weniger ins Ge-wicht fällt dabei die Missachtung des Kindeswohls im Zusammenhang mit der recht-lichen Formalisierung der sozial-familiären Beziehung, die zu Hindernissen für das Familienleben im Alltag führt. Der Ermessensspielraum könnte jedoch überschritten sein, wenn das Kindeswohl im Hinblick auf die Aufrechterhaltung der sozialen Familie auf der faktischen Ebene verletzt wird, d. h. wenn das Familienleben über die Ebene des Alltags hinaus bis hin zur Trennung oder zum Auseinanderbrechen beeinträchtigt wird, es sei denn, das Kindeswohl erfordert im Einzelfall (z. B. bei schweren körperlichen und seelischen Schäden des Kindes) eine Trennung von der Familie.

Die Rechtsprechung zu Regenbogenfamilien bezieht sich ausschließlich auf Diskriminierungsfragen. Zur Frage der Vereinbarkeit der Nichtanerkennung der Elternschaft des Wunschelternteils in Regenbogenfamilien mit dem Recht auf Achtung des Familienlebens nach Art. 8 EMRK könnte auf die Rechtsprechung zu Leihmutterschaftsfamilien verwiesen werden. In Fällen, die Stief- und Adoptivfamilien betreffen, haben die Mitgliedstaaten hingegen nur einen begrenzten Ermessensspielraum in Bezug auf die allgemeinen Fragen, in denen die meisten Mitgliedstaaten einen Konsens erzielt haben. Insofern hat der EGMR dem Kindeswohl im Hinblick auf die rechtliche Verfestigung der sozial-familiären Beziehung eine größere Bedeutung beigemessen, als sich auf die faktische Aufrechterhaltung der sozialen Familie oder die Gewährung elementarer rechtlicher Schutzmaßnahmen zu beschränken. Der Schutz des allgemeinen Kindeswohls stellt daher grundsätzlich keine verhältnismäßige Rechtfertigung für einen Eingriff in das Familienleben (Nichtanerkennung der Elternschaft) solcher Familien dar. Ein Eingriff ist nur aus Gründen des Kindeswohls im Einzelfall möglich (z. B. schwere körperliche oder seelische Schäden des Kindes oder fehlende Zustimmung des Kindes).

Bei der Anerkennung der Eltern-Kind-Zuordnung in modernen Familienstrukturen geht es i. d. R. vor allem um die Wahrung des innerstaatlichen ordre public, wie z. B. die Generalprävention im Hinblick auf das allgemeine Kindeswohl oder andere rechtspolitische Ziele (Rechtsverbote), während es im Rahmen von Art. 8 EMRK auch um den Schutz des Kindeswohls im Einzelfall geht. Dementsprechend ist zunächst der Umfang des Ermessensspielraums in den einzelnen Sachbereichen bzw. Fragen zu bestimmen und ein Ausgleich zwischen den widerstreitenden öffentlichen und privaten Interessen herbeizuführen, wobei insbesondere das Kindeswohl im Einzelfall zu berücksichtigen ist. Da in Bereichen, in denen zwischen den Mitgliedstaaten kein Konsens erzielt werden kann, wie bei der Leihmutterschaft oder der gleichgeschlechtlichen Elternschaft, i. d. R. ein vergleichsweise weiter Ermessensspielraum eingeräumt wird, hat der EGMR insoweit allein auf die Erhaltung der sozialen Familie in tatsächlicher Hinsicht abgestellt und die rechtliche Verfestigung der sozial-familiären Beziehung vernachlässigt. Dies kann dazu führen, dass einerseits die rechtliche Integration des Kindes in die soziale Familie in der Gegenwart erschwert wird und andererseits mögliche zukünftige Gefährdungen des Kindeswohls im Hinblick auf den Fortbestand der sozialen Familie, die sich aus veränderten Umständen (Scheitern der Beziehung der Eltern oder Tod eines Elternteils) ergeben, nicht im Voraus geschützt werden können. Darüber hinaus berücksichtigt die Nichtanerkennung der nach ausländischem Recht begründeten Elternschaft aufgrund des Bestehens alternativer Wege zur Anerkennung oder anderer Schutzmaßnahmen nicht die Möglichkeit objektiver tatsächlicher Veränderungen, die zu Verfahrensverzögerungen oder unüberwindbaren Hindernissen führen können, so dass ein rascher und wirksamer Schutz des Familienlebens nicht gewährleistet werden kann.

Zusammenfassend lässt sich festhalten, dass eine direkte Anerkennung der Eltern-Kind-Zuordnung in modernen Familienstrukturen über den Schutz des Familienlebens nach Art. 8 EMRK schwierig ist, weil das Recht auf Achtung des Familienlebens i. S. v. Art. 8 EMRK i. d. R. nur auf den aktuellen faktischen Zustand, nicht aber auf die (nach ausländischem Recht begründeten) Rechtsverhältnisse abstellt und zwar die dem Schutz des faktischen Zustandes entsprechenden rechtlichen Mindestgarantien bieten kann, nicht aber auf eine volle (vollständige) Legalisierung der faktischen Familienbeziehungen abzielt. Eine direkte Anerkennung ist nur dann möglich, wenn die soziale Familie nur durch die Anerkennung ausländischer Rechtsverhältnisse aufrechterhalten werden kann, weil nach nationalem Recht keine alternativen Rechtsmittel (Sorgerecht oder Adoption) zur Verfügung stehen, oder wenn die Mitgliedstaaten in bestimmten Fragen einen geringeren Ermessensspielraum haben und das Kindeswohl im Hinblick auf die rechtliche Verfestigung der faktischen Familie stärker gewichten. Ein solcher Ansatz birgt jedoch potenzielle Risiken und Probleme: Erstens kann der faktische Zustand der Familie aufgrund der Instabilität (Unvollständigkeit) der Rechtsbeziehung jederzeit untergraben oder aufgelöst werden; zweitens kann er sich nicht an die Vielfalt der Familienformen und den sozialen Wandel anpassen; und drittens kann er im Hinblick auf das Recht auf Achtung des Familienlebens von Kindern, die in verschiedenen Familien geboren und aufgewachsen sind, als diskriminierend empfunden werden. Der Schutz des Familienlebens i. S. v. Art. 8 EMRK muss daher weiter an die gesellschaftlichen Veränderungen angepasst werden.

3) Folgen: Legitimierung der faktischen Eltern-Kind-Verhältnisse

Die Folgen des Schutzes des Familienlebens im Rahmen von Art. 8 EMRK für die Anerkennung der Eltern-Kind-Zuordnung in den verschiedenen modernen Familienstrukturen werden, wie bereits erwähnt, unterschiedlich dargestellt, je nachdem, wie groß der Ermessensspielraum der Mitgliedstaaten in den verschiedenen Bereichen ist (z. B. bei sensiblen oder allgemeinen Fragen) und welches Gewicht den verschiedenen Aspekten des Kindeswohls beigemessen wird (z. B. Beibehaltung des faktischen familiären Status quo oder rechtliche Verfestigung der faktischen Familienbeziehungen). Der Schutz der Familie nach Art. 8 EMRK ist somit nicht in der Theorie der vollendeten Tatsachen (fait accompli) verankert und bedeutet keine unmittelbare rechtliche Anerkennung der sozialen Familie, m. a. W.: der Schutz der Familie in der Dimension des ordre public bedeutet keine vollständige Legitimierung der faktischen Eltern-Kind-Beziehungen (der sozial-familiären Beziehungen).

Die Nichtanerkennung bedeutet aber auch nicht, dass die rechtliche Absicherung der faktischen Familie immer unmöglich ist, d. h. dass die Anerkennung der Elternschaft nicht immer verweigert wird. Die Anerkennung sollte gerechtfertigt sein, wenn sich die Umstände ändern (sei es durch eine Änderung der Umstände im Einzelfall oder durch eine Änderung des Ermessensspielraums aufgrund einer Änderung der Rechtslage in den Mitgliedstaaten) und der bestehende Umfang des Rechtsschutzes nicht ausreicht, um den aktuellen faktischen Zustand der Familie aufrechtzuerhalten, oder sogar zu einer Trennung der sozialen Familie führt.

Darüber hinaus ergibt sich aus der Rechtsprechung des EGMR eine positive Verpflichtung der Mitgliedstaaten, Familien i. S. d. Art. 8 EMRK Rechtsschutz zu gewähren.[1302] Auch wenn ausländische Rechtsverhältnisse nicht unmittelbar anerkannt werden können, muss das Recht der Mitgliedstaaten entsprechend dem zeitlichen und gesellschaftlichen Wandel schrittweise dynamische Rechtsschutzmechanismen für moderne Familienstrukturen vorsehen. Dabei ist insbesondere zu berücksichtigen, dass es im Familienleben moderner Familienstrukturen häufig um das Kindeswohl geht, das grundsätzlich auch die rechtliche Verfestigung faktischer Eltern-Kind-Beziehungen erfordert.

d) Fazit

In der deutschen Praxis stützt sich der Schutz der sozialen Familie vor allem auf Art. 8 EMRK und Art. 6 Abs. 1 GG. In diesem Abschnitt wurde vor allem auf die Anwendung von Art. 8 EMRK eingegangen. Nach der

---

1302 EGMR, Urteil v. 26.7.2007 – 58077/00 (Chepelev/Russland), *HUDOC*, Rn. 29; EGMR, Urteil v. 25.1.2007 – 21949/03 (Eski/Österreich), *ÖJZ* 2007, S. 750, Rn. 37; Siehe Botthof, *StAZ* 2013, S. 79.

Rechtsprechung des EGMR kann die Anerkennung der Eltern-Kind-Zuordnung in modernen Familienstrukturen grundsätzlich unter den „Schutz des Familienlebens" oder unter den „Schutz des Privatlebens" des Art. 8 EMRK fallen. Der Begriff „Familienleben" beruht auf sozialen (emotionalen/familiären) Faktoren, wobei genetische und rechtliche Faktoren eine wichtige ergänzende Rolle spielen. An erster Stelle ist die natürliche Familie zu nennen, die sich darauf bezieht, dass das Kind von Geburt an mit seinen leiblichen Eltern zusammenlebt, was die typischste Form des „Familienlebens" i. S. v. Art. 8 EMRK darstellt. Unabhängig davon, ob zwischen den Mitgliedern einer natürlichen Familie eine rechtliche Beziehung besteht oder nicht, bestimmen ihre genetischen und sozial-familiären Bindungen, dass zwischen ihnen ein „Familienleben" besteht.

Ob eine Stieffamilie ein „Familienleben" i. S. v. Art. 8 EMRK darstellt, hängt davon ab, ob zwischen dem Stiefelternteil und dem Stiefkind eine sozial-familiäre Beziehung entstanden ist. Ein rein rechtlicher Aspekt, wie z. B. ein Stiefvater, der durch Anerkennung zum rechtlichen Vater eines Stiefkindes wird, ohne dass sie zusammen gelebt und eine sozial-familiäre Beziehung zueinander aufgebaut haben, kann kein „Familienleben" begründen. Ein echtes und rechtmäßiges Adoptionsverhältnis wird hingegen als „Familienleben" i. S. v. Art. 8 EMRK angesehen, auch wenn zwischen den Adoptiveltern und dem adoptierten Kind keine sozial-familiäre Beziehung besteht. In Regenbogenfamilien ist das Kind (außer bei Adoption) i. d. R. nur mit einem der beiden gleichgeschlechtlichen Partner genetisch verwandt, was der Struktur von Stieffamilien ähnelt. Erst wenn ein in einer Regenbogenfamilie geborenes Kind über einen längeren Zeitraum von beiden gleichgeschlechtlichen Lebenspartnern betreut wird, entsteht aufgrund dieses sozial-familiären Faktors ein „Familienleben" i. S. v. Art. 8 EMRK zwischen dem Kind und dem mit ihm nicht genetisch verwandten Lebenspartner.

Im Fall von Leihmutterschaftsfamilien beruht die Einschätzung des Familienlebens i. S. v. Art. 8 EMRK auf genetischen und sozialen Faktoren, während rechtliche Faktoren wenig dazu beitragen. Vielmehr könnte die Prüfung des Vorliegens eines „Familienlebens" in gewissem Maße durch die „Rechtswidrigkeit" der Leihmutterschaft negativ beeinflusst werden. Sind beide Wunscheltern mit dem Kind aus Leihmutterschaft genetisch verwandt und leben sie seit der Geburt des Kindes mit ihm zusammen, so ist diese Situation mit einer „natürlichen Familie" vergleichbar und stellt grundsätzlich ein „Familienleben" dar. Ist nur einer der Wunschelternteile mit dem Kind aus Leihmutterschaft genetisch verwandt, so ähnelt diese Situation auch der Struktur von Stieffamilien. Ob das Wunschkind und der nicht genetisch mit ihm verwandte Elternteil ein „Familienleben" bilden, hängt davon ab, ob der soziale Faktor ausreichend ist. Wenn beide Wunscheltern nicht genetisch mit dem Wunschkind verwandt sind, ist diese Situation nicht mit einer „echten und rechtmäßigen" Adoption vergleichbar, sondern hängt allein davon ab, ob der soziale Faktor ausreicht, um das Fehlen der „genetischen Verwandtschaft" und die Bewertung der Leihmutterschaft im Empfängerstaat als rechtswidrig auszugleichen. D. h. in diesem Fall können nach Auffassung des EGMR die Anforderungen an die Dauer und emotionale Intensität der sozial-familiären Beziehung strenger sein als in anderen Fällen.

In der Praxis des EGMR gibt es keine einheitliche Regel für die zeitliche Reichweite des sozialen Faktors bei der Prüfung des Vorliegens eines Familienlebens, so dass der Gerichtshof dies i. d. R. von Fall zu Fall im Rahmen seines Ermessensspielraums prüft. Im Lichte der Rechtsprechung schützt Art. 8 EMRK grundsätzlich keine frühen sozialen Familien von weniger als sechs Monaten, es sei denn, es besteht eine genetische Verbindung oder eine rechtmäßige und echte Adoption. Es besteht jedoch ein Bedürfnis für den Schutz einer frühen sozial-familiären Beziehung zwischen dem Wunschkind und dem Wunschelternteil, der keine genetische Verbindung zu dem Kind hat, in einer Leihmutterschafts- oder Regenbogenfamilie. Andernfalls befinden sich sowohl das Wunschkind als auch der nicht genetisch mit dem Wunschkind verwandte Wunschelternteil in einer verletzlichen Situation und sind der Gefahr von Rechtsunsicherheit ausgesetzt.

Selbst wenn ein Familienleben i. S. v. Art. 8 EMRK besteht, ist es möglich, dass die Nichtanerkennung der Elternschaft das Familienleben nicht zerstört. Dies wirft die Frage auf, ob sich der Schutz der Familie darauf beschränkt, sicherzustellen, dass die Familienmitglieder de facto zusammenleben können. Und wann und inwieweit können „positive Verpflichtungen" der Behörden eines Vertragsstaates die Anerkennung der rechtlichen Abstammung erleichtern? Im Laufe der Zeit und mit zunehmender Stabilisierung der sozialen Familie könnten solche „positiven Verpflichtungen" einen allmählichen Übergang vom Erwerb partieller Rechtsgarantien zur vollständigen

Legalisierung der sozial-familiären Beziehungen ermöglichen. Auch wenn die Nichtanerkennung der Eltern-Kind-Zuordnung das Familienleben i. S. v. Art. 8 EMRK beeinträchtigt, wird die Nichtanerkennung nicht als Verletzung des Rechts auf Achtung des Familienlebens nach Art. 8 EMRK angesehen, wenn sie mit dem Grundsatz der Verhältnismäßigkeit vereinbar ist. Bei der Abwägung der Interessen aller Beteiligten (einschließlich der öffentlichen und privaten Interessen) hat das Gericht dem Kindeswohl im Einzelfall den Vorrang einzuräumen. Die Anerkennung der Elternschaft der Wunscheltern ist abzulehnen, wenn sie dem Kindeswohl widerspricht und umgekehrt.

Darüber hinaus kann das Recht auf Achtung des Privatlebens nach Art. 8 EMRK (aus der Sicht des Kindes) einen grundsätzlichen Schutz der Eltern-Kind-Zuordnung in modernen Familienstrukturen bieten, weil das Privatleben diese umfasst. Es ist jedoch möglich, dass die Verletzung dieses Rechts des Kindes nicht überprüft werden kann, weil keine der Parteien das Recht des Kindes geltend macht (nicht willens oder nicht befugt). Zusammenfassend lässt sich sagen, dass die Anerkennung der Eltern-Kind-Zuordnung in modernen Familienstrukturen im Rahmen von Art. 8 EMRK nach wie vor eine Einzelfallentscheidung ist und die bestehende Rechtsprechung noch nicht ausreicht, um alle Umstände abzudecken. Weitere Rechtsprechung, die die sozialen Realitäten abbildet und das Kindeswohl in den Mittelpunkt stellt, ist zu erwarten.

II. Aus chinesischer Sicht

1. Allgemeines

Der verfahrensrechtliche ordre public ist in §§ 299, 300 ZPG 2023 geregelt. Danach werden rechtskräftig gewordene Urteile und Entscheidungen ausländischer Gerichte, die gegen die Grundprinzipien des Rechts der VR China oder gegen die Souveränität, die Sicherheit oder die öffentlichen Interessen des Staates verstoßen, nicht anerkannt und nicht vollstreckt. Dies hat einen ähnlichen Inhalt und Maßstab wie die ordre-public-Klausel des § 5 IPRG. Insbesondere ist darauf hinzuweisen, dass in beiden Vorschriften anstelle des weiten Begriffs des ordre public der Begriff des öffentlichen Interesses verwendet wird. Zudem soll – ähnlich wie bei § 5 IPRG – nach h. M. in der Literatur auch bei §§ 299, 300 ZPG 2023 die Berufung auf den ordre-public-Vorbehalt eingeschränkt sein,[1303] während dies in der chinesischen Rechtsprechungspraxis etwas anders sein könnte.

Auch bei der ordre-public-Prüfung nach §§ 299, 300 ZPG 2023 ist wie bei § 108 FamFG auf das konkrete Ergebnis der Anerkennung im Einzelfall abzustellen, ohne dass es auf die abstrakte Rechtmäßigkeit der ausländischen Entscheidung ankommt.[1304] Die Anerkennung ist zu versagen, wenn das Ergebnis mit dem chinesischen ordre public i. S. v. §§ 299, 300 ZPG 2023 unvereinbar ist. Hinsichtlich des Grades des ordre-public-Verstoßes enthält §§ 299, 300 ZPG 2023 keine Formulierung wie „offensichtlich" in § 109 FamFG. Zudem ist in § 299, 300 ZPG 2023 kein räumliches Relativitätsprinzip eingeführt, so dass der Grad des Bezugs zu China keinen Einfluss auf die Duldung des chinesischen ordre public hat. Die fehlenden klaren und strengen Kriterien, wie der ‚offensichtlich'-Standard oder ein räumliches Relativitätsprinzip, könnten dazu führen, dass chinesische Gerichte den ordre-public-Vorbehalt unterschiedlich auslegen und anwenden, was eine inkonsistente oder unvorhersehbare Anwendung zur Folge haben könnte. Hinzu kommt, dass es wie beim deutschen ordre-public-Vorbehalt immer auf den Zeitpunkt der Anerkennung ausländischer Entscheidungen ankommt, d. h. ob die Anerkennung gegen den chinesischen ordre public verstößt, ist nach den aktuellen Umständen zu beurteilen.[1305]

Da China Vertragsstaat der UN-KRK ist, ist der Grundsatz des Kindeswohls im chinesischen Familienrecht verankert. Der Grundsatz des Kindeswohls ist daher als wesentlicher Inhalt des ordre public i. S. v. §§ 299, 300 ZPG 2023 zu betrachten, soweit es um Angelegenheiten geht, die Kinder betreffen. Auch der Schutz der Familie ist grund-sätzlich als wichtige Konkretisierung des chinesischen ordre public anzusehen, denn Ehe und Familie sind als Grundrechte des Bürgers verfassungsrechtlich geschützt (Art. 49 Verfassung der VR China). Darüber hinaus ist der Schutz von Ehe und Familie auch ein Grundsatz des Familienrechts (§ 1041 ZGB).

1303 Peng, *Nanjing University Law Journal* 2012, S. 330; Chen, Sheng / Liu, Yan-na: „On Reservation of Public Order in Private International Law". *Journal of Heilongjiang Administrative Cadre College of Politics and Law* 2006(6), S. 101.

1304 Peng, *Nanjing University Law Journal* 2012, S. 327; Li/Ou 2015, S. 416.

1305 Li/Ou 2015, S. 139.

2. Kindeswohl und chinesische Sichtweise

a) Allgemeines

Das Kindeswohlprinzip im chinesischen Recht ergibt sich aus den einschlägigen Be-stimmungen der UN-KRK bzw. des ZGB. Im Vergleich zur deutschen Rechtsprechungspraxis wird in der chinesischen Rechtsprechung selten oder gar nicht auf das abstrakte, allgemeine Kindeswohl oder das Kindeswohl ex ante abgestellt. Vielmehr wird auf das konkrete, nachträgliche Kindeswohl im Einzelfall zurückgegriffen.[1306] Dies bedeutet, dass chinesische Gerichte oder Behörden in Fällen, in denen Kinder betroffen sind, i. d. R. weniger darauf achten, ob das Kindeswohl von ausländischen Gerichten formell geprüft wurde, sondern vielmehr darauf, ob das materielle Ergebnis der Anerkennung oder Nichtanerkennung der betreffenden Urteile oder Entscheidungen mit dem Wohl des konkreten Kindes vereinbar ist.

Im chinesischen Recht finden sich weitere relevante Prinzipien oder Maßstäbe, die im Kindeswohlprinzip verankert sind. Die Gleichbehandlung bzw. das Diskriminierungsverbot lässt sich z. B. aus §§ 1071, 1072, 1111 ZGB ableiten, wonach eheliche Kinder,[1307] nichteheliche Kinder, Adoptivkinder und Stiefkinder, die in einer sozial-familiären Beziehung zu ihren Stiefeltern stehen, als Kinder i. S. d. ZGB gelten und in den Wirkungen des Eltern-Kind-Verhältnisses gleich behandelt werden. Bei der Adoption[1308] und der Zuweisung der elterlichen Sorge bei Scheidung der Eltern[1309] ist das Wohl des Minderjährigen (verbunden mit dem Günstigkeitsprinzip)[1310] zu berücksichtigen. Der Schutz des Schwächeren kann sich auch aus dem Familienrecht ergeben. So sind Kinder nach § 1041 ZGB in der Familie in der schwächeren Position, so dass ihre Interessen besonderen Schutz genießen und denen der Erwachsenen vorgehen.

Auch die Eltern-Kind-Zuordnung im chinesischen Recht orientiert sich in gewisser Weise am Kindeswohlprinzip, wonach die sofortige Zuordnung des Kindes zu den leiblichen oder freiwilligen Eltern, die elterliche

---

1306 Zivilurteil des Ersten MVG Shanghai, (2015) hu zi zhong shao min zhong zi Nr. 56.

1307 § 40 OVG-Erläuterungen des Ehe- und Familienteils I.

1308 § 1044 ZGB.

1309 § 1084 ZGB.

1310 Der Grundsatz der gesunden Entwicklung des Kindes wurde in der Rechtsprechung u. U. zusätzlich zu dem Grundsatz des Kindeswohls erwähnt, siehe Li X 1 v. He X, Scheidungsstreit, Zivilurteil des MVG Zhenjiang, (2017) su 11 min zhong Nr. 1890.

Verantwortung übernehmen wollen, oder die rechtliche Absicherung der faktischen Beziehung zu den sozialen Eltern für das Kindeswohl erforderlich ist. Nach chinesischem Recht liegt daher dem Eltern-Kind-Verhältnis hauptsächlich natürliche und fiktive Blutsverwandtschaft zugrunde. Erstere beruht auf genetischen oder biologischen Beziehungen, letztere auf rechtlich fiktiven Beziehungen (bei Adoption oder künstlicher Befruchtung) sowie auf sozial-familiären Beziehungen (bei sozial-familiären Beziehungen zwischen Stiefkind und Stiefeltern-teil). Das chinesische Recht enthält jedoch keine Regelungen zur Eltern-Kind-Zuord-nung in Leihmutterschafts- und Regenbogenfamilien, so dass es den Gerichten überlassen bleibt, auf der Grundlage der bestehenden gesetzlichen oder richterlichen Regelungen zur Elternschaft einen theoretischen und normativen Rahmen zu schaffen.

Eltern sind die natürlichen Wächter über die Interessen ihrer Kinder. Die rechtliche Absicherung dieser natürlichen Eltern-Kind-Beziehung würde nicht nur die Anerkennung der Rechte und Pflichten der Eltern bedeuten, sondern auch die Bestellung eines Bechützers für die Interessen des Kindes im rechtlichen Sinne. Auch fiktive Verwandtschaftsverhältnisse sind eine Möglichkeit, Eltern-Kind-Beziehungen auf der Grundlage des Kindeswohls zu begründen. Nach dem chinesischen ZGB unterliegt zum einen die Begründung einer Adoption dem Grundsatz des Kindeswohls, zum anderen ist auch die Etablierung einer (Stief-)Eltern-(Stief-)Kind-Beziehung, bei der es um die tatsächliche Sorge und Erziehung geht, auch ein Mittel zur Legitimierung sozial-familiärer Beziehungen, um die rechtliche Integration von Stiefkindern in Stieffamilien zu ermöglichen. Auch die im chinesischen Recht vorgesehene Regelung, dass Kinder, die aus einer heterologen künstlichen Befruchtung der Ehegatten hervorgehen, als eheliche Kinder gelten (gesetzliche Fiktion), beruht ohne weiteres auf dem Grundsatz des Kindeswohls. In anderen Bereichen der künstlichen Befruchtung (Leihmutterschaft, gleichgeschlechtliche Familien) könnte die Feststellung der rechtlichen Elternschaft, auch wenn dies im Gesetz nicht ausdrücklich vorgesehen ist, in der Praxis ebenfalls auf dem Grundsatz des Kindeswohls beruhen, bspw. durch die Einführung des Kriteriums des gemeinsamen Willens, um die (rasche und direkte) Feststellung der Elternschaft zwischen gleichgeschlechtlichen Paaren und ihren Kindern zu erleichtern.[1311]

1311 Näheres siehe unten Teil 4 B II 2 b) 4).

Zusammenfassend lässt sich sagen, dass die Gerichte in der gerichtlichen Praxis zum Schutz des Kindeswohls weiterhin die Regeln der bestehenden Eltern-Kind-Zuordnung anwenden können (bei natürlichen Familien, Adoptivfamilien und Stieffamilien). In Fällen der künstlichen Fortpflanzung (bei Leihmutterfamilien, Regenbogenfamilien) könnten sie das Vertragskonzept (auf der Grundlage des gemeinsamen Willens) einführen und die elterliche Verantwortung (auf der Grundlage des „Estoppel" oder des Grundsatzes von Treu und Glauben) nach dem Grundsatz des Kindeswohls klären.[1312] Zu beachten ist auch, dass die kindeswohlbezogene Regelung bzw. Argumentation in den chinesischen Rechtstexten und der Rechtsprechungspraxis häufig nicht das Kriterium der Erforderlichkeit, sondern nur das Kriterium der Dienlichkeit verwendet.[1313] Zugleich könnten bei der ordre-public-Prüfung wohl ebenso wie im deutschen Recht auch Grenz- bzw. Schrankenfaktoren des Kindeswohls berücksichtigt werden, wie z. B. die Interessen der Betroffenen (leibliche Eltern, Leihmutter, Wunscheltern, Samen- oder Eizellspender), generalpräventive Zwecke (gesellschaftliche öffentliche Interessen) sowie der Schutz der nationalen Souveränität (in Bezug auf Gesetzgebung und Justiz).

b) Spezielles in verschiedenen Familienstrukturen

1) Stieffamilien

Nach chinesischem Recht gibt es zwei Möglichkeiten, wie ein Eltern-Kind-Verhältnis zwischen dem Stiefelternteil und dem Stiefkind entstehen kann. Zum einen kann der mit dem leiblichen Elternteil verheiratete Stiefelternteil die rechtliche Elternschaft durch Stiefkindadoption erlangen, sofern der andere leibliche Elternteil zustimmt. Zum anderen kann ein faktisches Eltern-Kind-Verhältnis zwischen dem mit dem leiblichen Elternteil verheirateten Stiefelternteil, der das Stiefkind tatsächlich betreut und erzogen hat,[1314] und dem

---

1312 Unter Bezugnahme auf die Ansichten chinesischer Akademiker und Juristen, näheres siehe unten Teil 4 B II 2 b) 4).

1313 Zivilurteil des Ersten MVG Shanghai, (2015) hu zi zhong shao min zhong zi Nr. 56.

1314 Die im zweitinstanzlichen Urteil zitierte erstinstanzliche Auffassung: „Der Begriff der Sorge/Pflege/Betreuung und Erziehung sollte auf das Zusammenleben sowie auf die unmittelbare Sorge/Pflege/Betreuung und Erziehung bezogen und nicht im erweiterten Sinne verstanden werden." Die Auffassung des zweitinstanzlichen Urteils: „Bei der Feststellung, ob ein Obhuts- und Pflegeverhältnis zwischen dem Stiefelternteil und dem Stiefkind entstanden ist, sollten Faktoren wie das Zusammenleben, die gemeinsam verbrachte Zeit, die Wünsche beider Parteien

Stiefkind, also eine sozial-familiäre Beziehung, rechtlich abgesichert werden. Die Begründung oder Feststellung dieses Rechtsverhältnisses bedarf nicht der Zustimmung des außenstehenden leiblichen Elternteils. Um das Wohl der Stiefkinder zu schützen und die Stabilität der Stieffamilien zu erhalten, sieht das chinesische Recht daher einen stärkeren Schutz der faktischen Eltern-Kind-Beziehung in Stieffamilien vor. Diese faktische sozial-familiäre Beziehung kann die gleiche rechtliche Wirkung haben wie die Eltern-Kind-Beziehung in natürlichen Familien oder Adoptivfamilien, ohne dass die rechtliche Beziehung zwischen dem Stiefkind und dem leiblichen Elternteil außerhalb der Stieffamilie beendet wird.

Da sich zudem das Kindeswohl im chinesischen Recht eher auf das aktuelle Kindeswohl zum Zeitpunkt der Anerkennungsentscheidung bezieht, entspricht gerade die rechtliche Verfestigung (Anerkennung) der sozial-familiären Beziehung zwischen Stiefelternteil und Stiefkind dem aktuellen Kindeswohl.[1315] Darüber hinaus tendieren chinesische Gerichte in Bezug auf Stieffamilien dazu, insbesondere die Interessen der Stiefkinder zu berücksichtigen, die von einem Stiefvater oder einer Stiefmutter betreut und erzogen werden,[1316] und es gibt nur wenige spezifische Vorschriften oder Rechtsprechungen zu Fällen, in denen die Interessen eines Stiefkindes mit denen eines leiblichen Kindes oder eines außerhalb der Familie stehenden leiblichen Elternteils kollidieren. Nach § 1072 ZGB ist die Gleichbehandlung von Stiefkindern, die in einer sozial-familiären Beziehung zum Stiefelternteil stehen, und leiblichen Kindern von großer Bedeutung. Das Wohl des Stiefkindes

---

sowie die Umstände der Fürsorge, Versorgung und Erziehung des Stiefkindes durch den Stiefelternteil und die Unterstützung des Stiefelternteils durch das Stiefkind berücksichtigt werden. Es ist also zu prüfen, ob sie zusammenleben und inwieweit sie in zeitlicher, finanzieller und emotionaler Hinsicht miteinander verbunden sind." Siehe Hu X v. Yu X Erbschaftsstreitfall, Zivilurteil des MVG Zhuhai, (2019) yue 04 min zhong Nr. 878.

1315 Der Richter stellte in einem Leihmutterschaftsfall fest, dass die Anerkennung der sozial-familiären Beziehung zwischen dem Leihmutterschaftskind und der Wunschmutter innerhalb einer Stieffamilienstruktur dem Wohl des konkreten Kindes entsprach, ohne auf das abstrakte Kindeswohl oder die Frage einzugehen, ob dieses bereits im Vorfeld (ex ante) geschützt werden musste, siehe Chen Ying v. Luo Ronggong Vormundschaftsstreit, Zivilurteil des Ersten MVG Shanghai, (2015) hu yi zhong shao min zhong zi Nr. 56.

1316 Chen X,Yuan X1 v. Yang X Erbschaftsstreitigkeit, Zivilbeschluss des OVG Gansu, (2019)gan min shen Nr. 1797.

muss daher bei der ordre-public-Prüfung gleichrangig behandelt werden, wenn die Eltern-Kind-Beziehung zwischen Stiefkind und Stiefelternteil in China verfahrensrechtlich anerkannt werden soll.

Daraus folgt, dass ausländische Gerichtsentscheidungen, die ein faktisches Eltern-Kind-Verhältnis in Stieffamilien feststellen oder die feststellen, dass das Stiefkind mehr als zwei rechtliche Eltern hat (zwei leibliche Eltern und ein Stiefelternteil), in China grundsätzlich anerkannt werden können, weil diese Konstellation dem chinesischen Recht nicht fremd ist[1317] und dem aktuellen Kindeswohl dient.

2) Adoptivfamilien

Trotz der Regelung im chinesischen Recht, dass die Adoption dem Grundsatz des Wohls des Adoptierten folgen soll, werden die Anforderungen an die Elterneignung und die Adoptionsbedürftigkeit bei Adoptionsformen wie der Verwandten- und Stiefkindadoption aufgrund des lokalen chinesischen Verständnisses des Kindeswohls und der eigenen Adoptionskultur vom Gesetzgeber gelockert. D. h. die Voraussetzungen und Kriterien der Kindeswohlprüfung bei einer Adoption in China sind nicht so streng. Ausländische Adoptionsentscheidungen werden daher grundsätzlich anerkannt, sofern sie mit den materiellrechtlichen Voraussetzungen und dem Adoptionsverfahren im Herkunftsstaat vereinbar sind.[1318]

Die Anerkennung von Adoptionsverhältnissen ist in China i. d. R. eine Vorfrage bei Erbschaftsstreitigkeiten, während es nur wenige (fast keine) Entscheidungen gibt, die ausländische Adoptionsentscheidungen gesondert anerkennen. Wenn die Anerkennung ausländischer Adoptionen als Vorfrage gestellt wird und das Verfahren dieser Adoptionen rechtmäßig ist oder die Adoptivfamilie sozial-familiär geprägt ist, geht das Gericht häufig davon aus, dass die Anerkennung den Tatsachen und dem Kindeswohl entspricht, ohne dass eine zusätzliche ordre-public-Prüfung stattfindet (außer bei

1317 § 1072 ZGB; In einer Entscheidung stellte das chinesische Gericht fest, dass die rechtliche Beziehung eines Stiefkindes zu seinem leiblichen Vater die rechtliche (erbrechtliche) Beziehung zu seinem Stiefvater nicht berührt,siehe Chen X,Yuan X1 v. Yang X Erbschaftsstreitigkeit, Zivilbeschluss des OVG Gansu, (2019)gan min shen Nr. 1797.

1318 Tang X, Gao XX v. Li XX, Li XY Ein Streit über die Rückgabe von Eigentum, Zivilurteil des Dritten MVG Chongqing, (2013) yu san zhong fa min zhong zi Nr. 00795.

gleichgeschlechtlichen Paaren als Adoptiveltern).[1319] D. h. dem chinesischen Gericht ist es gleichgültig, ob die Kindeswohlprüfung im Herkunftsland durchgeführt wurde. Solange das Verfahren und die Voraussetzungen für eine Adoption im Heimatstaat erfüllt sind (was durch entsprechende notariell und diplomatisch beglaubigte ausländische Urkunden oder Dokumente nachgewiesen werden kann), kann das ausländische Adoptionsverhältnis grundsätzlich als Vorfrage anerkannt werden.

Muss das Adoptionsverhältnis als Hauptfrage gesondert anerkannt werden, kann dies in der Praxis direkt durch Verwaltungsformalitäten (notarielle und diplomatische Beglaubigung von Dokumenten) erfolgen, wobei der Schwerpunkt i. d. R. auf der verfahrensrechtlichen Rechtmäßigkeit liegt.[1320] In China konnten vor der Verabschiedung des Adoptionsgesetzes (1991) auch öffentlich bekannte De-facto-Adoptivfamilien anerkannt und rechtlich abgesichert werden, weil dies im Interesse des Kindes und der Adoptivfamilie liegt.[1321] Auch die Anerkennung ausländischer De-facto-Adoptivfamilien könnte nach dem Kindeswohlprinzip beurteilt werden.

Zusammenfassend ist festzuhalten, dass das Fehlen einer Kindeswohlprüfung in Adoptionsfällen nicht als Verstoß gegen den chinesischen ordre public angesehen wird. Das allgemeine, abstrakte, formale Kindeswohl ist also nicht Gegenstand der ordre-public-Prüfung. Entscheidend ist vielmehr, ob die Anerkennung des Adoptionsverhältnisses dem aktuellen Kindeswohl im Einzelfall entspricht bzw. durch das aktuelle Kindeswohl geboten ist.

1319 Zivilbeschluss des HVG der Provinz Fujian, (2019) min min shen Nr. 2534; Zivilurteil des MVG von Nanjing, Provinz Jiangsu, (2019) su 01 min zhong Nr. 2451; Zivilurteil des MVG Luoyang, (2018) yu 03 min zhong Nr.1612; Zivilurteil des MVG Xiamen, (2016) min 02 min zhong Nr. 4876.

1320 Das Verwaltungsurteil der MVG Guangzhou, (2015) sui zhong fa xing zhong zi Nr. 956, zeigt, dass Notare in der Praxis bei der Beurkundung von Adoptionen in der Regel nur die formellen Aspekte prüfen, ohne die materiellen Elemente zu untersuchen. Zudem können notarielle Adoptionen als Nachweis für das tatsächliche Bestehen des Statusverhältnisses herangezogen werden.

1321 Stellungnahmen des OVG von 1984 zu verschiedenen Fragen der Umsetzung der Zivilpolitik und des Zivilrechts; Zivilurteil des Ersten MVG Tianjin, (2019) jin 01 min zhong Nr. 7995.

3) Leihmutterschaftsfamilien

In einem innerstaatlichen Fall Chen v. Luo[1322] hat das chinesische Gericht, gestützt auf den Grundsatz des Kindeswohls,[1323] die Eltern-Kind-Zuordnung zwischen dem aus einer Leihmutterschaft hervorgegangenen Kind und der mit dem Wunschkind nicht genetisch verwandten Wunschmutter grundsätzlich im Wege einer „Stiefeltern-Stiefkind-Beziehung mit tatsächlichem Obhuts- und Erziehungsverhältnis", also im Weg einer sozial-familiären Beziehung in einer Stieffamilie, nicht aber im Weg einer „De-facto-Adoption"[1324] begründet, wobei die Leihmutter sowohl biologisch als auch rechtlich weiterhin als Mutter des Kindes angesehen wurde, da keine rechtliche Übertragung der Mutterschaft auf die Wunschmutter erfolgt ist. Das bedeutet, dass das durch Leihmutterschaft geborene Kind rechtlich zwei parallele Mütter hatte, obwohl die Leihmutter nicht an der Betreuung des Kindes beteiligt war. Diese Entscheidung setzt voraus, dass die Wunscheltern in einer ehelichen Beziehung leben und eine sozial-familiäre Beziehung zwischen der Wunschmutter und dem Leihmutterschaftskind besteht (der Wille allein reicht nicht aus).[1325] Die Anerkennung einer Eltern-Kind-Beziehung zwischen

---

1322 Chen Ying v. Luo Ronggong Vormundschaftsstreit, Zivilurteil des Ersten MVG Shanghai, (2015) hu yi zhong shao min zhong zi Nr. 56.

1323 Das Urteil besagt: „Die Rechtswidrigkeit der Leihmutterschaft beeinträchtigt den rechtlichen Schutz eines von einer Leihmutter geborenen Kindes nicht, das anderen Kindern gleichgestellt ist. Das Kindeswohlprinzip ist bei der Festlegung der Vormundschaft zu berücksichtigen, um die Interessen des minderjährigen Kindes bestmöglich zu schützen."

1324 Nach Auffassung des Gerichts hätte die Feststellung der Elternschaft der Wunschmutter im Wege einer „De-facto-Adoption" die Wirkung einer „unmittelbaren Anerkennung", d. h. einer direkten Übertragung der Mutterschaft von der Leihmutter auf die Wunschmutter. Dies käme einer stillschweigenden Zulassung der Leihmutterschaft gleich und wäre mit dem geltenden Leihmutterschaftsverbot unvereinbar. Was die Definition der Stiefmutter betrifft, entsteht eine Stiefmutter-Kind-Beziehung, wenn die soziale Mutter ein Kind in die Familie aufnimmt und die Verantwortung für dessen Betreuung übernimmt, das von ihrem Ehemann mit einer anderen Frau gezeugt wurde (einschließlich eines in einer früheren Ehe geborenen Kindes sowie eines Kindes, das in einer Lebensgemeinschaft, durch Ehebruch oder aus außerehelichen Verhältnissen stammt).

1325 In diesem Fall wurde das Kind von der Leihmutter unmittelbar nach der Geburt getrennt und lebte bei den Wunscheltern. Obwohl die Wunschmutter keine genetische oder biologische Verbindung zu dem Kind hatte, zeigte sie sowohl durch ihren Willen als auch durch ihre Taten, dass sie sich um das Wohl des Kindes kümmern wollte.

der sozialen Wunschmutter und dem Leihmutterschaftskind ist nach Ansicht des Gerichts nicht als Billigung der Leihmutterschaft zu verstehen, sondern als Versuch, allen Kindern den gleichen Schutz zu gewähren.[1326]

In einem weiteren Fall mit Auslandsberührung, Tao v. Yin,[1327] waren die Voraussetzungen für den oben dargestellten Weg nicht erfüllt, weil zwischen den Wunscheltern keine Ehe besteht bzw. die Ehe gescheitert ist und zwischen der nicht genetisch mit dem Kind verwandten Wunschmutter und dem Wunschkind keine tatsächliche Pflege- und Erziehungsbeziehung besteht bzw. die Wunschmutter nicht bereit ist, eine solche soziale Beziehung in einem frühen Stadium aufzubauen. Das Gericht lehnte daher die Anerkennung der Elternschaft der Wunschmutter aus anderen Erwägungen des sozialen Allgemeininteresses ab, wie z. B. dem Verbot der Leihmutterschaft.

Die vorgenannten Fälle zeigen, dass die chinesischen Gerichte in Leihmutterschaftsfällen, in denen der Wunschvater mit dem Kind genetisch verwandt ist und die Wunschmutter nicht, bei der Interessenabwägung eher das gegenwärtige Kindeswohl berücksichtigen, das sich eher auf die Legalisierung der sozial-familiären Beziehungen (Statusänderung) bezieht als auf die Feststellung einer rein primären Kindeszuordnung. Dies führt zu einer parallelen rechtlichen Mutterschaft von Leihmutter und Wunsch-mutter. Die Frage, ob dadurch das künftige Wohl des Kindes gefährdet sein könnte, wird von dem chinesischen Gericht jedoch nicht in Betracht gezogen. Es besteht die Möglichkeit, dass die Leihmutter unerwartet in das Leben des Kindes tritt und Ansprüche auf Elternschaft, Sorgerecht oder Umgangsrecht erhebt, so dass die Ungewissheit über das Rechtsverhältnis für das Kind zu Verwirrung bei der Identitätsfindung und zu emotionalem Leid führen kann.[1328]

Sie lebte seit fünf Jahren mit dem Kind zusammen und nahm die Verantwortung als faktische Mutter wahr.

1326 Das Gericht stellte fest: „Unabhängig davon, wie sehr wir die Leihmutterschaft missbilligen oder verurteilen mögen, trifft das Kind selbst keine Schuld und seine Rechte müssen durch das Gesetz geschützt werden. Alle Kinder, ob ehelich oder nichtehelich, ob auf natürlichem Wege oder durch assistierte Reproduktionstechnologie (einschließlich Leihmutterschaft) geboren, sind rechtlich gleich zu behandeln und zu schützen."

1327 Tao X v. Yin X Lin Sorgerechtsfall, Beschluss des MVG Kunming, Yunnan, (2019) yun 01 min zhong Nr. 2092.

1328 Xiao, Yongping / Zhang, Chi: „On the Deal with Surrogacy Case from Comparative Law Perspectives". *Law Science Magazine* 2016(4), S. 70; Im Fall Xie X v. Gao X,

In den Fällen, in denen zwischen den Wunscheltern keine Ehe besteht oder die Ehe geschieden wurde und sich die sozial-familiäre Beziehung zwischen der Wunschmutter und dem Leihmutterschaftskind aufgrund der Trennung der Wunscheltern noch nicht entwickelt hat (z. B. Fall Zheng Shuang)[1329], bleibt durch neue Rechtsprechung zu klären, ob das Abstammungsverhältnis zwischen dem Wunschkind und der mit ihm genetisch verwandten Wunschmutter anerkannt wird. Dabei kann es zu folgenden Konstellationen kommen: Der Wunschvater begehrt die Anerkennung (Feststellung) der rechtlichen Mutterschaft der Wunschmutter, die Wunschmutter lehnt dies ab, oder umgekehrt die Wunschmutter begehrt die Anerkennung ihrer rechtlichen Mutterschaft, der Wunschvater lehnt dies ab. Da die Wahrheit des Blutes (natürliche Blutsverwandtschaft) in den chinesischen Abstammungsregeln als einer der Inhalte des Kindeswohls angesehen wird, ist die Anerkennung der Elternschaft zwischen dem Wunschkind aus Leihmutterschaft und der mit dem Wunschkind genetisch verbundenen Wunschmutter in den vorgenannten Fällen grundsätzlich mit dem gegenwärtigen Wohl des Wunschkindes vereinbar, sofern die Leihmutter auf jegliche Rechte verzichtet (bzw. keine elterliche Verantwortung übernehmen will). Nach chinesischem Recht kann die Eltern-Kind-Zuordnung im Streitfall auch durch das Abstammungsgutachten in Verbindung mit den gesetzlichen Vermutungen erfolgen (§ 39 der gerichtlichen Auslegungen des Teils „Ehe und Familie“ des ZGB). Die Anerkennungsentscheidung könnte daher auch auf dieser Grundlage ergehen, d. h. die Mutterschaft der genetischen Wunschmutter ist anzuerkennen, wenn sie einen Gentest ablehnt.

Ist das Kind aus Leihmutterschaft zudem nicht mit beiden Wunschelternteilen genetisch verwandt, könnten die chinesischen Gerichte den Wunscheltern wegen des Verbots der Leihmutterschaft die Anerkennung

---

Umgangsrechtsstreit, Zivilurteil des Fünften Mittleren Volksgerichts Chongqing, 2018 yu 05 min zhong Nr. 3328, ging es um eine Leihmutterschaft, bei der sowohl die Eizelle als auch die Gebärmutter von der Leihmutter stammten. Der Anspruch der Leihmutter auf ein Umgangsrecht wurde vom Gericht mit der Begründung abgelehnt, dass dies nicht dem Kindeswohl entspreche.

1329 Shuang Zheng war einst eine populäre chinesische Schauspielerin. Anfang 2021 erregte die Durchführung von Leihmutterschaft in den Vereinigten Staaten und die Geburt ihrer Zwillinge im Internet in China anhaltende Aufmerksamkeit und Debatten. Dies geschah vor dem Hintergrund eines emotionalen Streits mit ihrem damaligen Freund.

der rechtlichen Elternschaft verweigern. Um dennoch das Kindeswohl im Einzelfall zu schützen und zu verhindern, dass das Kind de jure elternlos und de facto unversorgt ist, wird den Wunscheltern voraussichtlich die Adoption bewilligt werden. Die Registrierung der Adoption erfolgt schnell und effizient, sofern die Voraussetzungen für eine Adoption erfüllt sind. Wenn die Wunscheltern, die mit dem Leihmutterschaftskind nicht genetisch verwandt sind, zum Zeitpunkt der Anerkennungsentscheidung bereits seit längerer Zeit faktisch mit dem Wunschkind zusammenleben, kann es möglich sein, die Eltern-Kind-Beziehung im Weg der De-facto-Adoption[1330] (eine frühere chinesische Rechtspolitik) unmittelbar rechtlich anzuerkennen, um das aktuelle Kindeswohl zu schützen.

Bei der Anerkennung der Eltern-Kind-Zuordnung in Leihmutterschaftsfamilien, in denen noch keine sozialen Familienbande entstanden sind oder keine genetische Verwandtschaft besteht, könnte man sich auch auf die von der Entscheidung Chen v. Luo abweichende Meinung in der Literatur stützen, wonach die Legalisierung der Stiefeltern-Stiefkind-Beziehung mit tatsächlicher Sorge- und Erziehungsbeziehung im Hinblick auf das Kindeswohl immer noch nicht die beste Wahl ist und das Gericht auf der Grundlage des „gemeinsamen Willens" der Wunscheltern das Leihmutterschaftskind direkt den Wunscheltern zuordnen sollte, da nur so der rechtliche Status des Leihmutterschaftskindes von Geburt an bestimmt und das Kindeswohl maximiert werden kann.[1331] Auch wenn die gerichtliche Praxis diesen Vorschlag aus Gründen des öffentlichen Interesses, z. B. aus generalpräventiven Erwägungen, mglw. noch lange nicht aufgreifen wird, stellt er insbesondere für solche Leihmutterschaftsfamilien eine dem Kindeswohl besser entsprechende Lösung im Hinblick auf die Feststellung der rechtlichen Identität dar.

1330 Im Fall Chen v. Luo wurde jedoch nicht der Weg der „De-facto-Adoption" gewählt, da stattdessen die Möglichkeit einer sozial-familiären Beziehung in Stieffamilien bestand.

1331 Yang, Lixin: „Identification of Paternity Between Same-sex Cohabitants and Children – Interpretation in Accordance with the Rules of Parent-child Relations as Stipulated in the Civil Code". *Hebei Law Science* 2021(9), S. 38–39; Näheres siehe unten Teil 4 B II 2 b) 4).

4) Regenbogenfamilien

Im Jahr 2020 verhandelte das VG des Bezirks Huli, Xiamen, China, einen inländischen Fall,[1332] in dem ein lesbisches Paar um das Sorgerecht für ihr Kind kämpfte, und fällte ein erstinstanzliches Urteil, das vom MVG von Xiamen bestätigt wurde. In diesem Fall lebten die Klägerin A und die Beklagte B in einer gleichgeschlechtlichen Lebensgemeinschaft zusammen. Während ihres Zusammenlebens vereinbarten beide Parteien, dass die mit Spendersamen befruchtete Eizelle von A in die Gebärmutter von B eingepflanzt werden sollte, um ein Kind zu bekommen. Nach Durchführung des Plans gebar B eine Tochter C, die von A und B gemeinsam aufgezogen und betreut wurde. Nachdem sich A und B aus emotionalen Gründen getrennt hatten, zog B mit C an einen anderen Ort und hinderte A daran, sie zu besuchen. A erhob daraufhin Klage und machte geltend, dass sie die Mutter von C sei und das Sorgerecht für das Kind habe. Das Gericht wies den Antrag der Klägerin A mit der Begründung ab, dass die rechtliche Elternschaft in Ermangelung einschlägiger Rechtsvorschriften nicht allein durch gegenseitige Bejahung (oder gemeinsamen Willen) oder genetische Verwandtschaft begründet werden könne. Das Gericht stellte fest, dass die Feststellung der rechtlichen Abstammung eines Kindes, das durch illegalen „Keimzellenhandel" gezeugt wurde, mit den grundlegenden zivilrechtlichen Prinzipien der öffentlichen Ordnung und der guten Sitten in Einklang stehen muss und dass die Feststellung der Mutter-Kind-Beziehung nach den einfachsten ethischen Vorstellungen der Allgemeinheit nicht auf der biologisch-genetischen Kontinuität, sondern auf der emotionalen Bindung beruht, die durch die Empfängnis und die Geburt entstanden ist.[1333] Daher hat das Gericht in diesem Fall lediglich geprüft, wer die rechtliche Mutter des Kindes auf der Grundlage des Anspruchs der Klägerin ist, und entschieden, dass „diejenige, die das Kind zur Welt bringt, die Mutter ist", ohne die Möglichkeit von „Co-Müttern" oder „zwei Elternteilen" zu erörtern.

Gegen die Entscheidung des Gerichts in diesem Fall werden unter dem Gesichtspunkt des „Zwei-Eltern-Prinzips" Einwände erhoben. Dass sich

---

[1332] Zivilurteil des VG des Bezirks Huli Xiamen, Provinz Fujian, (2020) xx min chu Nr. 2057.

[1333] Siehe den Aufsatz, den das Gericht auf seinem offiziellen WeChat-Account veröffentlicht hat (Huli Court: *They all say they are the children's mothers*, retrieved 25.4.2023, from https://mp.weixin.qq.com/s/eaVO6cZj6W6sBGFAvp-N3A.)

auch die Eltern-Kind-Zuordnung in Regenbogenfamilien am Kindeswohl zu orientieren habe, lasse sich nach Ansicht eines Rechtswissenschaftlers daraus ableiten, dass nach dem chinesischen ZGB sowohl bei der Ausübung der Vormundschaft durch verschiedengeschlechtliche Eltern als auch bei der Zuweisung der elterlichen Sorge im Scheidungsfall das Kindeswohl zu berücksichtigen sei.[1334] Gleichzeitig hat dieser Rechtswissenschaftler in der Literatur immer wieder darauf hingewiesen, dass die Feststellung der Identität und der Rechtsstellung des Kindes dem Kindeswohl diene, während das Fehlen einer solchen Feststellung das Kindeswohl gefährden könnte. In Anlehnung an die Regelung im chinesischen Recht, wonach Kinder, die durch heterologe künstliche Befruchtung heterosexueller Paare gezeugt wurden, als eheliche Kinder gelten, spricht er sich dafür aus, dass der „gemeinsame Wille" und nicht die Zeugung (bzw. Geburt) oder die genetische Verbindung das geeignetste Kriterium für die Zuordnung von durch künstliche Befruchtung gezeugten Kindern zu gleichgeschlechtlichen Lebenspartnern sei. Da das Kriterium des „gemeinsamen Willens" die Eltern-Kind-Zuordnung in Regenbogenfamilien weitgehend erleichtern und die Identitätsbeziehungen und die Rechtsstellung der in Regenbogenfamilien geborenen Kinder besser absichern könne, diene die Anwendung des Kriteriums des „gemeinsamen Willens" dem Kindeswohl besser.[1335]

Es wurde auch in kurzen Aufsätzen[1336] zu diesem Thema die Auffassung vertreten, dass in Ermangelung einschlägiger Bestimmungen im chinesischen Recht auch die UN-KRK eine Rechtsquelle sei, auf die sich chinesische Gerichte berufen könnten. Nach den Bestimmungen dieser Konvention sei in Angelegenheiten, die Kinder betreffen, das Prinzip des Kindeswohls zu beachten. Kinder, die in Regenbogenfamilien hineingeboren werden, dürfen

---

1334 Yang, *Hebei Law Science* 2021(9), S. 38.

1335 Yang, *Hebei Law Science* 2021(9), S. 38–39, der Autor vertritt die Ansicht, dass die Eltern-Kind-Zuordnung auf dem gemeinsamen Willen basieren sollte. Dies ist nicht nur das Kriterium für die Feststellung der Abstammung von Kindern, die durch künstliche Befruchtung oder Leihmutterschaft geboren wurden, sondern auch der beste Weg, um die Eltern-Kind-Zuordnung zwischen gleichgeschlechtlichen Paaren und ihren Kindern festzustellen.

1336 Diese kurzen Aufsätze wurden von einem Rechtsanwalt auf seinem öffentlichen WeChat-Konto veröffentlicht. Die WeChat-Öffentliche Plattform ist eine chinesische Selbstmedienplattform, die es Nutzern ermöglicht, eigene Accounts zu erstellen und Inhalte zu veröffentlichen.

nicht wegen der Homosexualität ihrer Eltern diskriminiert werden und müssen bei der Eltern-Kind-Zuordnung (bzw. bei der gerichtlichen Feststellung der Elternschaft) den gleichen Schutz genießen.[1337]

Darüber hinaus gibt es bisher einen Fall[1338] mit Auslandsbezug zu Vormundschaftsstreitigkeiten in Regenbogenfamilien in China. Seit der Einreichung der Klage im Juni 2020 und der mündlichen Verhandlung im November 2020 hat das Gericht den Fall aufgrund seiner Komplexität noch nicht entschieden. Der Sachverhalt des Falles stellt sich in etwa wie folgt dar: Ein lesbisches chinesisches Paar (im Folgenden Frau A und Frau B genannt) ließ in den Vereinigten Staaten eine gleichgeschlechtliche Ehe eintragen. Sie bekamen jeweils ein Kind durch künstliche Befruchtung (insgesamt zwei Kinder), wobei beide Eizellen von Frau A stammten, die Samenzellen anonym gespendet wurden und beide Frauen als rechtliche Eltern in die US-Geburtsurkunden beider Kinder eingetragen wurden. Nachdem das lesbische Paar zwei Jahre lang mit zwei Kindern in China zusammengelebt hatte, zerbrach ihre Beziehung. Frau A, die die Eizellen gespendet hatte, versteckte die beiden Kinder und hinderte Frau B daran, sie zu sehen. Frau B klagte vor Gericht um das Sorgerecht für die beiden Kinder. Die Frage der Eltern-Kind-Zuordnung stellt sich nun als Vorfrage. Es bleibt abzuwarten, ob und wie sich die Entscheidung in diesem Fall am Kindeswohl orientieren wird.

Nach der oben zitierten inländischen Rechtsprechung und der einschlägigen Kommentarliteratur ist bei der ordre-public-Prüfung im Anerkennungsverfahren stets das aktuelle Kindeswohl zu berücksichtigen, dem die Identitätsfeststellung, das Zwei-Eltern-Prinzip und das voluntative Element (gemeinsamer Wille) bei der Abstammungszuordnung sowie der Gleichbehandlungsgrundsatz dienen. Insbesondere die Feststellung der Identität des Kindes ist der erste Schritt zur Sicherung der vom Kindeswohl umfassten Grundrechte des Kindes. Das Zwei-Eltern-Prinzip soll sicherstellen, dass

---

[1337] Siehe Wechat-Beiträge: Ming Yue Shuo Fa: *Does the Method of Birth Violate „Public Order and Morality"? Where Did the Xiamen Huli Court Go Wrong in the Same-Sex Parenting Custody Dispute Judgment?* retrieved 25.4.2023, from https://mp.weixin.qq.com/s/eBhW7_73eoIl1sPGttb5bw; Ders.: *What Did Professor Yang Lixin Say About the Xiamen Same-Sex Parenting Custody Case Represented by Lawyer Mingyue?* retrieved 25.4.2023, from https://mp.weixin.qq.com/s/dC9AFNXs0LpbY0RCV8abHQ.

[1338] Siehe Ming Yue Shuo Fa: *Two Years, No Judgment: The Ongoing Same-Sex Couple Custody Case – Part Three*, Web; vgl. Teil 3 E I 2 b) 4) oben.

die rechtliche Beziehung des Kindes zu beiden Elternteilen unabhängig von deren Staatsangehörigkeit oder Herkunft angemessen berücksichtigt und geschützt wird. Wichtig ist auch, dass die Zuordnung der Abstammung unter bestimmten Umständen (z. B. bei künstlicher Befruchtung) auf freiwilliger Basis erfolgt, um die Feststellung der Identität des Kindes mit beiden Elternteilen zu gewährleisten. Der Grundsatz der Gleichbehandlung bedeutet, dass es keine Diskriminierung aufgrund des Geschlechts, der ethnischen Zugehörigkeit, der Religion oder anderer geschützter Merkmale geben darf. Das Gericht muss sicherstellen, dass die Rechte und Interessen des Kindes in gleicher und gerechter Weise berücksichtigt werden. Zusammenfassend erfordert das Kindeswohl ein stabiles Umfeld auch für das Kind in Regenbogenfamilien, indem die Eltern-Kind-Zuordnung in Regenbogenfamilien anerkannt wird.

3. Schutz der Familien und chinesische Sichtweise

In einem inländischen Leihmutterschaftsfall[1339] bereute die Leihmutter (auch genetische Mutter) einige Monate nach der Freigabe des Kindes an die Wunscheltern (genetischer Vater und Wunschmutter) ihre Entscheidung und wollte deshalb um ein Umgangsrecht kämpfen, das jedoch vom Gericht unter Berufung auf das Kindeswohl ausgeschlossen wurde. Das Gericht stellte fest, dass die Leihmutter das von ihr geborene Kind ab der Geburt vereinbarungsgem. dem Wunschvater zur Verfügung gestellt habe und dass es keine weiteren Anhaltspunkte dafür gebe, dass sie sich um das Aufwachsen des Leihmutterschaftskindes gekümmert habe. Außerdem sei das Leihmutterschaftskind jünger als zwei Jahre, noch jung und geistig noch nicht voll entwickelt, es habe noch keine Identifikationsfähigkeit entwickelt und brauche daher ein stabiles familiäres Umfeld. Diese Stabilität beruhe zum einen auf der Integrität und Gesundheit der Familie, und der genetische Vater und seine Ehefrau seien in der Lage, ein solches Umfeld für das Aufwachsen zu schaffen. Zum anderen ergebe sich diese Stabilität aus dem Ausschluss von Eingriffen von außen und der Schaffung eines gewissen geschlossenen Raumes, in dem das Leihmutterschaftskind nicht durch Identitätsbeziehungen gestört werde und in dem die geistige und seelische Entwicklung des

1339 Xie X v. Gao X Umgangsrechtsstreit, Zivilurteil des Fünften MVG Chongqing, (2018) yu 05 min zhong Nr. 3328.

Kindes dadurch nicht beeinträchtigt werde. Die Leihmutter habe zwar ein Umgangsrecht, dessen Ausübung sei aber mit dem Kindeswohl unvereinbar.[1340] Demnach entspricht es nach Ansicht des Gerichts dem Kindeswohl, die Stieffamilienstruktur, bestehend aus dem Leihmutterschaftskind, dem Vater (genetischer Wunschvater) und der Stiefmutter (Wunschmutter), zu schützen und eine Einmischung der Leihmutter in die Stieffamilie im Weg der Geltendmachung von Statusrechten auszuschließen. Die Berufung des Gerichts auf den Schutz der sozialen Familie in diesem Fall ist immer noch auf das Kindeswohl gestützt, ohne auf den eigenständigen Wert und die Bedeutung des Schutzes der sozialen Familie hinzuweisen.

Dennoch lassen sich das Konzept und das Merkmal des Schutzes der Familie im chinesischen Recht in den bestehenden Rechtssystemen finden. Abgesehen von den grundsätzlichen Bestimmungen der Verfassung und des ZGB[1341] ist der Schutz der Familie im chinesischen Recht in einzelnen Bestimmungen des ZGB verstreut und spiegelt in gewissem Maße das traditionelle chinesische Familienkonzept wider, insbesondere den „Respekt vor den Alten und die Liebe zu den Jungen“ oder den Schutz der Schwächeren. Bspw. befinden sich minderjährige Kinder in der Familie in einer schwächeren Position, unabhängig davon, ob sie ehelich (einschließlich Kinder, die von heterosexuellen Paaren durch künstliche Befruchtung geboren wurden) oder außerehelich geboren wurden, oder ob es sich um Stiefkinder in der tatsächlichen Obhut der Stiefeltern (Stiefkinder in einer Stiefeltern-Stiefkind-Beziehung mit einer Beziehung tatsächlicher Fürsorge und Erziehung) oder um Adoptivkinder handelt. Dieser Familienbegriff basiert auf der Blutsverwandtschaft, geht aber in gewisser Weise darüber hinaus, indem er sich auf die rechtliche Absicherung und Verfestigung der faktischen Familienbeziehungen konzentriert.

Insgesamt basieren die nach chinesischem Recht geschützten Familien regelmäßig auf (heterosexuellen) Ehen, und abgesehen von dem gleichwertigen Schutz unehelicher Kinder gibt es keine Regelungen (insbesondere Schutzvorschriften) für andere Beziehungen (heterosexuelle oder homosexuelle Lebensgemeinschaften) in nichtehelichen Familien. Darüber hinaus wird bei der Feststellung unehelicher Kinder auch auf genetische oder biologische

1340 Siehe das Zivilurteil des Fünften MVG Chongqing, (2018) yu 05 min zhong Nr. 3328.
1341 § 1041, § 1045 ZGB.

Verbindungen abgestellt. In nichtehelichen gleichgeschlechtlichen Lebensgemeinschaften sind die sozial-familiären Beziehungen zwischen dem nichtehelichen Kind und dem nicht genetisch verwandten Wunschelternteil derzeit rechtlich nicht abgesichert. In einer lesbischen Beziehung ist nur die biologische Mutter die rechtliche Mutter, und die Zuordnung ihres Kindes zu ihrer Partnerin (auch wenn diese die Eizelle gespendet hat) wird in der chinesischen Gesetzgebung und Rechtspraxis nicht anerkannt. Auch Alternativen wie Stiefeltern-Stiefkind-Verhältnis mit tatsächlichem Pflege- und Erziehungsverhältnis oder Adoption sind für Regenbogenfamilien nicht möglich. Zudem sind die Voraussetzungen für eine Adoption nach chinesischem Adoptionsrecht relativ großzügig, insbesondere für Stiefeltern- und Verwandtenadoptionen, so dass ausländische Adoptionsverhältnisse in der chinesischen Gerichtspraxis i. d. R. anerkannt und geschützt werden,[1342] sofern sie verfahrensrechtlichen Anforderungen wie der Registrierung genügen, allerdings unter der Voraussetzung, dass es sich um Adoptionen durch Einzelpersonen oder verheiratete verschiedengeschlechtliche Paare handelt und gemeinschaftliche Adoptionen durch gleichgeschlechtliche Paare nicht erfasst werden. Die durch das chinesische Recht geschützten Familien gründen sich also in erster Linie auf heterosexuelle Ehe, Blutsverwandtschaft oder Adoption.

Darüber hinaus sind auch sozial-familiäre Beziehungen in den Schutzbereich einbezogen bzw. kann die Legitimierung sozial-familiärer Beziehungen als eine besondere Konsequenz des Schutzes der Familie im Rahmen des chinesischen Rechts angesehen werden. Dieser Schutz der Familie bedeutet nicht, dass alle Arten von sozial-familiären Beziehungen rechtlich geschützt sind, sondern nur solche, die bestimmte Voraussetzungen erfüllen. In der Gesetzgebung stellt z. B. das Stiefeltern-Stiefkind-Verhältnis mit tatsächlichem Obhuts- und Erziehungsverhältnis[1343] eine typische Legitimation sozial-familiärer Beziehungen dar. Die Beziehungen zwischen Pflegepersonen und Kindern (von denen die Eltern-Kind-Beziehungen ausgenommen sind[1344]) werden nicht als Adoptionsverhältnisse angesehen und genießen nur einen partiellen und grundsätzlichen Rechtsschutz, ohne die faktischen Familienbeziehungen legitimieren zu können, können aber unter bestimmten

1342 Zivilurteil des MVG Nanjing, Jiangsu, (2019) su 01 min zhong Nr. 2451.
1343 § 1072 ZGB.
1344 § 1107 ZGB.

Voraussetzungen in den Schutzbereich des Vormundschaftssystems fallen. In der chinesischen Gerichtspraxis können De-facto-Ehen und De-facto-Adoptionsverhältnisse auch dann rechtlich anerkannt werden, wenn die materiellen Voraussetzungen für Ehen und Adoptionen erfüllt und nach außen bekannt gemacht worden sind, selbst wenn Registrierungen oder andere Verfahrenselemente fehlen.[1345]

Wie bereits erwähnt, ist nach chinesischem Recht im Falle einer Leihmutterschaft die biologische Mutter die rechtliche Mutter, während die genetische Mutter oder Wunschmutter keine Mutter im rechtlichen Sinne ist. Die Struktur einer Leihmutterschaftsfamilie ähnelt jedoch häufig der einer Stieffamilie, so dass die Feststellung der Elternschaft der Wunschmutter und der Schutz der Leihmutterschaftsfamilie durch ein Stiefeltern-Stiefkind-Verhältnis mit tatsächlichem Obhuts- und Erziehungsverhältnis oder eine Stiefkindadoption erreicht werden kann. Dieser Schutz der Familie setzt aber weiterhin eine durchgehend intakte trianguläre Familienstruktur voraus, d. h. eine frühe sozial-familiäre Beziehung zwischen dem Leihmutterschaftskind und der Wunsch-mutter kann rechtlich nicht abgesichert werden, wenn die Beziehung zwischen den Wunscheltern vor oder kurz nach der Geburt des Leihmutterschaftskindes zerbricht (kurze Dauer des Zusammenlebens, so dass sich ein geschütztes Stiefeltern-Stiefkind-Verhältnis aufgrund tatsächlicher Obhut und Erziehung noch nicht entwickeln kann) und der genetische Vater das Kind entführt und versteckt oder die Wunschmutter auf halbem Wege willkürlich ihre Verantwortung für das Leihmutterschaftskind aufgibt. Die weitere Frage, ob in dem Fall, dass keiner der beiden Wunschelternteile mit dem Leihmutterschaftskind genetisch verwandt ist, die Elternschaft unmittelbar durch eine faktische Adoption (eine Legitimation sozial-familiärer Beziehungen) begründet wer-den kann, bleibt einer gerichtlichen Abwägung

---

1345 Aufgrund historischer Probleme, wie unvollkommener Gesetze, hat die chinesische Regierung Vorschriften erlassen, um spezielle „De-facto-Beziehungen", die in einem bestimmten Zeitraum entstanden und sich entwickelt haben, nachträglich anzuerkennen. Die nachträgliche Anerkennung dieser „De-facto-Beziehungen" muss jedoch die Erledigung der erforderlichen Formalitäten voraussetzen. In der gegenwärtigen chinesischen Rechtsprechung werden diese „De-facto-Beziehungen" jedoch von den Gerichten i. d. R. je nach den Umständen des Einzelfalls bejaht oder verneint, wenn sie sich als Vorfrage stellen.

des öffentlichen Interesses der Gesell-schaft und des Wohls des konkreten Kindes im Einzelfall vorbehalten.

Daraus folgt, dass die Anerkennung von De-facto-Elternschaft bzw. De-facto-Familien im chinesischen Recht nur in Ausnahmefällen erfolgt und nicht von allgemeiner Bedeutung ist.[1346] Zudem basiert das chinesische Rechtsverständnis des Familienbe-griffs nach wie vor auf traditionellen Vorstellungen von Blutsverwandtschaft und Ethik und hat noch keinen entsprechenden Prozess der Akzeptanz moderner Familienstrukturen (z. B. Leihmutterschaftsfamilien, Regenbogenfamilien) und neuer Formen des Zusammenlebens (z. B. nichteheliche Lebensgemeinschaften) eingeleitet, was eine große Lücke in der Gesetzgebung hinterlässt, die nicht in der Lage ist, solchen Familien und den in sie hineingeborenen Kindern einen grundlegenden und wirksamen Schutz zu bieten, insbesondere was ihren rechtlichen Status betrifft. Das chinesische Recht könnte daher einerseits die traditionelle Auffassung verändern, die Fakten zu unterschätzen und die Blutsverwandtschaft zu überschätzen, indem es den rechtlichen Anwendungsbereich der faktischen Eltern-Kind-Beziehungen von Stiefeltern-Stiefkindern auf die Anerkennung und den Schutz anderer Arten von Eltern-Kind-Beziehungen ausdehnt, so dass die Gesetzgebung und die gerichtliche Praxis wirksam auf die drastischen Veränderungen im Bereich des Familienrechts reagieren können.[1347] Andererseits könnte das chinesische Recht versuchen, die funktionalistische Perspektive der Soziologie im Bereich des Familienrechts schrittweise zu übernehmen, d. h. die Perspektive der funktionalen Familie einzunehmen und damit eine grundlegende Richtung vorzugeben, die der Maximierung der Interessen des Kindes förderlich ist, und zwar im Hinblick auf neuartige Fragen wie den rechtlichen Status von Kindern, die in Leihmutterschafts- und Regenbogenfamilien geboren werden, und von anderen Kindern, die in moderne Familienstrukturen hineingeboren werden.[1348]

1346 Liu, Zhengfeng / Yang, Di: „De Facto Parenthood in Modern Family Law". *Journal of Postgraduate.CUPL* 2014(1), S. 201.

1347 Liu/Yang, *Journal of Postgraduate.CUPL* 2014(1), S. 202–203.

1348 Liu, Zhengfeng: „Distinguish of Family Law from the Genealogy of Civil Law Knowledge". *Chinese Journal of Law* 2017(4), S. 69.

Ausblick: Moderne Familienstrukturen de lege ferenda

A. Bemühungen der HCCH

I. Allgemeines

Die HCCH beschäftigt sich seit vielen Jahren mit grenzüberschreitenden Fragen der rechtlichen Eltern-Kind-Zuordnung, insbesondere mit Fragen der Rechte und des rechtlichen Status von Kindern in internationalen Leihmutterschaftsfällen, und hat sich seit 2011 mit diesem Thema befasst mit dem Ziel, durch die Formulierung einheitlicher Regeln des Internationalen Privatrechts hinkende Verhältnisse zu vermeiden und die Rechte aller Beteiligten in Statusfragen zu schützen und vor allem das Kindeswohl zu beachten.[1349]

Die Arbeit der HCCH gliedert sich bisher in drei Hauptphasen: Die erste Phase (2011–2015): Vorberichtsphase zur rechtlichen Elternschaft im Allgemeinen und zur rechtlichen Elternschaft bei internationalen Leihmutterschaftsvereinbarungen (einschließlich Vorstudien, Sammlung von Informationen über die nationale, interregionale und internationale Rechtsentwicklung und einschlägige Fälle) und Forschungsphase (Untersuchung einschlägiger Fragen des internationalen Privatrechts, Wünschbarkeits- und Durchführbarkeitsstudien); und die zweite Phase (2016–2022): Expertengruppenberichtsphase über den vorgeschlagenen Entwurf eines internationalen

[1349] HCCH: *The Parentage / Surrogacy Project*, retrieved 11.8.2023, from https://www.hcch.net/en/projects/legislative-projects/parentage-surrogacy.

Gesetzes (bestehend aus elf Expertengruppensitzungen und deren jeweiligen Berichten sowie einem abschließenden Expertengruppenbericht); und die dritte Phase (2023-): Arbeitsgruppenberichtsphase über die Prüfung der Bestimmungen für ein neues Instrument.[1350]

Es sei darauf hingewiesen, dass die Diskussionen und Ergebnisse der Expertentreffen grundsätzlich auf den Konzepten der bestehenden Haager Familienübereinkommen, insbesondere des KSÜ und des HAÜ, aufbauten. Dennoch könnte das neue Instrument aufgrund der Besonderheit der Statusfragen selbst und derjenigen in Leihmutterschaftsfällen eine besondere Struktur und Schwerpunktsetzung aufweisen. Dies wird weiter unten erörtert.

II. Konzept des KSÜ

Das KSÜ ist ein von der Haager Konferenz ausgearbeitetes Regelwerk, das einheitliche Regeln zur internationalen Zuständigkeit, zur Anerkennung ausländischer Entscheidungen und zum anwendbaren Recht sowie Regeln zur Zusammenarbeit enthält. Wenn das KSÜ als Vorbild für das neue Rechtsinstrument dienen kann, so besteht die erste Richtung in der Vereinheitlichung der internationalen Zuständigkeit der Gerichte oder Behörden in Abstammungssachen, die sich insbesondere für Verfahren zur Feststellung oder Anfechtung der Abstammung eignet. Im Vergleich zur Anerkennungszuständigkeit ist es jedoch aufgrund der Besonderheit und Sensibilität der Materie schwierig, auf internationaler Ebene eine Einigung über die (unmittelbare) internationale Zuständigkeit in Abstammungssachen zu erzielen. Zudem sollte eine Vereinheitlichung der Regeln über die internationale Zuständigkeit grundsätzlich mit einer Vereinheitlichung der Regeln über das anwendbare Recht einhergehen, da andernfalls (vereinheitlichte) konkurrierende Zuständigkeiten immer noch zu hinkenden Statusverhältnissen führen könnten.

Es dürfte für die Mitgliedstaaten äußerst schwierig sein, sich auf einheitliche Kollisionsnormen zu einigen. In Ländern, in denen ausländisches Recht zur Anwendung kommt, könnten die Vorschriften über das auf die Feststellung der Abstammung anzuwendende Recht sehr unterschiedlich sein. Auf der anderen Seite gibt es Länder (Common Law-Länder), die es

1350 HCCH: *The Parentage / Surrogacy Project.*

nicht gewohnt sind und kein Interesse daran haben, ausländisches Recht anzuwenden, und daher ihre traditionelle Praxis nicht ohne weiteres ändern könnten. Unter Bezugnahme auf das Haager Unterhaltsprotokoll könnte jedoch in einigen Mitgliedstaaten, die dies wünschen, eine Einigung über das anwendbare Recht in Abstammungssachen erzielt werden.[1351] Die Anknüpfung an die lex fori wäre auch im Hinblick auf die Eltern-Kind-Zuordnung in modernen Familienstrukturen wie Leihmutterschafts- oder Regenbogenfamilien sachgerecht. Dies bedeutet einerseits eine Entlastung für Länder, die die Anwendung ausländischen Rechts nicht gewohnt sind, und andererseits eine Ersparnis des Verweises auf das anwendbare Recht, nach dem eine Zuordnung des Kindes zu den Wunscheltern überhaupt nicht möglich ist. Voraussetzung wäre allerdings, dass die beteiligten Staaten sich auf eine kohärente Anwendung der lex fori einigen könnten, um eine klare und vorhersehbare Eltern-Kind-Zuordnung zu gewährleisten, da dies andernfalls zu einer Fragmentierung der Rechtslage führen könnte.

Darüber hinaus unterliegt das einheitlich anwendbare Recht dem ordre-public-Vorbehalt, insbesondere in Fällen der Leihmutterschaft, in denen die Bestimmungen des nationalen materiellen Rechts stark voneinander abweichen oder sich sogar völlig widersprechen. Auch wenn die Beachtung des Grundsatzes des Kindeswohls in der ordre-public-Klausel des geplanten neuen Rechtsinstruments ausdrücklich erwähnt würde und grundlegende Schutzvorkehrungen in den allgemeinen Bestimmungen festgelegt wären, wie dies im HAÜ der Fall ist, wäre es für einige Aufnahmestaaten immer noch sehr schwierig, andere Elemente der öffentlichen Ordnung als das Kindeswohl völlig zu vernachlässigen, ganz zu schweigen davon, dass der Begriff des Kindeswohls selbst von Kultur zu Kultur unterschiedlich verstanden wird. Die Vereinheitlichung der Regeln über das anwendbare Recht vermeidet daher nicht notwendigerweise hinkende Rechtsverhältnisse.

Die Vereinheitlichung der Regeln zur Anerkennung ausländischer Verwaltungs- oder Gerichtsentscheidungen ist theoretisch möglich, stellt jedoch in der Praxis eine komplexe Herausforderung dar, die rechtliche und kulturelle Unterschiede zwischen den Ländern berücksichtigen muss. Da die Abstammung

---

[1351] Wagner, Rolf: „Abstammungsfragen bei Leihmutterschaften in internationalen Sachverhalten, Bemühungen der Haager Konferenz für Internationales Privatrecht". *StAZ* 2012, S. 299.

in den verschiedenen Ländern auf unterschiedliche Weise festgestellt wird, beschränkt sich der Umfang der anzuerkennenden Dokumente nicht auf gerichtliche Entscheidungen; die Anerkennung anderer Verwaltungsakte ist ebenfalls ein wichtiger Aspekt. Die Frage, wie die Anerkennung von Urkunden, die in verschiedenen Ländern unterschiedliche Rechtswirkungen haben, zu ermitteln, zu behandeln oder zu koordinieren ist, kann sich daher als heikel erweisen. Darüber hinaus werden in Anerkennungsverfahren üblicherweise Anerkennungsvoraussetzungen oder Gründe für die Nichtanerkennung festgelegt, einschließlich der Prüfung des ordre public. Hier könnten ähnliche Probleme auftreten wie bei der Vereinheitlichung der Kollisionsnormen, nämlich divergierende Rechtspolitiken der Länder in Fragen wie der Leihmutterschaft und daraus resultierende gravierende Konflikte mit dem ordre public. Trotz der starken Hervorhebung des Grundsatzes des Kindeswohls als gemeinsame Konkretisierung des internationalen ordre public im neuen Rechtsinstrument könnte eine durchgehende grenzüberschreitende Aufrechterhaltung der rechtlichen Abstammung u. U. nicht sichergestellt werden.

III. Konzept des HAÜ

Das HAÜ betrifft die Zusammenarbeit auf dem Gebiet der internationalen Adoption (in Form der Einrichtung einer Zentralen Behörde durch die Mitgliedstaaten) und die Anerkennung von Adoptionsverhältnissen im Rahmen dieser Zusammenarbeit (Art. 1 HAÜ). Nach dem HAÜ arbeiten der Staat, in dem das zu adoptierende Kind seinen gewöhnlichen Aufenthalt hat (Heimatstaat), und der Staat, in dem die Adoptionsbewerber ihren gewöhnlichen Aufenthalt haben (Aufnahmestaat), im Rahmen der im HAÜ festgelegten Voraussetzungen und Garantien für die internationale Adoption zusammen (Art. 2 HAÜ). Im Rahmen ihrer Aufgaben wenden sie jeweils ihr innerstaatliches Recht an und sind grundsätzlich nicht verpflichtet, ausländisches Recht anzuwenden (Art. 4, Art. 5 HAÜ). Weist der Heimatstaat im Anerkennungsverfahren nach, dass die Adoption in Übereinstimmung mit dem HAÜ zustande gekommen ist, so erkennt der Aufnahmestaat das Adoptionsverhältnis (vorbehaltlich des ordre public) von Gesetzes wegen an (Art. 23 Abs. 1 HAÜ).

Daraus ergibt sich, dass das HAÜ im Gegensatz zu den traditionellen umfassenden Instrumenten des internationalen Privatrechts, wie z. B. dem

KSÜ, die Zusammenarbeit während des gesamten Adoptionsverfahrens bezüglich des Rahmens und der Schutzbestimmungen betrifft. Die internationale Zuständigkeit für die internationale Adoption wird in erster Linie von dem Staat ausgeübt, in dem das Kind seinen gewöhnlichen Aufenthalt hat, ohne dass ausländisches Recht ermittelt und angewendet werden muss. In der Anerkennungsphase wird die Anerkennung durch die Vorlage einer Kooperationsbescheinigung des Herkunftsstaates unter dem Vorbehalt des ordre public des Aufnahmestaates vereinfacht, ohne dass zusätzliche komplexe Anerkennungsvoraussetzungen (oder Nichtanerkennungsgründe) zu beachten sind (Art. 23 Abs. 1, Art. 24 HAÜ).

Wenn das HAÜ als Vorbild für das neue Rechtsinstrument dient, insbesondere für das Projekt der Leihmutterschaft, können folgende Punkte gelernt werden: (1) Festlegung von Schutzmaßnahmen während des gesamten Leihmutterschaftsprozesses (vor der Schwangerschaft, während der Schwangerschaft und nach der Geburt), d. h. ein kombinierter Ex-ante- und Ex-post-Ansatz; (2) Einrichtung von Kooperationskanälen zur Durchsetzung und Überprüfung dieser Schutzmaßnahmen, z. B. durch die Einrichtung einer zentralen Behörde oder eines Büros in jedem Vertragsstaat; (3) Erleichterung der Anerkennung vorbehaltlich der o. g. Garantien für die Zwecke des Rechtsinstruments. Es ist jedoch darauf hinzuweisen, dass die Adoption in allen Vertragsstaaten des HAÜ möglich ist, die Leihmutterschaft jedoch nicht. Diese Situation kann zu Hindernissen für die Zusammenarbeit oder vielmehr zu Schwierigkeiten bei der Schaffung einer Grundlage für die Zusammenarbeit führen, weil sie wahrscheinlich erhebliche Auswirkungen auf die Verfassung, die einschlägigen innerstaatlichen Rechtsvorschriften, die Rechtspolitik und die öffentliche Ordnung des Aufnahmestaats haben wird.

IV. Entwurf neuer Rechtsinstrumente

1. Entwurf des Übereinkommens

In ihrem Schlussbericht legte die Expertengruppe einen Entwurf von Bestimmungen für ein mögliches Übereinkommen (über die Anerkennung ausländischer gerichtlicher Entscheidungen in allgemeinen Abstammungssachen und über mögliche einheitliche Vorschriften über das anzuwendende Recht usw.) und ein mögliches Protokoll (über die Anerkennung der durch eine internationale Leihmutterschaftsvereinbarung begründeten rechtlichen

Abstammung) vor. Im Abschlussbericht wurden zunächst das Ziel und der gemeinsame Anwendungsbereich der Instrumente definiert. Die Expertengruppe ging davon aus, dass das Ziel jedes neuen Rechtsinstruments darin bestehen würde, für alle betroffenen Personen größere Vorhersehbarkeit, Sicherheit und Kontinuität in Bezug auf die rechtliche Abstammung in internationalen Situationen zu schaffen, unter Berücksichtigung ihrer Menschenrechte, einschließlich der in der UN-KRK verankerten Rechte des Kindes, insbesondere seines Rechts, dass bei allen Maßnahmen, die es betreffen, sein Wohl vorrangig zu berücksichtigen ist. Menschen aller Altersgruppen sollten durch die Instrumente geschützt werden. Regelungen über die Wirkungen der rechtlichen Abstammung, wie z. B. die Staatsangehörigkeit, sind vom Anwendungsbereich ausgenommen.[1352] Ein Rückgriff auf innerstaatliches Recht ist möglich, wenn die Anerkennung der Abstammung nach den Übereinkommen oder dem Protokoll nicht möglich ist (d. h. es gilt das Günstigkeitsprinzip).[1353]

Anschließend wird der Inhalt des Übereinkommens- und des Protokollentwurfs dargestellt. Die rechtliche Abstammung kann auf verschiedene Weise festgestellt werden, insbesondere kraft Gesetzes (z. B. durch die rechtliche Feststellung im Geburtenregister), durch Rechtsgeschäft (z. B. freiwillige Anerkennung) und durch gerichtliche Entscheidung. Abgesehen von der Anerkennung ausländischer gerichtlicher Entscheidungen scheint die Expertengruppe noch keine endgültige Einigung darüber erzielt zu haben, wie die auf andere Weise (i. d. R. durch ausländische öffentliche Urkunden) festgestellte Abstammung anzuerkennen ist und ob dies praktikabel ist. Im Rahmen der Anerkennung ausländischer gerichtlicher Entscheidungen wurde der sachliche Anwendungsbereich in diesem Übereinkommensentwurf von der Expertengruppe grundsätzlich so festgelegt, dass die Regelungen über die rechtliche Abstammung aufgrund einer internationalen Leihmutterschaftsvereinbarung, die in ein gesondertes Protokoll aufgenommen werden sollen, und die Regelungen über die rechtliche Abstammung aufgrund einer internationalen Adoption ausgenommen werden, um das HAÜ nicht

---

1352 HCCH: *Parentage / Surrogacy Experts' Group: Final Report "The feasibility of one or more private international law instruments on legal parentage"*. Prel. Doc. No 1 of November 2022, S. 7.

1353 Ebd., S. 12, Rn. 27.

zu unterlaufen. Eine grundsätzliche Einigung erzielte die Expertengruppe auch über das Anerken-nungsverfahren (von Gesetzes wegen), die Anerkennungszuständigkeiten, die Anerkennungshindernisse und die Wirkungen der Anerkennung (Teilanerkennung oder inziden-te Anerkennung). Es bleibt abzuwarten, ob ein umfassendes Rechtsinstrument (einschließlich unmittelbarer internationaler Zuständigkeit und einheitlicher Regeln über das anwendbare Recht) geschaffen wird.[1354]

Es gibt eine Vielzahl von Methoden zur Anerkennung ausländischer öffentlicher Dokumente. Die Meinungen darüber, ob diese Methoden praktikabel sind, gehen jedoch auseinander. Die Expertengruppe diskutierte vor allem die folgenden drei Wege: Der erste Weg ist die Annahme einer öffentlichen Urkunde (ausländische Geburtsurkunde oder Bescheinigung über die freiwillige Anerkennung) als widerlegbarer Beweis für die darin beurkundete rechtliche Abstammung, abgekürzt „Annahmemethode", die an Bedingungen geknüpft sein kann oder auch nicht. Obwohl diese Methode die Verwaltungsverfahren vereinfacht, garantiert sie nicht die Kontinuität der Abstammung in einem anderen Land und wird daher den Zielen des Übereinkommens nicht gerecht. Sie könnte jedoch nützlich sein, wenn sie mit einheitlichen Regeln über das anwendbare Recht kombiniert wird. Die zweite Möglichkeit ist die „Anerkennungsmethode", mit der die Rechtswirkungen ausländischer öffentlicher Urkunden unmittelbar auf den Empfangsstaat erstreckt werden könnten. Voraussetzung wäre, dass der Heimatstaat die Gültigkeit der rechtlichen Feststellung der Abstammung in seinem eigenen Land durch eine neu geschaffene internationale Urkunde, ein Siegel usw. bestätigt und nachweist. Diese Methode könnte jedoch folgende Probleme aufwerfen. Bspw. müssten sich die Mitgliedstaaten auf direkte oder indirekte Zuständigkeitsregeln einigen. Außerdem kann die rechtliche Abstammung nach dem Recht des anerkennenden Staates noch angefochten werden. Auch dies kann in einigen Mitgliedstaaten zu erheblichen Änderungen der bisherigen Praxis führen. Die Kontinuität der rechtlichen Abstammung könnte durch diese Methode in Verbindung mit den vereinheitlichten Regeln über das anwendbare Recht ebenfalls wirksamer gefördert werden. Die dritte Möglichkeit ist die Vereinheitlichung der Regeln über das anwendbare Recht, die als „Rechtsanwendungsmethode" bezeichnet wird. Es sollte insbesondere geprüft werden, wie

[1354] HCCH: *Final EG Report*. Prel. Doc. No 1 of November 2022, S. 14–43.

diese Methode in Verbindung mit öffentlichen Urkunden (oder den ersten beiden Methoden) funktioniert. Es besteht jedoch kein Zweifel daran, dass diese drei Methoden einander ergänzen können.[1355]

Darüber hinaus kann das Übereinkommen Elemente wie die Aufbewahrung von und den Zugang zu Informationen über die Abstammung und Regeln für die Zusammenarbeit enthalten. Was den ersten Punkt anbelangt, so enthält Art. 30 HAÜ eine ähnliche Bestimmung, und obwohl der Zugang zu Informationen über die Abstammung einer Person in Abstammungssachen von großer Bedeutung ist, war sich die Expertengruppe nicht einig, ob eine solche Verpflichtung aufgenommen werden sollte. In Bezug auf den letztgenannten Punkt war sich die Gruppe einig, dass die Bestimmungen über die Zusammenarbeit für das Funktionieren des Übereinkommens nicht entscheidend sind und dass die Vertragsstaaten daher nicht verpflichtet sind, eine Zentrale Behörde zu benennen, damit das Übereinkommen ordnungsgemäß funktionieren kann, was einen grundlegenden Unterschied zum HAÜ darstellt. Insgesamt seien die allgemeine Richtung und der Inhalt des Übereinkommensentwurfs weitgehend festgelegt worden, auch wenn es noch einige Details gebe, die einer weiteren Prüfung bedürften.[1356]

2. Entwurf des Protokolls

Die rechtliche Abstammung wird in Fällen von Leihmutterschaft in ähnlicher Weise festgestellt wie in Fällen von Nicht-Leihmutterschaft, einschließlich durch gerichtliche Entscheidung, kraft Gesetzes, durch persönliche Handlung oder durch Vereinbarung; in einigen Fällen von Leihmutterschaft könnte es sich jedoch um eine Kombination mehrerer Methoden handeln. Die Frage, ob das Protokoll die Anerkennung der rechtlichen Abstammung auf gerichtliche Entscheidungen beschränken oder auch auf durch Gesetz oder Rechtsgeschäft festgestellte Abstammungen ausdehnen sollte, ist von erheblicher Bedeutung für die praktische Umsetzung. Während die Beschränkung auf gerichtliche Entscheidungen mehr Rechtssicherheit schaffen könnte,

---

1355 HCCH: *Final EG Report*. Prel. Doc. No 1 of November 2022, S. 19–23; Ders.: *Report of the Experts' Group on the Parentage / Surrogacy Project (meeting from 25 to 28 September 2018)(4th Meeting)*. Prel. Doc. No 2 A of October 2018, S. 4–7; Ders.: *EG Report (meeting from 12 to 16 October 2020)(7th Meeting)*. Prel. Doc. No 2A of October 2020, S. 4.

1356 HCCH: *Final EG Report*. Prel. Doc. No 1 of November 2022, S. 24.

würde die Ausdehnung auf andere Formen der Abstammungsfeststellung den unterschiedlichen nationalen Regelungen Rechnung tragen und die Vielfalt rechtlicher Rahmenbedingungen im internationalen Kontext berücksichtigen. Die Entscheidung hängt vom rechtlichen Konsens innerhalb des geplanten Übereinkommens ab, wobei insbesondere die komplexen rechtlichen und administrativen Herausforderungen bei der grenzüberschreitenden Anerkennung berücksichtigt werden, wie etwa die unterschiedlichen nationalen Vorschriften zur Abstammung und die damit verbundenen Verfahrensanforderungen. In Bezug auf die Ansätze des Protokolls kamen die Experten zu dem Schluss, dass, obwohl ein präventives Modell (A-priori-Modell), bei dem rechtliche Regelungen und Anerkennungen im Vorfeld der Leihmutterschaft getroffen werden (z. B. die Festlegung von klaren rechtlichen Rahmenbedingungen, die die Rechte aller Beteiligten schützen und die Voraussetzungen für die Anerkennung der Elternschaft definieren), einen besseren Schutz der Menschenrechte bieten würde, ein nachträgliches Modell (A-posteriori-Modell), bei dem die Anerkennung nach der Durchführung der Leihmutterschaft erfolgt (z. B. die Überprüfung und Anerkennung der Elternschaft nach der Geburt des Kindes durch eine Behörde), praktikabler wäre. Dies liegt an den ausgefeilten Mechanismen der grenzüberschreitenden Zusammenarbeit, dem höheren Maß an behördlicher Beteiligung, das ein präventives Modell erfordern würde (sowohl für Staaten, die die Leihmutterschaft regulieren, als auch für solche, die sie verbieten), und der Tatsache, dass ein solches Modell die Akzeptanz dieser Praktiken implizieren würde, bevor sie tatsächlich stattgefunden haben.[1357]

Im Rahmen der Anerkennung von gerichtlichen Entscheidungen in Leihmutterschaftsfällen werden die Regel der Anerkennung von Rechts wegen, die Anerkennungszuständigkeiten, die traditionellen Gründe für die Verweigerung der Anerkennung im IPR (z. B. ordre public unter Berücksichtigung des Kindeswohls, Betrug und andere Verfahrensaspekte), die Schutzmaßnahmen und die Einrichtung von Kooperations-mechanismen in der Anerkennungsphase zur Prüfung der Schutzmaßnahmen (es wäre nicht notwendig, ein System zentraler Behörden einzurichten) erläutert. Das Protokoll wird sich durch Schutzmaßnahmen im Rahmen der Anerkennung auszeichnen. Die Experten waren sich jedoch nicht einig über den möglichen Inhalt der

---

[1357] HCCH: *Final EG Report.* Prel. Doc. No 1 of November 2022, S. 29–30.

Schutzmaßnahmen, die Wege/Mechanismen zur Aufnahme der Schutzmaßnahmen in das Protokoll (d. h. als Teil einer Definition, als Anerkennungsvoraussetzungen, als Verweigerungsgründe, als allgemeine Verpflichtungen, mit einem Opt-in- oder Opt-out-Mechanismus oder durch ein Erklärungsverfahren) und die mögliche Aufnahme einheitlicher oder staatsspezifischer Garantien/Standards in das Protokoll. In diesem Rahmen ist ein Zertifizierungsmechanismus (durch ein der gerichtlichen Entscheidung beigefügtes Dokument) zur Überprüfung der Einhaltung der im Protokoll festgelegten Voraussetzungen grundsätzlich denkbar, was einem Zertifizierungsverfahren für Sicherheitsvorkehrungen entspricht.[1358]

Auch das A-posteriori-Modell wird in zwei Varianten diskutiert: Nach Ansicht vieler Experten wäre ein Modell, bei dem vereinbarte einheitliche Garantien/Standards, von denen einige als Anerkennungsvoraussetzungen gelten, direkt in ein Protokoll aufgenommen werden, praktikabler, während nach Ansicht einiger Experten ein Modell mit staatsspezifischen Garantien/Standards, die indirekt in ein Protokoll aufgenommen werden (d. h. Garantien/Standards im innerstaatlichen Recht des Staates, in dem die rechtliche Abstammung festgestellt wird) und nur einige Verweigerungsgründe enthalten, praktikabler wäre. Die Gruppe erörterte auch die Möglichkeit, dass ein künftiges Protokoll Elemente beider Modelle kombinieren könnte.[1359]

Schutzmaßnahmen und Zusammenarbeit sind auch in Ermangelung einer gerichtlichen Entscheidung unerlässlich. Es bedarf jedoch weiterer Überlegungen, wie das Überprüfungsverfahren in diesem Fall funktionieren soll. Um den Anwendungsbereich des Protokolls auf die Anerkennung der rechtlichen Abstammung auszudehnen, die auf irgendeine Weise im Falle einer Leihmutterschaft zustande gekommen ist, hatte die Expertengruppe in ihrer siebten Sitzung zwei mögliche Mechanismen erörtert: Erstens die Anerkennung der rechtlichen Abstammung, unabhängig davon, wie sie zustande gekommen ist, auf der Grundlage eines Zertifizierungsverfahrens (die sog. „Anerkennungsmethode"); zweitens auf der Grundlage der traditionelleren Methode des Internationalen Privatrechts im Rahmen der

---

1358 HCCH: *Final EG Report*. Prel. Doc. No 1 of November 2022, S. 32–38.
1359 Ebd., S. 40–43.

Konvention, bei der je nachdem, wie die rechtliche Abstammung festgestellt wird, unterschiedliche Regeln zur Anwendung kommen.[1360]

Es sei auch darauf hingewiesen, dass weitere Fragen im Zusammenhang mit dem Anwendungsbereich sowohl des Übereinkommens als auch des Protokolls im Schlussbericht gesondert erörtert wurden. Die Gruppe war sich einig, dass es wünschenswert wäre, dass die rechtliche Abstammung, die aufgrund einer inländischen Leihmutterschaftsvereinbarung begründet wird, in den Anwendungsbereich des Übereinkommens oder des Protokolls fällt; dass die inländische Adoption, die aufgrund einer (inländischen/internationalen) Leihmutterschaftsvereinbarung begründet wird, in den Anwendungsbereich des Übereinkommens oder des Protokolls fällt; dass das Übereinkommen auch auf die rechtliche Elternschaft Anwendung findet, die aufgrund einer künstlichen Befruchtung begründet wird. Die Durchführbarkeit muss jedoch noch geklärt werden. Wenn die drei o. g. Punkte angemessen geregelt werden könnten, würde dies einen Mehrwert für die neuen Instrumente darstellen, insbesondere im Hinblick auf den internationalen Verkehr von Statusverhältnissen in modernen Familienstrukturen.[1361]

B. Europarechtliche Vereinheitlichung

Auch auf EU-Ebene gibt es eine Reihe von Bestrebungen, die Regelungen zur Anerkennung der Abstammung im grenzüberschreitenden Kontext zu vereinheitlichen. Die Arbeiten der EU beziehen sich jedoch auf allgemeine Fragen der Abstammung (was auch die Abstammung in modernen Familienstrukturen wie Regenbogenfamilien einschließen könnte) und konzentrieren sich nicht auf die Anerkennung der Abstammung in Fällen internationaler Leihmutterschaft als gesondertes Anliegen wie im Haager Übereinkommen. Dies könnte darauf zurückzuführen sein, dass Leihmutterschaft in sehr wenigen Ländern innerhalb der EU-Mitgliedstaaten in begrenztem Umfang erlaubt ist[1362] und dass das Europäische Parlament die Praxis der Leihmutterschaft im EU-Jahresbericht 2014 über Menschenrechte und Demokratie und in politischen Entschließungen der EU in diesem Bereich verurteilt hat und

[1360] HCCH: *EG Report (7th Meeting)*. Prel. Doc. No 2A of October 2020, S. 4.
[1361] HCCH: *Final EG Report*. Prel. Doc. No 1 of November 2022, S. 44–48.
[1362] Z. B. Griechenland.

der Auffassung ist, dass sie verboten und in Menschenrechtsinstrumenten als dringliches Thema behandelt werden sollte.[1363] Es ist denkbar, dass die Anerkennung der Elternschaft bei grenzüberschreitender Leihmutterschaft für lange Zeit nicht durch eine rechtliche Harmonisierung auf EU-Ebene geregelt wird.

Um den freien Personenverkehr zu gewährleisten, hat die Europäische Union eine Reihe von Rechtsakten zum Familien- und Erbrecht erlassen, die einheitliche Verfahrensvorschriften zur internationalen Zuständigkeit, zur Anerkennung und Vollstreckung ausländischer Entscheidungen sowie einheitliche Vorschriften zum anwendbaren Recht enthalten. Einige dieser Rechtsakte beziehen sich direkt auf Kinder in grenzüberschreitenden Situationen, nämlich Brüssel IIb-VO,[1364] EuUnthVO und EuErbVO. Keiner dieser Rechtsakte bezieht jedoch das Abstammungsverhältnis in seinen Anwendungsbereich ein, das als Vorfrage für die Anerkennung von in einem anderen Mitgliedstaat ergangenen Entscheidungen über das Sorge- und Umgangsrecht, die Unterhaltspflicht gegenüber Kindern und das Erbrecht von Kindern angesehen werden kann.

Angesichts der zunehmenden grenzüberschreitenden Mobilität von Familien und ihrer Schwierigkeiten bei der Anerkennung der Abstammung aufgrund des Fehlens von Kollisionsnormen oder verfahrensrechtlichen Anerkennungsregeln auf EU-Ebene hat die Europäische Kommission am 14.4.2021 eine vorläufige Folgenabschätzung zu einem möglichen Legislativvorschlag mit dem Titel „Verordnung über die Anerkennung der Elternschaft zwischen den Mitgliedstaaten" vorgelegt, um die Anerkennung der Abstammung in grenzüberschreitenden Fällen zu erleichtern. In dem Dokument wird darauf hingewiesen, dass der Legislativvorschlag darauf abzielt, auf Unionsebene harmonisierte Kollisionsnormen in Bezug auf die Abstammung und harmonisierte Vorschriften für die Anerkennung von Entscheidungen über die Abstammung festzulegen, wobei das materielle Familienrecht der

---

[1363] Jahresbericht 2014 über Menschenrechte und Demokratie in der Welt und die Politik der Europäischen Union in diesem Bereich, ABl. EU C 399 v. 17.12.2015.

[1364] Verordnung (EU) 2019/1111 des Rates vom 25. Juni 2019 über die Zuständigkeit, die Anerkennung und Vollstreckung von Entscheidungen in Ehesachen und in Verfahren betreffend die elterliche Verantwortung und über internationale Kindesentführungen (Neufassung), zur Aufhebung der Verordnung (EG) Nr. 2201/2003, ABl. EU L 178 v. 2.7.2019.

Mitgliedstaaten (einschließlich der Definition des Begriffs „Familie" und der Feststellung der Abstammung) unberührt bleibt, um das Kindeswohl und die Rechte des Kindes zu schützen und die Freizügigkeit von Kindern und ihren Eltern, die in einer Familie mit grenzüberschreitenden Bezügen leben, zu erleichtern.[1365]

Der Legislativvorschlag würde weitere EU-Maßnahmen auf der Grundlage einer Bewertung der Auswirkungen der beiden o. g. jüngsten EuGH-Entscheidungenin den Sachen C-490/20 V.M.A. und C-2/21 K.S.[1366] auf das Basisszenario in Betracht ziehen und zwei Optionen vorsehen: Erstens die Verabschiedung von Soft-Law-Maßnahmen in Form einer Empfehlung unter Federführung der EU, die darauf abzielt, ein Mindestmaß an Kohärenz in der Anerkennungsmethode aufrechtzuerhalten, um dort, wo dies möglich ist, Lösungen anzubieten. Zweitens die Verabschiedung gesetzgeberischer Maßnahmen in Form eines Legislativvorschlags: Der Vorschlag würde die Anerkennung der Elternschaft in Fällen regeln, in denen Familien mit Kindern innerhalb der EU reisen, in einen anderen Mitgliedstaat umziehen oder in ihr Herkunftsland zurückkehren. Der Anwendungsbereich erstreckt sich auf die biologische Elternschaft, die rechtliche Elternschaft und nationale Adoptionen. Zu beachten ist, dass die internationale Adoption nicht unter diesen Anwendungsbereich fällt, da sie im HAÜ geregelt ist, dem alle EU-Mitgliedstaaten angehören. Im Rahmen des Vorschlags soll insbesondere geprüft werden, ob durch die Annahme einheitlicher Kollisionsnormen nur die Anerkennung öffentlicher Dokumente, wie z. B. der Geburtsurkunde, geregelt werden soll oder ob auch einheitliche Regeln für die Anerkennung von Entscheidungen über die Elternschaft festgelegt werden sollen. Dabei sollen sowohl die Anknüpfungspunkte der Kollisionsnormen als auch die Möglichkeit der Einführung eines fakultativen europäischen Elternschaftsausweises berücksichtigt werden.[1367]

1365 Europäische Kommission, Grenzüberschreitende familiäre Situationen – Anerkennung der Elternschaft Initiative, Folgenabschätzung in der Anfangsphase – Ares(2021)2519673, 14.4.2021.

1366 EuGH (GK), Urteil v. 14.12.2021 – C-490/20 (VMA/Stolichna obshtina, rayon „Pancharevo"), *NJW* 2022, S. 675; EuGH, Beschluss v. 24.6.2022 – C-2/21(Rzecznik Praw Obywatelskich/Urzędu Stanu Cywilnego w Krakowie), *FamRZ* 2022, S. 1947.

1367 Europäische Kommission, Grenzüberschreitende familiäre Situationen – Anerkennung der Elternschaft Initiative, Folgenabschätzung in der Anfangsphase – Ares(2021)2519673,

Im Übrigen ist darauf hinzuweisen, dass nach einer ersten Abschätzung der zu erwartenden Folgen und einem zusammenfassenden Bericht über die öffentliche Konsultation[1368] zwar Fortschritte zu erwarten sind, der Gesetzgebungsprozess jedoch langwierig sein und noch Änderungen erfahren kann.

C. Völkerrechtliche Entwicklungen

I. Internationale Zivilstandskommission (CIEC)

Das in Deutschland weiterhin geltende CIEC-Übereinkommen vom 12.9.1962 über die Feststellung der mütterlichen Abstammung nichtehelicher Kinder[1369] enthält eine widerlegbare gesetzliche Vermutung zugunsten der eingetragenen Mutter (Art. 1 S. 1 die-ses Übereinkommens). D. h. die Mutterschaft eines nichtehelichen Kindes gilt als festgestellt, wenn im Geburtenregister eine Frau als Mutter des Kindes eingetragen ist, wobei diese Abstammung angefochten werden kann. Da das Übereinkommen keine Kollisionsnormen enthält, ist bei Streitigkeiten über die mütterliche Abstammung weiterhin das nationale Recht anzuwenden.

Darüber hinaus zielt die Empfehlung (Nr. 11)[1370] vom 17.9.2015 über die Anerkennung bestimmter in einem Mitgliedstaat ergangener oder anerkannter Adoptionsentscheidungen darauf ab, die Anerkennung von Adoptionsentscheidungen, die nicht in den Anwendungsbereich des HAÜ fallen, zwischen den Mitgliedstaaten der CIEC in Form der Ausstellung einer fakultativen Bescheinigung durch die Behörden eines Mitgliedstaats auf Ersuchen eines anderen anerkennenden Mitgliedstaats zu harmonisieren und zu erleichtern. Diese Empfehlung könnte jedoch aufgrund ihres unverbindlichen Charakters

---

14.4.2021.

[1368] Europäische Kommission, Grenzüberschreitende familiäre Situationen – Anerkennung der Elternschaft Initiative, Zusammenfassung der öffentlichen Konsultation – Ares(2021)6847413, 8.11.2021.

[1369] BGBI. II 1965, 17: Gesetz zu den Übereinkommen vom 14. September 1961 über die Anerkennung der Vaterschaft und vom 12. September 1962 über die Feststellung der mütterlichen Abstammung nichtehelicher Kinder.

[1370] International Commission on Civil Status (CIEC), Recommendation (No.11) relating to the recognition of certain adoption decisions taken or recognised in a member State of International Commission on Civil Status, 17.9.2015, retrieved 20.11.2023, from https://www.ciec1.org/recommandation-11-en.

und der sinkenden Zahl der beteiligten Staaten[1371] nicht ohne weiteres die gewünschte Wirkung erzielen, nämlich eine rasche Verwirklichung der Zusammenarbeit.

Das CIEC-Übereinkommen ist daher weit davon entfernt, auf völkerrechtlicher Ebene eine wirksame einheitliche Lösung für grenzüberschreitende Abstammungsfragen, insbesondere in Fällen moderner Familienstrukturen, zu bieten. Die CIEC und ihre möglichen zukünftigen Dokumente könnten auch weiterhin nur eine begrenzte Rolle bei der Erleichterung der grenzüberschreitenden Anerkennung des rechtlichen Status von Kindern spielen, weil viele Länder (darunter auch Deutschland[1372]) in den letzten Jahren aus der CIEC ausgetreten sind.

II. Europarat

Um das materielle Recht der Mitgliedstaaten bezüglich des Rechtsstatus von Kindern zu harmonisieren, hat der Europarat bereits eine Reihe von Maßnahmen ergriffen. Das Europäische Übereinkommen über die Rechtsstellung der unehelichen Kinder (SEV Nr. 85) von 1975[1373] hat Fortschritte beim Schutz von Kindern vor Diskriminierung aufgrund des Familienstands ihrer Eltern gebracht. Um den Schutzbereich weiter auszudehnen, hat der Europarat im Jahr 2006 ein Weißbuch über die Grundsätze für die Feststellung und die Rechtsfolgen der Abstammung[1374] zur Anleitung der nationalen Gesetzgebung jedes Mitgliedstaates veröffentlicht. Im Jahr 2011 folgte ein Empfehlungsentwurf, der die Rechte und den Rechtsstatus von Kindern

---

1371 Bislang wurde die Zahl der beteiligten Staaten von 17 auf 5 reduziert, siehe ICCS: *Presentation of the ICCS*, retrieved 20.11.2023, from https://www.ciec1.org/; Wikipedia: *International Commission on Civil Status*, retrieved 20.11.2023, from https://en.wikipedia.org/wiki/International_Commission_on_Civil_Status.

1372 Deutschland ist am 30.06.2015 aus der CIEC ausgetreten; die zuvor in Deutschland in Kraft getretenen Übereinkommen bleiben jedoch weiterin gültig.

1373 Europarat, Europäisches Übereinkommen über die Rechtsstellung der unehelichen Kinder, 15.10.1975, SEV Nr. 85, in Kraft seit 11.8.1978, ratifiziert von 23 Staaten (Stand 28.12.2023).

1374 Council of Europe, Report on Principles concerning the Establishment and Legal Consequences of Parentage- "The White Paper", 23.10.2006, CJ-FA (2006) 4 e.

sowie die elterliche Verantwortung behandelte.[1375] In diesem Entwurf wurden vereinheitlichte Vorschriften zur Feststellung der Abstammung in Fällen der medizinisch unterstützten Fortpflanzung empfohlen.[1376] Die Harmonisierung der Eltern-Kind-Zuordnung in Leihmutterschaftsfällen wurde hingegen ausgeschlossen.[1377] Jedoch wurde dieser Entwurf nicht verabschiedet. Einheitliche materiellrechtliche Regelungen zur Adoption bestehen in Form des revidierten Europäischen Übereinkommens über die Adoption von Kindern aus dem Jahr 2008. Ziel des Übereinkommens ist jedoch nicht die Anerkennung ausländischer Adoptionsentscheidungen als solche, sondern vielmehr die Festlegung einheitlicher Grundsätze und Praktiken für die Adoption von Kindern, was jedoch die Anerkennung der Adoption erleichtern kann.[1378]

Ein Bericht zur Überprüfung der Umsetzung des Europäischen Übereinkommens über die Rechtsstellung der unehelichen Kinder (SEV Nr. 85),[1379] der im Jahr 2021 durch den Europäischen Ausschuss für rechtliche Zusammenarbeit (CDCJ) in Auftrag gegeben und genehmigt wurde, wies darauf hin, dass das Übereinkommen von 1975 über den Rechtsstatus nichtehelicher Kinder im Laufe der Zeit und angesichts der sozialen und medizinischen Entwicklungen seit seiner Verabschiedung zunehmend überholt ist. Einige Bestimmungen des Übereinkommens von 1975 stehen im Widerspruch zur jüngeren Rechtsprechung des EGMR. Das neurevidierte Übereinkommen muss die Vorschriften an die Bedürfnisse der modernen Zeit und die Rechtsprechung des EGMR anpassen. Es sollte auch den Schutz von nichtehelichen Kindern stärken und neue Familienformen im Zusammenhang mit der rechtlichen Elternschaft und der elterlichen Verantwortung sowie die rechtliche

1375 Council of Europe, Draft recommendation on the rights and legal status of children and parental responsibilities and Draft explanatory memorandum, Meeting Report of the 86th Plenary meeting of the European Committee on Legal Co-Operation (CDCJ), Strasbourg, 12–14 October 2011, CDCJ(2011)15.

1376 Arts. 17, 18 of the Draft Recommendation (Oct 2011), CDCJ(2011)15.

1377 Arts. 7(3) and 8(2) of the Draft Recommendation (Oct 2011), CDCJ(2011)15.

1378 Europarat, Europäisches Übereinkommen über die Adoption von Kindern (revidiert), 27.11.2008, SEV Nr. 202, in Kraft seit 1.9.2011, ratifiziert von 10 Staaten (Stand 29.12.2023).

1379 Trimmings, Katarina: *Review of the Implementation of the European Convention on the Legal Status of Children born out of Wedlock*, Meeting Report of the 97th Plenary meeting of the European Committee on Legal Co-Operation (CDCJ), 1–3 Dezember 2021, CDCJ(2021)29.

Stellung von Kindern berücksichtigen, die mit Hilfe von Reproduktionstechnologien geboren wurden – insbesondere im Bereich von Leihmutterschaft, gleichgeschlechtlicher Elternschaft und Transgender-Elternschaft.[1380] Folglich könnte der Europarat eine Überarbeitung des Übereinkommens von 1975 vorbereiten und einen allgemeinen Grundsatz der Nichtdiskriminierung einführen, um eine Diskriminierung nichtehelicher Kinder in modernen Familienstrukturen aufgrund ihrer Geburt, sexuellen Orientierung oder des Personenstands ihrer Eltern usw. zu verhindern.

Die entscheidende Rolle, die die kindeswohlzentrierten Entscheidungen des EGMR im Hinblick auf die EMRK in den Fällen Mennesson und Labassee gespielt haben, besteht darin, die europäischen Praktiken zu harmonisieren und inkonsistente Rechtsbeziehungen in grenzüberschreitenden Leihmutterschaftsfällen zu vermeiden. Dennoch bleiben viele Fragen im Rahmen der EMRK offen.[1381] In einigen Ländern mag Adoption als alternative Lösung im Kontext der Leihmutterschaft aus kinderwohlorientierter Perspektive nicht die geeignetste Vorgehensweise darstellen. Die Leihmutterschaft kann nicht im Voraus (a priori) kontrolliert werden und kann nur im Hinblick auf das Kindeswohlprinzip im Nachhinein (a posteriori) und unter Berücksichtigung der Umstände des Einzelfalls geprüft werden.[1382] Als Folge können wir von weiteren kindeswohlzentrierten Entscheidungen des EGMR ausgehen, die eine positive Entwicklung der nationalen Gesetzgebung im Einklang mit dem Kindeswohl fördern.

III. Vereinte Nationen

Im Rahmen des Staatenberichtsverfahrens untersucht der UN-Ausschuss für die Rechte des Kindes aktuelle Kinderrechtsfragen und Schutzmaßnahmen in verschiedenen Ländern. Hierbei geht es unter anderem um Anliegen im Zusammenhang mit den Rechten von Kindern in Adoptiv-, Regenbogen- und

---

1380 Trimmings, *Review of the Implementation of the European Convention on the Legal Status of Children born out of Wedlock*, CDCJ(2021)29, S. 3.

1381 Wagner, Rolf: „Vermeidung hinkender Rechtsverhältnisse im Abstammungsrecht? Neues von der Haager Konferenz“. *NZFam* 2019, S. 516.

1382 HCCH: Permanent Bureau: *The Parentage / Surrogacy Project: an updating note*. Prel. Doc. No 3A of February 2015, S. 3, Rn. 8–9; Ders: *Background Note for the meeting of the EG on the Parentage / Surrogacy Project.* Jan. 2016, Rn. 18–19.

Leihmutterschaftsfamilien. Insbesondere nach der UN-Debatte von 2013 zur Leihmutterschaft sind wichtige Fragen im Lichte der Menschenrechte in den Fokus gerückt. Das Staatenberichtsverfahren hat dazu beigetragen, dass viele Länder Fortschritte bei der Feststellung von Elternschaft und beim Schutz der Kinderrechte erzielt haben.

In Bezug auf die Adoption sind die Bestimmungen und Verfahren für sowohl die inländische als auch die internationale Adoption wichtige Aspekte des Staatsberichtsverfahrens. Der Ausschuss empfiehlt den Vertragsstaaten, das HAÜ zu ratifizieren, um Kinderhandel zu verhindern und das Kindeswohl zu schützen.[1383] Er fordert zudem die Länder, die dem Übereinkommen beigetreten sind, dazu auf, die internationale Zusammenarbeit zu stärken und Schutzmaßnahmen durchzusetzen.[1384]

Der Ausschuss ist besorgt über die Diskriminierung von Kindern aufgrund ihrer sexuellen Orientierung und ihrer Zugehörigkeit zu gleichgeschlechtlichen Familien. Einige Länder, wie Deutschland, Tschechien und Portugal, haben Maßnahmen ergriffen, um Diskriminierung abzubauen.[1385] Der Ausschuss hat Griechenland und Nepal aufgefordert, diskriminierende Praktiken zu ändern, um den Zugang von Kindern gleichgeschlechtlicher Paare zur Staatsangehörigkeit zu erleichtern.[1386] Italien wurde Empfehlungen zur Einführung von Adoptionen durch gleichgeschlechtliche Lebenspartner gegeben. Der Ausschuss betonte seine Absicht zur Fortsetzung der Kampagne gegen Diskriminierung von gleichgeschlechtlichen Familien.[1387]

1383 Beispiele: CRC: *Concluding observations (Russian Federation)*. 31.1.2014, UN Doc. CRC/C/RUS/CO/4–5; CRC: *State party's report of the Republic of Korea*. 27.12.2017, UN Doc. CRC/C/KOR/5–6; CRC: *Concluding observations (the Republic of Korea)*. 27.9.2019, UN Doc.CRC/C/KOR/CO/5–6; CRC: *Concluding observations (Lao People's Democratic Republic)*. 5.10.2018, UN Doc. CRC/C/LAO/CO/3–6; CRC: *Concluding observations (Japan)*. 1.2.2019, UN Doc. CRC/C/JPN/CO/4–5; CRC: *Concluding observations (Singapore)*. 31.5.2019, UN Doc. CRC/C/SGP/CO/4–5.

1384 Beispiel: CRC: *Concluding observations (France)*. 29.1.2016, UN Doc. CRC/C/FRA/CO/5.

1385 CRC: *State party's report of Germany*. 5.4.2019, UN Doc. CRC/C/DEU/5–6; CRC: *State party's report of Czech Republic*. 13.8.2018, UN Doc. CRC/C/CZE/5–6; CRC: *State party's report of Portugal*. 16.1.2018, UN Doc. CRC/PRT/5–6.

1386 CRC: *Concluding observations (Greece)*. 3.6.2022, UN Doc. CRC/C/GRC/CO/4–6; CRC: *Concluding observations (Nepal)*. 3.6.2016, UN Doc. CRC/C/NPL/CO/3–5.

1387 CRC: *State party's report of Italy*. 5.7.2017, UN Doc. CRC/C/ITA/5–6.

Seit der Debatte im Jahr 2013 über Leihmutterschaft haben viele Länder auf Anfragen des UN-Ausschusses für die Rechte des Kindes reagiert. Obwohl Länder wie Israel, Deutschland und Indien Fortschritte gemacht haben, wurde die Situation in Ländern wie Frankreich, Kambodscha, der Schweiz und Australien noch nicht zufriedenstellend gelöst. Israel verabschiedete im Jahr 2018 die Gesetzesänderung Nr. 2 des Gesetzes 5756–1996 über Embryo-Austragungsvereinbarungen, um den Schutz von Kindern, Leihmüttern und Wunscheltern zu verbessern.[1388] Im Jahr 2014 erkannte Deutschland die Eltern-Kind-Zuordnung zwischen einem Kind aus einer Leihmutterschaft in Kalifornien und einem gleichgeschlechtlichen Paar an.[1389] Indien hat Gesetze erlassen, um die kommerzielle Leihmutterschaft zu verbieten und die Rechte von Leihmüttern und Kindern zu schützen.[1390] Obwohl Frankreich Fortschritte in der rechtlichen Anerkennung von Leihmutterschaftskindern erzielt hat, gab es Unklarheiten in Bezug auf die Ausstellung von Staatsangehörigkeitsurkunden.[1391] Der Ausschuss hat daher später Frankreich nach Maßnahmen zur rechtlichen Zuordnung von Kindern aus Leihmutterschaft befragt.[1392] Australien wurde aufgefordert, klare Verfahren zur Erlangung der Staatsangehörigkeit für Kinder aus internationaler Leihmutterschaft zu etablieren.[1393] Kambodscha wurde empfohlen, diskriminierende Praktiken zu unterbinden und die Rechte von Kindern aus Leihmutterschaft mittels Gesetzesänderungen zu schützen.[1394] Obwohl in der Schweiz Fortschritte beim Rechtsstatus von Kindern aus Leihmutterschaften festgestellt wurden,

---

1388 CRC: *Concluding observations (Israel)*. 5.6.2015, Rn. 28, UN Doc. CRC/C/OPSC/ISR/CO/1; CRC: *State party's report of Israel*. 28.10.2019, UN Doc. CRC/C/ISR/5–6.

1389 BGH, Beschluss v. 10.12.2014 – XII ZB 463/13, *NJW* 2015, S. 479; CRC: *List of issues in relation to the combined third and fourth periodic reports of Germany*. 10.7.2013, Rn. 7, UN Doc. CRC/C/DEU/3–4.

1390 The Assisted Reproductive Technology (Regulation) Act, 2021 (passed on December 20, 2021, by an act of Parliament); Vgl. CRC: *Replies of India to the list of issues in relation to the combined third and fourth periodic reports of India*. 10.3.2013, Rn. 21–23, UN Doc. CRC/C/IND/Q/3–4/Add.1; Vgl. HCCH: Permanent Bureau: *an updating note*. Prel. Doc. No 3A of February 2015, Rn. 3.

1391 CRC: *Concluding observations (France)*. 29.1.2016, UN Doc. CRC/C/FRA/CO/5.

1392 CRC: *List of issues prior to reporting (France)*. 29.10.2020, UN Doc. CRC/C/FRA/QPR/6.

1393 CRC: *Concluding observations (Australia)*. 27.9.2019, UN Doc. CRC/C/AUS/CO/5–6.

1394 CRC: *State party's report of Cambodia*. 22.06.2018, UN Doc. CRC/C/KHM/4–6.

bleiben Herausforderungen, insbesondere in Bezug auf den ungewissen Rechtsstatus während des Adoptionsverfahrens.[1395]

Der Ausschuss hat sich für das Recht des Kindes auf Kenntnis seiner Abstammung ausgesprochen. Viele Länder haben ihre Gesetze reformiert, um sicherzustellen, dass dieses Recht gewährleistet ist.[1396] Zusammenfassend lässt sich sagen, dass die UN-KRK, obwohl sie sich nicht speziell mit Elternschaft oder Leihmutterschaft befasst, eine Grundlage für die internationale Arbeit im Bereich der Kinderrechte darstellt.[1397]

D. Reformbedarf des nationalen Rechts

I. Internationales Privat- und Verfahrensrecht

Eine Reform des internationalen Privat- und Verfahrensrechts könnte helfen, die Frage der grenzüberschreitenden Eltern-Kind-Zuordnung moderner Familienstrukturen zu lösen, um hinkende Rechtsverhältnisse zu vermeiden. In zwei Fällen internationaler Leihmutterschaft hat der österreichische VfGH die kollisionsrechtliche Anerkennung (unter Anwendung des § 21 IPRG) umgangen und die Methode der Rechtslageanerkennung angewandt, um eine

---

1395 CRC: *Concluding observations (Switzerland).* 26.2.2015, Rn. 46, UN Doc. CRC/C/CHE/CO/2–4; CRC: *State party's report of Switzerland.* 21.12.2020, UN Doc. CRC/C/CHE/5–6, laut dem Bericht von 2020 wird die Elternschaft, die aus einer privaten Leihmutterschaftsvereinbarung resultiert, nur vorbehaltlich des ordre public in der Schweiz anerkannt (Bundesgerichtsurteile 141 III 312 und 328). Grundsätzlich erkennt die Schweiz die Elternschaft der Wunscheltern nicht an. Ein Leihmutterschaftskind kann nur dann von seinem genetischen Vater anerkannt werden, wenn die Vaterschaft des möglichen Ehemanns der Leihmutter erfolgreich angefochten wird. In diesem Fall kann die Ehefrau, der gleichgeschlechtliche Partner oder der unverheiratete Partner des genetischen Vaters das Kind adoptieren.

1396 Von folgenden Ländern wurden unter Aufforderung des UN-Ausschusses für die Rechte des Kindes relevante Maßnahmen getroffen: Island, Korea, Tschechische Republik, Rumänien, Irland, Luxemburg, Schweiz und Neuseeland (im Fall der Leihmutterschaft muss auf Adoption zurückgegriffen werden). Der UN-Ausschuss für die Rechte des Kindes hat zudem Aufforderungen an folgende Länder gerichtet, relevante Maßnahmen zukünftig zu ergreifen: Australien, Frankreich, Kambodscha, Spanien und Griechenland. Weitere Informationen, retrieved 8.5.2023, from https://www.ohchr.org/en/treaty-bodies/crc.

1397 HCCH: Permanent Bureau: *an updating note.* Prel. Doc. No 3A of February 2015, Rn. 4.

dem Kindeswohl widersprechende Eltern-Kind-Zuordnung zu vermeiden. Im Fall Georgia (USA)[1398] wurde eine Methode analog zu den „Eingriffsnormen" benutzt.[1399] Im Fall Ukraine[1400] anerkannte der österreichische VfGH die Elternschaft der Wunscheltern unmittelbar auf Grundlage von Art. 8 EMRK i. V. m. der Kindeswohlabwägung. In beiden Fällen hat der VfGH das Recht des Kindes auf Identität durch die Anerkennung der rechtlichen Elternschaft und deren Eintragung im Geburtenregister unter Berufung auf das Kindeswohlprinzip über das Verbot der Leihmutterschaft gestellt.[1401] Im zweiten Fall wurde auch die Einhaltung von Art. 8 EMRK durch das österreichische Recht geprüft.[1402]

In Fällen von internationaler Leihmutterschaft[1403] sowie bei lesbischen Familien[1404] haben deutsche Gerichte die Elternschaft der Wunscheltern auf Grundlage des Kindeswohlprinzips und des Art. 8 EMRK anerkannt. Das bedeutet, dass bei der Prüfung des ordre public das Kindeswohl und die Kinderrechte höher bewertet werden als das Verbot der Leihmutterschaft. Allerdings verweisen die deutschen Kollisionsnormen (Art. 19 EGBGB) mit hoher Wahrscheinlichkeit auf das deutsche Recht, dessen Anwendung häufig zur Nichtanerkennung der Eltern-Kind-Zuordnung in modernen Familienstrukturen führt.[1405] Auch wenn die Adoption eine alternative Lösung darstellt, ist sie mit rechtlichen Unsicherheiten verbunden. Zusammenfassend kann die oben beschriebene österreichische und deutsche Rechtsprechung als erster Schritt angesehen werden, um die Kontinuität der Zuordnung von Eltern und Kindern in modernen Familienstrukturen zu gewährleisten, die die Grenzen überschreiten. Es sei jedoch darauf hingewiesen, dass diese einzelfallbasierte Anerkennung nicht alle Umstände erfassen kann und daher keine einheitliche Lösung für alle potenziellen Fragen in Bezug auf dieses

---

1398 VfGH Österreich, Urteil v. 14.12.2011 – B 13/11 – 10, *BeckRS* 2013, S. 80296.

1399 Lurger, *IPRax* 2013, S. 283.

1400 VfGH Österreich, Urteil v. 11.10.2012 – B 99/12–8, B 100/12–8, *BeckRS* 2013, S. 80948.

1401 CRC: *State party's report of Austria*. 4.4.2018, UN Doc. CRC/C/AUT/5–6.

1402 Lurger, *IPRax* 2013, S. 283.

1403 BGH, Beschluss v. 10.12.2014 – XII ZB 463/13 (Kalifornien), *NJW* 2015, S. 479.

1404 BGH, Beschluss v. 20.04.2016 – XII ZB 15/15 (Südafrika), *NJW* 2016, S. 2327.

1405 In Indien, der Ukraine und anderen Ländern, in denen im Fall der Leihmutterschaft keine gerichtliche Entscheidung vorliegt, geht es nur um die Anerkennung der Geburtsurkunden.

Thema bietet. Aus diesem Grund müssen Österreich und Deutschland mglw. gesetzgeberische Maßnahmen ergreifen, um weiterhin voranzuschreiten.

Zudem wurden die gesetzlichen Bestimmungen des deutschen IPR zur Adoption reormiert. Gem. Art. 21, 22 n. F. EGBGB, die am 31.3.2020 in Kraft treten, richtet sich die Adoption nach dem sog. Kindesstatut und nicht mehr nach dem Personalstatut der Annehmenden, um die Anerkennung von Vertragsadoptionen z. B. aus Indien zu er-leichtern. Aufgrund der Änderungen des AdVermiG und des AdWirkG müssen alle inernationalen Adoptionen mit Bezug zu Deutschland über eine Adoptionsvermittlungsstelle durchgeführt werden, unabhängig davon, ob sie unter das HAÜ fallen oder nicht. Grundsätzlich wird eine ausländische Adoptionsentscheidung gem. Art. 4 n. F. AdWirkG nicht anerkannt, wenn keine internationale Adoptionsvermittlung stattgefunden hat, sondern nur ausnahmsweise, wenn die Entstehung eines Eltern-Kind-Verhältnisses zwischen dem Annehmenden und dem Kind zu erwarten ist und das Kriterium der Erforderlichkeit im Hinblick auf das Kindeswohl erfüllt ist. Bei der internationalen Adoption berücksichtigt diese Reform sowohl das Kindeswohl ex ante durch die Ausweitung der Vermittlungsadoption, als auch das Kindeswohl ex post durch die Einführung des Prinzip-Ausnahme-Modells im Verfahren zur Anerkennung der unbegleiten Auslandsadoptionen. Dieser Versuch einer Reform des nationalen Rechts ist zwar begrüßenswert, weil in hohem Maße das Kindeswohl beachtet wird, aber seine Effektivität muss in der Praxis weiter getestet werden.

Seit den Fällen Mennsson und Labassee haben die französischen Gerichte in einer Reihe von Entscheidungen (wie in Leihmutterschaftsfällen, Fällen von künstlicher Befruchtung und einschließlich bei Regenbogenfamilien) die Übertragung der Registrierung ausländischer Geburtsurkunden angeordnet.[1406] Bei diesen Übertragungen geht es nicht darum, ein Statusverhältnis „anzuerkennen“ oder zu „begründen“, sondern vielmehr darum, anzuerkennen, dass eine ausländische Geburtsurkunde formale Beweiskraft im Recht hat. Gem. Art. 47 C. civ. hat das Gericht seinen Schwerpunkt von der Dimension der Prüfung des internationalen ordre public auf die

---

1406 Cour d’appel de Rennes 18.11.2019 – n° 18/04404; 25.11.2019 – n° 18/01155, n° 18/01497 und n° 18/01936; Cass. Civ. 1ère 18.12.2019 – n° 1113 (18–14.751; 18–50.007).

Widerlegung der Richtigkeitsvermutung.[1407] Diese IPR-Methode kann den Konflikt zwischen dem französischen ordre public und dem Kindeswohl zwar etwas entschärfen, bietet aber keine einheitlichen Regeln für die Anerkennung der Rechtswirkungen des in der ausländischen Urkunde enthaltenen Rechtsverhältnisses und kann daher mögliche künftige Streitigkeiten darüber nicht beruhigen.

Das spanische IPR verwendet nach dem neuesten Gesetz über internationale zivile Zusammenarbeit von 2015[1408] keine Methode zur Anerkennung von Statusverhältnissen außerhalb von Gerichtsentscheidungen. Ausländische Statusverhältnisse, die nicht gerichtlich bestätigt sind, müssen im Allgemeinen auf Grundlage des Kollisionsrechts anerkannt werden.[1409] Laut Rechtsprechung des spanischen Obersten Gerichtshofs unterliegt die Anerkennung von Statusverhältnissen, die sich aus einer Leihmutterschaft ergeben, ausnahmsweise nicht der Methode der kollisionsrechtlichen Anerkennung, sondern der „Anerkennungsmethode", wodurch die Rechtswirkungen ausländischer öffentlicher Urkunden unmittelbar auf den Empfangsstaat erstreckt werden sollten, unabhängig davon, ob es sich bei der anzuerkennenden Urkunde um eine gerichtliche Ent-scheidung oder eine Geburtsurkunde handelt. Dennoch bleibt eine Prüfung des ordre public unerlässlich.[1410] Leider entschied der Oberste Gerichtshof letztendlich, die Anerkennung des durch eine Leihmutterschaft entstandenen Statusverhältnisses aufgrund von Verstößen gegen den spanischen ordre public abzulehnen, was in der Literatur kritisiert wurde,

1407 Schlürmann, Lucienne: „Steter Tropfen höhlt den Stein – Neues zur Anerkennung ausländischer Leihmutterschaften in Frankreich". *ZEuP* 2020, S. 701.

1408 Ley 29/2015, de 30 de julio, de cooperación jurídica internacional en materia civil, BOE, n. 182, 31 July of 2015.

1409 Ein neues Gesetz über das Kinder- und Jugendschutzsystem hat einige Bestimmungen des spanischen ZGB geändert, die sich auf die Regeln des anwendbaren Rechts für die Abstammung beziehen. Der gewöhnliche Aufenthalt wird als wichtigster Anknüpfungspunkt festgelegt; andernfalls ist die Staatsangehörigkeit des Kindes relevant, und wenn auch diese nicht zutrifft, greift das innerstaatliche Recht. Außerdem wurden die Regelungen zur Feststellung und Anfechtung der rechtlichen Abstammung geändert. Siehe dazu HCCH: Permanent Bureau: *an updating note*. Prel. Doc. No 3A of February 2015, Rn. 15.

1410 Cebrián Salvat, M. A. / Lorente Martínez, I.: „Recognition of a status acquired abroad: Spain". *Cuadernos de Derecho Transnacional* 14(1), 2022, S. 1100.

weil der Oberste Gerichtshof den Vorbehalt des ordre public abstrakt und nicht im Einzelfall prüfte.[1411]

Die gesetzliche Regelung der Leihmutterschaft beinhaltet zwei zentrale Debattenpunkte: Zum einen die Vereinbarkeit der internationalen Leihmutterschaft mit dem spanischen ordre public und zum anderen die Frage, ob die Methode der Anerkennung für Statusverhältnisse, die sich aus der Leihmutterschaft ergeben und in jeglicher Form begründet werden, als Ausnahme gelten sollte. Im Jahr 2019 sprach sich das Justizministerium gegen die Einführung einer Methode der Anerkennung aus, während die DGRN[1412] eine „Anerkennung durch Akzeptanz", also eine liberalere Methode, befürwortete.[1413] Allerdings fällt auf, dass die Anerkennung der grenzüberschreitenden Abstammung von Leihmutterschaftsfamilien ohne eine Änderung oder Reform der Auslegung des ordre public im Hinblick auf die Leihmutterschaft nicht erleichtert wird, selbst wenn der Gesetzgeber schließlich eine liberalere Anerkennungsmethode einführt. Des Weiteren müssen auch andere grenzüberschreitende Eltern-Kind-Zuordnungen, die nicht durch eine gerichtliche Entscheidung festgestellt wurden, weiterhin kollisionsrechtlich anerkannt werden. Dies geht mit Rechtsunsicherheit einher, so dass das spanische IPR eine Ausweitung der Anwendung der Methode der Anerkennung auf andere Bereiche der Statusverhältnisse in Betracht ziehen müsste.[1414]

Zusammenfassend lässt sich sagen, dass die Methode der Rechtslageanerkennung unter bestimmten Umständen besser als die kollisionsrechtliche Anerkennung geeignet sein könnte, grenzüberschreitende Kindschaftsverhältnisse zu erleichtern. Die Methode der Rechtslageanerkennung kann daher ergänzend zur kollisions- und verfahrensrechtlichen Anerkennung in das innerstaatliche Recht eingeführt werden, insbesondere wenn es um die Anerkennung der Eltern-Kind-Zuordnung in modernen Familienstrukturen geht. Darüber hinaus sind diese IPR-Methoden stets mit Konflikten zwischen dem Kindeswohl und anderen Aspekten des ordre public konfrontiert. In

---

[1411] Ebd., S. 1108.

[1412] Der Generaldirektion für das Registerwesen und das Notariat (Dirección General de los Registros y del Notariado, kurz DGRN).

[1413] Cebrián Salvat/Lorente Martínez, *Cuadernos de Derecho Transnacional* 14(1), 2022, S. 1102.

[1414] Ebd., S. 1110.

jedem Fall sollte die Berücksichtigung des aktuellen Kindeswohls im Einzelfall bei der ordre-public-Prüfung ausschlaggebend sein.

II. Sachrecht

Der grenzüberschreitende Umgang mit Abstammungsfragen in modernen Familienstrukturen kann auch von Reformen des nationalen Sachrechts profitieren. Denn wenn mehr und mehr nationales Sachrecht die rechtliche Elternschaft in modernen Familienmodellen regelt, wird es leichter sein, einen Konsens über den Wert des Abstammungsrechts zwischen den Ländern zu erreichen, und die Frage der hinkenden grenzüberschreitenden Eltern-Kind-Zuordnung wird gelöst werden. In einer Reihe von Ländern innerhalb und außerhalb Europas werden derzeit Reformen zur Modernisierung des Familienrechts durchgeführt oder vorbereitet. In Irland bspw. wurde das Familienrecht durch den Children and Family Relationships Act 2015 modernisiert.[1415] Es wurden neue Regelungen zur Elternschaft bei künstlicher Befruchtung eingeführt, einschließlich der Co-Mutterschaft in Regenbogenfamilien. Außerdem wurde ein nationales Register für Personen eingerichtet, die durch Samen- oder Embryonenspende gezeugt wurden.[1416]

Bundesjustizminister Heiko Maas hat am 4.7.2017 den Abschlussbericht der vom BMJV berufenen Expertenkommission zum Abstammungsrecht mit Empfehlungen zur Reform des Abstammungsrechts vorgestellt. Der Abschlussbericht benennt Reformbedarfe bei der gleichgeschlechtlichen Elternschaft (bei künstlicher Befruchtung oder internationaler Leihmutterschaft), der automatischen Mit-Mutterschaft der Lebenspartnerin der Mutter ab Geburt des Kindes sowie der multiplen bzw. pluralen Elternschaft.[1417] Das BMJV hat am 13.03.2019 einen Diskussionsentwurf für ein Abstammungsrechtsreformgesetz veröffentlicht,[1418] der jedoch noch nicht weiter

---

1415 CRC: *State party's report of Ireland*. 15.2.2022, UN Doc. CRC/C/IRL/5–6.

1416 HCCH: Permanent Bureau: *Background Note*. Jan. 2016, Rn. 15.

1417 Vgl. Ernst, Rüdiger: „Abstammungsrecht – Die Reform ist vorbereitet! Eine tour d'horizon zum Beginn der Legislaturperiode“. *NZFam* 2018, S. 445; Abschlussbericht des Arbeitskreises Abstammungsrecht mit Empfehlungen für eine Reform des Abstammungsrechts beim BMJV, S. 36–38, 55–64, 68–70, 75–77.

1418 Diskussionsteilentwurf eines Gesetzes zur Reform des Abstammungsrechts, vom BMJV am 13.03.2019 veröffentlicht.

fortgeschritten ist. Im Koalitionsvertrag der Ampelparteien vom 24.11.2021 wurde die Modernisierung des Familienrechts sowie des Abstammungsrechts angekündigt.[1419] Der neue Justizminister Marco Buschmann kündigte am 8.1.2022 an, dass die Bundesregierung die im Koalitionsvertrag geplante Reform des Familienrechts voraussichtlich bis zur Mitte der Legislaturperiode (Herbst 2023) beschließen wird. Ziel der im Koalitionsvertrag vereinbarten Vorhaben ist es, neue rechtliche Möglichkeiten für unverheiratete und gleichgeschlechtliche Paare mit Kindern sowie für Gemeinschaften, die nicht auf einer Liebesbeziehung beruhen, zu schaffen, m. a. W.: Ziel ist es, dass kein Kind aufgrund der Art seiner familiären Lebensgemeinschaft diskriminiert werden darf.[1420] Das Bundesministerium der Justiz (BMJ) hat am 16. Januar 2024 ein Eckpunktepapier zur Reform des Abstammungsrechts veröffentlicht. Ziel der Reform ist es, bestehende Benachteiligungen für gleichgeschlechtliche Paare und deren Kinder abzubauen. Zudem soll eine verbindliche Rechtsgrundlage für Elternschaftsvereinbarungen vor der Zeugung geschaffen werden. Weitere Schwerpunkte sind die Schaffung von mehr Rechtssicherheit für Samenspenden, die Stärkung der Rechtsposition leiblicher Väter, die Verantwortung für ihr Kind als rechtliche Väter übernehmen möchten, sowie die Sicherung des Rechts der Kinder auf Kenntnis ihrer eigenen Abstammung. Diese Reform ist Teil einer umfassenden Modernisierung des Familienrechts, um die rechtlichen Rahmenbedingungen an die heutigen gesellschaftlichen Realitäten anzupassen.[1421]

Mit einem Gesetzentwurf zur Reform des Abstammungsrechts (Bill Nr. 6865) führt Luxemburg den Grundsatz der Gleichbehandlung bei der Eltern-Kind-Zuordnung ein und schafft das Konzept der rechtlichen und natürlichen Abstammung ab.[1422] Gem. dem geänderten Gesetzentwurf (Bill No. 6865A) besteht in Luxemburg Reformbedarf bei der Anerkennung

---

[1419] Koalitionsvertrag 2021–2025 zwischen der Sozialdemokratischen Partei Deutschlands (SPD), BÜNDNIS 90 / DIE GRÜNEN und den Freien Demokraten (FDP), S. 101.

[1420] Siehe RND/dpa: *Buschmann kündigt „größte Familienrechtsreform der letzten Jahrzehnte" an*, retrieved 8.5.2023, from https://www.rnd.de/politik/buschmann-kuendigt-groesste-familienrechtsreform-der-letzten-jahrzehnte-an-44V5IVB2L5L6YXGLUKW22KKMJA.html.

[1421] Eckpunkte des Bundesministeriums der Justiz für eine Reform des Abstammungsrechts, vom BMJ am 16.01.2024 veröffentlicht.

[1422] CRC: *State party's report of Luxembourg*, 04.03.2020, UN Doc. CRC/C/LUX/5–6.

der rechtlichen Zuordnung von Kindern, die im Rahmen ausländischer Elterninitiativen (wie Leihmutterschaft usw.) geboren wurden, zu den Wunsch-eltern. Ausgehend von den Erwägungen, die sich aus der Rechtsprechung des EGMR im Fall der Leihmutterschaft ergeben, wie z. B. „das Kindeswohl geht über das Verbot der Leihmutterschaft hinaus", sieht der Gesetzentwurf (Abänderung 34, Art. 47–1 n. F. ZGB) vor, den Inhalt der Geburtsurkunde von Kindern, die durch internationale Leihmutterschaft oder durch rechtmäßige Zeugung im Ausland geboren wurden, zu regeln, um ein Verfahren zur Anerkennung der im Ausland begründeten Elternschaft zu bestimmen. Darüber hinaus wird versucht, im Hinblick auf das Kindeswohl eine Ausnahme vom ordre-public-Vorbehalt bei internationaler Leihmutterschaft zu schaffen. Die Notwendigkeit und Gerechtigkeit dieser Bestimmung wurde jedoch vom Staatsrat in Frage gestellt.[1423] Das Gesetz wurde bisher nicht verabschiedet und ist daher noch nicht in Kraft getreten.

Auch in den Niederlanden hat es in den letzten Jahren eine Reform des Familienrechts gegeben und am 1.4.2014 ist eine neue Regelung zur Duo-Mutterschaft in Kraft getreten.[1424] Die niederländische Regierung hatte unter anderem eine Kommission zur Überprüfung des niederländischen Abstammungsrechts eingesetzt. Der nationale Ausschuss hatte sich mit der Elternschaft bei Leihmutterschaft, der Mehrelternschaft und den Sorgerechtsbefugnissen bei mehreren Personen befasst und hierzu Empfehlungen abgegeben, auf die das Kabinett am 17.7.2019 reagiert hat. Demnach plant die Regierung die Einführung eines Gesetzes zur Leihmutterschaft, wonach die Wunscheltern als rechtliche Eltern eines Leihmutterschaftskindes eingetragen werden, sofern die Durchführung der Leihmutterschaft den geregelten Voraussetzungen entspricht. Auch die Elternschaft aufgrund einer ausländischen Leihmutterschaft soll nur anerkannt werden, wenn die vorgeschriebenen Mindestvoraussetzungen bzw. Kriterien erfüllt sind, was die Wunscheltern dazu veranlasst, sich für eine inländische Leihmutterschaft oder zumindest für eine ausländische Leihmutterschaft in einem Land mit ausreichenden Garantien zu entscheiden. Außerdem empfahl die Nationale Kommission die Einführung der Mehrelternschaft, was i. S. d. Kindeswohls

---

1423 Doc. 6568A/04, Avis complémentaire du Conseil d'État, 16.7.2021, retrieved 8.5.2023, from https://wdocs-pub.chd.lu/docs/exped/0122/128/245284.pdf.

1424 Reuß, *StAZ* 2015, S. 139.

sei. Die Regierung befürchtete jedoch, dass die Mehrelternschaft zu einer Eskalation von Konflikten zwischen mehreren Elternteilen, zu komplexeren Vollstreckungsfolgen im Zusammenhang mit dem Sorge- und Umgangsrecht sowie zu Auswirkungen auf steuerliche Folgen und Leistungen führen könnte, und beschloss daher, das entsprechende Gesetz vorerst nicht zu verabschieden. Darüber hinaus beabsichtigte die Regierung, ein teilweises Sorgerecht für Stiefeltern, faktische Eltern, Adoptiveltern und relevante Verwandte vorzusehen.[1425]

Im außereuropäischen Kanada (Québec) hat ein beratender Ausschuss für Familienrecht 2015 eine Studie über das Familienrecht in Québec veröffentlicht, die Empfehlungen zur Feststellung und Anfechtung der Elternschaft enthält, einschließlich der Fälle von assistierter Reproduktionstechnologie (ART) und internationaler Leihmutterschaft.[1426] Im Jahr 2021 legte das Justizministerium von Québec der Nationalversammlung einen ersten Gesetzesentwurf (Bill 2) zur Reform des Familienrechts in Bezug auf die Abstammung vor. Das Zivilgesetzbuch wurde danach geändert, um die Persönlichkeitsrechte und den Personenstand anzupassen.[1427] Am 8.6.2022 wurde Bill 2 verabschiedet, wobei jedoch die wichtigen Teile des Gesetzesentwurfs von 2021 über Elternschaft und Leihmutterschaft gestrichen wurden. In Bezug auf die Abstammung behält Bill 2 teilweise die Bestimmungen bei, die die

---

1425 Schreiben des Kabinetts an das Parlament als Antwort auf die Empfehlungen des staatlichen Ausschusses zur Neubewertung der Elternschaft bei Leihmutterschaft, der Mehrelternschaft und der Zuweisung des Sorgerechts zu mehreren Personen, 12.7.2019, Ref. 2650555, retrieved 29.12.2023, from https://open.overheid.nl/documenten/ronl-c3727341-0278-4271-8bca-b439449f7e58/pdf; HCCH: Permanent Bureau: *Background Note*. Jan. 2016, Rn. 16.

1426 HCCH: Permanent Bureau: *Background Note*. Jan. 2016, Rn. 16.

1427 National Assembly of Québec, Bill 2: An Act respecting family law reform with regard to filiation and amending the Civil Code in relation to personality rights and civil status, Introduction, Simon Jolin-Barrette (Sponsor), Minister of Justice, 42nd Legislature, 2nd Session, Québec Official Publisher 2021, retrieved 29.12.2023, from https://www.assnat.qc.ca/Media/Process.aspx?MediaId=ANQ.Vigie.Bll.DocumentGenerique_177763en. In diesem Gesetzesentwurf werden Maßnahmen vorgeschlagen, die Folgendes betreffen: Kenntnis der eigenen Abstammung, Leihmutterschaft in und außerhalb von Québec, Abstammung, Persönlichkeitsrechte, Geschäftsfähigkeit von Personen, elterliche Autorität, die Bedürfnisse der LGBTQ+-Gemeinschaft, häusliche Gewalt sowie die Unterstützung von Familien im Falle eines Todes oder einer Einwilligungsunfähigkeit.

Vermutung der Elternschaft (durch Ehe, zivile Lebenspartnerschaft) auf faktische Ehepartner ausdehnen. Diese ermöglichen es faktischen Ehegatten, die Abstammung ihrer Kinder vom anderen Ehegatten zu erklären. Darüber hinaus schafft Bill 2 eine Sonderregelung für die Abstammung nach dem Tod im Rahmen der assistierten Fortpflanzung. Die angekündigte umfassende Reform des Familienrechts wird damit nur teilweise und in deutlich geringerem Umfang als erwartet umgesetzt.[1428]

Die o. g. Länder erkennen allmählich die Bedeutung der Modernisierung der Abstammungsverhältnisse und bemühen sich, den Prozess der Modernisierung ihrer Abstammungsgesetze einzuleiten. Es gibt jedoch noch viele Widerstände gegen diesen Prozess, was zu einer Stagnation oder nur partiellen gesetzlichen Maßnahmen geführt hat. Es wird jedoch erwartet, dass diese Länder die Hindernisse überwinden und ihre Gesetzgebung schrittweise modernisieren werden und dass andere Länder folgen werden, auch wenn dies lange dauern kann.

E. Lösungsvorschläge für das chinesische IPR

I. Reform des Sachrechts

Das chinesische ZGB kennt keine Vorschriften zur Regelung der Abstammung (z. B. Elternschaft kraft Gesetzes oder durch Anerkennung). Es enthält lediglich die einschlägige Bestimmung, dass die Abstammung im Streitfall aus berechtigten Gründen gerichtlich angefochten oder festgestellt werden kann.[1429] Darüber hinaus gibt es eine gerichtliche Auslegung,[1430] wonach ein Kind als eheliches Kind gilt, wenn es durch künstliche Befruchtung von einem verheirateten Paar geboren wurde. Es fehlen jedoch Regelungen zur abstammungsrechtlichen Zuordnung von Kindern aus Regenbogenfamilien

---

1428 National Assembly of Québec, Bill 2 (2022, chapter 22): An Act respecting family law reform with regard to filiation and amending the Civil Code in relation to personality rights and civil status, Assented to 8 June 2022, 42nd Legislature, 2nd Session, Québec Official Publisher 2022, retrieved 29.12.2023, from https://www.publicationsduquebec.gouv.qc.ca/fileadmin/Fichiers_client/lois_et_reglements/LoisAnnuelles/en/2022/2022C22A.PDF.

1429 § 1073 ZGB, § 39 gerichtliche Auslegung des ZGB.

1430 § 40 gerichtliche Auslegung des ZGB.

und Leihmutterschaftsfamilien, obwohl in der gerichtlichen Praxis ein Bedarf besteht, solche Fälle zu entscheiden.

Das chinesische Familienrecht sollte daher vor allem Regelungen zur Eltern-Kind-Zuordnung einführen und diese modernisieren. Bei der Modernisierung der Regelungen zur Kindeszuordnung sollte mglw., wie in der Literatur vorgeschlagen, der Aspekt des gemeinsamen Willens der Eltern in Verbindung mit dem Kindeswohlprinzip besonders betont werden, insbesondere im Kontext der künstlichen Befruchtung (auch bei Regenbogenfamilien und Leihmutterschaftsfamilien).[1431] Die sexuelle Orientierung, der Familienstand der Eltern oder die Art der Zeugung sollten in diesem Zusammenhang nicht im Vordergrund stehen, damit der Fokus auf Rechtsklarheit und dem Kindeswohl liegt und eine Modernisierung im Einklang mit den gesellschaftlichen Realitäten erreicht werden kann.

II. Reform des internationalen Privat- und Verfahrensrechts

Die Zahl der binationalen Familien zwischen China und dem Ausland nimmt zu und die grenzüberschreitende Mobilität chinesischer und ausländischer Familien wird immer häufiger. Dies hat zur Folge, dass chinesische Gerichte und Behörden mit einer wachsenden Zahl von Familienangelegenheiten mit Auslandsberührung konfrontiert werden, was zu einer Verschärfung von Rechtskonflikten führt. In diesem Zusammenhang sollten weder der chinesische Gesetzgeber noch die chinesische Justiz die Notwendigkeit einer Verbesserung der Gesetzgebung und der Anwendung der Regeln des Internationalen Privatrechts durch die Gerichte ignorieren, sei es gewollt oder ungewollt.

Da das chinesische Familienrecht keine Regelungen zur Abstammung enthält, gibt es auch im Abschnitt Ehe und Familie des IPRG keine Regelungen zur Abstammung, sondern nur eine allgemeine Bestimmung zu den Eltern-Kind-Beziehungen (unterteilt in persönliche- und vermögensrechtliche Beziehungen, § 25 IPRG), die keine ausreichende Grundlage bietet, um die Anerkennung der nach ausländischem Recht begründeten Abstammung moderner Familienstrukturen zu erleichtern. Um hinkende Statusverhältnisse zu vermeiden und dem Kindeswohl (das weiter gefasst ist als die im

1431 Näheres siehe oben Teil 4 B II 2 b) 3) und 4).

chinesischen Recht häufig genannten gesetzlichen Rechte und Interessen) Rechnung zu tragen, muss der chinesische Gesetzgeber daher mglw. die Einführung von IPR-Regelungen, insbesondere für Leihmutterschafts- und Regenbogenfamilien, gesondert und nicht im Rahmen der ZGB-Reform in Betracht ziehen, weil das IPRG seit elf Jahren unverändert in Kraft ist. Sollte es im Rahmen der ZGB-Reform berücksichtigt werden, könnte dies noch länger dauern, da das ZGB erst seit weniger als zwei Jahren in Kraft ist. Im Fall einer Änderung oder Ergänzung der Bestimmungen des IPR über die Abstammung ist eine alternative Anknüpfung erforderlich, die dem Kindeswohlprinzip unterliegt, um die kollisionsrechtliche Anerkennung der Abstammung in modernen Fa-milienstrukturen zu erleichtern.[1432]

Zudem gibt es in China nur ein Zivilverfahrensgesetz und kein spezielles Familienverfahrensgesetz, was dazu führt, dass die fehlenden spezifischen Regelungen und Verfahren die Anerkennung der Abstammung eines Kindes aus modernen Familienstrukturen behindern. Ohne ein solches Verfahren bleibt die rechtliche Situation für diese Familien unklar und unsicher. Der chinesische Gesetzgeber sollte daher die Reform des Familienverfahrensrechts weiter vorantreiben. Sollte eine umfassende Reform des Familienverfahrensrechts vorerst nicht oder nicht so schnell möglich sein, könnte erwogen werden, das geltende Zivilverfahrensrecht um Regelungen zur Anerkennung der von ausländischen Gerichten festgestellten oder angefochtenen Abstammung zu ergänzen, ohne dass ein Gegenseitigkeitsverhältnis zwischen China und dem Herkunftsstaat erforderlich wäre. Dies ist gerade bei der Ausnahmeregelung zur Anerkennung ausländischer Scheidungsurteile der Fall.[1433]

Zusammenfassend lässt sich sagen, dass sich sowohl die Reform des IPRG als auch die Reform des Familienverfahrensrechts in China am Kindeswohlprinzip orientieren sollten. Bis zur Einführung und Umsetzung der Gesetzesreform sollten die chinesischen Justiz- und Verwaltungsbehörden bei der Entscheidung von Fällen, an denen Kinder beteiligt sind, weiterhin das im IPRG verankerte Kindeswohlprinzip beachten und auf der Grundlage einer Abwägung der Interessen aller Beteiligten dem Kindeswohl Vorrang einräumen und konstruktive praktische Erfahrungen (nützliche Rechtsprechung) für die weitere Gesetzgebung liefern.

1432 Näheres siehe oben Teil 3 D I 2 und Teil 3 E I 2.

1433 Näheres siehe oben Teil 4 A II 2.

III. Abschluss multilateraler Übereinkommen oder bilateraler Verträge

Die chinesische Regierung hatte dem Gesetzgebungsprojekt des Haager Übereinkommens über die Anerkennung und Vollstreckung ausländischer gerichtlicher Entscheidungen in Zivil- und Handelssachen, das am 2.7.2019 verabschiedet wurde, einst große Bedeutung beigemessen und mehrfach Delegationen entsandt, die sich aktiv beteiligt und Vorschläge unterbreitet haben.[1434] Aus verschiedenen Gründen ist China jedoch nicht Vertragsstaat geworden. Darüber hinaus war China auch bei mehreren Expertentreffen zum Haager Gesetzesvorhaben „Elternschaft/Leihmutterschaft" vertreten. Aufgrund der unzureichenden nationalen Gesetzgebungserfahrung Chinas im Bereich der Eltern-Kind-Zuordnung, der geringen Beteiligung an der Formulierung internationaler familienrechtlicher Regeln und des geringen Beitritts zu multilateralen familienrecht-lichen Übereinkommen bestehen jedoch erhebliche Zweifel, ob China im Rahmen des Projekts „Abstammung/Leihmutterschaft" Vertragspartei des Übereinkommens oder des Protokolls werden wird.

Bislang haben die UN-KRK und das HAÜ einen relativ großen Einfluss auf die Gesetzgebung und Rechtsprechung in China im Bereich der familienrechtlichen Angelegenheiten, die Kinder betreffen. Insgesamt ist die Haltung Chinas in Bezug auf den Beitritt zu internationalen Übereinkommen im Bereich des Familienrechts jedoch eher konservativ, so dass nach wie vor eine große Lücke in der Zusammenarbeit in grenz-überschreitenden Familiensachen besteht. Eine aktive Beteiligung an der multilateralen internationalen Regelsetzung im Bereich des Familienrechts kann nicht nur die Parteien in Familiensachen, insbesondere die Schwächeren wie Kinder, schützen, sondern auch die Stimme und den Einfluss Chinas in internationalen Familienrechtsangelegenheiten stärken.

Bilaterale Abkommen werden in China offenbar gegenüber multilateralen Abkommen bevorzugt.[1435] China könnte daher in bestimmten Bereichen wie der Leihmutterschaft entsprechende bilaterale Abkommen mit den

---

[1434] Xu, Guojian: „Overview of the Mechanism of Recognition and Enforcement of Judgments in 2019 Hague Judgment Convention". *China Journal of Applied Jurisprudence* 2020(4), S. 66.

[1435] Näheres siehe oben Teil 4 A II 1.

Herkunftsländern abschließen, um die internationale Leihmutterschaft zu regulieren und die Anerkennung der Elternschaft der Wunscheltern unter bestimmten Bedingungen zu erleichtern. In jedem Fall sollte China im Bereich des internationalen Familienrechts eine offenere Haltung einnehmen, sich aktiv an der internationalen Zusammenarbeit beteiligen und diese fördern, denn nur so kann es zur Lösung bestehender und zukünftiger Fragen im Bereich des Familienrechts beitragen.

Anhang

Auszüge aus den einschlägigen Bestimmungen des chinesischen Rechts

I. Verfassung[1436]

Art. 33 Alle Personen, die die Staatsangehörigkeit der VR China besitzen, sind Staatsbürger der VR China.

Alle Bürger der VR China sind vor dem Gesetz gleich.

Der Staat respektiert und beschützt die Menschenrechte.

Jeder Bürger genießt die in der Verfassung und den Gesetzen verankerten Rechte und muss gleichzeitig den in der Verfassung und den Gesetzen vorgeschriebenen Pflichten nachkommen.

Art. 38 Die persönliche Würde der Bürger der VR China ist unverletzlich. Jegliche Form von Beleidigung, Verleumdung oder falscher Anschuldigung und Diffamierung von Bürgern ist verboten.

Art. 49 Der Staat schützt die Ehe, die Familie und Mutter und Kind.

Das Ehepaar hat beiderseitig die Pflicht zur Familienplanung.

1436 Quelle der deutschen Übersetzung der Verfassung, retrieved 12.12.2023, from www.verfassungen.net.

Eltern sind verpflichtet, unmündige Kinder zu pflegen und zu erziehen, und erwachsene Kinder haben die Pflicht, ihre Eltern zu unterhalten und zu unterstützen.

Es ist verboten, die Freiheit der Eheschließung zu verletzen. Es ist verboten, alte Leute, Frauen und Kinder zu mißhandeln.

II. ZGB[1437]

§ 4 [Gleichheitsgebot] Die rechtliche Stellung von Zivilsubjekten bei Zivilaktivitäten ist ausnahmslos gleichberechtigt.

§ 5 [Prinzip der Freiwilligkeit] Wenn Zivilsubjekte Zivilaktivitäten unternehmen, müssen sie sich nach dem Grundsatz der Freiwilligkeit richten und nach ihrem eigenen Willen Zivilrechtsbeziehungen begründen, ändern [oder] beenden.

§ 8 [Gesetzliches Verbot und gute Sitten] Wenn Zivilsubjekte Zivilaktivitäten unternehmen, dürfen sie nicht gegen das Gesetz verstoßen [oder] der öffentlichen Ordnung [und] den guten Sitten zuwiderhandeln.

§ 29 [Testamentarische Bestimmung des Vormunds] Fungieren die Eltern des Mündels als Vormund, können [sie] durch Testament einen Vormund bestimmen.

§ 33 [Gewillkürte Festlegung des Vormunds] Ein Volljähriger, der die vollständige Zivilgeschäftsfähigkeit besitzt, kann seine Verwandten, andere Einzelpersonen oder Organisationen, die als Vormund fungieren wollen, im Voraus konsultieren [und] in schriftlicher Form den eigenen Vormund bestimmen; dieser Vormund erfüllt die vormundschaftlichen Amtspflichten, wenn [der Volljährige] selbst seine Zivilgeschäftsfähigkeit verliert oder teilweise verliert.

§ 1041 [Schutz und Grundprinzipien] Ehe [und] Familie stehen unter staatlichem Schutz.

1437 Quelle der deutschen Übersetzung des ZGB: Ding, Yijie et al.: „Übersetzung: Zivilgesetzbuch der VR China vom 28.5.2020". *ZChinR* 2020, S. 207.

Es wird eine Eheordnung der Ehefreiheit, der Einehe [und] der Gleichheit von Mann und Frau durchgeführt.

Es werden die legalen Rechte [und] Interessen der Frauen, der Minderjährigen, der Alten [und] der Behinderten geschützt.

§ **1042** [**Verbote**] Die [von Dritten] arrangierte Ehe, die Kaufehe und andere in die Ehefreiheit eingreifende Handlungen sind verboten. Es ist verboten, unter dem Vorwand der Ehe Vermögensgegenstände zu verlangen.

Doppelehen sind verboten. Es ist verboten, dass jemand, der einen Ehegatten bzw. eine Ehegattin hat, mit jemand anderem zusammenlebt.

Gewalt in der Familie ist verboten. Es ist verboten, dass Familienmitglieder einander misshandeln oder aussetzen.

§ **1044** [**Grundsätze der Adoption, Verbot des Kinderhandels**] Adoptionen müssen sich nach dem Grundsatz des größten Nutzens für die Adoptierten richten [und] die legalen Rechte und Interessen der Adoptierten und der Adoptierenden gewährleisten.

Es ist verboten, unter dem Vorwand einer Adoption Minderjährige zu kaufen [oder] zu verkaufen.

§ **1045** [**Begriffsdefinitionen**] Verwandte sind Ehegatten, Blutsverwandte, Schwäger und Schwägerinnen.

Ehegatten, Eltern, Kinder, Brüder, Schwestern, Großeltern [und] Enkel sind nahe Verwandte.

Ehegatten, Eltern, Kinder und andere nahe Verwandte, die zusammen leben, sind Familienmitglieder.

§ **1049** [**Eintragung der Eheschließung, faktische Ehen**] Ein Mann und eine Frau, welche die Eheschließung verlangen, müssen beide persönlich zur Eheregisterbehörde kommen, um die Eintragung der Eheschließung zu beantragen. Sind die Bestimmungen dieses Gesetzes eingehalten, so wird die Eintragung gewährt [und] eine Eheschließungsurkunde ausgestellt. Mit Vollendung der Eintragung der Eheschließung ist die Ehebeziehung begründet. Wenn die Eheschließung nicht eingetragen worden ist, muss die Eintragung nachgeholt werden.

§ 1067 [Unterhaltspflichten zwischen Eltern und Kindern] Erfüllen die Eltern ihre Unterhaltspflicht nicht, haben minderjährige Kinder oder volljährige Kinder, die nicht eigenständig leben können, das Recht zu verlangen, dass die Eltern Kindesunterhalt leisten.

Erfüllen volljährige Kinder ihre Unterhaltspflicht nicht, haben arbeitsunfähige Eltern und Eltern in Existenzschwierigkeiten das Recht zu verlangen, dass die volljährigen Kinder Elternunterhalt leisten.

§ 1068 [Elterliche Sorge] Die Eltern haben das Recht [und] die Pflicht, minderjährige Kinder zu erziehen [und] zu schützen. Wird ein anderer durch minderjährige Kinder geschädigt, haften die Eltern nach dem Recht zivilrechtlich.

§ 1070 [Erbrecht zwischen Eltern und Kindern] Eltern und Kinder sind berechtigt, einander zu beerben.

§ 1071 [Nichteheliche Kinder] Nichteheliche Kinder genießen die gleichen Rechte wie eheliche Kinder; keine Organisation oder Einzelperson darf [sie] gefährden oder diskriminieren.

Der leibliche Vater oder die leibliche Mutter, die ein nichteheliches Kind nicht direkt unterhalten, müssen Unterhaltskosten des minderjährigen Kindes bzw. des volljährigen Kindes, das nicht unabhängig leben kann, tragen.

§ 1072 [Beziehung zwischen Stiefeltern und Stiefkindern] Stiefeltern und Stiefkinder dürfen einander nicht misshandeln oder diskriminieren.

Für die Beziehung von Rechten [und] Pflichten zwischen Stiefvater oder Stiefmutter und von ihnen unterhaltenen [und] erzogenen Stiefkindern werden die Bestimmungen dieses Gesetzes über die Beziehungen zwischen Eltern und Kindern angewandt.

§ 1073 [Abstammung] Gibt es Einwände gegen eine Abstammungsbeziehung und bestehen [dafür] rechtfertigende Gründe, können der Vater oder die Mutter beim Volksgericht Klage mit der Forderung erheben, die Abstammungsbeziehung festzustellen oder zu negieren.

Bestehen für Einwände gegen eine Abstammungsbeziehung rechtfertigende Gründe, können volljährige Kinder beim Volksgericht Klage mit der Forderung erheben, die Abstammungsbeziehung zu bestätigen.

§ 1079 [Streitige Scheidung] Wenn nur einer der Eheleute die Scheidung verlangt, kann bei den betreffenden Organisationen eine Schlichtung durchgeführt oder direkt beim Volksgericht Scheidungsklage erhoben werden.

Das Volksgericht muss bei der Behandlung von Scheidungsfällen eine Schlichtung durchführen; wenn die Gefühle [der Eheleute füreinander] tatsächlich zerrüttet sind [und] die Schlichtung wirkungslos ist, muss es die Scheidung gewähren.

Wenn einer der folgenden Umstände vorliegt [und] die Schlichtung wirkungslos ist, muß die Scheidung gewährt werden:

1. Doppelehe oder Zusammenleben mit jemand anderem;
2. Ausübung von Gewalt in der Familie oder Misshandlung [oder] Aussetzung von Familienangehörigen;
3. Nichtabgewöhnen von Glücksspiel, Rauschgift oder anderen üblen Gewohnheiten trotz wiederholter Ermahnungen;
4. Getrenntleben wegen unharmonischer Gefühle für mindestens zwei Jahre;
5. andere Umstände, die zur Zerrüttung der [gegenseitigen] Gefühle der Eheleute geführt haben.

Wenn eine Seite [der Eheleute] für verschollen erklärt worden ist [und] die andere Scheidungsklage erhebt, muss die Scheidung gewährt werden.

Wenn beide Eheleute, nachdem das Volksgericht die Scheidung durch Urteil nicht erlaubt hat, für mindestens ein Jahr weiter getrennt gelebt haben, muss die Scheidung gewährt werden.

§ 1084 [Elterliche Sorge nach Scheidung] Die Beziehungen zwischen Eltern und Kindern erlöschen wegen der Scheidung der Eltern nicht. Nach der Scheidung sind die Kinder, gleich ob sie vom Vater oder von der Mutter direkt unterhalten werden, weiterhin die Kinder beider Eltern.

Nach der Scheidung haben die Eltern weiterhin das Recht und die Pflicht, die Kinder zu unterhalten, zu erziehen [und] zu schützen.

Nach der Scheidung werden Kinder vor der Vollendung des zweiten Lebensjahres grundsätzlich von der Mutter direkt unterhalten. Kommt keine Vereinbarung zwischen den Eltern über Unterhalt der Kinder, die das zweite Lebensjahr bereits vollendet haben, zustande, fällt das Volksgericht aufgrund der konkreten Verhältnisse der beiden Eltern [und] nach dem Grundsatz des größten Nutzens für das minderjährige Kind ein Urteil. Nach Vollendung des achten Lebensjahres muss der wahre Wille des Kindes respektiert werden.

§ **1085** [**Kindesunterhalt nach Scheidung**] Unterhält nach der Scheidung eine Seite [der Eheleute] die Kinder direkt, muss die andere die Unterhaltskosten zum Teil oder ganz tragen. Die Höhe und Fristen der zu tragenden Kosten werden von beiden Seiten vereinbart; kommt keine Vereinbarung zustande, entscheidet das Volksgerichts durch Urteil.

Die im vorigen Absatz bestimmten Vereinbarungen bzw. Urteile hindern die Kinder nicht, nötigenfalls gegenüber irgendeiner Seite der Eltern angemessenes Verlangen zu stellen, das über den ursprünglich in der Vereinbarung bzw. dem Urteil bestimmten Betrag hinausgeht.

§ **1086** [**Umgangsrecht**] Der Vater bzw. die Mutter, der bzw. die nach der Scheidung das Kind nicht direkt unterhält, hat das Recht, das Kind zu besuchen; die andere Seite hat die Pflicht, dies zu unterstützen.

Form und Zeit der Ausübung des Besuchsrechts werden von den Parteien vereinbart; kommt keine Vereinbarung zustande, entscheidet das Volksgericht durch Urteil.

Ist ein Besuch des Vaters bzw. der Mutter der physischen oder psychischen Gesundheit des Kindes nachteilig, werden die Besuche vom Volksgericht nach dem Recht ausgesetzt; fällt der Aussetzungsgund fort, müssen die Besuche wiederhergestellt werden.

§ **1091** [**Schadensersatzanspruch bei Scheidung wegen familiärer Pflichtverletzung**] Wenn einer der folgenden Umstände vorliegt [und] zur Scheidung führt, ist die schuldlose Seite berechtigt, Schadensersatz zu fordern:

1. Doppelehe;
2. Zusammenleben mit jemand anderem;
3. Ausübung von Gewalt in der Familie;
4. Misshandlung [oder] Aussetzung von Familienmitgliedern;
5. Vorliegen von anderem schwerwiegendem Verschulden.

§ **1093** [**Adoption Minderjähriger**] Die folgenden Minderjährigen können adoptiert werden:

1. Waisen, die ihre Eltern verloren haben;
2. Minderjährige, deren leibliche Eltern nicht aufzufinden sind;

3. Kinder, deren leibliche Eltern wegen besonderer Schwierigkeiten nicht fähig sind, sie zu unterhalten.

§ 1094 [**Zur Adoption Gebende**] Die folgenden Einzelpersonen [und] Organisationen können zur Adoption geben:

1. die Vormünder von Waisen;
2. Organe der Kindeswohlfahrt;
3. leibliche Eltern, die wegen besonderer Schwierigkeiten nicht fähig sind, Kinder zu unterhalten.

§ 1095 [**Adoption von Minderjährigen, deren Eltern nicht voll geschäftsfähig sind**] Sind beide Eltern eines Minderjährigen nicht voll zivilgeschäftsfähig und besteht die Möglichkeit, dass die Eltern den Minderjährigen erheblich gefährden, kann der Vormund des Minderjährigen ihn zur Adoption geben.

§ 1096 [**Zur Adoption gebender Vormund**] Gibt ein Vormund eine Waise zur Adoption, muss er das Einverständnis derjenigen einholen, die [für das Kind] unterhaltspflichtig sind. Ist ein Unterhaltspflichtiger nicht damit einverstanden, dass [das Kind] zur Adoption gegeben wird, [und] will der Vormund die vormundschaftlichen Amtspflichten nicht weiter erfüllen, muss auf Grundlage der Bestimmungen des ersten Buchs dieses Gesetzes ein anderer Vormund bestimmt werden.

§ 1097 [**Zur Adoption gebende leibliche Eltern**] Geben die leiblichen Eltern ein Kind zur Adoption, müssen dies beide Eltern gemeinsam tun. Ist ein leiblicher Elternteil unklar oder nicht aufzufinden, kann der andere allein [das Kind] zur Adoption geben.

§ 1098 [**Voraussetzungen der Adoption**] Adoptierende müssen die folgenden Bedingungen sämtlich erfüllen:

1. Sie sind kinderlos oder haben nur ein Kind;
2. sie haben die Fähigkeit, den Adoptierten zu unterhalten, zu erziehen und zu schützen;
3. sie leiden nicht an einer Krankheit, mit der man nach medizinischen Erkenntnissen keine Kinder adoptieren sollte;
4. es liegen keine Aufzeichnungen über rechtswidrige [oder] strafbare

[Handlungen] vor, die für das gesunde Aufwachsen des Adoptierten nachteilig sind;
5. sie müssen das 30. Lebensjahr vollendet haben.

§ 1099 [Verwandtenadoption] Wer das Kind eines Blutsverwandten gleicher Generation bis zum dritten Grade in der Seitenlinie adoptiert, unterliegt nicht den Beschränkungen der §§ 1093 Nr. 3, § 1094 Nr. 3 und 1102 dieses Gesetzes.

Wenn Auslandschinesen das Kind eines Blutsverwandten gleicher Generation bis zum dritten Grade in der Seitenlinie adoptieren, unterliegen sie außerdem nicht der Beschränkung des § 1098 Nr. 1 dieses Gesetzes.

§ 1100 [Beschränkung der Zahl der Adoptionen, Ausnahmen] Kinderlose Adoptierende können zwei Kinder adoptieren; Adoptierende, die bereits Kinder haben, können nur ein Kind adoptieren.

Wer eine Waise, einen behinderten Minderjährigen oder einen Minderjährigen adoptiert, dessen leibliche Eltern nicht aufzufinden sind [und] der von einem Organ der Kindeswohlfahrt unterhalten wird, unterliegt nicht den Beschränkungen des vorigen Absatzes und des § 1098 Nr. 1 dieses Gesetzes.

§ 1101 [Adoption durch Verheiratete] Bei der Adoption von Kindern durch jemanden, der einen Ehegatten hat, müssen die Eheleute gemeinsam adoptieren.

§ 1102 [Adoption durch Unverheiratete] Adoptiert jemand, der keinen Ehegatten hat, ein andersgeschlechtliches Kind, muss zwischen Adoptierendem und Adoptiertem ein Altersunterschied von mindestens 40 Jahren bestehen.

§ 1103 [Stiefkindadoption] Stiefväter und Stiefmütter können mit dem Einverständnis der leiblichen Eltern ein Stiefkind adoptieren, ohne den Beschränkungen der §§ 1093 Nr. 3, 1094 Nr. 3, 1098 und 1100 Abs. 1 dieses Gesetzes zu unterliegen.

§ 1104 [Freiwilligkeit, Einverständnis des Minderjährigen] Bei der Adoption müssen beide Seiten, die Adoptierenden und diejenigen, die das Kind zur Adoption geben, freiwillig [handeln]. Wird ein achtjähriger oder älterer Minderjähriger adoptiert, muss das Einverständnis des Adoptierten eingeholt werden.

§ **1105** [**Verfahren**] Adoptionen müssen bei der Abteilung für Zivilangelegenheiten der Volksregierung auf Kreis- oder höherer Ebene eingetragen werden. Die Adoptionsbeziehung kommt ab dem Tag der Eintragung zustande.

Adoptionen von Minderjährigen, deren leibliche Eltern nicht aufzufinden sind, müssen vor der Eintragung von der eintragenden Abteilung für Zivilangelegenheiten bekannt gemacht werden.

Wollen die Parteien der Adoptionsbeziehung eine Adoptionsvereinbarung schließen [und] unterzeichnen, können sie dies tun.

Wird eine öffentliche Beurkundung der Adoption von den Parteien oder einer der Parteien der Adoptionsbeziehung verlangt, muss die Adoption öffentlich beurkundet werden.

Die Abteilung für Zivilangelegenheiten der Volksregierung auf Kreis- oder höherer Ebene muss nach dem Recht eine Evaluation der Adoption durchführen.

§ **1107** [**Keine analoge Anwendung bei Unterhaltsleistungen**] Waisen und Kinder, deren leibliche Eltern nicht unterhaltsleistungsfähig sind, können von Verwandten [oder] Freunden der leiblichen Eltern unterhalten werden; auf [diese] Beziehung zwischen Unterhaltendem und Unterhaltenem werden die Bestimmungen dieses Kapitels nicht angewandt.

§ **1109** [**Adoption durch Ausländer**] Ausländer können nach dem Recht in der VR China Kinder adoptieren.

Wenn Ausländer in der VR China Kinder adoptieren, müssen sie von den zuständigen Behörden des Landes, in dem sie sich befinden, nach der Überprüfung, die auf Grundlage der Rechte dieses Landes [durchgeführt] wird, ihr Einverständnis eingeholt haben. Die Adoptierenden müssen Beweismaterial über Verhältnisse wie etwa ihr Alter, ihren Familienstand, ihren Beruf, ihr Vermögen, ihre Gesundheit [und] darüber, ob sie Vorstrafen haben, vorlegen, die von zuständigen Organen des Landes, in dem sie sich befinden, ausgestellt worden sind; und [sie müssen] mit dem, der das Kind zur Adoption gibt, eine schriftliche Vereinbarung schließen [und] unterschreiben sowie [die Adoption] persönlich bei der Abteilung für Zivilangelegenheiten der Volksregierung der Provinz, des Autonomen Gebiets [oder] der regierungsunmittelbaren Stadt eintragen.

Das im vorigen Absatz bestimmte Beweismaterial muss von einer Behörde für auswärtige Beziehungen des Landes, in dem sich der Adoptierende befindet, oder einem von dieser Behörde ermächtigten Organ legalisiert und von einer Botschaft [oder] einem Konsulat der VR China, die bzw. das in diesem Land residiert, legalisiert worden sein, es sei denn, dass staatlich etwas anderes bestimmt ist.

§ 1111 [Eltern-Kind-Wirkungen] Ab dem Tag, an dem die Adoptionsbeziehung zustande kommt, werden auf die Beziehung von Rechten und Pflichten zwischen Adop-tiveltern und Adoptivkind die Bestimmungen dieses Gesetzes über die Beziehung zwischen Eltern und Kindern angewandt; auf die Beziehung von Rechten und Pflichten zwischen Adoptivkind und nahen Verwandten der Adoptiveltern werden die Bestimmungen dieses Gesetzes über die Beziehungen zwischen Kindern und nahen Verwandten der Eltern angewandt.

Die Beziehung von Rechten und Pflichten zwischen dem Adoptivkind und seinen leiblichen Eltern sowie anderen nahen Verwandten erlischt mit dem Zustandekommen der Adoptionsbeziehung.

§ 1112 [Familienname des Adoptierten] Adoptivkinder können den Familiennamen des Adoptivvaters oder den der Adoptivmutter erhalten; haben sich die Parteien in Verhandlungen darüber geeinigt, können sie auch den ursprünglichen Familiennamen behalten.

§ 1113 [Unwirksame Adoptionen] Adoptionshandlungen, bei denen Umstände vorliegen, für die das erste Buch dieses Gesetzes die Unwirksamkeit des Zivilrechtsgeschäfts bestimmt, oder die gegen Bestimmungen dieses Buchs verstoßen, sind unwirksam.

Unwirksame Adoptionshandlungen haben von Anfang an keine rechtliche Bindungswirkung.

§ 1114 [Auflösung bei Minderjährigen] Der Adoptierende darf vor der Volljährigkeit des Adoptierten die Adoptionsbeziehung nicht auflösen, es sei denn, dass der Adoptierende und der, der das Kind zur Adoption gegeben hat, die Auflösung vereinbaren. Ist das Adoptivkind acht Jahre alt oder älter, muss sein Einverständnis [dazu] eingeholt werden.

Erfüllt der Adoptierende seine Unterhaltspflicht nicht [oder] liegen die Handlungen vor, die die legalen Rechte [und] Interessen eines minderjährigen Adoptivkindes verletzen, wie etwa Misshandlung [oder] Aussetzung, ist der, der das Kind zur Adoption gegeben hat, berechtigt, die Auflösung der Adoptionsbeziehung zwischen Adoptiveltern und Adoptivkind zu verlangen. Können der Adoptierende und der, der das Kind zur Adoption gegeben hat, keine Vereinbarung über die Auflösung der Adoptionsbeziehung erzielen, kann Klage beim Volksgericht erhoben werden.

§ 1117 [Eltern-Kind-Wirkungen der Auflösung] Nach Auflösung der Adoptionsbeziehung erlischt die Beziehung von Rechten und Pflichten zwischen dem Adoptivkind und den Adoptiveltern sowie anderen nahen Verwandten [und] die Beziehung von Rechten und Pflichten zwischen ihm und seinen leiblichen Eltern sowie anderen nahen Verwandten wird automatisch wiederhergestellt. Ob die Beziehung von Rechten und Pflichten zwischen einem erwachsenen Adoptivkind und seinen leiblichen Eltern sowie anderen nahen Verwandten wiederhergestellt wird, kann aber in Verhandlungen bestimmt werden.

III. Erläuterungen des OVG zur Anwendung des Buchs über Ehe und Familie des ZGB I

§ 3 [Auflösung der Lebensgemeinschaft] Reicht eine Partei eine Klage ein, die nur die Auflösung der Lebensgemeinschaft zum Gegenstand hat, so nimmt das Volksgericht die Klage nicht an; wird die Klage angenommen, so entscheidet das Volksgericht, sie abzuweisen.

Reicht eine Partei eine Klage wegen Streitigkeiten über die Aufteilung des während des Zusammenlebens erworbenen Vermögens oder über den Unterhalt der Kinder ein, so nimmt das Volksgericht die Klage an.

§ 39 [Anfechtung und Feststellung der Abstammung] Beantragt ein Vater oder eine Mutter beim Volksgericht die Anfechtung der Abstammung und legt er [oder] sie die erforderlichen Beweise vor und erbringt die andere Partei weder den Gegenbeweis noch willigt sie in eine genetische Abstammungsuntersuchung ein, so kann das Volksgericht die Behauptung der die Abstammung anfechtenden Partei als begründet ansehen.

Beantragen ein Vater oder eine Mutter und das volljährige Kind die Feststellung der Abstammung und legen sie die erforderlichen Beweise vor und erbringt die andere Partei weder den Gegenbeweis noch willigt sie in eine genetische Abstammungsuntersuchung ein, so kann das Volksgericht die Behauptung der die Abstammung feststellenden Partei als begründet ansehen.

§ 40 [**Rechtsstellung der durch künstliche Befruchtung gezeugten Kinder**] Kinder, die während der Ehe mit Zustimmung beider Ehegatten durch künstliche Befruchtung gezeugt worden sind, gelten als ehelich geboren, [und] das Verhältnis der Rechte und Pflichten zwischen Eltern und Kindern richtet sich nach den einschlägigen Bestimmungen des Bürgerlichen Gesetzbuches.

IV. IPRG[1438]

§ 2 [**Anwendungsbereich; engste Verbindung**] Das auf zivilrechtliche Beziehungen mit Außenberührung anwendbare Recht wird nach diesem Gesetz bestimmt. Wenn andere Gesetze besondere Bestimmungen zur Anwendung des Rechts auf zivilrechtliche Beziehungen mit Außenberührung enthalten, gelten diese Bestimmungen.

Wenn dieses Gesetz und andere Gesetze keine Bestimmungen zu dem auf zivilrechtliche Beziehungen mit Außenberührung anwendbaren Recht enthalten, wird das Recht angewendet, das die engste Verbindung zu dieser zivilrechtlichen Beziehung mit Außenberührung hat.

§ 4 [**Zwingende Bestimmungen**] Wenn in Gesetzen der VR China zu zivilrechtlichen Beziehungen mit Außenberührung zwingende Bestimmungen enthalten sind, werden diese zwingenden Bestimmungen direkt angewendet.

§ 5 [**ordre public**] Wenn die Anwendung ausländischen Rechts das gesellschaftliche Allgemeininteresse der VR China schädigen würde, wird das Recht der VR China angewendet.

1438 Quelle der deutschen Übersetzung des IPRG: Knut Benjamin Pißler: „Gesetz zur Anwendung des Rechts auf zivilrechtliche Beziehungen mit Außenberührung“. *ZChinR* 2010, S. 376.

§ 8 [**Qualifikation**] Auf die Qualifikation der zivilrechtlichen Beziehungen mit Außenberührung wird das lex fori angewendet.

§ 9 [**Keine Rück- und Weiterverweisung**] Das auf zivilrechtliche Beziehungen mit Außenberührung anwendbare ausländische Recht schließt nicht das Rechtsanwendungsrecht dieses Staates ein.

§ 10 [**Ermittlung ausländischen Rechts**] Auf zivilrechtliche Beziehungen mit Außen-berührung anwendbares ausländisches Recht wird von Volksgerichten, Schiedsgerich-ten oder Verwaltungsbehörden ermittelt. Wenn die Parteien die Anwendung auslän-dischen Rechts wählen, müssen sie das Recht dieses Staates zur Verfügung stellen.

Kann das ausländische Recht nicht ermittelt werden oder gibt es keine Bestimmungen im Recht dieses Staates, wird das Recht der VR China angewendet.

§ 11 [**Rechtsfähigkeit**] Auf die Zivilrechtsfähigkeit von natürlichen Personen wird das Recht [ihres] gewöhnlichen Aufenthaltsortes angewandt.

§ 12 [**Geschäftsfähigkeit**] Auf die Zivilgeschäftsfähigkeit von natürlichen Personen wird das Recht [ihres] gewöhnlichen Aufenthaltsortes angewandt.

Wenn eine natürliche Person bei der Tätigung ziviler Aktivitäten nach dem Recht [ihres] gewöhnlichen Aufenthaltsortes nicht zivilgeschäftsfähig, nach dem Recht des Ortes der Handlung [aber] zivilgeschäftsfähig ist, wird das Recht des Ortes der Handlung angewandt, soweit nicht Ehe, Familie oder Erbsachen betroffen sind.

§ 20 [**Gewöhnlicher Aufenthaltsort**] Ist nach dem Recht des gewöhnlichen Aufenthaltsorts, das nach diesem Gesetz angewendet wird, der gewöhnliche Aufenthaltsort einer natürlichen Person nicht feststellbar, wird das Recht ihres gegenwärtigen Aufenthaltsortes angewendet.

§ 21 [**Eheschließung**] Auf die Voraussetzungen der Eheschließung wird das Recht des gemeinsamen gewöhnlichen Aufenthaltsortes der Parteien angewendet; haben sie keinen gemeinsamen gewöhnlichen Aufenthaltsort, wird das Recht des Staates angewendet, dessen Staatsangehörigkeit sie gemeinsam haben; haben sie keine gemeinsame Staatsangehörigkeit, und heiraten sie in dem Land, in dem eine der Parteien ihren gewöhnlichen Aufenthalt hat oder dessen Staatsangehörigkeit sie besitzt, wird das Recht des Ortes der Eheschließung angewendet.

§ 22 [**Form der Eheschließung**] Die Heirat ist formgültig, wenn die Form dem Recht des Ortes der Eheschließung, dem Recht des gewöhnlichen Aufenthaltsortes einer Seite oder dem Recht des Staates entspricht, deren Staatsangehörigkeit [eine Seite] besitzt.

§ 23 [**Allgemeine Ehewirkungen**] Auf die persönlichen Beziehungen der Eheleute wird das Recht des Ortes [ihres] gemeinsamen gewöhnlichen Aufenthaltsortes angewendet; haben sie keinen gemeinsamen gewöhnlichen Aufenthaltsort, wird das Recht des Staates angewendet, dessen Staatsangehörigkeit sie gemeinsam besitzen.

§ 24 [**Güterstand**] Für die Vermögensbeziehungen der Eheleute können die Parteien das Recht des Ortes des gewöhnlichen Aufenthalts einer Partei, das Recht des Staates, deren Staatsangehörigkeit [eine Seite] besitzt, oder das Recht am Ort des wesentlichen Vermögens wählen. Haben die Parteien nicht gewählt, wird das Recht des Ortes [ihres] gemeinsamen gewöhnlichen Aufenthaltsortes angewendet; haben sie keinen gemeinsamen gewöhnlichen Aufenthaltsort, wird das Recht des Staates angewendet, dessen Staatsangehörigkeit sie gemeinsam besitzen.

§ 25 [**Wirkungen des Eltern-Kind-Verhältnisses**] Auf die persönlichen Beziehungen und die Vermögensbeziehungen zwischen Eltern und Kindern wird das Recht [ihres] gemeinsamen gewöhnlichen Aufenthaltsorts angewendet; haben sie keinen gemeinsamen gewöhnlichen Aufenthaltsort, wird das für den Schutz der Interessen des Schwächeren günstigste Recht des gewöhnlichen Aufenthaltsorts oder das Recht des Staates angewendet, dessen Staatsangehörigkeit [eine Seite] besitzt.

§ 28 [**Annahme als Kind**] Auf die Voraussetzungen und Form der Adoption wird das Recht des gewöhnlichen Aufenthaltsorts des Adoptierenden und des Adoptierten angewendet. Auf die Wirkungen der Adoption wird das Recht des gewöhnlichen Aufenthaltsorts des Adoptierenden im Zeitpunkt der Adoption angewendet. Auf die Auflösung der Adoption wird das Recht des gewöhnlichen Aufenthaltsorts des Adoptierenden im Zeitpunkt der Adoption oder die lex fori angewendet.

§ **29** [**Unterhalt**] Auf den Unterhalt wird das für den Schutz der Interessen des Unterhaltenen günstigste Recht des gewöhnlichen Aufenthaltsorts einer Seite, das Recht des Staates, dessen Staatsangehörigkeit [eine Seite] besitzt, oder das Recht des Ortes des wesentlichen Vermögens angewandt.

§ **30** [**Vormundschaft**] Auf die Vormundschaft wird das für den Schutz der Interessen des Mündels günstigste Recht des gewöhnlichen Aufenthaltsorts oder das Recht des Staates, dessen Staatsangehörigkeit [eine Seite] besitzt, angewandt.

V. Erläuterungen des OVG zum IPRG I (rev. 2020)[1439]

§ 8 [Zwingende Bestimmungen; = § 10 OVG-Erläuterungen zum IPRG 2012] Liegt einer der folgenden Umstände vor, müssen die Volksgerichte bei Bestimmungen in Gesetzen und Verwaltungsrechtnormen, die gesellschaftliche Allgemeininteressen der VR China betreffen, deren Anwendung die Parteien nicht durch Vereinbarung ausschließen können [und] die direkt angewendet werden, ohne dass es einer Anleitung durch die Kollisionsregelungen bedarf, feststellen, dass es sich um zwingende Bestimmungen nach § 4 des Gesetzes über das anwendbare Recht auf zivilrechtliche Beziehungen mit Außenberührung handelt:

1. der Schutz der Rechte und Interessen von Arbeitnehmern ist betroffen;
2. die Produktsicherheit oder die Sicherheit der öffentlichen Gesundheit ist betroffen;
3. die Umweltsicherheit ist betroffen;
4. die Sicherheit des Finanzwesens wie etwa die Devisenkontrolle ist betroffen;
5. Kartelle [oder] Anti-Dumping sind betroffen;
6. andere Umstände, die die Feststellung zwingender Bestimmungen bedingen.

[1439] Quelle der deutschen Übersetzung des IPRG: Peter Leibküchler: „Erläuterungen des OVG zu einigen Fragen des ‚Gesetzes der VR China über das anwendbare Recht auf zivilrechtliche Beziehungen mit Außenberührung' (Teil 1) (rev. 2020)". *ZchinR* 2013, S. 107. Diese Übersetzungen basieren auf der alten Fassung vom 28.12.2012. Abgesehen von der Streichung der Bestimmungen in § 4, § 5 der alten Fassung entsprechen die Bestimmungen der revidierten Fassung vom 23.12.2020 jedoch den Bestimmungen der alten Fassung. Die einzige Änderung besteht darin, dass die laufende Nummer aller Artikel, mit Ausnahme von § § 1–3, um zwei vorwärts gesetzt wurde.

§ 9 [Umgehungsverbot; = § 11 OVG-Erläuterungen zum IPRG 2012] Schafft eine Partei absichtlich einen Anknüpfungspunkt bezüglich einer zivilrechtlichen Beziehung mit Außenberührung, [um] zwingende Bestimmungen in Gesetzen oder Verwaltungsrechtsnormen der VR China zu umgehen, so müssen die Volksgerichte feststellen, dass die Wirkung der Anwendbarkeit des ausländischen Rechts nicht eintritt.

§ 10 [Vorfrage; = § 12 OVG-Erläuterungen zum IPRG 2012] Hat die Lösung einer zivilrechtlichen Streitigkeit mit Außenberührung die Bestimmung einer weiteren zivilrechtlichen Beziehung mit Außenberührung zur Voraussetzung, so müssen die Volksgerichte anhand des Charakters dieser Vorfrage das auf diese anwendbare Recht gesondert festlegen.

§ 13 [Gewöhnlicher Aufenthalt natürlicher Personen; = § 15 OVG-Erläuterungen zum IPRG 2012] Lebt eine natürliche Person zum Zeitpunkt der Entstehung, Änderung oder des Erlöschens einer zivilrechtlichen Beziehung mit Außenberührung bereits seit mindestens einem Jahr fortlaufend am selben Wohnort und stellt [dieser] ihren Lebensmittelpunkt dar, so können die Volksgerichte feststellen, dass [dieser Ort] gewöhnlicher Aufenthaltsort der natürlichen Person i. S. d. Bestimmungen des Gesetzes über das anwendbare Recht auf zivilrechtliche Beziehungen mit Außenberührung ist; dies gilt nicht für Umstände wie Krankenhausaufenthalte, Arbeitsüberlassung [und] den öffentlichen Dienst.

VI. ZPG (rev. 2023)[1440]

§ 22 [Örtliche Zuständigkeit am Wohnsitz oder ständigen Aufenthaltsort des Beklagten; = § 22 ZPG 2021] Für gegen Bürger erhobene Zivilklagen ist das Volksgericht des Wohnsitzes des Beklagten zuständig; stimmt der Wohnsitz mit dem ständigen Aufenthaltsort des Beklagten nicht überein, so ist das Volksgericht des ständigen Aufenthaltsortes zuständig.

[1440] Quelle der deutschen Übersetzung des ZPG 2023: Knut Benjamin Pißler: „Zivilprozessgesetz der VR China (rev. 2023)“. *ZChinR* 2023, S. 182.

Für gegen juristische Personen oder andere Organisationen erhobene Zivilklagen ist das Volksgericht des Wohnsitzes des Beklagten zuständig.

Wenn bei ein und derselben Klage die Wohnsitze bzw. ständigen Aufenthaltsorte mehrerer Beklagter in den Bezirken mehrerer Volksgerichte liegen, sind alle diese Volksgerichte zuständig.

§ 23 [Örtliche Zuständigkeit am Wohnsitz oder ständigen Aufenthaltsort des Klägers; = § 23 ZPG 2021] Für die folgenden Zivilklagen ist das Volksgericht des Wohnsitzes des Klägers zuständig; stimmt der Wohnsitz mit dem ständigen Aufenthaltsort des Klägers nicht überein, so ist das Volksgericht des ständigen Aufenthaltsortes des Klägers zuständig:

1. für Personenbeziehungen betreffende Klagen, die gegen Personen erhoben werden, die sich nicht im Gebiet der VR China aufhalten;
2. für Personenbeziehungen betreffende Klagen, die gegen Personen erhoben werden, deren Verbleib unklar ist, oder die für verschollen erklärt worden sind;
3. für Klagen, die gegen Personen in Arbeitserziehung erhoben werden;
4. für Klagen, die gegen Personen in Haft erhoben werden.

§ 270 [Anwendbare Vorschriften; = § 266 ZPG 2021] Auf im Gebiet der VR China durchgeführte Zivilprozesse mit Auslandsbezug werden die Vorschriften dieses Buches angewandt. Wenn sich in diesem Buch keine Vorschriften finden, werden die sonst einschlägigen Vorschriften dieses Gesetzes angewandt.

§ 276 [Zuständigkeit in Zivilstreitigkeiten mit Ausnahme von Statusstreitigkeiten; vgl. § 272 ZPG 2021] Für eine wegen Zivilstreitigkeiten mit Auslandsbezug erhobene Klage mit Ausnahme von [Klagen bezüglich] Personenbeziehungen gegen einen Beklagten, der im Gebiet der VR China keinen Wohnsitz hat, kann, wenn sich der Ort des Vertragsschlusses oder der Vertragserfüllung oder der Ort, an dem sich der Prozessgegenstand oder pfändbares Vermögen befindet, oder der Ort der rechtsverletzenden Handlung oder der Wohnsitz des Vertretungsorgans im Gebiet der VR China befindet, die Zuständigkeit vom Volksgericht des Ortes des Vertragsschlusses oder der Vertrags-erfüllung oder des Ortes, an dem sich der Prozessgegenstand oder pfändbares Vermögen befindet, oder des Ortes der rechtsverletzenden Handlung oder des Wohnsitzes des Vertretungsorgans übernommen werden.

Außer nach den Bestimmungen im vorigen Absatz kann die Zuständigkeit von einem Volksgericht übernommen werden, wenn bei einer Zivilstreitigkeit mit Auslandsbezug eine andere angemessene Verbindung zur VR China besteht.

§ 298 [**Anerkennung und Vollstreckung ausländischer Urteile und Beschlüsse; vgl. § 288 ZPG 2021**] Wenn von ausländischen Gerichten erlassene Urteile und Beschlüsse Anerkennung und Vollstreckung durch Volksgerichte erfordern, können Parteien direkt bei dem zuständigen Volksgericht der Mittelstufe Anerkennung und Vollstreckung beantragen; es können auch ausländische Gerichte aufgrund internationaler Abkommen, welche ihr Land mit der VR China abgeschlossen hat oder an denen es sich beteiligt, oder aufgrund des Prinzips der Gegenseitigkeit vom Volksgericht Anerkennung und Vollstreckung verlangen.

§ 299 [**Voraussetzung der Anerkennung und Vollstreckung ausländischer Urteile und Beschlüsse; vgl. § 289 ZPG 2021**] Nachdem das Volksgericht rechtskräftige Urteile und Beschlüsse ausländischer Gerichte, deren Anerkennung und Vollstreckung beantragt oder verlangt wird, nach internationalen Abkommen, welche die VR China abgeschlossen hat oder an denen sie sich beteiligt, oder nach dem Prinzip der Gegenseitigkeit geprüft hat, beschließt es, wenn es der Ansicht ist, dass sie nicht gegen Grundprinzipien des Rechts der VR China verstoßen und nicht die Souveränität, die Sicherheit oder das gesellschaftliche öffentliche Interesse des Staates schädigen, die Anerkennung ihrer Wirkungen; wenn ihre Vollstreckung erforderlich ist, erlässt es einen Vollstreckungsbefehl, und es wird nach den einschlägigen Vorschriften dieses Ge setzes vollstreckt.

§ 300 [**Gründe für die Nichtanerkennung; neu eingefügt**] Ergibt eine Prüfung durch das Volksgericht, dass bei rechtskräftigen Urteilen und Beschlüssen ausländischer Gerichte, deren Anerkennung und Vollstreckung beantragt oder verlangt wird, einer der folgenden Umstände vorliegt, beschließt es, nicht anzuerkennen und zu vollstecken:

1. Das ausländische Gericht ist gem. § 301 dieses Gesetzes nicht zuständig für den Fall;
2. der Antragsgegner hat keine rechtmäßige Vorladung erhalten oder wurde zwar rechtmäßig vorgeladen, hat aber keine angemessene Gelegenheit zum Vortrag [und] zur streitigen Verhandlung gehabt, oder eine nicht

prozesshandlungsfähige Partei erhielt keine angemessene Vertretung;
3. das Urteil [bzw.] der Beschluss wurde auf betrügerische Weise erlangt;
4. ein Volksgericht hat bereits in derselben Streitigkeit ein Urteil [oder] einen Beschluss erlassen oder hat bereits in derselben Streitigkeit ein Urteil [oder] einen Beschluss eines Gerichts eines Drittstaates anerkannt;
5. es wird gegen Grundprinzipien des Rechts der VR China verstoßen oder es werden die Souveränität, die Sicherheit oder das gesellschaftliche öffentliche Interesse geschädigt.

§ 301 [**Unzuständigkeit ausländischer Gerichte; neu eingefügt**] Liegt einer der folgenden Umstände vor, muss das Volksgericht feststellen, dass dieses ausländische Gericht für den Fall unzuständig ist:

1. Das ausländische Gericht hat auf Grundlage seines Rechts für den Fall keine Zuständigkeit oder es ist zwar auf Grundlage seines Rechts zuständig, aber es hat mit der im Fall berührten Streitigkeit keine angemessene Verbindung;
2. es wird gegen Bestimmungen zur ausschließlichen Zuständigkeit dieses Gesetzes verstoßen;
3. es wird gegen eine ausschließliche Zuständigkeitsvereinbarung zur Wahl des Gerichts der Parteien verstoßen.

§ 302 [**Unterbrechung des Prozesses; neu eingefügt**] Beantragt eine Partei beim Volksgericht die Anerkennung und Vollstreckung eines rechtskräftigen Urteils [oder] Beschlusses eines ausländischen Gerichts und gehört die von diesem Urteil [bzw.] diesem Beschluss berührte Streitigkeit zu derselben Streitigkeit, die gerade vom Volksgericht behandelt wird, kann das Volksgericht beschließen, den Prozess zu unterbrechen.

Entsprechen rechtskräftige Urteile [oder] Beschlüsse ausländischer Gerichte nicht den Voraussetzungen für die Anerkennung dieses Gesetzes, beschließt das Volksgericht, nicht anzuerkennen und zu vollstecken, und tritt wieder in den unterbrochenen Prozess ein; entsprechen sie den Voraussetzungen für die Anerkennung dieses Gesetzes, beschließt das Volksgericht die Anerkennung ihrer Wirkungen; wenn ihre Vollstreckung erforderlich ist, erlässt es einen Vollstreckungsbefehl, und es wird nach den einschlägigen Vorschriften dieses Gesetzes vollstreckt; im Hinblick auf den unterbrochenen Prozess wird die Zurückweisung der Klage beschlossen.

§ 303 [Rechtsmittel; neu eingefügt] Unterwirft sich eine Partei nicht dem Beschluss über die Anerkennung und Vollstreckung oder die Nichtanerkennung und -vollstreckung, kann sie innerhalb von zehn Tagen ab der Zustellung des Beschlusses beim nächsthöheren Volksgericht erneute Beratung beantragen.

VII. Erläuterungen des OVG zum ZPG (rev. 2022)

§ 542 [Voraussetzung der Anerkennung und Vollstreckung ausländischer Urteile und Beschlüsse] Beantragt eine Partei bei einem zuständigen Volksgericht der Mittelstufe der VR China die Anerkennung und Vollstreckung eines rechtskräftig gewordenen Urteils oder Beschlusses eines ausländischen Gerichts, so wird der Antrag abgelehnt, wenn das Land, in dem das Gericht seinen Sitz hat, und die VR China keine internationalen Abkommen geschlossen oder gemeinsam daran beteiligt sind oder keine gegenseitigen Beziehungen unterhalten. Ausgenommen sind jedoch Fälle, in denen die Parteien beim Volksgericht die Anerkennung eines rechtskräftigen Scheidungsurteils eines ausländischen Gerichts beantragen.

Wird der Antrag auf Anerkennung und Vollstreckung durch Beschluss abgelehnt, kann die betroffene Partei Klage beim Volksgericht erheben.

Literaturverzeichnis

Andrae, Marianne: „Die gesetzliche Zuordnung des Kindes nach ausländischem Recht auf lesbischer institutioneller Partnerschaft“. *StAZ* 2015, S. 163.

Benicke, Christoph: „Kollisionsrechtliche Fragen der Leihmutterschaft“. *StAZ* 2013, S. 101.

Biermann, Bastian / Apel, Simon: „Anmerkung zum OLG Braunschweig, Beschluss v. 12.4.2017 – 1 UF 83/13“. *NZFam* 2017, S. 526.

Biermann, Bastian: „Anmerkung zum OLG Celle, Beschluss v. 22.5.2017 – 17 W 8/16“. *NZFam* 2017, S. 662.

Biermann, Bastian: „Anmerkung zum OLG Düsseldorf, Beschluss v. 17.3.2017 – II-1 UF 10/16“. *NZFam* 2017, S. 407.

Binder, Sabrina / Kiehnle, Arndt: „‚Ehe für alle‘ – und Frauen als Väter“. *NZFam* 2017, S. 742.

Botthof, Andreas: „Das Adoptionshilfe-Gesetz: Freiwilligkeit, Abschreckung und Kindeswohl“. *NJW* 2021, S. 1127.

Botthof, Andreas: „Der Schutz des Familienlebens nach Art. 8 Abs. 1 EMRK und sein Einfluss auf die Anerkennung ausländischer Adoptionsentscheidungen“. *StAZ* 2013, S. 77.

Botthof, Andreas: *Perspektiven der Minderjährigenadoption*. (Studien zum Auslandischen und Internationalen Privatrecht 316). Mohr Siebeck: Tübingen 2014.

Britz, Gabriele: „Das Grundrecht des Kindes auf staatliche Gewährleistung elterlicher Pflege und Erziehung – jüngere Rechtsprechung des Bundesverfassungsgerichts“. *JZ* 2014, S. 1069.

Bumiller, Ursula / Harders, Dirk / Schwamb, Werner: *FamFG. Kommentar.* 13. Aufl., C.H.Beck: München 2022; Zitiert als Bumiller/Harders/Schwamb/Autor (Jahr), § XXX Rn.

Buschbaum, Markus: „Kollisionsrecht der Partnerschaften außerhalb der traditionellen Ehe – Teil 1 –“. *RNotZ* 2010, S. 73.

Buschner, Andrea: „Rechtliche und soziale Elternschaft in Regenbogenfamilien“. *NZFam* 2015, S. 1103.

Campbell, Claudia: „Die rechtliche Elternschaft in Regenbogenfamilien“. *NZFam* 2016, S. 296.

Campbell, Claudia: „Elternschaft und Abstammung“. *NZFam* 2016, S. 721.

Cao, Tianjiao: *On the Choice of Law of Parentage Confirmation in Cross-border Surrogacy.* (Master Thesis) Northwest University: Xi'an 2019.

Carruthers, Janeen: „Discerning the Meaning of ‚Habitual Residence of the Child' in UK Courts – A Case for the Oracle of Delphi". In: Andrea Bonomi, Gian Paolo Romano (Hrsg.): *Yearbook of Private International Law* Vol. XXI – 2019/2020 (*YbPIL* 21 (2019/2020)). Verlag Dr. Otto Schmidt KG: Köln 2020, S. 217–251.

Cebrián Salvat, M. A. / Lorente Martínez, I.: „Recognition of a status acquired abroad: Spain". *Cuadernos de Derecho Transnacional* 14(1), 2022, S. 1099.

Chebout, Lucy / Xylander, Benedikt: „Das eheliche Kind und sein zweiter rechtlicher Elternteil. Zur verfassungskonformen Anwendung des § 1592 Nr. 1 BGB". *NJW* 2021, S. 2472.

Chen, Sheng / Liu, Yan-na: „On Reservation of Public Order in Private International Law". *Journal of Heilongjiang Administrative Cadre College of Politics and Law* 2006(6), S. 100.

Chen, Weizuo: „Modernization of China's Private International Law Legislation – A Concurrent Review of the Gains and Losses of the Law of the People's Republic of China on Choice of Law for Foreign-related Civil Relationships". *Tsinghua University Law Journal* 2011(2), S. 97.

Chen, Wei: *Research on the Effect of Fact Adoption Relationship.* (Master Thesis) Shanghai Normal University: Shanghai 2020.

Chen, Xingfeng: *Legal Issues Arising from Transnational Surrogacy.* (Master Thesis) Soochow University: Suzhou 2017.

Cheng, Man: *A Study on the Identification of the Parentage of the Cross-border Surrogacy.* (Master Thesis) Henan University: Zhengzhou 2020.

Coester, Michael: „Das Kindeswohl als Rechtsbegriff". In: Deutscher Familiengerichtstag e.V. (Hrsg.): *Brühler Schriften zum Familienrecht. Band 4.* Gieseking Verlag: Bielefeld 1986, S. 35–51.

Coester-Waltjen, Dagmar: „Anmerkung zum KG, Beschluss v. 4.7.2017 – 1 W 153/16". *FamRZ* 2017, S. 1697.

Coester-Waltjen, Dagmar: „Der gewöhnliche Aufenthalt eines Neugeborenen im Internationalen Familienrecht". In: Christoph Benicke / Stefan Huber (Hrsg.): *National, international, transnational: harmonischer Dreiklang im Recht.* (Festschrift für Herbert Kronke zum 70. Geburtstag am 24. Juli 2020). Gieseking: Bielefeld 2020, S. 39–50.

Coester-Waltjen, Dagmar: „Die Mitmutterschaft nach südafrikanischem Recht im deutschen Geburtsregister". *IPRax* 2016, S. 132.
Coester-Waltjen, Dagmar: „Statusrechtliche Folgen der Stärkung der Rechte der nichtehelichen Väter". *FamRZ* 2013, S. 1693.
Cui, Yan: *Research on the Cognizance of the Guardianship of the Surrogate Children in China*. (Master Thesis) Anhui University of Finance and Economics: Bengbu 2018.
Deng, Yelin: *Legal Parentage Issues Arising from Cross-border Surrogacy*. (Master Thesis) Hunan Normal University: Changsha 2017.
Dethloff, Nina / Timmermann, Anja: „Multiple Elternschaft – Familienrecht und Familienleben im Spannungsverhältnis". In: Pia Bergold et al. (Hrsg.): *Familien mit multipler Elternschaft: Entstehungszusammenhänge, Herausforderungen und Potenziale*. Verlag Barbara Budrich: Opladen et al. 2017, S. 173–194.
Dethloff, Nina: „Leihmütter, Wunscheltern und ihre Kinder". *JZ* 2014, S. 922.
Du, Huanfang / Yang, Peiru: „Logic and Applicable Law of Incidental Questions in Foreign-related Civil Trials". *Social Sciences in Chinese Higher Education Institutions* 2020(3), S. 122.
Du, Huanfang: „Personal Law of Natural Persons and Habitual Residence: Choice, Determination and Application in China". *The Jurist* 2015(3), S. 152.
Du, Tao / Wang, Honggen: „The Reconstruction of the Indentification Criterion for Reciprocity in the Recognition and Enforcement of Foreign Judgements". *Chinese Yearbook of Private International Law and Comparative Law* 24, 2019, S. 159.
Duden, Konrad: „Anmerkung zum OVG Münster, Urteil v. 14.7.2016 – 19 A 2/14". *FamRZ* 2016, S. 2134.
Duden, Konrad: „Ausländische Leihmutterschaft: Elternschaft durch verfahrensrechtliche Anerkennung". *StAZ* 2014, S. 164.
Duden, Konrad: „Internationale Leihmutterschaft: Der frühe Schutz der tatsächlichen Familie, Zur Entscheidung »Paradiso und Campanelli v. Italien« des EGMR". *StAZ* 2015, S. 201.
Duden, Konrad: *Leihmutterschaft im Internationalen Privat- und Verfahrensrecht. Abstammung und ordre public im Spiegel des Verfassungs-, Völker- und Europarechts*. Mohr Siebeck: Tübingen 2015.

Dürig, Günter / Herzog, Roman / Scholz, Rupert: *Grundgesetz. Kommentar. Band II (Art. 6–16a)*. 101. Aufl., C.H.Beck: München 2023; Zitiert als Dürig/Herzog/Scholz/Autor (Jahr), § XXX Rn.

Dutta, Anatol: „Konkurrierende Vaterschaften bei scheidungsnah geborenen Kindern mit Auslandsbezug: Divergierende obergerichtliche Rechtsprechung". *StAZ* 2016, S. 200.

Eckebrecht, Marc: „Anmerkung zum OLG München, Beschluss v. 12.2.2018 – 33 UF 1152/17". *NZFam* 2018, S. 286.

Eckebrecht, Marc: „Die Stiefkindadoption in nichtehelichen Familien". *NJW* 2020, S. 1403.

Eckebrecht, Marc: „Rechtsprechungsübersicht zum Adoptionsrecht (2016–2018)". *NZFam* 2018, S. 966.

Ernst, Rüdiger: „Abstammungsrecht – Die Reform ist vorbereitet! Eine tour d'horizon zum Beginn der Legislaturperiode". *NZFam* 2018, S. 443.

Engel, Martin: „Internationale Leihmutterschaft und Kindeswohl". *ZEuP* 2014, S. 538.

Engel, Martin: „Leihmutterschaft: Verfahrensrechtliche Anerkennung ausländischer Abstammungsentscheidungen im Lichte des Art. 8 EMRK. Zu den Entscheidungen »Mennesson v. Frankreich« und »Labassee v. Frankreich« des EGMR". *StAZ* 2014, S. 353.

Engelhardt, Hanns: „Die ‚Ehe für alle' und ihre Kinder". *NZFam* 2017, S. 1042.

Ferrand, Frédérique: „Anmerkung zum EGMR, Entscheidung v. 10.4.2019, Vorlage Nr. P16–2018–001 des französischen Kassationshofes". *FamRZ* 2019, S. 889.

Flindt, Jan Ole: „Anmerkung zum OLG Brandenburg, Beschluss v. 18.1.2022 – 7 W 117/21". *NZFam* 2022, S. 521.

Frank, Rainer: „Anmerkung zum EGMR, Urteil v. 26.6.2014 – 65192/11 (Mennesson/Frankreich)". *FamRZ* 2014, S. 1527.

Frie, Birgit: „Die Mitmutter kraft ausländischen Rechts". *FamRZ* 2015, S. 889.

Frie, Birgit: „Konkurrierende Vaterschaften in der standesamtlichen Praxis – im Licht der neuesten Rechtsprechung des Bundesgerichtshofs". *StAZ* 2019, S. 1.

Fuchs, Angelika: „Auslandsadoption und Fachlichkeitsgrundsatz". *IPRax* 2006, S. 316.

Funcke, Dorett: „Leihmutterschaftsfamilien, Rechtsbeschlüsse und soziale Praktiken". *NZFam* 2016, S. 207.
Gao, Sheng / Wang, Honggen: „On the Legal Conflicts of the Determining Legal Paren-tage in Transnational Surrogacy". *Journal of Henan University of Economics and Law* 2017(4), S. 159.
Gao, Xiaoli: „The Supreme People's Court's Explanation of the Interpretation of Certain Issues Concerning the Application of the Law of the People's Republic of China on Choice of Law for Foreign-related Civil Relationships". *Journal of Law Application* 2013(3), S. 38.
Gössl, Susanne Lilian: „Rechtsaktbezogene Einzigartigkeit und subjektive Komponenten – Einige Notizen zum gewöhnlichen Aufenthalt im europäischen Kollisions- und Verfahrensrecht". *IPRax* 2022, S. 489.
Grabenwarter, Christoph / Pabel, Katharina: *EMRK. Ein Studienbuch.* 7. Aufl., C.H.Beck: München 2021; Zitiert als Grabenwarter/Pabel (Jahr), § XXX Rn.
Grüneberg, Christian: *BGB. Kommentar.* 82. Aufl., C.H.Beck: München 2023; Zitiert als Grüneberg/Autor (Jahr), § XXX Rn.
Grünenwald, Christoph: „Im Ausland durchgeführte Leihmutterschaften: automatische Zuordnung zu den Wunscheltern oder Adoptionserfordernis?". *StAZ* 2015, S. 217.
Grziwotz, Herbert: „Anmerkung zum AG Hamm, Beschluss v. 21.6.2011 – 20 F 107/10". *FamFR* 2011, S. 502.
Grziwotz, Herbert: „Recht auf Stiefkindadoption in faktischen Lebensgemeinschaften?". *NJW* 2017, S. 1646.
Gsell, Beate / Krüger, Wolfgang / Lorenz, Stephan / Reymann, Christoph: *beck-online.GROSSKOMMENTAR zum Zivilrecht*. C.H. Beck: München 2024; Zitiert als BeckOGK/Autor (Jahr), § XXX Rn.
Gu, Fei: *Research on Private International Law Issues of Cross-border Surrogacy.* (Master Thesis) Dongnan University: Nanjing 2016.
Guo, Yujun: „Reflection on the Legislation of Chinese Private International Law and its Improvement – Centering on the Law of the People's Republic of China on Choice of Law for Foreign-related Civil Relationships". *Tsinghua University Law Journal* 2011(5), S. 155.
Hahne, Meo-Micaela / Schlögel, Jürgen / Schlünder, Rolf: *Beck'scher Online-Kommentar FamFG*. 48. Edition 2023; Zitiert als BeckOK FamFG/Autor (Jahr), § XXX Rn.

Han, Chi: *Study on Inter-country Adoption Laws Issues*. (Master Thesis) Tianjin University: Tianjin 2009.

Han, Jiajia: *Research on the Relationship between Step Parents and Step Children of Raising Type*. (Doktoral Thesis) Xiangtan University: Xiangtan 2019.

Hau, Wolfgang / Poseck, Roman: *Beck'scher Online-Kommentar BGB*. 68. Edition 2023; Zitiert als BeckOK BGB/Autor (Jahr), § XXX Rn.

Hausmann, Rainer / Odersky, Felix: *IPR in der Notar- und Gestaltungspraxis. Handbuch*. 4. Aufl., C.H.Beck: München 2021; Zitiert als Hausmann/ Odersky (Jahr), § XXX Rn.

Hausmann, Rainer: *Internationales und Europäisches Familienrecht. Kommentar*. 2. Aufl., C.H.Beck: München 2018; Zitiert als Hausmann (Jahr), IntEuFamR, [Gliderungsbuchstabe], § XXX Rn.

Haußleiter, Martin: *FamFG. Kommentar*. 2 Aufl., C.H.Beck: München 2017; Zitiert als Haußleiter/Autor (Jahr), § XXX Rn.

He, Qisheng: „Research on the Issue of Habitual Residence in the Context of the Reconstruction of Personal Law in China". *Studies in Law and Business* 2013(3), S. 84.

He, Qun: „Study on the Application Law of Foreign-related Homosexual Marriage". *Hebei Law Science* 2012(10), S. 131.

Heiderhoff, Bettina: „Aktuelle Fragen zu Art. 6 GG: Flüchtlingsfamilien, Regenbogenfamilien, Patchworkfamilien – und das Kindergrundrecht". *NZFam* 2020, S. 320.

Heiderhoff, Bettina: „Anmerkung zum BGH, Beschluss v. 17.6.2015 – XII ZB 730/12". *FamRZ* 2015, S. 1484.

Heiderhoff, Bettina: „Anmerkung zum BGH, Urteil v. 15.5.2013 – XII ZR 49/11". *FamRZ* 2013, S. 1212

Heiderhoff, Bettina: „Der gewöhnliche Aufenthalt von Säuglingen". *IPRax* 2012, S. 523.

Heiderhoff, Bettina: „Kann ein Kind mehrere Väter haben?". *FamRZ* 2008, S. 1901.

Heiderhoff, Bettina: „Rechtliche Abstammung im Ausland geborener Leihmutterkinder". *NJW* 2014, S. 2673.

Heidel, Thomas / Hüßtege, Rainer / Mansel, Heinz-Peter / Noack, Ulrich: *NomosKommentar BGB. Allgemeiner Teil zum EGBGB. Band 1*. 4. Aufl., Nomos Verlagsgesellschaft: Baden-Baden 2021; Zitiert als NK-BGB/ Autor (Jahr), § XXX Rn.

Helms, Tobias: „Abstammungsrecht und Kindeswohl". In: Anne Röthel / Bettina Heiderhoff (Hrsg): *Regelungsaufgabe Vaterstellung: Was kann, was darf, was will der Staat?* Wolfgang Metzner Verlag: Frankfurt a. M. 2014, S. 19–36.

Helms, Tobias: „Abstammunsrecht und Kindeswohl". *StAZ* 2014, S. 225.

Helms, Tobias: „Anmerkung zum BGH, Beschluss v. 10.12.2014 – XII ZB 463/13". *FamRZ* 2015, S. 245.

Helms, Tobias: „Im Ausland begründete – im Inland unbekannte Statusverhältnisse". *StAZ* 2012, S. 2.

Helms, Tobias: „Leihmutterschaft – ein rechtsgleichender Überblick". *StAZ* 2013, S. 114.

Helms, Tobias: „Öffnung der Stiefkindadoption für nichteheliche Lebensgemeinschaften und Reform des Internationalen Adoptionsrechts". *FamRZ* 2020, S. 645.

Helms, Tobias: „Primat des Kindeswohls und seine Grenzen im Internationalen Kindschaftsrecht". *StAZ* 2017, S. 1.

Helms, Tobias: „Rechtliche, biologische und soziale Elternschaft. Herausforderungen durch neue Familienformen". *NJW-Beil* 2016, S. 49.

Helms, Tobias: „Vorschlag zur Reform des Internationalen Adoptionsrechts". *StAZ* 2015, S. 97.

Henrich, Dieter: „Das Kind mit zwei Müttern (und zwei Vätern) im Intenationalen Privatrecht". In: Sibylle Hofer et al. (Hrsg.): *Perspektiven des Familienrechts.* (Festschrift für Dieter Schwab zum 70. Geburtstag am 15. August 2005). Gieseking: Bielefeld 2005, S. 1141–1152.

Henrich, Dieter: „Leinmütterkinder: Wessen Kinder?". *IPRax* 2015, S. 229.

Hepting, Reinhard / Dutta, Anatol: *Familie und Personenstand – Ein Handbuch zum deutschen und internationalen Privatrecht.* 4. Aufl., Verlag für Standesamtswesen: Frankfurt a. M. 2022; Zitiert als Hepting/Dutta (Jahr), Fam. und PersStand-HdB Rn.

Herberger, Maximilian / Martinek, Michael / Rüßmann, Helmut / Weth, Stephan / Würdinger, Markus: *juris PraxisKommentar BGB. Band 4: Familienrecht.* 10. Aufl., juris GmbH (Online-Kommentar): Saarbrücken 2023; Zitiert als jurisPK-BGB/Autor (Jahr), § XXX Rn.

Hohloch, Gerhard: „Eheschließung bei unterschiedlicher Staatsangehörigkeit. Grund-züge und Probleme". *FPR* 2011, S. 422.

Hou, Weiqing: „Legal basis for the foster mother to obtain custody of the surrogate child". *People's Judicature* 2017(2), S. 4.

Hu, Xinjian: „Legal Basis and System Construction of Child Adoption Evaluation System". *Social Welfare* 2016, S. 33.

Huang, Jin / Jiang, Rujiao (Hrsg.): *Interpretation and Analysis of the Law of the People's Republic of China on Choice of Law for Foreign-related Civil Relationships*. Law Press·China: Beijing 2011.

Huang, Jin: *Proposed Draft of the Law of the People's Republic of China on Choice of Law for Foreign-related Civil Relationships and its Explanations*. China Renmin University Press: Beijing 2011.

Huang, Shan: *Analysis of the Application of Transnational Same-Sex Marriage*. (Master Thesis) Jilin University: Changchun 2008.

Huang, Wei (Hrsg.): *Interpretation of the Marriage and Family Section of the Civil Code of the People's Republic of China*. Law Press·China: Beijing 2020.

Huang, Yu: „The Discussion on Some Problems about Adoption of Stepchildren by the Stepparents – Research on the Contents that are not contained by the Adoption Act". *Western Law Review* 2006(1), S. 1.

Huang, Zhihui: „Transnational Recognition of Surrogate Parentage: European Experience and Options under Chinese Law". *Global Law Review* 2021(2), S. 177.

Huinink, Johannes: „Wandel von Familienstrukturen". In: Herbert Obinger / Manfred G. Schmidt (Hrsg.): *Handbuch Sozialpolitik*. Springer VS: Wiesbaden 2019, S. 453–472.

Jänterä-Jareborg, Maarit: „Sweden: Lesbian couples are entitiled to assisted fertilization and to equal rights of parentage". *FamRZ* 2006, S. 1329.

Jarass, Hans D. / Pieroth, Bodo: *Grundgesetz. Kommentar.* 17. Aufl., C.H.Beck: München 2022; Zitiert als Jarass/Pieroth/Autor (Jahr), Art. XXX Rn.

Jarass, Hans D.: *Charta der Grundrechte der EU. Kommentar.* 4. Aufl., C.H.Beck: München 2021; Zitiert als Jarass GrCh (Jahr), Art. XXX Rn.

Jayme, Erik: „Kulturelle Identität und Internationales Privatrecht". In: Erik Jayme (Hrsg.): *Kulturelle Identität und Internationales Privatrecht*. C.F. Müller Verlag: Heidelberg 2003, S. 5–14.

Jayme, Erik: „Kulturelle Identität und Kindeswohl im internationalen Kindschaftsrecht". *IPRax* 1996, S. 237.

Jiang, Xinmiao: „The Reconstruction of the Applicable Law Concerning the Substantial Requirements for Establishment of the Foreign Related to Adoption in China". *Presentday Law Science* 2019(6), S. 1.

Johannsen, Kurt H. / Henrich, Dieter / Althammer, Christoph: *Familienrecht. Kommentar.* 7. Aufl., C.H.Beck: München 2020; Zitiert als Johannsen/Henrich/Althammer/ Autor (Jahr), § XXX Rn.

John, Georg: „Der Begriff des gewöhnlichen Aufenthaltes und seine Bedeutung im europäischen Privat- und Zivilverfahrensrecht – Teil 1". *GPR* 2018, S. 70.

Kan, Kai / Gao, Bo: „A Realistic Examination of Non-Marital Cohabitation Among Young People and Legal Responses". *Academic Exchange* 2014(10), S. 95.

Kaulbach, Ann-Marie et al.: „Kann die Ehefrau der Mutter Vater werden?". *FamRZ* 2019, S. 768.

Kemper, Rainer: „Neues aus dem Abstammungsrecht – Von Samenspenden, missbräuch-lichen Vaterschaftsanerkennungen, Kindern aus Kinderehen und aus gleichgeschlechtlichen Ehen". *FamRB* 2017, S. 438.

Kocher, Eva: „‚Gemeinsam neu gestalten': Der Familienbegriff im 2. Gleichstellungsbericht der Bundesregierung". *NZFam* 2018, S. 316.

Kollmann, Anni: *Die öffentliche Ordnung nach Art. 6 EGBGB (ordre public).* 3. Edition, GRIN Verlag: München 2011.

Konietzka, Dirk / Kreyenfeld, Michaela: „Wandel der Familienformen". *NZFam* 2015, S. 1100.

Krause, Thomas: „Anmerkung zum OLG Düsseldorf, Beschluss v. 22.6.2010 I-25 Wx 15/10". *FamRBInt* 2010, S. 85.

Kreß, Hartmut: „Samenspende und Leihmutterschaft – Problemstand, Rechtsunsicherheiten, Regelungsansätze". *FPR* 2013, S. 240.

Kropholler, Jan: „Der gewöhnliche Aufenthalt des Kindes und das Aufenthaltsbestimmungsrecht". In: Heinz P Mansel et al. (Hrsg.): *Festschrift für Erik Jayme.* Sellier European Law Publishers: München 2004, S. 471–476.

Kropholler, Jan: *Internationales Privatrecht: einschließlich der Grundbegriffe des Internationalen Zivilverfahrensrechts.* 6. Aufl., Mohr Siebeck: Tübingen 2006.

Kvit, Natalia / Spickhoff, Andreas: „Leihmutterschaft in der Ukraine und gewöhnlicher Kindesaufenthalt“. *FamRZ* 2023, S. 653.
Li, Fengqin: „Identification of Mandatory Rules in the Legal Application of Foreign-related Civil Relationships“. *Research on Rule of Law* 2014(6), S. 48.
Li, Haiping: „A Critique of the Theory of Indirect Effectiveness of Fundamental Rights“. *Contemporary Law Review* 2016(4), S. 48.
Li, Shuangyuan / Ou, Fuyong (Hrsg.): *Private International Law*. 4th edition, Beijing University Press: Beijing 2015.
Li, Xiang: *Research on the Legal Issues of Application of Law for International Adoption in China*. (Master Thesis) Ocean University of China: Qingdao 2013.
Liu, Bei: *Research on Partner Family Legislation*. (Doctoral Thesis) Jilin University: Changchun 2018.
Liu, Renshan: „The Current Center of Interest is the Value Orientation of the Principle of the Law of Habitual Residence“. *Chinese Journal of Law* 2013, S. 172.
Liu, Yan: „Research on the Legal Positioning of the Status Relationship of Blended Fa-mily Members in China“. *Research of Administration Science* 2018, S. 43.
Liu, Yitong: „Comparative Study of China and Germany in the Application of Law for Foreign-related Marriage“. *Law Science Magazine* 2019(8), S. 108.
Liu, Yitong: „On the Examination Rules of Indirect Jurisdiction“. *Citizen and Law (Comprehensive)* 2015(1), S. 11.
Liu, Yitong: „Reconsideration of the Role of Reciprocity in the Recognition and Enforcement of Foreign Judgments: The Case of the Recognition of the Judgment of the Chinese Intermediate People's Court in Wuxi by the German High Court in Berlin“. *People's Judicature* 2009, S. 96.
Liu, Zhengfeng / Yang, Di: „De Facto Parenthood in Modern Family Law“. *Journal of Postgraduate.CUPL* 2014(1), S. 186.
Liu, Zhengfeng: „Distinguish of Family Law from the Genealogy of Civil Law Knowledge“. *Chinese Journal of Law* 2017(4), S. 56.
Löhnig, Martin / Runge-Rannow, Maria-Viktoria: „Einwilligung = Zeugung? Gleichstellung nichtehelicher Kinder bei heterologer künstlicher Befruchtung“. *NJW* 2015, S. 3757.

Löhnig, Martin: „Anmerkung zum BGH, Beschluss v. 13.9.2017 – XII ZB 403/16 (OLG München)“. *NZFam* 2017, S. 1050.
Löhnig, Martin: „Anmerkung zum BGH, Beschluss v. 20.3.2019 – XII ZB 530/17“. *NJW* 2019, S. 1607.
Löhnig, Martin: „Anmerkung zum BGH, Beschluss v. 27.5.2020 – XII ZB 54/18 (KG)“. *NZFam* 2020, S. 771.
Löhnig, Martin: „Die Leihmutterschaft in der aktuellen Rechtsprechung“. *NZFam* 2017, S. 546.
Löhnig, Martin: „Ehe für alle – Abstammung für alle?“. *NZFam* 2017, S. 643.
Löhnig, Martin: „Gemeinsame Elternschaft gleichgeschlechtlicher Paare kraft Gesetzes?“. *NJW* 2019, S. 122.
Löhnig, Martin: „Anmerkung zum OLG München, Hinweisbeschluss v. 12.10.2017 – 31 Wx 243/16“. *NZFam* 2018, S. 38.
Lurger, Brigitta: „Das österreichische IPR bei Leihmutterschaft im Ausland – das Kindeswohl zwischen Anerkennung, europäischen Grundrechten und inländischen Leihmutterschaftsverbot“. *IPRax* 2013, S. 282.
Lurger, Brigitta: „Die Verortung natürlicher Personen im europäischen IPR und IZVR: Wohnsitz, gewöhnlicher Aufenthalt, Staatsangehörigkeit“. In: Jan von Hein / Giesela Rühl (Hrsg.): *Kohärenz im Internationalen Privat- und Verfahrensrecht der Europäischen Union.* Mohr Siebeck: Tübingen 2016, S. 202–236.
Majer, Christian F.: „Anmerkung zum OLG Frankfurt a. M., Beschluss v. 24.9.2019 – 1 UF 93/18“. *NZFam* 2020, S. 46.
Majer, Christian F.: „Anmerkung zum OLG Frankfurt a.M., Beschluss v. 10.2.2017 – 1 UF 130/15“. *NZFam* 2017, S. 536.
Majer, Christian F.: „Anmerkung zum OLG Köln, Beschluss v. 27.3.2019 – 14 UF 7/19“. *NZFam* 2019, S. 649.
Majer, Christian F.: „Anmerkung zum OLG München, Beschluss v. 23.4.2019 – 33 UF 32/19“. *NZFam* 2019, S. 696.
Majer, Christian F.: „Die Anerkennung ausländischer Adoptionsentscheidungen“. *NZFam* 2015, S. 1138.
Majer, Christian F.: „Anmerkung zum OLG Düsseldorf, Beschluss v. 28.9.2018 – II-1 UF 18/18“. *NZFam* 2018, S. 1053.
Mankowski, Peter: „Anmerkung zum KG, Beschluss v. 5.5.2020 – 1 W 165/19“. *NZFam* 2020, S. 593.

Mayer, Claudia: „Abstammung in Fällen mit Auslandsbezug“. *NZFam* 2021, S. 525.

Mayer, Claudia: „Ordre public und Anerkennung der rechtlichen Elternschaft in internationalen Leihmutterschaftsfällen“. *RabelsZ* 78 (2014), S. 551.

Mayer, Claudia: „Sachwidrige Differenzierungen in internationalen Leihmutterschaftsfällen“. *IPRax* 2014, S. 57.

Mayer, Claudia: „(Unechte) Vaterschaftskonkurrenzen im Internationalen Privatrecht“. *IPRax* 2023, S. 264.

Mayer, Claudia: „Verfahrensrechtliche Anerkennung einer ausländischen Abstammungsentscheidung zugunsten eingetragener Lebenspartner im Falle der Leihmutterschaft. Zum Beschluss des BGH vom 10.12.2014“. *StAZ* 2015, S. 33.

Mei, Hong: „On the Prerequisites and Main Issues in Private International Law – Based on Teaching Innovation to Foreign-related Succession Case“. *Journal of Gansu University of Political Science and Law* 2019(3), S. 100.

Meyer-Ladewig, Jens / Nettesheim, Martin / von Raumer, Stefan: *EMRK. Handkommentar.* 5. Aufl., Nomos: Baden-Baden 2023; Zitiert als HK-EMRK/Autor (Jahr), Art. XXX Rn.

Münch, Christof: *Familienrecht in der Notar- und Gestaltungspraxis.* 4. Aufl., C.H.Beck: München 2023; Zitiert als Münch FamR-NotGP/Autor (Jahr), § XXX Rn.

Musielak, Hans-Joachim / Borth, Helmut / Frank, Martin: *Familiengerichtliches Verfahren.* 1. und 2. Buch. Kommentar. 7. Aufl., Verlag Franz Vahlen: München 2022; Zitiert als Musielak/Borth/Frank/Autor (Jahr), § XXX Rn.

Neuhaus, Paul Heinrich / Kropholler, Jan: „Entwurf eines Gesetzes über internationales Privat- und Verfahrensrecht (IPR-Gesetz)“. *RabelsZ* 44 (1980), S. 326.

Ni, Ruochen: *Research on Applicable Law of Identification of Cross-border Surrogate Parent.* (Master Thesis) Liaoning University: Shenyang 2018.

Nordmeier, Carl Friedrich: „Unionsbürgerschaft, EMRK und ein Anerkennungsprinzip: Folgen der namensrechtlichen EuGH-Rechtsprechung für Statusentscheidungen“. *StAZ* 2011, S. 129.

Oldenburger, Marko: „Abstammungsrecht: Dein Kind, mein Kind, unser Kind“. *FK* 2021, S. 12.
Oldenburger, Marko: „Die Abstammung von Leihmütterkindern“. *NZFam* 2020, S. 457.
Pan, Deng: „The Legal Status of Foreign-related Same-Sex Marriages in China“. *Journal of Yunnan University Law Edition* 2012(1), S. 188.
Pan, Fangfang: *Research on the Legislation Improvement of Step-parent Relationship*. (Master Thesis) Zhongnan University of Economics and Law: Wuhan 2018.
Pauli, Edda E.: „Der unsichtbare Dritte – Der Platz des Samenspenders bei der heterologen Insemination“. *NZFam* 2016, S. 57.
Peng, Sibin: „Research on Legal Application for Foreign-related Homosexual Marriage“. *Journal of China Three Gorges University (Humanities & Social Sciences)* 2016, S. 71.
Peng, Yi: „The Evaluation of the Legislation on Public Policy in China“. *Nanjing University Law Journal* 2012, S. 324.
Peuckert, Rüdiger: *Familienformen im Sozialen Wandel*. Springer VS: Münster 2012.
Pißler, Knut Benjamin: „Das neue Internationale Privatrecht der VR China: Nach den Steinen tastend den Fluss überqueren“. *RabelsZ* 76 (2012), S. 1.
Pißler, Knut Benjamin: „Gesetz der VR China zur Anwendung des Rechts auf zivilrechtliche Beziehungen mit Außenberührung“. *ZChinR* 2010, S. 376.
Polikoff, Nancy D.: „A mother should not have to adopt her own child: Parentage laws for children of lesbian couples in the twenty-first century“. *Stanford Journal of Civil Rights & Civil Liberties* 5 (2009), S. 201.
Qi, Lingxing: *Legal Parentage Issues Arising from Cross-border Surrogacy*. (Master Thesis) Zhejiang Gongshang University: Hangzhou 2015.
Qu, Guangqing / Zhu, Lina: „The Value Orientation of the Conflict Law of Intercountry Adoption and the Improvement of Legislation in China“. *Social Science Journal* 2014(2), S. 79.
Qu, Guangqing: *Protection of the Weaker Party in Private International Law*. The Commercial Press: Beijing 2011.
Rabel, Ernst: „Das Problem der Qualifikation“. *RabelsZ* 5 (1931), S. 287.

Ran, Keping / Chen, Danyi: „Analysis of the Effectiveness of the Marriage of Abducted and Trafficked Women—The Path to the Redress of the Rights of Abducted and Trafficked Women“. *Huxiang Law Review* 2022(1), S. 15.

Rauscher, Thomas: „Anerkennung zweier Väter kraft kalifornischer Leihmuttervereinbarung“. JR 2016(3), S. 97.

Rauscher, Thomas: „Anmerkung zum BGH, Beschluss v. 19.7.2017 – XII ZB 72/16“. *NJW* 2017, S. 2914.

Rauscher, Thomas: „Anmerkung zum BGH, Beschluss v. 20.4.2016 – XII ZB 15/15“. *NJW* 2016, S. 2327.

Rauscher, Thomas: *Münchener Kommentar zum FamFG. Band 1 §§ 1–270 FamFG*. 3. Aufl., C.H.Beck: München 2018; *Band 2 IZVR, EuZVR*. 3. Aufl., C.H.Beck: München 2019; Zitiert als MüKoFamFG/Autor (Jahr), § XXX Rn.

Ren, Aijia: *On the Reconstruction of Adoption System*. (Doctoral Thesis) Jilin University: Changchun 2018.

Ren, Zhenghong: „Some Practices of Chinese Citizens Adopting Foreign Children Abroad“.*World Affairs* 2015(13), S. 70.

Rentsch, Bettina: „Die Zukunft des Personalstatuts im gewöhnlichen Aufenthalt – zugleich Erwiderung auf Louis d'Avout, La lex personalis entre nationalité, domicile et résidence habituelle, in FS Audit, 2014, 15“. *ZEuP* 2015, S. 288.

Reuß, Philipp M.: „Neue Wege zur Mutterschaft – Die neue Duo-Mutterschaft nach niederländischem Recht“. *StAZ* 2015, S. 139.

Rieländer, Frederick: „Anmerkung zum KG, Beschluss v. 17.11.2020 – 1 W 1037/20“. *FamRZ* 2021, S. 438.

Rösler, Hannes / Reimann, Barbara: „Anmerkung zum BVerfG, Beschluss v. 27. 4. 2006 – 1 BvR 2866/04“. *FamRZ* 2006, S. 1356.

Säcker, Franz Jürgen / Rixecker, Roland / Oetker, Hartmut / Limperg, Bettina: *Münchener Kommentar zum BGB. Band 10 Familienrecht (§§ 1589–1921)*. 9. Aufl., C.H.Beck: München 2024; *Band 12 IPR I. Europäisches Kollisionsrecht, Art. 1–26 EGBGB*. 8. Aufl., C.H.Beck: München 2024; Zitiert als MüKOBGB/Autor (Jahr), § XXX (Art. XXX) Rn.

Sakurada, Yoshiaki et al.: „Gesetz über die allgemeinen Regeln über die Anwendung von Gesetzen (Rechtsanwendungsgesetz) (Übersetzung)“. *Zeitschrift für Japanisches Recht / Journal of Japanese Law (ZJapanR/J. Japan.L.)* 22 (2006), S. 265.

Saenger, Ingo: *Zivilprozessordnung. Handkommentar.* 10. Aufl., Nomos: Baden-Baden 2023; Zitiert als Hk-ZPO/Autor (Jahr), § XXX Rn.

Schatz, Valerie: „Leihmutterschaft aus kinderrechtlicher Sicht". *NDV* 2017, S. 272.

Schlauß, Stefan: „Das Adoptionshilfe-Gesetz, Folgen für die familiengerichtliche Praxis bei der Anerkennung von Adoptionen aus dem Ausland". *FamRZ* 2021, S. 249.

Schlürmann, Lucienne: „Steter Tropfen höhlt den Stein – Neues zur Anerkennung ausländischer Leihmutterschaften in Frankreich". *ZEuP* 2020, S. 691.

Schomburg, Gerhard: „Die kindschaftsrechtlichen Regelungen des Lebenspartnerschaftsgesetzes". *Kind-Prax* 2001, S. 103

Schulze, Reiner: *BGB. Handkommentar.* 11. Aufl., Nomos: Baden-Baden 2022; Zitiert als HK-BGB/Autor (Jahr), § XXX Rn.

Shen, Hongyu: „A Study on the Recognition and Execution of Foreign Civil and commercial Judgments". *Journal of Law Application* 2018(5), S. 9.

Sieberichs, Wolf: „Gleichgeschlechtliche Elternschaft im deutschen IPR und Personenstandsrecht am Beispiel der belgischen Mitmutterschaft". *StAZ* 2015, S. 1.

Siebert, Nicole: „§ 2 Familienrecht. A. Kindschaftsrecht". In: Susanne Kappler / Tobias Kappler (Hrsg.): *Handbuch Patchworkfamilie.* 2. Aufl., Deutscher Anwaltverlag: Bonn 2017, S. 56–102.

Siehr, Kurt: „Das Internationale Abstammungsrecht im EGBGB, Vorschläge zur Reform der Art. 19–20, 23 EGBGB". *StAZ* 2015, S. 258.

Siehr, Kurt: „Kindesentführung und EuEheVO. Vorfragen und gewöhnlicher Aufenthalt im Europäischen Kollisionsrecht". *IPRax* 2012, S. 316.

Song, Wei: *Protection of Children's Rights in Transnational Surrogacy – Perspective of Guaranteeing Children's Nationality.* (Master Thesis) Southwest University of Political Science & Law: Chongqing 2018.

Song, Xiao: *The Substantive Orientation of Contemporary Private International Law.* Wuhan University Press: Wuhan 2004.

Sternal, Werner: *FamFG. Kommentar.* 21. Aufl., C.H.Beck: München 2023; Zitiert als Sternal/Autor (Jahr), § XXX Rn.

Sun, Kun: *Cross-border Surrogacy's Conflict of Laws and ist Solutions.* (Master Thesis) Anhui University: Hefei 2019.

Teklote, Stephan: „Stiefkindadoption in nichtehelichen Lebensgemeinschaften nach neuem Recht“. *NZFam* 2020, S. 409.

Teubner, Markus: „Die wirtschaftliche Lage von Stieffamilien“. In: Bien Walter et al. (Hrsg.): *Stieffamilien in Deutschland: Eltern und Kinder zwischen Normalität und Konflikt*. Leske + Budrich: Opladen 2002, S. 83–98.

Thomale, Chris: „Anerkennung kalifornischer Leihmutterschaftsdekrete in der Sch-weiz“. *IPRax* 2016, S. 177.

Thomale, Chris: „Das Kinderwohl ex ante – Straßburger zeitgemäße Betrachtungen zur Leihmutterschaft“. *IPRax* 2017, S. 583.

Tometten, Christoph: „Zwei Mütter durch Abstammung?“. *ZRP* 2019, S. 133.

Uhle, Arnd: „Abschied vom engen Familienbegriff. Zur Rejustierung des bundesverfassungsgerichtlichen Familienverständnisses“. *NVwZ* 2015, S. 272.

Unger, Elisabeth: „Anmerkung zum OLG Celle, Beschluss v. 22. 05. 2017 – 17 W 8/16“. *FamRZ* 2017, S. 1499.

Vienenkötter, Rabea: *Der Begriff des gewöhnlichen Aufenthalts im Internationalen Familien- und Erbrecht der EU*. (Studien zum Internationalen Privat- und Verfahrensrecht). JWV Jenaer Wissenschaftliche Verlagsgesellschaft: Jena 2017.

von Bar, Christian / Mankowski, Peter: *Internationales Privatrecht Band 1: Allgemeine Lehren*. 2. Aufl., C.H.Beck: München 2003; Zitiert als von Bar/Mankowski (Jahr), § XXX Rn.

von Bary, Christiane: „Anmerkung zum KG, Beschluss v. 21.1.2020 – 1 W 47/19“. *FamRZ* 2020, S. 608.

von Staudinger, J.: *Kommentar zum BGB mit Einführungsgesetz und Nebengesetzen*, Otto Schmidt / De Gruyter Verlag; Zitiert als Staudinger/Autor (Jahr), § XXX Rn.

Wagner, Rolf: „Abstammungsfragen bei Leihmutterschaften in internationalen Sachverhalten, Bemühungen der Haager Konferenz für Internationales Privatrecht“. *StAZ* 2012, S. 294.

Wagner, Rolf: „Anerkennung im Ausland begründeter Statusverhältnisse – neue Wege?“. *StAZ* 2012, S. 133.

Wagner, Rolf: „Vermeidung hinkender Rechtsverhältnisse im Abstammungsrecht? Neues von der Haager Konferenz“. *NZFam* 2019, S. 513.

Waldburg, Oliver: *Anpassungsprobleme im internationalen Abstammungsrecht: unter besonderer Berücksichtigung des deutsch-portugiesischen Rechtsverkehrs, gleichzeitig eine Analyse der neuen Kollisionsnormen Artt. 19, 20 EGBGB n. F.* Verlag für Standesamtswesen: Frankfurt a. M. 2001.
Wall, Fabian: „Abstammung eines Kindes, welches während bestehender Lebenspartnerschaft einer Engländerin und einer Neuseeländerin in Deutschland geboren wurde". *StAZ* 2016, S. 280.
Wall, Fabian: „Heimatstaatsentscheidungen iSv § 107 I 2 FamFG auch bei Doppelstaatern? – Ein Beitrag wider die Unreflektierte Heranziehung von Art. 5 I EGBGB". *StAZ* 2020, S. 68.
Wall, Fabian: „Neugeborene ohne gewöhnlichen Aufenthalt i. S.v. Art. 19 Abs. 1 Satz 1 EGBGB? – Zugleich eine Kritik an KG 17.11.2020 – 1 W 1037/20". *StAZ* 2022, S. 133.
Wang, Baoshi: „On the Theory and Judicial Practice Towards the Qualification Problem in Germany". *Presentday Law Science* 2012(6), S. 105.
Wang, Changying: *Theory and Practice of Chinese Private International Law.* People's Court Press: Beijing 1993.
Wang, Geya: „Reflection and Reconstruction on China's Adoption Legislation". *The Northern Literary Studies* 2000(06), S. 55.
Wang, Geya: „The Compilation Strategy and System Trend of ‚Civil Code: Marriage and Family Section'". *Science of Law (Journal of Northwest University of Political Science and Law)* 2019, S. 83.
Wang, Hui: *An Analysis of the Legal System of Intercountry Adoption in China – From the Perspective of the Hague Adoption Convention.* (Master Thesis) China University of Political Science and Law: Beijing 2011.
Wang, Jiwen: „The Principle of the Best Interest of the Child in the Germnay Verdicts of Surrogacy". *Issues on Juvenile Crimes and Delinquency* 2018(4), S. 39.
Wang, Lan / Fan, Zejing: „Theoretical Reflection on the Application of the Law of the Preliminary Question Based on Localized Empirical Research". *Jiangxi Social Sciences* 2019(10), S. 186.
Wang, Senbo: *Research on the Legal Aspects of Same-Sex Marriage.* (Doctoral Thesis) Fudan University: Shanghai 2011.
Wang, Yahan: „Application and Perfection of the Principle of Reciprocity in the Practice of Recognition and Enforcement of Foreign Court

Judgments in China". *Chinese Yearbook of Private International Law and Comparative Law* 25, 2019, S. 47.

Wei, Wei: „Fertility in Same-Sex Couples' Families: Way of Realization, Family Life and Social Adaptation". *Shandong Social Sciences* 2016(12), S. 75.

Weitzel, Wolfgang: „Anmerkung zum OLG Celle, Beschluss v. 5.12.2007 – 17 W 92/07". *FamRZ* 2008, S. 1110.

Weller, Marc-Philippe: „Der ‚gewöhnliche Aufenthalt'– Plädoyer fur einen willenszentrierten Aufenthaltsbegriff, in: Stefan Leible". Hannes Unberath (Hrsg.): *Brauchen wir eine Rom 0-Verordnung? Überlegungen zu einem Allgemeinen Teil des europäischen IPR*. JWV Jenaer Wissenschaftliche Verlagsgesellschaft: Jena 2013, S. 293–324.

Weller, Marc-Philippe / Schulz, Alix: „Unterhaltsklage nach Kindesentführung: Zuständigkeit am ‚unrechtmäßigen' gewöhnlichen Aufenthalt des Kindes?". *IPRax* 2015, S. 176.

Witzleb, Normann: „‚Vater werden ist nicht schwer'? – Begründung der inländischen Vaterschaft für Kinder aus ausländischer Leihmutterschaft". In: Normann Witzleb, et al. (Hrsg.): *Festschrift für Dieter Martiny zum 70. Geburtstag*. Mohr Siebeck: Tübingen 2014, S. 203–242.

Woitge, Evelyn: „Der Status von Kindern ausländischer Leihmütter in Deutschland- zugleich Anmerkung zu BGH, Beschluss vom 10. Dezember 2014- Az. XII ZB 463/13". *Jura* 2015, S. 496.

Xiao, Yongping / Zhang, Chi: „On the Deal with Surrogacy Case from Comparative Law Perspectives". *Law Science Magazine* 2016(4), S. 65.

Xiao, Yongping: *Conflict of Laws in the Perspective of Jurisprudence*. Higher Education Press: Beijing 2008.

Xie, Wenshan: *„Principle of Child' s Best Interest" in Legal Application of Foreign Adoption*. (Master Thesis) Southwest University of Political Science & Law: Chongqing 2016.

Xie, Zaimeng: *Legal Parentage in International Surrogacy Arrangements Case: "the Best Interests of the Child" Principle*. (Master Thesis) East China University of Political Science and Law: Shanghai 2018.

Xiong, Jinguang / Zeng, Xiangxin: „On the Attribution of Parental Rights under the Surrogacy Technology Context: Take the First Case of Custody Dispute Caused by Surrogacy in China as an Example". *Administration and Law* 2017(6), S. 95.

Xu, Guojian: „Overview of the Mechanism of Recognition and Enforcement of Judgments in 2019 Hague Judgment Convention“. *China Journal of Applied Jurisprudence* 2020(4), S. 65.

Xu, Jin: *Research of Foreign Adoption Laws*. (Master Thesis) North China University of Techology: Beijing 2013.

Yan, Hong: „The Practice and Development of the Recognition of Legal Parentage in Transnational Surrogacy“. *Presentday Law Science* 2017(6), S. 97.

Yang, Lixin: „Identification of Paternity Between Same-sex Cohabitants and Children – Interpretation in Accordance with the Rules of Parent-child Relations as Stipulated in the Civil Code“. *Hebei Law Science* 2021(9), S. 27.

Ye, Zhusheng: „In Search of the Better Law: Judicial Evading of Comparative Rules of Conflict of Law and Its Remedy“. *Modern Law Science* 2017(5), S. 144.

You, Wenting: „Exploring the Legal Regulation of Transnational Surrogacy – Analysis from the Perspective of International Conflict of Laws“. *Journal of Shanxi Normal University(Social Science Edition)* 2016(3), S. 83.

Yu, Zening: *A Study on Recognition and Enforcement of Foreign Judgement on Cross-border Surrogacy*. (Master Thesis) East China University of Political Science and Law: Shanghai 2019.

Yuan, Faqiang: „Same-Sex Marriage and the Public Policy in China Inter-regional Private Law“. *Hebei Law Science* 2007(3), S. 55.

Zhang, Meirong: „On Cross-Strait Co-operation and Integration of Cross-border Child Adoption Systems – From the perspective of the Hague Convention on Protection of Children and Co-operation in Respect of Intercountry Adoption “. In: The Law Association for Relations Across the Taiwan Straits (Hrsg.): *Proceedings of the 2012 Annual Conference*, retrieved 21.10.2023, from https://larats.chinalaw.org.cn/portal/article/index/id/576.html.

Zhang, Zihe: „On the Effect of Recognised Foreign Court Judgments“. *Academic Search for Truth and Reality* 2013(1), S. 70.

Zheng, Lei: *A Study on the Principle of Children's Best Interests in the Identification of Transnational Surrogacy Parent-child Relationship*. (Master Thesis) Soochow University: Suzhou 2020.

Zhong, Tiantian: *The Protection of Children's Rights and Interests in Transnational Surrogacy – From the Perspektive of the Identification of Parentage.* (Master Thesis) Shandong University: Jinan 2020.
Zhu, Lina: *A Study on Conflict of Laws in Intercountry Adoption.* (Doctoral Thesis) Dalian Maritime University: Dalian 2015.
Zhu, Qingyu: „The Civil Law Meaning of Public Interest – Considering Article 7 of the General Principles of Civil Law". In: Lingling Wang (Hrsg.): *The Public Interest in Chinese Law.* Beijing University Press: Beijing 2014, S. 38–49.
Zhu, Xiaofeng: „Illegal Surrogacy and the Realization of the Principle of the Best Interests of Minors – Commentary on the First National Case of the Custody Dispute in an Illegal Surrogacy Case". *Tsinghua University Law Journal* 2017(1), S. 120.
Zimmermann, Michael J.: „Das Adoptionsverfahren mit Auslandsberührung. Internationale Adoptionen, Verfahren und materielle Anforderungen – Teil 1". *NZFam* 2016, S. 150.
Zimmermann, Michael J.: „Die Auslandsadoption. Internationale Adoptionen, Verfahren und materielle Anforderungen – Teil 2". *NZFam* 2016, S. 249.

www.ingramcontent.com/pod-product-compliance
Ingram Content Group UK Ltd.
Pitfield, Milton Keynes, MK11 3LW, UK
UKHW021129041026
8980IPUK00034B/1421

9 783631 944028